U1021149

中国法学会经济法学研究会

经济法学家

·JING JI FA XUE JIA·

(2006)

吴志攀·主编

北京大学出版社
PEKING UNIVERSITY PRESS

图书在版编目(CIP)数据

经济法学家(2006)/吴志攀主编. —北京:北京大学出版社,2007.11
ISBN 978-7-301-13123-7

Ⅰ.经… Ⅱ.吴… Ⅲ.经济法-中国-文集 Ⅳ.D922.29-53

中国版本图书馆 CIP 数据核字(2007)第 176379 号

书　　名:经济法学家(2006)
著作责任者:吴志攀　主编
责 任 编 辑:蔡素芳　邹记东
标 准 书 号:ISBN 978-7-301-13123-7/D·1917
出 版 发 行:北京大学出版社
地　　址:北京市海淀区成府路 205 号　100871
网　　址:http://www.pup.cn　电子邮箱:law@pup.pku.edu.cn
电　　话:邮购部 62752015　发行部 62750672　编辑部 62752027
　　　　　出版部 62754962
印　刷　者:世界知识印刷厂
经　销　者:新华书店
　　　　　730 毫米×980 毫米　16 开本　30.5 印张　566 千字
　　　　　2007 年 11 月第 1 版　2007 年 11 月第 1 次印刷
定　　价:45.00 元

未经许可,不得以任何方式复制或抄袭本书之部分或全部内容。
版权所有,侵权必究
举报电话:010-62752024　电子邮箱:fd@pup.pku.edu.cn

序

◇ 吴志攀

《经济法学家》论文集已连续编辑出版五年了。在这五年间,每年经济法学会学术委员会都从征集到的大量论文中,选出一批优秀论文,并给予表彰和奖励。许多学者发表了很好的论文,论文涉及的领域广泛,论述深刻,提出了不少有价值的学术观点和解决问题的建议方案。这些论文的发表,对于经济法学科的发展、本学科师资队伍的建设,对于培养学生和服务社会等方面,都起到了积极的作用。

阅读这些优秀论文,让我们想到中国人做学问的传统。经济法学科是一个新兴的学科,也是源自西方的学科。但是,对于中国学者来说,我们除了要学习、掌握西方的学术规范、治学方法之外,更要向本国的传统学习,许多优良治学传统,对我们今天做学问,仍然有指导意义。

中国历来有"实学"的传统,古代学者做学问时,十分注重研究实际问题,始终强调"纸上得来终觉浅,绝知此事要躬行"。我把这种传统,称为"左图右史"。这个成语历来形容典籍图史收藏的丰足。《新唐书·杨绾传》中说:"性沉静,独处一室,左图右史,凝尘满席,澹如也。"但事实上,"左图右史"还有一层意思,那就是图与史是不能分离的,图与史分列左右,可以互相参补印证。治史者若没有地理知识,缺乏历史空间的方位感,几乎是不可想象的。史地并称,正是这个道理。

古代人做学问,最讲究进行实地考察。读《史记·太史公自序》,对下面这段话总是印象深刻:

> "迁生龙门,耕牧河山之阳。年十岁则诵古文。二十而南游江、淮,上会稽,探禹穴,窥九疑,浮於沅、湘;北涉汶、泗,讲业齐、鲁之都,观孔子之遗风,乡射邹、峄;戹困鄱、薛、彭城,过梁、楚以归。於是迁仕为郎中,奉使西征巴、蜀以南,南略邛、笮、昆明,还报命。"

司马迁之所以能写出"史家之绝唱,无韵之离骚",和他这样丰富的实地考察经验是分不开的,他为了考订史实,还大量访谈了历史人物的后人,把这些家族历代相传的故事记录下来,所以我们今天读《史记》,才有栩栩如生之感。

无论是郦道元作《水经注》、徐霞客著《徐霞客游记》,还是李时珍著《本草纲目》,无一不是行万里路,遍访天下有经验人,从实地考察和现场调查中获得第一手资料,再根据前人文献,细致地进行分析,最后才著书立说的。

“左图右史”的方法,也被后来历代治学的大家所继承。在这些大家中,有的是大政治家,有的是大学者。我举三个例子来说明:

第一个例子,著名文章《井冈山的斗争》是怎样写成的?

1928 年 11 月 25 日,毛主席在井冈山写出了《井冈山的斗争》,当时毛主席 35 岁。写作的条件简陋,住在山上的农家房里,没有电,点油灯;没有钢笔,用砚台和毛笔。但是,这篇伟大的文章至今读起来,仍然令人惊叹不已。我引用一段:

> “广东北部沿湖南江西两省边界至湖北南部,都属罗霄山脉区域。整个的罗霄山脉我们都走遍了;各部分比较起来,以宁冈为中心的罗霄山脉的中段,最利于我们的军事割据。”

“整个罗霄山脉我们都走遍了”。我们今天看了地图就知道,罗霄山脉是中国湖南省和江西省两省边境山地的总称,井冈山处于罗霄山脉中段,属南段的万洋山,面积 1300 平方公里。毛主席在写这篇文章之前,花了许多时间,将“整个罗霄山脉都走遍了”,之后才能做出一个正确判断:

> “北段地势不如中段可进可守,又太迫近了大的政治都会,如果没有迅速夺取长沙或武汉的计划,则以大部兵力放在浏阳、醴陵、萍乡、铜鼓一带是很危险的。南段地势较北段好,但群众基础不如中段,政治上及于湘赣两省的影响也小些,不如中段一举一动可以影响两省的下游。”

历史证明毛主席的判断是正确的,历史还证明毛主席在当时写的另一篇重要文章《中国的红色政权为什么能够存在?》中得出的结论,也是正确的。因为该文章的基础,也是他在罗霄山脉的实地调查研究的结果。从井冈山创建革命根据地开始,经过后来艰苦卓绝的革命斗争,最后才建立了新中国中央人民政府,开始我们今天的社会主义经济、社会、文化建设的时代。在今年国庆节前夕,重读毛主席的《井冈山的斗争》和《中国的红色政权为什么能够存在?》,我感到很有意义。

第二个例子,马寅初校长回乡搞人口调查。

1953 年,我国进行了第一次人口普查,人口总计 601938035 人,人口年增长率为 20‰。但是,当时的北大校长马寅初对人口普查结果表示怀疑。因为他看到,这次人口普查采取抽样调查的方法,即将出生率减去死亡率得出实际增长率。马校长认为这种调查方法,不能概括全貌。例如,上海人口当年的净增长率是 39‰,还有许多省份的人口出生率,也高于 20‰。所以,不能用一个简单的算术公式得出全国人口增长率为20‰。

因有疑问,1953年,已是古稀之年的马校长,亲自率领一批助手和学生,走出京城,下浙江,到江西,上陕西,赴山东,去上海,马不停蹄地进行人口调查。1954年,马校长以人大代表的身份,第三次回浙江农村调查,走访了10个县的二十余个农业生产合作社。结果他发现,我国人口的增长率,应该是每年增长22‰以上,有些地方甚至到达30‰。

他忧心如焚,围绕人口问题进行全方位的比较分析,写出了调查报告。在报告中,马校长恳切地写到:"如果不采取措施,我们会犯极大的错误,会给国民经济带来极大的困难,新中国将会背上一个极其沉重不易摆脱的包袱。"马校长又写成《控制人口与科学研究》的长篇论文,提交给1955年7月召开的第一届全国人民代表大会第二次会议。

我想,之所以后来马校长能够在巨大的批判压力面前毫不退缩,除了他的高贵人格和道德勇气之外,还因为他的结论是从实地调查得来的,他有学术上的充分自信。

第三个例子,费孝通"三访江村"进行调查研究的例子。

我从郁乃尧同志的文章《费孝通与〈江村经济〉的故事》(原载《团结报》,2007年6月29日)中摘出一些段落,抄录在下面:

> 1935年10月8日,费孝通和妻子王同惠一起去广西大瑶山做社会调查,王同惠为了救护身受重伤的费孝通不幸遇难。1936年初,养伤中的费孝通从北平回到家乡苏州姐姐家休养。费孝通住在吴江县庙港乡开弦弓村的姐姐家,顺便看到姐姐搞的蚕丝业改革。他看到农民劳动和现代缫丝业机器生产的结合,迅速形成了明确而系统的调查提纲。1936年7、8月间,费孝通对开弦弓村开展了中国江南村落小社区的调查。从此开始,在长达近七十年内,费孝通前往吴江开弦弓村调查共达26次。
>
> 1936年秋,费孝通在由上海去英国留学的轮船上,把收集来的资料加以整理,写成一份调查报告初稿,并带着这篇报告进入英国伦敦大学政治经济学院学习。费孝通在其导师马林诺夫斯基教授的指导下,进一步对开弦弓村调查资料分析、整理,用英文写成了题为《中国农民生活》的长篇博士论文,同年获博士学位。
>
> 1957年4月24日至5月15日,47岁的费孝通和他姐姐费达生一起回到吴江县开弦弓村考察。再访江村,对这个阔别21年的村子从1936年到1956年的变化作实地调查。他用21天的时间听县、区、乡、村干部的汇报,召集各种类型的小型座谈会,对江村进行了一次比较全面的调查。调查内容涉及江村二十多年的历史变化情况。
>
> 费孝通在这次调查中,先要亲自证实情况的真实性。对这次调查中乡

亲反映的粮食和小孩失学问题十分重视。反复想着刚进村时，乡亲们吞吞吐吐的话语，他决心尽量准确而详尽地弄清从1936年至1956年间的实情及其过程，从中寻找粮食紧张和孩子们没钱上学的原因。他在20天里广泛找人了解情况，聚集一些老乡展开争鸣，在不同意见中鉴别，还原真实情况。

1981年10月1日至4日，费孝通再次回到阔别23年的吴江县开弦弓村调查访问时，他已经是71岁的老人。而费孝通早年采访过的该村农民，也和他一样，已经是两鬓花白的老人了。这次实地考察，是费孝通为出席英国皇家人类学社会学会议作准备的，随行人员有中国社会科学院经济研究所3人以及他的姐姐费达生等，他们对开弦弓村农业、多种经营、乡村办工业、土地、人口、文化教育、农民收入、家庭结构和生活等方面开展调查。

随后1982年1月、10月，费孝通又两次重访江村，开始发现乡镇企业是农村发展的关键，以及小城镇建设的问题。1983年5月、10月，费孝通亦是两次访问江村，着重对小城镇的调查研究，先后写出了《小城镇，大问题》小册子和《小城镇再探索》一文。

1985年、1986年，费孝通都是两访江村，为纪念访问江村五十周年作准备。1986年又开始向外国友人开放，费孝通陪同接待日本东京大学教授中根千子、美国联合大学教授巴乃特以及日本小城镇研究代表团等考察，旧地重游。

当年11月27日《江村经济》中译本新书发布会上，费孝通特作抒怀一诗："愧赦对旧作，无心计短长。路遥试马力，坎坷出文章。毁誉在人口，浮沉志仍扬。涓滴乡土水，汇成大海洋。五十年华逝，老来羡夕阳。盍卷寻旧梦，江村蚕事忙。"

六十多年来，费孝通与江村结下了深厚的感情，他以毕生精力对江村进行跟踪调查研究，剖析这个农村社区的社会结构关系，揭示社会生活和经济演化规律。2006年是费孝通先生调查考察家乡吴江开弦弓村70周年，他一生中调查不止，笔耕不辍，其作品《乡土中国》、《江村经济》等已是研究中国经济、社会和文化的必读之书。他80岁生日那天，有人问他一生中最有意义的是什么，他说"志在富民"。

以上这三个例子，都说明一个道理：要想写出好文章，就必须结合问题，实地考察，通过调查研究，掌握第一手资料，向有实践经验的人请教，亲口尝一尝"梨子的滋味"，知道梨子的滋味是甜的，还是酸的？只有这样，才可能得出比较符合实际情况的结论。

经济法是一个特别强调实用的学科，要研究的实际问题很多，可以说，在我们的社会生活中，俯仰即是。这些问题不但真实地存在着，而且有些还亟待解决。例如，公司法方面的公司治理问题，企业破产问题；市场竞争中的反垄断问题;证券法方面的内幕交易和操纵市场问题;银行法方面的内控合规问题;矿产资源开发中的人身安全保障问题;土地开发中的利益相关人保护和环境保护问题等等;都等待我们去深入研究和解决。这些都不是逻辑推理所能解决的,只能去现场看,去听当事人讲,然后拿出实实在在的解决方案来。

今天,我们这些人的年龄从三十多岁到五十多岁不等,还有六七十岁的老师前辈。我们这个学科,现在很热门,大家的条件比起古代学者的治学条件都好得多,比起当年井冈山的条件或者当年马校长写《新人口论》时的学术环境也好得多了。我们不能把自己关在书斋里,而是要继承"左图右史"的传统,向老一代大家们学习,学习他们注重结合实际问题,调查研究的方法;学习他们迈开双腿,走到社会实践中去,掌握第一手资料的方法;学习他们敢于创新,提出别人不能提出的看法,甚至是想不到的看法,或者是"想都不敢想"的看法,或者是富于挑战性,或者是充满批判性的看法。

只有这样的治学方法,只有这样的研究态度,只有这样的科学勇气,只有这样的"一不怕苦,二不怕死"学术探索精神,才能写出真正的文章。

请允许我,谨以个人上述粗浅的学习体会,作为今年论文集的小序吧,谢谢了!

目　录

经济法总论

宏观调控法

市场规制法

跨领域和经济法相关问题研究

经济法总论

论经济法在社会分配中的作用和边界

◇ 孟庆瑜*

内容提要 由于分配与法律之间的密切关系所决定，经济法在社会分配过程中具有特殊的地位和作用。但是，应对极具复杂性的社会分配问题，经济法在调整社会分配关系时，既面临着发生在国家、企业与个人之间的分配关系的范围限制，也面临着来自于政府有限理性以及预算、税收和财政支出等调整方法方面的局限。

关键词 经济法 社会分配 调整范围 调整方法 局限性

在所有关涉社会分配的法律制度中，经济法在理顺分配关系、维护分配秩序、实现分配公平等方面，发挥着特殊而重要的功能和作用。[①] 同时，我们也必须对经济法在社会分配过程中的作用边界或功能局限予以充分的关注和理解。

一、经济法调整社会分配关系的范围有限性

社会分配关系需要由经济法调整，经济法也能够调整社会分配关系，但这并不意味着所有的社会分配关系都需要经济法调整。尤其是在现代社会经济条件下，社会分配关系呈现出一种极其复杂化的态势。不同的分配关系对于国家干预的需要以及由此而形成的对经济法调整的需要，是存在明显差异的。

（一）经济法在调整国民收入分配关系层面上的范围边界

国民收入分配处于宏观分配层次，关注的是社会总产品在国家、企业、个人等不同社会收入群体之间如何分配的重大比例关系问题。它的合理性程度，不

---

* 孟庆瑜，法学博士、河北大学政法学院教授。

① 孟庆瑜：《分配关系的法律调整——基于经济法的研究视野》，法律出版社 2005 年版，第 22—35 页。

仅直接影响着国民经济的持续、稳定、健康发展,而且影响着国家、企业、个人利益关系的和谐,影响着全体国民物质文化生活水平的提高。这些直接关涉所有社会利益集团的切身利益和国家宏观大局稳定的重大目标,离开了国家的积极介入和必要干预都是难以实现的。但是,在国民收入分配过程的不同阶段所形成的国民收入分配关系,对于国家干预的需求程度是不同的。其中,在国民收入初次分配阶段所形成的分配关系,由于受到生产对于分配的决定性影响,这种分配关系应该更多地尊重各种生产要素在生产过程中的市场化选择,而不是国家的强制性干预。相反,国家在国民收入再分配过程中则处于主导地位,国家从总体上掌握着再分配的权力,通过经济机制和经济手段,来控制和调节国民收入的再分配活动。基于对国民收入分配关系的这样一种整体把握,笔者认为,经济法调整国民收入分配关系的范围边界在于:

(1) 国家与企业和居民个人之间的国民收入分配关系。就不同主体相互之间的分配关系来看,在以国家为一方、以企业和居民个人为另一方的分配关系中,如国民收入的预算分配关系、国民收入的税收分配关系、国民收入的财政支出分配关系等,国家始终占据主导地位。作为分配主体,国家是分配体制、分配制度和分配模式的最终确定者。作为分配接受主体,国家则是社会财富的无偿占有和使用者。尤其是现代社会以来,伴随国家所担负的社会公共职能的不断增加,国家掌控的社会财富呈现出一种不断增长的共同趋势。相比之下,企业和居民个人在分配关系中的地位则明显处于劣势。尽管在特定的领域它们仍最大限度地保留着自身的独立分配关系主体的资格和自由,但始终要受到国家与社会的关系,特别是国家能力强弱的直接影响。由此可见,在处理国家与企业、国家与居民个人之间的国民收入分配关系时,既需要在法律上确认国家在这类国民收入分配关系中的主导地位,更需要把国家这种分配权力的配置与行使控制在法律规定的必要范围内,这就是经济法的作用领域和空间。

(2) 国家内部的国民收入分配关系。在国家内部的国民收入分配关系中,主要表现为一定社会财富在不同层次、不同级别的国家机关之间的分配和在同一层次或级别的不同国家机关之间的分配。由于不同国家机关担负的不同社会职能所决定,它们在分配关系中的地位和角色是不同的。其中,就横向分配关系来看,税收、财政、计划、金融、劳动保障等部门主要是以分配主体身份出现的,而承担其他社会职能的相关机关则更多以分配接受主体身份出现,由此形成了不同国家机关在国民收入分配中的不同关系;在纵向分配关系中,中央政府和上级政府主要履行分配主体职能,地方政府和下级政府则更多以分配接受主体的身份出现,由此也形成了不同级别的政府或国家机关之间在国民收入分配中的不同关系。此外,着眼于国民收入的空间分布和不同地区社会经济的均衡发展,不同地域的地方政府在国民收入分配中的关系也应受到高度关注。因此,在协调与处理所有这些具体的国民收入分配关系时，既要使不同国家机关实现其社会职能拥有充分的收入保障，又要高度重视它们在分取和支配国民收入时的有效限制；既要保障特定地域内的国家机关所担负的社会职能的有效实现，又要高度关注不同地域空间范围内的国家机关在国民收入分取与占有关系上的适度均衡。这些同样构成经济法的作用领域和空间。

（二）经济法在调整企业和个人收入分配关系层面上的范围边界

企业收入的分配过程以及由此形成的分配关系，主要表现为生产要素所有者或支配者就企业收入的分割而形成的一种财产关系，它取决于各生产要素在企业收入创造中的地位、作用和相互之间的优化选择和有机结合的状态。众所周知，生产要素是一个伴随社会生产力的发展而不断发展变化的事物。在现实生产活动中，投入的生产要素极为复杂，而且其数量和种类都处于变化和发展之中。特别是在知识经济初露端倪的背景下，知识、信息等越来越成为现实的生产要素，并在收入创造中发挥着日益突出的作用。按一定规模结构有机组织起来的各种生产要素在收入创造中的不同地位和作用，构成分配收入时的主要根据。各种生产要素的数量、质量以及效用既是经济增长的源泉，也不同程度地成为收入分配的依据或标准，成为影响国民收入分配关系的基本因素。由于不同生产要素的供给者，可能是股东、债权人、企业的管理者、普通员工，以及政府、社区和客户等，而呈现一种极为复杂的格局，从而形成了对企业收入存在着分层次要求的一个庞大的权利群。围绕企业利润分配，在股东、债权人、管理层、雇员和国家等利益关系主体之间存在着有关股权保护、债权实现、职工利益保护、税收等诸多方面的利益冲突。[①] 面对这种复杂的利益冲突，选择企业收入分配的契约安排作为解决途径，当然极为重要，但在企业收入分配上的以国家干预为内容的法律强制的解决途径，也是必不可少。确认和提供这种法律强制解决途径，并防止强制不当的，也只能是经济法，而非其他法律所能胜任。

个人收入分配关系是广大个体社会成员在获取和处分个人收入过程中形成的社会关系，主要表现为他们基于各自的劳动、财产、技术和管理技能等生产要素的投入，或一个平等独立的社会主体的生存与发展而产生的对个人应得收入的占取关系，以及在自由处分个人收入的过程中与其他社会主体之间发生的财产权利关系。其中，作为生产要素的所有者而产生的分配关系是与企业收入分配关系相联结的，主要表现为个人工资收入和其他投资收入分配关系；作为独立社会主体的平等地位而产生的分配关系构成国民收入再分配关系中的一个组成部分，主要表现为以社会保险为主要内容的社会保障分配关系；基于对自己收入

---

① 邱海洋：《公司利润分配法律制度研究》，中国政法大学出版社 2004 年版，第 37—38 页。

的自由处分而产生的分配关系的实质则是一种物权支配关系。在所有这些个人收入分配关系中,其中的一个核心问题就是既需要防止国家公权力的恣意侵犯,又离不开国家公权力的有效保护,而这恰恰是需由经济法担负的重要使命。

二、经济法调整社会分配关系的方法局限性

经济法调整社会分配关系主要是通过公权介入的方法来实现的,由此决定了以国家公权力为依托的强制性分配在所有分配关系中的主导地位。在现代社会经济条件下,税收、财政转移性支出、强制性社会保险等成为实现强制性分配的主要方式。但是,无论是作为强制性分配主体的政府,还是强制性分配的具体实现方式,都存在着自身难以有效克服的局限性。

(一)政府作为强制性分配主体的能力局限

由于政府在克服市场失灵过程中具有征税权、禁止权、处罚权和较低的交易费用等优势,政府有效介入社会分配关系是现代市场经济的一个重要特点。但是我们必须注意到,"并非在任何时候自由放任的不足都是能够由政府的干涉弥补的,因为在任何特别的情况中,后者的不可避免的弊端都可能比私人企业的缺点显得更加糟糕"[①]。具体而言,主要表现在以下三个方面:

(1)政府的有限理性。面对自由市场经济的固有缺陷和政府干预的独特优势,不同国家都在政府是一个拥有完全理性的"超人"理论假设下,推行了政府对于社会经济生活,特别是对社会分配关系的全面干预,乃至高度集中的计划经济体制。但是,西方国家对社会经济全面干预的实践结果和社会主义国家推行计划经济体制的深刻教训,使人们不得不承认政府只能是一个具有有限理性的"常人"。因为政府在进行资源和社会产品的分配时,同样会遭遇广大市场主体所面临的信息不充分、不及时和不可靠的实际困难,难以确保政府在强制性分配的范围、方法和程度等选择上的科学与有效,从而使政府干预的结果常常背离了政府介入社会分配关系的目的和初衷,人们所面对的现实依然是社会分配的不公平。

(2)政府的干预成本高昂。众所周知,政府对社会经济生活的有效干预是需要支付成本的。比较而言,政府在干预社会分配关系时所付出的代价是高昂的,这是因为政府在进行社会财富的收集和转移过程中存在各种各样的流失。其中,不仅包括政府在收集和转移社会产品时所需要的人、财、物以及时间的投入,而且还包括政府为实现公平目标而干预分配关系时所可能造成的效率损失

---

① 〔美〕查尔斯·沃尔夫:《市场或政府——权衡两种不完善的选择》,谢旭译,中国发展出版社1994年版,第15页。

和实际的更大不公平。相对来说,前者一般是显性的,易考察的;而后者则是潜在的,难测算的。

(3)政府有自身的利益追求和偏好。就政府存在的正当性和合法性而言,政府作为市场的干预主体除了追求公共利益外,不应该有自己的特殊利益和偏好,但事实却并非如此。正如公共选择理论所指出的,国家不仅拥有自己的政治利益,而且还拥有自己的经济利益。支配它的政治家和政治官员的最基本的动机是使它的(和他们自己的)收益最大化——政治支持最大化或选票最大化。政治家为了获得政治支持或选票最大化,往往屈服于代表特殊利益的压力集团。这些利益集团通过竞选捐款、游说、政治交易、寻租甚至贿赂对政治家产生影响,迫使他们颁布有利于这些利益集团的立法和政策。[①] 其中,社会分配就是经常被不当干预或影响的重要领域,干预社会分配关系成为政府实现自身利益最大化的重要途径。特别是在西方国家多党政治的背景下,包括预算、税收、社会保险等等在内的社会收入分配政策的变动,始终构成不同政党谋取执政和巩固执政的有效手段,国家或政府的收入分配职能存在着不同程度的异化现象和趋势。

(二)政府的强制性分配方法的功能局限

政府对于社会分配关系的干预是贯穿于国民收入分配全过程的,是围绕财富的收集与分配展开的,实现途径和方法具有多样化,主要包括体现国家强制性分配总规模的预算以及实现预算收支的税收和财政支出。但无论是哪种方法,都呈现明显的不断扩大化趋势和功能局限性。

(1)预算的功能局限。国家预算作为政府的财政收支计划,集中反映了政府的活动范围和财政收支状况。但是,预算作为一种反映国家强制性分配总规模的财政收支计划,始终面临着国家预算的平衡及其制度维护、国家预算方式的制度选择与创新、国家预算活动的科学性与民主性程序制度保障等诸多问题的困扰。原有的预算平衡不断被冲破,年度平衡逐渐为周期平衡所替代,财政收支平衡逐步发展为国民经济平衡;预算方式不断调整出新,预算陷阱花样翻新,预算赤字持续攀升,预算规模不断扩大;预算监督的方式陈旧,缺乏力度,政府预算膨胀刚性化等等。这些都是国家预算强制性分配实践过程中所遭遇的现实问题和功能局限,在世界各国都不同程度地存在着,尤其是在缺乏民主传统和法治建设滞后的国度里,情况更是严重。

(2)税收的功能局限。税收是国家参与社会收入分配的重要手段,与各类主体的利益攸关,直接影响到公共经济部门与私人经济主体之间的收入分配。

① 〔澳〕休·史卓顿、莱昂内尔·奥查德:《公共物品、公共企业和公共选择》,费昭辉等译,经济科学出版社 2000 年版,第 4 页。

为了消除税收侵权属性的影响,保障税收目的性的实现,世界各国都在贯彻税收法律主义原则,力求实现税收中性目标。但是,当今的税收法律主义已难以确保纳税义务人的基本权利,税收自身的目标均衡经常被打破而处于国家税收最大化的状态。首先,因为在当今社会经济形势下,国家借由课税取得私有财产及所得中的份额越来越高,并由此取得财源、调控经济、激励企业,还影响生产、投资与消费。对于这种不断增长的税收干预应赋予何种界限呢?其次,当今国家在行使税收权力时,尽可能不引人注目,惯于让纳税义务人税源扣缴、预估暂缴;由税目多元化而隐藏实质的重复课税;透过间接税使纳税义务人在不知不觉中缴纳;直接税则借由限制财产增值及损益限额的认定,使得账面营利所得不至于减少等。可见,在税收法律主义要求下,已不足以保障纳税义务人的基本权。特别是在一个财政权甚少受限制的现代给付国家,纳税义务人的基本权不能仅以形式上的"议会保留"或"法律保留"为满足,必须寻求实质之保障。因为民主参与程序及立法程序的公开化、透明化,并不一定能保障纳税义务人。①

(3) 财政支出的功能局限。与税收的聚集财富的功能不同,财政支出是政府为履行其职能而支出的一切费用的总和,是政府行为的成本。财政支出的规模越大,也就意味着政府行为的成本越高。综观世界各国的财政支出情况,尽管不同国家在财政支出结构上存在明显差异,但从各国财政支出规模的变动趋势来看,总体上呈现不断扩大的趋势。增长的原因在于公共产品需求决策和公共产品的供给过程中,或者说源于政治过程中,可能是特殊利益集团促成财政支出增长,也可能是官僚行为的影响或财政幻觉所致,经济法的调整与规制并不能真正有效控制政府运行成本高昂的总体形势。从财政支出的具体情况来看,财政支出按照性质可分为消耗性支出和转移性支出。它们各自的项目结构设置和支出规模,反映了一国政府的政策选择以及执行这些决策所必须付出的成本,因为一个国家财政支出项目的编制,通常与政府部门的职能、机构设置结合在一起。无论是哪种支出方式,都面临着有限财政资源的合理配置和高效利用问题,都担负着市场化分配不平等后果的合理矫正,努力消除贫困的职责。这些问题的解决和预期目标的实现,将取决于包括民主传统、政府法治化程度等多种因素的影响。还有,这种政府对于社会分配关系实施干预的实质,就是以组织方式对市场交易范围的替代、缩小,人们一旦采用了这种方式,就具有强制性的特点,就很难恢复到市场方式的运用,从而使政府扩张具有某种不可逆转的特征,这对于充分调动和发挥社会和广大民众的力量消除贫困,改善自身福利的积极性和持久性,也是不利的。

---

① 葛克昌:《税法基本问题——财政宪法篇》,台湾月旦出版社股份有限公司 1996 年版,第 51—52 页。

论阶层对社会利益原则的影响
——基于农民阶层与经济法的双重分析视角

◇ 李长健*

内容提要 社会阶层分化、流动和组合深深影响着法律制度、法律原则的变化,有时还主导着其发展方向。社会利益的法律原则化是保障社会利益的本质诉求,社会利益原则制度化则是社会利益实现的制度求解。经济法已成为社会利益实现及法律原则化的主体制度。农民阶层会使社会利益原则的价值序发生方向性影响、内容序发生层次结构支撑性影响和主体序发生动力性影响。

关键词 农民社会阶层 社会利益原则 经济法律制度 价值序 内容序 主体序

我国正处于巨大的社会转型期,系统化的改革和建设措施,不仅给社会带来了物质文明、精神文明,还带来了制度文明;不仅促进了社会财富的增加,还引起了社会结构的巨变。社会结构的变化必然会导致社会阶层结构的变化,而社会阶层结构的变化必然引起社会利益结构的变化,社会利益结构的变化必将使反映社会利益关系的法律制度、法律原则发展变化。事实证明,任何社会的发展都伴随着阶层变迁所带来的利益之争,并深深反映在法律之中。

一、社会阶层分化下的社会利益

边沁认为:"共同体的利益(即社会利益)是组织共同体的若干成员的利益总和。"①可见,在边沁看来,个人利益是最基础、最重要的利益,社会利益只不过是个体利益的总和,亦即不存在独立的社会利益。庞德则将利益分为三大类,即

* 李长健,华中农业大学文法学院教授、武汉大学法学博士。

① 〔英〕边沁:《道德与立法原理导论》,时殷译,商务印书馆2000年版,第58页。

个人利益、公共利益和社会利益。[①] 庞德认为社会利益是最重要的利益，是包含在文明社会中并基于维护文明社会的正常秩序和活动而提出的各种具有普遍性的主张、需要和愿望。笔者认为：社会利益是一个富有张力的概念，对社会的不同理解导致对“社会利益”的不同认识。如果将“社会”作为包罗一切的广义理解，社会利益就是人类社会存在的一切利益，是所有利益概念的上位概念。如果将“社会”作为相对狭义的理解，社会是基于共同利益而互相联系起来的人群。[②]或是以共同物质活动为基础而相互联系的人们的总体[③]，“是人们交互作用的产物”[④]，由一定的经济基础和上层建筑所构成。社会利益则是一个相对的概念。笔者认同社会利益与国家利益均是公共利益的下位概念，并认同：如不作特别的分析考虑，社会利益和社会公共利益、社会整体利益同义。社会利益是一定时空范围内的社会全体成员，在一定社会物质生活条件下，基于一定的社会目标而对诸种社会要素和社会状态的共同需要所体现的利益形态。社会利益是广泛个体利益的集中体现，是具体的、独立的利益形态。

社会现代化过程就是社会阶层分化的过程。中国经济结构变化和经济发展已经导致了新的社会阶层结构的初步形成。尽管新的社会阶层结构尚处在不断变动过程中的初始阶段，但其资本构成成分、结构形态、等级秩序、关系类型和分化流动机制等方面，都较 1978 年前有了深刻的变化[⑤]，其社会阶层位序已经确立，阶层基本成分不会有大的剧变。在新的社会阶层结构中，不同阶层因经济地位的变化而引起社会地位、政治地位、文化地位的变化，表现为不同的阶层成为不同的利益主体，从而导致利益的分化，原有社会的利益整合机制被消解，需要建立起新的利益整合机制。反映在利益关系上，就应在增强阶层群体意识，在促进利益结构多元化的同时，协调利益关系，整合不同价值追求的多元利益目标、利益和谐与社会公正。完成这一目标的重要归一措施是不断地发展和壮大社会利益，通过社会利益的质与量的双向供给，从而满足多元化利益主体对利益增加的共同追求，使利益分化下的社会冲突有了消解的利益基础。

我国还是一个农业劳动者阶层规模过大、社会中间阶层规模过小的社会阶层结构，不断地工业化、市场化、现代化和法治化使社会阶层分化更加剧烈，社会阶层由“两个阶级一个阶层”走向多元化，社会阶层分化正经历由身份到契约的转变……这种不断发展中的社会阶层分化使社会利益形态处在不断变化过程

---

① 〔美〕庞德：《通过社会的法律控制：法律任务》，沈宗灵等译，商务印书馆 1984 年版，第 37—41 页。

② 邓钢：《对社会利益及其与经济相关的反思》，载《云南大学学报法学版》2001 年第 3 期，第 67 页。

③ 《辞海》，上海辞书出版社 1979 年版，第 3611 页。

④ 《马克思恩格斯选集》第四卷，人民出版社 1972 年版，第 320 页。

⑤ 陆学艺：《当代中国社会阶层的分化与流动》，载《江苏社会科学》2003 年第 4 期，第 1—9 页。

中,使社会利益形态的形成和发展已不再是纯市场的行为,国家的介入、社会制度的作用、生产力的发展、所有制结构的变化、生活习惯的影响、文化的作用等,均使社会阶层分化有了可发展、可规制、可民主、可文明的演进动力和发展方向。其中,社会制度的作用成为社会阶层分化下影响社会利益形态的首要因素,深深地影响着社会阶层分化下的社会利益形态。社会利益法治化的要求,成为社会阶层分化中社会公正、和谐社会实现的本质性、时代性要求。

二、法律原则化的社会利益

(一) 法律原则化:保障社会利益的本质诉求

在社会阶层不断分化的法治社会,社会利益的相对独立是不争的事实。保障社会利益的实现不仅是法治化国家的新使命,也是和谐社会建设的新需要。只有保障社会利益的实现,才能为和谐利益关系的形成提供可能。尽管社会阶层分化本身不属于法治建设的范畴,但它能够为法制建设提供动力;尽管社会利益的法律原则化不具备很强的操作性,但它可以为法律概念、法律规则、法律制度提供基础和出发点,有时还可以成为法律实质性判断的依据。

社会利益法律原则化是对社会利益的价值提升,其价值取向是实质正义。将社会利益作为行为选择的价值标准,是保障社会利益、实现实质正义的本质要求。相对于普遍化价值的形式正义而言,实质正义反映的是一种具体化的价值,是局部的、特定的个体或群体享有的价值,是其对现实的享有与满足的价值。实质正义不仅为社会成员提供了追求各自合法利益目的的工具,以促进个人追求个人目的而达致的社会普遍利益,而且努力为社会成员制造条件,积极为其寻求具体的、现实的利益享有的途径。[①] 特别是在社会成员无法自身实现具体、现实的利益时,国家通过法治手段介入,进行社会制度的理性安排,就显得重要和必然。

(二) 原则制度化:社会利益实现的制度求解

社会利益的实现和社会利益的法律原则化是法律的共同目标。建立以社会利益为基础、个体利益为主体、国家利益为保障的和谐的利益体系,合理架构个体利益、国家利益和社会利益的关系,成为制度建设的必然选择。在法律制度体系中,社会利益法律原则化在所有的法律制度中均不同程度地得到体现。可以说,围绕社会利益原则,我国法律制度已构建了以宪法为核心、行政法为主导、经

---

① 李昌麒等:《经济法的社会利益考辨》,载《现代法学》2005 年第 9 期,第 17—18 页。

济法为主体、民商法为补充和诉讼法为保障的维护社会利益的法律制度体系。

经济法制度以社会整体利益原则为最高制度准则。经济法站在社会整体利益维护的角度，通过平衡协调各种经济关系，实现经济自由与秩序、经济民主与集中、经济效率与公平、经济发展与持续在社会整体利益之上的协调统一。经济法在国家对整体经济生活的干预协调时，以社会整体利益为最高准则，作为出发点和归宿，在处理个体利益、国家利益和社会整体利益之间的关系时，优先考虑社会整体利益，通过消除自由放任和极端个体权利本位对社会整体经济发展所造成的消极影响，解决个体利益与社会公益之间的矛盾，促进社会和经济的良性运行和可持续发展。① 维护社会整体利益原则是社会化大生产对经济法调整的必然要求，是经济社会化、法律社会化、生产现代化的客观需要，是经济法的本质和价值的体现，是经济法的宗旨和精神的反映。社会整体利益优先原则的基本要求是：(1) 经济法的一切领域均应以社会整体利益为首要的最高准则，亦即社会整体利益至上。在经济法视野中，一切经济法行为、经济法制度安排的好坏、优劣，其价值判断的最高标准，就是看其对社会整体利益的维护程度，就是看是否有利于社会整体利益。(2) 经济法在协调个体效益、集体效益与社会整体效益时，以社会整体效益为根本指导准则，亦即社会整体效益优先。

经济法自产生以来，为回应社会化大生产对法律的挑战，从社会本位出发，以追求社会整体利益为责任，以鲜明的整体效益价值取向与传统法律部门相区别，从而使其成为维护社会利益原则法律制度中的主体制度力量。

三、农民阶层——影响社会利益原则的重要社会力量

研究阶层对法律原则的影响，笔者尚未查到相关的文献资料。作为尝试，笔者就社会阶层对社会利益原则的影响进行探讨性研究，祈望能为阶层分化下的法律原则和法律规则体系的建构发展提供一定的帮助。研究的三个基本假设是：其一，社会阶层分化必将引起制度层面的变化。其二，农民阶层是可分化的，其分化是中国阶层分化的主体，并在较长的一段时间里不断持续演进着。其三，社会阶层利益的价值取向、形态、基本内涵是一致的。

1. 价值序的影响——农民阶层对社会利益原则的方向性影响

中国农民的政治特征决定了中国政治走向，中国农民的法律特征同样决定着中国法律的正确走向。重视农民阶层对社会利益原则影响的分析毫无疑问是

---

① 李长健：《论农民权益的经济法保护——以利益与利益机制为视角》，载《中国法学》2005 年第 3 期，第 121—122 页。

重要的和根本的。农民阶层对社会利益原则中的价值取向影响着社会利益原则价值实现的次序和方向。在农民阶层大量分化前的计划经济时代，农民对利益的追求大都存在个体多元、性质一致性的“异体同质”现象。可以说，农民是当时我国最具利益一致性的群体。随着阶层分化的进行，这种“异体同质”现象不断受到影响，但整体而言，“先求生存，后求发展”的利益目标和大规模性特点尚未真正改变。农民阶层的这一利益目标和特点决定着社会利益原则对不同价值追求的序列。尽管“就各种价值目标或利益主张而言，并不存在一个绝对的最优标准，但我们仍能对价值的位阶或利益的轻重作一基本排序，问题的关键是如何确定据以判断‘序列’及‘层次’的标准。”①德国学者克莱以量最广，而且质最高的价值作为最优先次序的价值。② 德国联邦宪法法院在实际判决中也确定了个人利益应符从“更高的社会利益”价值序列。笔者认为，从判断标准来看，这种“量最广”、“质最高”还不足以成为价值次序的判断标准，特别是在社会阶层处于不断分化、社会关系不断现代化、社会主体不断现代化的中国。对价值序的影响，还应考虑农民阶层分化的方向和价值的质与量的方向关系。量最广、质最高，与阶层分化同向的价值才是社会利益原则所追求的最优先次序的价值。我们可称之为“量广、高质、同向”，或阶层分化与价值追求的“同质同向下的量广”。那种“同质异向”、“异质同向”、“异质异向”的量广，不应成为社会利益原则最优先次序的价值。

2. 内容序的影响——农民阶层对社会利益原则层次结构的支撑性影响

从历史看，法不仅与社会阶层分化而同时出现，而且法律原则、法律规则也是在社会阶层分化中得到完善，得到适用。法在运行中不断地对各社会阶层的地位、权利、义务进行确认，不断地对社会阶层的相互关系，特别是各社会阶层的利益关系进行维护。与此同时，社会阶层对不同利益的需求也影响着法律原则、法律规则的发展和完善。改革开放以来的中国农村社会阶层的巨变，使原来较单纯的农业劳动者分化为农业劳动者、农民工、乡村知识分子、个体工商业者、私人企业主、乡村管理者和乡镇企业管理者等多个阶层。这些阶层的分化与流动往往伴随着城乡的密切交流，使传统较封闭的单一的“农业——农村——农民”的三位一体的社会结构体系发生着巨大的变化，不断开放、变化着的农村社会结构支撑着国家法律在农村的运行，可以说，农民阶层的阶层分化与流动为法律运行提供了相应的社会结构性支撑。这是一种反映不同利益诉求的利益结构关

---

① 李昌麒等：《经济法的社会利益考辨》，载《现代法学》2005年第9期，第21期。

② 这里的“量最广”是指受益人的数量最多，尽可能地使最大多数人能均沾福利。与此同时，要充分考虑受益者的重要特性，如职业、收入、年龄及地位等。“质最高”是指以对受益人生活需要的强度而定的，凡是对满足受益人生活愈需要的，即与社会需要紧密性愈强的，即是质量高的价值标准。参见：陈新民：《德国公法学基础理论》（上册），山东人民出版社2001年版，第203页。

系，使得农民阶层在这种利益结构关系下对社会利益原则的内容有了更加明确、富有层次的、不断拓展着内涵和边界的要求，农村社会结构开始由金字塔向橄榄形转化。从阶层内部而言，农业劳动者阶层开始缩小，中间阶层在不断壮大，企业家阶层正在兴起和壮大；从阶层外部而言，农业劳动者正不断向其他社会阶层流动。这些变化使社会利益原则中社会安全、机会公平、社会发展（社会进步）的利益层次内容，不断得到层次性的加强、适用区域的拓展和结构性的支撑。阶层层次结构影响利益关系的层次结构，利益关系的层次结构影响调整这些关系的法律原则、法律规则的层次结构，这一逻辑链条得到了进一步的证明和加强。我们可以说，农民阶层可持续分化是推动农村法治的动力，并为法治提供了社会阶层结构的基础。

3. 主体序的影响——农民阶层对社会利益原则的动力性影响

社会利益原则的产生、发展和适用需要各种载体形式，制度载体、文化载体、组织载体是其基本的载体形式。社会阶层对社会利益原则的影响在于：通过社会阶层的分化、流动和组合，形成不同的主体形态，推动着社会利益原则的产生、发展和适用。这些主体形态包括国家、政府、各类市民社会、社会团体和个人等种类繁多、层次多样、关系复杂、不断变化的形态。社会阶层的分化、流动和组合成为影响社会利益原则发展的动力。社会利益的多样性、可转化性等特点加强了社会阶层对其发展的动力作用，并通过阶层及其组合的主体形态之间所进行的集体选择，将社会利益原则中的主体位序进行排列，从而使表面上因社会利益的不确定性所造成的主体虚置状况得到契约化、制度化的改变，使不论在任何社会时空中我们都可以找到社会利益的主体。

国家是社会利益原则的确定者和当然代表者，是阶级社会中社会利益原则主体序中位阶最高、最具权威性的主体。在市民社会与政治国家不断融合互动的国家社会模式下[①]，各利益集团获取利益的方式由单纯意义上行动走向制度契约下的博弈与妥协。社会主体通过大量的争执、交易、妥协达成的以社会整体的名义对外的利益诉求，唯有借助国家的成熟的、覆盖面最广、组织体最完善和强大的、广泛的民主商议机制来实现，从而使国家成为社会利益代表者有了制度上的现实性和保障性。社会利益的整体性也为国家代表社会利益准备了基础性条件。国家将整个社会各类成员集合起来，通过不同的制度安排，使社会成员之间的利益关系和联系方式得以法律制度化的固定，从而使社会得以稳定、有序的

① 由于国家与社会关系较模糊，社会其实是国家之中的社会。政治成了分配社会资源、统筹社会的、并由国家主导的社会活动。我国城乡社会二元结构和民主政治结构性养分不足，使市民社会发育缓慢，促进了国家社会模式的形成。

状态存在着。毫无疑问,国家具有代表社会利益的适格性。[①] 政府是社会利益的整合者和社会利益的主要维护者。政府作为社会利益的整合者的作用远强于维护者的作用。政府自身的利益和政府干预经济社会中出现的“政府失灵”现象,使其不能成为唯一的最佳社会利益维护者。政府对社会利益维护中的缺陷需通过国家、社会中间层主体、社会个体和其他阶层组织来弥补。社会阶层中的个体也同样因为利益之间的差异和冲突不能成为社会利益的主要维护者,但其可以成为社会利益的主要享有者。社会个体通过对社会利益获取游戏规则的认可去展开利益的争夺和对社会利益的享有。纵使有时失败,也期待在下一次机会中获得成功,从而使社会利益有了使游戏可持续下去、并服从大局的社会阶层基础。社会阶层对社会利益的主体作用的发挥,除需要有良好的社会利益整合与形成机制、有效的维护机制外,还需有表现各阶层利益的诉求的表达机制,有畅通的阶层分化流动机制(特别是向上流动机制)和各阶层(特别是弱势阶层)共享成果的机制。这样,就会使各社会阶层对社会利益产生共识,使社会利益原则在法律原则体系中的位阶得到有共识的提升。中国农村阶层分化、流动与整合是在所有制结构变革下进行大规模的社会阶层变迁,促进了社会阶层对社会利益追求的觉醒。农村社会生产力的发展、新的社会阶层的出现、分配制度的改革、国家社会治理模式的变化使农民阶层对社会利益产生的作用、分享的机制体系和维护的机制有了更新的市场化、法治化实现的路径,进一步推动了社会利益的发展。可以说,农民阶层已成为社会利益发展的新的重要的动力,也必将成为维护社会利益原则的重要社会力量。

---

① 冯果、万江:《社会整体利益的代表与形成机制探究》,载《当代法学》2004 年第 5 期,第 92—93 页。

论经济法调制主体及其工作人员的责任追究模式与分担方式

◇ 缪因知*

内容提要 对经济法调制主体及其工作人员进行责任追究时，应以其违反了法定的调制程序而不是行为造成了实体损害为前提。调制主体本身不应当对其工作人员实施的普通违法调制行为承担责任，但基于实际需要，应代位承担赔偿责任，这种赔偿责任应纳入传统的国家赔偿责任。

关键词 调制主体 工作人员 责任追究模式 责任分担方式

一、概 念 界 定

"调制主体"指在经济法运行中有权实施宏观调控和市场规制行为("调制行为"①)的主体，其"未必是行政机关，更不是全部行政机关"，但基本上仍然是行政机关②，只是由于"在调制方面行使的主要是国家的经济职能而非传统的行政职能，因此，与行政行为的主体还有所不同"③。

"调制主体中的工作人员"不仅包括执行任务的基层业务类工作人员，也包括令调制主体进行特定行为的高级决策者，即"负有直接责任的主管人员和其他直接责任人员"。

"责任追究模式"特指实在法在规定经济法调制主体及其工作人员因调制

* 缪因知，北京大学法学院2006级博士研究生。

① 调制行为的概念、构成要素、合法性及效力等，见张守文：《略论经济法上的调制行为》，载《北京大学学报(哲社版)》2000年第5期。

② 由于现行实在法未规定因立法性调制行为引发的法律责任，如对之进行研究也似乎过于超出实际。故本文的"调制主体"可以在很大程度上等同于进行调制活动的行政机关与相关法律法规授权的组织。

③ 张守文：《略论经济法上的调制行为》，载《北京大学学报(哲社版)》2000年第5期。

不当行为而承担法律责任(不限于通过诉讼而承担责任,下同)时,是“实体追究模式”还是“程序追究模式”。

“责任分担方式”特指将一项违法调制的法律责任分担给调制主体本身,还是给调制主体的工作人员的分配方式。

二、调制主体及其工作人员的责任追究模式:程序性还是实体性

通过观察许多部门经济法典相关条款的规定,如《银行业监督管理法》第43条第1款、《人民银行法》第48条、《政府采购法》第81条、《税收征收管理法》第76条等,我们可以发现,法律在对各种经济法调制主体及其工作人员的调制行为是否违法界定时,其标准大凡都是程序性而不是实体性的:是规定行为主体因为违反了某种具体可操控的行为准则(如“违反规定”、“未经批准”、“擅自”、“逾期”)才被视为违法,而不是因为“后果严重”才被视为违法。即行为主体承担责任一般是由于行为违反了一个明确(尽管未必具体细致)的程序性标准所致,而不是做出了一个在后果上危害社会的、为某种实体标准所不容的行为所致。在笔者看来,这主要是基于以下考虑:

1. 调制行为本身是就是一种有目的的对社会主体实体利益的损益

经济法的宗旨在于实现对本国经济运行的协调,所以国家往往被赋予较大的权力、具有较大的裁量自由,以面对不断变化的、不确定的经济和社会现实。且出于对各种利益的统筹考虑,有意地对不同主体的经济利益进行损益。所以,特定调制受体如果仅因利益受损,而要从实体角度对调制主体进行法律责任追究,是有悖经济法的宗旨的。

不过,调制受体可以通过代议机关成员的质询,以及参与政治活动如选举,合法的表达不满,使作出不符合自己利益的调制行为的具体行政决策者或立法机关成员下台。这实际上可以被看作是后者实行特定调制行为时的一种可能的责任形式。

基于同一原因,我们也不需要讨论如果社会整体利益被损害后是否应当对调制主体进行法律责任追究的问题。因为社会利益不是虚置的,在一个正常的民主国家里,如果有足够多的具体社会主体利益被侵害,那反弹的政治合力足以使相应的调制行为作出者下台了。即使是广大第三世界国家,统治者难以作出选民所期望的政绩时,也会陷入“政绩困境”①。

---

① 〔美〕塞缪尔·亨廷顿:《第三波:20世纪后期民主化浪潮》,刘军宁译,上海三联书店1998年版,第59页。

2. 调制主体可预见的能力有限

调制主体调制失败，有时会给调制受体或社会造成严重损害，但这在很多时候只是一个基于有限理性、信息不对称等原因产生的能力问题，或者说是理念问题。① 因此，既然公众当初选择了这一批人执政并且允许他们依法来行使较大的权力（包括对经济调制手段措施的选择权），就应当对他们由于能力不足等造成损害的可能性有所预计，就不能对他们基于实体考量而做出的不成功、不正确的判断进行追究。

3. 对调制行为后果的实体评价可能会随着时间的变迁而变化

协调本国经济运行是复杂而艰巨的，有时候为了实现经济在长时期内健康发展，会以眼前暂时的大面积经济状况恶化为代价。而一时的刺激经济繁荣的短期措施，却可能意味着日后长期的经济疲软，甚至埋下经济危机的种子。因此，如果以实体后果来规范和要求调制主体的工作人员，很可能会流于考察的短期化和简单指标化。法律的调整办法不适合于对后果在短期内不确定的行为进行评判。否则，只会刺激调制主体及其工作人员产生追求“为官一任”的表面繁荣的短期行为。

4. 调制行为的作出，需要运用专门的知识和信息并依赖于特定的情境，事后很难重新评判当初状态下的实质合理性

调制行为的作出，需要调制主体依据专业化的知识与技能，密切结合当时的社会经济动态现实包括公众情绪而作出，具有高度的复杂性，并带有适度的情境特定性和作出者的个体风格。既难以在事后对当时的实际情况予以精确的复制再现，也难以在事后评判时剥离当初的信息不对称和知识经验获得的滞后性所带来的负面效应。

故而，无论是上级机关，还是行政监察部门或司法机关等责任追究机构，只宜对当时的行为是否遵循了法定的程序、是否符合当时的合理决策与执行标准予以审查。遵从当时的调制决策者自我裁量，是一种更为合适的做法。这比较类似于英美公司法上的“经营判断规则”（business judgment rule）。

5. 从程序上追究调制主体及其工作人员的责任，具有现实的合理性与可操作性

现代经济法在制度构成上具有自足性，即大量地设置了程序性规范，对权力行使的条件、步骤、力度等要素的详尽规定，也是对调制主体的一种制约。“干预程序的法定化，其根本目的在于实现干预的民主化和科学化，以便减少乃至杜

---

① 如信奉自由主义的调制决策者，会比较排斥凯恩斯主义的建议。大危机时美国胡佛政府一方面对经济危机束手无策，另一方面又绝不愿意采取后来罗斯福新政中的措施，尽管这些措施未必是前者的智识所不及的。

绝干预权的滥用”。①

总之,经济法的宗旨所具有的复杂性,决定了调制主体及其工作人员具有相当的裁量和相机抉择地对经济生活进行调控和规制的权力。对这种权力的运作的适当控制手段既可以是政治的,也可以是法律的。但法律的控制应体现在事前的调制程序规定,与事后的、建立在相关调制活动违反了相应程序性规定的前提之下的责任追究机制。

而且,随着经济法律和法学的发达化,各种规范的种类和数量将会不断增加,法律对社会生活的调整将更为具体和确定,必将越来越多地对调制行为在程序上有约束。调制主体及其工作人员在进行调制活动时候必须遵循的准则增加,意味着调制法定化程度的提高。程序作为对调制主体及其工作人员行使权力的有效控制手段,将越来越明显。

三、调制行为违法引发的责任:调制主体承担与工作人员个人承担

(一)调制主体是否应当对以其名义作出的违法行为而本身承担责任

现行经济法的责任规定通常的一个特点是,在违法行为表述时,将各种调制主体作为主语,但责任的承担往往落实给“有直接责任的主管人员和其他直接责任人员”。有学者对此提出了质疑,如认为我国《中国人民银行法》“只规定了工作人员违法行使职权的法律责任即个人责任,而没有规定中国人民银行违法行使职权的法律责任即法人责任”的做法不可取。② 然而笔者认为,此种规定是有其必然性与合理性的。这可从如下两个方面分析:

1. 调制主体工作人员的违法行为,并不是调制主体自身的意志和利益的反映

责任由谁承担的问题应该取决于行为由谁作出。法人行为虽然是以具有独立人格的法人的名义作出的,但其行为背后存在着法人和实际负责的自然人的双重意志、双重利益。为了实现法律责任追究机制的目的和本意,首先应当考察相关法人和自然人各自在此行为作出过程中的意志和利益的体现程度,才能解决何种责任承担机制更有助于发挥责任追究的功效的问题。

经济法调制主体是一种公法人,本体一般是根据宪法、组织法所创设,而不

---

① 李昌麒:《论市场经济、政府干预和经济法之间的内在联系》,载《经济法研究》(第一卷),北京大学出版社 2000 年版,第 81 页。

② 邢会强:《立法的理念、政治和技术分析——以经济法立法为例》,at http://www.cel.cn/show.asp? c_id = 101&c_upid = 97&c_grade = 3&a_id = 1589。

是其内部人员的私法契约所创,也不是其工作人员体现自己意志、实现自己利益的手段。相反,是先由法律创设了这一主体,然后由该主体或该主体的上级主管部门来选择合适的人员为其工作,是调制主体法人借助工作人员的行为来实现法人的意志(这种意志在宏观上是法律赋予该主体的调制职能)。

因此,当调制主体的工作人员违反法定程序,从而产生责任的时候,虽然一般这种违法行为是以该调制主体的名义而不是具体工作人员的名义作出的,但由于调制主体本身的性质决定了其并不在这些工作人员的违法活动中获得独立利益,也谈不上该法人背离法律、从事此违法行为的独立意志的存在。所以,在调制主体的工作人员因违法而产生责任的时候,对调制主体本身追究责任是不能产生责任追究的效果的。

相反,私法人实际上是自然人为体现自身意志、实现自身利益而建立的一种具有法律人格的工具。以私法人中最为典型的公司为例,任何以公司名义作出的行为说到底是为了公司各个利益相关方的利益。公司本身只是一个追求利润的经营工具,一切公司法人行为都最终受制于公司控制者的意志的驱动而已(当然,公司控制者也会受到其他公司利益相关方的一些制衡)。公司所作出的任何行为,都只是为了体现其背后的自然人的利益。

因此,当公司工作人员作出各种以公司名义示众的行为,如生产不合格产品、从事不正当竞争行为时,令公司承担责任的深层次理由是使法人背后的自然人承担最终的后果。虽然在法人行为所产生的责任较轻时,责任承担虽然只限于法人自身①,但实际上将间接地产生了对法人成员的惩戒,如对经济收入或可支配物质资源的负面影响,或因私法人声誉受损产生的连累效应。并且,由私法人的逐利本质决定,对法人的责任施加还会导致法人内部治理机制的自动反应而使责任“落实到位”,如公司因出售不合格产品而承担赔偿责任,股东利益会因此受损,从而表决撤换负责公司生产的董事、经理(在投资人和管理者合一的有限责任公司中,这种惩戒效应更为直接);而当法人行为的违法程度较为严重,所产生的责任较重,需要较严厉的惩戒时(如刑罚),责任会进一步追至违法行为的意志出发者和最终利益承担者——法人背后的自然人身上。

我们还可以分析一下刑法对法人犯罪规定的责任承担方式。一般来说,各国对法人犯罪一般既有对法人和直接责任人员一并处罚的双罚制,也有法人和具体个人二者只罚其一的单罚制。但在任何法人犯罪而只实行单罚制的情形中,基本上只有对自然人的单罚,而无对法人的单罚。这是因为尽管这些法人是

---

① 此时民事责任的追究仅限于法人,也不全是因为此时所产生的责任较轻,只需要通过法人间接惩戒之故。而是在于人们也同时承认:现代经济生活中的秩序与安定性对法人人格的独立性和稳定性有一定的要求,公司这样的私法人作为社会中独立人格体,在方便交易、实现责任区隔等方面有重要价值。所以在通常情形下,法人人格产生了“面纱”作用。

名义上的犯罪活动实施者,但这些行为实际上体现的还是特定自然人的意志和利益,而不是法人本身的独立的意志和利益。所以如果只追究法人的责任,则会忽视实际操纵其的自然人的责任。因此,作为最严厉的一种责任承担方式,刑罚之拳便越过了法人,而直接落在了其背后的自然人身上。

2. 令调制主体本身承担责任的现实操作性不足

首先,与令私法人承担责任从而影响到其工作人员不同。对调制主体本身进行直接惩戒,很难对其工作人员产生影响。

其次,“调制主体的角色具有多重性,它在保障经济和社会稳定发展,保障社会公共利益,或其他公共物品的提供方面,作用十分显要,因而一般很难让它歇业、关闭,也无法对其处以自由罚”。[①]

(二)调制主体应对其工作人员的行为承担赔偿责任

尽管当调制主体的工作人员因为违反法定程序而须承担责任时,调制主体不应当同时承担责任,但无论是从应然性还是实然性考虑,调制主体实际上仍然要对其工作人员的行为承担一项责任,即赔偿责任。

这种责任的导出,并不是基于责任的承担与功能方面的逻辑,而是在于现实的需要:调制行为产生的主要是经济性的影响,很可能造成的损害巨大,超过普通个人的承担能力,如仅由相关工作人员自身承担,难以实现充分赔偿,所以需要由调制主体承担起责任。对此,我们可以借鉴一下行政法上的国家赔偿理论,以对调制主体承担赔偿责任的问题予以说明。

国家赔偿责任的性质,在行政法学界有自己责任和代位责任之争。[②] 代位责任说是指公务员就其行为所作造成的损害应由公务员自己承担,但因公务员财力有限,为确保受害人能够得到实际赔偿,改由国家代替公务员对受害人承担赔偿责任,我国虽然以自己责任为通说,但代位责任说是日本行政法学界的通说,也得到了祖国大陆一些学者的支持[③],在我国台湾地区,代位责任也是多数学者的意见和实务倾向之所在。[④]

在经济调制领域,代位责任说更为合适,因为如前所述,笔者反对就调制活动所造成的实体后果而进行责任追究活动,所以在通常的调制行为(不包括反调制行为)领域,是不应当产生调制主体本身故意或过失的去违法损害调制受

---

① 张守文:《经济法责任理论之拓扑》,载《中国法学》2003 年第 4 期。

② 行政法学界对国家赔偿责任是自己责任还是代位责任颇有争论,而民法学界对法人责任相关争论并不突出,其实也反映了前文所说的公、私法人间的差异。

③ 参见姜明安主编:《行政法与行政诉讼法》,高等教育出版社、北京大学出版社 2005 年版,第 643 页。

④ 翁岳生:《行政法(下册)》,中国法制出版社 2002 年版,第 1561 页。

体的权益的情况的，调制责任实际上一般都是调制主体的工作人员个人违反程序所造成的责任。调制受体所受到的损害由调制主体或者说国家来承担，其首要目的只是为了对调制受体实现充分赔偿。

（三）调制主体的赔偿责应纳入传统的国家赔偿责任

行政机关是调制主体的主要主体。行政机关所做出的引发国家赔偿责任的违法行为，是发生在经济调制活动还是其他行政活动中，差别并不是很明显。即使部门经济法中不规定调制主体的赔偿责任，也无碍此类行为被追究国家赔偿责任。因为一项以行政机关名义做出的职务行为被追究国家赔偿责任，只要符合《国家赔偿法》中列举的那些概括性行为模式即可，部门法不一定得在规定行政机关可行使权力时，一一注明必须在造成损失时承担国家赔偿责任。因此，经济法可以不对行政型调制主体规定专门的、一般国家赔偿责任以外的由调制主体承担的国家赔偿责任。且如果认为只有在法律中有明确规定，才能追究特定调制主体的国家赔偿责任，反而是不利于保护调制受体的利益的。

调制受体法律责任体系的重构*

◇ 李志刚**

内容提要 经济法上调制受体所承担的法律责任，是本法责任优先、他法责任或然性并科的复合多元系统。以“人身罚、财产罚、资格罚、名誉罚”的新分类角度，可以发现其中的内在沟通性和外部可替代性，从而为制度的科学设计提供理论依据。实践中，在充分发挥本法责任之经济性和规制性优势的同时，还应坚持法定、适度和绩效的基本原则，力争责任体系的结构合理、功能协调、适度有效，并注重和运行机制相匹配。

关键词 调制受体 责任体系重构 沟通性与可替代性 结构合理 适度有效

一、重构调制受体之法律责任体系的基础

依照传统的“部门法”责任类型划分方法，调制受体的法律责任体系，包括了经济法的本法责任和行政、民事、刑事责任等他法责任。其中本法责任应该是第一位的，他法责任是第二位的。① 这就意味着在本法责任与他法责任竞合时，经济法上的责任规定优先适用；他法责任如果在功能和效果上与本法责任重合，须让位于更专业化的经济法责任。

（一）“重新洗牌”的必要性

传统上，“三大责任”或者“四大责任”的划分标准并不周延。民事责任、行政责任和刑事责任（以及违宪责任）的分类，是以不同部门法的实践沉淀或者制

---

* 本文已发表于《法学》2007年第6期，原文约1.1万字。

** 李志刚，北京大学法学院博士研究生。

① 参见张守文主编：《经济法概论》，北京大学出版社2005年版，第113页。

度借鉴所形成的制裁形式为分类依据，对各种责任形态所贴的部门法标签，本身并没有统一科学的分类标准和严密的逻辑体系，是制度实践和表述习惯的“路径依赖”；而且以“三大/四大”部门法的名义来覆盖所有部门法的责任规定，名实难副，不能适应实践需要。同时，这种将宪政责任和民事、行政、刑事责任并列、公私法混杂、现代法和传统法并论的“异面划分”，不仅存在疏漏，也存在交叉和错位。[①] 在分析调制受体责任体系等复杂性和现代性问题时，应该予以超越，需要变换思路、“重新洗牌”。

（二）发现划分法律责任形态的内在逻辑

法律制度在其蜿蜒发展的历史进程中，逐渐沉淀下丰富和复杂的责任形态。就共时性和“地方性”的角度，其中应包括：“民事责任”上的停止侵害、排除妨碍、消除危险、返还财产、恢复原状、修理更换重做、赔偿损失、支付违约金、消除影响、恢复名誉以及赔礼道歉；“行政责任”中的警告、罚款、没收非法所得、责令停产停业和吊销营业执照、行政拘留（此外还有劳动教养、行政处分等）；“刑事责任”中的管制、拘役、有期徒刑、无期徒刑、死刑以及罚金、剥夺政治权利、没收财产、驱逐出境等。回溯历史，还有肉刑、族群连带等野蛮残酷的刑罚。宪法责任则有撤销或改变文件和行为、罢免等形式。而晚近经济法上的独特责任形态则包括：政府决策失误赔偿、惩罚性赔偿、实际履行、信用减等、资格减免、颁发禁止令、引咎辞职、改变或者撤销政府违法决定等等；当然，罚款、证照的吊销等可被“现代性”的经济法吸收为自身的责任形态。

历史偶然中蕴含着逻辑必然。人类赖以生存和发展的基本手段和资源，除了自身的脑力、体力（肉体、自由乃至生命）外，还有可支配的工具、财物、社会地位、官爵以及亲缘和社会关系，到了近代则有可以调动其他资源和兑换其他利益的专业证照、任职资格以及更加无形化和网络化的商誉、信用等新型“资源”。对这些资源的剥夺、限制或者否定，也就意味着对个人和团体之生存和发展的限制，从而能达到法律上的惩罚和预防目的。由此，主体所拥有和控制的资源的类型，决定了可剥夺和限制的范围——包括人身、资产以及能力甚至社会关系共同体和血缘族群。

由此，财产性责任、人身/自由性责任、资格性责任、声誉性责任这种分类视角，发现了责任类型划分的内在逻辑，不仅有利于打通传统民事、行政、刑事甚至宪政责任，而且对新型经济法责任和其他部门法责任（如环境法、社会法等）的定位和认识，也有重要价值。

---

① 张守文：《经济法理论的重构》，人民出版社2004年版，第443页。

二、调制受体责任体系重构后的结构功能分析

重构后的调制受体之法律责任体系，由财产性责任、人身/自由责任、资格性责任、声誉性责任等构成（见表1）。需要说明的是，对于调制受体所承担的经济法责任以及或然性并处的他法责任，主要是一种惩罚性（覆盖了必要的补偿）的责任，以用于弥补因违法行为外部性的溢出所引发的社会成本，因此本文用"罚"来作为各种责任形式的中心词[①]；另一方面，由于各种行为强制或曰强制措施（如限期改正、和解中的自我纠正、强制召回等），主要目的是责令违法行为人主动恢复原状、消除行为外部性，以避免后续的加重处罚或者实质性责任的承担，也就是实体责任的前置程序或者消解方式，因此本文不将"行为罚"单列为调制受体的责任类型。当然，这种行为强制，在经济法上具有独特的经济效率性，可能产生良好的博弈效果，获得调制受体的自觉配合和主动服从，因此具有重要的制度价值。

表1 调制受体法律责任体系的新分类示意图

新分类标准	各类别中具体责任形态	内部沟通性的原理
财产罚	惩罚性赔偿、罚款、罚金 没收（非法）财产或所得	欲补偿的"成本"大小决定财产补偿或剥夺的形式和幅度
人身/自由罚	刑罚之自由和生命刑（管制、拘役、有期徒刑、无期徒刑、死刑） 行政拘留	潜在社会风险大小和改造难度决定责任强度
资格罚	暂扣或者吊销证照 资格减免（市场禁入或行为限制） 颁发禁止令	报废或停用"专用性资产"和对专业性风险的"隔离"
声誉罚	信用减等 申诫、公开谴责	瘫痪经营能力和隔离交易/执业风险
创新/边缘性责任形式	劝诫、强制召回、二次广告、和解中自我纠正、结构性拆分（另一种"资格丧失"）	突出规制性、经济性优势；某些"行为强制"，可视为资格罚或者财产罚的转化或者结合

（一）责任体系内在沟通和可替代的法理依据

在实现法律基本价值和回应法律基本功能的层面上，各种类型的法律责任

① 当然，经济法责任具有"奖"和"惩"的双重规制性：对违法人的超额赔偿，意味着对权利主张人和受害人的某种奖励，但是本质上行为人的"二次义务"是超越了成本补偿的惩罚性责任。

及其具体形态存在内在一致性和共同平台。就剥夺和限制而言，包含对人身和自由的剥夺、对自有财产、从业资格和盈利机会的剥夺、甚至对信誉资产和无形积累的剥夺；就救济和补偿而言，包含对直接相对人的补偿，也包含对不特定的受影响人和社会公益的补偿；就预防和隔离而言，包括将人身与社会的完全隔离、与特定行业和市场接触的隔离、与某种社会交易和信用网络的隔离，等等。

（二）各责任类型的内部沟通性——经济学与社会学的分析视角

其一，财产罚——需补偿的“成本”大小决定责任强度和补偿范围。财产罚就是对违法者的金钱或者财物的直接剥夺或者收回，如损害赔偿、罚款、罚金、没收非法所得或财物等。从根本上看，对财产的剥夺和收回的数量和程度，取决于不同法律责任所要维护的利益和所处的立场——是要补偿特定的损失、回复到违法前状态，还是对违法者予以惩罚以弥补其所造成的更大范围和不特定的损失。用经济学的成本收益分析方法来分析，违法行为所造成的“成本”（损失）的大小和范围（是私人成本还是社会/公共/秩序成本），就决定了财产性法律责任的具体形式和幅度。随着经济法上违法对策行为负外部性的逐渐突出，需要弥补的“社会成本”的逐渐扩大，赔偿的额度也需要增加，于是引入多倍赔偿和罚款的责任，这种责任不仅具有经济性，而且具有社会性；不仅有补偿性，而且有惩罚性。①

其二，自由/人身罚——隔离潜在的社会危险。从行政责任上的拘留到刑罚上的管制、拘役、徒刑以至死刑，在幅度和程序上紧密衔接、甚至严丝合缝，在内在功能上也是一致的——集中体现在“隔离”层面——当社会危害性达到相当大的潜在可能时，就将违法者与正常的社会轨道相隔离，使之“到另一个地方去”，脱离一般性的社会关系。服刑人虽可能仍与亲属、利害关系人及狱政人员发生关系，但是不再是正常的社会关系和社会活动；同时派生出的各种缓刑、假释和监外执行，也不是原来意义上正常的社会关系和社会活动。②

隔离功能，相对于教育、制裁等功能而言，是目前刑法学界所认同的、刑罚所能实现的最基本和最有效的功能形式。当代美国学者指出：美国刑法已经不再把克制未来犯罪作为刑罚目的。刑罚的目的是为了将犯罪人与社会隔离，让其在隔离状态下不再犯罪。刑罚的目的是为了对每一个犯罪人给予公正地惩罚，同时，也能达到一定程度的克制效果和隔绝效果，从而，刑罚达到了公平，具有

---

① 参见张守文主编：《经济法概论》，北京大学出版社 2005 年版，第 114 页。

② 刘瑞复：《关于法学理论的理论问题》，载《江流有声——北京大学法学院百年院庆文存之理论法学、国际法学卷》，北京大学出版社 2004 年版，第 64 页。

伦理上和法律上的正当性。[①] 将危害性的风险与社会隔离，是人身/自由罚的最现实功能。至于具体采取何种强度和长度的隔离手段，则由潜在的社会危害性及改造的难易程度等决定。

其三，资格罚——报废“专用性资产”和“另一种隔离”。资产专用性[②]的理论可以用来解释资格罚的巨大威力。执业人员或者组织如果要取得来自政府合法的证照，以取得进入某个行业或者事项的“垄断”授权，必须付出艰辛的努力（长期的职业学习和技能训练）和大量的投入（资产购置、人员配备或者资格考试、培训、学习等费用）。[③] 而一旦剥夺或者冻结相关资质，则意味着前期巨额成本的完全或者部分沉淀。

资格是减还是免，证照是吊销还是暂扣，交易席位是摘还是停，意味着对已付成本不同的沉淀效果，资格罚内部的各种形态在这一层面上有了量的递进关系。

资格罚，除了宣布专用资产的报废或者停用、对资产投入者意味着巨额损失外，同样也是一种财产惩罚和风险隔离——一方面，永久或者暂时剥夺了违法者未来的盈利机会，预期财产收益被剥夺；另一方面，隔离可能的专业风险，使那些悖德违法、缺乏诚信勤谨品格和专业素质存在缺陷的人士，退出或者暂时远离特定的道德高风险领域和技术难度领域，进而保障相应的交易安全和社会经济安全。

其四，声誉罚——信用社会和网络经济的封喉利剑。现代经济法上，逐渐衍生出一种“专业不名誉”的责任形式[④]，如借贷信用黑名单、信誉评估降级、不纳税信息公告以及责令公开解释或道歉、发出劝告令、申诫令等等，都是这种“信用减等”的表现形式。现代社会，信息成为最主要的竞争手段、经营工具、交易判断依据甚至财产载体，而信誉更是交易者的通行证。因此，信誉减等，无疑是市场经济条件下极具杀伤力的处罚形式。

实践中，对违法行为人予以黄色预警、红色警报还是杀伐性的黑色除名，取决于其违法情节和潜在危害，从而使其声誉贬损程度存在着量上的递进关系。

（三）各责任类别的外部可替代性——功能性视角

调制受体各类责任类型，既有内在的沟通承继性，又有外部的可替代性。前

---

① 肖静辉：《犯罪理论体系国际研讨会综述》，at http://www.law.sdu.edu.cn/xxzy/fxzz/2003-2/20.htm，访问日期2006年8月20日。

② “专用性”特指专门为支持某一特定的团队生产而进行的持久性投资，并且一旦形成，再改作他用，其价值将大跌；或者说，专用性资产的价值在事后严重依赖于团队的存在和其他团队成员的行为。参见杨瑞龙、杨其静：《专用性、专有性与企业制度》，载《经济研究》2001年第3期，第3页。

③ 陈珉：《会计法律规范的经济分析》，上海财经大学出版社2004年版，第76—77页。

④ 史际春、邓峰：《经济法总论》，法律出版社1998年版，第65页。

已论及，资格罚一方面和自由/人身罚之间存在一定的可替代性，同时也与财产罚存在一定的衔接配合。声誉罚，也有一定的剥夺和风险隔离功能，并与自由罚和财产罚的效果也有某些重叠。因此在对调制受体责任的制度设计时，应该关注这种可替代性，在尊重经济法本法责任优先的基础上，尽量避免功能接近或者雷同的责任形式的重复采用，同时注意发挥最佳的组合效果。

在责任体系的衔接过程中，要力戒“泛刑罚主义”和“泛行政管制”。例如，对专业人士（如注册会计师、税务师、资产评估师、证券从业人员等）的法律责任设计，除了要充分满足民事赔偿的诉求外，还是应该多采用资格罚、声誉罚等新型有效的责任方式，不宜过多滥用刑罚等自由罚，因为后者的风险隔离机能，完全可以通过对特定行业或者经营事务的行为能力的隔离层来实现，不一定将肉体也放到“另一个地方”、与“正常的社会关系”隔绝。

当然，由于有些责任形式具有特定价值和宣示意义，因此也就不可替代。如对相对人的损害赔偿就不应该被罚款等上缴国库的责任形式所替代，因为在直接补偿对象的效果上不同，公平正义所实现的程度和现实性也有差异；而刑事责任的判处，意味着个人的社会、政治、经济资格在相当程度上的丧失和贬抑，在特殊时期具有很浓的政治和社会宣示意义，往往是其他责任不能也不允许替代的。在现代法治社会，各种责任类型的设定和追究，都需遵循法定原则、符合法定程序。从根本上讲，各责任类型之间不存在绝对的鸿沟。

三、科学构造调制受体法律责任体系的标准

（一）强调责任法定

责任法定是法治的应有之义。责任是对主体自由的否定和限制，是某种不利的负担或者剥夺，对当事人的行为预期会产生导向和预警作用。近代以来的法治理念，源自自由天赋、理性至上的信仰，后逐渐衍生出“法律保留”、“规定明确”和“内容确定”的法定原则三要素。经济法上调制受体要承担的责任，同样也是对人身、财产和机会的限制和侵夺，因此相关规定必须坚持法定原则，既要明确、克制（大量的调制本身已经是对调制受体自由和利益的“合法褫夺”了），也要合乎理性、正义的观念，减少政策和形势对责任追究的随意干扰。

对民间融资的整顿、对民营经济“原罪”的追究，应师出有名，清晰确定。尤其是刑事责任的追究，须罪刑法定、遵循法定程序，不能因为政策的影响而法外用刑或刑不可测。

（二）追求责任适度

责任适度，是责任体系成为一个有机整体、并能输出有效功能的前提条件。

它要求责任体系应该结构合理、责罚相当，总体与局部之间、局部组分之间保持恰当比例、内在协调。

其一，行为的社会危害性应与责任类型和强度相适应，法律责任的附带性侵害力争最小。责罚相当，是法律公平正义的价值体现；而尽可能减少对责任主体的负溢出效应，也是责任适度的内蕴要求。

确定罚款和没收财产的数额、赔偿的幅度，资格应该吊销还是暂停，是否应该实施剥夺和限制人身自由的处罚，都需要与违法行为的恶性和效果相对应。相对于资格罚的隔离功能，刑事责任的隔离功能，对违法主体的剥夺和侵害更为广泛深刻，不仅与特定的职业和领域隔离，还与一般的社会生活常态隔离，甚至与现实世界隔离，而且隔离的后果往往不可回复。因此，当某类违规行为的社会危害性尚未达到极其严重的程度时，不宜滥用刑罚。在经济犯罪的刑事立法和司法工作中，要准确地把握“犯罪量”，不能因秩序维护的单一目标而扩大打击面。[1]

其二，针对不同违法行为的责任之间应合乎比例、质量均衡、有序匹配，不能畸轻畸重。刑法上要求定罪量刑的准确性，而且要求犯罪与刑罚在量上具有对等性。亚里士多德认为，对谋杀者的惩罚应该与对偷窃者的惩罚之间必须存在一定的适当比例。经济法责任和调制受体的责任体系同样如此。

滥用优势地位制定垄断高价与一般性的价格欺诈，价格卡特尔协议和非共谋的同步价格行为，金融交易中的披露虚假信息和未及时披露信息，等等，在责任设计上就应有轻重之别、保持一定的比例。当然，这种比例适度，可以直接体现在责任的类型、幅度和种类上，也可能体现在责任追究和举证责任的不同要求上（例如，“自身违法”原则与违法推定或举证责任倒置等不同的追究方式和程序规则，可能导致责任的可实现性和强度出现差异）。

责任适度，还要求责任设计要综合平衡，在体系各组分之间尽可能减少功能的重叠或抵消，并寻找有效替代。

（三）突出责任绩效

责任设计应该符合惩罚和救济的基本原理、力争最大化的行为控制效果和经济效益。由此，经济法独特的责任形态，尤其是在高度分工和注重网络信用的现代社会条件下、效果和威慑性突出的资格罚和声誉罚，应该优先适用。对于从事不正当竞争等行为主体，尤其是虚假宣传、诋毁他人的行为，则可以通过矫正广告、行业谴责等形式的声誉罚，发挥降低其交易能力和信誉度的功能。反垄断法上的禁止令、多倍赔偿、融资信用领域的黑名单等等，同样符合降低运行成本、

---

① 魏东：《现代刑法的犯罪化根据》，载中国刑事法律网，http://www.criminallaw.com.cn。

提高制度效率、进而增进社会福利的绩效标准。

责任体系的设计，要充分考虑到责任的追究力度和可实现性，特别是主体的负担能力、谈判和抵制能力、违法发现几率、主管当局追究积极性、裁判的正确率以及社会效果等。传统上易引发对抗的责任形式，需要变革和制度创新，可以通过鼓励、诱导与和解的责任方式，以发挥经济法规制手段的绩效。

经营者论:基于经济法规范与原理的分析*

◇ 徐孟洲　叶　姗**

内容提要　根据现行经济法规范,将经营者定位为经济法上的人之一是合适的。如要突显经营者的经济法主体属性,必须认识到经营者这一范畴具有多重属性。在考察法律经验意义上的经营者的基础上,本文用富有经济法标签意义的经济法理念去阐释经营者的概念,从逻辑上推导出应然法上的经营者的内涵,并着力建构和规整经营者的权利义务结构。

关键词　经营者　经济法上的人　经济法规范　经济法原理　权义结构

基本范畴研究的缺失一直是经济法理论不彰的主要表现之一,也是法学界质疑经济法能否成为独立部门法的重要原因。如果说经济法学较之传统法学门类因其专属特征而使之甚具现代法学色彩的话,经济法所以成其为独立部门法的首要前提恰恰应当是其具备法的一般属性。经济法学对传统法学是有所超越的,适当援引基础法学的研究范式,充分论证经济法学中的基本问题,堪为当下经济法基础理论研究的当务之急。经营者作为与消费者形成对称的概念,既需要得到经济法规范的经验证实,也亟待以经济法原理为基础展开理论推演。

一、经营者的基本定位:经济法上的人

法律主体是任何部门法都必须重视的研究课题。从某种程度上说,经济法领域的一切制度安排,都是为了规范相关主体的行为,调整这些主体之间所发生的社会关系。经济法上的人,是处于法律状态的人,研究经济法主体问题对于深化和完善经济法学理论具有重要意义。

---

* 本文已发表于《现代法学》2007 年第 5 期,原文约 1.16 万字。

** 徐孟洲,中国人民大学法学院教授、博士生导师;叶姗,中国人民大学经济法专业博士生。

(一)经济法上的人:类型化的必要与实践

经济法上的人,与经济法主体、经济法律关系的主体等说法无异。传统经济法教材虽无一例外规定了经济法主体的内容,但并没有完全确立足以支撑起经济法成为独立部门法的经济法主体理论。德国法学家萨维尼提出了法律关系理论,并且根据"人"的本质,将"人"限制在法律关系主体的意义上。[①] 民法主体或行政法主体,公认其指向"自然人、法人和其他组织"以及"行政主体和行政相对人"的主体群。姑且不论这样的界分和归属指向是否合理,至少有一点需要肯定:这些高度抽象而又具有相当科学性的概括方式,使得这两类主体产生了标签性效应,其渐渐成为公理性的认识,使得不同学科间有了对话和对接的平台。

与经济法律规范中已出现的纷繁复杂的主体相比,经济法理论研究捉襟见肘,非但无法成为能够指导实践的先进理论,甚至不能完全反映立法实践成果。经济法主体的类型见仁见智:经济决策主体、经济管理主体与经济实施主体[②];经济管理主体与经济活动主体[③];调制主体与调制受体[④];经营者、消费者和政府。[⑤] 各有其划分的合理性,受经济法调整对象认识不同的影响。笔者认为,将经济法主体概括为消费者、经营者和(经济)管理者准确实用,能够体现经济法调整的市场规制关系和宏观调控关系的内在要求,能够表明经济法主体所承载的权利义务的特殊性,也可以使经济法主体取得简明扼要的标签效果,从而具有经济法的部门个性。这种分类的名称已经得到现行经济立法的印证。

(二)经营者的经济法主体属性:多重维度

在经济法方面的论著或法律法规中,学者和立法者较重视给"消费者"下定义,而较为忽略界定经营者的概念。经营者作为一个类型化的抽象性概念,其范围较为广泛,立法实践中表现为不同的主体类型。经营者没有如消费者般受到法律法规的格外倾斜和照顾,若要阐释经济法上的经营者的概念,必须借助经济法基础理论的支持。要论证经营者属于经济法主体之一这一观点,必须以经济法基础理论为依据,剖析经营者的经济法特征。经营者并非经济法所特有的概念,现行法律法规关于经营者的规定,有不少值得肯定和总结的经验。

经济法著述中不乏给经营者下定义的尝试:以营利为目的,从事商品生产、

---

① 〔德〕H. 哈腾鲍尔:《民法上的人》,孙宪忠译,载《环球法律评论》2001 年第 4 期。
② 李昌麒:《经济法——国家干预经济的基本法律形式》,四川人民出版社 1995 年版,第 441 页。
③ 史际春、邓峰:《经济法总论》,法律出版社 1998 年版,第 186 页。
④ 张守文主编:《经济法学》,北京大学出版社 2005 年版,第 61 页。
⑤ 李友根:《论经济法主体》,载《当代法学》2004 年第 1 期。

销售和商业性服务的法人、其他经济组织和个人。[①] 这种定义过于强调营利目的,忽略和抹煞经营者作为经济法主体理应承担的经济法意义上的社会责任;而采用“法人、其他经济组织和个人”的列举,无法突显其经济法主体的特性。类似界定是:向消费者出售商品或提供服务的市场主体。[②] 但何谓市场主体语焉不详,借助消费者作为对照无法揭示经营者的真实内涵。

另一种定义部分弥补了上述缺陷:经营者参与最广泛的商品生产经营和营利性服务,享有充分的自主经营权和财产权,可以进入市场,开展生产经营与公平竞争活动。[③] 但是这一定义过于强调经营者的权利,没有提及经营者的义务;具体列举经营者的活动内容与方式,缺乏一般性、概括性使其缺乏科学性和普遍适用性。还有一种二元定义:从行为目的来看,经营者是以“与事业相关联的目的”反复连续地实施各种各样的行为,行为人与具有专门性的业务相联系,进行这些业务须掌握有关处理商品、提供服务方面的专门知识和围绕专业的相关信息,而且还须具备在交易中进行交涉的能力;而从行为主体来看,理论上并没有对经营者进行特别限定的必要。[④] 然而,经济法上经营者主体资格的取得往往是有条件的。

二、经营者的内涵阐释:课加经济法的标签

经济法现有著述中对经营者的界定方法,有值得肯定的地方,但也有很多不足。要准确界定经营者,既要参考现行法上的依据,探讨法律经验意义上的经营者;又要从经济法基础理论出发,借助逻辑推理的方法,建构应然法意义上的经营者。

(一)法律经验意义的“经营者”:现行法上的依据

经营者的概念,已然为我国现行法律法规规范所广泛采用:《反不正当竞争法》(1993 年)第 2 条规定为从事商品经营或者营利性服务的法人、其他经济组织和个人;《价格法》(1997 年)第 2 条规定为从事生产、经营商品或者提供有偿服务的法人、其他组织和个人;《反垄断法》(2007 年)第 12 条规定为从事商品生产、经营或者提供服务的自然人、法人和其他组织。这些定义基本上意指同一,即经营者的概念具有复合的特点:经营的内容加上民法主体的外延,但从立

① 潘静成、刘文华主编:《经济法》(第二版),中国人民大学出版社 2005 年版,第 275 页。

② 杨紫烜主编:《经济法学》,北京大学出版社、高等教育出版社 1999 年版,第 194 页。

③ 张士元:《论经济法主体》,载杨紫烜主编:《经济法研究》(第 1 卷),北京大学出版社 2005 年版,第 127 页。

④ 张严方:《消费者保护法研究》,法律出版社 2003 年版,第 121—122 页。

法时间上说有细微变化。经营的内容包括商品生产经营或者“营利性/有偿”服务。

《消费者权益保护法》(1993 年)对经营者的概念未作解释。《产品质量法》(1995 年颁布,2000 年修订)虽较多使用商品生产者、销售者的概念,但有从事服务经营者一称,笔者以为,销售者加上从事服务经营者与经营者的概念并没有太大的差异。《广告法》(1994 年)使用了广告经营者、商品经营者等概念,但未作解释。1993 年颁布、2002 年修订的《农业法》则直接使用了农业生产经营组织的概念,该法第 2 条规定其为农村集体经济组织、农民专业合作经济组织、农业企业和其他从事农业生产经营的组织,即采取列举外延的方式来定义。

可能引起混淆的是:称为经营者,但并非经济法上的人,如企业经营者、公司经营者这些与出资者相对的概念。还有一些特殊的经营者:(1) 专门法律法规中规定的特殊经营主体,如烟草专卖制度中规定的经营烟草制品批发业务的企业、经营烟草制品零售业务的企业或者个人,必须取得烟草专卖批发企业许可证或烟草专卖零售许可证,类似的如食盐专营的经营者。(2) 供给公共产品、准公共产品、发行国债的国家或政府。(3) 内部经营者,如跨国公司分布在各国的分支企业以及许多单位的后勤部门。

(二) 理论推演而得的“经营者”:应然法上的建构

经济法学界对经济法调整对象的认识已经形成了多种学说。笔者坚持市场调节与宏观调控关联耦合说:认为经济法的调整对象为社会生产与再生产领域发生的市场规制关系和宏观调控关系。市场经济体制下,通过民主法治途径促进市场机制与宏观调控相互配合共同作用于社会经济生活。这两种社会关系本质上都具有社会性与管理性:社会性是指从社会利益出发来衡量现实存在的经济关系归属的分类标准;管理性是指从组织、指导、诱导、监督、规划和控制等管理方法出发来衡量现实存在的经济关系归属的分类标准。[①]

经营者作为经济法上的人,在生产、分配、交换与消费环节,经营者与消费者的关系密切相关;经营者可能是生产者、销售者或服务的提供者,其身份可能是投资者、竞争者或纳税人;经营者以营利为目的,但是要兼顾一定的社会责任;经营者具有一定的经济权利能力与行为能力,其行为价值取向反映了典型的经济法特征:着眼于对市场环境、竞争秩序、社会的整体利益的保护。经济法以社会整体利益为价值取向,要求其承担社会责任。经营者的利己行为比较严重,其通晓商品的技术性、了解市场的行情、掌握顾客的心理、并具有一定的销售技巧,随着现代商品和服务技术含量的不断提高,只会使经营者强者更强。

---

① 徐孟洲:《经济法原理与案例教程》,中国人民大学出版社 2006 年版,第 9—10 页。

经营者概念的核心词是经营,经济法上的经营者源于商法上的商人。德国商法中有关经营和营业的内容,甚具参考价值:营业是指一种独立的、有偿的、包括不特定的多种行为的、向外公示的行为,但是艺术、科学的活动和那些其成果需要高度人身性的自由职业不包括在内。商人系经营营业的人,经营可以判断对于何人能够发生特定的商事法律后果。经营者因此被界定为在有关商事营业的范围内成立的行为之效力所及之人。[①] 笔者认为,经济法上的经营者应当包含商人的内涵,但不仅限于此。

三、经营者的权义结构:经济法主体属性之证

没有相应的权利,主体的行为就可能得不到肯定的法律评价。经营者应当在不违反强制性法律法规的前提下,自主决策并作出理性的经营行为。研究经营者的权义结构,应当坚持经济法的部门法立场,致力于实现社会公正,维护公共利益和市场自由与效率的统一。

(一)现行经济法规范中经营者的权义结构

经营者的义务,与消费者权利相对,同样受到理论与实践的高度重视。经营者以利润最大化为目标,在信息偏在和道德风险等普遍存在的情况下,经营者极有可能侵犯消费者的权益,故此,在经济法以维护社会整体利益的价值取向指导下,必须通过规范经营者的行为来保护消费者。同时,经营者履行的义务可以和应当到何种程度,必须有合理界限。因此,经营者的义务必须法定。经营者的义务,被界定为:经营者在经营活动中应履行的责任者依照法律规定必须为一定的行为或者不为一定的行为。

在我国现行法上,《反不正当竞争法》第5条至第15条是关于"不正当竞争行为"的规定,以经营者"不得"从事某一不正当竞争行为的方式,规定了经营者的义务类型。《价格法》第二章部分条文以经营者"应当"如何定价的方式,规定了经营者的义务类型。《消费者权益保护法》第16条至第25条以专章的形式规定了经营者的义务类型。《产品质量法》以专章规定了经营者应承担的十项义务。《反垄断法》(2007年)第二章"垄断协议"、第三章"滥用市场支配地位"、第四章"经营者集中"分别规定了经营者不得从事上述三项垄断行为的义务。

经营者的权利类型尚未成型,其财产权或曰经营自主权较之人身权更受关注。经营者对在从事经济法律行为中所投入和获得的财产,享有最基础的所有权或他物权。经济法"以公为主、公私兼顾"的理念,使得经营者的权利界定须

---

① 〔德〕C. W. 卡纳里斯:《德国商法》,杨继译,法律出版社2006年版,第36页。

从公共领域着手方能周全。我国现行立法中较为集中统一规定经营权利的是《全民所有制工业企业法》(1988),共规定了十四项自主性权利。现行立法上规定的经营者权利可以概括如下:自主经营权、自主定价权、利润取得权、公平交易权、公平竞争权、拒绝摊派权、依法结社权、获得救济权等等。

在经营者的诸项权利中,自主经营权与自主定价权是最能体现经营者权利的内容,经营者在法律、行政法规规定的范围内有权自行决定其经营事务的权利。经营者的经营范围由经过主管行政机关核准签发的营业证照或拟定的组织章程所记载的内容而定。如经营者是特殊经营者,其经营自主权虽然受到一定限制,但这种限制应当依法作出。经营者在不违反政府定价与政府指导价等价格形式各自的限制性条件下,依法享有自主定价的权利。

(二)建构经济法原理上经营者的权义结构

现行法上规定的经营者的权义结构,突出的特征是权利、义务的细分种类繁多,不足之处是经营者的权义结构中夹杂着一些民事权利义务,未能体现经营者的经济法特性。在市场规制法的立场,为了保障市场经济秩序,需要确认经营者的法律地位,通过规制其经营行为,从而起到保护消费者权益,维持公平竞争秩序的目的。国家通过制定行为规范引导、调节、控制和监督经营者的经营行为;从宏观调控法的角度,代表国家履行经济管理和公共服务职能的管理者与经营者之间为调节、控制和稳定宏观经济秩序而发生的社会关系。

经济法具有经济性、社会本位性、国家适度干预性、综合性和公私兼容性等特征,这些特性都必须体现在经营者的权义结构中,并应附之以"和谐价值论"的根本价值取向。在经营者的权义结构建构上,还必须体现经济法"以人为本、平衡协调和社会责任本位"的基本理念。在经营者的权义结构建构上,必须反映经济法维护社会公共利益的本位思想,体现经济法力求实现实质正义和社会公平的目标,贯彻体现经济法的秩序与效率价值的责权利效相统一的原则。建构经济法上经营者的权义结构,是为了论证经营者符合经济法主体的特殊表现。

构建经营者间的权义结构时,竞争因素是最大的考量,故经营者间应当互负公平竞争权利义务;经营者对消费者而言,因其天然的优势,而不得不接受法律强制课加的诚信交易的法定义务;面对管理者时,经营者负有依法接受调控与监管的义务,以便实现宏观调控的政策目标和市场规制的基本要求。除此,经营者还必须对不特定的社会公众、社会以及国家等公共利益主体,承担一定的社会责任。在积极履行法定义务的前提下,经营者能够也应当取得经营权。经营权的内涵与外延应当由经营者从事经营活动的自主性与自为性所决定。

结　论

经营者,与消费者、管理者同属经济法上抽象化、类型化的人。经营者的法律地位已经得到诸多经济法规范的确认,其权义结构亦可见雏形,虽略显稚嫩,未能完全摆脱民商法的色彩,但仍可给经营者问题的理论研究带来经验素材。经济法上的经营者应当这样界定:以营利为主要目的,从事商品生产、销售或者服务提供等经营性活动,并承担一定的社会责任,对消费者负有诚信交易义务、对管理者负有接受调控、监管和规制的义务、对其他经营者负有公平竞争义务并因此能够享受法律赋予的经营权的经济法主体。

论行业协会的争端解决权

◇ 鲁　篱*

内容提要　行业协会的争端解决权是行业协会自治的重要构成，本文对此予以研讨，首先论证了行业协会争端解决权的合理性和功能优势，然后在此基础上论证了行业协会争端解决司法审查的理由和原则，最后着重阐述了我国建构行业协会争端解决机制需要注意的几个问题。

关键词　行业协会　争端解决权　自治

行业协会的争端解决权是行业协会自治化中的重要问题，也是行业协会有效运作的必要制度构成，然而在我国行业协会的现实运行中争端解决权的确立和实施却面临诸多困惑，在很大程度上滞碍了我国行业协会的蓬勃发展，在笔者看来，缺乏理论的有效指导无疑是其重要原因，因而本文拟对行业协会的争端解决权予以研讨。

一、行业协会享有争端解决权的必要性

争端解决权，是指行业协会对有关协会内部事务或行业事务进行仲裁裁决或调解的权力。争端解决权是行业协会一个非常重要的权力。

其一，争端解决权的实质是自决权，而自决权是自治权不可或缺的构成部分，没有争端解决权的行业协会自治只能是一种不完整的、残缺的自治，而行业协会一旦享有争端解决权，那么它便同规章制定权、监督权和非法律处罚权一道构成了功能完善的系统，而行业协会只有具备了功能的完善，其自治的地位及目的才是在真正意义上可以欲求的。

其二，赋予行业协会争端解决权是回应社会复杂性的需要。伴随现代技术

---

* 鲁篱，西南财经大学法学院教授、博士生导师，法学博士，中国经济法学会理事。本文是教育部2005年新世纪优秀人才支持计划项目阶段性成果。

和信息化的飞速发展,社会的复杂性与日俱增,因而社会为降低复杂性便分化为若干功能自治的系统,笔者以为,其蕴意之一便是企图通过系统的功能自治来减少在整个社会层面解决争端的频率和数量,进而防范因某个争端导发整个社会系统的秩序紊乱,基于此,国家便希望通过功能自治来使绝大多数争端都消弭于系统内部,而不至于将争端及其社会影响延展至其他系统和整个社会层面。故而赋予行业协会争端解决权,便有助于将行业协会的诸多纷争内化于其内部运作之中,从而降减了社会的复杂性。

其三,赋予争端解决权是保障行业协会有效运作的必要条件。理论分析表明,行业协会之所以享有规章制定权、监督权以及处罚权,专业化和信息优势是非常重要的理由。因而,一旦成员内部对这些权力的行使发生争执,提出疑问,客观上便要求由具有相应专业背景和信息优势的人来裁决,这将更有利于仲裁者进入争端处理的语境并做出在争端双方看来是更佳的判断,而行业协会内部的仲裁(调解)机构正好满足这一需求;而另一方面,只有通过赋予行业协会之争端解决权,那么行业协会的其他自治权如规章制定权、处罚权等才能落到实处,而行业协会也才可真正实现有效运作。

其四,行业协会享有争端解决权是行业协会历史发展"路径依赖"的结果。制度经济学的路径依赖理论强调事物的过去对现在的影响,当我们对行业协会的历史进行检视时,我们可以发现行业协会具有争端解决权也是路径依赖的结果。

在行业协会发展初期——行会时期,其一般都具备争端解决权。英国的切斯特商人行会规定,成员间的纠纷将通过行会内部的仲裁来解决,而不得求助于法律。而南安普敦商人行会章程第 12—16 条规定,行会成员间一旦产生矛盾,尽可能避免激烈化,公开化。[①] 而在当代,许多行业性协会都同样担负着仲裁内部纷争的职能,在德国,德国银行协会(BdB)实行的监察官计划(Ombudsman Scheme)[②]是在银行业协会中比较著名的解纷机制,其性质是法院外的非官方解纷计划。其针对德国私人商业银行的计划的应用率非常高,涉及银行业各领域的投诉,如投资业务、借贷业务、支付与账户管理、存款业务、担保等。[③] 在俄罗斯,俄罗斯银行业协会(ARB)于 1993 年成立的仲裁庭[④],其功能仍是处理业界争端。自成立至今,该机构已经处理了约四百件民事争议,涉及贷款、保证、银行间市场的合作协议、与衍生金融工具有关的交易等诸多方面。

---

① 金志霖:《英国行会史》,上海社会科学出版社 1996 年版,第 58 页。

② See *The Ombudsman Scheme of The German Private Commercial Banks*, at http://www.bankenverband.de/(德国银行协会).

③ See Ombudsman's Report 2001—2002, at http://www.bankenverband.de/.

④ See http://www.arb.ru/(俄罗斯银行业协会,ARB).

在我国，由行会进行仲裁和调解纷争也有久远的历史，对我国古代法的研究表明，由民间“调处息讼”是我国古代法制的一个传统，如果当事人将所有纷争都对簿公堂，则可能被认为是“风俗日薄，人心不古，惟已是私，见利则竞”[①]，因而，在我国古代，纷争一般都强调在宗族或行会等“私”的地方内部处理即可。也正是在这种观念的支配下，行会在我国担负着纷争的重要仲裁调解职能，许多公所、会馆都往往通过“公同议罚”、“同业公议”来处理内部纷争。许多行规要求其成员在告官之前，先将彼此之间的纠纷提交行会解决。[②] 在近代商会成立之时，传承我国古代行会民间调处的传统，商会便自然地享有商事的仲裁权，并且还得到法律的明确确认，1904 年清政府颁行的《商会简明章程》第 15 条规定：凡华商遇有纠葛，可赴商会告知总理，定期邀集各董事秉公理论，以众公断，如两造尚不折服，任其具禀地方官核办。[③] 而此后，清政府还专门于 1913 年颁行《商事公断处章程》和《商事公断处办事细则》，更进一步认同和确认了商会仲裁权的法定地位。[④]

上述对历史的回溯表明，无论是我国还是西方国家，只要有行业协会等行业组织的存在，那么争端解决权都是相应不可或缺的制度架构，其中内在性要求前面已经论及，而在这里笔者更愿意将其作为我们建构自己自治的行业协会所不可也不应回避的历史影响和背景。我们有必要继续延续这一具有内在合理性的历史传统。

二、行业协会争端解决权制度安排的功能分析

行业协会争端解决权作为国家官方的纠纷解决机制之补充，必须具有相应的功能优势，否则其便不具备存在的合理性，而且徒增社会成本，因而有必要对行业协会相较于司法的功能优势进行检视，按笔者的理解，这主要反映于以下五个方面：

（1）行业协会在争端解决方面具有专业性和信息方面的优势。这如同 Darid. Charny 所指出的那样，仲裁者比法官更具有专家的发言权，而且仲裁可以采用法院不能使用的信息收集程序使仲裁者可获得法官得不到的信息，并且仲裁者熟知该行业的行规，因而行业协会的仲裁比法院更具有知识方面的优势。[⑤]

---

① “海瑞集”（上册），转引自梁治平：《寻求自然秩序中的和谐》，中国政法大学出版社 1997 年版，第 203 页。

② 〔英〕S. 斯普林克尔：《清代法制导论》，张守东译，中国政法大学出版社 2000 年版，第 115 页。

③ 陈清泰主编：《商会发展与制度规范》，中国经济出版社 1995 年版，第 245 页。

④ 虞和平：《商会与中国早期现代化》，上海人民出版社 1993 年版，第 161 页。

⑤ Darid Charny, Nonlegal Sanctions in Commercial Relationships, 104 *Harv. L. Rev.* 375（V）.

正是因为出于同样的考虑,我国清末商人往往愿受商会公断处判断,而不愿意赴审判厅诉讼,认为审判厅中充任法官者,并不通晓商事,唯恐因误会而误判。[①]

(2) 行业协会争端解决权功能优势还体现在它的灵活性。它可以更迅捷地处理纷争,相较于正式司法程序的严格、固定、甚至是僵化,行业协会民间仲裁(调解)则具有相当之灵活性,具体问题具体处理是其一大特色,行业协会的仲裁(调解)员可以根据情况而不以严格拘泥于法律程序性的要求,甚至也可不太理会行业协会既往的判例。在必要时,这种争端解决的方式还可以剔除一些在正式程序中不可能修改的行为准则和证据规则,从而使整个程序运作都极富弹性。

(3) 行业协会的争端解决更易防止腐败。司法程序是需要独立于社会而运作的,因为这是保障司法公正的需要,但是由于法官与社会的相对隔绝,因而体察腐败也因之变得困难和复杂,但是,在行业协会争端解决中,仲裁员都是在成员众目睽睽的注视和监督下运作,因而更能判断裁决公正性和仲裁员是否涉嫌腐败。

(4) 行业协会争端解决有利于节约当事人成本。正如前述,诉讼是需要支付成本的,而且有时成本还相当高昂,这不仅包括物质的,如诉讼费、律师费等,而且包括精力和时间上的非物质花费,如诉讼程序的时间等待等,因而,一些当事人便因畏惧诉讼成本而产生厌讼心理,但是,行业协会的民间仲裁(调解)费用都非常低廉,有时甚至对内部成员免费,因而相较于正式司法程序,行业协会之争端解决权还具有成本上的功能优势。

(5) 行业协会的争端解决为当事人提供了多样化的选择。我们当前所面对的世界是一个多元化的社会,因此为人民各种需求提供多样化的选择,是国家责无旁贷的任务,也是社会回应气象万千的客观世界的必然要求,纠纷解决也不例外。因为通过为当事人提供行业协会等民间性仲裁和解决方式,才可以使一些因各种原因不愿寻求正式司法程序的当事人找到可以救济和吁求保护的途径,否则这种没有疏通渠道的抱怨和争执经过日积月累将会导发剧烈的社会冲突,且无法实现国家和社会对个人自由保护之目的。

三、行业协会争端解决权与司法审查

(一) 行业协会规章进行司法审查的必要性

第一,当行业协会纠纷解决涉及协会成员以外的第三人,那么如何判断裁决

① 马敏:《商事裁判与商会》,载《历史研究》1996 年第 1 期。

之效力，如何处理协会成员与第三人之间的争端，都必须仰赖于对行业协会纠纷裁决的审查。

第二，当行业协会纠纷解决的运作结果明显地违反了宪法的基本规定或严重损害社会公共利益（如垄断），那么在此种情形下对行业协会纠纷解决进行司法审查自然也就是合理的要求。

第三，在行业协会运作中，该行业领导性企业的加入对行业协会之有效运作关系重大，但由此则极易在行业协会内部发生以大欺小，以强欺弱的事情，对在纠纷解决过程中所发生的类似事情，也有必要通过司法审查予以矫正。

（二）行业协会纠纷解决的效力

我国当下是不承认民间仲裁和调解协议之效力的，当事人可以对民间调解达成的协议反悔并有权径自向人民法院起诉①，而统一仲裁机构的建立又造成行业协会的仲裁机构在法律上的缺席。因此，从我国现行制定法的制度安排来看，行业协会的仲裁（调解）的效力是相当有限的。

但是，笔者在对行业协会自治权各项权能的分析中已经提出②，行业协会所制定的规章，非法律惩罚以及设立的争端解决机制都具有相当之合理性，相较于正式的国家法律制度、法律惩罚及司法程序，行业协会的自治权都具有在一定层面和程度上的功能优势，因而，从这个意义上讲，笔者以为我国应当改变对行业协会民间仲裁（调解）协议之消极态度，而应当确立这样一条原则：行业协会所进行的、建立在自愿基础上的仲裁裁决和调解协议，应当具有强制执行力，除非仲裁裁决和调解协议违反宪法秩序和严重侵犯社会公共利益。司法对行业协会仲裁裁决和调解协议的审查重点，也因之应转换为对自愿原则的贯彻以及是否违反宪法以及严重侵犯社会公共利益，而不应是对纠纷的重新处理和审查。

四、我国行业协会纠纷解决机制的运行思路

首先，我们必须培育行业协会争端自我解决的文化氛围。如前所述，虽然行业协会争端的自我解决在我国有历史的传承，但是由于行业协会的发展在我国存在历史的断裂，同时又由于我国行业协会在改革开放以后的运作存在较大的偏差，过于凸显其官方性和盈利性，致使社会公众对其公正性缺乏信心。毫无疑问，在这样的质疑声中，行业协会要确立和建构独立的争端自我解决机制是难以

① 我国《民事诉讼法》第16条规定，人民调解委员会依照法律规定，根据自愿原则进行调解，当事人对调解达成的协议应当履行。不愿调解，调解不成或反悔的，可以向人民法院起诉。

② 鲁篱：《行业协会经济自治权研究》，法律出版社2003年版，第171—178页。

得到社会认知和官方支持的，为此，行业协会就必须注重纠偏以往的错误做法，重新树立社会对行业协会公正性的文化认同。为此，行业协会应当进行以下三个方面的作业：第一，行业协会需注重独立性的制度构建以及现实运作，尽量彰显民间组织的社会形象；第二，在现阶段，行业协会应最大限度减少其盈利活动，强化社会责任的履行，在社会公众心目中逐渐培育公益性的社会认知；第三，行业协会需考虑在行业监管方面包括纠纷的解决问题上实现与政府监管的有机对接与互补，让政府真正体会到行业协会纠纷自我解决的必要性和正当性。

其次，行业协会应当注重纠纷解决机制的公开性和公正性。一方面，应当由行业协会制定相应的纠纷解决机制的程序并予以公开，借以昭示行业协会争端自我解决的透明度；另一方面，争端自我解决的人员应当注重专业性和公正性，最好由业内外多方具备一定专业、法律知识的人士组成，并且借鉴诉讼、仲裁程序中诸如回避制的一些制度和方法，尽可能地避免利益倾向渗透到争端的处理之中。

再次，我们应当考察和强化行业协会争端解决机制的效率性。如前所述，效率是行业协会争端自我解决的正当性的重要理由，因而我们在建构行业协会争端解决机制时，必须注重对效率价值的追求，在笔者看来，建构行业协会的效率机制，主要应当从以下两个方面着手：(1) 强化行业协会纠纷解决程序的灵活性，在笔者看来，较之于正式的司法程序，行业协会纠纷自我解决的程序设置更应该凸显其灵活性和弹性，避免正式程序所容易出现的照章办事以及僵化的弊端；(2) 行业协会在纠纷解决时，应充分发挥调解的作用，不要因为僵化地援用法律条文以及行业协会规章而费时费力，并且由此而损伤行业协会内部的和谐气氛。

最后，我们在建构行业协会的争端解决机制时，还必须注意与正式的司法的权力的协调与配合。在清朝末年我国商会大力发展之际，当时就有一些地方衙门因商会理案所可能带来的对正式司法权的侵夺而深感不满。1909 年，湖州劝业道曾批示武康县商会分会章程说："查核所拟章程，诸多不合，并有理案问案等名目，尤属侵越行政之权"①。由此看来，对行业协会参与争端解决，在我国是有可能受到正式司法机关的歧视和阻碍，因此如何协调行业协会争端解决权与司法权力的关系便成为我们建构行业协会争端解决机制不容回避的问题，在笔者看来，其需要进行的作业主要有以下三点：第一，司法机关应当改变既往的唯我独尊的意识，正确认识到行业协会参与争端解决的功能优势，充分尊重行业协会争端解决的结果和意见；第二，行业协会应当注意与司法机关的权力分工，协

① 《海内外商会纪事》、《华商联合报》第 15 期，转引自马敏：《商事裁判与商会》，载《历史研究》1996 年第 1 期。

会有权处理的应当主要局限于与协会事务、主要是协会成员的内部事务有关的事项,其他事项一般不要轻易介入;第三,协会的自治,包括争端的自我解决,应得到正式法律制度的承认和宣示,唯此,在我国权力至上的传统法律文化还没有有效变革的今天,仅仅依靠文化宣扬是没有太多可以依赖的保障的。

论政府与市场的关系

◇ 符启林[*]

内容提要 政府与市场之间的关系，是经济法所必须解决的首要问题。在目前，政府应避免用直接的手段干预市场，这是我国完善社会主义市场经济的需要，也是我国经济法发展的需要。政府的宏观调控应承担相应的法律责任。

关键词 政府 市场 经济法

我国的社会主义市场经济建设已历时12年，入世也将近六年，国民经济飞速发展，但也出现一些不容忽视的因素。伴随市场经济的发展，政府也在转变职能，本文试对政府与市场的关系进行有益的探讨。

一、政府与市场的关系变迁

政府与市场的关系，并非一成不变，也没有统一和固定的模式。以下试从历史的角度进行考察：

（一）从国外发展的经验来看

在资本主义发展初期（16世纪开始至17世纪），欧洲一些国家建立了强有力的中央集权政府，为加强本国经济的发展而实行"重商主义"。在该阶段，政府全面介入经济，如英国16世纪商事公司的设立需要得到国王的特许，国家颁布《谷物法》对市场进行管理等。无论是1602年成立的荷兰的东印度公司，还是英国的殖民地公司，它们同时担负着资产阶级原始积累和老牌资本主义国家向外扩张、增强海外竞争力和掠夺殖民地的任务。

资产阶级革命胜利以后，"重商主义"显然不能适应新生资本主义的发展要

* 符启林，暨南大学法学院院长，中国政法大学教授、博士生导师，中国法学会经济法学研究会副会长。

求,要求民主和反对王权、人性解放的呼声高涨,“重商主义”逐步被自由放任主义所取代。在自由竞争资本主义时期(18 世纪至 19 世纪),由亚当·斯密所提出的市场经济应以“看不见的手”来调整成为占据支配地位的主流思想。政府只充当“守夜人”的角色,政府与市场的关系被诠释为“管得越少的政府是最好的政府”。在这阶段,民商法律得到空前的发展,1804 年的《法国民法典》确认了“私有财产神圣不可侵犯”、“契约自由”和“过错责任”三项资本主义民法的基本原则,也就意味着自由竞争资本主义发展到较高的水平。

人类社会发展到垄断资本主义时期(19 世纪后半叶至 20 世纪初),垄断程度不断提高,贫富分化加剧,经济和政治危机交错,为政府抛弃不干预主义而积极介入市场提供了契机。在理论上,经济学上的自由放任主义、民商法上的个人本位主义都遇到理论上的反思和修正,政府干预和纠正市场缺陷的凯恩斯主义应运而生。无论是 1890 年美国制定的《谢尔曼法》,还是后来 20 世纪二、三十年代的“罗斯福新政”,无不反映了政府对市场的积极干预。一般认为,社会发展到垄断资本主义阶段,经济法作为确认政府对市场的干预之法才正式产生。

20 世纪 70 年代开始,经济学领域出现自由主义回归的思潮。经济实践上,第二次世界大战后曾风行一时的国有企业在很多欧美国家遭遇到前所未有的经营困境,私营化运动盛行。主要资本主义国家出现了经济发展停滞和通货膨胀并发的“滞胀”,凯恩斯主义对此束手无策,加上政府干预市场的缺陷日益明显,因此,自由放任主义又为人们所重视。主要表现为政府放松管制和弱化干预,也即经济法理念发生首次变迁:首先,政府不再充当游戏参与人来影响游戏的结果,而是充当游戏规则的提供者;其次,经济法不应再设定短期和直接的经济目标,而应当注重对市场环境的塑造和构建;最后,经济法对市场的调节应主要集中在确保政府提供适当的市场规则。

(二)从中国发展的经验来看

古代中国基本属于农业社会,历代统治者都遵循“重农抑商”的传统。因此,直至 20 世纪初,中国在经济上仍属于自给自足的小农经济,商品经济极不发达,市场化程度较低,没有严格意义上的“市场”或“市场经济”。从法制发展的历史来看,在 20 世纪初清王朝“修律”以前,中国古代法律的特点是“诸法合体,刑民不分”。所以,中国古代法律以刑罚为主,兼有简单的民商法类规定,统治者往往使用刑事手段来调整民商法律关系。

新中国成立后,实行的是高度集中的计划经济,所以没有自由竞争资本主义“自由放任”的土壤,没有商品经济,故也没有市场。但在计划经济体制之下,我国经济饱受短缺经济的煎熬,物质匮乏,人民的生活水平极低。

改革开放以后,我国进行了以国有企业为中心的经济体制改革,大力发展商品经济,市场经济得以建立和发展,人民的生活得到改善。但也出现经济发展过程中"一放就乱,一抓就死"的大起大落,政府对经济存在直接的干预,也导致市场对政府的反映是直接的和激烈的。在法制建设方面,法律也在"以经济建设为中心"的口号下得以建立和发展,经济法律和民商法律的制订同步进行,并且二者错综复杂,相互包含。从 1993 年提出建立社会主义市场经济至今,我国的市场体系已初见雏形,并且经济法和民商法也进行了分离,但不可否认,政府和市场的关系并没有理清,因此,我们还得到处请求别国承认我国"市场经济国家"的地位。

二、政府全面参与市场的利弊分析

学界普遍认为,市场本身的缺陷,为政府干预市场提供了正当理由。市场的缺陷主要表现为:(1) 自由竞争的结果会必然导致垄断,而垄断又会反过来阻碍自由竞争;(2) 自由竞争会导致贫富分化,而过度的贫富分化又影响到社会的稳定;(3) 市场经济存在外部效应;(4) 市场调节有一定的盲目性,不能维持经济总量的平衡,而微观经济的持续发展又要求宏观上的基本平衡;(5) 市场经济无法提供社会公共产品,而社会公共产品又是市场发展所必需。

因此,有学者认为,"考察现代国家的运作,我们可以得出一个基本结论:即人类在最大的时空领域设计的经济、社会发展目标,必须依赖国家与市场在最佳程度上的合力才能完成:一方面,国家作为丰富信息资源、政策资源的拥有者,对整个国家经济的运作,做出宏观的指导,可以降低交易成本,市场经济自身的许多基本制度,如产权机制、交换机制等,其设立目的无非是为了最大限度地降低市场交易成本,因此科学适度的国家指导,是市场经济的题中之意;另一方面,国家权力作为一种超越于私权之上的公共权力,其来源于群,且权力行使的受益者也是群,从此种意义上讲,当社会经济生活发展到高度复杂形态,市场这只'无形之手'无力调节社会整体的无度状态时,国家便自然地站在宏观层面,立足于群的利益,使用'有形之手'对市场不能的领域进行调控。"①

然而,经过资本主义国家对市场经济进行干预的实践,政府对市场进行干预的缺陷也很明显,主要表现在:(1) 政府介入市场容易导致低效率和浪费;(2) 政府介入市场会滋生腐败;(3) 政府介入市场会扭曲市场信号;(4) 政府介入市场具有任意性;(5) 政府干预缺乏科学的判断标准。

对于政府干预市场的缺陷,曾有国外学者指出,"在主要的工业国家,现存的问题不是市场失灵,而是国家失灵。反对国家干预经济的理论和实践是基于

---

① 单飞跃:《经济法理念与范畴的解析》,中国检察出版社 2002 年版,第 207—208 页。

这样的认识:即使是不完善的市场也要比国家的规则更奏效。国家干预的不足之处在于维护传统的企业和市场结构,阻碍更新换代的竞争,而且所监督的内容也不过是被监督企业的利益。"①

笔者认为,从政府和市场的关系变迁来看,我们无法得出政府必然介入或干预市场的结论。虽然有学者认为,我国的市场经济属于"应激型"(政府推进型),政府不仅应干预市场的失效和市场理念极端化,"市场本身的先天不足更需要国家(政府)为其扫清计划经济障碍,建立起基础的市场架构"。② 但在社会主义市场经济发展的初期,政府全面介入或干预市场是弊大于利。

我们的政府脱胎于计划经济时代全能的、无限权力的政府,政府的行政权力延伸至政治、军事、经济、文化等社会的各个角落,并且总习惯于对国民进行细致入微的关怀,就好像父母对未成年人的监护,"家国同构"。在此情形之下,政府随着计划经济的惯性而对市场进行全面的介入或干预,其弊端是很明显的:

(一) 不利于市民社会的形成

市民社会是商品经济的产物,市场经济发展到一定阶段必然产生政治国家和市民社会的分离,只有市民社会的出现,人们才会发生"从身份到契约"的转变。从历史发展的角度来看,只有发展到自由竞争的市场经济,才开始出现市民社会。市民社会的基本法律是民商法,高度发达的民商法促进和维护市民社会的健康发展。只有在市民社会的基础上,才能施行民主和法治;也只有市民社会得到充分发展的基础上,才有可能考虑国家的适当干预,否则,只能是封建专横。

从我国经济发展的程度来看,市民社会还远未形成。我国无论从理论还是实践,从未接受过"自由放任"主义。当前,社会属于转型期,民主和法治尚未完善,合同法也仅有六、七年的实践历史,物权法刚刚制订,调整市民社会最基本的民法典也仅见雏形,所以,政府全面介入市场只会延缓市民社会的形成。

(二) 不利于政府职能的转变

一般而言,政府的收入来源于纳税人的税收,政府除了"取之于民、用之于民"之外,不应当有自己的私利,政府应属于非营利机构。如果政府介入市场,必然会涉及利益分配,很容易导致政府对利益的追逐,反而影响到其他正常职能的行使。已有学者提出,"行政改革应该把政府管理的面向改向哪里,应该把政府管理的落点改到何处,WTO 规则表明,实现公共行政是一种明智的选择。

---

① 〔德〕E. J. 梅斯特梅克:《经济法》,王晓晔译,载《经济法论文选萃》,中国法制出版社 2004 年版,第 12 页。

② 单飞跃:《经济法理念与范畴的解析》,中国检察出版社 2002 年版,第 207—213 页。

……实现公共行政，就是要彻底打破条块分割的屏障，跨越政府代庖企业和社会，行政取代市场的局限，使政府行政从行业行政、系统行政、部门行政、单位行政、垄断行政的老路子走出来，成为为社会提供公共管理和服务的权责体系。”①

因此，政府的职能正在从经济管制政府向经济服务政府转变，更多干预并不利于转变职能。

（三）不利于市场主体和市场结构的健康发展

政府对市场主体的培育和保护，虽然可以使其暂时渡过难关，但从整体来看，并不利于市场主体的发展。以国有企业为例，虽然长期以来政府在政策、资金信贷、人才、土地资源等各方面对其进行扶持和优惠，但由于缺少竞争的压力，资源并没有得到有效地利用，国企本身并不能适应市场竞争的环境。换句话说，在政府的呵护和保护下，国企也很难成为市场上富有竞争力的主体。

再以我国的证券市场的发育为例。我国的证券市场是从无到有，由政府一手包办出来的。然而，政府发展证券市场的初衷，却是为国企筹集资金，为国企摆脱困境提供一个通道。因此，并非效益好的企业就能上市，反而是那些效益差、政府想甩包袱的企业拿到上市的指标。因此，上市公司质量不高、公司治理结构差、“圈钱”现象严重成为中国股市的一大特色。之所以造成投资者丧失信心，“用脚投票”，股市连连低迷，不能成为经济发展的晴雨表的主要原因，也正是政府对证券市场的全面介入。

至于政府能用行政手段扫清计划经济所遗留的障碍的提法也未能令人信服。行政垄断是计划经济的产物之一，我国发展市场经济以后，国务院连续下发很多禁止地区封锁、地方保护主义和行业封锁的文件，至今仍然收效甚微，各种地方保护主义的做法仍不时见诸报端，根除行政垄断仍是一条艰巨而漫长的道路。按理说，尽快制订《反垄断法》，在规制经济垄断的同时也规制行政垄断是当务之急。但与《反不正当竞争法》同时起草的《反垄断法》，在《反不正当竞争法》实施十几年才姗姗来迟。让行政机关来起草“反行政垄断”的法律实属不易，让行政机关自己反自己也不合常理啊！

三、直接调整和间接调整

既然政府全面参与市场弊大于利，是否可以直接得出“市场让政府走开”的结论？让我们先从政府的职能开始分析。

---

① 石亚军：《应对 WTO 挑战的行政改革》，载《政法评论》（2002 年卷），中国政法大学出版社 2002 年版，第 487—488 页。

(一)政府职能的分类

有学者认为,"政府具有政权主体和国有资产所有权主体的双重身份和职能。"①也有学者认为,"作为公共利益的代表,政府行使行政权力的主要内涵是,为经济和社会的发展制定公共政策,为国计民生管理公共事务,为满足各种社会需要提供公共服务,为国家和公民的安定与安全维护公共秩序。"②

笔者认为,国家的概念和政府的职能并非一成不变,而是有一个历史演化的过程。在中国,国家被看成家族的自然延伸。在家族中,家长专权蛮横;在一国之内,皇帝无所不能,正所谓"家天下"。而在西方,国家被认为是人民缔结契约的产物,政府的权力来源于人民的授权,因此,政府是有限政府。在本文中,笔者比较倾向于现代政府应属于福利政府、服务政府和责任政府的观点。

在现代社会,政府的职能还在不断地发生变化,正如有的学者所指出的,"实现'有限政府'到'有效政府'的理念飞跃应该是当代经济法的理念基础。民法追求的目标是自主的'市民社会',传统的民法观念认为,'市民社会'必然要求'有限政府',但事实证明,这样的理解是错误的。在'市民社会'的基础上'有限政府'的存在必不可少,'有效政府'的构建正是经济法的追求。"③

(二)政府介入市场的形式

虽然学界对政府介入市场的方式还有不同的见解,但认为政府在国民经济方面具有市场管理和宏观调控两种职能的意见还比较统一。为了避免没有必要的争论,本文暂且将政府介入市场的方式分为直接调整和间接调整。

简而言之,直接调整指政府的行政权直接作用于市场;而间接调整指行政权通过其他媒介而作用于市场。

在人们的印象当中,好像宏观调控法属于间接的经济管理,政府与企业的关系通过市场间接地实现,因此,宏观调控法是间接调整的法律规范;而市场管理法则是规定政府直接管理市场及市场主体,政府与企业、自然人的关系直接地体现,故市场管理法属直接调整的法律规范。笔者认为,这样的观点值得商榷。例如,就《价格法》而言,既有宏观调控的内容,也涉及市场管理法调整的内容;既有政府定价、政府指导价的规定,也有允许经营者自主定价,但同时又禁止串通、操纵价格,哄抬物价,欺诈消费者和非法牟取暴利的规定。可见,这样的法律已包含直接调整和间接调整的规定。又如,房地产市场属于要素市场,有关房地产

---

① 王全兴:《经济法基础理论专题研究》,中国检察出版社 2002 年版,第 257 页。

② 石亚军:《应对 WTO 挑战的行政改革》,载《政法评论》(2002 年卷),中国政法大学出版社 2002 年版,第 488 页。

③ 符启林主编:《经济法学》,中国政法大学出版社 2005 年版,第 321 页。

管理法律制度一般属于市场管理法的内容。但由于近年国内一些大城市房价连年攀升，一方面低收入者无房居住，另一方面开发商有房不卖，哄抬房价。因此，国务院近年连续出台了一系列的调控房地产市场的措施，有的措施甚至包括“凡新审批、新开工的商品房建设，套型建筑面积90平方米以下住房（含经济适用住房）面积所占比重，必须达到开发建设总面积的70%以上”的硬性指标规定。由此可见，房地产市场既可以成为宏观调控法的对象，也可以成为市场管理法的对象。

因此，不应以属于市场管理法还是宏观调控法来划分政府直接调整或间接调整，而应实际考察政府介入市场的程度。无论是在市场管理法还是在宏观调控法，都可能同时存在政府的直接调整和间接调整这两种形式，而这两种调整的主要区别在于政府是否借助于其他中介而施加作用于市场。

笔者认为，社会发展到现阶段，各国的市场经济均离不开政府，但各国政府在不同的国家或地区、不同的时期所发挥的作用是不尽相同的。在现阶段，我国的市民社会尚未形成，民商法律还有待完善，虽然在法律上政府有介入市场的正当理由，但政府应在充分尊重私人财产权和维护市场机制作用的前提下介入市场，并且应考虑自己职能的转变、社会经济效益、法律责任等因素，应尽量通过经济中介机构和行业、协会等自治、自律组织对市场进行间接调整，而避免直接干预市场。如果政府确实有必要直接调整，则应充分考虑政府在干预市场的过程中所应承担的法律责任。

四、政府宏观调控的法律责任

法理学常识告诉我们：权利和义务是一致的，“没有无义务的权利，也没有无权利的义务”。根据法治的要求，权力应受到权利的制约，政府的权力与责任相统一，不能行使权力而回避责任；凡需行使权力者，就必须预设责任。

各种经济法教材对组织和公民（被监管、被调控方）的法律责任多有论述，本文仅对政府（监管者、宏观调控者）的法律责任进行分析。

政府的法律责任主要分成两部分：市场管理法中的责任和宏观调控法中的责任。

市场管理法一般包括反不正当竞争法、产品质量法、消费者权益保护法、价格法、房地产管理法、会计审计法等。以上的法律都规定政府有关部门有权查处违反上述市场管理法的行为，对违法者可以做出行政处罚，对行政处罚不服者可以申请行政复议或提起行政诉讼。政府在市场管理法上的法律责任也主要体现在行政诉讼方面的责任，在此不必赘述。本文主要探讨宏观调控法中政府的法律责任问题。

对于政府在宏观调控法中的法律责任问题，学者们涉及的并不多，原因主要在于学术界目前对有权调控机关、调控的内容和范围、调控的行为方式、调控的程序等涉及宏观调控法的重要内容尚有待进一步的研究。

有学者认为，“经济行政机关的责任，是指经济行政机关在行使经济行政权的过程中，由于拒绝或怠于履行自己所负的法律义务，或者滥用职权，而依法承受的法律规定的不利后果”，“经济行政机关的责任有民事责任、行政责任与刑事责任之别”。[①] 也有学者曾提出，“要建立救济程序，因决策失误给被调控主体造成损失，应予以赔偿，并对相关责任主体予以追究，强化责任意识。”[②]

笔者认为，政府宏观调控的法律责任可分为两种：一种是因合法、正当调控行为而产生的法律责任；另一种是因违法的调控行为而产生的法律责任。这两者的构成要件、责任承担形式均有所不同。

（一）合法的政府调控行为的法律责任

1. 构成要件

（1）系合法的宏观调控行为，其合法性包括：主体合法，即调控的主体是具有宏观调控权的政府机构；政府在授权的范围内实施了调控行为；政府所实施的调控行为符合程序方面的要求。（2）调控行为造成某个行业、地区或个体的经济损失。

2. 责任承担

宏观调控涉及面广，政府自由裁量的余地较大，并且公开性差，被调控主体往往没有充分的时间准备，因此，虽然政府调控的行为合法、适当，也应给予遭受损失的被调控主体以补偿，这也符合我国《行政许可法》第 8 条所规定的“信赖保护原则”。对政府合法调控行为的补偿的形式主要包括补贴、减免税费、财政转移支付等方式，补偿的范围以能够弥补实际损失为准。

（二）违法的政府调控行为的法律责任

1. 构成要件

（1）系违法的宏观调控行为，其违法性包括：主体不合法，即调控的主体不是政府机构或虽系政府机构却没有相应的宏观调控权；或有关政府部门没有得到授权、越权实施调控行为；或政府所实施的调控行为违反法定程序。（2）非法调控行为造成某个行业、地区或个体的经济损失。

2. 责任承担

违法的政府调控行为应承担的法律责任有刑事、行政和民事三种。刑事责

---

① 王保树主编：《经济法原理》，社会科学文献出版社 1999 年版，第 127—128 页。
② 符启林主编：《经济法学》，中国政法大学出版社 2005 年版，第 150 页。

任是因政府有关机关及工作人员玩忽职守、滥用权力等违反了宏观调控法和刑法的有关规定而应受刑罚处罚;行政责任是政府机关及其工作人员因违反宏观调控法的规定而应承担行政处分等行政法上的责任;对于民事责任而言,应适用国家侵权赔偿的规定,适用无过错归责原则,赔偿的范围应包括直接和间接的经济损失。

也唯有严格法律责任,才能遏制目前政府在经济宏观调控过程出现的运动式、随意性、无程序性和不公开、不透明等种种缺陷。

总的来看,政府的宏观调控行为属于抽象的行政行为,一般以规章或文件的形式出现,根据我国目前的法律规定,抽象的行政行为尚不具有可诉性。因此,政府的宏观调控行为往往会被认为是一种经济政策而游离于法律责任之外。根据现代法学的理念,不具有可诉性的法属于"软法",甚至是"恶法"。因此,我们应当完善我国的违宪审查制度,不仅应将政府的宏观调控行为真正纳入宏观调控法的调整范围,而且宏观调控行为被判违法后,政府也应同其他法律主体一样,承担起诸如宪法、行政法、刑法和民法上所规定的法律责任。

五、结　束　语

本文研究的目的在于:我们没有必要过分强调经济法能赋予政府多少权限,使得政府得以随意对市场指手画脚。我们似乎更应关注:当政府介入市场时,它应当并且能够承担起多大的责任,并以该责任范围来确定政府的权限。如果我们当前的经济法能有效地确立这样的原则:当政府不能或不愿承担相应责任的情况下,政府应尽量远离市场,那么,经济法学便向前又迈进了一大步。

第四种权力

◇ 陈云良*

内容提要 实现政府职责、机构和编制的科学化、规范化、法定化,合理界定政府职责范围,必须对现有政府职权进行合理划分。长期以来,我们的改革一直致力于“政企分开”,即国家行政管理权与国家所有权分开,却将国家调节权长期混同在行政权之中。国家调节权是一种独立于传统的立法权、行政权、司法权之外的第四种权力形态,与行政权有明显的区别。实现“十一五规划”政府职责的科学化目标,必须进一步分权,将国家调节权从行政权中分离出来。

关键词 国家调节权 行政权 国家所有权

公共产品供给滞后、经济增长方式落后、信用匮乏、国企改制中国有资产流失等社会问题久治不愈引发了第三次改革大争论,经过反思、辩论,人们除了形成“必须坚持改革开放不动摇”的共识外,还一致意识到下一轮改革的关键是“改政府”①,转变政府职能。这种共识在“十一五规划”中的得到了充分体现,《中华人民共和国国民经济和社会发展第十一个五年规划纲要》第30章第一节明确以“推进政府职能转变”为标题,规定:“按照政企分开、政资分开、政事分开以及政府与市场中介组织分开的原则,合理界定政府职责范围,加强各级政府的社会管理和公共服务职能。进一步推进行政审批制度改革,减少和规范行政审批。深化政府机构改革,优化组织结构,减少行政层级,理顺职责分工,提高行政效率,降低行政成本,实现政府职责、机构和编制的科学化、规范化、法定化。”

“实现政府职责、机构和编制的科学化、规范化、法定化”,对中国而言是一个新的课题,政府到底有哪些职能和职权?这些职能(权)应当如何配置给政府机构?这些机构有没有一个合理、恒定的数目?如何实现政府机构之间的合理分工、相互制约、高效运转?这些问题一直缺少一种长远的、科学的、理性化的解

* 陈云良,法学博士,中南大学法学院教授、博士生导师。

① 邓瑾:《吴敬琏:一个人的“传教”》,载《南方周末》2005年10月13日。

决之道，在改革过程中，机构设置充满了“变数”。要实现政府职责、机构和编制的科学化、规范化、法定化，首要之道是合理划分政府职责范围，对各种政府职权进行合理界定。而要合理划分政府职权，必须首先对政府与市场的关系进行正确定位。市场体制下，政府对于市场而言，具有三重身份：行政管理者、国有企业所有者、经济调节者，相应具有行政管理职能、所有者职能、经济调节职能等三种职能，拥有行政权、所有权、调节权等三种权力。对这三种权力进行合理划分，是合理界定政府职权的基础性分权工作。实际上，如果对“政企分开、政资分开、政事分开以及政府与市场中介组织分开的原则”进行更为精确、清晰的描述，其基本内涵实际上包括两个层次的分权：首先，要实现基础性的分权——将行政管理权与国家所有权分开；其次，在此基础上实现政资分开、政事分开以及政府与市场中介组织分开，对这三个分开进行法理上的提炼和概括，就是将国家调节权和行政管理权分开。国家调节权是立法权、行政权、司法权之外的独立的第四种权力。

对于行政管理权与国家所有权应当分开，早已成为共识，也是二十多年来改革的最基本内容，“十一五规划”提出的分权原则第一项“政企分开”强调的就是这个主题。但是国家调节权却长期混同在行政管理权中，人们将其认同于行政管理权的一种，而改革实践中早已出现了国家调节权与行政管理权分开的试验，只是当事者可能并没有明确意识到是从行政管理权中分离出一种新的权力形态——国家调节权。

一、区分行政管理权与国家所有权

在社会主义市场体制下，政府调节经济时绝非单一以管理者——局外人身份出现，国家同时还是我国占主导地位的国有经济的所有者，本身参与了市场竞争，是市场竞争主体之一。所以，政府对于市场而言时，兼具局外人与参与者两种角色：不仅是市场外部管理者、监督者，还是市场内部竞争者、当事人。这一政企不分的症状最为典型地表现在现行的邮政企业（局）、铁路企业（局）、电力企业（局）等这些集调控、管理、经营功能于一身的部门。当然在具体个案中，国家在干预某一类经济关系时，有时是以单一的局外人或参与者身份出现。例如，2005 年，国家在对房地产市场进行宏观调控时，仅具局外人的身份。有时则是同时以两种身份出现，例如，国有股减持问题，当初国家是以市场调节者（局外人）的身份出发，希望通过国有股减持解决国有股一股独大导致“国企病”在股份制上借尸还魂而使股份公司的现代企业治理机制无法正常发挥的问题，但一旦制定具体实施方案时，国家的所有者身份就出现了：作为国有资产的所有者，国家希望借此机会最大可能地实现国有股的增值，所以，国务院 2001 年 6 月 12

日发布的国有股减持办法,其目的倾向于筹集更多的资金,采取了与民争利按市场价减持的定价办法。这种既以证券市场局外监管者又以国有股所有者双重身份来调节市场的不公平方法,马上遭到市场的严厉惩罚,证券市场遭受了沉重的打击。

国家与市场之间除了存在干预关系外,还有一种参与关系。政府既是局外人,又是参与者;既是"裁判",又是"球员"。身份的混同严重制约着市场法治的形成,阻碍权力、计划经济向法治、市场经济转变。

根据宪政理论,权力不能混合,否则会带来专制。[①] 市场经济公平竞争的内在规律要求国家本身不应参与市场竞争,而公有制这一经济体制使得国家以所有者身份参与市场竞争不可避免,这是我国社会主义市场体制的一对根本性矛盾,是我国经济改革的最大体制障碍。这一矛盾无时无刻不制约着我国市场机制发挥正常的配置资源功能,制约着政府调节最大合理化。具体表现为:政府部门对国有企业行使所有权时往往以多种多样的行政干预方式出现,"不是经营国有资本,而是管理国有企业。这种所有权与经营权混为一谈的管理,造成了两个结果:一是行政干预的'越位',抑制了企业市场活力,致使国有资产运作低效率;二是企业内所有者'缺位',弱化了产权约束,所有者权益往往被侵蚀"[②],国有企业普遍亏损;而国家运用国家调节权对市场进行管理、调节时,其国有资产所有者身份又不时出来作怪,国家所有权侵蚀国家调节权,使其偏离本原的调节目标,处处维护国有企业的特权,民营企业无法享有国有企业平等竞争的权利,在股票上市、银行放贷、投资领域准入等诸多方面受歧视待遇。2003 年的河北孙大午案件就典型暴露了民营企业不能享受"国民待遇"的问题。两权不分而相互交织在一起,必然导致政府干预粗暴化、随意化。

由于我国是公有制国家,国家将长期扮演市场竞争参与者的角色,国家既是市场竞争规则的制定者、维护者又是市场竞争的参与者这一对基本矛盾将长期存在,不可能彻底解决。如何最大限度缓和这对矛盾,政企最大限度分开,最大限度地实现市场自由竞争,是政府体制改革中的最大难题。

1978 年以来的政治、经济体制改革,基本是"在国家所有权和行政管理权分开"这一轨道上进行的。首先区分国家的所有者与管理者两种身份、两种职能,分清国家现行职能中哪部分属于"政",哪部分属于"企","把政府职能切实转变到宏观调控、社会管理和公共服务方面来,把生产经营的权力真正交给企业"。[③] 具体操作程序是:将国家所有权职能从政府机关分离出来,恢复其作为一种经济

---

① 王名扬:《美国行政法》,中国法制出版社 1995 年版,第 99 页。

② 陈清泰:《深化国有资产管理体制改革的几个问题》,载《管理世界》2003 年第 6 期。

③ 罗干:《关于国务院机构改革方案的说明》,载《人民日报》1998 年 3 月 6 日。

权利的本来面目，那些主要代表国家行使所有权职能的专业性经济行政部门公司化，改组为企业；其行业管理职能交由有关企业协会、社会中介组织行使；其一定的调节职能交由宏观调控部门、市场管理部门履行；适当强化宏观调控部门、市场管理部门的行政执法职责和能力。将“国家所有权与经营权两权分离”理论，修正为“国家所有权与经济管理权两权分开”理论；严格界定履行公共管理职权的政府部门的局外人身份；完善国家所有权方面的法律制度，将国家所有权通过各种机制完整地交给国有企业行使，成立国有资产监督管理委员会，变“九龙治水”为“一龙治水”；根据 WTO 的要求，不再给予国有企业以特殊的保护，建立保障国有企业同其他企业公平竞争的制度环境。

二、区分行政管理权与国家调节权

将行政管理权和国家所有权进行分离，从根本上瓦解了中国权力经济的经济基础，迈开了权力经济向法治经济转变的实质性一步，有效推进了中国经济的市场化进程。但是，国家调节市场的权力一直由行政机关行使，以行政权的方式出现，这就使得政府对市场的调节偏好直接的行政管制方式，经常呈现出“人治”的现象，使得经济法也总是呈现出行政法的面貌。因此，要清楚界定政府职能，实现“十一五规划”深化体制改革、完善现代市场体系的目标，合理控制国家干预市场的度，必须在将国家所有权与行政管理权分离之后进一步分权，将国家调节权与国家行政管理权分离。

对于行政管理权和国家所有权分开的必要性和可行性，因为和政企分开紧密相连，学界有不少的分析和论证，改革实践在此问题上也有不少突破，党的十六届三中全会《中共中央关于完善社会主义市场经济体制若干问题的决定》，就提出了“坚持政府公共管理职能和国有资产出资人职能分开”。对于国家调节权与国家行政管理权分开的问题却基本还未涉及[①]，通常把它看作为行政权的一种，若深入一点地分析，也只是把它作为行政权的一种发展形态。[②] 正是因为人们包括经济法学界都普遍将国家调节权视为一种行政管理权，在实践中国家调节权又主要由国家行政机关来行使，“很难区分是行政管理还是国家调节，是在实施行政法还是在实施经济法”[③]，而有关经济法的纠纷的司法救济又大多以

---

① 刘文华教授提出在现代市场经济中，国家应是三重身份（行政管理者、经济管理者、国有资产所有者），三种职能（行政管理职能、经济管理职能、国有资产所有者职能），实现三次权利分离（行政管理权与经济管理权相分离，经济管理权与国有资产所有权分离，国有资产所有权与经营权或法人财产权相分离）。实际上已经指出了国家调节权和国家行政权是两种不同形态的权力。参见刘文华：《中国经济法的基本理论纲要》，载《江西财经大学学报》2001 年第 2 期。

② 〔日〕金泽良雄：《经济法概论》，满达人译，中国法制出版社 2005 年版，第 37 页。

③ 漆多俊：《经济法基础理论》，武汉大学出版社 2000 年版，第 251—256 页、第 368—370 页。

行政诉讼的方式解决,所以经济法与行政法总是难解难分,"经济法是行政法的一个分支"、"经济行政法"或"行政经济法"的观点总是存在而且有一定的市场,经济法学界一直不能完全驳倒它、说服它。

其实国家调节权和传统的行政管理权有明显的区别,将它当然地视为一种行政管理权在理论上是不严谨的,在实践中对市场和法治贻害很大。国家调节权和行政管理权的区别主要有三:

第一,运行方式不一样:行政管理权是一种刚性的强制,而国家调节权是一种柔性的引导。尽管国家调节权中的市场规制权具有明显的强制性,但市场经济发展到现代,柔性的间接经济调控越来越成为国家调节的主导方式,国家调节对行政手段的依赖度愈来愈低,宏观调控法正在逐步成为现代经济法的核心。像再贴现率、公开市场业务、政府采购等这类宏观调控措施已经完全不具备强制性。这是国家调节权和传统的行政管理权的最根本的区别。

第二,权力性质不一样:行政管理权是一种典型的公权,而国家调节权具备一定的私权性质。一般认为国家调节权由政府机关行使,是一种典型的公权。但有时政府对市场的调节是以市场主体的身份参与市场交易,通过自己的交易行为来引导市场。例如,在政府采购中,政府通过直接购买商品来刺激投资,拉动经济增长,美国政府就经常通过扩大军火采购来刺激经济发展;国家直接投资提供公共产品更是如此。日本学者金泽良雄将这种非权力性的、私法的手段直接或间接介入经济的方法称为非权力规制,与权力性强制性规制并列为两种国家调节市场的方法。① 因此政府以非权力性的私法手段来调节市场时,行使的国家调节权具有私权性质。但它又不是一种纯民事权利,因为它不仅可能会引发民事责任,还可能同时引发经济法责任。例如,调节不当可能会让决策者承担降职降级、引咎辞职等责任。

不能说国家调节权完全是一种的公权,也不能说它完全是一种私权,它既有一定的公权属性,也有一定的私权属性;既是一种权力,又是一种权利。② 国家调节权的权力(利)属性具有模糊性。

第三,在"线"状态不同:行政管理权是一种常态的执行权,而国家调节权是一种非常态的、带有事后救济性质的权力。行政是政府机关对国家日常公共事务的管理,每天都在进行,而国家调节只有当市场出现了一定症状需要国家干预的时候才得以发生,可以说是一种事后的救济,并不需要每天都进行。

---

① 〔日〕金泽良雄:《经济法概论》,满达人译,中国法制出版社 2005 年版,第 52—62 页。金泽良雄的非权力性规制的观点,同样可以用来论证国家调节权与行政管理权的第一个区别。

② 史际春、邓峰所著《经济法总论》中就经常用"权力(利)"这种方式来表述国家调节权,例如,第 171—172 页、第 182 页、第 188 页。

三、国家调节权——第四种权力

国家调节权不同于行政管理权,它是从传统的行政权中分离出来的一种新型权力。

依据自由主义经济学的市场逻辑,市场可以提供社会需要的一切产品,可以解决好一切问题,而不需要政府干预,干预得最少的政府就是最好的政府。"从奴隶制、封建制社会到自由资本主义时期,传统的国家职能都是以政治统治为中心目的和基本内容,它包括两个方面:对内镇压敌对阶级和政治势力的反抗,维护对人民的统治;对外抵抗侵略或侵略他人。那时候国家虽然也必然要从事一些经济管理活动,但那也主要是围绕政治统治这个中心进行的。"[①]国家基本不干预经济,不干预市场主体之间竞争行为。根据古典经济学理论和法治理论,公的权力不得干预私的经济,政府也无权干预市场主体的生产经营行为。根据孟德斯鸠的立法、行政、司法三权分立学说,政府的任务在于"媾和或宣战,派遣或接受使节,维护公共安全,防御侵略"[②],而没有调节经济的功能。在自由放任理论的指导下,资本主义国家信奉不干预原则,市场经济得到充分发展。到了19世纪后期,由于科学技术的快速发展、股份有限公司制度的出现、生产的社会化,市场出现了垄断等自身无法控制的弊端,从社会整体利益出发,为了保障市场竞争的"长治久安",需要有一种外力化解这些弊端,别无选择,只有国家能胜任此任。这样就产生了要求国家利用公权进行干预的制度需求,历史上出现了一种调节市场的国家权力,这种新型国家权力并不来自传统的行政权,根据孟德斯鸠的三权分立学说,行政权并没有调节市场的功能,立法权和司法权更无法担当此任。国家调节权是于立法权、司法权、行政权之外的第四种权力。正因为如此,才产生规制这种新型权力的新的法律部门——经济法。

认定国家调节权是立法权、司法权、行政权之外的第四种新型权力形态,其理论依据,除了前面论述的它和国家行政权的三种区别外,二者出现的历史时段不一样,二者运作的目标也不一样。历史事实更为我们的这一大胆假设提供了事实佐证,国家调节权并不像我们过去想当然的那样是由政府行政机关充当权力主体,而是实实在在在传统的行政机关以外产生了一类独立代表市场(社会)整体利益的调节主体:"无头的第四部门"。从近代资本主义国家产生出国家调节职能的同时,就出现了一些集立法、司法、行政于一身的独立的行使国家调节权的新型国家机关,如美国1887年成立的州际商业委员会、1914年成立的联邦

---

① 漆多俊:《经济法基础理论》,武汉大学出版社2000年版,第23页。

② 〔法〕孟德斯鸠:《论法的精神》,张雁深译,商务印书馆1961年版,第155页。

贸易委员会、1913 年成立的联邦储备委员会、1934 年成立的联邦电讯委员会、1972 年成立的消费者产品安全委员及一些发达国家的中央银行、反垄断机构等。“这些新型的国家机关具有较强的独立性，且具有与传统的立法、行政、司法机关不同的法律属性，难以划入传统的国家机关之列”①，人们将其称为“无头的第四部门”，即立法、行政、司法以外的部门。②

龚祥瑞先生认为，“这些机构是典型的垄断企业的产物”，是“对垄断企业采取分行业的集中管理形式。”③按照龚祥瑞先生的观点，这些机构行使的就是完全意义上的国家调节权。专门承担国家调节职能的无头的第四部门的出现，有力地佐证了我们的“国家调节权是立法权、行政权、司法权之外的第四种国家权力形态”的观点。

在中国的改革实践中专门的国家调节机关也已浮出水面，事实上，笔者提出国家调节权是第四种权力形态的命题更主要是受中国的改革实践的启发：

1978 年以前，中国人民银行是既履行中央银行职能，又具有商业银行性质的财政部下的一个司局级机构；1983 年，国务院作出《关于中国人民银行专门行使中央银行职能的决定》，人民银行从财政部独立出来，成为专门的货币发行和金融管理机关，其手段主要依靠行政指令性计划；1995 年，《中国人民银行法》明确中国人民银行作为中央银行的法律地位，人民银行对货币供应量的调控方法也逐步从直接的贷款额度控制转向资本充足率等比例控制，转向运用货币政策进行间接调节；2003 年，将中国人民银行对银行、金融资产管理公司、信托投资公司及其他存款类金融机构的监管职能分离出来，并和中央金融工委的相关职能进行整合，成立中国银行业监督管理委员会。人民银行完全成为专司宏观调控的专门国家调节机关。

至此，我们成功地将国家调节权和行政权分开。这对建立法治政府、培育市场体系尤其重要：首先，将二者分开既可以实现对国家调节权行政权的控制，还可以加强对行政权的制约，推动权力经济向法治经济转变；其次，既可以根本减少行政机关任意干预市场的机会（分权后，它不再具有这种权力了），又可以实现国家调节谨慎化（国家调节机关专门化后，主客观都会使它自觉抛弃反法治、反市场的行政管制手段），加强政府的公共服务职能。

---

① 赖朝晖：《论经济法与行政法划分悖论的破解——以“第四部门”和社会中间层为突破口》，载《广西政法管理干部学院学报》2003 年第 3 期。

② 关于“独立的第四部门”，请参见王名扬《美国行政法》的第三章第六节独立的控制委员会。王名扬：《美国行政法》，中国法制出版社 1995 年版，第 172—188 页。

③ 龚祥瑞：《比较宪法与行政法》，法律出版社 2003 年版，第 459—460 页。

四、国家调节权的配置

1748年,孟德斯鸠在洛克的基础上提出立法、司法、行政三权分立理论,主张应当分别由三种不同的、并且平行的机关来行使这三种权力。三权分立于1787年首次应用到政治实践,写入美国宪法,1791年写入法国宪法。二百多年来,孟氏的理论经久不衰,一直沿用至今,没有实质性的改变,立法权由议会或国会行使,行政权由总统或总理及各种部、委行使,司法权由法院行使。立法和司法机关一直由单一、独立的系统组成,而行政机关则由为数众多的部门组成。国家调节权出现以后,虽然也同时出现了一种专司国家调节职能的新型国家机关,但对如何合理配置国家调节权没有深入研究,这类机关"最初不是根据什么理论或计划提出的,而是由于实际需要产生的"①,从美国这种无头的第四部门发展的历史看,它的设置确实带有很大的随意性。

根据漆多俊先生的国家调节说,经济法由市场规制法、宏观调控法、国家投资经营法等三大部分组成,因此,国家调节权也可以分为市场规制权、宏观调控权和国家投资经营权。这三种权力的特性、运作方式可以说迥然不同,不宜混合在一起交由一个或几个机构来行使,根据分权理论,宜作进一步分工,分别由三类不同的机构来行使。因此,国家调节机构也可分为市场规制机构、宏观调控机构和国家投资经营管理机构三类。

中国的转轨改革进行到今天,已基本形成了这三种机构群。市场规制机构有工商、物价、建设、审计、环境保护、国土资源、质量技术监督、金融监管等部门;宏观调控机构有人民银行、计划委员会、财政部、发展改革委员会等部门;国家投资经营机构有国有资产监督管理委员会及有关部、局。其中,市场规制机构数量最多。而且,三类机构都已经或正在形成最有代表性的部门,市场规制机构最典型的代表将是反垄断委员会,而中央银行则随国际潮流无可争辩地成为宏观调机构的中枢,最新成立的国有资产管理委员会完全有可能将成为最主要的国家投资经营机构。问题是每类国家调节机构是由一个组成好,例如,将中央银行改组成一个统一的宏观调控委员会,统一行使国家宏观调控权;还是由数个组成好?按照前一方案,成立统一的市场规制机构、宏观调控机构和国家投资经营机构分别单独统一行使职能,可能是政府机构改革未来的发展方向,但目前的公共管理水平却还不太可能产生这种称职的机构。目前尚应维持现状,市场规制机构和宏观调控机构可由数个部门组成,但应进行重新调整,优化组合,在每类调节机构内部合理配置权力,形成有机配合的国家调节机制,保障国家调节的法治

---

① 王名扬:《美国行政法》,中国法制出版社1995年版,第174页。

化;而所有权是一种绝对权,国家投资经营权宜由一个机构行使,对它的监督权可由现有的国家监督机关行使。

一些地方的改革远远跑在理论的前面,已经开始了国家调节权与行政管理权分开的实践。

我国社会事业管理体制改革的重大“破冰之举”首先在无锡市实现。无锡市于2005年6月创造性地提出了社会事业改革“管办分离,政事分开”的思路,并成为无锡市委、市政府改革攻坚的一项重大决策。2005年12月20日,无锡市把非义务教育阶段的市属高中及中高等职业技术院校(包括中专、职校)、市属文化单位、市属体育场馆和训练机构,从原行政主管局剥离出来,分别成立学校管理中心、文化艺术管理中心、体育场馆和训练管理中心。加上在此前已成立的医院管理中心,四个管理中心受市政府委托,承担所属事业单位的资产、人员和业务管理职能,确保国有资产的保值增值和社会职能的履行。而政府行政主管部门与原直属事业单位的关系,从隶属关系转变为行业管理关系。无锡市社会事业以“管办分离、政事分开”为主要内容的改革取得了阶段性成果,社会事业管理机制的“无锡新路径”正式确立。

从表面上看,无锡市的改革似乎还停留在国家所有权与国家行政管理权分开的层面上。实际上,国家举办医疗、教育等公共产品是对市场的一种调节,是对市场唯利性的克服,是对国家调节权的行使,而不能简单地看作是国家所有权职能。所以,无锡市的探索已经进入到改革的深层——国家调节权与行政权分开,已经初步实现了国家所有权、国家调节权与行政权三权分开:医院、学校等行使大部分所有权(这一部分属民法性质的财产所有权)、四个管理中心行使国家调节权和小部分国家所有权(这一部分属国家调节权)、行政主管部门行使行政管理权。不能简单地用“政企分开”来概括“无锡新路径”。

或许“无锡新路径”就是“十一五规划”所要探求的推进政府职能转变之路。

规划效力与政府责任的法治化思考
——从十一五规划中约束性指标对政府责任的法律效力问题切入

◇ 彭飞荣　王全兴*

内容提要　十一五规划首次提出约束性指标对政府责任的法律效力命题，为规划法治化的研究打开了一个切口。规划的法律效力与法律的法律效力存在差异，并且在正当性和可行性上不乏需要论证的疑问。在规划中，约束性指标与预期性指标的法律效力差别，是法律效力的有无还是法律效力的强弱，也值得描述和论证。实现约束性指标对政府责任的法律效力，需要将规划问题转化为法律问题，其关键是在就政府责任的重构，全国性规划与地方性规划、国家预算、产业政策、经济杠杆等的关系作出合理的制度设计。

关键词　十一五规划　法律效力　约束性指标　政府责任　法治化

"十一五"规划提出约束性指标要对政府责任具有法律效力，这可能误解了规划的法律效力与法律的法律效力之间的区别。我们需要澄清这种认识，并据此探求约束性指标对政府责任的法律效力如何可能的问题。

一、约束性指标被赋予法律效力的政治意图

在现阶段制约发展的一些长期性深层次矛盾依然存在的前提下，为了有效治理，化解危机，政府有必要把经济、社会发展目标量化为指标，实现客观上的可控性。因此，十一五规划明确了预期性指标与约束性指标，前者"规划指标的属性"是"国家期望的发展目标"，由于它"主要依靠市场主体的自主行为实现"，也

* 彭飞荣，中国计量学院法学院讲师、湖南大学博士研究生；王全兴，湖南大学法学院教授、博士生导师。

就意味着仅是一种软指标，一旦预期落空，不产生任何约束力；后者则是“在预期性基础上进一步明确并强化了政府责任的指标，是中央政府在公共服务和涉及公众利益领域对地方政府和中央政府有关部门提出的工作要求。”因而，这种指标：第一，是政府责任指标；第二，指涉的对象是公共服务或者公共利益；第三，受约束对象是地方政府以及中央政府有关部门，而中央政府（国务院）不包含在内；第四，是一种硬指标，即“本规划确定的约束性指标，具有法律效力。”①而“所谓法律效力，是指靠国家力量加以保障的效力，如果不执行要承担法律责任，与道德承诺有极大不同；需要一体遵行，没有例外。”②

目前，可能考虑到地方政府治理责任的欠缺，规划者对此的规定也许试图借助法律力量，来强化地方政府责任。因为“之所以这样强调，是为了防止再次出现‘规划起来轰轰烈烈，实施起来无声无息’的现象。相关指标具备了法律效力，那就可以违法必究。”③在法律社会学意义上，也暗合了唐纳德·J.布莱克提出“法律作为政府的社会控制”④的描述，法律成了社会变革的控制手段、治理技术及精神寄托。赋予约束性指标法律效力的假定，意味着如果指标完不成，就构成违法，地方政府就要被问责，要依法承担相应法律后果。

因而，作为法学研究人员，也许有特别兴趣来讨论这种把法律作为规划（特定政策）工具的一个理由，就是为了能够提醒那些非法学家们：规划中有些政治意图是难于转化为法律的，且即使转化也是不容易实施的。一旦通过这种有可能难以实施的法律，则可能普遍损害法律权威。如果要在约束性指标上给地方政府责任套上法律效力的枷锁，将产生的疑问是，这种问责的法律依据何在？其又如何达致？

二、法律效力的“二元构造”

法律被看成一种实现规划的“工具性”政治意图，一种可能在于将规划效力等同于法律效力。法律效力，广义上泛指法律约束力和强制性，狭义上特指法律生效范围。它根植于法律程序之中。如果一部有效法律设定了义务或禁令，那么它只能要求那些对它负有此义务的人服从或依从。如果它授予私人以权利或权力，那么这些权利与权力必须得到其他私人的尊重，当它们遭到侵害时，应得

① 参见《中华人民共和国国民经济和社会发展第十一个五年规划纲要》。

② 参见刘铮、张晓松、周立民：《“十一五”规划约束性指标具有法律效力》，转引自新华网 http://news.xinhuanet.com/misc/2006-03/06/content_4265476.htm，最后访问日期：2006年8月3日。

③ 同上。

④ 对此种观点，可参见〔美〕唐纳德·J.布莱克：《法律的运作行为》，唐越、苏力译，中国政法大学出版社2004年版，导论部分。

到司法机关的保护;再者,它还必须由中立的裁判机构付诸实施。

规划效力具有法律效力内涵,但并不等同于法律效力。如果寓于上述含义,探求规划的法律效力纯粹是不切实际的活动。因为规划作为在实行社会变革过程中决定优先考虑事项而进行资源分配、设计服务提供体系的指南,只不过是中央政府决策过程的中间环节(决策过程的一端是非常普遍化的社会经济政策形成,另一端是日常的行政管理活动),是难以同法律这种规则封闭系统相提并论的。然而,十一五规划担负着中央政府在未来时间段内的宏观调控职能,全国性规划与地方性规划,规划与国家预算、产业政策、经济杠杆等之间的密切关系,使得中央政府可以借助规划来实现宏观调控,因此,如果全国各地区规划不与全国规划保持一致,或者地区规划如以高投入支撑高增长,或者地区均发展重工业使产业结构趋同,搞重复建设等,执行的不是全国规划而是其自身规划,那么全国规划就必然被架空。在这个意义上,区分规划的法律效力与法律的法律效力也有现实性。

规划的法律效力应当说仅有程序效力的可能性,即当地方规划违反全国规划时,不诉诸于法庭裁判,也产生对地方政府政治责任或者公共责任上的约束力与强制性。换言之,规划仅有编制、执行、评价等程序上的强制力、执行力与拘束力。它们针对的是规划行为的规划性效力,非为实际生活中对个体或者群体越轨行为上的规范性效力,即法律的法律效力(如法律和判决书等法律文书上的法律效力)。比如,在规划执行上,地区规划的执行应以全国规划标准为基准,因为规划作为“全国各族人民共同的行动纲领”,其效力是全体国民实在利益承认基础上的正当程序要求。

这种对法律效力做规划与法律之间的“二元构造”,也在于寻求规划对政府责任所起的警戒性、宣示性的效果,并强调其与法律的不同功能。规划保留了地方政府在公共事务和公共利益执行中因地制宜的正当自由裁量权,且在效力样态上,除了程序上的强制性,如政绩考核、民主测评(如民众对地方政府的信任议案)外,非法律的政治、经济、社会责任等也可成其形式。与之对照,法律的法律效力则是惩罚性的,其样态仅有强制性,且往往是地方政府在行使行政权过程中越权、滥权、不作为等等非依法行政所招致的法律后果,更多可能是行政法意义上的责任形式。

可以说,确立规划的法律效力,有助于增强规划的确定性与明确性,保障中央政府宏观调控的功效,也就是说,规划指标在社会经济运行中是否得到了实际施行,即是否得到了其适用对象(地方政府)的遵守与实施。

三、约束性指标对政府责任的法律效力如何可能?

(一) 关于约束性指标的政绩考核问题

由于约束性指标涵盖了人口、资源、环境,以及若干公共服务领域,所以它不仅标明了“政府责任”的范围,而且依照公共政策与行政法基本原理,还反映了约束性指标行使主体的行政权问题。在这个意义上,约束性指标,一方面,其分解就意味着权力与责任的配置,只不过不是由法律来配置;另一方面,尽管不由法律来配置,但是,配置后的权力与责任将产生实际的法律后果(不过,这种法律后果在规划中没有明确给予,且在目前相关法律法规中也没有明确的补充说明,所以也许仅是宣示性质的)。从规划层面看,这种配置因为议会的表决获得合法性,因而在此逻辑下,采用行政评价与绩效考核机制也获取了正当性,比如,最近中共中央组织部印发并实施《体现科学发展观要求的地方党政领导班子和领导干部综合考核评价试行办法》,已经将这些约束性指标纳入考核范围。依照哈耶克的理解,把中央政府的大多数服务性活动都转交给地方政府去承担,确实有很大的益处,只是地方政府在实行强制性权力的,事后必须受到较高的立法机构所制定的规则的约束,而非受制于行政内部控制,否则,由此导致的可能后果是地方政府主要负责人在责任承担上不依据法律,出现责任追究上的不可预期性、不确定性。①

另外,这类“政绩”主导的权力之治,也符合马克斯·韦伯所说的“传统型统治”之理想类型本质,因为这种权力很大程度上仍属于个人化的(“一把手”之治),因而,约束性指标分解仍需借助这种行政上的官僚等级控制体制(行政内部分权)来发挥,甚至还部分地替代了宪法、法律的功能。要解决上述困难,可能的矫治方法是:全部的政府权力不得超越宪法行使,并且在法律限度内实现中央与地方之间在规划事项上的分权与制衡,确立权力边界与责任归属,最后借助违宪审查、公益诉讼等司法救济途径来保障。由此,调制主体与受制主体(市场主体)将在法治理念与法制实践中获得法律的安定性与可预期性。比如,对于污染物排放量的约束性指标,可由环境法来确定不同等级的排污标准、污染指数,规定不同级别的环境污染检测与监测机关行使不同的指标审批权(或者排污许可权),明确排污者必须承担对应的法律责任,并加大对其的惩罚力度(如实行惩罚性损害赔偿或者刑事监禁制度,或者当污染超标时,审批、许可、监测等

---

① 参见〔英〕弗里德利希·冯·哈耶克:《法律、立法与自由》(第二卷),邓正来等译,中国大百科全书出版社 2000 年版,第 464—465 页。

行政机关与排污超标者的连带责任制度等);或者把主要污染物排放量的约束性指标纳入排污权交易与排污费法律制度中来处理。这种立法型的约束性指标控制模式,可以促使任何一家污染性企业,在开办工厂时,进行理性的选择与预期,在成本与效益的计算范围内,进行安装排污设施还是选择违法;同时,连带责任制度设计,也可以激发政府在污染监控上的勤勉程度。

(二)关于约束性指标的分解问题

在约束性指标分解标准上,应给予一个分解合理的、可操作性强的指标体系。现行十一五规划,相比约旦的《约旦国民社会经济发展规划》,其所确定的22个指标项目,没有对14个预期性指标与8个约束性指标为何如此切分提供一个合理的解释框架,也缺少在宏观与微观领域所包含的目标、政策与实施程序、统计表等事实分析和经验数据,以及详细的操作规程。[①] 如果要使规划减少纯宣示性的话,一方面,整体指标分解要注意规划程序与实体上的效力区分;另一方面,中央与地方规划也应把属于公共服务与公共利益范围的事项,都列入约束性指标范畴,并对其作出合理界定,附之以法律效力保障,像GDP经济增长等反映宏观结构的、不宜由地方来行使的指标,可规定为预期性指标。

在约束性指标的分解方式上,目前通行的做法有签订责任书[②]、订立契约[③]等形式。这些形式实现了中央政府与地方政府、各部门之间新一轮的权力与责任分配,但在效力上,它还很难构成地方政府责任和官员问责制追究的法律标准,仅是作为考核地方官员政绩的重要依据。目前所执行的《公务员法》尽管对官员问责制有所体现,但因该法有关此规定过于粗糙、可操作性差[④],对于谁(有权)来问责、问谁的责(问责范围)、问什么责(公共责任、行政责任、法律责任、政治责任)、如何问责等等系列问题,都需要通过政府责任基本法来运作或者实施。因而,我们可以考虑建立一整套严格的决策责任追究制度体系,对决策者的责任进行强制性规定,对于决策失误,可以进行经济处罚和降级使用,重则进行

---

① 参见 The Hashemite Kingdom of Jordan, "The National Social and Economic Development Plan, (2004—2006)",资料来源:http://mop.gov.jo/uploads/The National Economic and Social Development,最后访问日期:2006年8月6日。

② 如参见中国青年报:《签订节能责任书 能耗将成政府核准项目强制性门槛》,转引自新华网 http://news.xinhuanet.com/politics/2006-07/27/content_4882033.htm;中国新闻网:《中国九省区政府签订水污染物总量削减目标责任书》,引自中国新闻网 http://www.chinanews.com.cn/other/news/2006/07-24/762681.shtml;新华社消息:《发展改革委与30省级人民政府签订节能目标责任书》,中央政府门户网站 http://www.gov.cn/jrzg/2006-07/26/content_346505.htm;最后访问日期:2006年8月3日。

③ 如参见新浪网消息:《国家将把节能等指标纳入对地方政府的考核》,新浪网 http://news.sina.com.cn/c/2006-06-13/213910145705.shtml,最后访问日期:2006年8月3日。

④ 例如,《公务员法》第39条、第53条、第57条、第82条、第104条对公务员之罢免、纪律要求、违法处理、引咎辞职、法律责任追究等的规定,更多是原则上的要求。

刑事处罚。在"终身责任制"理念基础上,让责任者按照法律追溯程序承担其历史责任。如果发现决策的重大失误,无论决策者升任到多大级别,调任到何处,或者退出公职领域,都应该追究其责任。

(三)关于联结规划与政府责任的法律制度设计问题

由于约束性指标还关涉政府责任承担的实体内容,也需要考虑:一方面,在规划程序上,对于地方规划在编制、执行上违背中央规划的,地方政府需不需要承担责任?当规划编制权、执行权、参与权、知情权、监督权、评估权等遭到来自政府的违反时,如何来救济?目前,在宪法、法律法规中,由于缺少对这些规划的分权、制衡以及相应法律后果的明确规定,致使过去诸多"五年计划"变成纯粹宣示性的号召,在许多指标上,也由于前述的过分关注 GDP 增长速度的"行政绩效"评价体系影响,许多地方规划的编制、执行等都"虚高"于中央,致使作为中央规划的社会变革"调控"变成"空调",规划最初预期落空①,严重损害中央政府权威,在很大程度上也成为中国现行政治、社会与经济危机的生成与治理之乱的根源;而且,由于规划是全民意志与利益的体现,政府以规划来实现社会变革,在卢梭的社会契约意义上,也是政府对民众的道德允诺,关系到诚信政府与责任政府之建立。因此,在宪法、法律法规上确定规划权的分配与行使,是在规划程序与部分实体上实现规划的统一性,维护经济、社会民主的参与机制,加强规划实际执行力的保障。同时,规划事项在中央与地方权力之间的合理分配,也有力保障了中央政府宏观调控的效力;另一方面,在规划实体上,对于规划与预算、产业、税收、经济杠杆等之间关系,由于涉及经济宪法,因而,与之相关的政府责任的法律效力问题也值得研究。也就是说,当政府②调控不当或者程序违法时,如何解决规划上的中央宏观调控权行使问题?从政府责任形态上,这主要包括:(1)中央政府经济调控行为违反正当程序的责任承担;(2)地方政府与相关部门违反中央政府经济调控的责任承担;(3)地方政府与相关部门经济行为不当或者程序违法时的责任承担,等等。从权力形态上看,主要是宏观调控权(如财政权、预算权、税权、产业调控权、金融调控权等)的运作合法性问题,比如,在预算权上,如果把 GDP 作为国家宏观调控的主要依据,那么,预算权在中央与地方之间如何分权则是个问题,它应集中在中央,还是最好与地方共享?依据西方发

---

① 房维中:《从地区的十一五规划引出的思考》,转引自中区网 http://www.cre.org.cn/cre/Article_Show.asp?ArticleID=2486,最后访问日期:2006 年 8 月 12 日。尽管,我国宪法也明确规定了"国家实行社会主义市场经济。国家加强经济立法,完善宏观调控";全国人民代表大会"审查和批准国民经济和社会发展计划和计划执行情况的报告";国务院"编制和执行国民经济和社会发展计划和国家预算";等等,但在运作中实际已被现行行政管理体系给架空了。

② 这里的政府应该包括中央与地方政府,尽管在十一五规划中,中央政府(国务院)责任被排除在外,但从法治的角度考虑,中央政府(国务院)也没有责任上的豁免权。

达市场经济国家的经验，这种权力都一般集中在中央。比如，美国政府每年初发表总统经济报告，报告由美国总统经济顾问委员会撰写，反映美国政府对上年度宏观经济运行状况、公共政策和货币政策实施效果的评价，对本年度经济增长率、失业率和通胀率作出预测，并提出相应的政策，而且一般由联邦储备银行按照通胀率和失业率对 GDP 进行宏观调控；还比如，德国的《经济稳定与增长促进法》也规定其经济政策的总方针，即联邦和各州应该通过各种经济和财政的措施达到整体经济的平衡，这些措施旨在于在市场经济体制下，促使经济持续适当的增长，同时保持物价稳定、高度就业和对外经济平衡。

和谐社会与“柔性约束”

◇ 吴志攀*

内容提要 法律的运行需要有环境，在诸多法律需要的环境要素中，最重要的是诚信机制。我国传统文化中拥有深厚的道德资源。这些道德资源形成一种“柔性约束”，可以协助法律处理商业纠纷，稳定社会秩序。在我国构建社会主义和谐社会的过程中，更应该重视“柔性约束”的作用，以弥补法律硬性约束的不足。

关键词 柔性约束 商业诚信 法律运行环境 和谐社会

一、拍卖“判决书”

胜诉当事人在大街上公开“拍卖”法院判决书？这样的事情听起来有点匪夷所思，在中外法制史上恐怕也是少见的。但是，近两年来，这样的新闻却屡见诸报端。

1. 第一个案例

2006 年 8 月 18 日上午，“在福州五一广场附近越洋图书城门口，一名男子高举着用红色大字写的‘拍卖判决书’的大牌子，引来了二三十人围观。来自泉州的潘先生以公司代表的名义，正当街‘拍卖’一份民事判决书。这份判决书是法院判给该公司的 20.5510 万元应还款和诉讼费，可是时隔一年多，仍未执行下来。”

媒体还报道说：“泉州铭鸿公司的代表潘先生告诉记者，2002 年 9 月，福州天葵广告公司向泉州铭鸿房地产公司借款 20 万，至今分文未还。2005 年 6 月 30 日，福州市鼓楼区法院做出（2005）鼓民初字 499 号民事判决，判令福州天葵

---

* 吴志攀，北京大学党委常务副书记、法学院教授。

广告公司在判决10日内返还20万元,并支付诉讼费5510元。福州市鼓楼区法院2005年10月11日立案执行。福州天葵广告公司的董事长林先生接受了这一判决。法院在执行过程中,因天葵广告公司账上没钱,至今没有任何结果。”①

2. 第二个案例

再看另一起发生在四川省的“拍卖法院判决书”事件:

根据《四川日报》的题为《当街拍卖判决书,叩问法律公信力》的报道说,“在2006年2月底,自贡人李远骞在成都金沙车站旁摆起‘地摊’,当街叫卖判决书,标的十多万元的判决书以5万元的低价叫卖。”

“据李远骞讲,因与魏某某、张某某发生经济纠纷诉至法院。2002年5月,自贡市自流井区法院判决魏、张归还李各项费用共十余万元。判决生效后,当地检察机关提起抗诉,该院于2003年7月维持原判决。虽然赢了官司,但却迟迟拿不到钱。因为被执行人在泸州,自流井区法院委托泸州当地法院执行。李远骞多次往返于两地法院之间,最终得到的答复是被执行人没有可供执行的财产。”②

3. 第三个案例

再来看第三个案例,也发生在四川:

> “省高院督促地方法院处理了一起拍卖判决书的事件。去年12月,蓬溪人曾琼芳、禹华能夫妇从家乡出发,一路叫卖判决书到成都。当然,他们没找到买主。1996年12月26日,一辆中巴车由遂宁开往蓬溪县途中突然翻车。车祸中受伤的曾琼芳用去医疗费15535元。事故鉴定结果为,司机对此次事故负全部责任,而曾琼芳身体受到严重损伤,被评定为一级伤残,生活完全不能自理。为此,曾琼芳夫妇将雇用司机的老板徐某告上法院。法院经详细调查,判徐某赔偿曾琼芳四万余元。1998年法院下发判决书后,徐某前后付了3500元后便不再支付。剩下的钱,怎么都要不回来。法院强制执行无果,原因是暂时找不到对方可供执行的财产。没办法,曾琼芳夫妇想出了把判决书低价转卖给有能力收债的人这一‘下策’。”

《四川日报》的报道中还说,“不到半年,省内发生有较大反响的拍卖判决书事件,仅记者所知,就不下4起”。

笔者注意到,这些拍卖判决书的事件,多发生在南方,并且还多发生在城市。也许南方居民的维权意识比较强,发生在城市的事情容易引起媒体关注。当然,由于媒体的报道不可能全面,这仅仅只是一种印象,并没有统计学上的意义。

---

① 瓦房店网站:《男子当街拍卖判决书》,at http://www.wfd555.com/show.asp? id=5888,2006年9月29日上午9:30通过百度搜索查询到相关链接9150个,笔者访问其中一个链接网站“瓦房店.COM”。

② http://www.sichuandaily.com.cn/2005/04/06/20050406424224172735.htm。

法律界对此已经有了一些讨论,就像过去讨论"执行难"问题一样。不过,这次讨论的主题,主要都是在评判这类事件是否"合法"上。

笔者访问了一位五十多岁进城打工的南方农村老乡,问他怎样看这类事件?老乡人聪明,但不识字。他对我说:"'有钱能使鬼推磨',要不就是'官官相护'呗。"

听到老乡这样讲话,笔者心里很难平静:如果农民老百姓这样看待这些事件,那么被拍卖的就不仅是法院的一纸判决书,还意味着法律的"失灵",靠法律收不回欠债,靠法律讨不回公道,那是多么严重的事情啊——尽管,这样的"失灵"是暂时的、局部的,也是不正常的。但是,"法律失灵"竟然真的发生了。这背后的原因是什么?其中包含的文化背景又是什么?这种让人匪夷所思的社会现象的内涵又是怎样的呢?

二、再来看另外一个故事

1. 妻子代替亡夫还债

这个故事出现在我国的北方。据《人民日报》记者报道:有一位叫武秀君的东北农村妇女,她的丈夫赵勇是干建筑承包工作的,2002 年底,赵勇因车祸突然去世,留下了 270 多万元的欠债,同时,建筑发包方还欠她丈夫 300 多万元也未收回。

记者后来采访到这位农村妇女:"武秀君今年 44 岁,家住辽宁省本溪满族自治县南甸镇滴塔村。这个山村太偏远了,县城的'小客'开到离这里十多里路的镇上就再也进不来。武秀君也不大出门,在家里侍奉公婆,照看孩子,却练就了实诚、能担待的品性。"

记者问她为什么主动还债时,她说,"丈夫的骨灰在家停放时,许多不认识的人来到家里。这些人自我介绍,有的说是信用社的,有的说是朋友,有的说是工地干活的。丈夫欠了钱,他们是来探口风的。"她对这些来人说:"人死了,账不能死,不能让人戳死人的脊梁骨,丈夫欠人家的钱,我来还!"武秀君还对"有的债主没找上门,她就主动打电话找他们。她对债主说,我丈夫的欠条,我负责还;不放心的,我重新写。"

2. 还了 180 万,感召 1000 人

以下是摘录记者的报道:

"丈夫去世 3 年来,武秀君共还了 300 多笔、近 180 万元欠债。她打算在今后 5 年内,将余下的 100 万元全部还清。"

"在武秀君丈夫去世 3 周年祭日,谁也不会想到,这个普通建筑承包人的周年祭日,竟有 1000 多人参加。去滴塔村的路上,都是前去祭奠的人和

车；武秀君的家里，屋里屋外挤满了人，经销建材的、银行的、农民工等。许多不认识武秀君的人都说，就凭她这种诚信为人也要来看看。”

武秀君的故事，和前面那些欠债不还、当事人被迫“拍卖”判决书的负面报道，产生强烈的反差。这些年，我们总是看到大量这样的报道，比如：拖欠农民工工资，“三角债”难解，讨债难、讨债苦等等。甚至还有个别民工爬上高耸的铁塔，以死相逼要讨回被拖欠的工钱——这样极端的例子，让人震撼，也让人心酸。

需要我们这些学者来思考的问题很多，但笔者觉得最重要的是：什么原因导致一些欠债者有钱也不还债？又是什么原因使武秀君主动替亡夫还清所有的债务？

显然，法律并不是最重要的原因，甚至不是原因，那么这些人还债与不还债的道理何在呢？

笔者又找到那位从南方来京打工的老乡，问他听说这件事情有何想法？这位聪明却不认字的老乡，操着很重的乡音说，“这个女的，她从小在家里，一定是她家的大人好。大人什么样，孩子长大了就会是什么样的呗。”老乡的原话，就是这样说的，他说得在理。武秀君的举动之所以感动了这么多人，也打动了《人民日报》的记者和编辑，就是因为她偿还的不仅是债款，还为我们缺乏诚信的商业领域补上了“诚信”这堂课。

三、为何法律有时会“失灵”？

1. 法律需要环境

法律无论是刻在石柱上还是写在纸上，都是“死”的。水上行舟，舟有水才能行，“水”是配合“舟”航行的“环境”。法律也一样，没有一定的“环境”，那就没法“活”起来，也就出现了“执行难”的问题。笔者把有关的复杂的社会、文化、政治、经济条件笼统地称之为“法律需要的环境”。[①]

“环境”的诸多要素之中，最重要的是诚信机制，这尤其是不可能在短时期就形成的。从历史上看，陌生人占多数的商业社会的诚信监督机制，需要近百年的时间才能逐步形成。我国改革开放至今，不过30年时间，所以，诚信机制不健全也就不足为怪。

可是，我国还拥有数千年形成的传统文化，传统文化讲究诚信，在传统文化保存得比较好的地方或人群，可以感觉到许多的不同。笔者认为，传统文化与植根于商业社会的诚信监督机制相比，影响可能更大。

---

① 可参看拙文：《论金融法律的生态环境：以东莞为例》，载陈安主编：《国际经济法论丛》第六期，法律出版社2002年版。

2. 商业诚信机制

商业诚信是一套机制，这套机制是可操作的。只有在商业社会形成了这样一套机制，法律才能发挥作用。

商业诚信机制是怎样起作用的呢？我们可以北美的个人信用破产机制为例来做一点说明：

第一，个人（包括公司法人代表）在签订合同后，如果不履行合同义务，将引起诉讼并在法院有记录。

第二，法院判决当事人一方败诉，法院在当事人不自觉履行时，将强制执行。在当事人逃逸并逃避责任时，法院也会有记录。

第三，法院的诉讼记录和执行记录长期保留，可以由律师查询。

第四，当逃逸法律责任的当事人以后与其他公司或个人签订合同前，对方可能请律师到法院查询记录。如果记录不良，后果可想而知。

第五，如果负有履行法律责任的当事人没有财产，不能履行责任的话，法院将宣布该当事人"个人破产"。

第六，"个人破产"之人不能过舒适生活，生活只能是当地的贫民生活。例如，不能拥有汽车，出门也不能乘坐出租车；不能到餐馆吃饭或请客，不能到商店里进行中高档的消费，家里不能使用许多中高档消费产品和家具；不能出国旅游，不能开办公司，不能从银行贷款，不能开办银行信用卡和纸票账户，不能购买不动产，不能与他人从事商业经营往来，家庭和个人也不能雇佣帮工等。市场上也很难有公司聘用个人破产的人来工作，所以，个人破产的人也很难就业。个人破产虽然停止了债权人继续讨债，但是，也相当于宣布了"破产"的个人社会经济生活的停止。

由于北美社会客观存在诚信监督机制，个人或公司法人代表只能有两种选择，其一是履行法律责任；其二是，选择"个人破产"。

在我国，由于在社会上还没有形成"个人破产"的机制，所以，在遇到问题时，不履行法律义务的当事人还存在着第三种选择：不履行法律义务，也不宣布"个人破产"，仍然像诉讼前一样地工作和生活。由于我国社会目前还存在第三种选择，所以，也就会屡屡出现拍卖法院判决书的"奇闻"。

在城市的陌生人社会里，来自不同地方的人，有着不同的习俗传统，不同的地方文化，在这里，传统文化对于个人诚信的影响是微小的。道德和法律都缺乏对人的诚信行为的监督时，人便不会自觉遵循诚信原则，不会主动承担更多对他人有利的社会"公德"。

但是，换一个社会环境，在熟人社会、在农村，或者说得更具体一点，在武秀君生活的那样的"落后的"、"封闭的"农村，人们拥有同样的具体传统，也拥有同样的文化背景。在这种情况下，即便没有客观存在的诚信监督机制，由于有了传统文化的“柔性约束”,法律就不会“失灵”,或者说,在法律之上,还有更高的道德在约束着人们的行为。

3. 法律需要“公民教育”的配合

法律所面对的“人”,不是普通意义上的“人”,也不是面对男人、女人、大人、小孩等具体的“人”,而是“公民”意义上的人。

“公民”是一个宪法概念,宪法规定了“公民”的义务。遵守法律、执行法院的判决是公民的义务。但问题是如何使公民知道并且履行这种义务呢?这就需要国家实施“公民教育”。但是,我国长期以来有各种教育,却缺乏公民教育。例如,我国公民由旅行社组团到新、马、泰旅游始于上世纪 80 年代中期,直到 2006 年我国才开始对出境旅游公民进行文明礼仪教育,这方面的公民教育迟到了 20 年。

世界上许多国家在小学和中学都开设“公民教育”课,这些课本免费由国家提供。有些国家在大学仍然有“公民教育”课,有专门的教师。对于新入籍的人有专门的考试和仪式,在仪式上要进行“入籍宣誓”。当地法院的法官带领“入籍”的新公民宣誓,在誓词中就有“遵守法律”的内容。

这些都是一些具体的“公民教育”机制,有机构落实,有专门人员负责操作,有课本课程,有仪式等等。有了教育,“人”才能成为“公民”,法律才能进入“公民”的内心世界。公民形成了对法律义务的认识,在行为上才能产生遵守法律的自觉。

在没有公民教育作为基础的环境中,此时的法律,面对的是具体的“人”,如男人、女人、老人、小孩,人们也许受过各种教育,也许没有受过教育,对法律的观念不同,对于遵守法律的义务理解也不同。我国古人说过,“徒法不足以自行”。这句话道理很深刻,按我们今天的理解来说,就是法律的执行需要环境,需要公民教育作为基础。

四、“柔性约束”

1. 自觉的道德

武秀君的故事里,并没有完整的书面合同,没有经法院诉讼,也没有法院判决,只凭债务人生前的一纸借条,债务人的遗孀就主动偿还了大部分债务,并继续偿还余下的全部债务。这个事件传达给社会的信号是道德的力量。我国传统文化有一种内在的道德动力,在人的心里引导人的行为,朝着诚信、善良、老实、厚道的方向发展。

生活在社会基层的广大民众,可能只有小学文化,也许还不识字,但他们却深刻感受着这些道德力量,并自觉维护这种道德,自愿地接受来自传统道德的

“柔性约束”。

2. 柔性约束力量无穷

中国社会延续数千年,人口众多,人均资源相对紧张,但是中国的文明,坚韧有耐力,比起那些曾经盛极一时但又昙花一现的文明来说,我们的文明确实有她的优越性。我们的社会秩序长期稳定,就是因为有深厚的传统道德力量在支撑。

今天我们建设社会主义和谐社会,也需要传统道德力量的支持。发扬优秀的传统文化,树立社会主义荣辱观,可以促进我国社会的稳定与繁荣。

在一个人口众多的国家推动经济发展,进行包括法律制度在内的制度建设,推进政治体制改革等,都离不开社会基层的广大民众的拥护,离不开我国悠久的传统文化,离不开我国优秀文明与道德的力量。在坚持“依法治国”原则的同时,必须看到具体操作时“法非万能”,因此,我们必须借助我国传统道德文化的“柔性约束”,协助法律处理商业纠纷,稳定社会秩序。

五、构成“柔性约束”的要素

在武秀君代亡夫还债的故事里,我们看到的就是传统文化的“柔性约束”。“柔性约束”带有伦理的目的,“伦理目的的特别之处,就在于人们把它当成是强制性的。当平常人的心中有这样的目的时,他会认为这些目的应该实现。”在这种“柔性约束”的背后,拥有复杂而丰富的社会资本作为基础。①

1. 本分的家庭因素

在农村的不少老宅里依然可以看到:正房中堂有农户供的观音菩萨像,或列祖列宗像,更多的是挂毛主席像。两旁挂有传统的对联,如“忠孝传家久,诗书继世长”,或“翻身不忘共产党,幸福不忘毛主席”。这与现代城市单元房中摆放的工艺品截然不同,在农村,这些摆设带有“神圣”的含义,作为传统文化的载体,在家族中世代传达道德的符号。家庭成员看到这些符号时,从小便会受到无形的道德教化,并且形象化地记忆在脑海里。

我们传统社会的道德启蒙文本中,《三字经》流传最广,在老百姓中间最为普及。《三字经》开篇就是“人之初,性本善,性相近,习相远”。接下来是:“苟不教,性乃迁,教之道,贵以专”。列举古时的知名人士的例子:“昔孟母,择邻处,子不学,断机杼,窦燕山,有义方,教五子,名俱扬”。对青少年的教育责任在家长和老师:“养不教,父之过,教不严,师之惰”。同时,孩子自己也有责任:“子不学,非所宜,幼不学,老何为,玉不琢,不成器,人不学,不知义,为人子,方少时,亲

---

① 可参看拙文:《论金融法律的生态环境:以东莞为例》,载陈安主编:《国际经济法论丛》第六期,法律出版社 2002 年版,第 220 页。

师友,习礼仪”。号召家长教育子女,学习礼仪;子女通过学习懂得道德和做人的规矩,长大后才能成为栋梁之才。《三字经》善用生活中的动物作比喻,生动形象地教育孩子:“犬守夜,鸡司晨,苟不学,曷为人,蚕吐丝,蜂酿蜜,人不学,不如物”。教育的最后目的,还是为了家庭和国家:“幼而学,壮而行,上致君,下泽民,扬名声,显父母,光于前,裕于后”。这些流传下来的句子,也许今天 60 岁以上的老人还记得。中小学生也许只在考试的压力下暂时背得住,考试结束过后就忘记了。

武秀君有她自己的娘家,婚后进入丈夫的家,她与丈夫和孩子们组成新的小家,所有这些家庭环境对武秀君的观念都会产生影响。她的父母、公婆、丈夫和孩子都对她的思想产生着影响。这三个互相关联的家庭环境,看来都受到当地浓厚的传统文化影响,并将“做人诚信”作为生活与处世的行为准则。

在与家庭成员以外的人打交道时,例如,在农村进行商品买卖、建筑装修等,是否重诚信、重口碑,讲忠义,讲孝顺;做人是否老实,办事是否厚道,这些都被家庭环境不断评价和调整。如果诚实守信,家庭将感到脸上有光,门风光彩。她本人也会得到褒奖。反之将有辱门风。

武秀君的丈夫就是一个讲信用的人。媒体报道说:“武秀君知道,赵勇是个实在人。这些年愿意帮衬他的人越来越多,靠的就是个实诚劲儿。一次四川的爷儿俩来打工,工程才一半,爷儿俩要回家收麦子,来找赵勇请求提前付 2600 多元工资。工地凑不够,赵勇一看岳父家种了一院子大白菜,就动员家人贱卖了白菜,凑够爷儿俩的工资。那爷儿俩接过钱时,跪在地下连磕响头。打工这么些年,从没遇着这么好的老板!第二年一开春,这爷儿俩领了一大帮人来给赵勇干活儿。”

记者还有如下的报道:“活难找。赵勇的一个朋友听说武秀君要代夫还债,便打电话找武秀君,说有点小活,让她领着工人干。武秀君知道这是赵勇的朋友在帮她,感激得直想流泪。从此,武秀君开始像丈夫一样,带领那些以前跟丈夫干活的工人,在本溪、沈阳等地承揽一些室内外装修、建筑涂料粉刷的工程挣钱。一年四季,除了正月初一能正儿八经闲一天,一年合起来休不上一个星期。承揽到工程时,武秀君和工人一起干,戴着口罩刷灰浆。”

妻子不愿意让去世的丈夫背上欠债的“恶名”,否则,丈夫在九泉之下也不得安息。在武秀君的心里,好人丈夫依然活在人们的心目中。人们仍然在她和她的公公婆婆面前,说起她丈夫生前如何好人品的故事,夸奖她丈夫如何有信用,还会不断叙述着她丈夫帮助别人的往事。这些好像是家里的一笔财富,如同挂在墙上的奖状和锦旗,在家人看来脸上有光,让外人看了得到赞许。这些荣誉性的道德评价,给这个家庭带来很祥和、很光荣的无形资产。

由于母亲代去世的父亲还债行为赢得了社会广泛赞誉,武秀君的大孩子从部队服役回到家乡时,无疑他也会带着这份无形资产获得社会肯定。

媒体还采访到武秀君家的老二,一个还在上学的孩子的故事:"有一天,她突然接到上中学孩子班主任的电话:'你快来,孩子晕倒了!'武秀君跑到学校。孩子已睁开了眼睛:'妈,你不用着急,这是饿的,一会儿就好了。'武秀君奇怪了,说你怎么饿成这样呢?孩子告诉武秀君,昨天下午嚼了一袋方便面,今早上吃了一根麻花,到中午没等吃这个面包就坚持不住了。孩子从兜里掏出一个存折,上面有308元钱。他说,'妈妈,这钱取出来,就能顶一份账,给我留8元钱就行了。'原来,武秀君给孩子一天3元钱伙食费,孩子自己又偷偷减下来一半。在场的老师、同学、校医全哭了!武秀君一把抱过孩子,失声痛哭。"

家庭所有成员达成共识,并将此看成是神圣的。其实,这样"举家一致"的共识的形成,在家族为核心的传统中国社会中,是很常见的。至今,在大家庭结构依然存在的农村,这种共识还保持着。"早期的人认为自己的义务与其自身的群体是维系在一切的,因为在他的眼里,这个群体是至高无上的事物。如果他承认他对构成群体的个体也负有同样的义务,那是因为整体某种神圣不可侵犯的性质传给了部分。"①

2. 自觉的心理因素

武秀君在丈夫去世后,依然保持着给丈夫写信的习惯,将自己在还债曲折的路途上遇到的各种困难、委屈和伤心,向在九泉之下的亲人倾诉。丈夫当然不会有任何回信,可妻子的信还在不断地写着。这些信从本质上来说,是武秀君写给自己的心灵的。一个人同自己心灵的对话,是最真实的、最直白的,不需要任何礼节,任何客套,任何仪式和一切不必要的废话。想说什么,就说什么。想怎样说,就怎样说。不必顾及别人,也不需要考虑外界的反应,一切只需要发自内心,随心所欲,有感而发。

再摘录一段记者的报道:"代夫还债,有苦却不能对公婆、孩子说,也不能对朋友和外人说。艰难时光,武秀君养成一个习惯,常常给天国的丈夫写信唠嗑,把她的快乐和悲伤告诉他,给他报一笔笔还款清单。这样的信,夜深人静时武秀君用心和泪写了几十封!2003年4月5日,她在给丈夫的信里,倾诉了爱与思念之后写下了这样一段话:'虽然人贵生而痛死,但是毕竟人皆有生就有死,而如何面对生与死,那便将人们分出了崇高和卑俗'。为什么说有的人死了,他还活着,而有的人活着他已经死了,那是因为死了还说活着的,是英雄,是圣贤,他们永远活在大众的心里;而活着的这些人,说他们死了,是因为他们是恶者,是无赖,是行尸走肉。可见惧怕死亡的人以为人死如灯灭是不正确的……圣者的德

① 《关于契约》,载〔法〕爱弥尔·涂尔干:《职业伦理与公民道德》,渠东、付德根译,上海人民出版社2006年版,第141页。

行和智慧留于史册，存留人间，令我们崇敬和神往，给我们的生命力以滋养，并促使我们奋进。”

实际上，武秀君给自己写信，可视为是一种自省或自悟的过程。她选择了也许连自己也没有意识到的一种很有效的“自我”教育、“自我”鼓励的方法，通过这种方式和方法，她可以不断审视自己行为，不断检讨自己思考与判断过程。这又促使她守正信念，坚定觉悟，保持信心。自我教育如同一面镜子，让“自我”的内心与行为比较，看看是否一致；检视“自我”说过的话，办过的事，是否符合“自我”对“我”的承诺。

个人的心理因素对个人的行为影响很大，形成了调整个人行为的规范，涂尔干论述的“公民道德”与此有些相似。涂尔干将此称为“个人规范”。这种规范的“主观形式”是：“个人从未忽视过自己的思想和行动。”这种规范的“客观形式”表现为：“强加给自己的义务，对自己和对别人履行义务。”①

3. 传统的邻里（社区）因素

生活在一定社区中的人，也会受到或者考虑社区文化环境的影响。例如，社区接受或者社区排斥，社区鼓励或者社区抵制。这些环境的影响对生活在其中的个人来说，可以有不同选择，要么因为排斥或抵制而离开原来的社区，选择新的社区；要么调整自己的行为方式，融入社区获得接受和鼓励。笔者将此看作社会资本的社区因素。

无论在城市，还是在农村，社区的范围都包括亲友、邻居、朋友和在日常生活或工作中经常打交道的人们。在城市的邻里（社区），也许人们居住的功能更重要一些。在农村的社区，人们居住和工作这两种功能都很重要。城市的邻里（社区），过去是同一个单位的同事居住在同一个社区。后来，城市住房制度改革，商业化的住房政策使陌生人通过市场选择居住在同一个社区。邻里虽然只有一步之遥，但是，从搬入到搬出，两家邻居也许没说过一句话。

居住高楼邻里（社区）的人们，也许有过这样的同感：同乘一部电梯，两家邻居的眼睛并不“互视”：要么低头进入电梯，要么盯着手机屏幕，要么看周围的小广告，要么看天花板上落的是个什么昆虫？只要能找到一个暂时落眼神的地方，就不会看对方。

在这种陌生人居住的城市社区，若不是邻居家人亲眼看到某邻居被警察“请”走，决不会想到这位从来没有看清楚的邻居，竟然也会逃避法律责任？也不会知道他为了逃避责任，与妻子假离婚。更不会知道如何将钱和财产都转移到离婚妻子名下，自己变成“穷光棍”，要钱没有，要命也不给。邻居们只知道这

---

① 《伦理原则》，载〔法〕爱弥尔·涂尔干：《职业伦理与公民道德》，渠东，付德根译，上海人民出版社2006年版，第220页。

家人在离婚以后,“最近又刚生了一个娃娃”。事不关己,高高挂起,少管闲事,自己管自己。

但是在熟人社会的农村邻里(社区),情况就大不相同。如果发生了武秀君式的好人,农村社区人人都会佩服,都相信她,也愿意帮助她。如果发生了逃逸债务的“恶人”,农村社区也会采取或“敬而远之”,或变成“过街老鼠,人人喊打”,或再没有人愿意与其往来,没有与其说话,红白喜事无人前来,春节元旦无人串门拜年。过去的朋友,此时不继续往来,新朋友也不时地被旁人好心提醒,此人没有信用,说话不算数,不可深交。当需要别人帮忙时,没有信用,口碑不好,没有人缘的人,此时就会感到:平时没有“积德”,到时难得“善报”。传统文化中的因果报应的暗示,让信守者感到灵验,也让不遵守者感到无奈。

在熟人组成的邻里(社区)里,所有人都认识所有人的为人。所有人都知道所有人的底细。属于这种社区的成员,自觉不自觉地遵守着看不见的习俗,被这些“柔性约束”规范着他们的行为。外部进入熟人社会的陌生人,刚一进入就会被熟人社区包围,好像观众在观看舞台上的演员在表演一般。他在“观众”面前表演得如何,他们自己不全知道,但是“观众”们全都看得一清二楚。

如果不适应熟人社会的“柔性约束”的压力,陌生人可以选择离开。他也可以选择留下来,自愿接受“柔性约束”,并逐步适应,不觉得有多少压迫感。熟人社会成员之间在“柔性约束”之下,得到的回报是他们之间的交易成本降低,信用资本增多。于是,熟人社会成员可能在社区内部,采取社区内部的行为方式。来到熟人社区以外,采取陌生人社会的行为方式。就像这些成员在有硬性监督机制的法制范围内,人在进入时,便产生“自我约束”心理。例如:外国人进入新加坡之时,就被提醒“不要随地吐痰”或“不要在大街上吃口香糖”等;离开新加坡之后,人又放松了心理约束,如同松了一口气,恢复了往日状态和不注意公共场所卫生的行为。

于是,“社会规范的主观形式是:尊重邻人如尊重自己。客观形式是:为自己所属的共同体服务。”①

4. 从善如流的社会因素

社会因素相当复杂,但是,主要影响人们行为的可能是大众媒体。大众媒体报道了武秀君代亡夫还债的故事后,许多人纷纷来信,表示愿意帮助这位农村妇女。有的表示愿替武秀君还一部分债款,有的主动提供生意给她做,盼她早点赚够钱还清债。还有人赶来帮工,也有债权人主动放弃了债权,更有债权人表示愿意继续给她贷款。

---

① 《伦理原则》,载〔法〕爱弥尔·涂尔干:《职业伦理与公民道德》,渠东,付德根译,上海人民出版社 2006 年版,第 219 页。

大众媒体对"感动中国"的好人好事的报道,能在当地和全国产生很大影响。按照当地的习俗,人去世三周年要搞祭奠。在武秀君丈夫去世三周年祭奠的时候,从各地来了一千多人。有亲属,有朋友,有商人,有农民,有工人,也有教师;有熟人,有陌生人,还有赶来抢新闻的记者们。这一天外来的人数超过了本村的居民人数。村里的老人说,从记事以来,村里从来没有来过这么多的人。从各地赶到这里的人们,不为别的目的,就是想看看武秀君和她们这一家善良的人。这一家普通的善良农民,也许并没有在主观上意识到,她的行为已经"把自身作为伦理力量相服务的工具"。在"客观形式上,她的行动把自身奉献给作为自身伦理理想的目的。"①

中央电视台的一个栏目,专题报道了这件好人好事,为了证实新闻的真实性,专门到武秀君家里采访,采访了她的婆婆和儿子,还采访了周围的一些经商开店的人。《人民日报》在第三版的上半部分,发表了记者的专访和武秀君的大幅照片。

看了这样的故事,我们不妨再设想一下,怎样来对待那些恶意逃逸法律责任的债务人呢?大众媒体如果将逃债公司的法人代表的名字公布出来,将他们的更详细的背景情况报道出来,他们将在社会面对怎样的状况?可惜的是,媒体并没有披露他们的名字,社会对他们并没有任何改变,一切如从前一样,该怎样生活,还是怎样生活。从前是怎样工作,后来还是怎样工作。

商业社会还没有完全形成信用记录机制和诚信监督惩罚机制的时候,在没有其他普遍公开监督机制情况下,社会媒体的监督作用就显得格外重要。但是,在前述的拍卖法院判决书的报道中,大众媒体都没有披露逃逸法律责任者的名字。如果大众媒体仅对好人好事采取"实名制"报道,而对坏人坏事采取"匿名制"报道的话,社会的反应将是被好人好事所感动,对坏人坏事不管不问。所以,社会变得缺乏监督,缺乏淘汰,缺乏惩罚机制,法院的判决也变得好像一张"废纸"。债权人拿着这张"纸"沿街叫卖,如果能卖出去,还能收回一些钱,给上学的孩子交学费。

5. 政府因素

在我国,政府并不是与社会截然分开的对立物。在西方的社会学教科书上,国家与社会是平行相对的。可在我国的历史上,政府则是社会的核心,两者在很多方面是一致的,或者说是一个结构套着另一个结构。

在这种政府与社会"同构"情况下,政府因素对于个人行为的影响不但来自法律方面,更多地来自政府"非法律"的方面。例如,通过宣传活动、检查活动、

---

① 《伦理原则》,载〔法〕爱弥尔·涂尔干:《职业伦理与公民道德》,渠东,付德根译,上海人民出版社 2006 年版,第 220 页。

文艺活动、纪念活动、会议活动等来体现。我们媒体上许多报道与这些政府活动有关,对社会公众产生行为导向影响。

政府因素应该是社会资本中的核心资本,因为政府的动员力、号召手段最多,组织机构最完备,拥有的物质资源也最雄厚。特别是在特殊时期,政府还可以采用强有力的手段进行强制性干预。如在"非典"时期,政府采取了若干影响人们日常习惯的措施。

我国政府通过诸多方式,向人民宣传诚信,并号召公民以此作为社会行为的道德准则。从新中国成立以来,政府对公民增强社会主义道德的宣传是连续不断的。早在上世纪的50—60年代,大庆工人的代表铁人王进喜的"铁人精神"在政府大力宣传后,家喻户晓。"铁人精神"中"三老四严"的"三老"就是:"说老实话,办老实事,做老实人。"这些是用最朴实的语言表达的高尚人品。

在当时的农村,有著名劳动模范、山西昔阳大寨的陈永贵。陈永贵在1963年遇到自然灾害冲毁农田的情况下,提出"三不要"和"三不减"的口号。在遇到困难时,"不要救济款,不要救济粮,不要救济物资";"三不减"就是"不减向国家的销售粮、不减集体的公积粮、不减社员的分配粮。"这也是一种非常感人和无私的精神。遇到困难,不是先想到自己,而是把国家的支援让给他人,靠自己辛勤劳动和艰苦奋斗来渡过难关。这种朴素的精神,在当时和现在许多农村仍然可以看到。如果不是新闻媒体报道,这些朴实的农民以及他们朴素的感人的精神,不会被外界所知晓。

后来的"文革",将这种本来十分朴素的社会主义道德加入了过多的政治内容,过度意识形态化。当道德被过度政治化时,也便被宗教化了。但是,道德并不是来源于宗教,而是来源于生活。脱离生活的道德没有力量,因此也不能持久。

"文革"以后,过度政治化的社会道德被自我否定,社会道德又恢复了生活原来的面目,回到了社会公民生活中间,成为人民的道德。历史经过反复,从政治化回到社会化,对一代甚至两代人都产生了复杂的影响:犹豫、虚无、选择、守正、坚定。

从上世纪80—90年代直到2000年的新世纪,政府在媒体中宣传的道德榜样,事迹都非常感人,因为这些道德模范都表现出无私、克己、助人、爱人的精神,他们心里有崇高的理想,每天做着默默的奉献。只是当世人知道他们时,他们中的大多数人已经不在人世。当人们想看到他们的模样,只能看到遗像了。

近几年有更多的道德模范,正在生活中和工作中就被媒体报道,让世人看到活生生的人,真切感人的故事。这种变化让道德模范从遥远的世界,回到我们生活的中间,他们成为不仅可望而且可及的榜样。我们中间还有与他们同样的人,因为他们没有被媒体发现,因为他们的默默无闻,因为这样的好人太多了。

在经济发展过程中，政府再一次号召人民“以诚实守信为荣，以见利忘义为耻”，让社会主义荣辱观深入人心。在宣传教育的社会热潮中，所有公民都会受到教育，在道德方面也会得到正向影响。这些就是政府因素给予社会的积极作用。

六、我国“柔性约束”的特点

1. 中西方传统道德起点不同

中国传统文化对于人性是十分乐观的，我们的起点是：“人之初，性本善”。以后展开的假设是：如果人不学习，就会不懂得礼仪和道德，不会成为好人（君子），还可能会学坏，变成小人（坏人）。

西方传统道德则假设是人生来就是“恶”的，有“原罪”的。“人是由自私自利基因构成的”，只是通过学习，才成为解脱其罪过，成为“无罪”的人，否则一直都是“罪人”。经过教育和学习的人，他的“思想却朝着社会的，互相信任和彼此合作的方向构建的。”①发展到商业社会，信任被经济学家认为是一种与物质资产同样重要的社会资本。如同经济学家肯尼思·阿洛所说的：“事实上，每一笔商业交易之中都包含着信任的因素。”“在人与人交际中，多一份信任，自然就多一分回报”。②

中西传统文化中的表述虽然起点不同，但是展开陈述的过程殊途同归。例如，我们的民谚中有表述：“多一个朋友多一条路，少一个朋友多一堵墙”。到此我们看到，无论我国还是西方，在人类社会中的文化中，都有正面和负面的影响因素。人同时受到正面和负面双重的影响。区别只在于：我们假设“负面”影响来自外部，而西方则假设“负面”是来自自身的。

由于这种起点的不同，所以，我国的传统道德对人的观念和行为的正向影响力更大，我们更愿意鼓励人内心的善，也注重教化，教人向善，朝着趋于和谐的方向发展。

2. 传统道德对“公民教育”的补充

我国政府越来越重视公民教育，例如，在2006年“十一”黄金周长假期间，我国政府公布了“公民出境旅游行为公德”，其中将“不随地吐痰”作为第一条。除了这样细致的规定和劝导之外，我们还应该认识到，传统道德中积极和正面的内容，是公民教育的重要补充。

---

① 第十三章“信任”，载〔美〕麦特·里德雷：《美德的起源：人类本能与协作的进化》，刘珩译，中央编译出版社2004年版，第281页。

② 同上书，第282页。

在我国传统道德中，对于类似美国前总统克林顿在任期间出现的莱温斯基性绯闻，是绝对不能接受的。这种情况如果司法机关介入调查，领导人一定会辞职。此外，如台湾地区陈水扁贪污腐败到如此地步，竟然还可以不下台的情况，在我国传统道德中也是无法想象的。台湾地区的司法机关介入调查，当地的新闻媒体每天大幅度报道，台湾地区上百万民众静坐示威，连续十多天抗议游行，在这种情况下，当事人依照法律竟然可以拒不下台，"礼义廉耻"已经荡然无存。可见，当"法律"在程序，或在某种时候，可能出现"失灵"时，人依然在传统道德影响下，人依然有"柔性约束"，并对社会产生一定的监督作用。如果有人不遵守，普通人便罢了，公众人物则不行。因为公众人物违反传统道德，会引起社会公众的反对。此时，传统道德正发挥着在法律不完善、公民教育不完善时的一种补充作用。

传统道德对人的正面影响，与地方经济是否发达，没有太多的直接相关性，但是与家庭、社区、社会和政府是否重视宣传教育却有直接的相关性。优秀传统文化风气好的地方，当地人的家庭、学校、社区、社会和政府在这方面的工作一定下了功夫；反之，功夫还下得不够。但是，从"不随地吐痰"的例子中，还可以看出，传统文化还不是"公民教育"，也不能代替"公民教育"。

回到前面列举的案例，都涉及由于"公民教育"缺乏，导致不尊重法律。在第一个逃避法律责任的案例中，媒体报道说，本案败诉的债务人"林先生却转而担任福建某房地产发展公司的法定代表人。"而本案胜诉的债权人"铭鸿公司目前出现经营困难，急需资金，无奈之下，他们想出了拍卖判决书的办法。前天，公司5个人从泉州赶到福州，希望有人开价，拍卖了判决书中20万的债权，用来周转资金。"逃避法律责任的人，却还得到新的企业领导岗位的任用，这难道不说明一些问题吗？

正是因为在当地有人支持，有地方保护，败诉的债务人（林某）当然不怕法律，当然不把判决书当回事儿。他不会像外国那样"个人破产"，他也不会没有工作，又不会没有工资，也不会没有舒服的生活。他还同从前一样，到餐馆请客吃饭，出门还有小汽车坐，甚至还可以出国"考察"。他是新企业的"一把手"，依然管理着企业，从事商业活动，还同其他客户签约，向银行贷款。

在第二个逃避法律责任的案例中，媒体报道说，在李远骞胜诉的案件中，败诉一方的魏某某和张某某，"以前生意做得很大，怎么可能突然间就没了财产？"李远骞"先后聘请几位律师，对对方是否转移财产展开调查。劳神费力，判决还是没有得到执行。"最后，胜诉的李远骞"自己已是山穷水尽，连儿子新学期的学费都凑不齐。万般无奈，他只好选择叫卖判决书，希望收回点钱解燃眉之急。"

可以看到其中一位逃避法律责任的方式是与自己的妻子"离婚"，将财产转移到妻子的名下。这种作法也许使"小家"收益，维护了"私德"。但是，却损害了他人利益,破坏了社会秩序,违反了“公德”。债权人还了解到:债务人在“离婚”后,夫妻两人仍然居住在原来的房子里,还生了娃娃。当地民政部门不知道是否了解这个事实?如果债务人为了逃避法律责任,采取“假离婚”的话,有关政府部门就不应该允许这种“造假”。败诉债务人的财产也不能因为“造假”被批准转移,导致法院判决不能强制执行。

对此,媒体报道说,“获悉此事后,省高级人民法院即派员前往泸州进行调查。据说,两地法院此前也做了相应的工作。结论是,没发现被执行人有可供执行的财产。”对李远骞“对方假离婚转移财产”的说法,“法院认为迄今还没有法律上能够认可的证据。目前,省高院已责成当地法院采取有效措施依法解决此事。”

媒体还报道说:“省高级人民法院的督促和关注,让李远骞感觉到了希望。但昨日对记者说起拍卖判决书的事,他还是觉得一言难尽。”李远骞讲述说:“几年了,很多人都让我放弃。我一直都没放弃。两地法院我跑了不下30次。自贡的法院说,我们已委托给泸州的法院去执行了。泸州的法院说,找不到可供执行的财产。”

李远骞对记者说:“我多方调查取证,说明其中一个被执行人是以假离婚转移财产,但当地法院认为我的证据在法律上不能作数。那两人还像两口子一样住在一起,而且生了娃娃,就只差复婚手续了。至少是事实婚姻吧?但法院说,法律上现在没有事实婚姻的说法。”

李远骞最后说:“好几年了,正规渠道没结果。各方面的努力我都尽到了,不但没要回钱,又花去几万。我实在没办法了,娃儿读书都靠借钱。绝望之中,我甚至有过铤而走险的念头。但想到生命只有一次,想到对家庭的责任,同时对人世间的公道还有一点期望,我最终没有迈出这危险的一步。”李远骞还说,“我卖判决书,只想挽回点损失。总不算违法吧?法律也没说判决书不能卖吧?”

在读者看来,问题应该没有想象中的那么复杂,因为只有两种选择:其一,如果有“假离婚”的事实,并以此逃避法律责任的话,假离婚无效,财产还是败诉债务人的,以此依法追究法律责任。其二,如果没有“假离婚”的事实,那就直接以败诉债务人的财产,依法追究法律责任。在读者看来,不就这么点事吗?事实在那里摆着,解决的办法也是现成的,两者必须其一。在这种情况下,法院仍然不能执行,那就不是“假离婚”的问题了,也许还有别的问题。

别的会是什么问题呢?也许由于债务人是商人,是有钱人,应了我国传统文化中的负面说法:“有钱能使鬼推磨”,还有一句话,就是“官官相护”。也许债务人受到我国传统文化中负面的影响?也许当地个别公务员真的“见钱眼开”啦?也许真的就如民谚中所说的那样:“官不打送礼的”?还有所谓的:“官商勾结”吗?或者是当地已经形成“特殊利益同盟”,如果当地有这种利益共同体的话,那法律就真的会“失灵”了。

媒体对此都没有报道,这也只是笔者假设。但愿这些不是事实,永远都不应该也不会成为事实。笔者高兴地看到,“拍卖判决书”事件在新闻媒体披露后,当地有关政府已采取措施进行协调,并为此付出相当大的人力物力做好工作。当地法院也在积极做调查,做善后补救工作。一位法官对媒体说,相信当地“会有一片法制的蓝天”。

案件后期的情况,还是让笔者乐观的。媒体报道说:“在省高院的关心下,去年12月11日,蓬溪法院再次与当地党委、政府协调,商请给曾琼芳申请经济补助。经研究,蓬溪县金龙乡党委、政府决定从2004年1月起,给曾琼芳每月补助150元,2004年1月—11月增加部分于近期补发。”

3. 传统道德对商业诚信机制的补充

“公民教育”是国家政治的基础,也是法律的基础,更是法院判决书执行的基础。在陌生人的社会,特别是在城镇的商业社会,在人自己的小家与他人的家之间,在自己的小家与国家利益发生冲突时,私德与公德之间也有相通的地方,也有不同的地方。

我国特别需要采用传统道德影响的方式,来开展“公民教育”。或者说,将“公民教育”结合传统道德影响之中。因为这样的“公民教育”才有本土的语言方式和思想表达方式,也才可以从家庭、心理、社区、社会和政府多个层面,获得资源和渠道方面的支持。同时,这样的“公民教育”才能降低成本,并在全国人口众多特殊国情下,发挥出“公民教育”的效果。

参考外国进行“公民教育”的做法,如果将传统道德的内容融入学校教科书和知识传授中去,更容易被接受。例如,企业管理中有关企业的社会责任内容,单位管理中对人的关怀。

例如,法国启蒙政治家卢梭对“公民教育”有过许多论述,而这些内容主要包含在许多看似不像专门讲道德的文本中。这种方式也是采用了适合本地接受“公民教育”的方法进行的。这些做法对我们今天还有意义。

卢梭说:“如果你想知道公众的教育是怎么一回事,就请你读一下柏拉图的《理想国》这本著作,并不像那些仅凭书名判断的人所想象的是一本讲政治的书籍;它是一篇最好的教育论文,像这样的教育论文,还从来没有人写过咧!”①

卢梭还说过:“没有自由就不会有爱国思想;没有道德,何来自由;没有公民,就无所谓道德;培养公民,你就有你所需要的一切东西;没有公民,则自国家的统治者以下,除了一些下贱的奴隶之外,你一无所有。培养公民并非一日之

---

① 参见〔法〕卢梭:《爱弥尔》上册,李平沤译,商务印书馆1991年版,第11页。

功，打算培养公民，就一定要从儿童时代教育开始。”①

在西方国家与我国一样，西方的卢梭强调“从儿童时代教育开始”，我国比西方文献更早就已经流传的《三字经》也是从儿童开始教育。东西方的道德教育，在目的上，虽然有相似之处，但路径不同。我国是传统文化的教育很重要，也很适合我国的国情，路径是将人教育成为“道德”上有道德的好人；法国的卢梭强调的是“公民教育”，路径是将人教育成为“法律”上尊重法律的公民。

4．分担国家成本

“柔性约束”通过家庭、个人心理、邻里（社区）和社会分担了国家的“公民教育”的部分成本、商业机制监督的部分成本，也减轻了政府运作的成本。特别是在我国这样一个人口大国，东西南北地域辽阔，经济发展不平衡，地方风俗差异较大的情况下，通过家庭、个人心理、邻里社区和社会来分担国家对公民的教育成本，分担半政府半市场建立的商业诚信机制的成本，才能够在这些机制环境和教育环境不完善时，起到社会秩序稳定、人们生活安康的作用。

特别是在我国政府提出建设社会主义和谐社会号召中，通过“柔性约束”来配合法律的硬性约束，通过分散承担成本的方式来弥补集中成本的不足，分担政府的压力，缓解法院的压力，都是有积极效果的。

七、传统文化发展中也遇到负面影响

1．正面教育不足时负面影响起作用

现在，再看前面三个逃避法律责任的案例，有人可能会问：拍卖判决书的那些地方，是否缺乏传统道德的影响呢？那些逃避法律责任的债务人为什么不受“柔性约束”呢？那些人不也是生活在中国，不也有家庭，经过学校教育，生活在一定的社区中吗？都是中国人，为什么差异就那么大呢？也许我们可以从社会学的知识中推导出：那些逃债的当事人，生活在具体的城镇、陌生社会，并且是单独居住的小家庭。这样的环境，得不到上来自父母、下来自家庭成员的道义支持。但是，这样的特例不能说明普遍的道理。

武秀君的故事中的逻辑推理，可以从这三个案例中同样推导出吗？从表面上看，也可以推导出来：这些逃债的人一定没有给自己写信的经历。如果他们也有与自己心灵对话方式的话，他们也可能会像武秀君一样有这种觉悟。由于他们没有这些方式和方法，所以，他们没有正确道德理想。他们不知道什么怎样做厚道人，做老实人，不懂得重口碑的人在社会上的重要性，也不知道如何做一个“好人”。

---

① 参见〔法〕卢梭：《论政治经济学》，王运成译，商务印书馆1962年版，第21页。

他们选择了相反的路径,做见利忘义的人。由于不能像武秀君那样的自我教育,也忘记了以往的家庭和学校教育(也许他们的家庭教育不完整,学校教育也可能有缺陷),再加上以后在生活中不能很好地自我教育,最后只能采取各种手法逃避法律责任,而且还能心安理得地生活着。这些人与武秀君有很多差别,但是,本质上的差别,还在于两者在心理上能否自我教育,能否使内心向善,使道德向着高尚,使品行向着对他人有益、对社会造福、也使自己受人尊敬的方向发展。

他们除了做生意外,他们没有自省的时间和空间,也没有提高道德素质的载体和方式。他们见利忘义的行为,甚至不惜采取假离婚的方式,转移财产,逃避债务,已将家庭与爱情都当作一种功利行为的工具。可见他们的灵魂除了金钱外,没有其他精神的东西。

这样的逻辑太简单了,但是,现实生活不可能如此简单,简单到不需要如此地步。

2. 传统曾经中断

在过去的某些历史时期,比如“文革”中,我们没有对传统文化中优良的、教人向善的内容进行弘扬,而是把封建历史中的负面影响统统视为传统文化,把那些历史糟粕扣在优良传统道德上面加以批判。这造成了很大的危害,破坏了社会中原本存在的规范和秩序。

我国历史中的封建糟粕,存在了几千年,也有一定的负面影响,特别在陌生人组成的社会,以及在忽视人文教育、缺乏公民教育、缺少道德素质养成教育、过多强调知识与应试教育、单纯强调激烈竞争、残酷淘汰的市场经济中,传统文化中优良的道德内容如果不加以弘扬,政府不大力宣传,有时会被命运受到挫折的人、遭受不公正待遇的人的误解,误导他们认为在现实社会中传统文化道德不适用了,现实生活中需要的是自私自利,而不是像“傻子”那样的好人。

3. 趋利避害,以正压邪

生活逻辑的复杂还在于内在的矛盾性。在我国的社会中,有道德的正向影响,也有糟粕的负面影响。同样是人,“近朱者赤,近墨者黑”。“朱”和“墨”同在我们的生活之中,选择“近朱”还是“近墨”在于自己,也在于社会。“孟母择邻”为的是让未成年的孟子受到好邻居的正面影响。

所以,符合正向意义的文化影响存在的同时,刚好也存在另一种糟粕负面意义的影响。在熟人社会里,即便一个人在家庭之中,受到家庭成员的正面影响,反之亦然。一个人内心有一定觉悟,对“好”还是“坏”,对“朱”与“墨”有一定判断能力。同时,我们的政府和社会也要帮助公民,特别是青少年学习正确的判断能力。例如,在上述拍卖判决书的当地政府工作到位,当地法院大部分法官尽职尽责,当地政府官员廉洁奉公,虽然也难免出现类似案件,但是,社会整体道德还是正能压邪的。无论从个人、家庭还是社会，都有趋利避害的动机，也有以正压邪的期望。

4. 承接传统文化的断裂

在传统文化发挥“柔性约束”的作用时，要继承在传统文化道德的正向影响，克服历史中的糟粕的负面影响。鼓励传统文化中正向的“柔性约束”作用，防止糟粕的负面影响。将传统文化中人的“私德”与作为“公民”的“公德”结合起来。我们要从传统文化中的“家国同构”、“家人共荣”的角度来认识“柔性约束”的作用，而不要将“私德”与“公德”对立起来解释，也不要将“家庭”与“国家”完全区分开来看问题，更不能将“家”与“人”分开来看问题。这些都是我们的本土特性，是数千年历史生活形成的，不是西方理论“市民社会”和“契约社会”假设出来的。

在我们的社会生活中，无论“大家”还是“小家”，无论“集体”还是“个人”，在两者之间存在对共性“德”的认同。由于这种价值共性“德”的存在，在个人的“私”与“公”之间、在“私德”与“公德”之间就有了内在的连续性，就会产生个人“修身、齐家、治国、平天下”这种连续过程。这种在各个不同环节中的道德的连续性，正是我国传统文化道德中特有的优势资源。

笔者所说的“柔性约束”也存在于这种从“个人”到“家庭”、从“家庭”到“国家”、再从“国家”到“天下”的道德连续性之中。这种从历史生活中来的连续性，从小到大、从低到高、从里到外连成一个社会整体，围绕着统一的一个道德向上、向好的方向发展。

我国家庭与国家的特殊社会结构，与西方不同。西方对“私德”与“公德”的假设是两者对立，个人与国家对立，市民社会与政府对立，国家与天下对立。再用许多契约将两者连接起来。此时，如果契约不健全，如果履行不落实，如果商业诚信机制不健全，公民教育不充分，社会道德中的“私德”与“公德”就会发生矛盾，文化的正向作用也不会发挥出应有作用。

八、结论：重视“柔性约束”

法律在大多数时间和场合都有效，但在个别场合可能出现暂时的“失灵”。在“法律失灵”时，可能伴随有着中国传统文化中负面的影响，也可能有缺乏“公民教育”的原因，也许是因为其他什么“不登大雅之堂”的原因。

虽然“法律失灵”影响到的只是个人，可能是法律案件涉及的当事人，也可能还影响到当地个别政府公务员，法院个别司法工作人员，不会影响到我们司法体系的整体与全局。但是，“千里之堤，溃于蚁穴”，上海出现的陈良宇案件再次给我们敲响警钟：个别省部级高官出现违法乱纪，下面出现干部违法乱纪情况，也就不足为奇。解决“法律失灵”问题有许多途径,其中成本最低的一条途径,就是在传统道德文化与“公民教育”的相关性、与法律环境的相关性、与商业诚信机制的相关性上,作好宣传和教育工作。做好工作要依靠家庭、个人心理、社区、社会和政府多个层面。传统道德文化是一个本土化的载体,可以包容新的“公民教育”的内容、商业诚信机制的内容,也可以包括法律环境所需要的内容。这些教育的影响将对人的观念和行为产生“柔性约束”,引导人的行为朝着正向的、积极的、同时也是和谐的方向发展。

个人在“柔性约束”下,主动履行承诺、自愿执行义务的过程,也许会默默无闻,也许不为他人所知道,也许新闻媒体不会发现,也许社会大众也没有关注到,也许政府也没有关怀到,但是,人的良心会得到安慰,后人会得到社会的褒奖。

个人遵守承诺、自觉履行承诺的行为,其意图也并不仅在于安慰自己和自己亲人的心灵,还会给整个社会带来积极影响。社会生活的中心是人,人既有物质生活,又有精神生活,道德教育通过影响人的精神生活,间接影响人的物质生活。所以,传统道德的教育是非常重要的。

在构建社会主义和谐社会的过程中,我们应该重视“柔性约束”的作用,因为“柔性约束”在历史上就存在,符合我国的国情和我们社会生活的特点,有利于减少国家治理的成本,有利于弥补法律硬性约束的不足,特别是在法律需要的客观环境不完备或不健全时,“柔性约束”的意义就更加重大了。

经济法院的经济法思考

◇ 张守文*

内容提要 随着经济法理论研究的深入,人们越来越关注经济法的实施问题。对于经济法在非法院环节的实施,宏观调控法和市场规制法等各个部门法领域的学者已有诸多研究;对于经济法在法院环节的实施,人们关注较多的是公益诉讼问题,并试图通过推进公益诉讼的研究,来解决所谓经济法可诉性不强的问题。但是,学界对于法院环节的经济法实施问题研究得仍然很不够。本文以俄罗斯的经济法院为例,基于经济法的视角进行考察,认为俄罗斯等国家在公法性案件的审理,以及在可诉性、公益诉讼等方面的一些规定,具有一定的借鉴意义,值得我国在司法改革方面予以重视和考虑。

关键词 经济法院 经济法实施 司法

经济法的有效实施,直接关系到经济与社会的良性运行和协调发展,对于实现国家的有效治理和国民的福祉都至为重要。正因如此,近几年来,随着经济法理论研究的深入,人们越来越关注经济法的实施问题。对于经济法在非法院环节的实施,宏观调控法和市场规制法等各个部门法领域的学者已有诸多研究①;对于经济法在法院环节的实施,人们关注较多的是公益诉讼问题,并试图通过推进公益诉讼的研究,来解决所谓经济法可诉性不强的问题。② 应当说,这些探讨都是有益的,不仅丰富了经济法理论的内容,还解决了经济法制度实践方面的许多问题。

但是,从总体上说,学界对于法院环节的经济法实施问题研究得仍然很不够。尽管在前些年法院机构改革的时候曾有学者作出过一些探讨,但近几年来

---

* 张守文,北京大学法学院教授、博士生导师。

① 近几年来,经济法学界在财税法、金融法、竞争法等诸多领域的研究,有很多都是围绕相关具体法律的实施展开的。

② 研究公益诉讼对于推进经济法的研究是有益的,但公益诉讼并不是经济法领域所独有的,它并不能解决经济法实施方面的许多问题。

似乎又相对沉寂。诚然,法院改革作为整个司法体制改革的重要内容,涉及许多深层次的艰深问题,但因其走向直接影响经济法实施的有效性,事关国家的稳定发展和社会的和谐进步,因而恰恰需要学界有更多的冷静审视,尤其需要经济法学界有更多的理性的回声。

基于历史和现实的诸多原因,各国的法院体制往往千差万别,相去甚远,当年我国法院改革时所提出的"同国际接轨"其实几无可能,因为各国的路轨和发展轨迹毕竟不同,离"书同文,车同轨"的境界还相去甚远。尽管如此,努力发掘各国司法制度的合理性,探寻其中可以为我所用的因素,仍有其必要性。

从经济法学界乃至整个法学界近些年来的研究来看,人们对于两大法系的代表性国家的关注度相对较高,但对于其他广大国家的法制实践,关注相对不够,厚此薄彼的情况比比皆是,其合理性和缺失都较为显见。事实上,各个国家都在不同程度地探索着更加适合本国国情的制度架构,很难简单地作出孰优孰劣的直接判断。其中,在经济法院的制度设计上,就更是如此。

在以往学界所关注的几个典型的法治较为发达的国家,如英、美、德、法等国,并无经济法院的设置,因而经济法研究中对此几乎没有什么探讨。其实,仅仅局限于欧美(尤其是仅限于西欧、中欧、北美的大国),还是远远不够的。在北欧、东欧、南欧,在亚非、南美以及世界上的其他国家和地区,同样可能有一些值得借鉴的经济法实施的经验。例如,经济法院,就是原来的一些苏东国家设置较为普遍的一类法院,它在经济法或相关经济法律的实施方面发挥着重要的作用。[①] 考察和研究这类法院的一些问题,会引发人们的很多经济法思考。限于篇幅,下面仅探讨四个基本问题:

一、经济法院的设置和称谓

在前苏东广袤土地上新独立的一些国家,一般都设有经济法院。例如,在白俄罗斯、乌兹别克斯坦、土库曼斯坦、塔吉克斯坦、摩尔多瓦等国家,最高法院、最高经济法院与宪法法院(或军事法院)是其法院体系中并列的几大支柱,其院长都要经总统提名并经相应的议会批准。此外,在马其顿、克罗地亚等国家,也都设有专门的经济法院。历史文化及地缘上的密切关联、法律传统上的相近性,使得这些国家在经济法院的设置上也存在着惊人的一致。这是很值得研究的现象。

---

① 对经济法院的重要作用的认识,来自这些国家的法官和学者的介绍。2006 年 6 月下旬至 7 月上旬,本人随中国法学会代表团集中访问了俄罗斯、白俄罗斯和乌兹别克斯坦等国家的各级经济法院,同这些国家的最高经济法院、最高检察院、国家议会的首脑,以及各国法律家联盟的学者等进行了较为广泛深入的交流,他们对经济法院的重要作用给予了充分的肯定。

经济法院的称谓,大都来自外文的直译。例如,在白俄罗斯,经济法院就称为 хозяйственный суд,其字面含义就是"经济法院"。我国的外交部也将上述国家的这类法院统一翻译为经济法院。[①] 此外,还有一类经济法院,其字面直译并不是经济法院。例如,俄罗斯的经济法院(арбитражный суд),若按字面直译,应译为仲裁法院(арбитражный 的意义相当于英文的 arbitration,连发音都很接近),我国的一些学者也取其字面直译。[②] 但实质上,这类法院是真正的法院,它根本不从事今天人们通常所理解的法律意义上的仲裁。依据一般法理,仲裁和诉讼是相关主体寻求救济、解决纠纷的两种不同渠道,仲裁庭或仲裁院与法院在许多方面都差异甚大。而从相关的法律规定来看,通常人们所说的俄罗斯的仲裁法院,恰恰是真正的法院,它与宪法法院、普通法院相并列,是在俄罗斯的经济和社会生活中起着非常重要作用的独立的法院,因此,若把并不履行仲裁职能的法院直译为"仲裁法院",可能易产生歧义,也略显牵强,意译为"经济法院"大概更好。对此,俄罗斯的法律家们也是非常赞同的。

其实,俄罗斯之所以在字面上要用"仲裁法院"一词,是有其历史渊源的。在计划经济时期,各类经济主体的经济活动,都是为了实现国家的经济计划,因此,其自身的经济利益是不独立的,或者是被漠视的。在此情况下,也就无需法院来定分止争,只需有仲裁机构居中裁决即可,这样既有助于提高计划执行的效率,又使得在"根本利益一致"基础上的各类主体"不伤和气",从而可以更积极主动地去完成国家的计划,实现"全国一盘棋"的总体战略目标,在这样的指导思想之下,就不能更强调局部的、个体的经济主体的利益得失。于是,有特殊意义的"仲裁"便大行其道,成为苏联时期解决相关经济纷争的一道亮丽风景。但是,随着苏联的解体,这道风景已经风光不再,需要随着相关各国的经济和社会的巨变而作出相应调整。鉴于以往的仲裁机构曾经在解决经济纷争方面发挥过积极作用,考虑到经济体制改革后法律的重要作用,在俄罗斯等一些新独立的国家,就将原来的仲裁机构改造成了一种新型的法院,融入了更多的法律程序和司法味道,于是便形成了今天加上了"仲裁"字样的仲裁法院。[③]

为了更好地在实质意义上理解上述的经济法院或仲裁法院,理解其在经济法实施方面的重要作用,本文将其统称为经济法院。这样就不会在称谓上有太多的歧义了。考虑到俄罗斯目前仍然是世界上领土面积最大的国家,在历史上

---

① 可参见中华人民共和国外交部网站上对上述国家司法机构的介绍。

② 例如,黄道秀教授在其所译《俄罗斯联邦仲裁程序法典》(中国人民公安大学出版社 2005 年版)中,就译为"仲裁法院"。

③ 本人曾就此同俄罗斯最高经济法院的院长以及一些著名学者交换过意见,他们也赞同称之为经济法院,因为这同该法院的实际职能是相一致的。

的苏东地区乃至世界舞台上发挥着重要的作用,并且过去曾经对我国的法学(包括经济法学)产生过重要的影响,因此,下面拟着重以俄罗斯的经济法院为例,来探讨其中的经济法问题。

二、经济法院的受案范围

从总体上说,经济法院之称谓,是同对经济性的强调分不开的。这在受案范围或称管辖范围上就可以得证。根据《俄罗斯联邦经济程序法典》(以下简称《程序法典》)第27条的规定,经济争议案件和其他与经济活动有关的案件,归经济法院管辖。从主体的角度来看,经济法院不仅审理所有的经济争议,而且审理具有法人资格的组织,以及虽不组成法人但从事经营活动的个体经营者参加的其他案件。此外,经济法院也有权按照法律规定,审理有俄罗斯联邦、联邦各主体、地方自治组织、国家机关等各类机关及其公职人员、不具有法人资格的组织和公民参加的案件。

从上述有关受案范围的规定可以看出,经济法院的管辖范围非常广,它有权审理各类经济争议;同时,作为案件当事人的主体也几乎是无所不包的,因为根据法律的特别规定,经济法院还可以审理有上述各类主体参加的案件。在这些案件中,当然包括了依据部门法性质所确定的经济法方面的案件;同时,也包括了我们通常所理解的某些民商事案件以及某些行政案件。如果说我国的法院系统前几年的改革是力图建立一个所谓的"大民事"格局的话,那么,在俄罗斯等诸国,其经济法院的设立和运行,则是在实质上构建了一个"大经济"的格局。即只要是经济性的争议,不管主体是谁,都由经济法院来管。这种制度安排,突现了这些国家在经济转型时期对经济的重视、对经济法律(包括经济法)的重视。尽管各国对经济法的认识尚有分歧,但对于治国不可或缺的基本的经济法律制度,则有很大共识;而这些制度的有效实施,则离不开法院的有效组织和有力执行。

如前所述,俄罗斯经济法院的前身是国家仲裁机构,其在性质上属于行政机关。俄罗斯学者认为,那时的仲裁机构,不仅解决经济纠纷,还履行着强化国家计划经济纪律的职能。随着俄罗斯的经济转轨和仲裁法院的成立,原来仲裁机构解决经济纠纷的职能全部转归经济法院,经济法院几乎管辖一切经济案件,从而使其成为法院体系中的一个重要支柱。[①] 上述的历史源流,有助于理解为什么经济法院会成为解决经济类案件的主要机构,以及为什么其受案范围如此

---

① 参见〔俄〕谢尔盖·沙赫赖等:《变动社会中的法与宪法》,杨心宇译,上海三联书店2006年版,第225—227页。

广阔。

经济法院审理的诸多经济争议，大量地是以具有法人资格的组织和不具有法人资格的个体经营者为当事人的，同时，争议的主体也包括各类国家机关。在立法和实践中对上述主体构成的特别强调，是否受到了当年拉普捷夫经济法理论的影响？对此实务界有肯定的回答①，但究竟是否如此，还需要做进一步的深入研究。对于苏联时期以拉普捷夫为代表的“现代经济法理论”，我国经济法学界的许多学者都深谙其道。一些俄罗斯的学者认为，拉普捷夫教授的理论过于僵化和不合实际，他们对拉普捷夫后来放弃自己原来的理论表示赞赏。这些变化也很值得中国学者反思。

三、公法性案件的管辖

在经济法院所审理的案件中，有一大类是所谓“基于公共法律关系所产生的经济争议”，可以简称为公法性案件。这些案件中有以下三类是较为重要的：(1) 有关撤销影响当事人在经济活动中的合法权益的规范性法律文件的案件；(2) 有关撤销各级权力机关的非规范性法律文件，以及对相关机关及其公职人员作出的影响当事人在经济活动中的合法权益的决议和行为的案件；(3) 向从事经济活动的组织和公民追索必须交纳的款项的案件。②

从俄罗斯法学界目前的研究情况来看，许多学者比较倾向于公法和私法的划分，在他们看来，上述案件无疑都属于公法性案件。其实，如果从部门法的角度来看，这其中有些案件可能是我国学者所认可的行政法领域的案件，也有一些是经济法领域的案件。近年来，俄罗斯学界对于经济法理论的研究似乎没有以前那么繁荣。因此，当了解到中国学者把宏观调控法和市场规制法作为经济法的核心组成部分时，该国的一些著名学者认为如此划分是很有价值，也是很有意义的。③

在对经济法进行二分的情况下，在上述公法性案件中，就可能包含宏观调控法领域的案件，并且，上述三类案件类型都可能在宏观调控法的司法过程中有所体现。此外，市场规制法领域的案件，也可能体现为上述的三种类型。从这个意义上说，经济法院审理的案件，必然会有很大一部分属于经济法领域的案件，由此也使经济法院成为实质上实施经济法的重要主体。

---

① 本人曾向俄罗斯最高经济法院的院长安东·亚历山大罗维奇·伊万诺夫（Антон Александрович Иванов，2005 年 1 月起任该职）问到过这个问题，他想了一下说，应该是受到了拉普捷夫的影响。

② 可参见《俄罗斯联邦经济程序法典》第 29 条。

③ 例如，俄罗斯最高经济法院前任院长、现任俄罗斯总统法律顾问、著名法学家雅科夫列夫认为，对经济法作出上述的划分是更科学的，是很有价值的。

在经济法院审理的公法性案件中,税收案件占有相当大的比重(近几年已经占到全部案件的50%以上)。这表明,在俄罗斯向市场经济体制转轨的过程中,税收关系已经成为国家与企业、个人之间的一类重要经济关系,税收已经成为影响各类主体利益的重要因素;同时,随着税收纠纷的大量涌现,许多纠纷被诉至法院。相对而言,我国的税收纠纷并不少,但成为法院审理的税收案件的却不多。其实,在国家进行宏观调控的过程中,税收已经成为重要的杠杆,国家征税可能侵害国民利益的情况极易出现,随着税收法律的完备和税收法律意识的提高,税收案件也应在一定程度上呈现上升趋势。此外,经济法性质的其他类型的案件,也将呈现逐渐上升的趋势。经济法案件的数量的增加,要求法院在力量投入等方面作出调整,这是法院在体制改革或机构调整时,需予关注的重要问题。

四、经济法的可诉性问题

根据《程序法典》第192条和第198条的规定,对于国家的各类机关及其公职人员通过的规范性法律文件,或者非规范性法律文件、决定、行为(包括不作为),如果公民、组织和其他人认为存在违反法律或具有更高效力的其他规范性法律文件,非法地要求其履行义务或对其从事的经营等经济活动设置障碍的情况,侵害了其在经济活动领域的权利和合法权益,则有权向经济法院提起诉讼,请求确认这些规范性法律文件无效。

上述规定表明,在俄罗斯,各类市场主体不仅可以对非规范性法律文件、决定、行为等依法提起诉讼,而且对于那些存在违反上位法的规范性法律文件(包括国家级次的机关通过的规范性法律文件),只要存在侵害其经济权利或经济权益的情况,就有权起诉。由此可知,即使是对一些国家机关所从事的宏观调控或市场规制行为,包括为此而进行的一些抽象的立法行为,只要市场主体认为存在侵害其合法权益的情况,即有权依法起诉。从这个意义上说,在俄罗斯,经济法领域里的可诉性问题已经得到了很好的解决。同时,按照俄罗斯学者的看法,由于企业和其他组织获得了对国家机关在经济领域的决定提出异议的权利,因而有助于解决中央、地方、企业之间的关系,更好地推进市场经济体制的建立和发展①。

根据《程序法典》的规定,除了上述主体以外,检察长以及各类国家机关

① 前引〔俄〕谢尔盖·沙赫赖等:《变动社会中的法与宪法》,杨心宇译,上海三联书店2006年版,第225—227页。

如果认为被要求撤销的文件或其个别条款不符合法律或具有更高效力的其他规范性法律文件，侵犯了公民、组织和其他人在经营等经济活动领域的权利和合法权益，也有权向法院提出请求，要求认定规范性法律文件无效。这就涉及利害关系人以外的主体参与诉讼的问题，并进一步涉及可诉性的问题。

可诉性是经济法学界普遍关注的问题。尤其对于法院能否审查抽象行为，能否对规范性文件判定其效力，学界的关注度更高。从俄罗斯的上述规定来看，原告并不限于利害关系人。一方面，作为权益受到侵害的各类主体，当然可以依法提出确认相关规范性法律文件无效的诉讼请求；另一方面，利害关系人以外的检察长以及国家机关，也可以提出相关的诉讼请求，这对于有效地保护各类主体的合法权益，无疑是非常重要的，同时，对于保护公共利益，也会起到积极的作用。从总体上看，各类主体的诉权得到了广泛承认，这不仅有助于经济法在法院领域的实施，而且有助于公益诉讼的发展和公共利益的保护。

从公益诉讼的角度来看，上述与案件没有直接利害关系的检察长或国家机关所提出的诉讼，完全是基于保护公共利益的立场和目的来提出的，因而已经具备了公益诉讼的基本特征。根据《程序法典》第 53 条的规定，为了维护公共利益，国家机关、地方自治机关和其他机关有权依法向法院提起诉讼。在诉讼请求中，各类机关应指出违反公共利益的事实何在，并以此作为提出请求的根据。上述机关依法享有原告的诉讼权利，承担原告的诉讼义务。

从前述规范的分析来看，经济法院在审理案件的过程中，既涉及对相关主体的具体行为的审理，也涉及对一些影响当事人的经济权益的抽象行为的审理，因而它更有助于促进经济法的全面实施，更有助于保护相关主体的合法权益，促进有效的经济法秩序的形成。

五、简要结论

以上着重以俄罗斯的经济法院为例，基于经济法的视角，来说明从原来的苏东大地上独立出来的一些国家的经济法院所涉及的四个基本问题。应当说，在这些国家的经济法律（特别是经济法）的实施过程中，经济法院起到了十分重要的作用。从经济法院的一些具体情况来看，有些方面很类似于我国法院系统存在过的经济庭。当然，经济法院的受案范围、司法力度要比我国过去的经济庭大得多，同时，经济法院作为与普通法院、宪法法院并列的法院，其地位和级次也是非常高的，从而能更好地促进相关国家的经济发展和社会稳定。相比较而言，我国经济近些年来在形式上是飞速发展的（综合效益未必高），但在司法体制的改革上确是滞缓的,甚至在经济法实施的司法保障方面是退步的。俄罗斯等国家在公法性案件的审理,以及在可诉性、公益诉讼等方面的一些规定,具有一定的借鉴意义,值得我国在司法改革方面予以重视和考虑。我们应当放眼全球,而不是管窥一线,以真正吸收有益的东西,促进我国的经济法制建设和经济法研究的发展。

和谐社会视域下经济法的公共治理之道
——我国经济法治现象变迁的理论解释

◇ 张永忠*

内容提要 公共治理是建立在市场原则、公共利益和相互认同基础之上的社会经济管理模式,同经济法在市场性、管理性和公共性上具有本质的契合关系。公共治理理论能够弥补传统国家—市场分析框架的不足,对我国经济法治现象的变迁具有强大的解释力和指导性。它正推动经济法主体的多元化和合作治理体系的形成,推动经济法调整规范的软硬兼施,推动经济法治变革的民主化,推动经济法在实现社会公共利益的过程中建立社会主义和谐社会。

关键词 和谐社会 经济法 公共治理 制度变迁

一、公共治理:和谐社会经济管理模式的转型

(一) 公共治理的理论内涵

20世纪90年代以来,公民社会(civil society)的日益壮大,民族国家、国际社会以及两者之间在政治经济和社会生活方面的结构模式发生改变。在这种社会背景下,要求重塑国家、市场组织和公民社会之间互动关系的"治理"理论应运而生。

对于"治理"概念的界定,学界意见纷呈。① 其中,联合国全球治理委员会关于"治理"的定义最具代表性和权威性:"治理是公共的或者私人的机构和个人管理其公共事务的诸多方式的总和。它是使相互冲突的或不同的利益得以调和

---

* 张永忠,华南师范大学法学院讲师、博士。

① 有作为最小国家的管理活动的治理;作为公司管理的治理;作为善治的治理;作为新公共管理的治理;甚至是作为社会——控制体系的治理。

并且采取联合行动的持续的过程。”[①]所谓“公共治理”，是政府基于治理理论建立的，与非政府组织、企业、公民等多元主体分享权利、分解责任和义务，从而实现同构与互动和谐关系的一种管理模式及过程。[②]

在治理概念基础上形成的公共治理理论包括以下内容：第一，治理理论重视社会力量参与管理过程。除政府之外，非政府组织、企业和个人都可以成为治理的主体。第二，公共治理理论在关注社会管理力量多元化的同时，对政府的角色给予重新定位。它并没有将政府从治理中剔除出去，而是提出了具有重要意义的新政府理念。公共治理理论认为，政府在当代社会中与其他社会组织一样，发挥着重要功能，但政府不能成为全能政府，政府必须进行改革，成为“有限和有效政府”。[③] 第三，在明确了政府的角色后，公共治理理论对治理的网络合作管理体系做出了重要阐释。它认为，在公共管理领域内，政府与其他治理主体共同构成了相互依存的治理体系。它的运作逻辑是以参与为基础，强调行为者之间的协作。在治理方式和机制上具有多样性，既实行正式的强制管理，又有行为体之间的民主协商、互动合作；既采取正统的法律制度，又重视发挥行动主体自愿接受的非强制性措施的作用。在治理的目的上，各行为体在互信、互利、相互依存的基础上进行持续不断的协调，参与合作，求同存异、化解冲突与矛盾，维持社会秩序，在满足各参与主体个体利益的同时，最终实现社会发展和公共利益的最大化。[④]

（二）公共治理对构建和谐社会的现实意义

社会主义和谐社会的提出，蕴涵了我国政府实现社会“善治”的价值目标方法论要求，一方面体现政府治理对公共利益最大化的追求，对治理效果的公平性、效率性和安全性的要求；另一方面也揭示出通过构建国家与社会、政府与公民之间的良性互动关系，减少体制外的抗争，提升国家的凝聚力，将社会经济破坏力量转化为建设力量，最终实现社会和谐。

现代社会人类事务的多种属性、相互渗透性及其解决方式的复杂性与相互依赖性，决定无论单靠私人事务的个人自主与市场自治，还是公共事务的政府单一治理，对实现社会的公共利益都有其不足之处。因而体现多元化利益需求的各种社会行为主体的出现便成为必然，而且客观上要求各种公共事务管理主体

---

① Commission on Global Governance, *Our Global Neighbourhood*, Oxford: Oxford University Press, 1995. p.2.

② 戚攻：《政府治理与促进社会和谐》，载《理论学刊》2005 年第 1 期。

③ 有限、有效政府的假设依据是政府组织的有限理性以及政府官员的“经济人”假定，而传统的全能政府统治观念则建立在政府完全理性的假设基础之上。

④ 吴志成：《治理创新——欧洲治理的历史、理论与实践》，天津人民出版社 2003 年版，第 18 页。

在治理公共事务、实现公共利益的过程中既要竞争又要合作。因而，治理作为补充单纯的政府管理和市场调节不足而应运而生的一种社会管理方式，已经逐渐成为公共管理的重要理念和价值追求。“愈来愈多的人热衷于以治理机制对付市场和国家协调的失败”，主张用治理替代统治。[①] 各国政府从“统治”向“治理”的转变，促成了传统人本主义的积极嬗变和政府公共治理模式的建构，其实质是权力回归社会的过程，是公民参与治理和同构的过程，也是政府彰显“以人为本”理念和重塑和谐的社会环境的过程。

在当代中国，随着公共问题日益增多并日趋复杂、社会对公共服务的数量、种类和质量的要求也越来越高，市场的力量和政府在客观上越来越难以满足社会的需求。就公共利益而言，考虑到市场主体的逐利性与政府能力的有限性及寻租的可能性，抽象的“公益”如果不同一定具体的共同体（政府、厂商、公民、各种社会组织角色等）的普遍成员联系起来就可能出现虚置状态，往往异化为少数统治者的利益。公共治理作为一种现代社会的治理模式，它之所以能承载和谐社会的目标要求，恰恰在于它通过治理主体的多元化实施机制，有效地凝聚了各种性质、各个阶层的主体对社会治理的热情，并通过民主机制彰显了差异化社会主体的平等参与性与利益共享性，拓宽了不同社会群体相互包容的渠道，使不同社会群体（阶层）能够相互进入并相互合作，社会的包容性大大增强。故而，公共治理能够最大限度彰显“善治”要求、公平正义的价值、以人为本和可持续发展的理念。

总之，不论从西方公共管理运动对“善治”的价值追求及其治理模式借鉴的角度看，抑或从我国和谐社会构建的方法论角度看，公共治理将成为我国实现社会和谐的有效社会治理模式。也就是说，由政府包揽的、不容社会其他力量进入的、封闭单一的传统治理模式，向现代政府导控、多元主体、平等参与、以人为本、公平正义的公共治理模式的转型。[②]

二、公共治理与经济法的内在契合性

（一）历史使命的耦合

经济法从产生之日起，就承担起民法和行政法所无法承担的克服和弥补“市场失灵”和“政府失灵”的双重历史使命。与民法、行政法不同，经济法并不强调对私权或公权的单向维护，而是强调以社会公共利益为价值取向，通过对私

① 〔英〕鲍勃·杰索普：《治理的兴起及其失败的风险》，转引自俞可平：《治理与善治》，社会科学文献出版社 2000 年版，第 71 页。

② 向波：《和谐社会视域中的我国社会治理创新》，载《探索》2005 年第 6 期。

权和公权的平衡协调,实现社会整体公平和整体效益的价值目标。

世界银行把治理与经济发展的健全管理联系在一起,以治理表示"为了发展而在一个国家的经济与社会资源的管理中运用权力的方式"①,赋予治理明确的经济含义。公共治理理论产生的直接动因,同样是为了对付市场和国家协调的失败,调和不同利益,实现公共利益。

可见,公共治理和经济法致力于克服"市场失灵"和"政府失灵",保障国家对社会经济生活的有效管理,实现社会公共利益最大化。此亦为时代赋予的历史使命。为此,两者的作用领域横跨公域和私域两大空间,作用方式均强调合作和协调,并试图打破政府的单向、强制型统治模式,建立一种新的政府、市场和社会三维框架下的多元治理模式。

(二)本质特性的契合

公共治理理论指导下的经济治理实践与经济法具有内在的统一性。主要表现在:

从作用领域和作用方式来看,两者都具有市场性与管理性,都以追求市场经济的良性运行和协调发展为目的。

从价值目标和内在精神来看,都具有公共性或社会性。在市场经济逻辑的作用下,社会利益分配必然出现分化和差异化,社会阶层与群体的冲突不可避免。和谐社会作为一种社会治理的基本价值目标,必然要服务于多元和差异的社会组织与公民,能拥有公平的利益分配机制保障与公平正义的意愿表达渠道,公共政策的制定与执行要最大限度协调差异主体的利益与权益要求。公共治理作为一种范式理念,对公共性的信仰是其最核心的精神价值。② 公共治理的目的是在满足各参与行为体利益的同时,最终实现社会经济发展和公共利益的最大化。③ "公共行政要关注公共利益的实现,更要关注少数族群和弱势群体的利益。公共行政要关注和致力于社会的公平和正义。"④经济法"发展了公共利益这个核心概念",确立了发展、公平、安全的三位一体的价值目标。可见,经济法与公共管理在实现公共利益的宗旨上不谋而合,有着异曲同工之妙。

(三)公共治理强调法治原则,经济法是公共治理的重要制度形式

治理本身强调法治原则,也就是说各种权威实施其治理行为、实现治理目

---

① 曾正滋:《解读公共治理:双重维度分析》,载《上海行政学院学报》2006 年第 4 期。

② 王乐夫:《公共性:公共管理研究的基础与核心》,载《社会科学》2003 年第 4 期。

③ 俞可平:《治理和善治引论》,载《马克思主义与现实》1999 年第 5 期。

④ 参见张成福:《公共行政的心灵与心灵之旅》,载〔美〕乔治·弗雷德里克森:《公共行政的精神》,张成福等译,中国人民大学出版社 2003 年版,译者前言。

标,必须以“管理规则”、“治理机制”等制度为依据和途径。同时,基于有限理性的一般假设,公共治理并不把全部希望寄托于政府、公民社会或市场中的任何单个主体,而是寄希望于制度和在制度的整合作用下多元力量的合作与共治。规章制度、法律、程序与准则使得人们能够在一个相对而言可以预见的、公平的局面内保护各自的利益,而这一切合到一起便构成良好治理的根基。法制的缺失和残损意味着社会经济无法获得有效治理的秩序和环境。

从公共的视角出发研究经济法的本质,在经济法学界已有初步探索,并形成了“社会公共性经济管理说”,即“经济法是调整发生在政府、政府经济管理机关和经济组织、公民个人之间得以社会公共性为根本特征的经济管理关系的法律规范的总和。”[①]公共治理是建立在“政府、市场与社会的合作”基础上的管理模式,强调市场原则、公共利益,同经济法的市场性、管理性和社会性具有本质的同一性,可以作为经济法的指导理论。

三、我国经济法治现象变迁的公共治理解释框架

治理理论能否成为我国经济法的指导理论,不仅要契合经济法现象的本质特性,还应能够解释经济法现象并指导经济法的发展。

(一)多中心治道:经济法主体制度的变迁

在公共治理范式中,治理主体从单一的政府主体向政府、第三部门,企业共同参与管理的多元主体转变,即“多中心治道”。因此,并不是所有的公共行动都要通过政府的。志愿者协会、非营利组织、公司都是公共的表现形式。[②]多中心治道要求国家、市场和社会多元利益主体能够独立、健全发展并建立和谐的主体关系结构。

在我国的经济法治建设中,构建和谐的主体关系结构,首先有赖于通过政府自身的改革,重塑政府。有限政府的建构是实现多元主体治理的前提。转型时期的中国政府应尽快框定政府管理的界域,走出全能行政的误区,做到“有所为,有所不为”,充分发挥市场与社会机制中独立多元主体的作用,实现政府与市场、社会组织的职能协调。这要求政府的经济权力向社会下放,即除了微观经营管理职能及其权力下放给企业外,政府的公共事务供给职能应回归社会,具体表现为:一是政府对企业群体的管理、协调、服务职能及其权力转移下放给行业

---

① 肖江平:《中国经济法学史研究》,人民法院出版社 2002 年版,第 291 页。

② 〔美〕乔治·弗雷德里克森:《公共行政的精神》,张成福等译,中国人民大学出版社 2003 年版,第 46—47 页。

协会、商会等业界组织；二是政府原来承担的公证、仲裁、法律咨询、财会审计、资产评估等部分管理职能和权力可以由行政机构向官办中介组织下放，并经由后者最终转移给独立的非政府组织；三是在执行政府的服务职能的事业单位中引入市场机制，或使服务职能由政府部门向民间组织、市场营利性组织转移。因此，"中国经济法在市场经济体制建构初期的法律努力，主要应致力于设计政府退出私人经济领域的行动与规则体系。"[①]推动政府经济改革、政企分离与公司治理、第三部门的成长和规范发展，确立多元、独立、规范的经济法主体，成为经济法主体制度变革的主要任务。

多元主体治理是一种建立在各主体间合理分工基础上的伙伴式的合作关系。"伙伴关系是许多行动者之间的动态关系。这些行动者是以接受共同目标为基础的，并且都认识到最合理的社会分工是建立每一个伙伴的各自比较优势基础上。伙伴关系包括相互影响，在协同发展和各自保持独立性之间精心平衡，还包括相互尊重、平等参与决策、共同承担责任。"[②]在主体制度上，经济法的未来使命应当是促使各种治理主体在市场原则、公共利益和相互认同基础之上建立伙伴关系，进行合作博弈。[③]

公共治理主体的多元化以及制度的复杂性，容易出现主体责任的分散化和模糊性，这就要求我们重新反思政府在社会公共事务中的角色，以及政府、非政府组织和企业组织三者各自所应承担的相应责任，从而避免公共治理在整个市场经济中所面临的系统性治理风险。因此，与主体角色相对应的经济法责任制度的构建就显得最为关键了。

（二）认同和互动参与基础上的治理：经济法治过程的民主化

治理的公共性要求政府必须如林肯所说的是"民有、民治、民享"的。当大众不能或不想对自己生活于其中的共同体制度表达自己的意见时，制度也就丧失了其合法性的根据。制度要取得合法性就必须把公众同意纳入视野，因此从根本上说，当代经济法治是否能够实现高效运作，并不仅仅依赖于其行动方案是否合乎技术理性的要求，关键还要看其是否能够为公众中的大多数人所认同和接受。大多数人所认同和接受的方案并不一定就是最佳的或最经济的方案，但却是方案具备合法性且富于可操作性的基础。经济法治的运行不仅取决于自身的强制性、支配性和惩罚性，在某种意义上还取决于社会公众的同意和参与。

---

① 单飞跃：《公共经济法：经济法的本质解释》，载《政法论坛》2006 年第 3 期。

② Jennifer M. Brinkerhoff, "Government-Nonprofit Partnership: A Defining Framework", *Public Administration and Development*, 2002, (22).

③ 从实现善治目标来看，经济法主体之间是平等的合作关系，政府与企业、第三部门之间再也不是简单的管理关系，企业、第三部门可以参与政府管理，监督政府，同政府进行多种合作。

目前,我国积极推进经济法治过程的民主化建设,探索开放透明、鼓励公众参与的社会主义民主法制模式。应当继续加大政务公开的改革力度,建立经济领域的信息公开制度;在经济法治的各个环节拓宽公众参与渠道,创新机制:如立法领域建立和完善专家与公众参与制度,执法领域建立执法听证和其他公众参与制度(比较成功的有环境法中的环境影响评价制度),司法领域[①]建立和改革人民陪审员制度,发展公益诉讼,移植与创设"法庭之友"(即司法过程中非政府组织、专家意见的采纳)制度,等等。

(三)治理方式、机制的多样性:经济法的软硬兼施

与传统的政府统治手段相比,治理理论中的管理手段除了强制和约束的手段和方法外,还重视引导、服务、激励等方式;其治理机制既包括刚性的正式制度和规则,也包括柔性的各种非正式的制度安排。

公共治理方式的变化带来经济法调整方式和规则体系的改变,经济法进入到软硬兼施的时代。近年来,尤其是"入世"以后,出现"规制"和"解制"两种趋势,在某些领域国家不断加强规制,如关系国计民生的食品市场监管,某些领域则实施解制,如国有垄断行业的民营化。同时,与政府经济法主体角色从管治者向促进者、调控者转变相适应,经济法在调整经济生活中频频采用"激励性管制"的手段,各种促进法、调控法应运而生。[②] 值得一提的是,经济法领域中的大量软法,虽不以法律强制力为保障,但却在协调经济关系、维护经济秩序、促进经济发展中发挥规范作用。硬法与软法相互配合,相得益彰,共同为国民经济的健康发展保驾护航。

总之,公共治理为我国经济法现象的变迁提供一个坐标和参照系,可借以考察、解释现实并指导经济法为建设和谐社会服务:多元利益主体互动参与的合作博弈和制度设计,为和谐社会提供了和谐的主体结构;基于认同的经济法治的民主化,充分体现了以人为本,人民当家作主的当代法治精神;通过经济法的软硬

---

① 从比较法的考察来看,中国经济法的司法参与制度比较落后。以竞争法为例,我国《反不正当竞争法》第20条的规定,只有"被侵害的经营者"方具有诉讼主体资格,消费者及其团体、相关社会团体都不具有按该法起诉的权利。该条规定不利于维护公平有效的竞争秩序和保护消费者利益和社会公共利益,也与构建开放性、参与式的竞争法实施机制背道而驰。英国《2002年企业法案》创设了超级控诉制度,该制度的目的在于,当"任何英国商品或服务的市场特征或市场特征的联合,例如市场结构或者市场行为特征,已经或可能严重损害了消费者的利益"时,鼓励代表消费者利益的团体代表集体利益提出相关控诉。德国法院对"干扰市场秩序的行为"的控告权不仅仅局限在能证实自己受到损害的人(如由于误导广告而受到侵害的消费者个人),有关社会团体(如德国的《反不正当竞争法》第13条第2款提到的"促进工业利益的有权利能力的社团,工业工会与商业工会,或手工业工会")也有要求停止侵害的权利。

② 在我国,主要有《中小企业促进法》(2002)、《清洁生产促进法》(2002)、《农业机械化促进法》(2004)。促进法侧重引导与激励,如《中小企业促进法》除总则与附则外,由资金支持、创业扶持、市场开拓、社会服务四章构成。

兼施实现社会经济的有序管理，促进了公共利益在发展、安全基础上的公平分配。治理目标（公共利益）、治理主体（多元化）、治理机制（软硬兼施）、治理变革的路径（民主化），已经成为经济法实施公共治理的要素选择。可以断言，中国经济法正走上公共治理之道。

附：公共治理与经济法现象变迁的关系图

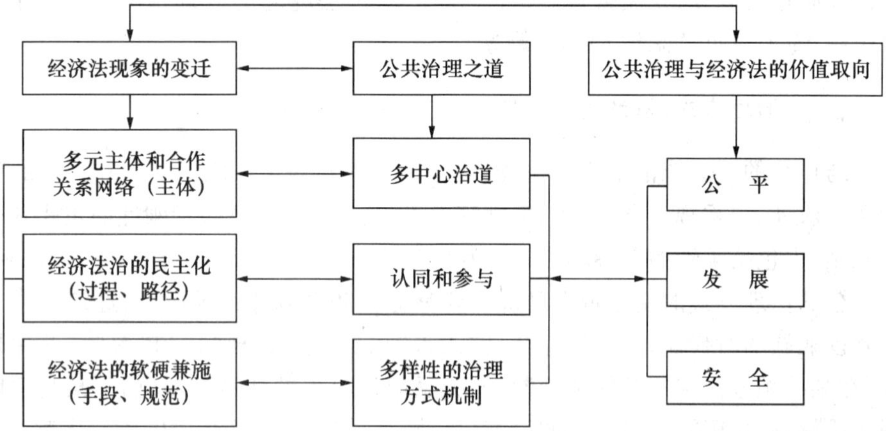

对经济法意义上若干诉讼理论的评判*

◇ 颜运秋**

内容提要 伴随着经济法实体规范及其理论研究的不断深入，不少学者自觉与不自觉开始了对经济（法）诉讼问题进行研究。通过对已有研究成果的收集、整理和归纳，笔者对以往经济（法）诉讼理论观点做了如下五种粗线条的归纳：一是认为“经济诉讼属于民事诉讼”的观点，即“民事诉讼”说；二是认为“经济诉讼属于行政诉讼”的观点，即“行政诉讼”说；三是认为“经济诉讼是独立的”的观点，即“独立诉讼”说；四是认为应当将“经济诉讼”正名为“经济法诉讼”的观点，即“经济法诉讼”说；五是认为“经济诉讼属于公益诉讼”的观点，即“公益诉讼”说。我们有必要对这些观点做出合理的评判，便于进一步构建科学的经济法诉讼体系。

关键词 “民事诉讼”说 “行政诉讼”说 “独立诉讼”说 “经济法诉讼”说 “公益诉讼”说

一、“民事诉讼”说

大多数学者，尤其是民事诉讼法学者，也包括一部分经济法学者，尤其是坚持“大经济法”观点的经济法学者，一般认为经济诉讼属于民事诉讼。在他们看来，经济诉讼就是关于经济方面的即涉及财产内容的诉讼。形成这种观点的关键在于他们对经济纠纷的理解，也就是对经济诉讼受案范围的界定，当然，有时也涉及对经济法的理解问题。比如，有学者认为：“经济诉讼独成体系”，但“它

---

* 本文是作者主持的国家社会科学基金课题《公益诉讼法律制度》（05BFX0045）的阶段性成果，也是本人博士论文《公益经济诉讼：经济法诉讼体系的构建》的一部分，原文题为《经济诉讼理论的经济法思维》，已发表于《山东警察学院学报》2006 年第 4 期，约 1.2 万字。

** 颜运秋，中南大学法学院教授、博士、博士生导师，中国人民大学法学院博士后流动站研究人员。

适用民事诉讼法,完全按照民事诉讼法规定的原则、制度、程序和方法进行诉讼,因此它乃属民事诉讼范畴。"①柴发邦先生曾经为"独立诉讼"说的作者的著作作序,但他并不赞同该书作者所期望的经济诉讼在立法上、学科上的独立。他相信,民诉法学界多数同志对此与他有共同的看法。虽然,他也承认:现行民诉制度和传统民诉法学中也确实存在一些与经济诉讼实践要求不太适应的内容,需要从理论上加以研究。② 有学者虽然出版了《经济诉讼》的著作,但是他认为:"我国没有经济诉讼法,经济纠纷案件的诉讼适用民事诉讼法"。③ 有学者将"经济诉讼"以"经济审判"取代之,认为经济审判就必须依据国家的经济法律规范和民事诉讼法来审理和裁决经济纠纷案件。在经济审判活动中国家审判机关不仅要依据经济法律规范,而且必须依据民事诉讼法。④ 有学者根据实践中的做法认为,"我国的经济审判,是指人民法院对国内经济纠纷案件和涉外经济纠纷案件依法进行审理判决的活动。"并且认为,经济审判庭受理的案件主要有以下八类:(1) 各类经济合同纠纷案件;(2) 技术合同纠纷案件;(3) 涉外或涉港澳台经济纠纷案件;(4) 涉及农业、农村经济纠纷案件;(5) 经济损害赔偿纠纷案件;(6) 企业破产案件;(7) 企业承包经营合同、企业租赁经营合同纠纷案件;(8) 其他经济纠纷案件。上述案件以外的经济争议案件,经济法律、法规规定可以向人民法院起诉的,经济审判庭也应受理。例如,股票、债券、票据、期货合同纠纷案件,也在扩大收案范围之列。⑤ 从以上受案范围可以反照出他们仍然坚持的是与民法无法划清界限的"大经济法"观点。所以,他们也总结不出与民事诉讼根本有别的经济诉讼的理念和制度。

殊不知,传统的民事诉讼法是以公法程序保护私法权利,因此,民事诉讼法的内容和制度与经济法所调整保护的关系——国家利益和社会经济秩序的经济关系并不完全相适应。例如,国有资产流失后,谁有权为保护国有资产而提起诉讼;一些体现国家宏观调控意志的经济关系在双方自愿协商中失去应有的价值后,谁有权为维护社会经济秩序提起诉讼。这些依照我国的民事诉讼法都很难予以解决,因为我国的民事诉讼要求原告必须与本案有直接利害关系。因此,有学者感叹:"经济法应当有自己特殊的程序法,有自己特殊的诉讼原则和制度,以保护经济法所调整的特定经济关系。但遗憾的是,我国在这方面的研究和立法都严重滞后,从而严重地影响了经济法的实施,使国有资产的保护困难重重,

---

① 胡锡庆:《诉讼法学专论》,中国法制出版社 2005 年版,第 1 页。
② 顾培东等:《经济诉讼的理论与实践》,四川人民出版社 1988 年版,第 1 页。
③ 刘宁仁:《经济诉讼》,山东人民出版社 1997 年版,第 1 页。
④ 孙本鹏、甘培忠:《中国经济审判》,北京大学出版社 1997 年版,第 1—3 页。
⑤ 杨紫烜、徐杰:《经济法学》(第二版),北京大学出版社 1997 年版,第 773—777 页。

社会经济秩序的维护不尽如人意。”①

还有一种置中国大陆法系文化传统于不顾的“大民事诉讼”说。这种观点认为,对法律应该作大的划分,除了“军”和“刑”之外的法都是“民”,其调整的社会关系都属于民事范畴,政府的行为尤其是政府管理经济和参与、涉及经济的活动,都纳入民事的范畴,按照这种理念,经济法纠纷的解决也应该纳入“大民事”诉讼的范围。“政府在从事经济管理和经济活动时,有何违法行为,依法应承担何种责任就承担何种责任,如果政府行为或商事活动中包含行政决定,或者通过行政决定来从事或涉及经济或商行为的,就不能以‘行政’相对待,而应该以调整相关经济关系的法所规定的责任或制裁形式补救之,譬如该停止侵害、排除妨碍就停止侵害、排除妨碍,该赔礼道歉就赔礼道歉,该赔偿就赔偿等。”适应“大民事”法治要求,我国还应建立“官告官”的民诉制度和“官告民”的公诉制度,以便通过正当合法及时的途径和方式,来处理包含有行政以及公共因素的经济纠纷。② 这种“大民事诉讼”观点借鉴了英美法系的做法。但是我国的诉讼模式接近于大陆法系,所以要实行这种制度,必然会引起法律制度的根本变革,这样的付出未免过于巨大,而且也不符合中国的法文化传统,“大民事诉讼”模式引入中国必然“水土不服”。③

以上“民事诉讼”说,实际上否定了经济诉讼的独立存在。这种观点似乎并未注意到经济冲突的特殊性以及解决这类冲突在程序上的特殊需要,而过分地估计了民事诉讼的涵盖力;另一方面,各类诉讼在逻辑和方式上较大的共通性则支持了这种观点。事实上,刑事诉讼、行政诉讼以及民事诉讼之间的共通之处甚至超出它们之间各自的差异,但恰恰正是这些个别性差异赋予各种诉讼对不同性质冲突解决的适应性,并由此设定了各自独立为一体的价值。

二、“行政诉讼”说

将经济诉讼理解为行政诉讼的观点在我国不太流行,但在苏联却有代表性。在苏联甚至有学者认为经济诉讼就是行政程序。T. E. 阿鲍娃在《经济法理论问题》中专门论述了“经济诉讼——保护经济权利的程序”。④ 经济诉讼如同经济法一样,与国民经济管理有直接关系。因此,不从一般理论方面解决关于诉讼实

① 韩志红、阮大强:《新型诉讼——经济公益诉讼的理论与实践》,法律出版社 1999 年版,第 1 页。

② 史际春、孙虹:《论“大民事”》,载《政法论坛》2002 年第 4 期。

③ 漆多俊、王新红:《接近司法——经济法的诉讼问题》,载漆多俊主编:《经济法论丛》(第七卷),中国方正出版社 2003 年版,第 349 页。

④ 〔苏〕B. B. 拉普捷夫主编:《经济法理论问题》,中国人民大学法律系民法室编译,中国人民大学出版社 1981 年版,第 246—272 页。

质和界限问题,也就不可能解决关于各种诉讼的特征问题。许多行政法方面的学者根据国家管理就是通过有关的程序形式而实现的有权国家机关的权力执行指挥活动这一点,认为这种形式就是行政诉讼形式。这种活动的程序在他们看来就是诉讼,而规定这种程序的规范他们则说成是行政诉讼。按照科兹洛夫的意见,诉讼规范调整国家管理机关在日常执行指挥活动方面的权利和义务的实现动态,以及社会团体和公民在国家管理机关进行日常执行指挥活动时的权利和义务是实现动态,即解决具体案件的行政程序。① 经济诉讼就是解决经济争议的程序和保护权利的无争议程序。经济争议通过请求和公断程序(仲裁法院)、通过上级经济领导机关和其他经济领导机关加以解决。解决经济争议的程序可以分为以下六种:(1) 请求程序;(2) 公断处(国家公断处和部委公断处)解决争议;(3) 争议双方的上级经济机关或一方的上级经济机关解决争议;(4) 其他经济领导机关解决争议;(5) 仲裁法院解决争议;(6) 解决企业内部争议。所以,所谓经济诉讼,就是指国民经济领导机关保护企业、联合企业、其他经济机关,以及他们的分支机构和生产单位的经济权利的法定活动程序。调整这种程序的规范的对象,就是在国民经济领导机关联系到保护权利和合法利益而进行的活动中所产生的关系。这种活动的客体一般是被侵犯的或者发生争议的经济权益法律关系。② 当然,这种将一切解决经济争议的程序都理解为经济诉讼,扩大了对诉讼特征的认识,未必可取;同时,这种观点也是经济行政法在诉讼上的突出体现。

三、"独立诉讼"说

20 世纪 80 年代初以来,在中国,创立独立的经济诉讼的要求不时被理论界提出。有学者认为,经济诉讼作为一种新颖的诉讼形式出现于我国社会生活中。经济诉讼的问世,改变了我国传统诉讼制度的固有结构,强化了对社会冲突的诉讼机制,拓宽了诉讼手段的应用范围。经济诉讼的创建,预示着我国社会主义法律向经济深层的全面渗透,也标志着我国经济法制的进一步完善。与此相联系,经济诉讼也日益成为经济主体解决经济争议和冲突,维护合法经济权益的必要手段。毫无疑问,经济诉讼作为法律手段的有机组成部分,在调整社会经济关系,维护正常经济秩序,实现国家对宏观经济控制中将发挥越来越大的作用。③ 但是他们只是在表面上发现了经济诉讼的一些特点以及经济冲突与一般民事冲

---

① 〔苏〕科兹洛夫:《苏维埃行政法对象》,莫斯科出版社 1967 年版,第 60—92 页。

② 〔苏〕B. B. 拉普捷夫主编:《经济法理论问题》,中国人民大学法律系民法室编译,中国人民大学出版社 1981 年版,第 264 页。

③ 顾培东等:《经济诉讼的理论与实践》,四川人民出版社 1988 年版,第 1—2 页。

突的一些差异，正是这些特点与差异使部分学者感受到了建立独立的经济诉讼的必要。[①] 因为无法认识经济纠纷与民事纠纷的本质区别，所以，他们虽然抱有充分信心肯定："经济诉讼的自体特征和内在规律将依靠大量的审判实践不可抑制地表现出来，人们对之认识也将逐步趋于成熟和统一，以至于经济诉讼是否为独立的诉讼将不再成为理论上的难题"，但是，他们"所着意构绘的经济诉讼的概貌，依然未能脱出传统诉讼模式（尤其是民诉模式）在观念和制度上给我们所设置的限定"。[②] 但是，这给我们的启示却是深刻的：断定经济诉讼不能脱出民事诉讼的窠臼或许可以有许多根据，但只要承认民事诉讼——至少是现行民事诉讼制度并不能完全适用于经济冲突的解决，解决经济冲突的诉讼应有某些特点，则经济诉讼的独立也就有了足够的事实前提。

有学者根据中国共产党十一届三中全会以来我国经济审判的做法，认为我国经济审判机构体系基本形成了，经济诉讼也以新的诉讼类型而跻身于我国诉讼体系之中。[③] 并认为，从我国经济发展对经济诉讼所提出的要求来看，应当强调经济诉讼的独立性，并且更为重要的是要制定独立的《经济诉讼法》，以保障我国经济审判工作的正常进行。因为经济审判工作开展以来所反映出来的问题，已使我们有充分理由对民事诉讼程序在经济诉讼中的适应性提出怀疑。具体表现在：一是经济纠纷案件的争讼标的往往较大，有许多案件直接关系到国家或集体的大宗财产，涉及的经济利益重大，因而，人民法院或检察院从保护国家、集体的整体利益出发，就不得不要求获得广泛的干预权利，并以此来制约经济纠纷双方当事人的处分行为。因此，这就决定了经济诉讼中不能简单袭用民事诉讼法中的有关规定，而必须创设符合自身特点的起诉、认诺、放弃、和解、撤诉等具体制度。二是经济纠纷所具有的综合性质也要求确立不同于刑、民诉讼的经济诉讼制度。此外，诉讼期限和诉讼制度方面，以及经济诉讼中的取证、经济判决的执行等方面，也不能"简单地按民诉法的有关规定来进行，而必须另外作出规定。所有这些都表明，经济审判必须具有符合自身特点的程序法——《经济诉讼法》来保障"。[④] 可以说，只有制定出一部具有中国特色的经济诉讼法典，才能有效地保证经济法规的具体实施，正确、及时地解决各种经济纠纷，适用经济责任。[⑤] 其观点是可取的，但是他们没有好好地论证，只是有结论。

2000 年，笔者分别发表了《经济诉讼独立的法理分析》、《经济诉讼独立的缘由及表征》、《经济诉讼：经济法独特的司法保障程序》和《经济诉讼独立于民事

① 顾培东：《社会冲突与诉讼机制》（修订版），法律出版社 2004 年版，第 44—45 页。
② 顾培东等：《经济诉讼的理论与实践》，四川人民出版社 1988 年版，第 15 页。
③ 杜飞进：《论经济责任》，人民日报出版社 1990 年版，第 165 页。
④ 顾培东：《经济诉讼中的几个问题》，载《政治与法律》1984 年第 4 期。
⑤ 杜飞进：《论经济责任》，人民日报出版社 1990 年版，第 194—195 页。

诉讼的前提条件》等文章。[1] 表明了自己赞同"独立经济诉讼"的观点。经济诉讼的独立存在也离不开社会经济冲突与相应的实体法的支撑。体现国家干预和社会公益性质的经济冲突的大量存在和尖锐化,是经济诉讼独立存在的社会经济根源。具有自身质的规定性和量的规定性的经济法律法规的大量诞生和实施,是经济诉讼独立存在的实体法律依据。世界各国普遍存在的解决、体现国家干预和社会公益性经济冲突的特定诉讼制度和诉讼实践,是经济诉讼独立存在的直接实践依据。专门审判机构设置又撤销和特别程序规定的缺位,是经济诉讼独立存在的紧迫现实依据。而经济法中大量不可诉现象的存在,又为责任体系这张网留下了天窗和漏洞。

四、"经济法诉讼"说

为了避免使用"经济纠纷"、"经济诉讼"可能引起的歧义,漆多俊先生称国家经济调节中出现的法律纠纷为"经济法纠纷"、国家经济调节中出现的法律纠纷的司法解决为"经济法诉讼"。[2] 虽然这种称呼并不像看对联一样,给我们视觉上的美感与对称性,但是至少体现了学者的良苦用心,指引我们力争探索经济法上的特有诉讼机制,更好地明晰该诉讼与其他诉讼类型的差异。

有人认为,经济法纠纷需要司法解决,但并不等于说一定要有独立的经济法诉讼制度。[3] 他们认为,经济法调整对象具有广泛性、调整方法具有综合性,经济法纠纷也因此呈现多样性。从纠纷主体的地位看,既有平等市场主体之间的纠纷,也有管理者与相对人之间的纠纷,还有国家经济调节主体之间的纠纷,错综复杂,要建造统一的经济法诉讼制度是不现实的。相反,对于违反经济法的犯罪行为,按刑事诉讼处理;对于行政机关与被调节管理主体之间的经济法争议,一般也可以交由行政诉讼处理;对于被调节管理主体之间的纠纷,一般适用民事诉讼的规定。当然,经济法毕竟有其特殊性,"三大诉讼"显然也不能解决所有的经济法纠纷,对于现有"三大诉讼"不能解决或者不能很好解决的经济法纠纷,则确实需要在检控和受理机构、诉讼程序等方面作出一些特别的规定,创设

---

① 颜运秋:《经济诉讼独立的缘由及表征》,载《湘潭大学社会科学学报》2000 年第 3 期;《经济诉讼:经济法独特的司法保障程序》,载《湖南省政法管理干部学院学报》2000 年第 3 期;《经济诉讼独立的法理分析》,载《江海学刊》2000 年第 3 期;《经济诉讼独立于民事诉讼的前提条件》,载《经济与法》2000 年第 3 期。

② 漆多俊、王新红:《接近司法——经济法的诉讼问题》,载漆多俊主编:《经济法论丛》(第七卷),中国方正出版社 2003 年版,第 337 页。

③ 王新红、傅强:《关于建立经济法诉讼制度的几个问题》,载《中南大学学报(社会科学版)》2004 年第 3 期。

新的诉讼制度。[①] 其实，这是一种典型的“复合诉讼”说，是由于对经济法上“国家经济调节”理论的误读的结果。他们认为：“不要为构筑独立的经济法诉讼制度、更不是为了丰富经济法作为独立部门法的理论依据而无病呻吟。”“经济法纠纷的解决无须也不可能有独立的经济法诉讼制度，它主要是借助民事诉讼、行政诉讼的方式，再辅以某些特别的经济法诉讼制度。”[②]其实，恰恰就是那些特别的经济法诉讼制度才是其精华和核心，那种盲目舍本求末的研究思路是存在问题的。其试图在漆多俊先生“三三”理论基础上论述经济法的司法实施问题，自认为是在经济法纠纷司法解决机制问题上对“三三”理论的具体运用和发展完善；但是其同时又怀疑“有一天人们充分论证了经济法纠纷根本不存在，所谓的经济法纠纷从性质上看，应分别属于民事纠纷、行政纠纷或者刑事案件”，或者“纳入经济法纠纷范围的纠纷有许多不应纳入”。[③] 笔者不知道这样研究的意义究竟有多大？！

五、“公益诉讼”说

这种观点认为经济诉讼属于公益诉讼，有的将“经济诉讼”称之为“经济公益诉讼”[④]，有的将“经济诉讼”称呼为“公益经济诉讼”。[⑤] 经济公益诉讼是人民法院在当事人及其他诉讼参与人的参加下，按照司法程序，依法对于个人或者组织提起的违反经济法，侵犯国家经济利益，扰乱社会经济秩序的行为进行审理和判决，以处理经济违法行为的活动。它的目的是维护国家经济利益和社会经济秩序；与案件无直接利害关系的任何组织和个人都可以作为经济公益诉讼的原告；涉及的相关主体多，地域范围广，影响大，所适用的规范多；国家干预的成分较多；原告胜诉后应当得到国家的奖励。建立像国外那样的公益诉讼制度，能够抓住“经济法对社会整体利益的关怀”这一本质内容，能够解决目前经济法面临的不能适用传统三大诉讼模式的缺陷。经济法作为国家调节社会经济之法[⑥]，无论是受国家调节管理的经济法关系，还是国家在调节管理过程中与受调节对象之间产生的经济法关系，都具有明显的社会公共性质。通常情况下，一旦这些法律关系遭到破坏，当事人之间产生经济法纠纷或经济法冲突，遭受损害的不仅

---

① 王新红、傅强：《关于建立经济法诉讼制度的几个问题》，载《中南大学学报（社会科学版）》2004年第3期。

② 同上。

③ 王新红：《经济法纠纷司法解决机制研究》，中南大学2004年博士学位论文。

④ 韩志红、阮大强：《新型诉讼——经济公益诉讼的理论与实践》，法律出版社1999年版，第30—48页。

⑤ 颜运秋：《公益诉讼理念研究》，中国检察出版社2002年版，第317页。

⑥ 漆多俊：《经济法基础理论》（第三版），武汉大学出版社2000年版，第107页。

有经济主体的个体利益，而且更严重的还有社会经济秩序和社会公共利益。2002年，笔者在《公益诉讼理念研究》一书中，设专章“经济法与公益诉讼”论述了经济法与公益诉讼的契合性[①]，并提出了“公益经济诉讼”的概念，探讨了如何科学界定公益经济审判庭的受案范围、切实维护公益经济诉权、更新公益经济诉讼当事人理念、确立正确的公益经济诉讼原则和合理规范公益经济诉讼规则等核心问题。这样，实际上是将“独立诉讼”说和“公益诉讼”说进行了有机的结合。

---

① 关于经济法与公益诉讼契合性的详细论述，请参见颜运秋：《经济法与公益诉讼的契合性分析》，载《北方法学》2007年第3期。

科学主义与人本主义:经济法制度和理论发展的范式选择

◇ 岳彩申*

内容提要 在当今学术研究中,存在着科学主义与人本主义两大不同范式。本文认为,科学主义是现代经济法制度和理论建构的基础,科学方法是经济法学研究的基本方法;人本主义为经济法提供了价值意义的框架。在此基础上,文章认为,人本主义推动经济法价值目标走向现代化,而科学主义为经济法提供了现代化的工具、手段与技术。二者的融合是经济法制度与理论发展的必由之路。在这一思路指导下,文章进一步提出了范式选择的具体措施和建议。

关键词 范式 科学主义 人本主义 方法论

自19世纪下半叶批判黑格尔思辨的理性主义以来,西方现代理论形成了两种不同的范式和取向:一种是科学主义范式,即采用知识论的标准,从理性的角度衡量社会利益关系;另一种是人本主义的范式,即根据价值意义的标准,从生存意义上去衡量社会利益关系。人本主义与科学主义都反对抽象的思辨理性,主张回归现实生活,但二者却建立了不同的思考范式。科学主义也有一些关于人的观点和论述,但本质上属于知识论的范畴,因而将生活世界理解为实证的经验科学的世界,致力于探索认识的科学方法问题;人本主义则专注于对人自身的理解与认识,其基本的哲学立场是回归生活世界,把认识问题变为人的生存问题。当今的人文社会科学研究都基本上是在这两个框架内展开的,因此,采用什么范式以及如何处理好两种理论范式的关系,决定着经济法治发展的基本走向。

一、为什么应当采用科学主义的范式

从认识的框架理解,经济法制度与理论都是知识的一部分,因此,经济法制

* 岳彩申,法学博士,西南政法大学经济贸易法学院院长、教授、博士生导师。

度与理论构建的范式首先是由其知识的属性所决定的。从整体上讲，经济法制度和理论更偏重于科学知识的类型，这是因为：第一，经济法制度与理论以经济事实为基础，以适应经济规律为根本目标，而规律与客观事实具有自然性、自在性及客观性，因此，经济法制度及理论都必须建立在尊重客观规律和事实的科学认识的基础上[①]，遵循以追求普遍性、一致性、确定性及客观性为核心的科学主义认识论立场；第二，由于经济自身的不确定性，经济法制度与理论中的价值判断、规则适用以及事实认定都涉及诸多复杂的经济社会因素，仅凭简单的经验归纳或常识性判断无法认识和解释清楚它们，需要依赖丰富和客观的科学方法和方法论；第三，经济法制度是经济社会技术的一种存在方式，并由复杂和丰富的社会技术支撑着。经济体制改革在改变我们观念的同时，从本质上讲更主要是一种社会技术的创新。罗素认为，法律应当宽大，其宽大程度应该适用于技术的功效和秩序的维持。[②] 由于经济法制度的这种社会技术特征，科学主义的范式才能支持其构建和运行。

从上述三点可以看出，经济法制度必然依靠科学技术而获得存在和实践的意义，经济法理论必须采用科学的方法解释各种经济法现象，并不断根据变化了的情况提出符合客观事实的解释与方案。这决定了经济法制度及理论偏重于信奉科学精神，强调并运用科学的理念、知识和方法，科学精神应当是经济法的基本理念。

二、采用科学主义范式的意义

坚持科学主义对于经济法制度与理论的构建有以下重要意义：第一，科学主义为经济法提供了理性化的知识，确立了经济法制度及理论的客观主义的立场；第二，科学理性主义的立场和知识成为建立市场经济制度和法治政府的知识基础；第三，科学主义为经济法制度的设计、运行及经济法理论体系的构建，提供了客观知识的认识论和实证主义的方法论；第四，科学技术成为经济法制度的最基本要素，科学解释成为经济法理论最基本的方法与技术。

由于规则更接近理性和客观事实的要求，在社会实践意义上，马克斯·韦伯认为，现代政府所采用的官僚体制及对规则的遵守，都是科学理性主义的结果。因此，国家与政府一切影响市场经济活动与秩序的行动，都必然遵守经由立法程

---

① 维特根斯坦（又译维根斯坦）认为事实决定了实际的和非实际的情况。参见〔奥〕路德维希·维特根斯坦：《世界的本质结构》，韩林合译，载陈波、韩林合主编：《逻辑与语言——分析哲学经典文选》，东方出版社2005年版，第188页。

② 〔英〕伯兰特·罗素：《权力论》，载《走向幸福——罗素精品集》，王雨、陈基发编译，中国社会科学出版社1997年版，第198页。

序而形成的规则,并由此成为评价国家或政府干预行动合法性的首要标准。符合规则在逻辑上成为国家干预经济的当然的基本前提条件,在这个条件下才谈得上如何去实现国家干预经济的目标。

总之,科学主义与科学知识是市场经济的核心与基础,是现代经济法制度和理论的基础,科学化是经济法发展的基本方向,科学方法是经济法学研究的基本方法。只有在这个道路上,经济法制度和理论的发展才是正确和有希望的。

三、如何采用科学主义的范式

科学思想、科学方法和科学精神气质形成了科学的深层底蕴①,但科学的这种深层底蕴至今仍然没有深入到经济法的制度和理论构建中。在经济法的发展过程中,我们更多地专注于解决两个问题:一是具体的应用技术,包括经济法的立法技术和运用技术;二是经济法价值问题。对于第一个问题的研究,因没有坚持科学主义的知识论框架,没充分使用科学研究的范式和方法,我们所研究的技术大多成为过于实用和技艺化的活动,而缺乏理论的普遍性意义和方法论上的指导意义,从而丧失对经济社会现象和事实应有的解释力。对于第二个问题的研究,忽视了科学认识论和方法论的约束,走向了过于主观化的任意解释,产生了许多不必要的错误的认识和争论。因此,坚持科学主义的范式,应当从以下方面展开经济法制度与理论体系的构建:一是坚持科学主义的认识论;二是坚持科学主义的方法论,并运用科学的方法。

四、人本主义范式对科学主义范式的弥补

科学主义有其自身的局限,为了弥补其局限,需要引入人本主义:第一,人本主义提供了经济法价值判断的意义和框架,经济法的最终目标诉求是实现人的生存价值与意义;第二,人本主义为经济法提供了相对主义的知识论和诠释学的方法论;第三,在近代的经济法制度中(资本主义市场经济早期),科学理性主义的知识论占据绝对的支配地位,但到了现代市场经济时期,经济法制度和理论必须而且事实上已某种程度地接受了人本主义的思想。这是现代经济法不同于近代经济法的根本区别。

---

① 田鹏颖:《社会技术哲学》,人民出版社 2005 年版,第 72 页。

五、两种范式的融合

人本主义推动经济法价值目标走向现代化,而科学主义为经济法提供了现代化的工具、手段与技术。二者的融合是经济法与经济法学走向成熟的必由之路。

在19世纪以后相当长的时间内,以科学主义为基础的知识论占据着社会科学的主导地位,科学所崇尚的客观性、普遍性、确定性成为社会科学研究的基本标准。在这些标准约束下,科学的方法和知识成为科学研究有效性的基本保障。20世纪中期以后,科学所追求的客观性、普遍性和确定性受到人们的质疑,社会科学不得不接受确定性丧失的现实,不确定性成为科学的认识论条件。[①] 以怀疑和主观立场为特色的相对主义和建构主义开始大行其道,认为:第一,社会现实是被建构出来的,而不是一个客观存在;第二,理解和解释是获得知识的途径;第三,社会因素会影响科学知识的客观性;第四,科学和技术知识不是已有知识的理性的延伸,而是不同社会文化、历史过程的偶然产物,是科学家共同体所接受的信念。[②] 相对主义本来是为了克服实证主义的缺陷而产生的,但当其世俗化后往往走向完全的主观主义。因此,在用人本主义的范式构建经济法制度与理论体系时,需要特别注意这一可能发生的错误倾向。

---

① 〔英〕吉尔德·德兰逖:《社会科学——超越建构论和实在论》,张茂元译,吉林人民出版社2005年版,第158页。

② 王巍:《相对主义:从典范、语言和理性的观点看》,清华大学出版社2003年版,第5页。

关于经济法学方法论问题的一点反思

◇ 孔德周*

内容提要 本文指出我国经济法学研究中缺乏科学方法论、较普遍采用分析还原论的思维方法这一缺憾,极力倡导辩证系统观,并简要分析这一科学方法论关于经济法学的新发现:纵横统一的经济关系是一种新的经济关系。

关键词 经济法学 方法论 思维方式 系统科学 辩证系统观 纵横统一

一、经济法学理论研究需要用科学的方法论

(一)不同的运动方式需要有不同的研究方法

任何科学研究都必须使用某种具体的工具、方法、指导思想或者思维方式的一种或者全部,它们可以统称为研究手段。研究手段在科学研究中具有极其重要的作用,甚至在某些领域的研究中起着决定性的作用。有时使用了正确的方法,可有效地节省解决问题的时间,并使解决问题的步骤大为精简;有时使用不同的研究手段,对同一事物会产生不同的认识。

马克思主义经典作家将运动分为物理的运动、化学的运动、生命的运动和社会运动等几种形式。其中,社会运动是最高级的一种运动形式,也最复杂,与其他运动形式相比,往往涉及的因素更多、更宏观,地域范围更广,时间跨度更大(周期更长),因此表象也更丰富多彩,规律也更隐蔽。旨在研究、揭示并利用这种运动规律的社会科学,往往也需要更高的抽象思维能力。所以,社会科学研究对研究主体的方法论甚至世界观方面修养的要求也更高。社会科学与自然科学的这些区别,也使二者的研究手段呈现出不同的特点:自然科学除其中的理论研

---

* 孔德周,中国人民大学经济法学博士,首都师范大学政法学院讲师。

究部分对研究主体的世界观和方法论有较高的要求外，大多可以通过实验来进行，其研究的手段主要是有形的具体工具如实验仪器等；社会科学所要揭示的规律有些本身就构成世界观或方法论的基本内容，因此，社会科学的研究一般不能靠实验来进行，其研究手段主要为抽象的思想方法，许多自然科学中经常使用的凭感官感知的研究方法，往往难以奏效。

（二）方法论和方法属于不同层次的概念

方法论是认识某一类事物和处理某一类问题的指导思想或规则，包括具体使用的方法和方法之间的分工与协作；方法则是认识某个事物和处理某个问题的具体办法，二者是普遍性和特殊性的关系。一般说来，某个命题越概括、越抽象，就越具有普遍性而适用范围越广泛；反之，命题越具体，则普遍性越窄而适用范围也越小。严格地讲，方法论应该是哲学上本体论和方法论的统一，如唯物主义和辩证法上的物质第一性、事物的普遍联系性；方法则是在方法论所确立的对事物认识的基本观点（一般体现为世界观和一些最基本的思想和原则）的指导下，处理问题的具体措施，如巫医治病和现代医学治病就是唯心和唯物两种世界观分别决定的具体方法；将生命的、社会的运动视为物理运动简单相加的方法，就是形而上学不能正确理解事物之间普遍联系和质变、量变关系规律的必然结果。

方法论对事物的研究具有普遍指导意义，而方法往往只是在一定的范围内适用。人们常常不能区别这两个概念，将二者混为一谈，因此将具体的具有严格适用范围的一些方法普遍适用于某一研究领域。法学研究方法有很多，如历史研究方法、分析对比法、调查方法、试验（试点）方法等等；在经济法学的研究方法中，学者们又提出了社会学研究方法、经济学研究方法、心理学研究方法、生理学研究方法等等。其实，这些方法都不具有涵盖经济法学整个领域的科学性，因为只是针对了经济法学或大或小某些领域的特点，不具有最大的普遍性，也就是说，不是有关经济法学全部领域总体正确世界观的必然要求。

（三）经济法学的研究方法问题是深层次的

当代社会中，经济关系（狭义的）是社会关系的主体部分，几乎与社会关系的外延相同，而且在发达的生产力条件下，涉及更多的变量与不确定因素，研究法对经济关系的调整问题，必须依赖人的高度发达的抽象思维能力，而这种思维能力，必须以以下几个方面的知识或能力为基础：正确的方法论；对经济关系运行规律的正确认识；对法、政策等规则发展规律的正确认识；对政治体制传统、公众规则意识的水平、伦理道德传统等制度的及思想的上层建筑因素较充分的了解等。其中，方法论是工具，相当于研究其他运动形式时使用的科学仪器，没有方法论只能像用肉眼研究微生物，只能靠感觉，得出的结论只能是盲人在不同部位对大象的感觉。不少人在短短的二十年中对经济法提出了数种差异甚大的所谓“观点”（实际上是“感觉”，还没有上升到理论层次），根源就在于此。在经济法学的研究中，观点上忽左忽右的现象比较普遍，说明方法论问题受到较普遍的忽视；经济学的知识和法学的知识应该结合，否则就割裂了研究对象，不能从整体上把握研究对象的规律。因为经济关系的发展越来越受法律、政策等规则的制约，而法则必须参与社会关系的运行才成其为法并具有实际意义。换句话说，经济关系系统中，已经不可能将法律、制度的因素不视为一个元素，或者说，已经几乎找不到没有经过法律调整过的部分。而法律的公平、正义理想，也越来越多地融进了物质利益的内容，由抽象向具体发展。因此在经济关系系统和法制系统日益融为一个大系统的近现代，出现了边缘学科如“制度经济学”、“经济分析法学”（经济关系系统内部纵向与横向两个相对独立的子系统的相互融合，则导致了行政法学和民法学之外的经济法学的产生）；上述其他因素也日益成为经济关系系统中不可剥离的元素。

经济法学作为社会科学中的一个重要组成部分，其对象涵盖社会经济关系、社会经济关系的调控体系以及二者之间的关系；其中，社会经济关系的调控体系又包括法律体系及政策、道德、组织内部规范等调控体系。既要研究它们的静态存在，又要研究它们的动态发展，涉及经济学、法学、哲学、政治学、社会学等等学科。处理如此庞杂的信息，没有正确的方法论是不能胜任的。

二、缺乏辩证系统思维是经济法学理论研究中最突出的问题

笔者认为，除狭隘的部门法偏见原因外，经济法学研究中存在的最大问题就是：机械还原论在经济法学理论研究中被长期普遍使用，许多观点没有能够自觉并很好地运用科学的方法论，即唯物辩证法及其在当代的新发展——辩证的系统观。

《规范解剖：经济法的新思维——从〈反不正当竞争法〉透视我国经济法的非独立性》[①]一文，可以算是缺乏辩证思维的典型。该文将《反不正当竞争法》的立法目的分解为“公法目的”和“私法目的”；将该法调整的社会关系分解为“横向性质的社会关系”和“纵向性质的社会关系”，并精确地将调整两种经济关系的条文统计为各占“40%”；将其调整方法分解为“与发展民法的调整方法高度

① 蒋大兴：《规范解剖：经济法的新思维——从〈反不正当竞争法〉透视我国经济法的非独立性》，载《法商研究》1997年第2期。以下除注明外，引号内文字均摘自该文。

一致”的和“与以授权为目的而控权的现代行政法发展趋势相吻合”的两种；将其“法律制裁方式”分解为：“民事制裁方式”、“行政制裁方式”和“刑事制裁方式”三种；认为其基本原则与“《民法通则》的基本原则并无二致”。由此得出令人“震惊”的结论：经济法作为法律部门独立的调整对象、调整方法、基本原则等三个基础均宣告“瓦解”。

这种观点很有代表性，无论是书面表述还是口头表述，这种观点和获得这种观点所使用的方法，都是很普遍的。

例如，法律出版社 1987 年出版的《中国经济法诸论》登载的几位法学大家的《学科经济法论》、《综合经济法论》、《经济行政法论》等文，都将（尽管表述略有不同）经济关系分为行政管理性的经济关系、平等主体间的经济关系和劳动的经济关系；将经济关系的调整方法分为行政法的方法、民法的方法、劳动法的方法；将调整经济关系的法律责任形式分为行政制裁方式、民事制裁方式和劳动法的制裁方式；将调整经济关系的规范分为行政法的规范、民法的规范和劳动法的规范；将法律调整的原则分为行政法的原则、民法的原则和劳动法的原则。

它们的一个共同特点就是都使用了分析的机械还原论的方法，即将事物的整体分割为各个组成部分以便分别对待、分别处理。它们虽然也提“综合”，但此处“综合”的含义并非“有机结合”之义，而是“集合”、“总和”的意思，用公式表达，就是“行政管理性的经济关系 + 平等主体间的经济关系 + 劳动的经济关系 = 经济关系”；“行政法的规范 + 民法的规范 + 劳动法的规范 = 调整经济关系的法律（规范）”；“行政法的方法 + 民法的方法 + 劳动法的方法 = 经济法的综合调整方法”……它们的主张，就是将经济关系分为不同性质的几块，将经济关系的调整方法分为性质不同的几种，分别调整几块性质不同的经济关系，在调整过程中是一种一一对应的关系，不应有任何交叉或重合，而几个部门法的分别独立调整（更确切地讲，应该是“分割调整”）就构成了对经济关系法律调整的整体。

三、民法学和经济法学在方法论上存在明显的分工

民法保护的是个体的权益和自由，民法学研究的是个体权利实现的法律保障问题，其着眼点在于个体，即使有时考虑整体的利益和要求，也是为了更好地维护和满足个体实现其利益最大化的需要。民法和民法学的这一根本任务，决定了研究民法必须主要使用还原论的分析思维方式。还原论的思维方法作为一种工具的范畴，本身并没有对错之分，只是一些学者在运用这种方法时，忘记了斯大林“一切以时间、地点、条件为转移”的教导，错误地将其用到了不该使用的领域。新时期民法的根本任务没有改变，民法学研究中的分析思维方式也不应

改变。当然,生产的社会化发展,社会分工与协作(分与合)的进一步发展,使民法调整的经济关系有了新的变化,即个体之间的交换、竞争和协作关系越来越受整体环境的影响,民法学的研究也必须要有整体的观念,研究整体(环境)的要求和如何更好地维护这一整体环境,以更好地调整民事关系、保护个体实现其权益的最大化目的。但是,对整体环境的研究只是民法学研究"视野"的边缘,民法学不能将主要精力甚至稍多的精力放在这个研究上,否则它就不能更好地完成自己的本职工作;民法学研究中也不能主要采用综合思维的方式,这样它也不能很好地完成自己的任务。

笔者认为,在研究不同的部门法时,还存在一个研究方法和思维方式的分工问题。由于未能认识到这个问题,民法学者在研究对经济关系整体的调整问题时,理直气壮地得出了上述意义上的"综合调整"的结论。经济法学者感觉到经济法存在的客观性,但是没能找到科学的方法论,与民法学者使用了相同的分析的方法,所以至今难以实施对民法学者关于经济法学问题错误观点的彻底反驳。

经济法对于传统的法学理论来说,是个全新的法律现象,研究这一新生事物必须要有新的思维和方法(论)。各种观点之间争论激烈、论战持久而又战而无果,根源正在于此。

经济法学要获得新的发展,从幼稚走向成熟,经济法学者必须首先对研究中正在使用的方法论进行认真的反思。

四、研究经济法学必须使用辩证系统观

(一)经济法现象导致的传统法学理论与体系的振荡

经济法现象的出现,导致了法学理论中一个悖论的产生:传统的部门法划分理论认为,部门法独立的基础是特定性质的社会关系以及由此决定的独特的法的调整方法(甚至法的调整原则、法保护的利益、法体现的价值)的存在,经济关系可分为纵向和横向两种,因此相应地经济关系领域只应允许行政法和民法两个部门法的存在,经济法的调整对象是什么?在纵向和横向经济关系之外,是否还存在第三种性质不同的经济关系?这是传统法学理论所不能解释的,也是经济法未能让所有学者真正口服心服地承认其独立部门法地位的根本原因。承认经济法的独立地位,就必须修正这一划分理论。但它经过数千年的发展,并成为大陆法系完美无缺的法学理论体系的支柱性理论,而且否定这一理论几乎等于要推倒这个凝结了无数古今中外伟大法学家的心血的法学理论体系,以及据此建立的法律体系和法学体系这两座庞大而宏伟的建筑,这对陶醉于欣赏并正在对其进行精美装饰的学者来说,无疑是一场感情和意志的考验。在经济法地位

问题上的法学大混战便以此矛盾为核心展开了:一派竭力维护旧的法学理论体系和法律体系,否定经济法现象的存在;另一派则肯定经济法现象的存在,而否定现有的法律部门划分理论和既存的法律体系。

(二)经济法是处理经济关系的法律调整问题中运用辩证系统思维方式的必然结果

在法制发展的历史上,对经济关系法律调整的模式的演变比较明显地经历了三个不同的阶段:即古代诸法一体,统一于刑法阶段;近代民法、行政法分割调整,辅之以刑法阶段;当代民法、经济法、行政法协作调整、辅之以刑法阶段。经济法现象的出现,标志着第三阶段的开始。这三个阶段所处的历史阶段,正好大约与人类认识客观世界时体现的思维方式中,对整体或部分有某种不同侧重内容的时间相对应。例如,大致在文艺复兴运动以前,人类的主流思维方式一直是朴素的整体观,法律对经济关系乃至所有社会关系的调整也处于上述第一阶段;此后,自然科学领域在生产力发展和社会实践需要的推动下,冲破中世纪神学的层层严密封锁,开始了一场思维方式的革命。这场革命在自然科学领域取得的卓越成就及其对社会生产力发展的巨大贡献,逐渐牢固地奠定了通过部分把握整体的分析方法在科学研究中的主导地位。资产阶级革命成功后,民主政治的建立,使保障个体权益的民法得以从一体的诸法中独立出来,也使与之相辅相成、互为保障的现代意义上的行政法和宪法得以产生,并形成了经济关系法律调整体系中民法作为基本法、主体法,行政法作为有限补充的二元分割调整模式。

经济法萌芽于(a)垄断资本主义初期(19世纪末20世纪初),产生于(b)垄断资本主义中期(20世纪初至第二次世界大战结束),初步成熟并发展和繁荣于(c)垄断资本主义的高级阶段(第二次世界大战后至今),基本上与(a)分析的方法取得一系列重大成果并达到顶峰,(b)新的思维方式革命逐步开展和(c)新的思维方式确立三个阶段同步。目前,经济法学理论有待进一步发展和完善,而系统科学的方法论也有待形成完整体系,有待在更广泛的领域取代机械还原论,奠定其在自然科学、社会科学及有关人类思维的科学等所有领域中的主导地位。

因而可以说,上述三个阶段分别反映了统治阶级在法律调整问题上所采用的不同思维方式:即古代朴素的整体观、近代机械的还原论和当代系统科学的辩证系统观。

人们目前对经济法产生的根源、调整对象、应有的体系以及地位等还存在不同的认识,甚至有很大的分歧。但是,至少在以下最根本的问题上,学界已经达成了较广泛的共识:经济法现象的出现发生在民法、行政法产生并有较充分的发展甚至已经成熟之后,而且经济法现象的存在是客观的;它的出现是为弥补民法、行政法对经济关系调整的不足。民法调整横向关系,行政法调整纵向关系,经济法的出现,客观地说明民法、行政法对经济关系进行二元分割调整的模式出现了某种问题,或者同时也说明将经济关系简单地分为纵向和横向两种已经不太合理。经济法必须能够、或经过一定的完善能够解决这个问题,才能出现并长期存在和不断发展。而要想解决这个问题,经济法的调整对象就必须涵盖两种经济关系,否则就等于说民法和行政法各自通过某些变革(包括二者在保持自己根本性质的前提下彼此的协调配合),能够重新实现曾经有过的完美调整。然而实践已经证明这种可能不存在,经济法正是在人们认识到“公法私法化”、“私法公法化”的现象,并对民法和行政法进行了最大限度的改造后出现的。

(三)系统科学发现了经济法的调整对象基础——纵横统一的经济关系

辩证系统观是唯物辩证法在当代生产力和生产关系发展推动下的新发展,它将后者阐述的“联系”概念,用一个更为确定的范畴“系统”予以确认,这就是所谓的系统的“结构质变”规律。科学家宋健对其表述如下:“系统与组分或子系统相比,从科学意义上来说,就是有质的提升,新的飞跃,犹如生物层次那样的变化”;“一个大系统的属性层次远远高于它的组分属性的总合。”他称之为“系统科学意义上的质变”。[①] 根据系统的规律,相互联系紧密的一些元素会形成区别于元素自身的新的性质,紧密结合的纵向和横向经济关系,当然也就是一个区别于相对独立的纵向和横向经济关系系统的新系统了。

人们不能认识到作为某系统元素和非该系统元素的某种事物的区别,这正是经济法现象不易理解的原因。实际上,我国刑法的有关规定,已经很好地体现了对系统元素和非系统元素的区别对待:盗窃正在使用中的电线、生产工具与在仓库或未出厂的电线和生产工具,分别属于不同的罪名并适用不同的刑罚。根本原因就是,前者已成为输变电系统或生产系统的最重要元素,而后者则是孤立的财产,不是上述系统的元素;更极端的例子就是,拔掉正用于抢救病人的输液管与毁坏或盗窃医院输液管的区别,前者可能构成故意或过失杀人罪,后者则一般只承担民事侵权责任。可见,有时同为一种东西,在作为系统元素存在和非系统元素存在时,它的性质和功能会有天壤之别。

作为纵横统一经济关系的元素的纵向经济关系和横向经济关系,与彼此作用间接、作用力微弱,未能形成系统的纵向经济关系和横向经济关系,分别为不同的系统,当然有质的区别,需要区别情况,分别采用不同的方式处理,这正是系统科学最终解决了经济法独立部门法地位的根本原因。

---

① 宋健:《加强基础研究,逼近科学前沿》,载《系统工程理论与实践》1995年第2期。

结　语

经济法理论是在客观存在的社会经济关系系统的要求下，系统思想被自觉、不自觉运用到法律调整领域的结果，或者说是法学家们在法学领域对系统规律独立认识的成果。通过进一步的思考，我们可以发现，原来经济法学中蕴含着如此丰富的辩证系统思想；甚至可以说，它的一些概念和原则，它对经济法的宗旨、功能、价值和体系等的揭示和阐述过程，实质上是系统科学的概念和原则在法学领域中用法学语言进行的逻辑论证过程。

只有运用系统思想，才能更好地认识经济法这一新生事物，形成最接近客观规律的认识体系，最终解决因它的出现所导致的法学领域中的上述悖论，打破经济法学基本理论研究目前所处的僵持局面，推动它的进一步发展；也只有这样，经济法学的研究才能为所有经济关系的法律调整提供最科学的理论指导，并最终实现法律对经济关系的真正"综合调整"。

宏观调控法

科学发展观与宏观调控法关系研究

◇黄　欣*

内容提要　科学发展观与宏观调控法之间存在着十分密切的关系。简言之,一方面,科学发展观是宏观调控法的指针和灵魂,即宏观调控法离不开科学发展观的指导,这是首要的;另一方面,体现了科学发展观的宏观调控法是贯彻落实科学发展观的有效载体和可靠保障,因而科学发展观的贯彻落实也离不开宏观调控法,这一点也很重要;并且,宏观调控法在科学发展观的贯彻落实中必将大有作为。

关键词　科学发展观　宏观调控法

笔者结合实践而进行的初步研究发现,科学发展观与宏观调控法之间存在着十分密切的关系。简言之,一方面,科学发展观是宏观调控法的指针和灵魂,即宏观调控法离不开科学发展观的指导,这是首要的;另一方面,体现了科学发展观的宏观调控法是贯彻落实科学发展观的有效载体和可靠保障,因而科学发展观的贯彻落实也离不开宏观调控法,这一点也很重要。

一、宏观调控法必须以科学发展观为指导

近三年来,胡锦涛总书记对科学发展观发表了一系列重要讲话和文章,并且每次都进一步阐明了科学发展观的极端重要性,提出了贯彻落实科学发展观的新要求。如 2005 年 12 月 15 日在青海考察工作结束时的讲话中,他就概括性指出:“科学发展观是我们党坚持以邓小平理论和‘三个代表’重要思想为指导,在准确把握世界发展趋势、认真总结我国发展经验、深入分析我国发展阶段性特征的基础上提出的重大战略思想,是对经济社会发展一般规律认识的深化,是指导

---

* 黄欣,法学硕士,中国法学会,法学教授。

发展的世界观和方法论的集中体现，是推进社会主义经济建设、政治建设、文化建设、社会建设全面发展必须长期坚持的指导方针”。[①] 这显然代表了当时全党对科学发展观的最新认识成果。又如2006年6月30日，他《在庆祝中国共产党成立85周年暨总结保持共产党员先进性教育活动大会上的讲话》中又进一步明确提出：“坚持以科学发展观统领经济社会发展全局，切实抓好发展这个党执政兴国的第一要务，推动经济社会又快又好发展，是我们这一代中国共产党人的神圣使命，是党的先进性在当代中国最重要最具体的体现，也是新的历史条件下加强党的先进性建设的重要着力点和衡量标准。要坚持用科学发展观武装全党，进一步把全党的思想统一到科学发展观上来，真正把科学发展观转化为全党的实际行动，转化为领导改革开放和社会主义现代化建设的工作能力，抓住发展机遇，转变发展观念，创新发展模式，提高发展质量，切实把我国经济社会发展转入科学发展的轨道”。[②] 虽然从认识论的角度讲，对科学发展观的认识还必将随着社会实践的发展和理论研究的深化而不断与时俱进，但仅就目前的认识水平而言，胡总书记的上述讲话对科学发展观极端重要性的论述无疑是十分精辟、非常到位的。现在的首要任务就是要把胡总书记的上述论述转化为全党全国人民的共同认识，而其中的关键就是要首先变成党和国家各级领导干部们的内心认识及其共识，变成他们实际领导工作中的具体指针和办事理念。这个认识问题若不能得到真正解决，就不可能产生自觉贯彻落实科学发展观的实际行动，科学发展观的贯彻落实就有可能仅仅停留在形形色色的“假、大、空”的套话或各种被动应付的“对策”上。因此，一方面，要充分认识到科学发展观对全党全国各方面的工作都具有普遍的、长期的指导作用；另一方面，又应该牢记科学发展观的宣传教育必须很好地结合各部门、各单位的实际情况。否则难于深入，更无法取得实效。就法治工作而言，要使科学发展观真正成为贯穿法治工作的全局及其全过程的指导方针，就必须使我国社会主义法治战线上的实际工作者和理论工作者都能认识到：(1) 科学发展观中的“发展”绝不仅指“经济发展”，而是涵盖“经济建设、政治建设、文化建设、社会建设”的“全面发展”，其中当然包括“法治建设”；(2) 科学发展观中的“科学”，从本质意义讲就是指符合或贴近客观规律，当然这里的“规律”既包括自然规律也包括社会规律，其中含有法治发展规律；(3) 以“坚持以人为本，树立全面、协调、可持续的发展观，促进经济社会和人的全面发展”为基本内容的科学发展观[③]，与社会主义法治的全局都有十分密切的关系：其一，“以人为本”和“人的全面发展”既是科学发展观的核心价值和

① 胡锦涛：《全面贯彻落实科学发展观 推动经济社会又快又好发展》，载《求是》2006年第1期。
② 《人民日报》2006年7月1日第01版。
③ 《中共中央关于完善社会主义市场经济体制若干问题的决定》第三章第3节。

根本追求，也应是社会主义法治的宗旨和灵魂，即二者具有本质上的一致性，“人民性”是它们的共同本质；其二，“树立全面、协调、可持续的发展观，促进经济社会”“又快又好发展”，既是科学发展观的“科学性”又一突出表现及其必然要求，也应是社会主义法治的重要目标和原则，即二者都具有鲜明的“科学性”；其三，正因为如此，科学发展观应当并且也能够成为社会主义法治“必须长期坚持的指导方针”，同时社会主义法治也应当并且也能够成为科学发展观贯彻落实的法治保障。需要进一步强调指出的是，上述认识对于立法、尤其是对于宏观调控立法工作具有更大的重要性和迫切性。简而言之，这是因为立法是法治的源头，而宏观调控立法既关系国民经济和社会发展的全局，又直接关乎全国各族人民的切身利益。因此，宏观调控立法必须以科学发展观为指导，参与宏观调控法的制定和实施的全体实际工作者和理论工作者，都应当深入学习贯彻科学发展观、自觉地将科学发展观落实到宏观调控法治工作的全过程。

二、科学发展观的贯彻落实必须要有法治保障

科学发展观不是书本上的教条，而是行动中的指南，贵在贯彻落实。实践证明，科学发展观贯彻落实的关键在于提高认识、“转变发展观念”，但从根本上讲还是要靠法治，要靠真正以科学发展观为指导的社会主义的法治。其主要理由可以概述如下：

（1）从认识论的角度讲，一般说来，认识相对于实践而言具有滞后性或惰性，因而容易保守或落后。要改变一种长期形成、积累起来的普遍性的但又过时了的落后认识（如各种旧发展观）是不容易的，是需要时间和条件的。不仅要有外因，更需要内因，关键是社会上要有在数量及其质量上都能够足以令人改变原有落后认识的新实践、新成就和新经验的多次反复发生，使人们普遍感到确有必要而且也的确应当“抛弃旧认识，换上新思维”。这显然需要相当长的时间；而且即使成就了这些条件也仍然不可能保障所有人都能转变认识、都能自觉贯彻落实科学发展观。因为影响人们思想和行为选择的还有更深层、更重要的其他原因——利益。因此，提高认识对科学发展观的贯彻落实固然具有首要意义，但又绝不能仅靠于此。

（2）从更深入、更本质的利益分析的角度看，科学发展观之所以能够集上述“人民性”和“科学性”于一身，其根本原因就在于，科学发展观的根本立足点是全国的大局、全局，是中华民族的伟大复兴和永续发展，是全国各民族人民的普遍的、长远的、根本的利益。应该说，这才是科学发展观与以往各种旧发展观的根本区别之所在。换言之，只有全心全意为民发展、靠民发展、发展为民，才能登高望远、把握全局、揭示规律、找到科学的发展目标和发展道路。但也正因为如

此，科学发展观的贯彻落实就必然要引起旧发展观长期施行所形成的利益格局的一系列重大调整。例如，科学发展观中关于“坚持以人为本……促进……人的全面发展”要求的贯彻落实，首先就必将冲垮那些死抱着“见物不见人”的旧发展观不放、仍然企图“凭数字出官”的官老爷们的官位和官梦。又如，科学发展观中关于“全面、协调”发展要求的贯彻落实，就必然要引起全国发展思路、发展规划、发展布局的全方位、多层次、一系列的重大调整(《十一五规划》已有所体现)，并继而引起包括财政政策、货币政策、产业政策、区域政策、土地政策、能源政策、农村政策、教育、文化和卫生政策等等在内的国家各项重大政策的调整，引起全国人、财、物等各种发展战略资源的重新配置，从而导致全国性、多层次、全方位、不同程度的利益调整，以更好地体现并实现全社会的公平和正义、达到全面发展和共同富裕的宏伟目标。这样的利益调整无疑是十分必要并且是非常重要的，但也势必会遇到形形色色的“既得利益”者和目光短浅的地方保护主义者及行业保护主义者的抵制和干扰。再如，科学发展观中关于“可持续发展”要求的贯彻落实，就必然会引起“人与自然”现存关系的重大调整和重新布局，就必然要求在全社会大大提升对自然生态环境极端重要性的认识，并切实普遍树立起生态意识和节约意识，就必然要求在全社会大力调整经济结构、加大科技投入和环保投入、着力发展循环经济、切实转变经济增长方式、尽快提升我国经济的整体素质，从而使我国的发展事业真正步入可持续发展、永续发展的科学发展轨道。这样的要求对我国的现实而言无疑具有极强的针对性和迫切性，但这样做的结果无论在宏观上还是在微观上都必将加大成本投入，因而就有可能会引起一些目光短浅而又唯利是图的企业人士和管理官员的直接抵制或变相抵制，从而给科学发展观的贯彻落实增添困难和障碍。总之，科学发展观的贯彻落实，不仅需要人们思想认识的提高和发展思路的创新，而且必然会直接或间接地触及许多单位和个人的各种切身利益。这正是科学发展观贯彻落实的难点之所在。那么如何才能破解科学发展观贯彻落实中的这些难点或难题呢？笔者认为，必须靠法治，靠以科学发展观为指导的社会主义法治。

(3) 社会主义法治能够为科学发展观的贯彻落实提供有效的、可靠的法治保障。为什么这样讲？其主要原因可以从如下两方面进行分析：第一，从哲学的角度看，简言之，科学发展观和社会主义法治同属我国社会主义社会的上层建筑，都根植于和服务于我国当代社会主义现代化建设的伟大实践，并且如前所述具有本质上的一致性和十分密切的关系。这正是社会主义法治能够承担并且能够完成这一历史使命的根本性原因之所在。第二，从以法学为视角进行的分析研究中可知，将科学发展观的贯彻落实纳入法治轨道，既是“坚持党的领导、人民当家作主和依法治国的有机统一”和“贯彻依法治国基本方略，提高依法执政水平”①的必然要求，也是社会主义法治为科学发展观的贯彻落实提供法治保障的基础性前提及其基本含义。其首要途径和形式，就是要通过立法程序将科学发展观这一党的主张上升为国家意志，具体化为一系列公开发布的、具有普遍约束力的法律文件、法律规范、法律原则、法律制度和法律程序，形成权力（权利）、义务、责任三者相互连接而又平衡协调的各种法律关系，取得法律权威性、普遍执行力和各种（包括民事、行政和刑事）强有力的司法保护，并因此不再会因具体领导人的更换或态度转变而遭受挫折，从而为科学发展观的贯彻落实提供有效的、可靠的法治保障。这样做不仅可以充分发挥法治在调整各种社会利益关系方面的固有职能和传统优势作用，而且还可以弥补思想、政治和组织工作方面的不足之处，破解前述之难题。又如，法治虽然不能也不应该直接干预人们的思想自由和认识活动，但仍然会对其产生重要的影响作用。概而论之，社会主义法治的立法、执法、司法和普法等活动本身以及各种媒体的强势报道宣传，必然会使社会主义法治所体现并保障实施科学发展观的国家意志性信息成为我国各种媒体宣传报道的主旋律，营造成强大的科学发展观“语境”和舆论氛围，深入人心、影响人们的价值取舍和言行选择。进而言之，法律中直接体现科学发展观的各种具体的制度设计、尤其是其中的激励机制和惩戒制度的实施及其具体案例，对直接当事人及其关系人的思想认识和以后的行为选择，必然会发生更深刻的触及和诱导作用。再如，法治历来就是社会利益的“调节器”。当然，就现状而言，我国法治要完成为科学发展观“保驾护航”的神圣使命，自身建设的任务还十分艰巨而紧迫。这不仅是指法治建设需要抓紧完成的工作数量还十分繁重；更重要的是指，迫切需要法治建设本身能够真正将科学发展观和社会主义法治理念贯穿始终而大大提升自己的品质和效能。由此可知，科学发展观的贯彻落实不仅必将推动我国改革开放在新起点上的全面深化和发展，而且也必将大大推动我国法治建设的改革和发展。进而言之，科学发展观贯彻落实的历史进程本身就必然是一场新的改革、新的革命，必然会对中华民族的伟大复兴发挥极大的推动作用。

三、宏观调控法在科学发展观的贯彻落实中大有作为

对抓紧制定《宏观调控基本法》的迫切性和重要性及其方案设计，学界已有论述，笔者也曾多次论及。此处仅简要重申如下拙见：(1)《宏观调控基本法》在经济法律体系中已经上升到“龙头”或“核心”的地位，尤其是在贯彻落实“科

① 见《中共中央关于加强党的执政能力建设的决定》第五章。

学发展观”和“和谐社会”方针的新任务中，其作用则更加重大；(2)《宏观调控基本法》必须充分体现“科学发展观”和“和谐社会”方针及其“核心”价值——“社会公平和正义”，充分总结和提升近几年我国宏观调控的新经验并充分借鉴国外有益经验，扩大宏观调控的领域，丰富宏观调控的手段，平衡宏观调控的权利义务关系，强化宏观调控的责任制度，提高宏观调控的质量、权威及其效益；(3) 必须把自然生态环境保护和建设、资源（尤其是土地、水、森林、草原、野生动、植物等等）和能源的保护、开发利用和节约、社会发展（尤其是人口、卫生、教育、文化、体育等等）以及政治文明（尤其是民主、法治）和精神文明建设纳入宏观调控的范围，努力做到“统筹兼顾”、“全面、协调、可持续发展”；(4) 必须充分体现“社会公平和正义”，合理配置宏观调控中的权利义务及其责任关系，根本改变过去经济立法中政府“揽权诿责”的通病，从而为政府“依法行政”、建设“有限型、责任型、法治型、服务型政府”创造法制基础；(5) 国内外的实践经验均已反复证明，不能把所有宏观调控权全都授予政府。直言之，必须把将动用巨额国有资产及与国计民生关系重大等事项的宏观调控决策权留给全国人大或其常委会，实行民主决策，不能让政府已多次擅自动用巨额国有资产救银行、证券公司及其他国有企业的愚蠢事件再度发生。因为国内外的实践经验均已反复证明，这样做既无法律依据，更不符合市场规则，而且也起不到对其拯救振兴之目的，最多只能起到“打鸡血”那样的短暂刺激作用，并且由此所造成的加大道德风险、继续导致国有资产更大损失的恶劣后果却是难以估量的，等等。[①]

---

① 详见黄欣：《科学发展观与经济法创新关系论纲》，2004 年 12 月中国经济法学研究会年会论文集及其光盘；黄欣、黄勃：《关于经济法创新和发展的几点看法》，载《法学》2005 年第 11 期，第 128 页等。

宏观调控的合法性研究
——以房地产市场宏观调控为视角*

◇ 陈承堂**

内容提要 宏观调控的合法性本是经济法治的应有之义，然而近几年房地产市场的宏观调控却屡屡呈"非法化"的运行态势。这是由于我们将宏观调控行为定性为国家行为以逃避司法审查，以及由此所带来的宏观调控权限配置失当所致，而我国一元化的住房发展模式则更使宏观调控失去了正确的方向。有鉴于此，重新厘定宏观调控行为的性质、设置宏观调控合法化运行的协调机构、建构二元化的住房发展模式，将是房地产市场宏观调控合法性的保障。

关键词 宏观调控 宏观调控权 合法性 房地产

一、问题的提出：宏观调控合法性的隐语

基于宏观调控的合法性（legitimacy，或译为义理性、正当性等）问题，是研究宏观调控权首先要涉及的一个问题，它有助于认识宏观调控权的来源和产生基础等问题。[①] 针对我国目前在宏观调控过程中屡屡违反现行相关法规的情况，有学者做出了非常有益的探索，认为宏观调控的合法性包括其在法律、经济、社会、政治等各个方面的合法性，由于国家制定的法律总是相对滞后于现实的不断流变的经济活动，而是否符合现实的经济社会生活的要求，则是衡量法律的生命力和有效性的至为重要的标准。因此，许多国家进行的经济改革或实施的宏观调控，大都是突破已有的法律规定的框架的过程，有一些甚至是违反宪法的。[②]

---

* 本文已发表于《法商研究》2006 年第 5 期，原文约 1.2 万字。

** 陈承堂，扬州大学法学院讲师、南京大学法学院博士研究生。

① 张守文：《经济法理论的重构》，人民出版社 2004 年版，第 413 页。

② 同上书，第 416 页。

由此,我们不禁要问,宏观调控屡屡违反当下的各种法规甚至违反宪法的深层次的理由是什么?如果说宏观调控权除了来源于相关法规的形式合法性之外,仅将其深层次的合法性导源于经济、社会等领域的合法性和市场主体或社会公众的认同,是远远不够的。因为:第一,法律的滞后性不仅仅是针对经济法而言,几乎所有的法律都具有滞后性,更何况经济法在被论证为公法的情况下①,法无明文规定即不可为。第二,基于混沌理论中的"蝴蝶效应"②,宏观调控行为在整个经济系统中可谓是"失之毫厘、谬以千里",但是追求宏观调控的经济上的"合规律性"不能成为其僭越法律的理由,而应是调控手段、调控时机的相机选择问题。第三,宏观调控政策的朝令夕改,也与宏观经济学上的政府政策的动态一致性(dynamic consistency)相违背③,政府的宏观调控政策不仅在制定阶段应该是最优的(从政府的角度看),而且在制定之后的执行阶段也应该是最优的,除非出现重大的情势变更才可以突破现行法律规定,否则就是政府的宏观经济政策的动态不一致,因为政府根本就没有积极性去真正地实施这项政策,自然老百姓也就不会相信这项政策,其宏观调控的效果可想而知了。

然而存在的必有其合理性,那么究竟是什么理由使得宏观调控屡屡置当下的法律规范于不顾?即在追求宏观调控合法性的背后,是什么法理在支撑着宏观调控的"非法性"?由于宏观调控权是一个"复杂性问题",对探讨其合法性的背后涉及对宏观调控权性质的界定,并由此又对宏观调控主体、宏观调控法的原则、宏观调控法的责任、宏观调控法的可诉性等理论都构成了相应的影响,因此,在某种意义上,对宏观调控权性质的界定关乎整个宏观调控法的理论体系的架构,意义十分重大。

二、宏观调控合法性的法理障碍:宏观调控行为的定性失当

固然对于宏观调控的合法性问题是宏观调控政策的价值追求,而当下宏观调控的"非法性"问题则是宏观调控运行的现实写照,不合法的宏观调控行为却在事实上起着相应的作用,虽然不一定都是负面的影响,因而在学者界定宏观调

---

① 张守文、于雷:《市场经济与新经济法》,北京大学出版社 1993 年版,第 79—80 页。

② 混沌理论是 1963 年由美国气象学家洛伦兹(E. N. Lorenz)提出来的。混沌理论解释了确定系统可能产生非确定后果,因为在复杂的系统中存在着"蝴蝶效应"。在社会学界"蝴蝶效应"一般用来说明:一个坏的微小的机制,如果不加以及时的引导、调节,会给社会带来非常大的危害,戏称为"龙卷风"或"风暴";一个好的微小的机制,只要正确指引,经过一段时间的努力,将会产生轰动效应,或称为"革命",此效应说明,事物发展的结果,对初始条件具有极为敏感的依赖性,初始条件的极小偏差,将会引起结果的极大差异。

③ 张维迎:《博弈论与信息经济学》,上海三联书店、上海人民出版社 2004 年版,第 110 页。

控权性质的时候，可能并没有注意到其与宏观调控"非法性"的内在关联，即在建构宏观调控权的法理基础的同时，也成为宏观调控行为逃脱司法审查的借口。

（一）国家行为的分类和范围

国家行为是指除了立法、司法、行政行为之外的行为，被奥托·麦耶称为国家权力的第四种领域，包括元首权和统治行为两种。对于属于立法或行政范畴内的行为，法院基于"司法自制"(judicial selfrestraint)原则，应该采取保守的立场。这在法院审查一个法律是否违宪时，显得特别重要，一个法律为何要制定的立法动机，以及采行何种措施，法院承认立法者拥有极概括的裁量权力，属于"政治问题"而非法律问题，是政治责任而非法律责任，所以法院不能审查之，因此，创设此所谓的"政治问题原则"(political question doctrine)。这是美国联邦最高法院经常援引的原则，在德国行政法学界也有类似的概念，即统治行为，主要包括政府中属于实际政策决定之过程及政党政治的运作，在发生争议时，都不是经由解决一般行政争议的行政法院来审查，故可称为"无法院审查之统治行为"(Gerichtsfreier Regierungsakt)或"无法院审查之高权行为"(Gerichtsfreier Hoheitsakt)。[①]

（二）对宏观调控行为是国家行为的反驳

有学者认为，宏观调控行为是一种决策行为，而不包括宏观调控机关及其下级机关以及其他有关组织的执行行为，进而得出在性质上，宏观调控行为是一种国家行为。[②] 因而也就水到渠成地推导出宏观调控行为的不可诉性，宏观调控行为新型的责任类型即政治责任。[③] 但是当该学者在论述宏观调控权行使的原则时，认为宏观调控权的运行除了要符合比例适度原则、诚实信用原则和情势变更原则之外，还需增补两个原则，即宏观调控权的行使还要遵循尊重市场原则和合法性原则。而且，该学者也认识到了我国目前宏观调控实践中存在问题最大的，不是宏观调控权的行使不符合比例适度原则、诚实信用原则和情势变更原则，而是不符合尊重市场原则和合法性原则。[④]

基于上文论述，由于国家行为分为元首权和统治行为两种，显然宏观调控行为不可能是行使元首权的行为，则必然是统治行为。而且无论是在大陆法系还是英美法系国家，国家行为中的统治行为存在的基本前提是权力分立制度的实行，是为了解决权力分立原则下立法机关、行政机关和司法机关相互关系的产

---

① 陈新民：《中国行政法学原理》，中国政法大学出版社 2002 年版，第 16 页。

② 邢会强：《宏观调控权运行的法律问题》，北京大学出版社 2004 年版，第 20 页。

③ 邢会强：《宏观调控行为的不可诉性探讨》，载《法商研究》2002 年第 5 期。

④ 邢会强：《宏观调控权运行的法律问题》，北京大学出版社 2004 年版，第 31—32 页。

物,国家行为之所以回避司法审查的种种根据都派生于权力分立原则。[①] 因而,对于具有高度政治性的统治行为,司法机关基于其"司法自制"是无权审查其合法性的。申言之,司法机关同样也无权审查宏观调控行为的合法性问题,那么又何从谈起宏观调控权的合法性原则。

三、宏观调控合法性的运行障碍:宏观调控权配置的检讨

对于一个采取赶超政策的发展中国家来说,实际上很难笼统地强调程序规则,虽然上文对宏观调控"非法性"运行的法理进行了分析,但仅此是远远不够的。因为要保持整体发展的势头和建立具有比较优势的经济分工体系,中央的宏观调控和动员能力是不可缺少的。而最大限度的动员和强有力的调控,往往会与严格的规则、权限划分以及程序在不同程度上发生各种冲突,其结果会导致非正式主义的倾向。因而,更重要的是在宏观调控过程中除了中央政府能给地方施加种种压力外,地方政府有没有可能利用组织、程序和规则等制度化的渠道来对中央政治决策施加影响?[②] 也就是在中央与地方之间能否形成一个统一的决策共同体,而不仅仅是中央在唱独角戏?而这就涉及宏观调控权的纵向配置问题。

(一)城市经营的背后

城市经营(urban management)等相关概念,最早是在20世纪60年代由美国著名的营销大师菲利普·科特勒教授所提出来的。由于土地是一切经济活动最基本的载体,它作为最大的不可再生和不可移动的稀缺资源,是城市资产的最重要组成部分。因而,有学者认为,当城市经营逐渐被地方政府作为支撑其政绩财力来源的时候,就已经被异化为地方割据的工具。[③]

因而,地方政府的角色定位成为宏观调控法的关键,而宏观调控权的纵向配置即在中央和地方之间的分权则成为其核心问题,即地方政府能否成为房地产市场宏观调控的主体。因为宏观调控的合法性的运作前提则是宏观调控权的合理分配。在法律上,对经济权限的分配主要有两种模式,即集权制和分权制。集权制,是使经济权限趋向于上位,特别是中央的立法模式;而分权制是指经济权

---

① 在国际法上,国家行为中的元首权存在的法理基础,一般认为除了分权说外,还有国家主权说和国家礼让说,参见司平平:《国家行为原则及其发展》,载《法学》1999年第1期。

② 季卫东:《宪政新论——全球化时代的法与社会变迁》,北京大学出版社2002年版,第173页。

③ 乔新生:《热衷经营城市的背后》,载《新长征》2005年第5期。

限趋向于下位,特别是企业和地方的立法模式。[①] 在集权与分权的相互关系上,我国经历了放权、收权,再放权、再收权这样的一种治乱循环。因而,有学者认为,在宏观调控权的配置方面,实施宏观调控的主体,不能是地方政权,而只能是国家的最高政权。[②]

但是,笔者认为,第一,固然地方分权诱发了地方政府(1)强烈的投资和消费扩张动机,加剧了经济过热;(2)强烈的地方保护动机,造成了经济割据。有的研究据此称,地方政府的行为符合"邪恶假设",即地方政府在本质上趋向于加剧经济波动而非有助于经济稳定。但是以上两种地方政府的"邪恶行为"并非因为分权,而是因为分权的不规范。[③] 第二,正如王全兴教授在评价将宏观调控行为定性为决策行为时所指出的:宏观调控本来是寓于政府与市场互动框架中的、一个由决策和执行两个阶段所构成的政府干预过程,宏观调控权作为与宏观调控相对应的一个法律概念,应当涵盖宏观调控的全过程……宏观调控过程中的决策,尽管主要由中央政权主体做出,但这种决策是政府与市场、中央与地方、宏观与中观之间纵向博弈的过程,也是不同地区、行业、利益集团之间在这种纵向博弈中相互协调的过程,在这一过程中,地方政权主体是宏观决策的参与主体。[④] 事实上,宏观调控权不仅仅是决策权,还有执行权和监督权,这样才能构成一个完整的宏观调控行为的实现机制。第三,城市经营之所以成为房地产宏观调控的障碍,不是因为地方政府不能调控房地产市场,而是因为其角色错位、利益冲突了。

(二)建立宏观调控合法化运行的协调机构

由于我国长期以来形成了"上有政策、下有对策"的中央与地方的相互博弈模式,以及中央政府各部门各自为政、争夺部门利益、缺乏团队合作精神,要改变我国的这种状况必须依靠法律保障,建立不同部门尤其是中央宏观调控部门之间以及中央和地方相互配合和制约的制度。因为,当代市场经济国家的宏观调控,大多采用综合协调型,即宏观调控主要由计划、财政、金融相互协调,联合控制;国家制定计划和产业政策,并以此为依据,制定和实施财政政策、金融政策等经济政策;使用各种经济调节手段,调节市场主体的行为,使之符合宏观经济和社会发展目标。"计划、财政、金融三者各自难以相互取代,难以单独行使或者实施庞大的全面的宏观调控任务。"[⑤]因此,有学者建议在未来我国制定的《宏观

---

① 刘瑞复:《经济法学原理》,北京大学出版社 2002 年第二版,第 214 页。
② 张守文:《经济法理论的重构》,人民出版社 2004 年版,第 418 页。
③ 何帆:《为市场经济立宪》,今日中国出版社 1998 年版,第 106 页。
④ 邢会强:《宏观调控权运行的法律问题》,北京大学出版社 2004 年版,序言第 6 页。
⑤ 罗季荣、李文博:《社会主义市场经济宏观调控理论》,中国计划出版社 1995 年版,第 41 页。

经济调控法》中,应借鉴德国《经济稳定增长促进法》中的"一致行动的指导方针"、联邦与各州间提供情报的义务和国家经济平衡发展委员会制度等相关的做法,尤其是国家经济平衡发展委员会制度,意义重大,由联邦经济部长、财政部长、地方的代表、联邦银行定期召开,商讨政府实现经济平衡目标的措施。① 对此,笔者深以为然。

因此,笔者也建议,建立跨部门和行政区域的宏观调控机构和制度,设立国民经济宏观调控委员会。② 这可以在未来制定的《宏观经济调控法》中予以明确规定,国务院设立国民经济宏观调控委员会;国民经济宏观调控委员会是国务院行使中央宏观经济调控权的常设机关。该委员会应当包括宏观调控部门的首长,由总理、主管经济工作的副总理、国家发展计划委员会主任、国家经济贸易委员会主任、中国人民银行行长、财政部部长、商务部部长等组成。总理为国民经济宏观调控委员会主席。这样才能从运行体制方面保证宏观调控的合法性与有效性。

四、宏观调控合法性的目标障碍:中国住房发展模式的一元化

虽然上文对宏观调控合法性的法理基础和运行的体制保障进行了检讨,但是整个宏观调控的措施若是在错位的目标指引下进行的,则其调控措施将丧失经济上的合理性,因为合法的宏观调控必然要在经济上合规律性。

但是,中国房地产市场的宏观调控措施在一元化的住房发展模式下却无所适从。本来,住房市场化的目的应该是通过市场化更好地解决一部分民众(主要是富裕阶层)的住房需求问题,与此同时,其他人群(特别是低收入人群)的需求也应该在公共方案中一并予以考虑。但中国的住房发展却只考虑了通过市场化来分流百姓的储蓄存款,以此启动消费促进国民经济发展,并没有将民生纳入到最为重要的发展方向并在体制上保证这一方向的实现。

因此,政府应明确在私人商品房市场和低收入住房保障体系中的不同目标定位。我国的住房制度刚从一个完全的福利分房体系转到一个完全商品化的体系,还没有一个在市场之外的经济适用房体系。而我国政府在一元化的住房发展模式之下,既指望宏观调控政策能保证房地产市场是国民经济的支柱产业,并

① 谢增毅:《德国〈经济稳定与增长促进法〉及其新启示》,载《当代法学》2002 年第 3 期。

② 事实上,我国已经设立了具有类似功能的跨行政区划的区域性协调机构,在 2006 年 4 月 5 日出台的《中共中央、国务院关于促进中部地区崛起的若干意见》(中发[2006]10 号)中规定,"在国务院领导下,国家发改委成立一个中部崛起的协调机构"。参见汪生科:《国务院批准设立中部崛起协调机构》,载《21 世纪经济报道》2006 年 6 月 3 日版。

能健康发展;另一方面又要改善住房结构、稳定住房价格。这与房地产市场出现的产能过剩而使国民经济的发展出现通货膨胀和通货紧缩同时并存一样令人费解。而这一切均源于我国的房地产市场的宏观调控政策目标的多重性和相互矛盾。因为房地产业的国民经济的"支柱产业"地位,不是通过改善住房结构和稳定房价所能够实现的。

论计划法的终结*

◇ 薛克鹏**

内容提要 十一五规划既不是法律，也不是具有法律性质的文件，更不是计划的延续，而是执政党和当今政府制定的经济与社会发展政策。它与经济法有着根本区别，也不属于宏观调控法范畴。十一五规划标志着计划和计划经济的彻底结束，也宣告了计划法的彻底终结。在市场经济条件下，计划法既缺乏现实基础，也无基本的法理支撑，因而应当终结。

关键词 十一五规划 经济法 计划法

自建立社会主义市场经济体制以来，学界一直不乏制定计划法的声音，力图将计划法融入新的经济法体系中。但是，随着《中华人民共和国国民经济和社会发展第十一个五年规划纲要》的通过（以下简称十一五规划或规划），学界又抛开了计划而将十一五规划作为中心话题，并从不同的角度，用不同的话语对其进行解读和评价。可以肯定的是，作为阐明国家战略意图和未来政府工作重点的规划，对我国未来经济和社会发展有着重大影响，所以，理应引起法学界特别是经济法学界的关注。然而，十一五规划虽然从时序上与第十个五年计划衔接，但却第一次用规划代替了计划，从而彻底将计划从我国的政治生活中淡出。这一举措对坚持制定"计划法"的学者来说无疑是始料未及的，使得对"计划法"付出心血的学者不得不重新思考计划法的未来。笔者以为，十一五规划的另外一个意义，就是它宣告了旧经济法时代的彻底结束，也宣告了计划法的终结，同时提醒经济法学人，要彻底走出计划法的影响，开启经济法学的新时代。本文即对此命题进行简单论述，以供同仁参考。

---

* 本文已发表于《社会科学研究》2007年第3期，原文约8000字。该文年会时的题目为《十一五规划与经济计划法的终结》。

** 薛克鹏，中国政法大学民商经济法学院副教授，法学博士。

一、十一五规划的性质以及与经济法的区别

十一五规划是根据中共中央建议编制，由全国人民代表大会审议批准的一个重要文件，因此，它在我国社会政治和经济生活有着特殊的意义。为了正确厘定规划与经济法的关系，特别是在经济法中是否应当终结计划法，则需了解十一五规划的性质。因为性质是事物之间相互区别的基本属性，认识事物应首先认识其基本属性。关于规划的性质，有学者根据规划的程序，将它与法律等同，认为规划是一部有中国特色的宏观调控法和经济法的来源①；也有学者认为，规划就是计划，“是指人们为了实现某种目的而对未来的行动所作的设想和部署”。②但是，由于规划是根据中共中央的建议编制，并由全国人大表决通过，所以，许多学者从规划产生的特殊程序出发，而将其视为法律或具有法律性质的文件，甚至认为它比普通法律应当具有更高的效力，意图使法律服从规划，并将法律当作实施规划的手段。显而易见，这种观点仅仅是根据产生程序而不是内容来界定规划的性质，属于形式意义的规划观。笔者认为，界定规划的性质应当依据其内容而不是产生形式，因为只有内容才反映了其基本属性以及与法律等社会现象之间的区别和联系。

法律是关于人的行为规范，它为人们指定了行动的方向以及违背后的不利后果，此即法律的规则性，也是构成法律的基本要素。规划是否属于法律，要取决于其是否具有规则性。在法律规则中，权利和义务是最基本的内容，离开具体的权利和义务规范也就无所谓法律。从这一角度判断，如果规划属于法律，就应当具有明确的权利和义务内容。但是，从内容上看，十一五规划只是明确了我国未来五年经济和社会发展的目标、战略以及政府的行动方向，并不是在社会主体之间配置权利和义务，不具有规范社会成员行为的作用。它“主要是引导市场主体行为，是未来五年我国经济社会发展的宏伟蓝图，是全国各族人民共同的行动纲领，是政府履行经济调节、市场监管、社会管理和公共服务职责的重要依据。”③此外，十一五规划如果具有法律性质，还应当具有与权利和义务相一致的法律责任，以制裁那些违背规划或不执行规划的行为。但是，规划中没有也不可能存在法律责任或类似的责任，所以，无论是以何种形式通过，规划都不具有规范性。由中共中央建议编制，并由全国人大通过，这是因为规划涉及我国经济和社会发展战略问题，是宪法规定的须由全国人大批准的重大事项。虽然规划制

---

① 李曙光：《用法治精神规划“十一五”》，载《南方周末》2006年2月16日第五版。

② 史际春：《经济法》，中国人民大学出版社2005年版，第234页。

③ 《中华人民共和国国民经济和社会发展第十一个五年规划纲要》，人民出版社2006年版，第6页。

定和通过的程序与法律具有形似性，但最高权力机关并非在行使立法权，而是重大事项的决定权，不能就此认为它具有法律的性质。从十一五规划的内容、目的、实施和阶段性等特征分析，它应当属于未来五年内我国经济和社会发展的基本政策而非法律范畴，因此，我们应当从政策的角度来审视其与经济法的关系。规划的政策性决定了它与经济法属于两种不同的社会现象，存在诸多区别：

其一，各自追求的价值目标不同。规划属于政策范畴，它追求的是经济和社会的持续、稳定和协调发展，包括宏观经济平稳运行、产业结构优化升级、资源利用效率目标、城乡区域协调发展、基本公共服务明显加强、可持续发展能力增强、人民生活水平继续提高和民主法制建设以及精神文明建设进展目标等；而经济法属于法律范畴，追求的是“实质正义、社会效益、经济自由和经济秩序”①，在立法中表现为维护社会经济秩序、保护公平竞争、维护消费者和劳动者权益以及维护社会公共利益等具体价值目标。显然，尽管规划中不乏公平的因素，但其主要是在发展的目标指导下形成的。经济法虽也重视发展，但其理论基础仍然是长期而稳定的法律固有价值。经济法稳定的价值目标和理念，决定了我们应当以此为坐标观察和分析规划的合法性和合理性问题，而不是以规划决定经济法的取舍。

其二，就其内容来看，规划是一个以产业政策以及相关政策为主的纲领性文件；而经济法则是一系列行为规范的总称，这些规范以权利和义务为基本内容，并附之以相应的法律责任。所以，规划不直接涉及人们的权利和义务，仅具有指导性；而经济法则是由一系列法律规范构成，诸如竞争法、消费者保护法、劳动者保护法和宏观调控法等，其中包括诸多权利和义务，是市场主体从事经济活动和政府进行监管以及宏观调控活动时必须遵守的规范。

其三，规划主要在于政府宣示自己的承诺，向市场主体表明自己未来一定时期运用公共资源调节经济的方向。亦即规划主要是政府履行经济调节和公共服务职责的重要依据，它是政府应当努力的方向，只对政府具有一定的约束力。即便是这种约束，也只有软约束性质，缺乏明确和具体的规范和责任。市场主体可以根据规划确定的方向做出自己的行为选择，但不具有强制力。经济法则不然，它不但是市场主体的行为规范，而且也是政府的行为规范，是政府在规制市场主体和宏观调控时必须遵守的准则。强制性是二者的重要区别之一。

其四，规划的实施主要依靠发挥市场配置资源的基础性作用，政府只是通过宏观调控、引导社会资源、配置公共资源甚至以法律方式实施规划。从实施机制看，规划缺少一个专门机构来监督实施。而经济法不但有专门的实施程序，而且有专门的机构，以强制力保证实施。这是经济法实现目标的根本保障，也是与规

---

① 史际春、邓峰：《经济法总论》，法律出版社 1998 年版，第 152 页。

划的根本区别之一。

其五，从存续时间看，十一五规划只是未来五年内发挥作用，此后便成为历史；而经济法则具有长期的稳定性，其时间效力远超过规划。

十一五规划的政策性质，决定了经济法学研究应当坚持在法学范围内、用法学的方法和理念来观察规划，用法治标准来审视和评价规划及其实施过程，而不是用规划者的目光来审视和要求经济法。那种试图用规划约束法律的观点违背了法治精神，是计划经济时期计划与法律关系模式的翻版，极易导致政府权力的极度扩张，使法律成为规划的工具和奴仆，因而必须引起警惕。当然，由于采取了一种科学的制定程序和先进的理念，十一五规划与经济法在价值取向、市场与政府的关系、个体与社会关系以及微观和宏观等关系问题上，都有许多契合之处，如都追求实质公平和整体效率，都主张政府有限干预，都坚持社会本位，通过政府的宏观调控活动实现宏观经济关系的平衡，都追求社会整体的和谐和宏观调控等。所以，十一五规划既符合经济和社会发展需要，也符合现代法理，具有重要的价值；同时说明，现代社会经济政策与经济法在理念层面上越来越趋于融合，经济法固有的理念和价值在规划中同样得到体现和转化。因此，经济法学不应割裂与规划的关系，而是应当立足于法学学科本身，结合规划展开研究。但是，十一五规划的性质以及与经济法的关系告诉我们，不能站在传统经济法的立场上，将原来计划法的思维方式直接移植过来制定所谓的规划法，而是应当彻底走出计划法的误区，以新的理念思考计划和计划法在经济法中的地位。

二、计划法应当终结的理由

虽然规划与计划极为相似，甚至有时难以将二者分开，但当我们将十一五规划视为未来五年的基本政策时，它与计划的关系也就十分清晰。因为计划在我国一度是配置资源的基本甚或唯一手段，而现在被视为宏观调控的手段。[①] 所以，过去和现在的计划都是为了实现一定目标的手段或工具。作为经济和社会发展政策，十一五规划需要调动各种手段，包括经济和法律手段，也可能包括所谓的计划，所以，从此意义上看，计划已包含在规划之中。

计划法的创意具体起于何时，可能难以考证，而且也无必要，可以断定是在计划经济或者向社会主义市场经济过渡阶段。曾几何时，计划法一直被视为经济法的龙头法，受到学者们的青睐和热捧，并极力推动立法机关将其通过实施。但是，学术界的这一热情并未引起当时立法者的重视，直至计划经济结束，学者

① 王先林:《市场经济条件下的计划法初论》, at www. civillaw. com. cn/weizhang/default. asp? id. 2005 年 1 月 18 日。

们的这一心愿也未实现。时至社会主义市场经济时期,学界制定计划法的热度大为降低,不过一些学者仍未放弃努力,并从多方面论证了市场经济条件下计划法的必要性。最近两年,我们还能见到一些论证计划法存在必要性的文章。[①]可见,计划或计划经济对经济法学的影响是甚为深远。不可否认,作为国家管理社会的一种手段和贯彻国家意志的工具,计划曾经在我国社会生活的各个方面发挥过重要的作用,对我国产生了极其深远的影响。但是,对计划的学界评价已有定论,确切地说,是事实证明了一切。我们不完全否认计划的作用,尽管我国曾经将它发挥到极致,但是,计划是否已经重要到非制定法律不可,笔者一直持有异议。经济学已经对计划进行了彻底的清算,用自己的理论进行了彻底的否定。而计划和计划法是否符合法理,法学界鲜有思考和批判,倒是大家对市场经济的赞誉似乎与现代法治和法理基本吻合。现在看来,似乎是十一五规划的出现要终结计划法,但是,当我们从法理角度审视计划法时,将会发现这是一个不合法理的设想。或者说,从一开始,计划法的思路就缺乏基本的法理支撑,而在当今的体制下,就更显得不合时宜。为此,学界应当终结计划法的研究,将相关成果转为他用。

首先,也是至关重要的,是计划法缺乏现实的基础。众所周知,法律是调整社会关系的行为规范,但是,"所谓的社会关系不过是人与人之间的行为互动或交互行为,没有人们之间的交互行为,就没有社会关系。社会关系固然依靠身份,但更依靠行为。充满活力的社会关系是由行为作用的。与此相适应,法律是通过影响人们的行为而实现对社会关系的调整。"[②]既然法律规范的直接对象是行为,那么,任何法律的制定首先要考虑具体规范的行为实际存在,而且这种行为的重要性已经影响到一定社会关系的和谐,必须以法律手段进行确认、鼓励、限制或禁止。如果一种行为不存在,或者只是普通行为,不会破坏社会关系的平衡,则无需法律干预。那么,目前政府的计划行为是否达到非制定计划法而不能调整的程度呢?笔者以为不然。现代市场经济虽然需要政府从宏观方面进行调控,但政府作用市场的手段有了根本性的变化,主要是采用货币和财政手段实现宏观经济目标。[③] 在市场经济初期,尽管计划也被视为与市场并列的一种资源配置方式,但经过数十年的过渡,政府实际已不再以计划方式从事经济管理或宏观调控。计划不但在政府文件中已经淡出,而且在实际生活中也没有了一个专

---

① 关于主张计划法的论述,可参见董玉明:《市场经济条件下的计划法研究》,书海出版社 2001 年版;李刚:《市场和计划法:对计划的两次限制——试论计划法若干基本问题》,载漆多俊主编:《经济法论丛》第六卷,中国方正出版社 2002 年版;应飞虎:《论计划法》,载吴志攀主编:《经济法学家》(2003),北京大学出版社 2005 年版;王先林:《市场经济条件下的计划法初论》,at www. civillaw. com. cn/weizhang/default. asp? id 中国民商法律网—商事法学。

② 张文显:《法学基本范畴研究》,中国政法大学出版社 1993 年版,第 124 页。

③ 厉以宁:《西方经济学》,高等教育出版社 2000 年版,第 347 页。

门制定和执行计划的机构。因此，皮之不存，毛将焉附？实际生活中既无计划这种行为，法律不需要对这种政府的计划行为做出具体的安排，也就没有制定计划法来规范这种行为的必要。至于为了实现经济稳定增长采取的一些行政措施能否称之为计划，从狭义的计划定义看，显然不是。即便可以称之为计划，至多也属于指导性的计划。但是，鉴于这种计划并未限制市场主体的自由和权利，不会伤及市场机制的发挥，所以，无需用法律进行控制。

其次，学界起初关于制定计划法的设想，并非为了控制权力，而是为了迎合当时政治的需要。众所周知，当初学界对计划法的热捧，是因为国家权力对计划的推崇。在阶级斗争法学和法律工具主义主宰下，法学的任务是如何从法律上证明计划的价值并将之合法化。至于计划是否符合正义和公平，是否妨害个人自由和权利，是否真的能提高效率，是否需要用法律控制，当时的法律学人没有也不敢就此多想。敢想的，就是如何制定一部计划法，将它以法律的形式固定下来，赋予其法律上的权威，让政府拥有一个合法的管理工具。如果回顾当时关于计划法的论述，无不是如何强调和保障计划者的权力和保障计划的实施。但是，当计划的神秘面纱和光环最终被揭开之后，我们才发现，计划不过是一些掌控大量资源，并自以为已经掌握了所有信息的政府官员们为他人制定的一些数字指标。对制定计划的官员来讲，计划代表了国家的权威和尊严，不论资源分配是否公平，结果如何，人人都必须服从。至于其背后有多少随意性和个人意志的成分，建议立法的学者没有也不敢提出怀疑。结果是，近四十年的计划不但没有使国家富裕，缩小与发达国家的差距，反而使国人除了简单的生活资料外几乎一无所有，甚至许多人因此而饥寒交迫。尽管如此，法学界仍然有学者主张计划法。如果说，当时制定计划法的目的是为了控制政府的计划权力，防止政府利用计划剥夺个人的自由和权利，我们说这种计划法完全有必要。因为计划经济本质上就是行政经济和权力经济，是依靠官员们实际并不可能具有的完全理性和高尚道德水准为假设前提的。在这种经济模式中，政府的权力以及其滥用权力的可能性和现实性都是空前的，因而限制政府利用计划手段侵占社会资源和剥夺个人权利和自由就极为重要。然而，从当时的观点不难看出，学者要制定的仍然是一部授权法，而不是控权法。这种立法构想不能不说与法治的精神背道而驰。虽然有个别学者认为，在市场经济条件下应当继续制定计划法，以对计划进行第二次限制①，但因为计划已被市场机制所取代，政府也极少使用计划配置资源，计划对市场主体的行为无任何限制作用，所以，此时再提出控制计划已无必要。何况许多学者主张在市场经济条件下制定计划法并非为了控权，而是追求其他

① 朱崇实：《经济法理论与实务》，厦门大学出版社 2002 年版，第 488 页。

目的。[①] 笔者以为，在市场经济条件下，如果计划仍然是政府使用的一种手段，且立法目的是控制政府的计划行为，防止计划的滥用和计划经济体制的复活，那么，这样的计划法未尝不可。不过，这需要以政府仍然滥用计划权力为前提。所以，从法治社会控制权力的要求看，目前的计划法构想是没有意义的。

再次，公平是法律基本的精神，学者们设想的计划法也应当以公平为价值取向。在平等和正义还被当作资产阶级法学受到批判的计划经济时代，学者们不可能根据平等或公平理念来制定所谓的计划法，或者说不可能有任何公平或平等的成分；而在市场经济条件下，学者们构想的计划法，仍然没有从公平的角度论证计划法的必要性。[②] 何况计划从本质上看就不是一个根据公平原则分配资源和产品的制度，或者说，以往的计划非但不能实现公平，反而加剧了许多社会关系的不平衡，特别是它以剥夺和压制的手段来实现公平的设想，最终是实质的不公平。因此，如果我们不能从公平的角度论证计划法存在的价值，那么，这种设想就没有基本的法理支持，很可能产生不公平的后果。

复次，作为配置资源的一种方式，计划和计划法存在的首要价值应当满足效率的需要，因为“与秩序、正义和自由一样，效率也是一个社会的美德。一个良好的社会必须是有秩序的社会，自由的社会，公正的社会，也必须是高效率的社会。”[③]那么，计划法能否满足我国社会效率的需要，主张制定计划法的学者没有证明。不过实践已经证明，计划经济不但不会实现真正的公平，反而曾经导致了社会发展的迟滞。虽然有学者认为，导致发展低效率主要是指令性计划，而市场经济条件下计划主要是指导性计划，二者有着根本的不同。但是，中国二十多年经济的高速发展主要来自市场经济的作用，并非来自指导性计划的贡献，虽然其中不乏政府宏观调控的功劳，但政府的指导性计划在宏观调控中发挥了多少作用，至今尚未可知。所以，主张制定计划法，是否会产生相应的效率，是一个未知数，但目前在没有计划法的情况下，我国经济增长的效率却十分明显。

最后，计划法不可能解决目前市场失灵和政府失灵问题。市场调节虽然能产生效率，但市场失灵是一个不容回避的问题，我国目前存在的垄断、环境污染、贫富悬殊、发展不平衡等问题，已充分证明了这一点。政府虽然为解决市场失灵问题做了许多工作，但由于传统体制的影响，政府失灵的问题也非常严重。所以，市场和政府的双重失灵在目前同时并存，经济法的任务应当考虑如何克服这

---

① 关于这种观点，可以参见董玉明：《市场经济条件下的计划法研究》，书海出版社 2001 年版，第 38—40 页；应飞虎：《论计划法》，载吴志攀主编：《经济法学家》(2003)，北京大学出版社 2005 年版，第 192—196 页。

② 最近学者们关于制定计划法的理由，最多的是依据市场失灵和政府失灵理论，也有的是从信息失灵的角度说明计划和计划法的必要性。可参见上述董玉明、王先林、应飞虎和李刚等学者的论述。

③ 张文显：《法哲学基本范畴研究》，中国政法大学出版社 2001 年版，第 217 页。

两种失灵。那么,计划法能否承担这一任务呢?答案是否定的。对垄断和环境污染等市场失灵问题,需要的是反垄断法和环境保护法等相应立法加以克服,而对于政府失灵问题的解决,则需要通过预算法、政府采购法、转移支付法、中央银行法、价格法和税收法等宏观调控法实现,就目前来看,计划既不是导致市场失灵的原因,也不是导致政府失灵的因素,所以,计划法不会解决这两种失灵,如果制定,其立法和执法成本将远远大于其收益,定会成为一个得不偿失之法。

综上所述,在市场经济条件下,我国既无制定计划法现实的必要性,也无足够的法理作支撑,因此,关于制定计划法的计划应当终结。

三、结　　语

中国经济法已经走过了二十多年的历程,对计划法的研究也经历了同样的历程,可以说,计划法凝结了许多经济法学人的心血和情感,即便是他们的想法备受冷落,也不曾考虑放弃。但是,当党和政府毫不留情地抛弃计划而转用规划安排未来的发展战略目标和方针政策时,经济法学人似乎应当进行更多的思考和反思。经济法的研究是否还应当紧跟政治思维和话语,及时将计划法置换成规划法继续研究?如果研究,将来的结果会不会和计划法一样?显然,大多数学者还未思考这些问题。对经济法学来讲,计划法研究的教训无疑是深刻的。由于缺少基础理论的支撑,使得经济法没有自己独立的学术话语,加之学界长期紧紧依附政治的研究方法,从而导致我们研究成果的命运只能取决于政治的态度。但是,如果要把经济法学发展成为一门真正的学科,减少对政治的盲从,就必须在已有的法学理论基础上,建立属于自己的基本范畴和基本理念,以特有的秩序观、正义观、自由观和效率观审视和评价政治决策和行动。所以,终结计划法,也是终结一种研究方法和思维定式,也是经济法走向科学的开始。

论规划的软法属性及其硬法化

◇ 曾 明 陈乃新*

内容提要 在经济法学界对规划有这样一种认识，即规划的非法律性。对规划的非法律性的认识，是建立在对传统的法的概念的基础之上，他们却忽视了在社会实际生活当中存在着大量的法律效力结构未必完整、无需依靠国家强制力保障实施的但能够产生社会实效的法律规范。规划就是其中的一种，规划属于法的范畴且属于软法的范畴。规划由于自身的特点，与其他法律一样也需要法治化，但却有着与之不同的法治路径。

关键词 规划 软法 硬法

党的十六届五中全会审议通过了《中共中央关于制定国民经济和社会发展第十一个五年规划的建议》。透过“十一五”规划纲要，我们会发现有一个明显的改变，即使用了五十年之久的计划让位于规划。延续了五十多年的国民经济和社会发展计划首次变成规划，耐人寻味。这是中国首次把国民经济和社会发展的五年计划变为五年规划。这是否能够给我们从事经济法学研究的人一点灵感与思考的空间呢？应当说认识规划的属性是我们讨论“十一五”规划的首要议题。本文即从软法与硬法的二元关系来论述规划的属性，并且评价了学界对规划的非法律性的认识，提出了自己的观点，即规划的软法属性，且同时认为规划属于经济法部门。

一、规划——软法的典型表现形式

在经济法学界对规划的属性有这么一种观点值得我们去关注，即规划的非法律性。从“十一五”规划纲要的内容、目的和实施等方面分析，它应当属于政

* 曾明，湘潭大学法学院2005级经济法专业硕士研究生；陈乃新，法学博士，湘潭大学法学院教授。

策范畴而非法律范畴。[①] 他们从规划与法律的内容、目的和实施等方面，阐述了规划的非法律性。认为规划缺乏法律的规则性，没有明确的权利和义务内容；规划缺乏长期而稳定的固有价值；缺乏法律的强制性是经济法与规划的重要区别之一。

他们从传统法的概念为着眼点来论述规划的非法律性。因此，我们有必要先了解一下传统法的概念。传统法学理论对法是这样下的定义：法是由国家制定、认可并依靠国家强制力保证实施的，以权利和义务为调整机制，以人的行为规范为调整对象，反映由特定物质生活条件所决定的统治阶级或人民意志，以确认、保护和发展统治阶级所期望的社会关系和价值目标为目的的行为规范体系。[②]

如果从传统的法的概念出发来论证规划的非法律性，是有一定道理的。但我们也不能够忽视了在社会实际生活当中存在着大量的法律效力结构未必完整、无需依靠国家强制力保障实施的但能够产生社会实效的法律规范。对传统法的概念的突破，是我们认识规划的属性的前提。

法律有硬法和软法两种基本形式，其中“硬法”是指那些需要国家强制力保障实施的法律规范，而“软法”是指那些效力结构未必完整、无需依靠国家强制力保障实施、但能产生社会实效的规范。[③] 应该说将法分为硬法和软法两种基本形式，很好地解释了社会生活中确实大量存在与硬法的基本形式有差异却具有法的特征的软法，并使其纳入到法这个大家庭里，与硬法相互配合、优势互补。规划就是其中的一种，并在国民经济与社会发展中充当了重要的作用。上述对规划的非法律性的认识是有待商榷的。

规划与传统的法律相比，确实没有对人们之间的权利和义务进行配置，更缺乏司法程序来保障其实施，但依此就简单地将规划定性为政策或非法律，是没有真正理解法的概念，或者说缺乏对现实生活中大量存在的与传统法相比，以其特有的形式表现出来的“软法”的认识，其实“软法”与“硬法”相得益彰，共同规范整个社会生活。规划就是软法的一种典型表现形式。规划具有法的基本特征，但却以其特有的方式体现法的共性特征。因此，认识规划的法的表现形式是我们认识规划的属性的切入点，也是对规划非法律性最好的反驳。

首先，就规划的规范性而言，它不在于对行为主体的要求，即相关主体必须为或不为某事，也就是说不同于硬法抽象地设定一套行为模式。规划主要通过

---

① 薛克鹏：《十一五规划的经济法解读》，载《中国人民大学首届经济法治研讨会暨十一五规划与中国经济法论文集》，第 70 页。

② 张文显：《法理学》，高等教育出版社、北京大学出版社 1999 年版，第 46 页。

③ 罗豪才：《认真对待软法——公域软法的一般理论及其中国实践》，载《中国法学》2006 年第 2 期。

确立指导思想,规定目标,明确方针政策、路线,确立原则等各种方式,通过其提供行为导向的方式来施加影响,促使相关主体做出有利于国民经济和社会发展规划实现的行为选择。查阅我国"十一五"规划纲要,在其开篇就可以看到规划的指导原则和发展目标,而对相关主体并没有为其设立明确的行为模式,大都是规定了一些政策、路线,确立原则等各种方式。规划以其特有的形式表现了法的规范性。

其次,就规划的普适性而言,规划要求在特定情景下一概遵守,对一切和一切组织发挥效力,不允许有例外的情形存在,其实质在于维护公平正义、平等适用的法律价值,是符合正义和法律的善的。规划在其普适性方面也具有软法特有的特征,其效力的清晰程度不及典型意义上的法(硬法)高,规定比较原则,因此对国家强制力依赖程度的降低,其效力范围及与更加广阔的领域。

最后,就规划的程序性而言,规划是通过一定的程序制定的,是在征求广泛民众的基础上,由全国人大审议通过并赋予行政机关和相关主体实施的,从规划的产生程序来说规划具有法律的一般特征。当然,规划在其程序性方面也有自己特有的形式,即对违反规划的争议不是通过法院来判决,而大多依赖于上级机关的督促或责任主体的自觉执行,其贯彻的是"非司法中心主义",未必依靠国家强制力保障实施,这是与规划的属性相符合的。

软法的上述特征将规划与典型意义的法(硬法)区别开来,是法律的一种基本表现形式。对规划的法律属性的认识,无疑有助于扩展法律的研究范围,改变传统的法的狭隘观念的认识,也有助于我们对规划进行更深层次的研究。

二、规划的部门法属性分析

上面我们分析了规划的法律属性,那它到底属于哪个法律部门呢?如果仅认为它属于法的范畴却不能够指出其属于哪个具体法律部门,也是不能够让人信服的。因此,分析规划的部门法属性是其应有的题中之意。

(一)规划的调整对象——经济法调整对象的细化

在市场经济条件下,规划不可能像计划经济时期的计划一样,对一切经济活动进行部署和安排,规划只保留一些对国家和社会有重要影响的事项。计划的内容主要包括以下三个组成部分:一是国民经济和社会发展的战略任务、目标和任务;二是宏观调控的目标和主要政策措施;三是国家不同时期的产业政策,经济结构、国土整治、生产力布局和重点建设的规划。[①] 国民经济和社会发展规划

---

① 王保树主编:《经济法原理》,社会科学文献出版社2004年第2版,第346页。

是我国计划最重要的法律形式，其调整对象也应当限于计划的主要内容。与国民经济与社会发展计划相比，其调整的对象更加具有宏观性、战略性和长远性。总的来说，规划是对国民经济与社会发展中有关国计民生的问题的安排和部署中，其实质是对发展利益的维护，以及怎样去实现和分配发展利益。这与经济法的调整对象是相同的，调整对象决定了该法律规范的法律部门，因此，规划应当属于经济法的范畴。

经济法的调整对象是人们在社会化大生产中的增量利益，具体包括增量利益的分配关系、增量利益的实现和再分配关系。经济法调整对象的特殊性，决定了其在国民经济与社会发展中担当的主导作用。规划的调整对象即是经济法调整对象的细化、具体化。

规划是从社会总资本增值即国民经济总体发展的角度，来调整各相关主体的增量利益关系，解决市场无法自身解决的问题。其功能在于保障整个国民经济充满活力和增强国家的经济竞争力，促进国民经济的持续健康发展。“十一五”规划中对发展目标和主要任务的描述，即体现了规划是对整个国家增量利益的调整。

（二）规划对整体增量利益的维护——符合经济法的本质

国民经济与社会发展规划从其字面意思来理解，是国家对整个社会经济活动的比较宏观性、战略性和长远性的部署和安排。它突出了“发展”二字，即把发展作为规划调整的重中之重，这与经济法的本质有着天然的吻合。

经济法作为现代法，它与传统法相比有本质区别。就私意而言，经济法是以维护整体经济利益为媒介，最终以维护个体利益最大化为内容的法。它对个体利益最大化的追求，是指通过制度性的激励与安排，直接作用于个体利益的创造过程，促进增量利益的最人限度生产和实现，最终使个体利益在质与量上得到扩充；就公益而言，经济法着重对个体利益最大化的普遍化和持续化的维护。[①]“十一五”规划分析了我国经济快速增长的同时所隐藏的一些阻碍经济持续、健康发展的因素，如城乡区域发展不平衡；经济社会发展与资源、环境之间的矛盾突出；公平与效率、经济与社会发展之间不协调的矛盾日益凸现等问题。尽管经济每年都以较高的速度增长，但带来的“外部不经济问题”和“公有物悲剧”的境况，危害下一代人的发展和自身的可普遍、可持续发展。正因为如此，规划从经济法的视角和高度，克服传统公私法的不足，通过各种制度性安排以及制定各项方针政策、路线，确立原则等各种方式，通过其提供行为导向的方式来施加影响，

---

① 陈乃新：《经济法理性论纲——以剩余价值法权化为中心》，中国检察出版社 2002 年版，第 163 页。

促使相关主体个体利益最大化的实现的同时促进整体增量利益的实现。

（三）规划对公平与效率的兼顾——符合经济法的价值目标

我们应该理性地看到：目前社会分化的本质是改革开放以来，在整个社会财富整体增长的前提下，由于利益分配不平衡或不公平、对效率的片面追求引发的利益分化或是不同阶层间和群体间的利益冲突。“十一五”规划正是中央在审视了贫富差距日益加大的情况下，为了解决一些深层次的问题所提出的对策，如和谐社会的构建，以及“六个统筹”等一系列体现经济法理念的原则。应当说，“十一五”规划与经济法对公平与效率的兼顾是相吻合的。

经济法作为现代法，它与传统法相比，在公平与效率上具有特殊的调节作用。进入市场经济时代，商品生产不再是个体小生产的私事，而是以企业为单位的人的集合体的公事，存在着复杂的分工协作和分享财富的关系即社会化大生产。这些关系只能主要由经济法加以调整，经济法在调整这些经济关系中兼顾效率与公平，从而促进市场经济的发展。

社会效益与社会公正作为经济法的基本价值方向，相互间也存在着对立统一的辩证关系。事实上，公平与效率这两种价值之间确实存在着矛盾。但是，经济法在公平与效率之间的评价上正是以兼顾这两者为准则，这也是经济法的特有价值。“十一五”规划纲要明确提出了把科学发展观作为其指导原则，正是体现了对公平与效率的兼顾，并将其作为统领经济、社会发展的指导原则，与经济法的理念有着天然的契合。

三、规划法治化路进——软法硬法化

由于软法自身存在的一些缺陷，必须通过与硬法相互配合、相互促进才能够保证其法律实效的实现。软法的概念突破了传统狭隘的法的概念即“法即硬法”的观点，使软法纳入到法的体系中来，它同样属于法的范畴，因此同样需要法治，但规划的软法特性，决定了其法治化不同于硬法的方式。

（一）软法属性的自身缺陷——软法硬法化的根源

规划的软法属性，有其自身的缺陷，它必须与硬法相互配合、长短互补才能起到共同规范社会关系的作用。由于规划通常侧重于激励机制来引导主体行为的选择，缺乏明确的权利、义务规范，更不用说相应的责任追究机制，但不是说规划就不追究相关主体的责任，而是说不像硬法一样通过明确的责任规范或诉诸司法通过司法机关来追究责任。因此，规划所采取的非强制性措施因其不确定性，而无法保证法律预期的全面兑现。规划对于社会现实的快速反应，有可能损害法律的逻辑性、体系性和稳定性,在社会公众面前很难树立起法律至高无上的权威和信仰。这与现代法治精神是相违背的,同时也不利于规划的实施。

在实际当中,中国现行的规划体制及法律,远远落后于现实经济体制的改革和法治实践,规划功能定位不清、不同规划的内容相互交叉、政府与市场的边界不清、规划编制程序不规划、衔接协调不力、规划决策机制不健全等问题存在。目前许多地方都把规划当作一种摆设,将编制规划作为一种形式、当作完成一项任务。很少考虑规划对本地区经济社会发展的真实指导性和有效约束力,换一届地方政府就换一套规划思想的现象在一些地方十分普遍。①

这些问题影响了规划的权威性和严肃性,影响了政府的行政效率。这是与规划的法律属性不相符合的,因为法律的生命力在于运用和执行,而不仅仅是字面上的条文。分析问题存在的原因是我们解决问题的前提,这需要我们认真反思我国规划实践中存在的问题。其中,规划的法治化程度不高是一个重要的原因。现行规划更多地规定一些指导性思想或原则,对相关主体缺乏明显的约束机制和责任追究机制。人们的观念还受原计划的影响,将其视为一个国家政策或者是一个政府文件,执行与否是无关紧要的。对规划的不确切的认识,急需将规划纳入法治的范畴。

(二)软法硬法化——规划法治化的重要保障

软法的上述缺陷,必须吸收硬法的某些特征才能够使其发挥应有的作用。软法与硬法作为法的两种基本表现形式,作为法律体系的两个组成部分,两者相互吸收彼此的优势,甚至可以相互转化。软法向硬法转化,硬法也可以吸收软法的优势,以弥补各自的不足。因此,作为规划的软法完全可以吸收硬法的某些特征,向硬法转型。规划的硬法化的主要表现形式可以有以下两种②:(1)法律规范类型的相互转化。"十一五"规划确立的一些原则可以细化为硬法规则;"十一五"规划的一些制度性设想或者宣言可以转化为硬法的成文规定。比如,规划明确提出了逐步解决收入分配差距过大的原则和政策,强调要更加注重社会公平,着力提高低收入者收入水平,逐步扩大中等收入者比重,有效调节过高收入,规范个人收入分配秩序,努力缓解地区之间和部分社会成员收入分配差距扩大的趋势。这可以在以后的税收法律制度中做出相应的调整,以税收法律的强制性保障实施。其实质就是通过规划的制度安排来直接设定或间接影响公共主体的法律地位,进而影响其权利、义务的配置,最终影响公共福利的分配。

---

① 邢会强:《宏观调控权运行的法律问题》,北京大学出版社2004年版,第95—96页。

② 罗豪才:《认真对待软法——公域软法的一般理论及其中国实践》,载《中国法学》2006年第2期。

(2) 法律规范调整对象的相互转化。社会发展的日新月异和千变万化,不可能由某一法律规范去固守调整某一社会关系,有些随着社会的发展原本应当由规划调整的现在不适宜由其调整。与之相反,某些新生事物或者现象的出现,硬法的滞后性的缺陷性就显现了出来。因此,应当将其纳入规划的调整范围,当其制定硬法的条件成熟时,再由硬法去调整。在某些场合软法比硬法出现的早得多,为硬法创造条件的实验性或先导性立法。

规划与硬法的天然联系,决定了其共同规范社会生活的使命,规划必须与硬法相互配合,甚至相互转化,才能够保证其得到良好的实施。规划向硬法的转变这一路径是其法治化的最佳选择。但是在其转型过程中必须注意两方面问题:一方面,规划的制定必须注入法治的元素,在公众民主协商的基础上,吸纳民众科学的意见,充分反映民意,按照法律规定的程序通过实施。在依法治国、建设法治国家的今天,随着人民参与国家管理以及法治观念的强化,规划的制定应当建立在宏观决策的科学化、民主化基础之上。这种社会参与的制度应当在我国规划法中得到明确的体现和充分的保障,另一方面,规划在向硬法转化的过程当中,也应当按照法治精神、法治原则,推动规划的顺利实施。按照规划制定的相应法律规范,应当按照法治的理论付诸实施,在广大执法主体和人民群众中树立起规划应有的权威。

论财政法制理论创新的基础

◇ 丛中笑*

内容提要 建立适应社会主义市场经济要求的公共财政体系，为我国财政法制理论提供了一个变革创新的契机。本文以迄今为止的经济体制改革中财政退出“越位”、弥补“缺位”、防止“错位”、使其“归位”的构建公共财政的实践进程为分析对象，梳理中国财政法制变革的发展脉络，辨识处于联系其他诸项改革的枢纽位置，并在新旧体制转换的各个联结点上发挥着承前启后的传导功能的中国财政制度法治化的逻辑，指出我国财政法制创新应遵循公共性、公开性、公平性、公益性和法治性五项原则，树立有限财政、有效财政、有序财政、有为财政、有责财政的五大理念，并提出公共财政制度法治化的创新方略。

关键词 财政法 公共财政 财政法治化

近年来，构建公共财政体系对我国财政法影响的一个最显著的表现是，公共财政理论成为对传统财政制度进行全方位扬弃和整合的指导性思想，诸如财政民主、财政法治、财政立宪等财政法改革的呼声鹊起，财政法理论似乎走到了一个变革的边缘，以构建公共财政体制为契机的财政制度法治化呼之欲出，被委以财政法制创新的重任。这种对财政法制变革的热情渴盼的背后，是对中国财政法治面临的诸多困境的深切反思，公共财政——这根“救命稻草”确实在一定层面上揭示出财政法制创新的表层要素，即财政法律部门形式上的整合、财政法律秩序面临的挑战等，但这些现象的深层原因何在？如果对改革开放以来我国财政退出“越位”、弥补“缺位”、防止“错位”、使其“归位”的实践线索进行逻辑梳理和理论分析，或许能从中窥见财政法制变革的一些脉络，挖掘出在公共财政模式背后隐藏的中国财政法制的发展内驱力，这不仅有利于理论界深化对财政法制度法治化的认识，更重要的是对作为实践框架的公共财政法制的创新和发展进

* 丛中笑，法学博士，吉林大学法学院副教授。

行前瞻性的思考。

一、公共财政:中国财政法治化的内驱力

所谓“财政”,是“为统治社会实施其任务而取得、管理与使用必要的财产的作用”[①],财政关系涉及国家与私人之间公法上的财产关系,其实质上是政治国家和市民社会之间的财政权关系。[②] 现代财政取之于公众、用之于公益、定之于公决、受之于公众监督、服务于公共物品的提供。财政之所以存在,是因为有一类可以满足公共需求,但却无法通过市场机制自发供给的公共产品必须由政府这个公共主体予以提供,因为政府为提供公共物品只有有公共收入,才能进行公共支出,再加之在民主代议制度下必须接受选民的监督,因此这种财政活动符合建立在个人利益基础上的公共利益,具有明显的“公共性”,故而称之为公共财政。从西方公共财政实践的历史演变看,财政的范围不同时期有不同的特点和变化,主要可以分为两个大的阶段:第一阶段是自由资本主义时期,财政的职能仅限于筹集收入满足国家公共开支的需要,之所以不能派生和独立出资源配置和经济稳定职能,主要是因为财政被视为市场的异己力量,只能在市场失灵的范围内存在。与“家计”财政下的收入功能不同的是,“对政府行为的控制,至少在最初的时候,主要是经由对岁入的控制来实现的。”[③]其收入形式主要是税收,其支出是仅满足政府提供必要公共产品需要。第二阶段是现代资本主义时期即进入垄断资本主义,因为市场失灵所带来的种种恶果集中爆发,经济危机的影响迫使各国不得不扬起“国家之手”干预经济,而财政学也克服了过去将政府和财政视为市场异己的状态,充分论证了提供公共产品的财政是一种服务于私人经济的公共经济,财政发展为现代公共财政。我国最早关于公共财政理论的探索源起于20世纪80年代初的“社会共同需要论”[④],主张社会共同需要并不是普通意义上的大家都需要,也不是全社会个人需要和集团需要的机械加总,而是一般的社会需要。正是由于它重视从“公共性”的角度阐释财政的基本理论问题,与社会主义市场经济这个特定历史发展需要相一致,因此,社会共同需要论至今仍然保有一块理论阵地。[⑤]

---

① 〔日〕宫泽俊义:《全订日本国宪法》(解释一),日本评论社1955年版,第707页。转引自〔日〕三浦隆:《实践宪法学》,李力、白云海译,中国人民公安大学出版社2002年版,第259页。

② Geoffrey Brennan and James M. Buchanan, *The Power to Tax: Analytical Foundations of Fiscal Constitution*, Cambridge University Press, 2000.

③ 〔德〕哈耶克:《法律、立法与自由》(第二、三卷),邓正来等译,中国大百科全书出版社2000年版,第426页。

④ 参见何振一:《理论财政学》,中国财政经济出版社1987年版,第3—7页。

⑤ 参见陈共:《财政学》,中国人民大学出版社1999年版,第14—18页。

从制衡权力和服务市场的角度看,公共财政与民主政治、法治国家是内在统一的。现代公共财政蕴含着规范性、法治化、公平性等要求,财政法制是实施有效财政管理的必要条件。就我国当前的公共财政改革而言,如果不能辅之以财政制度法治化的整体推进,任何方案设计最终都可能流于形式。

二、财政法制创新的原则

(一)法治性原则

法治性原则是与市场经济的法治性要求相匹配的。有经济学者提出,要在有着极强人治传统的中国搞法治建设,必须寻求一条适合国情的道路,以政府行为法治化为重心,以政府预算法治化为手段,通过以财政行为法治化为突破口,来实现整个国家的法治化,就是一条可供选择的道路。[①] 公共财政要以财政法治为原则,以真正决定、约束、规范和监督政府的财政活动,确保其符合公共利益。

(二)公共性原则

公共财政提供公共产品,实现公共目的,满足社会公共需要。所谓公共性,是指某种物品(包括制度、服务)可以用来满足人们的一般需要,但却不能经由市场交换而实现的特性。如果某类物品完全不能通过市场交换而获得,必须由财政全额负担,则具有完全公共性。如果某类物品部分可以通过市场交换而获得,财政只需负担其差额,则具有部分公共性。如果某类物品完全可以通过市场交换而获得,不需要财政负担,则不具有公共性。即便财政已经参与其中,也应该退出,终止这种财政关系。公共性是判断财政关系内涵和外延的一条基本准则。公共财政只以满足公共需要为职责范围,凡不属于或不能纳入社会公共需要领域的事项,公共财政原则上不介入;而市场无法解决或解决不好的,属于社会公共领域的事项,公共财政原则上就必须介入。因此,政府财政行为应以市场失效为边界,以是否满足社会公共利益需要为判断标准。从公共性原则出发,我国现行财政体制和财政政策存在明显的公共财政“缺位”和“错位”现象,即在明显市场失效领域,财政没有完全到位,而在非市场失效领域,财政却涉入过深。

(三)公平性原则

市场经济的本质特征之一就是公平竞争,体现在财政上必须一视同仁,公共

---

① 张馨:《法治化:政府行为 财政行为 预算行为》,载《厦门大学学报(哲学社会科学版)》2001年第4期。

财政为社会成员和市场主体提供平等的财政条件。既要强调横向公平,又要强调纵向公平,财政除了优先满足公共需要外,要根据政府制定的鼓励发展的行业和产业,维护公平竞争,促进社会公平,实现共同发展。

(四)公益性原则

公共财政只能以满足社会公共需要为己任,追求公益目标,不直接从事市场活动和追逐利润。如果公共财政追逐利润目标,它就有可能凭借其拥有的特殊政治权力凌驾于其他经济主体之上,就有可能运用自己的特权在具体的经济活动中影响公平竞争,直接干扰乃至破坏经济的正常运行,破坏正常的市场秩序,打乱市场与政府分工的基本规则;财政资金也会因用于牟取利润项目而使公共需要领域投入不足。公共财政的收入,是为满足社会公共需要而筹措资金;公共财政的支出,是以满足社会公共需要和追求社会公共利益为宗旨①,不能以盈利为目标。

(五)公开性原则

作为公共财政的重要特征之一,公开性要求必须建立完备的财政法律体系,财政建立在一整套科学公开的运作程序之上。洛克的经典论述仍然是雄辩的,"政府没有巨大的经费就不能维持,凡享受保护的人都应该从他的产业中支出他的一份来维持政府。但是这仍须得到他自己的同意,即由他们自己或他们所选出的代表所表示的大多数的同意。因为如果任何人凭着自己的权势,主张有权向人民征课赋税而无需取得人民的那种同意,他就侵犯了有关财产权的基本规定,破坏了政府的目的。"②财政制度必须通过民主程序经过权力机构审查批准,并明确以法律的形式向社会公开,财政活动受纳税人所选择的法律的制约,并置于社会监督之下。

三、财政法制的理念创新

(一)有限财政

公共财政核心是满足社会公共需要,公共财政法制创新的基点是转变政府职能,"有限政府,即政府只享有人民同意授予它的权力并只为了人民同意的目的,而这一切又受制于法治。它还意味着权力的分立以避免权力集中和专制的

---

① 王军:《建立健全公共财政体制》,载《求是》2004年第7期。

② 〔英〕洛克:《政府论》(下篇),叶启芳、瞿菊农译,商务印书馆1964年版,第88页。

危险。”[①]公共财政必然要以法律限制财政权力，是一种有限财政，是以非市场的方式，按非市场的程序，以非市场的目的来涉足于公共领域。这使得公共财政直接表现为是市场的一种对立物和异己力量，从而可能干预、影响乃至否定市场活动。正因为如此，市场能干的，交给市场，否则就是“越位”了；市场不能干的，或者说失灵的领域，由财政履行职责，否则就是“缺位”了。只有那些市场不能有效配置资源的领域，财政才应当介入。由此，导出公共财政的介入领域范围即市场失灵的领域，具体包括：第一个层次，国家安全、公共秩序与法律、公共工程与支出、公共服务；第二层次，经济的外部性、垄断、分配不公、经济波动、信息不完善等；第三层次是我国特有的地域广阔、城乡经济和区域经济发展不平衡；公有制经济比重大，改制改组的难度较大，必须政府介入。

（二）有效财政

公共财政是提高政府财政效率、遏制腐败的一剂良药。公共财政为精打细算、有效地使用政府经费提供了制度保障，从而避免了由预算制度流于形式所造成的政府支出铺张浪费现象，大大促使政府财政效率的提高。公共财政既讲公平，又讲效率。公共财政提倡以人为本，服务社会公共需要，维护社会公平和公正，其重要任务之一是保障困难群众的基本生活需要。需要完善相关财政政策措施，加强财政监督管理，在保障公平的同时，尽可能提高效率。

（三）有序财政

美国法理学家博登海默说，秩序“意指在自然进程和社会进程中都存在着某种程度的一致性、连续性和确定性。”[②]因此，某种程度的一致性、连续性和稳定性是秩序的具体特征。与秩序相对的是无序。在文明的社会中，法律是消除无序状态或预防无序状态的首要的、经常起作用的手段。财政制度法治化是通过对政府财政的法律制约，将其纳入法治范围之内，使收支行为有序化，可以简称为有序财政。

（四）有为财政

随着社会主义市场经济体制的建立和完善，与之相适应必将带来财政职能的调整和转换，表现在财政退出“越位”，弥补“缺位”，政府财政应理性地退出私人商品生产领域，而转向为公众提供公共商品和公共服务。同时必将推进财政

---

① 〔美〕亨金：《宪政　民主　对外事务》，邓正来译，上海三联书店1997年版，第9页。

② 〔美〕博登海默：《法理学——法律哲学与法律方法》，邓正来译，中国政法大学出版社1999年版，第219页。

的民主化和法治化建设。公共财政实质上是对政府财政职能的定位，直接引起我国政府经济行为的变革，政府应适应构建公共财政体制的要求，真正做到市场能做的，政府就不要去做；市场不能做或做不好的，政府就要去做。应对我国财政的职能事项进行逐一鉴别、筛选，把政府不该管的、不属于社会公共需要领域的事务让位于市场，还可以消除“缺位”；把财政该管的、本属于社会公共需要领域的事情真正管好。同时，财政对市场的调控作用，在我国社会主义市场经济初建时就被充分认识到，而起调控作用的财政应采取公共财政的形式。

（五）有责财政

责任法则是公共财政中最基本的资源使用原则。按照这一原则，资源使用者必须对资源提供者负责。具体地说，有关资源使用的决策必须根据提供者的意愿做出，并接受提供者的监督和制约。在社会分工的背景下，拥有资源的人往往并不是使用资源的人，两者之间的分离产生了典型的委托代理关系。委托人拥有并让渡一部分资源给代理人，代理人受委托人的意志与要求做出有关资源使用的决策。在我国的市场经济条件下，典型的委托代理关系发生在政府与纳税人之间，经济市场上通行的责任法则在这里自然是适应的。政府使用的税款是纳税人提供的资源，责任法则要求政府必须就税款使用问题向纳税人负责，受纳税人的制约与监督。

四、我国财政制度法治化的创新方略

改革开放以来的我国财政体制的进程以三个标志性事件来贯穿：一是 1978 年由中国共产党十一届三中全会提出财政放权让利、分灶吃饭的体制；二是 1994 年以分税制为基础而确立的适应社会主义市场经济体制的财政管理体制，其创新意义是第一次按照市场经济原则进行的分配关系的调整；三是 1998 年后为应对亚洲金融危机和国内市场需求不足的矛盾，连续实施财政政策及公共财政取向的改革。1998 年的财政制度创新意义是与 1994 年的财税体制有着内在联系的。经济运行的周期性变化提出了政府宏观调控的要求，积极财政政策是针对市场经济进行的第一次调控手段的创新，其效果体现了宏观体制与政策对市场环境的适应性。总体上看，财政的制度创新逻辑始终包含两项内容：一是作为政府推动经济转轨、调控经济运行的重要手段，不断根据体制演进和经济运行的变化进行创新；二是本身作为经济转轨的一个重要组织部分，适时进行改革，保持与整个体制的同步性和一定的运转效率。这两项内容交织在一起，形成财政制度创新的基本线索，同时二者的关系也构成制度创新的深层原因。事实上，就经济转轨全局而言，财政一直居于启动和支撑改革的枢纽地位，财政退出“越位”，弥补“缺位”，防止“错位”、使其“归位”，都有着服从于改革进程的制度创新的内在合理性，和服从于改革路径的被动适应性。任何一项制度创新和制度变迁都需要一系列相关制度的支撑。同样，根据本文归纳的财政制度创新逻辑来分析，中国新一轮财政改革也不例外，公共财政服从于改革与发展，同时财政发展也得益于财政法制的创新。财政体制充分发挥其绩效，必须加强财政立法的创新、财政执法的创新、财政监督的创新，还应当完善财政法律责任制度，以上四项事关中国财政制度法治化创新的成败，在实际操作上，这就既要求财政立法具有前瞻性，同时又必须将公共财政的体制过渡性应对措施融入体制设计中。限于篇幅，具体方案和实施安排另文论述。

论财政立宪的基本要素

◇ 翟继光*

内容提要 财政立宪的基本要素是构成财政立宪的基本要件，这些要件可以从制度、主体和环境三个方面来概括。财政立宪的制度性要素包括税收法定原则和预算法定原则；财政立宪的主体性要素包括纳税人、议会和政府；财政立宪的环境性要素包括税收国家、民主宪政和纳税人意识。

关键词 财政立宪 基本要素 税收法定原则 预算法定原则

财政立宪是在民主、宪政、法治以及和谐社会的背景下，在宪法上确立财政收入法定和财政支出法定原则，并建立相关的保障制度，以确保纳税人及其代表控制国家的财政收入和财政支出的制度建设。财政立宪的基本要素是构成财政立宪的基本要件，这些要件可以从制度、主体和环境三个方面来概括。前两者主要体现为内部要素，后者主要体现为外部要素。

一、财政立宪制度性要素

财政立宪在制度上体现为两大核心支柱：税收法定原则和预算法定原则。税收法定原则强调税收的开征应当通过法律明确规定，没有法律依据不能开征新税。税收作为一种"法定之债"，其是否存在有一些基本的构成要件，这些要件被称为税收要素。因此，税收法定原则也可以表述为，税收要素必须而且只能由法律明确规定。从更深层次的含义来讲，税收法定原则就是税收要素必须而且只能由纳税人及其代表来决定，即"无代表，不纳税"。

预算法定原则，基本含义是国家的年度财政收支，特别是财政支出必须由议会所通过的预算予以明确规定，没有具有法律效力的预算作为依据，不能进行任

---

* 翟继光，中国政法大学民商经济法学院讲师、法学博士。

何财政支出。预算法定原则的实质在于国家的财政支出应当由纳税人及其代表来决定。

财政立宪的实质在于在宪法的层面上确立财政法定原则。完整的财政活动包括财政收入和财政支出两个部分,因此,财政法定原则可以具体化为财政收入法定原则和财政支出法定原则。现代税收国家的财政收入主要体现为税收,因此,财政收入法定原则主要体现为税收法定原则,而财政支出法定原则实质就是预算法定原则。因此,税收法定原则和预算法定原则就是财政立宪的两大基本制度要素。

(一) 税收法定原则

税收法定原则包括三大基本要素:性质明确的税收、议会制定的合宪法律以及税收要素确定。

1. 性质明确的税收

税收法定原则的第一个要素就是"税收",这是税收法定原则的出发点和针对的对象。如果不能确定税收的含义和范围,那么,所谓的税收法定原则就是一纸空文。但是,从历史发展的角度来看,似乎并没有随着税收法定原则的确立而形成一个明确的税收定义。税收的含义和范围是历史形成的,它更多地是以一种传统和惯例的形式而存在于人们的头脑中。

就现代各国宪法中所确立的税收法定原则而言,尚没有在宪法中明确规定税收含义的,现代各国一般有三种方法来解决这一问题:(1) 通过效力层次仅次于宪法的税收基本法,来对税收的含义予以界定;(2) 通过排除的方法,来限定税收的范围;(3) 通过把与税收相类似的财政收入均纳入法定原则之中,来确保税收法定原则的实施。①

2. 议会制定的合宪法律

税收法定原则中的"法",显然是指最高立法机关所通过的狭义的法律,如果把行政机关所制定的规范性文件也纳入这里的"法"的范畴,那么,税收法定原则就失去了其应有的控制政府征税权的功能。②

从历史来看,税收法定原则在英国一直就是指议会拥有征税权,而这里的"法"就是专指议会、后来是专指下院所通过的规范性文件。从各国宪法的现实规定来看,其中所规定的税收法定原则一般也是指狭义的法律。

---

① 参见翟继光:《税收法定原则比较研究——税收立宪的角度》,载《杭州师范学院学报(社会科学版)》2005 年第 2 期。

② "宪法并不是政府的法令,政府如果没有宪法就成了一种无权的权力了。"参见〔美〕潘恩:《潘恩选集》,马清槐译,商务印书馆 1981 年版,第 250 页。

3. 税收要素确定

税收法定原则并不是指所有税收事项均应由法律予以规定，而只是强调最基本的税收事项应当由法律予以规定。最基本的税收事项就是税收要素。什么是税收要素？各国税收宪法的规定是不同的，大体可以分为以下五种类型：(1) 将税收要素笼统地规定为征收税款；(2) 将税收要素界定为税收的种类、税率、税收优惠等；(3) 将税收要素界定为开征新税、修改和取消旧税；(4) 将税收要素界定为开征新税、修改和取消旧税、减免税和超额纳税；(5) 将税收要素界定为实体和程序两个部分。

（二）预算法定原则

预算法定原则实际上也是由三个基本要素所组成：涵盖全部财政收支的预算、受宪法约束的一年期法案和预算外开支由法律确定。

1. 涵盖全部财政收支的预算

各国宪法以及基本法并没有给预算下一个严格的定义。世界各国宪法主要是通过对预算范围的规定来对预算进行界定的。预算作为纳税人及其代表控制政府财政收支的主要制度，理应包括全部公共性的财政收支项目，这一点基本为世界各国宪法所肯定。

2. 受宪法约束的一年期法案

预算法定原则中的“法”，实际上是指立法机关通过的具有法律效力的预算案。因此，对于“法”的界定，实际上就是对预算案的界定。世界各国宪法对预算案的要求主要有以下八个方面：(1) 采取法律的形式；(2) 预算编制权属于政府；(3) 预算案不能成为征税依据；(4) 不得剥夺人民依法享有的权利；(5) 预算案的效力期限为一年；(6) 预算案必须遵循收支平衡原则；(7) 预算案不得成为非法定支出的依据；(8) 算编制应遵循相关的技术要求。

3. 预算外开支由法律确定

预算法定原则中的“定”的基本含义是不得在预算之外进行任何开支，也不得变更预算所规定的用途。预算毕竟只是一个预先的估算，很可能与社会发展的客观状况不相符合，因此，预算法定也有诸多例外，其中最主要的包括以下三种情况：超预算、预先开支和预算效力延长。对于超预算的问题，各国宪法均持谨慎态度，一般需要重新进行一次类似通过预算案的程序进行补充预算的审议；关于预先开支的原则，世界各国宪法的规定一般有两种方式，第一种方式是必要的支出可以预先进行，第二种方式是规定按照上一年度的预算执行必要的支出；关于预算效力的延长，既可以认为是预算法定原则例外的第三种情形，也可以认为是预先开支的一个特殊情形。

二、财政立宪主体性要素

从主体的角度而言,财政立宪体现为三方主体之间的相互关系及其制度设计。财政立宪所解决的根本问题是如何有效地为纳税人提供公共物品。政府作为一个为纳税人提供公共物品的机构,为了使其能够真正履行提供公共物品的职责,必须赋予其一定的权利和权力,而一旦拥有权利和权力,政府往往变成一个压迫和剥削纳税人的主体,即产生了政府定位及其职责的"异化"。[①] 为了控制政府的异化,就需要设计一种制度来确保政府一方面不会任意向纳税人征税,另一方面能够按照有利于纳税人的原则来提供公共物品。这种制度就是财政立宪,或者称为财政宪法。

由此可见,在财政立宪的制度设计中,基本主体是三个:纳税人、议会和政府。纳税人是财政立宪制度所保护的核心,是财政立宪制度的出发点和归宿;议会是纳税人的代表机关,代表纳税人行使对政府的控制权;政府是财政立宪所控制的对象,同时也是在一定程度上代表纳税人制衡议会的主体。

(一)纳税人

纳税人在不同层面的含义是不同的,在税法层面,纳税人就是具体承担纳税义务的人;在财政立宪的层面,纳税人实际上指的是广义的与政府相对的承担税收负担的群体。

纳税人在财政立宪中的地位,可以概括为一句话:纳税人是财政立宪制度所保护的核心,是财政立宪制度的出发点和归宿。财政立宪制度就是为了解决给纳税人提供公共物品的难题而设计出来的。无疑,纳税人是核心。由于在这一制度中,纳税人将诸多权力授予了政府,纳税人本身反而成为"弱者",成为需要保护的群体。就历史考察而言,财政立宪一直就是纳税人与君主及其政府不断进行斗争的胜利品,因此,纳税人是财政立宪制度"保护"的核心。

在财政立宪制度中,纳税人主要通过选举议会代表以及国家元首的方式,来间接影响政府的财政收入和财政支出,通过舆论、新闻媒体、利益集团,也可以对政府的财政收入和财政支出施加影响。但是,总体来讲,纳税人的这种影响或者说对于财政收入和财政支出的决定权都是间接的,无论是个体的纳税人,还是纳税人整体,一般都不具有直接决定政府的财政收入和财政支出的权力。

---

① 恩格斯在1891年就提出了工人阶级要防止自己的"国家和国家机关由社会公仆变为社会主人"的问题。参见《马克思恩格斯选集》第2卷,人民出版社1972年版,第334—335页。

（二）议会

议会在财政立宪中扮演着非常重要的角色，它代表着纳税人对政府的财政收支行为进行控制。财政立宪从表面来看，就是议会对政府的财政控制，政府的财政收支大权都掌握在议会的手中。议会在财政立宪中是以控制者的身份出现的。

议会的基本职能是立法，因此，其控制政府财政权即是通过立法的形式来实现的。议会对于政府财政收入权的控制主要是通过税收立法来实现的，而对政府财政支出权的控制主要是通过审议预算来实现的。财政立宪的两大支柱：就是税收法定原则与预算法定原则所强调的税收和预算都应当由议会来决定。

议会权力的来源是纳税人，议会行为的合法性基础也是纳税人。议会所行使的一切权力，都只不过是在代表纳税人来行使本来应当属于纳税人的权力。议会的行为必须在整体上代表纳税人的利益，否则，纳税人就可以通过选举权的行使来更换议会中的代表，直到议会代表纳税人的利益为止。

（三）政府

政府在财政立宪制度中是一个被控制的对象。政府首先被假定为一个非常有可能任意剥夺纳税人的财产权、任意挥霍浪费国家财政收入的主体。现代社会中的政府虽然已经不是国王的代表和执行者，而变成了纳税人的政府以及纳税人的“仆人”，但是由于政府手中握有巨大的权力，而“一切有权力的人都容易滥用权力，这是万古不易的一条经验。有权力的人们使用权力一直到遇有界限的地方才休止”。[①] 在现代宪政制度的设计中，政府往往被认为是最危险的部门。因此，政府仍然被作为财政立宪所控制的对象。[②]

财政立宪控制政府财政收支权的主要手段，就是税收法定原则和预算法定原则，没有法律依据政府不能征税、不能开支。而法律是代表纳税人的议会所制定的，这样，政府的财政收支大权就牢牢掌握在议会的手中了，同时也就间接掌握在了纳税人手中。

政府并不总是纳税人的对立面，政府的基本职能是为纳税人提供公共物品，政府的主要领导人是纳税人直接或者间接选举产生的，因此，在宪政制度约束下，政府在整体上也是代表纳税人利益的。现代财政立宪制度在控制政府的同时，也是对政府财政收支行为的一种保障。同时，现代财政立宪制度也赋予了政

---

① 〔法〕孟德斯鸠：《论法的精神》（上），张雁深译，商务印书馆 1961 年版，第 154 页。

② “政府所拥有的一切权力，既然只是为社会谋福利，因而不应该是专断的和凭一时高兴的，而是应该根据既定的和公布的法律来行使。”〔英〕洛克：《政府论》（下篇），叶启芳等译，商务印书馆 1964 年版，第 86 页。

府一些自由裁量权以及监督和制衡议会的权力。

三、财政立宪环境性要素

财政立宪作为一种制度,必须有一定的环境才能继续存在并保持良好的运作。财政立宪所赖以存在的外部条件就是其环境要素。从经济方面来讲,税收必须在国家的财政收入中占据主导地位,财政立宪才有实现与存在的必要性与可能性;从政治方面来讲,民主、宪政必须成为国家基本的政治制度,财政立宪才有实现与存在的基础;从文化传统方面来讲,税收文化、民主文化、宪政文化和法治文化传统必须成为占据主导地位的文化氛围,财政立宪才能扎根于社会文化的土壤之中。

(一) 税收国家

在财政学上,一般把税收收入占国家财政收入一半以上的国家称为税收国家。[①] 财政立宪的核心是税收立宪,它们都是以税收的存在及其在整个国家财政中占据主导地位为前提的。税收的前提是纳税人私人财产权,税收的本质是国家无偿地从纳税人手中取走财产作为满足公共需要的对价。这样就产生了需要财政立宪来解决的核心问题:如何确保国家合理地从纳税人手中取走财产,并按照纳税人的意志来支配这些财产。如果没有税收国家的存在,财政立宪是没有必要的,既不可能产生,也不可能存在。

(二) 民主宪政

财政立宪是民主宪政制度下的一个具体制度,离开了民主宪政的大环境,财政立宪制度不可能单独存在。从历史发展的角度来看,财政立宪,特别是其中的税收法定原则是近代民主、宪政制度的开端,从税收法定原则的确立到其他一系列民主、宪政原则的逐步确立,最终才演化成了现代的民主宪政制度。而民主宪政制度的最终确立,反过来又促使了预算法定原则的确立,并最终实现了财政立宪。

财政立宪的实质是让纳税人来控制国家的财政收支,也就是在财政领域实现民主。如果国家的基本政治制度没有实现民主,那么,在国家政治生活的核心领域——财政领域根本不可能实现民主化,即使表面上采取了一些与民主国家相同或者类似的制度,这些制度也不可能如同在民主国家那样真正发挥作用。从财政立宪所体现的民主精神来看,民主的实质并不深奥,无非就是让生活在社

---

① 参见〔日〕北野弘久:《税法学原论》(第4版),陈刚等译,中国检察出版社2001年版,第2页。

会中的每一个人都能有机会来影响社会的基本制度和基本生活,或者说就是让每个人来决定涉及自己利益的重要事项。[1]

(三)纳税人意识

财政立宪所保护的是每一个纳税人的利益,财政立宪的实现和运作也需要每一个纳税人的积极参与,因此,整个社会的文化氛围以及纳税人本身的素质,对于实现财政立宪也是至关重要的。

财政立宪并不是一个简单的制度设计问题,它是一个整个社会参与的系统工程,它的形成往往需要经过一个漫长的过程,在这个过程中,民主、宪政、法治的文化氛围与传统是至关重要的,这些文化氛围与传统最终都可以通过纳税人意识体现出来。财政立宪制度下的纳税人概念首先蕴含了一种民主的含义,即国家是为纳税人而存在的,是为了给纳税人提供公共物品而存在的。[2] 其次,纳税人概念蕴含了一种宪政的含义,纳税人所承担的纳税义务是由法律明确规定的,其最终依据是宪法,纳税人对政府财政收支的控制权也是以宪法作为最终依据的。最后,纳税人概念蕴含了一种法治的含义,纳税人的基本权利和义务、国家的基本权利和义务,都是通过宪政制度下的法律具体确定的,法律成为统治整个社会的基本行为规则。

如果社会中的每一个人或者绝大多数人都树立了这种纳税人意识,那么,财政立宪制度就很容易在这个社会得以实现。如果社会中的人普遍缺乏这种纳税人意识,或者所拥有的纳税人意识是片面的、残缺的,那么,一方面这个社会很难自发地建立财政立宪制度,另一方面,即使从外面引入了财政立宪制度,这一制度也难以在这个社会中生根发芽,最终可能沦为一种摆设。

---

① 参见〔英〕密尔:《代议制政府》,汪瑄译,商务印书馆 1982 年版,第 68 页。

② 参见翟继光:《税收是文明的对价》,载《中国财经报》2004 年 10 月 19 日第 7 版。

财政转移支付法基本原则与
中国财政转移支付立法

◇ 华国庆*

内容提要 制定财政转移支付法,是规范政府财政转移支付行为、完善公共财政法律体系的需要。财政转移支付立法需要探讨解决的问题很多,但最为主要的是首先确立该法的基本原则。本文从探讨我国财政转移支付法基本原则出发,就中国财政转移支付立法提出了若干具体建议。

关键词 财政转移支付 财政转移支付法基本原则 财政转移支付立法

制定财政转移支付法,以解决我国财政转移支付过程中存在的突出问题,已显得迫在眉睫。但财政转移支付法的制定,首先必须研究确立其基本原则。因为无论是其体系的构建还是内容的选择,均须以其基本原则的确立为前提。

一、财政转移支付法基本原则的确立

关于财政转移支付法的基本原则,学界缺乏较深入的研究。对此,有的认为包括:公平优先,兼顾效率原则;规范化原则;法律化原则;公开透明原则;本土化与国际化相结合原则。① 也有的主张:公平与效率兼顾的原则;科学性和透明性相结合的原则;规范化、法制化原则。②

上述观点是否妥当,值得商榷。上述有的属于财政转移支付立法所应遵循的原则,如"本土化与国际化相结合原则";有的属于转移支付某些环节所应遵循的原则,如"科学性原则";而有的原则如"公平优先,兼顾效率原则"或"公平与效率兼顾的原则"有失妥当。首先,从政府和市场的分工来说,在市场经济条

---

* 华国庆,安徽大学法学院暨经济法制研究中心教授,主要研究方向:经济法、财税金融法。

① 孟春、苏志希:《我国财政转移支付立法初探》,载《国研报告》2005年第10期。

② 审计署财政课题组:《建立与公共财政相适应的转移支付制度》,载《中国审计》2001年第12期。

件下，效率由市场解决，而公平则是政府的责任。其次，财政转移支付属于公共财政之范畴，而公共财政本身就含有公平之义。作为为社会提供公共产品和公共服务之公共财政，其所提供的公共产品和服务是每一个社会成员都能够享受的。市场机制作用下的初次分配极不公平，客观上要求通过再分配机制——财政，实现公平分配目标。再次，财政转移支付主要是解决各级政府间纵向不平衡以及地方政府间横向不平衡等问题，最终实现各地公共服务水平均等化。最后，无论对法的价值取向作何表述，但公平从来就是法所追求的最终目标，财政转移支付法自然也不应有所例外。

我们认为，财政转移支付法的基本原则至少应当包括财权与事权相一致原则、公平原则、公开原则与法定原则。第一，事权与财权相一致，是科学、规范的财政转移支付制度建立的前提。第二，财政转移支付的目的主要是解决各级政府间纵向不平衡以及地方政府间横向不平衡等问题，最终实现各地公共服务水平均等化。而此恰恰是财政转移支付法之公平原则的体现和要求。第三，公开原则、法定原则不仅是财政法之一般原则，而且也应为财政转移支付法所遵循。贯彻公开原则、法定原则，有利于解决当前财政转移支付存在的随意性过大、暗箱操作等问题。

二、中国财政转移支付法基本原则的具体内容

（一）“事权与财权相一致”原则

明确划分各级政府的事权和财权是建立完善的转移支付制度的前提。从市场经济国家来看，只有科学合理地划分各级政府的事权，并依据事权合理确定财政支出的规模，然后才能合理划分财权。因为根据财政分权理论划分的全国性公共产品和地方性公共产品，其范围具有确定性，在此基础上划分财权不但可以保障各类公共产品的有效供给，还可以使得一国的财政体制保持相对稳定，免受国家财力变化、中央与地方讨价还价等因素的冲击。从理论上说，一级政府有多大的事权，就应当有相应的财权作保障。坚持该原则，不仅有利于规范中央政府与地方各级政府之间的分配关系，而且也有助于各级政府积极履行职能，充分调动地方政府发展本地经济的积极性。

（二）公平原则

所谓财政转移支付公平原则，主要是指财政资金在中央政府与地方政府之间以及地方各级政府之间的转移应当符合公平理念，使全国各地都能享受大体相等的公共服务水平。

之所以应坚持公平原则，是因为财政转移支付的重点是解决各级政府间财政的横向财政不平衡。财政转移支付的目标虽表现为诸多方面，但概括起来无非包括纵向平衡和横向平衡两个方面。所谓纵向平衡，主要是通过中央政府向地方政府转移财政收入，以解决地方政府财力不足的问题；所谓横向平衡，主要是通过财政转移支付解决地区间财政能力或公共服务水平横向失衡的问题。其中，横向平衡在政府转移支付目标体系中有着更为重要的地位。这是因为：一方面，就规范的政府转移支付制度的终极目标来说，就是要在提高财政收支效率的基础上，使全国各地都能提供大体相等的公共服务水平。换言之，横向平衡目标本身是规范的政府转移支付制度设计所追求的根本目标；另一方面，政府间的转移支付即使是出于其他目标的考虑，也不能不同时考虑区域间的横向平衡效应问题，否则的话，有违社会公平原则。[①] 与此同时，政府作为财政转移支付的主体，追求和保证财政转移支付的公平也是其应尽之责。

（三）公开原则

所谓财政转移公开原则，是指财政转移支付的依据、程序以及财政转移支付资金的用途、使用等，必须依法通过相应方式向社会公开。具体来说，包括四个方面：(1) 财政转移支付的依据，亦即财政转移支付所依据的背景材料、说明、各项数据和信息等必须依法公开；(2) 财政转移支付的决策、审批、执行、调整等过程必须公开；(3) 财政转移支付的用途及具体使用必须公开；(4) 财政转移支付的结果必须公开。

之所以强调公开原则，主要是公共财政的要求。“公开性”所强调的是，无论是公共财政的收入还是支出，都应当通过一定的方式向社会公开。尤其是财政收入如何被使用、使用是否合法、合理和有效率，包括纳税人在内的社会公众都应享有知情权、监督权。作为财政之重要范畴的转移支付，自然也应当公开。可以说，财政转移支付公开是财政公开的核心，也是财政转移支付法应当确立的原则。与此同时，财政转移支付公开原则，不仅是落实公民知情权之必须，也是对政府财政转移支付行为进行监督、制约的现实需要。

（四）法定原则

所谓财政转移支付法定原则，是指财政转移支付的主体、方式、程序等必须由法律事先加以规定，财政转移支付的审批、执行、调整等整个过程必须依法进行。具体来说：(1) 财政转移支付的要素法定，亦即财政转移支付的主体、方式

---

① 陈秀山、张启春：《我国转轨时期财政转移支付制度的目标体系及其分层问题》，载《中央财经大学学报》2004 年第 12 期。

等必须符合法律规定;(2)财政转移支付的程序法定,亦即财政转移支付的审批、执行、调整等整个过程必须依法进行;(3)财政转移支付的责任法定。换言之,财政转移支付资金的使用等必须合法,不得擅自变更、挪用等,否则就要承担相应的法律责任。

之所以强调财政转移支付的法定原则,主要是因为公共财政就其本质是社会公众的财政,是社会公众通过法律程序对政府财政收支活动进行约束、规范和监督的财政。换言之,强调财政转移支付的法定原则,有利于规范政府财政转移支付行为,有效遏制财政转移支付过程中存在的各种违纪违法行为。

三、中国财政转移支付立法的几点建议

(一)事权与财权相一致原则与财政转移支付立法

为建立规范、科学的财政转移支付制度,根据事权与财权相一致的原则,建议:

第一,进一步明确划分中央政府及地方各级政府的事权。这是财政转移支付制度建立的前提。在我国,事权的明确,一是离不开政府职能的界定,即解决市场经济条件下政府"干什么"这一命题;二是制定相关法律,将中央政府与地方政府的事权以法律的形式加以明确;三是减少政府的层级,在时机成熟的情况下,取消乡镇一级财政管理机构,建立中央、省、县(市)三级财政管理体制,使政府纵向结构合理化。

第二,应给地方政府掌握与事权相对应的财权,解决多年来地方政府事权与财权不对称的问题。具体来说,一是改革过度集中的税收立法体制,赋予地方以相应税收立法权。二是科学选择、确立地方税的主体税种,使地方政府拥有能够为其履行职能提供必要、相对稳定的财力的主体税种,这是分税制财政体制的客观要求,也是完善地方税收体系的关键问题。三是赋予地方以发债权。

(二)公平原则与财政转移支付立法

从某种意义上讲,我国现行财政转移支付制度实际上是效率优先、兼顾公平,虽与我国经济体制改革总方针相对一致,但与转移支付的根本目标相悖。其表现如下:首先,税收返还按收入来源正相关递增,照顾的是原"包干制"下各地区的既得利益,结果是对收入能力强的地区倾斜,与均等化目标毫无联系,客观上延续与固化了原有的不合理的利益分配格局,不仅没有均等化功能,反而扩大了地区之间的收入水平差距。其次,原体制补助与结算补助实际上是"自上而下"和"自下而上"的双向流动的财力转移,其补助或上解数额都是双方讨价还

价的结果,没有科学依据,并且体制上解地区同时得到大量税收返还,明显有失公平。[①] 最后,我国现行转移支付中税收返还额度的确定主要采用“基数法”,这一方法是在保证地方政府既得利益的情况下进行的,中央对地方上划的税收按基期年如数返还,并逐年增多,税收额多的地区返还额多,税收额少的则返还少。这样不仅不能解决历史原因所造成的财力分配不均和公共服务水平差距大的问题,反而在新体制下肯定了这一差距。针对这一问题,1995 年推出的过渡期转移支付办法,提出了按“因素法”确定转移支付额度的办法,这可以说是在转移支付规范化、科学化的道路上迈出了可喜的一步,但在对各项因素进行量化的数据取得上还存在一些困难:(1) 基础性统计数据不完整,有些数据甚至还不在统计体系之内;(2) 现有的一些数据质量不高,不准确;(3) 有些数据缺乏代表性。这些问题都对因素法的有效使用带来很大的负面影响。[②]

为建立起公平的财政转移支付制度,建议:一是建立以纵向为主、纵横交错的转移支付模式,即对于政府间的转移支付,中央不仅统一立法,而且直接通过特定手段进行转移支付,同时又负责组织地区之间的转移支付。其中纵向的转移支付侧重于实现国家的宏观调控目标,横向的转移支付侧重于解决经济落后地区公共支出不足的问题。[③] 二是在核算测定转移支付资金来源和使用时,从制度上保证对不同地区一视同仁,不搞偏袒或歧视,要根据全国各地实际情况和统一考虑的客观因素,公正地测算出每个地方提供基本公共服务所需财力和接受转移支付的数额,不受人为因素干扰。[④] 三是在建立规范的中央对地方转移支付制度的基础上,借鉴德国做法,建立起地区间的横向财政转移支付制度;四是借鉴发达国家的做法,按照“因素法”合理确定中央政府对地方政府的财政转移支付办法和资金用途;五是借鉴国外成功经验,中国财政转移支付立法可规定以下两种形式:(1) 一般性财政转移支付。主要用来平衡地方财政预算,满足地方政府履行职能所需要的基本开支。这种补助可根据地方财政收支差额来确定,由中央财政给予定额补助,不规定专门用途,不附加任何条件,无偿拨给地方政府由其统筹使用。(2) 中央对地方的专项财政转移支付(专项补助)。这种补助在资金使用方向、用途及下级政府资金配套等方面都应该有明确规定,主要支持地方政府完成难以承担的公共服务项目或全国性的项目,鼓励那些符合国家经济政策的行业和项目的发展。重新归并现有的四种政府间的财政转移支付形式,尤其是应当尽快解决原体制补助和原体制上解当中存在的与公共服务均

---

① 宋槿篱、李玮:《对我国财政转移支付立法的几点建议》,载《法学杂志》2005 年第 3 期。

② 李剑波:《完善我国的政府转移支付制度》,载《河北经贸大学学报》2003 年第 6 期。

③ 张菊良:《完善我国现行政府间财政转移支付制度的若干思考》,载《财政与税务》2000 年第 12 期。

④ 李齐云:《我国财政转移支付制度的缺陷分析与改革构想》,载《当代财经》2003 年第 10 期。

等化目标相矛盾的问题。依法建立以一般性转移支付为重点,以专项转移支付相配合,以特殊性转移支付为补充的复合型财政转移支付方式体系。[①]

(三) 公开原则与财政转移支付立法

财政转移支付不公开、不透明,是我国目前财政转移支付存在的一个突出问题。首先,对财政转移支付缺乏有效监督。2005 年,审计署对 20 个省(区、市)地方预算进行抽查,中央预算编入地方预算有 3444 亿元,约占中央实际转移支付 7733 亿元的 44%,也就是说中央转移支付有一半以上没有纳入地方财政预算,脱离了人大的监督,有的甚至脱离了政府的监督。[②] 其次,在现行的中央转移支付制度下,由于各地应该得到多少中央转移支付缺乏明确的核算办法,各地政府对自己能得到多少转移支付是高度不确定的,又加上对政府要来的转移支付资金的使用缺乏有效的监督措施,地方官员争取转移支付的胃口被大大的吊了起来,动力大增,结果是大量的资源耗费在了"跑部"博弈之中,有些地方政府甚至公开提出,只要是为了发展地方经济,要"敢送、会送、舍得送",以至于"公贿"成了人们关注的热点问题。[③] 再次,目前部分专项转移支付项目设置交叉重复、分配制度不够完善、资金投向较为分散,参与中央转移支付资金分配的部门多达 37 个。最后,财政转移支付法定程序缺乏,使得财政转移支付整个过程缺乏公开性和透明度,并容易滋生腐败。

为解决上述问题,财政转移支付法坚持公开原则就显得尤为必要。为此,建议:

第一,明确财政转移支付的法定程序,亦即明确财政转移支付的决策程序、审批程序、支付程序、监督程序,避免财政转移支付的随意性和人为因素,防止决策人员滥用权力。

第二,建立转移支付数据库和信息查询系统,涉及转移支付的各项数据、信息等依法及时向社会公开。

第三,建立起政府间财政转移支付的有效约束监督机制。其中,一是强化人大对政府财政转移支付的监督;二是强化审计机关对财政转移支付的监督;三是建立起纳税人诉讼制度。

第四,建立一个专门的、具有权威性的统一的政府间转移支付机构,以解决目前财政转移支付存在的多头申请、重复设置项目、多头审批等问题。

---

① 刘剑文:《中国财政转移支付立法探讨》,载《法学杂志》2005 年第 1 期。

② 李健:《国家审计署审计长李金华:为什么审计问题屡查屡犯?》,载《中国青年报》2006 年 6 月 4 日。

③ 谭雄伟:《转移支付也要讲规矩》,载《中国青年报》2006 年 1 月 23 日。

（四）法定原则与中国财政转移支付立法

迄今为止，我国财政转移支付仍然处于无法可依的状态。财政部发布的《过渡期财政转移支付办法》虽被废止，但其确立的财政转移支付的形式、方法等仍然沿袭至今。为贯彻财政转移支付法定原则，建议：

第一，修改宪法。在宪法中对财政转移支付的目的或宗旨等作出原则性规定，为财政转移支付立法提供法律依据。

第二，制定《财政转移支付法》。就该法的立法宗旨、适用范围、原则，以及转移支付的主体、程序、形式和方式、监管、法律责任作出明确规定。

第三，修改《预算法》。一是将财政转移支付纳入预算体系。只有在建立完整统一的公共预算体系的前提下，才谈得上合理划分中央与地方政府之间的财权与事权。在此基础上，形成一个覆盖政府所有收支、不存在任何游离于预算之外的政府收支项目的公共预算体系。[①] 亦即，各级政府应当编制独立的、反映转移去向和来源的级次、项目和内容的较为完整的转移预算。二是将上级政府转移的财政收入纳入下级政府预算范围之内，以强化人大对财政转移支付的有效监督。

第四，严格财政转移支付法律责任。通过建立财政转移支付法律责任，对财政转移支付中出现的各种违法行为，依法追究相关责任人的法律责任。没有责任的追究，任何法都只能是一纸空文。

---

① 马蔡琛：《中国转移支付制度的法治化进程从“自由裁量”到“阳光财政”》，载《中国审计》2005年第20期。

美国政府采购中的公益代位诉讼制度及其启示

◇ 何红锋*

内容提要 美国联邦《防制不实请求法》规定的公益代位诉讼制度，是为了防制政府合同的承包商通过提交虚假的请求谋取不当利益而设计的，所规范的对象涉及以联邦政府资金支付的各种采购活动。这一制度允许知情人直接对有不实请求的法人或个人进行告发起诉，成功后将获得一定的酬金，并可以获得相应的权益保障。这一程序为美国国库挽回了大量损失，也取得了良好的社会效益。美国的做法和经验对建立和发展我国的公益诉讼制度，完善政府采购制度都有良好的借鉴意义。

关键词 公益诉讼 代位诉讼 政府采购

公益代位诉讼，是在美国联邦政府合同法律制度框架下，为防制政府合同的承包商向政府为不实请求以获取不当利益，而在联邦《防制不实请求法》①(False Claims Act，或译为《反欺骗政府法》)中所引用的独特机制。该制度规定，私人或团体，依法可以以政府的名义并为自己的利益，以对政府为不实请求行为的法人或个人为被告，代位政府提起告发诉讼，胜诉或经和解之后，有权利取得政府受赔偿数额的一定比例款项作为自己的报酬。

美国司法部截止到2002年9月30日的统计资料显示，从联邦《防制不实请求法》1986年修订以来，通过公益代位诉讼为美国国库获得的赔偿额达到6383269276美元，其中司法部门参与诉讼的案件获赔6106867965美元，告发人独立诉讼获得276401311美元。截至2002年11月16日，司法部门介入的718件案件中共有597件胜诉，告发人单独诉讼的2516件中已胜诉139件，另外还有801件正在调查。告发人从政府获赔的金额中分配的报酬总计987535308美

---

* 何红锋，南开大学法学院教授，法学硕士、管理学博士。

① False Claims Act, Chapter 37 of Title 31 of US Code, See: http://www4.law.cornell.edu/uscode/31/stIIIch37schIII.html, visited on March 5, 2003.

元,约为政府受偿额的15.5%。这还不包括告发人通过其他途径获得的赔偿。另外,国防部通过本法诉讼挽回经济损失13.96亿美元(其中2.48亿美元分配给告发人),卫生保健部获赔39.03亿美元(其中5.84亿美元分配给告发人)。[①]公益代位诉讼案件数量有逐年增加的趋势,而最初占最大比率的国防采购舞弊案,案件数量虽不见减少,但金额所占比重却逐年降低,而医疗保险中的舞弊案则有后来居上之势。[②]

一、《防制不实请求法》的规范对象

美国联邦《防制不实请求法》规定了以下七种情况可以提起代位诉讼:(1)知情地向美国政府官员或职员提出或促使提出不实或伪造的请求,以获得政府给付或许可。(2)知情地制作、使用或导致制作或使用不实记录或陈述,以使不实或伪造的请求获得政府给付或许可。(3)共谋欺诈政府,以使不实或伪造的请求获得政府批准或给付。(4)持有、监管或控制供政府使用或将供政府使用的财产或资金的人,意图欺诈政府或有意隐匿财产,而交付或致使交付少于其所收受的签证或收据上所显示数量的财产。(5)获得授权制作或交付证明供政府使用或将供政府使用的财产收据文件者,意欲欺诈政府,而在未完全认知收据上所载信息真实性的情况下,制作或交付该收据。(6)知情地向未经合法授权出卖或质押公共财产的政府官员或职员或美国军队人员,购买或收受公共财产以作为义务或债务的质押。(7)知情地制作、使用,或促使制作或使用不实的记载或陈述,以隐匿、逃避、或减少应将财产或金钱给付或移交政府的义务。不实请求行为的构成要件以下三个:第一,法人或个人向政府做出不实请求;第二,该项请求目的是为得到政府的给付或减少对政府的给付义务;第三,行为人应知情。

《防制不实请求法》要求行为人主观上应对不实请求行为有知情(knowingly)或认知(knowing)才可以归责。"知情"包括对不实请求行为的基础资料真假有实际的认识,或者草率地不顾或有意疏忽资料的真实性,但无须证明有特定的意图。

---

① Department of Justice, FCA Statistics (Sept 30, 2000), *available at* http://www.ffhsj.com/quitam/fcastats.htm. visited on 14 March, 2003.

② U.S. Department of Justice Press Release, October 18, 1995. 参见尹章华、刘家荧编著:《政府采购法逐条释义》,台湾汉兴书局有限公司1998年版,第2-1-2页。

二、公益代位诉讼中当事人实体权利的规定

（一）原告

1986 年修订通过的美国联邦《防制不实请求法》，允许各种身份的个人与团体提起公益代位诉讼，包括供应商的雇员、已离职的雇员、有竞争关系的供应商、次承包商、公益团体、私人组织，甚至不排除州与地方及联邦政府职员的告发权利。但为了避免产生“寄生性诉讼”(parasitic suits)或滥诉的情形发生，该法对告发人的诉讼适格也做了严格的司法管辖限制。该法规定法院对于任何根据已经公开揭露的信息提起的诉讼，无权审判。若提起诉讼的告发人是该信息的原始来源者，则不在此限。

法律对公益代位诉讼中的原告即告发人的权益与嗣后的权益保障做了明确规定。告发人的权益包括政府受偿金的分配权利和获得律师费与诉讼费用的权利。公益代位诉讼的重要特点，即在于告发人享有法定的政府受偿金分配权利。至于对受偿利益的分配比例，由以下三种因素决定：第一，如果政府介入诉讼并胜诉，并且告发人没有任何不法行为，则视其对诉讼案件的贡献程度，告发人可获得 15%—25% 的受偿金分配。第二，如果政府拒绝介入，而告发人成功起诉案件，则告发人可获得 25%—35% 的受偿金分配。第三，如果法院发现告发人涉及不法行为，则法院可以根据告发人所涉及程度，酌情减少告发人的分配比例。如果发现告发人犯有为该诉讼标的的不法行为而被定罪，法院应驳回告发人的起诉，并否认任何的受偿金分配权利。另外，告发人有权获得律师费与诉讼费用。不论政府是否介入诉讼，获得胜诉的告发人，可获得法院判给的合理的律师费与诉讼费用。但如果政府未介入，而由告发人进行诉讼，如果被告胜诉，并且法院认定告发人提起诉讼，明显地毫无意义、明显地制造困扰或主要是为达到侵扰目的而提起的，则法院可以判决给予被告合理的律师费与诉讼费用。此项被告获得的费用，全部由告发人负担，政府不对告发人提起诉讼所发生的任何费用负责。

（二）被告

依据防制不实请求法的规定，不法供应商对其不实请求行为将面临政府实际损害 3 倍的赔偿金，以及每一不实请求行为 5500—11000 美元的民事罚金责任[①]。但如果经法院认定，不法行为人从初次发现违法行为之日起 30 日内，向

---

① See 31 U. S. C. [sections] 3729(a); 28 C. F. R. [sections] 85.3 (a)(9) (1999)(increasing statutory penalties by 10%).

美国联邦负责调查不实请求行为的官员提供其所知道的所有违法信息,全力配合政府调查,并且在该行为人向政府提供违法行为信息时,还没有任何对该违法行为进行刑事起诉、民事诉讼或行政诉讼的情况,并且对于该违法行为是否已成为调查对象不知情的,法院可以酌情减少行为人必须负担的责任,但仍至少要给付政府因该行为实际所受损害额的两倍赔偿,还有政府为取得该笔罚金或损害赔偿所产生的费用。

(三)政府

美国联邦《防制不实请求法》要求行为人赔偿政府损失的3倍,这在对供应商不实请求行为的威慑效果上具有特殊的意义。民事罚金与3倍的损害赔偿责任,在性质上仍然属于救济,其目的在于补偿政府所受到的损失。只要其总数与政府实际损失相比仍处于一个合理的比率范围之内,美国法院一般认为就不存在过重处罚的问题。政府损害赔偿的范围和计算有四项方式:第一,实际支出原则。对政府损害赔偿的数额应为政府如果知道该不实请求的真相,即不会支出的数额。第二,交易利益或市场价值原则。第三,欠缺市场价值标准时的损害赔偿。第四,间接损害赔偿。这一原则针对如果没有不实请求行为发生,政府就不会有损失的情况而言。《防制不实请求法》没有明文规定政府是否可以请求间接损害赔偿,但联邦司法实务多数认为,政府可以请求间接损害赔偿,但是间接损害的证明比较困难,因此政府的损害赔偿额,应该尽可能以因为该不实请求行为而当然并且大致所发生的损害为衡量标准。

三、公益代位诉讼的诉讼程序

美国联邦《防制不实请求法》的公益代位诉讼程序,既不同于传统的私人间解决私权纠纷的民事诉讼程序,也不同于以政府为原告对不法行为人提起的诉讼程序。

第一,在诉讼管辖上,公益代位诉讼可以向被告(如被告有多名,可以是任何一名可以认定的)的住所或居所(包括营业所在地),或有违反联邦《防制不实请求法》所规范行为发生地的联邦地方法院提起。

第二,在诉状的送达上,告发人的诉状要以密封的方式提出,同时要向司法部的检察总长及该地区法院的检察官递交诉状的副本,和告发人所持有的关于所有具体证据的书面揭发材料。告发人的身份及诉讼相关材料在政府完成调查前应对被告保密,非经法院命令,不得送达被告。

第三,政府有权调查和介入。诉讼提起及相关书面资料送达后,诉讼资料将处于保密状态至少60天,在此期间政府将对告发人提出的控诉进行调查,以决定是否介入。政府可以以正当理由向法院申请延长。完成调查后,司法部可以选择介入诉讼、申请撤诉或在正式调查进行前试行和解。《防制不实请求法》所规范的不法行为极其广泛,通常会涉及刑事犯罪,如果司法部门决定进行刑事调查,则民事诉讼将在刑事调查终结后再继续进行。如果政府决定介入告发人的诉讼,则由司法部负主要的诉讼责任,告发人仍然有权以当事人的地位继续参与诉讼。政府决定介入与否之后,诉状才可送达被告,告发人的身份此时才向被告公开。然后,诉讼依据联邦民事诉讼程序规则进行;如果政府拒绝介入,则告发人可以单独进行诉讼,但政府仍然可以在诉讼进行过程中重新考虑介入。

第四,诉讼终结的方式。除了法院做出终审判决以外,《防制不实请求法》还赋予政府终结公益代位诉讼的权力。政府经法院许可,可以不顾告发人的反对,和解或者撤销公益代位诉讼。诉讼的撤销需要法院与检察总长书面表示同意,并附带理由。如果政府在已经决定诉讼之后提出撤诉,必须先告诉告发人,法院应提供机会给告发人对政府的撤诉申请举行听证,这样政府才可以不顾告发人,撤销诉讼。

四、美国公益代位诉讼制度的成效及对完善我国政府采购制度的启示

美国公益代位诉讼制度自设立以来取得了良好的经济和社会效果,一方面,维护了国库财产,为国家挽回了大量的经济损失,增进了政府采购的社会经济效益,对供应商起到了较好的威慑作用,促进了政府采购中的公平竞争;另一方面,对政府采购领域经常发生的集团性经济犯罪起到了良好的解构作用。以告发人为被告供应商内部的职员为例,告发人因为经手或因为职务知道有不实请求行为发生,如果隐匿不报,那么一旦事发,就极可能成为共犯或者替罪羊,如果挺身而出予以揭发则可能会被上司随时报复,甚至遭到社会排挤。公益代位诉讼制度的设置,可以帮助他们摆脱困境。另外,这一诉讼制度的设置与运行,对维护社会交易秩序,增强人们对政府施政能力的信心,推动整个社会诚信道德风气建设都起到了良好的作用。

我国的政府采购制度法制化的建设刚刚起步,与美国的这一公益诉讼制度相应的诉讼制度尚没有建立起来。虽然《政府采购法》对政府采购要维护国家利益和社会公共利益做出了明确的规定,但对于惩处弄虚作假行为的具体规定还不够完善。例如,《政府采购法》规定政府采购合同适用合同法,如果政府采购中出现供应商弄虚作假行为,政府采购监督管理部门和相应的行政机关都可以予以处罚直至追究刑事责任,造成采购方损失的,采购人可以要求赔偿,并且不排除其直接诉至法院的可能。但是如果采购人维权不力,使国家利益遭受损

失,则检察机关应否、能否介入?出于公益目的的个人和其他社会团体如果发现其中的违法犯罪问题,除了检举之外,可否借鉴美国《防制不实请求法》的做法允许其直接起诉?政府行政监督的人力和资源毕竟有限,本着维护全社会利益的原则,允许非直接利害关系人站在国家和社会的立场上,对政府采购行为中的不法行为通过法律诉讼的手段进行社会监督,对完善我国政府采购制度乃至推动法治建设都将有重要意义。

从目前的法律规定来看,我国的民事诉讼制度、行政诉讼制度均规定:提起诉讼的当事人应与损害有直接利害关系、有具体损害结果等要件,无相关利害关系的人不可以提起诉讼。而在英美法系和大陆法系国家,检察机关通过提起或直接参与民事诉讼或行政诉讼以维护国家或社会利益的公益诉讼制度,都普遍地得到成文法和司法实践的承认,只不过参与的范围和方式各有不同。无直接利害关系的个人或团体的起诉权,也得到很多国家司法的承认。如美国除了以上介绍的在政府采购领域的公益诉讼,在环境保护法、反垄断法领域都有类似的制度设置;此外,还有德国的宪法诉讼,英国法院有关公民诉讼的判例,法国的民众诉讼制度等。[①] 而从我国目前的司法实践来看,由于没有明确的法律依据,有关的公益诉讼还处于探索阶段。相关的案例有四川省中江县和浙江省浦江县法院审理的国有资产侵权纠纷案,这两个案子都是检察院以原告的名义起诉国有企业为一方当事人的合同买卖双方,确认合同无效。[②] 我国政府采购法律制度也处于初步形成阶段,相应的法律实证经验还不够丰富,这使得对美国这一精心设计的公益代位诉讼制度的思考和借鉴似乎还为时尚早。但"有权利,必有救济",如果以全民所有为本质的国库财产受到损害,是否允许知情者以普通纳税人的身份主张权利救济呢?我国目前《政府采购法》所规范的政府采购行为较为有限,军事采购不在该法调整范围之内,一些诸如紧急采购等例外和自营工程等采购方式也容易缺乏法律规范,再加之监督管理机制的运行效率还有待检验,审计监督工作本身人手和权限都有限,这都给供应商在政府采购中以种种不实请求的手段舞弊以谋求不法利益造成可乘之机。因此,首先建立公益诉讼制度,然后着手公益代位诉讼制度,对于搞好政府采购工作,维护公共利益必将大有裨益。相信随着人们法治观念的进步,与公益诉讼制度功能类似的制度设计迟早会被纳入法治建设的日程。

---

① 详细介绍请参见巫玉芳:《美国环境保护领域的公益诉讼》,载《现代法学》2002 年第 1 期。如著名的美国司法部诉微软垄断案。有关德国的:韩志红、阮大强:《新型诉讼:经济公益诉讼制度研究》,法律出版社 1999 年版。郑春燕:《论民众诉讼》,载《法学》2002 年第 1 期。〔英〕丹宁勋爵:《法律的训诫》,杨百揆、刘庸安、丁健译,法律出版社 1999 年版,第 125—160 页。陈业宏、唐鸣:《中外司法制度比较》,商务印书馆 2000 年版。

② 刘晓燕、黄献安:《检察院能否提起民事诉讼》,载《人民法院报》2002 年 11 月 29 日第四版。

在法律制度层面上思考建立我国的公益代位诉讼制度，首先要寻求公益诉讼制度的宪法依据。这主要是当事人的适格，《宪法》第 12 条关于国家保护社会主义公共财产，第 54 条公民有义务保护祖国的利益的条款可以提供初步的宪法基础。从具体的诉讼制度上，要将政府采购的公益代位诉讼制度归入民事诉讼范畴，并将其与行政诉讼领域的民众诉讼制度、公民诉讼制度以及民事诉讼中的集团诉讼制度、一般的涉及国有资产维护或垄断等特殊领域的其他公益诉讼制度区分开，同时也要和刑事公诉制度中的附带民事诉讼制度区分开。其次，对比思考美国公益代位诉讼制度的成功运作还使我们意识到，实现真正的司法独立是整个良好的制度体系实现其价值的重要保障。将原来通过行政手段管理行为纳入法律管理之内，可以节省大量行政成本。只有法院真正独立，本着维护全社会利益的原则，监督法律，监督政府，才能赢得社会和公民的信任，激励他们站在国家和社会的立场上，对政府采购行为中的不法行为进行社会监督，实现政府采购制度的价值。

论地方政府间税收竞争的宪政治理*

◇ 闫　海**

内容提要　地方政府间税收竞争是指地方政府竞相实施各种税收优惠，以吸引更多生产要素流向本辖区的行为。理论上，地方政府间税收竞争可能产生良性或者恶性两种结果，决定竞争结果的关键因素是博弈规则的设计。宪政是地方政府间税收竞争由无序导向有序的重要保障。构建地方政府间税收竞争的宪政环境应当着手推行地方自治，合理划分事权和财权；健全地方民主，有效约束地方政府税收竞争行为；保障要素自由流动，促进地方政府良性竞争以及建立协商机制，合作反对恶性竞争等。

关键词　地方政府　税收竞争　宪政　地方民主　地方自治

一、理论：对峙与评价

亚当·斯密指出，“（资本所有者）很可说是一个世界公民，他不一定要附着于那一个特定国家。一国如果为了要课以重税，而多方调查其财产，他就要舍此他适了，他并且会把资本移往任何其他国家，只要那里比较能随意经营事业，或者比较能安逸地享有财富”。① 该论述由纳税人视角，说明流动性生产要素对政府税收的敏感性，但是由政府视角，为吸引更多生产要素流向本辖区，难免竞相实施税收优惠，这种发生地方政府之间横向竞争行动，便是地方政府间税收竞争。长期以来，税收竞争的理论认识，形成良性竞争论和恶性竞争论的对峙。

良性竞争论的主张，地方政府间税收竞争能够提高经济效益，增进社会和个

---

* 本文已发表于《江南大学学报（人文社会科学版）》2007 年第 4 期，原文约 9000 字。

** 闫海，辽宁大学法学院讲师、经济法博士生。

① 〔英〕亚当·斯密：《国民财富的性质和原因研究》（下册），郭大力、王亚南译，商务印书馆 1972 年版，第 408 页。

人福利水平。最早理论阐释是由蒂布特在1956年《地方支出纯粹理论》中提出的，他认为，税收是居民对一定种类、数量和水平的公共产品组合所支付的对价，数量众多的地方政府提供不同的公共收支组合，而居民可以依据自己的偏好来选择满意的居住地，居民的选择是以进入或者退出辖区的方式进行的，故被称为“以脚投票”模型。[①] 许多学者进一步深化蒂布特模型，认为地方政府间税收竞争可避免公共部门的过度膨胀，限制资源从私人部门以税收形式向公共部门的转移，以脚投票发挥着和“无形的手”的类似功能，促进资源的优化配置，地方政府间税收竞争也是不断学习和创新的过程，有助于形成更具竞争力的公共产品与制度。例如，哈耶克认为，“地方政府之间的竞争或一个允许迁徙自由的地区内部较大单位间的竞争，在很大程度上能够提供对各种替代方法进行试验的机会，而这能确保自由发展所具有的大多数优点”。[②]

恶性竞争论的则主张，地方政府间税收竞争影响经济活动的效率，降低社会和个人的福利水平。奥兹在1972年《财政联邦主义》中提出，地方政府为吸引资本，竞相降低税收，使得依赖税收支持的地方政府无法为最优的公共产品筹集到足够多的资金，地方支出水平处于边际收益等于边际成本的最优水平之下。如果地方政府为弥补收支差额，选择向流动性较差的生产要素提高税收的方法，则税收负担的配置难以符合量能征税等税收公平原则的要求。如果地方政府采取变相税收优惠，例如增加特定基础设施的投入，则可能致使全社会范围内的供给过剩，并排斥对于一般社会服务的供给。地方政府间的税收差异会扭曲市场机制的资源配置功能，违反税收中性原则。

笔者认为，地方政府间税收竞争是一系列发生在地方政府之间、地方政府与纳税人之间、纳税人之间的博弈，而所谓良性竞争或者恶性竞争都不过是可能的博弈结局。博弈的参与者是构成博弈的基本要素之一，目的是通过策略选择以最大化自己的效用。尽管“纳税光荣”受到广泛地提倡，但是理性纳税人的偏好是，承担尽可能少的纳税义务并享受尽可能多的公共产品。地方政府的偏好分析比较复杂，将政府视为公共利益的化身过于幼稚，政府及内部官员都是以自我效用为追求的，预算最大化就是最理想的描述。[③] 以上主体的利益各自独立甚至相互冲突，纳税人通过与地方政府的讨价还价，将自己的税收负担转嫁给其他纳税人或者享受搭便车的机会，地方政府从其他地方政府处攫取更多资源为自己掌控，行为彼此作用，每个参与者的决策取决于他对其他参与者行为的预测。

---

① John Douglas Wilson, “Theories of tax competition”, 52 *NAT'L TAX J.* 269(1999).

② 〔英〕弗里德利希·冯·哈耶克:《自由秩序原理》(下)，邓正来译，生活·读书·新知三联书店1997年版，第16页。

③ 〔美〕威廉姆·A.尼斯坎南:《官僚制与公共经济学》，王浦劬等译，中国青年出版社2004年版，第37—40页。

博弈结局是一种均衡,是所有参与者最优策略的组合。[①]“制度确定相互联系的交易各方的机会束”[②],不同制度会影响每个策略组合中参与人的受益分配,进而改变参与者的最优策略,并形成不同的均衡解。因此,地方政府间税收竞争是趋向良性竞争抑或恶性竞争,取决于博弈行为所嵌入的制度框架,可以也应当考虑通过制度设计的方法,实现地方政府间税收竞争产生向上而不是向下效果。

二、现实:问题及成因

从1978年起,我国经济保持长时期高速增长,取得举世瞩目的成绩,许多理论都试图给予解释,有学者就认为分权化改革是重要的成功经验之一。改革共识尚未形成时,分权化战略为改革奠定动力基础,提供冲破政治障碍的有效途径;地区试点可以避免大风险、大错误,并提供其他地区学习成功的样板;分权化可防止改革在关键时刻发生扭转,保持改革政策的连续性;此外,我国M型层级体制下的分权化,为非国有部门增长提供空间,带来双轨制繁荣,总之,形成有中国特色的“维护市场的经济联邦制”。[③]“分灶吃饭”、“财政包干”等政策,在缓解中央财政压力的同时,生成所谓的“地方产权”。1993年《反不正当竞争法》第7条、第30条以及2001年国务院《关于禁止在市场经济活动中实行地区封锁的规定》等法律、法规、规章和文件等,都着力禁止地方保护的竞争方式。

地方政府间竞争形式已经逐渐从地方保护转向税收方面,主要表现为:一是税收优惠,各地方政府为吸引资本,竞相减免税,既包括有法律授权的制度内减免税,还包括无法律授权或者超越授权的制度外减免税;二是先征后返,地方政府将原本入库的税收收入,以奖励或者补贴的形式向特定纳税人予以返还;三是增加配套措施,豁免各项费用,地方政府将一般性税收收入用于特定投资项目的基础设施改善,尤其是展开地价竞争,主动向特定投资项目以较低的价格甚至免费提供土地,以减少投资者的投资成本,后两者属于变相的税收竞争。目前,地方政府税收竞争的正负效应在我国都有所体现。就地方政府税收竞争的正效应而言,要素流动的压力,迫使地方政府积极减轻纳税人的负担,注重优良投资环境的营造,并且东部沿海地区的倾斜税收优惠政策奠定东部经济快速发展的基础,正在西部和东北启动的税收优惠也是西部大开发和东北振兴战略的主要组成部分;就负效应而言,税收竞争成为税收流失的重要渠道之一,政府可支配收入的减少也加剧地方财政困难,混乱无序的税收竞争还严重扭曲市场机制,破坏

① 张维迎:《博弈论与信息经济学》,上海三联书店、上海人民出版社1996年版,第53页。

② 〔美〕阿兰·斯密德:《制度与行为经济学》,刘璨、吴水荣译,中国人民大学出版社2004年版,第1页。

③ 钱颖一:《现代经济学与中国经济改革》,中国人民大学出版社2003年版,第197—222页。

依法纳税的环境,给纳税人偷逃税提供可乘之机,是税收领域腐败的基本根源。

目前,治理恶性竞争的思路局限于"权力上划",即税收立法权、征收权向中央集中。1993年,国务院颁布《关于实行分税制财政管理体制的决定》规定,税种统一划分为中央税、地方税和中央地方共享税,分设中央与地方两套税务机关分别征管;又规定,中央税、共享税和地方税立法权都要集中在中央。2000年《立法法》第8条、第9条规定,财政、税收等基本制度只能制定法律,尚未制定法律的,全国人大及其常委会可向国务院授权,就其中部分事项先制定行政法规。2001年修正的《税收征收管理法》第3条规定,税收开征、停征以及减税、免税、退税、补税,依照法律、行政法规执行。集中税权主要针对地方政府间税收优惠形式的竞争,但是上述规范的实际效果相当有限,个中原因如下:第一,我国地域辽阔,经济、社会发展又严重失衡,机械地向上集中税权难以契合具体地方的实际情况,也限制地方主动性和积极性的发挥,因此《营业税暂行条例》等税收规范,又将个别税种的开征停征权、税率税额调整权、税收减免权、税收要素确定权以及实施细则制定权下放,有些规定甚至与有关基本文件、法律相冲突①;第二,对于各级政府间税权的分配,分税制并没有勾勒出清晰、明确的轮廓和线条,甚至省级以下的相关规定都没有,而且分税制本身也缺乏稳定性,这给地方政府间税收竞争保留极大的模糊空间,并且形成短期行为;第三,驱动非理性税收竞争的动机仍旧存在,地方政府对于上划税权的竞争不过是场所的转换,由竞争策略操之在已变为跑部进京争取上级给予税收优惠政策。总之,我国地方政府间的恶性税收竞争的存在,主要是因为制度框架不尽合理,必须突破"权力上划"模式,进行彻底的理论反思与制度重构。

三、治理:宪政之道

"制度提供人类相互影响的框架,它们建立了构成一个社会,或更确切地说一种经济秩序的合作与竞争关系"。② 笔者认为,宪政是地方政府良性竞争所依赖的制度框架:第一,地方政府税收竞争,不能回避各级政府之间纵向或横向关系、其与纳税人之间关系等基本问题,有资格回答这些的是具有最高权威的宪法;第二,宪政是一个结构严谨、运转规范的制度体系,这有助于地方政府、纳税人在稳定偏好下的理性行动;第三,也是最重要的是,宪政的基本内容是民主法治、保障人权、合理分权,而这些是地方政府间税收竞争中各方利益协调的基础

① 许善达:《中国税权研究》,中国税务出版社2003年版,第32—33页。

② 〔美〕道格拉斯·C.诺斯:《经济史中的结构与变迁》,陈郁、罗华平等译,上海三联书店、上海人民出版社1994年版,第225页。

与保障。

（1）推行地方自治，合理划分地方事权与财权。地方自治基于人民主权的治理理念，主张由地方之人才依法律规定和本地区的公共意志，自主治理本地方的公共事务，目的在于强化地方政府对地方居民的责任机制。[①] 我国《宪法》上，除民族区域自治和特别行政区外，第3条第3款规定："中央和地方的国家机构职权的划分，遵循在中央的统一领导下，充分发挥地方的主动性、积极性的原则"，虽然词语上未明确使用地方自治，但是，诸如地方各级人大选举产生本级政府、决定本地区重要事项以及各级地方政府对本级人大负责等规定，都是地方自治的典型特征。地方政府间税收竞争应当是在其自治领域内展开：一方面，合理划分地方政府的事权和财权，消除上级政府最后贷款人的形象误导，形成税收竞争程度的刚性预算约束；另一方面，上级政府也不得恣意干涉地方政府就自治领域内的税收竞争，地方政府可以采取符合本身特点的竞争手段。

（2）健全地方民主，有效约束地方政府竞争行为。落实地方自治，真正实现"将地方上的事情，让本地方人民自己去治"[②]，关键是健全地方民主。人民借助地方民主以表达所需要的公共产品数量、质量以及种类，税收竞争则促使地方政府不断减轻本地区税收负担，民主与竞争双重作用下，地方政府将提供最有效率、也最能满足居民需求的公共产品组合。实现地方民主途径是多样的，在我国，最基本、最重要的就是地方人民代表大会。地方人大约束本级政府税收竞争行为可以考虑两种方式：一是地方人大对地方官员人事任免权。虽然《宪法》第101条规定，地方各级人大有权选举和罢免本级政府的正副行政首长，但是实际操作中，往往上级党委发挥主导作用。上级考核下级官员主要为数字化的政绩考核，"数字出官"、"政绩工程"也就应运而生。笔者认为，解决方法就是强化地方人大的人事任免权，作为本地区税收负担的承受者和公共产品的享有者，居民或者其代表最有权对官员予以评价，而他们的评价也是官员行为最有效的约束。二是地方人大的预算审批权。强化地方人大预算审批权，尤其是对公共支出安排的决策，不仅让本地区人民有机会提出自己的公共产品的清单，而且基于预算收支平衡原则，财政收入也被加上强制约束。

（3）保障要素自由流动，促进地方政府良性竞争。统一大市场的基础就是各种生产要素的自由流动，以实现市场对资源的优化配置，各级政府有责任消除市场壁垒，推动要素的合理、有序的流动。各种生产要素的流动性有较大的差异，土地要素几乎不流动，资本要素流动性较大，至于劳动力要素的流动性则受

---

① 杨宏山：《府际关系论》，中国社会科学出版社2005年版，第300—301页。

② 孙中山：《在广州全国青年联合会的演说》，载《孙中山全集》（第八卷），中华书局1986年版，第324页。

到政策限制。良性税收竞争的蒂布特模型的前提就是居民的自由流动,即居民自由进出不同地区,选择最能符合自己偏好的地区,各地政府也竭尽所能吸引更多居民加入,来分担成本,实现规模经济,居民"以脚投票"的机制运作起来取决于迁徙自由的保障制度。笔者认为,迁徙自由还能矫正税收竞争所引发的民主失灵。地方政府税收竞争会导致税收收入减少,如果维持甚至增加公共支出,就需要依据地方民主在纳税人之间重新分配税收负担。但是,地方民主不是完美无缺的制度,很可能出现这样一个结果,即大多数选民表决由税基缺乏弹性的少数人承担税收负担,少数人得以对抗不公平决议的手段就是迁徙自由,因此迁徙自由还是宪政架构下制约"多数人暴政"的重要武器。我国 1982 年以前各部《宪法》均承认迁徙自由,但是,1982 年《宪法》却取消该规定,并且形成诸如户籍制度等一系列的限制。

(4) 建立协商机制,合作反对恶性税收竞争。恶性税收竞争一般发生在高度同构化的地区,这些地区资源、技术以及人力资本都差异不大,竞争局限在税收优惠政策的血拼,结果是两败俱伤。走出"囚徒困境"的基本思路就是寻求合作,合作的基础是一个能够建立相互信任、有效惩罚背信者的制度框架。在我国,上级政府的行政权威是维系这种合作的主要基础。但是,为保持分权与集权之间的均衡,上级政府的干预应保持适当的度,如美国国会行使宪法的贸易条款所赋予的禁止地方保护主义和贸易歧视的权力时,必须尊重州的基本权力和内部制衡机制。① 笔者认为,地方政府之间的自愿协商是更符合宪政精神。同级地方政府之间以互信互利为基础,彼此交流税收信息,共同维护税收秩序。地方政府的税收利益协调机制,既可以是高峰会议或高层协商,也可以是建立协会、联盟、秘书处等组织结构,进行经常性磋商。地方政府间就税务问题的协商结果可签署协议,该行政协议应视为法律规范文件,不仅约束缔约方,也约束辖区内所涉及的公众。② 地方政府在行政协议履行中,不可避免地会发生纠纷,而解决纠纷的机制可以寻求双方都认可的仲裁与调解,也可以考虑将纠纷解决纳入到我国司法诉讼程序中。总之,地方政府间合作反对恶性竞争,有助于化解地区性公共产品的外溢问题,成就互通有无、相互依赖、互利互惠的双赢博弈。

---

① James R. Rogers, "State Tax Competition and Congressional Commerce Power: The Original Prudence of Concurrent Taxing Authority", 7 *Regent U. L. Rev.* 103(1996).

② 叶必丰:《我国区域经济一体化背景下的行政协议》,载《法学研究》2006 年第 2 期。

纳税人退税权悖论及其克服*

◇ 焦海涛**

内容提要 我国立法上对退税权的模糊规定,带来了法律适用难题,也导致理论上的认识歧见纷呈。性质上,退税权是实体权利与程序权利的融合,二者的发生时间相异;其实现方式因"发现主体"与"缴税方式"不同而区别为依申请退税和自动退税两种;为便于权利行使及维护财政稳定,立法上还应明确退税权的消灭时效,并限制纳税人的退税申请期限。

关键词 退税权 立法悖论 理论悖论 克服路径

依税收法定原则,纳税人应否纳税、纳多少税,均由法律规定。纳税人虽"依法"纳税,但事后依税法计算规定,国家丧失拥有该笔税款之部分或全部的正当理由时,则该税额应就无正当理由部分退还给纳税人。规定纳税人的退税权①,是各国税法通例,也是税收法定主义的必然要求。我国《税收征收管理法》规定:"纳税人超过应纳税额缴纳的税款,税务机关发现后应当立即退还;纳税人自结算缴纳税款之日起3年内发现的,可以向税务机关要求退还多缴的税款并加算银行同期存款利息,税务机关及时查实后应当立即退还。"②但该条对退税权的规定比较模糊,带来了不少适用难题。基于这一规定而出现的各种理论,也存在一定障碍。克服退税权悖论,是退税权得以实现的先决条件。

---

* 本文已发表于《安徽大学法律评论》2007年第1辑(总第12辑)。

** 焦海涛,北京大学法学院经济法学博士研究生。

① 纳税人的退税权,又称退税请求权或税收返还请求权,纳税人多纳或误纳税款,以及因事后某种原因使应税行为归于无效(或被撤销)时,便产生退税权。广义上,出口退税权也是其一种。此外,当国家向纳税人多退或误退税款时,也会产生国家对纳税人的税收返还请求权。本文仅针对纳税人除出口退税权以外的退税权。

② 我国《税收征收管理法》第51条只规定了多纳税款存在退税权,事实上,误纳税款同样需要退还,多纳时纳税人仅就多纳部分享有退税权,误纳则就全部享有退税权。

一、纳税人退税权之立法悖论

（一）实体内容与程序内容的背离

依税收征管法规定，纳税人自结算缴纳税款之日起3年后发现多纳或误纳税款的，不可以向税务机关要求退税。而事实上，作为请求权，退税权本身只因特定事实发生而归于消灭，如清偿、免除等，一定期限经过并不能消灭实体权利本身，而只可能使该实体权利失去法律支持，也即丧失基于该实体权利而产生的程序权利。只要存在多纳或误纳事实，税务机关占有该税款便无法律依据，退税权即告产生。3年期限届满后纳税人才发现该事实的，税务机关可以对其申请不予支持，因此，纳税人丧失的仅仅是获得支持权。

纳税人只要在法定期限内发现多纳或误纳事实，就可向税务机关为退税申请并获得支持，3年期限仅是对“发现”时间点的限制，申请是否也须在3年内完成，法律并未规定。纳税人3年内“发现”而3年后“申请”的，应作何处理，依法难以适用。退税实际上是用现在的“财政”还过去的债，且税法、财政法须严格贯彻法定原则，期限在执法中尤为重要，因此，对纳税人的退税申请，自须设定期限限制。

（二）法定权利与权利实现的差距

纳税人“自我课赋”时，其税额确定不借助税务机关行为，因此其退税申请理论上可以成立并得到支持，但“行政核定”下问题会复杂得多。未被撤销或变更的行政核定，直接拘束纳税人的权利内容，即便纳税人发现确有多纳或误纳事实，在该核定效力改变前，其纳税义务被推定成立且有效，而只有“行政核定”的效力归于消除时，退税权的行使才具有可能性。那么，这一“前置行为”应由谁行使？由此产生的成本应由谁负担？根据行政法，对“行政核定”这一影响纳税人权利内容的具体行政行为，相对人可以申请复议或提起诉讼，但若由纳税人承担复议或诉讼成本，某些情况下①，实际上是由无过错者（纳税人）承担了过错者（税务机关）的部分责任。另一方面，即使纳税人3年内发现多纳或误纳事实，也可能该核定因经过一定期限②而变得“无可争议”，纳税人实际上无法完成该

---

① 之所以说“某些情况下”，是因为退税权的产生可能存在不可归责的原因，如纳税人的应税行为事后被撤销或解除等，而税务机关为“行政核定”时纳税人确有纳税义务。

② 我国《行政复议法》第9条规定：公民、法人或者其他组织认为具体行政行为侵犯其合法权益的，可以自知道该具体行政行为之日起60日内提出行政复议申请；但是法律规定的申请期限超过60日的除外。《行政诉讼法》第39条规定：公民、法人或者其他组织直接向人民法院提起诉讼的，应当在知道作出具体行政行为之日起3个月内提出；法律另有规定的除外。可见，复议或诉讼期限明显短于3年，因此便会出现纳税人3年内发现多纳或误纳事实但已过复议或诉讼期限的情况。

"前置行为"。如果撤销或变更"行政核定"的义务归于税务机关,若其怠于为此行为,客观上也可能使纳税人丧失复议权或诉讼权,问题同样存在。

(三)除斥期间与消灭时效的困境

依现行法规定,纳税人只有在"3年"内发现多缴税款,方可请求退税。3年期限的性质如何?无论视其为除斥期间还是消灭时效,都不具足够的解释力。

除斥期间届满,实体权利本身消灭。若3年期限为除斥期间,则自结算缴纳税款之日起3年后,退税权消灭,只要纳税人在此期间未发现多纳或误纳税款,税收返还便丧失了依据,税务机关无需退还多纳或误纳税款。而税收征管法规定,税务机关发现纳税人多纳税款的,应无期限地退还,也即纳税人实体权利并未消灭。此外,一般只对形成权才设置除斥期间,退税权性质上类似于不当得利返还请求权,自不能对其设置除斥期间。

3年的期限规定也与诉讼时效制度原理不符。为了督促权利人及时行使权利,诉讼时效自当事人"知道或应当知道"其权利被侵害之日起计算。就退税权而言,纳税人"发现"多缴税款,即已"知道"权利被侵害。若3年期限为诉讼时效,则该期限应自纳税人"发现"之日起算,而非法定的"结算缴纳税款"之日。此外,诉讼时效适用法定的中止、中断规定,据此,若纳税人自结算缴纳税款之日起3年内发现多缴税款,并向税务机关申请返还,是否3年期限自动中断而重新起算?显然,现行法对此规定并不清晰。

根据我国《税收征收管理法》第51条的规定,只要纳税人在结算缴纳税款之日起3年内发现多纳或误纳税款,就享有退税申请权,而其申请权必须在何期限内行使则未有规定。因此,3年期限仅是退税权的行使条件,而非行使期限。我国民法上的诉讼时效也有相关规定,即诉讼时效期间从知道或应当知道权利被侵害时起计算,但从权利被侵害之日起超过20年的,人民法院不予保护。20年规定与退税权的3年期限性质类似,是对诉讼时效起算点的限制[①],要求"知道或应当知道"的时间需在事实发生之日起20年内。据此,纳税人发现(相当于"知道或应当知道")其多纳或误纳税款的时间必须在自结算缴纳税款之日(相当于"权利被侵害之日")起3年内,否则其退税权不能获得支持,而不论是否存在多纳或误纳事实。

---

① 我国《民法通则》20年的规定,性质上存有争议。有论者认为,20年属于最长诉讼时效,与普通诉讼时效、特别诉讼时效并列,可参见梁慧星:《民法总论》,法律出版社1996年版,第244页;有认为20年的规定实际上就是普通诉讼时效,可参见马俊驹、余延满:《民法原论》(上),法律出版社1998年版,第331页;也有认为其是对诉讼时效起算的最长期间限制,可参见龙卫球:《民法总论》(第二版),中国法制出版社2002年版,第622页。本文认为最后一种观点较为妥当,采用此观点。

二、纳税人退税权之理论悖论

立法规定的模糊，使得理论上对退税权的发生、行使方式、行使期限等问题歧见纷呈。

退税权的发生是关系到税法、行政法和私法的基本问题，尤其在"行政核定"下，因对核定效力的不同理解，产生了不同的理论。基于行政行为的公定力，在"行政核定"未被撤销或变更时，纳税人的退税权是否产生？"行政核定"本身能否被视为纳税人缴纳税款的根据？"形式法律原因说"认为，即便纳税人多纳或误纳事实存在，其缴纳的税款缺乏实体法依据，但若税务机关已对税款进行核定，则该核定本身可以成为税款缴纳的依据，因此，只有当该核定被撤销或变更时，纳税人的退税权才会产生。该说实际上肯定了"行政核定"对纳税人义务的形式创设作用，纳税人的退税权不得对抗行政行为的效力。

纳税义务严格依课税要素确定，这是现代税法的基本要求。纳税义务因欠缺法定要素而未成立，则税款缴纳自无法律依据，退税权当然发生，只是其实现须受公法秩序约束，如必须按照法定的程序、不得超越行政行为的效力等。基于此，"实质法律原因说"认为，退税权产生于纳税人多纳或误纳税款之时。但在此基础上，也有人认为，只有"行政核定"效力归于消除，纳税人方可行使退税权。这实际上是对退税权实现方式的误解，"行政核定"被撤销或变更时，撤销或变更行为（可能是行政机关作出，也可能是法院作出）必然创设一种新的公法秩序，在此基础上所为的税收返还是变更或撤销行为的当然结果，因此，并非因纳税人为退税申请而实现了其退税权，也即纳税人无须申请，因"行政核定"被撤销或变更所发生的税收返还是一种当然的、自动的返还。

为避免"行政核定"可能使纳税人退税权实现不能的窘境，日本学者金子宏主张，税收核定对第三人的利益影响较小，无须考虑第三人对税收核定的信赖利益，因此，如果税收核定存在课税要件方面的重大瑕疵，即使该瑕疵并非"显而易见"[①]，也应解释为具备无效要件而使其无效。[②] 根据行政法理，无效行政行为因"重大违法"而自始无效，相对人可以不履行该行为为之确定的任何义务，并且对此种不履行不承担责任；甚至多数学者认为，无效行政行为一开始便不具有

---

① 行政行为无效在日本历来都采用"显而易见"（"显而易见"在北野弘久的《税法学原论》中被表述为"重大且明白"）的瑕疵理论，但有学者对此提出批评，认为税务行政领域根本就不存在足以维持这种理论的现实基础，并主张无效事由仅须具备重大要件就足矣。可参见〔日〕北野弘久：《税法学原论》（第四版），陈刚、杨建广等译，中国检察出版社2001年版，第205—211页。

② 参见刘剑文、熊伟：《税法基础理论》，北京大学出版社2004年版，第326页。

公定力。[①] 如此,则纳税人退税权的实现可能大为提高。但存在多纳或误纳事实时,“行政核定”并非总归于无效,因此,无效抗辩的适用空间受到很大限制。因“行政核定”致使纳税人多纳或误纳税款的,大多是应撤销或可变更行政行为,在撤销或变更前,纳税人不得为任何无效抗辩,且行政行为无效判断须严格依法为之,单纯核定有误不足以认定“行政核定”无效,因此,无效抗辩在税法上不具普遍性,难以成为纳税人退税权的主要实现方式。

三、纳税人退税权悖论之克服路径

(一) 退税权性质的定位

在将税收法律关系的性质视为“公法之债”时,有关征纳双方的实体权利上,私法理论有了较大的适用空间。没有合法根据,取得不当利益并造成他人损失的,应将不当利益返还受损人,这是民法的基本法理。纳税人多纳或误纳税款时,该笔税款因丧失法律依据而成为税务机关的“不当得利”,纳税人因此享有退税权,退税权在性质上类似于民法中的不当得利返还请求权。

民法理论还认为,通常情形,凡请求权均伴有诉权。[②] 权利人只要按照法定程序行使诉权,就应能胜诉、获得支持。退税权也是实体权利与程序权利的融合,其实体权即通常所谓的“税收返还请求权”,而其中的程序权利却少被提及,在此,可将其称为“退税申请获得支持权”(简称为“退税申请权”)。在分析退税权的发生、消灭等方面,承认程序上的“退税权”有重要意义。例如,退税权自“结算缴纳税款”之日起发生,还是纳税人“发现”多纳或误纳税款之日起发生?经过法定的3年期限,退税权是否当然消灭?这些问题的回答,需区分退税权的实体与程序两方面含义。

(二) 退税权发生时间的确定

退税权何时发生,理论上有争议。对退税权作实体加程序的解构后,此问题便不难回答。特定行为或事件的发生,是权利产生、变更或消灭的依据。不当得利返还请求权因“不当得利”这一事实发生而存在,它不论权利人是否知晓该权利,唯有清偿、免除、抵销等方可使其消灭。纳税人多纳或误纳税款时,该税款缴纳便无法律依据,实体上的退税权即时发生。

税收债务说认为,纳税义务发生以课税要素满足为要件。因此,只要不符合

---

① 相关内容可参见姜明安主编:《行政法与行政诉讼法》,北京大学出版社、高等教育出版社1999年版,第155页、第160页。

② 参见梁慧星:《民法总论》,法律出版社1996年版,第65页。

课税要素而征税的,退税权自动产生。据此,因退税权的发生原因不同,其发生时间也略有差异。一般而言,纳税依据自始不存在和纳税依据嗣后消灭是产生退税权的两种主要原因。就前者而言(如应税行为不存在),纳税人缴纳税款之时即属多纳或误纳,退税权自即时产生;纳税依据嗣后消灭者(如应税行为归于无效或被撤销),依据消灭之时方可认定纳税人所纳税款属多纳或误纳,因此,依据消灭之时,实体上的退税权才会发生。

而伴随着实体权的程序权的发生时间,则不受实体权发生时间限制,一般会晚于实体权的产生。原因在于,该程序权的设定基于实体权实现之目的,且为维护法的稳定性,一般有具体的存续期限,因此,以"客观上可以行使"之时作为其时效起算时间,是各国立法通例。基于此,纳税人"退税申请权(程序权)"的发生时间应被确定为其"发现"多纳或误纳事实存在之时。

(三) 退税权实现方式的分野

税务机关自动退税与依纳税人申请退税,是退税权实现的两种方式。我国税收征管法以多纳或误纳事实"发现主体"作为两种方式的区分标准。税务机关发现纳税无据时,自应主动将税款退还。但纳税人发现纳税无据的,并非总依申请实现其退税权,而会因缴税方式不同,具有不同的实现方式。

以"自我课赋"方式缴税时,纳税人发现多纳或误纳税款的,可自其发现之日向税务机关申请退税。以"行政核定"方式缴税的,即便纳税人发现,也无法直接申请退税,而只能通过行政复议、行政诉讼或引起相关法律监督程序,撤销或变更行政核定的效力,并基于此获得退税权的实现。此种情况下,退回纳税人多纳或误纳税款是撤销或变更"行政核定"行为的必然结果,而不是"申请"的结果,纳税人也无法申请。本质上,因"行政核定"被撤销或变更而为的退税,也是一种"自动退税"。

因此,"发现主体"不足以成为纳税人退税权实现方式的区分标准,而应采用"发现主体"加"缴税方式"的双重标准。"自我课赋"情形下,纳税人发现多纳或误纳事实的,依申请退税;税务机关发现的,自动退税;"行政核定"情形下,一律实行自动退税。

可见,以"行政核定"方式缴税时,纳税人退税权的实现依赖于撤销或变更"行政核定"效力这一"前置程序",而该程序的提起是否一定由纳税人来完成、纳税人为此所付成本应由谁承担等问题在立法上目前尚无规定。应该认为,税务机关发现多纳或误纳事实的,可径行变更或撤销原核定行为并据此向纳税人退税;纳税人发现的,应视具体情况而定。若纳税人发现时,该行政核定已过复议或诉讼期限,其只能向税务机关提出理由要求撤销或变更,或引起相关的法律监督程序,而不能直接提起复议或诉讼;期限未过的,纳税人应享有选择权,可自己也可要求税务机关为特定行为。纳税人通过复议或诉讼而实现退税权的，若“行政核定”确实有误，其所费成本应由税务机关承担。

（四）退税权行使期间的限定

退税的发生难以预期，可能需支付大笔资金而又无法成为“预算内支出”。为维护国家财政稳定，减少退税成本，有必要限定纳税人退税权的行使期限。作为请求权，它本身不会因时效届满而消灭，但对其设置消灭时效是私法上一贯做法。也就是说，实体上的退税权不会因时效届满而消灭，程序上的退税权却须受时效限制。因此，即使超过消灭时效，由于实体上退税权仍然存在，税务机关主动返还的，纳税人仍可受领。

可见，消灭时效只适用于“依申请退税”的情形，税务机关“自动退税”，相当于对自然之债的清偿，立法上应予允许。但税务机关发现纳税人多纳或误纳税款的，是否不论何时（如自结算缴纳税款之日起已超过 3 年），都必须自动退税？我国税收征管法对此作肯定规定。原因在于，税务机关发现存在多纳或误纳事实而不退税的，相当于明知行政行为有误而予以维持，这不符合行政法规定，也有损相对人对行政机关的信赖。

前已论述，我国《税收征收管理法》未规定纳税人退税申请权的消灭时效，3 年的期限只是对时效起算点的限制，而非时效本身。但根据最高人民法院发布的《民法通则》意见①，即使第 18 年或第 19 年后知道权利被侵害的，也不能再享受 2 年的诉讼时效，而只能在剩余的不到 2 年的期限内行使。可见，20 年的规定，不仅是对时效起算点的限制，也是诉讼时效的最长期间限制。如果将其运用于退税权，可以认为：纳税人只要在法定 3 年内发现多纳或误纳税款，便可享有退税权，但其申请期限须限制于“自结算缴纳税款之日起”3 年内，即使第二年或更晚才发现，也只能在剩余期限内行使。

较之民法上 20 年规定，税法上的 3 年期限较短，这是基于维护国家财政稳定，减少退税成本的考虑。同样，较之民法上 2 年的普通时效，税法更应严格限制纳税人退税申请权的行使期间。基于此，建议规定纳税人须自其发现多纳或误纳税款之日起 1 年内为退税申请，并援用民法上 20 年的最长时效规定，将 3 年设置为退税申请权的最长时效。

---

① 《最高人民法院关于贯彻执行〈中华人民共和国民法通则〉若干问题的意见》（修改稿）第 192 条规定：“民法通则实施后，属于民法通则第 135 条规定的 2 年诉讼时效期间，权利人自权利被侵害时起的第 18 年后至第 20 年期间才知道自己的权利被侵害的，或者属于民法通则第 136 条规定的 1 年诉讼时效期间，权利人自权利被侵害时起的第 19 年后至第 20 年期间才知道自己的权利被侵害的，提起诉讼请求的权利，应当在权利被害之日起 20 年内行使；超过 20 年的，不予保护。”

四、结　　论

基于上文分析,应对我国《税收征收管理法》第51条规定作出改进,要点包括:

(1)税务机关发现纳税人多纳或误纳税款时,实行"自我课赋"方式缴税的,可将多纳或误纳税款直接退还给纳税人;实行"行政核定"方式缴税的,税务机关应在撤销或变更原核定后将多纳或误纳税款自动退还给纳税人。

(2)纳税人自身发现多纳或误纳税款时,实行"自我课赋"方式缴税的,纳税人应在其发现之日起1年内向税务机关申请退税,但自结算缴纳税款之日起3年后才发现的,税务机关可以不予退还,且该申请须在自结算缴纳税款之日起3年内行使。

(3)纳税人自身发现多纳或误纳税款时,实行"行政核定"方式缴税的,纳税人可以通过行政复议或行政诉讼实现其退税权,行政核定已过复议或诉讼期限的,纳税人可以申请税务机关核查先前的核定行为;经复议、诉讼或核查发现"行政核定"确有错误的,应将多纳或误纳税款自动退还给纳税人,纳税人因此支付的必要费用由税务机关承担。

扣缴义务人的法律地位及其法律责任问题研析

◇ 熊　可*

内容提要　扣缴义务人的法律地位及其责任在理论界存在争议，并在实践中存在诸多纠纷。本文在分析扣缴义务人法律地位的基础上，梳理了我国税法中扣缴义务人法律责任的相关规定，还针对实务中争议较多的“应收未收”的法律责任问题作出了分析，并提出了处理建议。

关键词　扣缴义务人　代扣代缴　法律责任

代扣代缴是我国税收征管中一种较为重要的征管方式，然而在实践中却存在着诸多问题，针对这些问题学界、实务界存在诸多争论，特别是扣缴义务人“应收未收”时，是否可以责令其限期扣缴？如在限期内未能扣缴义务人依然未扣缴是否可以再行处罚，其法律依据是什么？是否有必要引入扣缴义务人的赔偿责任或补缴责任制度？笔者以为，上述问题的解答必须立足于扣缴义务人在我国税法中的权利义务规定，以及对扣缴义务人法律地位的分析。

一、扣缴义务人的法律地位

代扣代缴，是指依法负有代扣代缴税款义务的单位和个人，按照税法规定对纳税人应当缴纳的税款进行扣缴的征收方式。我国在《税收征管法》以及《个人所得税法》、《外商投资企业和外国企业所得税法》、《营业税暂行条例》、《资源税暂行条例》、《固定资产投资方向调节税暂行条例》、《筵席税暂行条例》等单税种立法中都有涉及，是我国税法中较为重要的一种税收征收方式。

对于扣缴义务人的法律地位在学理上有不同的看法，而这些不同的看法对

* 熊可，北京大学法学院2005级经济法专业博士研究生。

于扣缴义务人的权利义务有着较大的影响。第一种观点认为，扣缴义务人与纳税人的权利义务虽有所不同，但是扣缴义务人与纳税人同为纳税主体，与征税主体相对应；第二种观点认为，扣缴义务人不是纳税主体，而是受托征税主体，即为税务机关的法定代理人；第三种观点认为，扣缴义务人名义上虽然不是纳税主体，但是却在实际上承担实现税款的责任，是纳税人之外的第三人。[①] 笔者以为，依据我国现行税收立法中关于扣缴义务人的相关规定，将扣缴义务人定性为税务机关的法定代理人是较为适宜的。扣缴义务人并不承担纳税义务，与此同时也并不能因为“代扣代缴”义务而成为纳税人的担保人；将扣缴义务人定性为代理人，既可以解释扣缴义务人的法定权利义务，同时也可以很好地平衡税务机关、扣缴义务人以及纳税人三方的法律关系。下面的分析，也将从不同的侧面印证将扣缴义务人定性为代理人的合理性。

二、扣缴义务人违法行为的类型及其法律责任

针对扣缴义务人不同类型的违法行为，我国《税收征管法》设置了不同的法律责任，我们将其总结为五种类型的违法行为。

（一）应扣未扣、应收未收的法律责任

我国《税收征管法》第 69 条规定了扣缴义务人应扣未扣、应收未收的法律责任。即在扣缴义务人应扣未扣、应收未收的情况下，税务机关可以对扣缴义务人处以罚款，而此时税务机关只能对纳税人追缴税款。此外《国家税务总局关于贯彻〈中华人民共和国税收征收管理法〉及其实施细则若干具体问题的通知》（国税发[2003]47 号）（以下简称《通知》）中规定，即扣缴义务人违反征管法及其实施细则规定应扣未扣、应收未收税款的，税务机关除了可以按照《税收征管法》及其实施细则的有关规定对其给予处罚外，还应当责成扣缴义务人限期将应扣未扣、应收未收的税款补扣或补收。也就是说，《通知》中规定了税务机关在扣缴义务人应扣未扣、应收未收情况下，责令其限期补扣补收的义务。

（二）应缴未缴或少缴的法律责任

我国《税收征管法》第 32 条、第 40 条、第 68 条规定了扣缴义务人应缴未缴或少缴的情况下，税务机关可以采取的税收强制措施及处罚措施。即当扣缴义务人已经依法扣留纳税人的应纳税额，但在规定期限内不缴或者少缴税款的，税务机关可以责令限期缴纳，亦可依法对其采取强制执行措施、加收滞纳金，乃至

---

① 参见俞敏：《效率视野中的个人所得税源泉扣缴制度》，载《上海财经大学学报》2005 年第 4 期。

处以罚款。

（三）未依法申报扣缴材料的法律责任

我国《税收征管法》第 62 条规定了扣缴义务人未依法申报扣缴材料的法律责任。即当扣缴义务人未按照规定的期限向税务机关报送代扣代缴、代收代缴税款报告表和有关资料的，由税务机关责令其限期改正，并可对其处以罚款。

（四）违反账簿管理规定的法律责任

我国《税收征管法》第 61 条规定了扣缴义务人违反账簿管理规定时的法律责任。即如果扣缴义务人未按照规定设置、保管代扣代缴、代收代缴税款账簿或者保管代扣代缴、代收代缴税款记账凭证及有关资料的，税务机关可责令其限期改正，并可对其处以罚款。

（五）妨碍税务检查的法律责任

我国《税收征管法》第 70 条规定了扣缴义务人妨碍税务检查的法律责任。即当扣缴义务人逃避、拒绝或者以其他方式阻挠税务机关检查的，由税务机关责令改正，可以处 1 万元以下的罚款；情节严重的，处 1 万元以上 5 万元以下的罚款。

从上面扣缴义务人的违法行为类型，我们可以清晰地看出，代扣代缴法律关系运行的逻辑线索：扣缴义务人进行扣缴登记——设置扣缴相关的账簿等——扣留税款——申报扣缴材料——上缴税款——协助税务检查。任何一个环节的义务的违反，都将导致扣缴义务人相应的法律责任。下面我们集中分析在实践中争议较多的“应扣未扣、应收未收”的法律责任。

三、扣缴义务人“应扣未扣、应收未收”的法律责任分析

（一）罚款及责令限期改正的合法性分析

依照上面我们对扣缴义务人违法行为类型的分析，实践中争议最多的就是如何对“应扣未扣、应收未收”的违法行为进行处罚。依照我国《税收征管法》第 69 条的规定，税务机关可对其处以应扣未扣、应收未收税款 50% 以上 3 倍以下的罚款。另外，依照我国《行政处罚法》第 23 条的规定，行政机关实施行政处罚时，应当责令当事人改正或者限期改正违法行为。也就是说，即使没有《通知》的相关规定，税务机关就扣缴义务人未履行扣缴义务的违法行为，同样是可以依

照《行政处罚法》的规定责令其限期改正的。也有学者认为,扣缴义务人的代扣代缴权不同于税款的追征权,因而当扣缴义务人"应扣未扣、应收未收"的情况下,是不可能通过责令其限期改正而使得向纳税人追征税款的。[①] 笔者以为,要求扣缴义务人限期改正,并不能等同于税务机关向纳税人追征税款。在代扣代缴的常态中,扣缴义务人是在向纳税人支付时将税款扣留,其法定"代扣代缴"的代理权是该行为合法性的基础,而当扣缴义务人"应扣未扣或应收未收"的情况下向纳税人请求支付税款时,该行为的合理性就是税务机关的"责令限期改正"了,此时如果纳税人予以拒绝,则扣缴义务人应当依法及时告知税务机关,再由税务机关依法追征或处罚。本来设置"代扣代缴制度"即是为征税的效率而考虑的,如果当代扣代缴人不履行其义务时,就通过处罚解除其义务,是不符合设立代扣代缴制度的初衷的,也是不利于代扣代缴制度健康发展的。

(二) 扣缴义务人未能在限期内改正时的责任分析

责令限期改正并不是行政处罚的一种[②],而是行政处罚的重要补充,因为单独行政处罚并不能使违法行为合法化,并不能自动地恢复合法的秩序。事实上,责令限期改正并没有使行政相对人承担新的义务,只是重申了行政相对人已经存在的法定义务。它对于促使行政相对人积极履行法定义务、恢复合法状态,贯彻"一事不再罚"具有重要的意义。

要正确理解责令限期改正,就必须正确认识行政相对人法定义务的类型。如果我们将行政相对人的义务分为作为的义务和不作为的义务,那么当行政相对人违反了作为的义务,也就是在实际上没有作为的情况下,如"应扣未扣、应收未收",在对行政相对人进行处罚的同时,合法状态的恢复就必须是责令当事人依法作为,否则违法状态将持续下去。除非作为已经变得毫无意义,此时就应当要求行政相对人对其不作为造成的损失予以赔偿;而当行政相对人违反了不作为的义务,也就是在实际上作为了,如伤害他人,则要对其进行行政处罚,并在某些情况下还要求行政相对人进行赔偿或恢复。简而言之,当行政相对人承担的是不作为的义务,则义务的违反往往是一个单独的瞬间完成的违法行为,其违法行为并不具有持续性;当行政相对人承担的是作为的义务,则义务的违反往往不仅是一个持续违法行为而且还是持续的违法状态。

针对不作为义务的违反,我们可以分别对多个内容一样的违法行为进行处

---

① 参见胡俊坤:《扣缴义务人未履行代扣代缴义务的法律责任》,载《广西财政高等专科学校学报》2005 年第 5 期。

② 依照我国《行政处罚法》第 8 条的规定,我国法定的行政处罚方式只包括:(1) 警告;(2) 罚款;(3) 没收违法所得、没收非法财物;(4) 责令停产停业;(5) 暂扣或者吊销许可证、暂扣或者吊销执照;(6) 行政拘留;(7) 法律、行政法规规定的其他行政处罚。

罚而不会违反“一事不再罚”的要求,因为多个内容虽然一样地违反行为的“时空的不同一性”很容易得到判断;而针对作为义务的违反,如果行政相对人始终不作为的话,那么违法行为和违法状态将始终维持,当行政机关对其进行处罚后,如若其仍不依法作为,则处罚前后的不作为似乎具有时间上的连续性而符合“一事”的标准,因而对其再一次进行处罚就很可能触犯“一事不再罚”的要求。此时,我们对于“一事”的“时空同一性”的判断标准应当明确,即“时空的同一性”并非完全对应于事实上的“时空同一性”,而应当是法律上“时空的同一性”。也就是说,对于违反作为义务的行政相对人在对其进行处罚的同时,责令其限期改正的行为,就相当于给予了行政相对人履行法定义务恢复合法状态的宽限期。以宽限期为准,在事实上前后连续的违法行为被在法律上分割成了两个时间不连续的违法行为。当已经对行政相对人进行处罚且令其恢复合法状态的宽限期届满,行政相对人如果仍然未能回复到合法状态,则可以认为行政相对人做出了新的违法行为,可以针对新的违法行为进行新的处罚,而不违反“一事不再罚”的原则。需要强调的是,新的处罚并不是对其违反“责令限期改正”的处罚,而是对其“再次”违反法定的作为义务的处罚,因而不违反“一事不再罚”的原则。总而言之,法定的作为义务是始终存在的,行政相对人因为违反作为义务的行为而受到处罚,并不会使其豁免于法定义务的继续履行。“责令限期改正”与“义务必须履行”共同构筑了行政相对人在受到处罚后拒不履行法定义务时,对其进一步采取强制或处罚措施的合法基础。当然,笔者以为,如果扣缴义务人在事实上已经无法完成法定义务的情况下,是不适宜再次给予罚款的行政处罚的,而应当采取其他强制执行方法结束违法状态——扣缴义务人的赔偿责任。

四、扣缴义务人赔偿责任的引入

前面我们对责令限期改正进行了法律分析,认为它是行政机关在对行政相对人违反法定义务的情况下,对其进行处罚的同时要求其依法履行法定义务从而恢复合法状态的行政行为。其目的在于敦促行政相对人依法履行法定义务,从而恢复合法状态,并在法律上将一个持续的违法状态予以时空上的分隔,以利于在当事人仍不履行义务的情况下行政机关进一步采取其他行政措施。然而在税收实践中,由于扣缴义务人未能依法履行代扣代缴的义务且未登记纳税人的相关信息,使得未扣未缴的税款在事实上无法得到征收,不论是扣缴义务人本身还是税务机关都已无法向纳税人追缴,因而再次对扣缴义务人进行处罚也于事无补。本文以为,应当引入扣缴义务人的赔偿责任,从而结束扣缴义务人的违法状态,维护国家的税收利益。事实上,行政相对人义务的履行有多种实现方式,常态的实现方式即为行政相对人自觉履行。当行政相对人不履行其义务则可能引起行政机关的行政处罚，然而受到行政处罚并不意味着当事人的义务得到了履行，行政机关可能采取行政强制执行的措施予以执行，还可能在特殊情况下采取替代履行的方式使得当事人的义务得到履行。具体到代扣代缴法律关系中，当由于扣缴义务人已经无法履行其扣缴的义务，而该义务又没有由他人替代履行的可能，因而应当根据“代扣代缴”的“行政法定代理”的性质，依据代理的基本法理要求，扣缴义务人就其过失而导致的税款的流失承担赔偿责任。

依据代理关系的基本法理，代理人应当依法行使代理权，其不依法履行职责而给被代理人造成损害的，应当承担向被代理人赔偿责任；代理人和第三人串通、损害被代理人的利益的，由代理人和第三人负连带责任。扣缴义务人在代扣代缴法律关系中实际上就是税务机关的代理人，也就是扣缴义务人依法以税务机关的名义接受纳税人履行税收之债的权利。我们可以注意到，当扣缴义务人依法扣留了纳税人的税款后，应当视之为纳税人的纳税义务已经履行。因为在这种情况下，即使扣缴义务人未将扣缴的税款按期缴纳，税务机关也是不能直接向纳税人追缴税款的，而只能是采取措施让扣缴义务人及时缴纳已扣、已收税款；而当扣缴义务人“应扣未扣、应收未收”的情况下，则视之为纳税人未履行纳税义务，由税务机关直接向纳税人追缴，而不是向扣缴义务人追缴。作为“行政法定代理”的代扣代缴法律关系与民事代理的相同之处，都是代理人以被代理人的名义从事行为，并且行为的结果直接归属于被代理人（主要表现为扣留纳税人的税款的行为）。而两者的不同之处在于，依据现行法律，当扣缴义务人不依法履行代扣代缴的义务时，则由被代理人依法对其进行处罚；民事代理中，如果代理人不依法履行代理权给代理人造成损害的要承担赔偿责任，并且如果代理人与第三人串通、损害被代理人利益的，由代理人和第三人负连带的赔偿责任。笔者以为，从税收债权债务关系说的角度来看，我们应当在立法上确立扣缴义务人在特定情形下的赔偿责任。依据税收债权债务关系说，税收视乃公法上的债务，即在法定课税要素满足的情况下，纳税人对国家承担的一种债务。因此，我们可以将税收债权债务关系理论与民事代理中共通性的理论结合起来，当扣缴义务人未能依法履行其义务并由此对国家税收造成损害的，扣缴义务人应当承担赔偿责任，从而实现国家的税收利益，并结束扣缴义务人由于无法补扣补收而一直处于违法状态的窘境。也就是说，当扣缴义务人未能履行“代扣、代收”的义务，并且在责令其限期履行代扣代缴义务而不得的情况下，扣缴义务人就应当就流失的税款向税务机关承担赔偿的责任。事实上，当扣缴义务人“应收、未收”的情况下，纳税人的纳税义务并未得到履行，因而纳税人自身同样有补缴税款的义务，此时扣缴义务人的赔偿责任相对于纳税人的纳税义务来说，应当是补充性的责任。只不过税务机关责令扣缴义务人限期代扣代缴而不得的情况，一般都是无法找到纳税人从而追缴税款的情况，因而赋予税务机关在无法直接向纳税人追缴税款的情况下，要求由扣缴义务人进行赔偿的权利是合情合理的。

事实上，扣缴义务人的赔偿责任已经有了类似的立法先例，我国台湾地区《所得税法》中就有关于扣缴义务人补缴责任的规定——第114条第1款规定，扣缴义务人应就扣缴税款负担保责任，如未依法扣缴足额之扣缴税额，即发生债务，应补缴未扣或短扣税款。当然，我们应当注意到，我国台湾地区的上述立法，其实是规定了扣缴义务人的补缴责任，而其法理基础则是扣缴义务人的担保责任。[①] 笔者以为，用担保理论来解释代扣代缴法律关系是牵强的。税法上虽有责成纳税人提供担保之要求，但对于担保关系是否成立，尚需征得担保人之同意，于立法上强行规定扣缴义务人为纳税人承担的税收之债提供保证是不合理的，也是与代扣代缴的“行政法定代理”的定性不相符的。因而，当扣缴义务人“应收未收、应扣未扣”导致国家税收难以实现之时，依据代理关系之法理赔偿国家税收所受之损失的赔偿责任，更优于依据担保法理为基础的补缴责任。需要指出的是，依照我国台湾地区立法例，扣缴义务人履行补缴义务后，纳税人的纳税义务也就视之为得到了履行，而依照笔者的观点，扣缴义务人进行赔偿后并不意味着纳税人纳税义务的完成，而仅仅是解除扣缴义务人在个案中的扣缴义务。笔者以为，赔偿责任比我国台湾地区的补缴责任更为合理，因为扣缴义务人未依法代扣或代收的情况，纳税人一般都处于明知或应知的状态，在这种情况下，纳税人不进行纳税申报，如果允许扣缴义务人补缴之后即解除纳税人的义务是不合理的。当前，个人所得税的改革已经明确了高收入者自行申报纳税的义务，而这是符合加强个人所得税征收方式的发展趋势的，因而仅仅强调扣缴义务人的补缴责任，而不强调纳税人自行申报从而依法纳税的义务是不适当的。故而在我国税收立法中，确立扣缴义务人的赔偿责任是十分必要的。

---

① 参见钟典晏：《扣缴义务问题研析》，北京大学出版社2005年版，第58—63页。

十一五规划与金融调控法的完善

◇ 赵 玲*

内容提要 金融调控是国家宏观调控的重要措施，尤其是在当前宏观经济形势比较复杂的情况下，金融调控更是当仁不让地承担起稳定物价、保障币值稳定的职责。然而，金融调控毕竟是以利益诱导手段间接地引导企业和市场的行为，所以对于金融调控措施的实效应当予以客观认识。为了确保金融调控的实效，不仅仅应当健全法律制度，也应当构建相关经济制度，比如说企业、市场等。所以，确保金融调控的实效是一个综合性工程。

关键词 金融调控 实效 制度设计

2006年上半年召开的十届全国人大四次会议通过的《十一五规划》指出，要健全金融调控机制，加强货币政策与其他宏观政策的相互协调配合，完善金融调控体系。可见，从立法机关的角度出发，金融调控已经引起了很高的重视。在目前的金融调控领域，经济学家、金融学家的话语权非常之盛，政府机关的政策性文件的受重视程度，也要远远超过现有的法律法规等规范性文件。因此，当前金融调控领域的现状是：宏观经济形势很复杂、经济学话语权盛行、法律话语权弱化。这种情况与金融调控的专业性与准入门槛高是密不可分的。然而，在盛倡"法治"的今天，金融调控领域的法治化也是必然的选择，它是确保金融调控规律性、稳定性、健全性的重要保障。①

* 赵玲，对外经济贸易大学讲师，北京大学经济法学博士。

① 《十一五规划》指出，要全面推进法制建设，贯彻依法治国基本方略，推进科学立法、民主立法、形成有中国特色的社会主义法律体系。"法治"要求"依法"，也就是将所有事项都纳入法律的框架之内，而不是"以法"，也就是用到法时就提到法，用不到的时候就将其束之高阁，即"法律工具化"。"法律工具化"的现象在金融调控领域非常普遍，在考察中国人民银行官员的公开讲话、许多行政规章或者管理办法之后，可以发现，其中很少引用《中华人民共和国中国人民银行法》的条款，也很少运用法言法语来表述。这说明金融调控法律在金融调控领域的弱势地位，更说明了加强金融调控法律制度的必要性和重要性。

一、金融调控法的解析

(一) 金融调控法的界定

在我国,并不存在一部名为“金融调控法”的规范性文件,有关法律规定只是散见于《中国人民银行法》、《货币发行管理制度》、《国家金库条例》、《现金管理暂行条例》、《国家货币出入境管理办法》、《人民币管理条例》等规范性文件之中。“金融调控法”只是这些规范性文件中有关宏观调控的法律规范的总和。据此,我们可以给“金融调控法”作一界定,即它是调整中央银行对全社会的货币总量和信贷结构进行调节和控制的过程当中所发生的社会关系的法律规范的总称,其目标是实现货币总供给与总需求之间的平衡。①

在我国,实施金融调控的机关主要是中国人民银行,此外,政策性银行也担负起一定的金融调控职能。但是,目前的趋势是,中国人民银行金融调控职能日趋强化,而政策性银行有待于进一步明确其定位。《中国人民银行法》是中国人民银行行使金融调控职能的重要法律依据,其中明确规定了中国人民银行是我国的中央银行,是担负金融调控职能的法定机构;明确指出了中国人民银行制定和实施货币政策的目的,以及货币政策工具。2003 年,《中国人民银行法》进行了修改,其中最为引人注目的就是修改之后的《中国人民银行法》第 1 条,删除了原来的有关“加强对金融业的监督管理”的规定,从而使中国人民银行法的立法目的由双重的“宏观调控”和“金融监督管理”转变为单一的“宏观调控”,进而将中国人民银行原有的金融监管职能剥离给新成立的银行业监督管理委员会,中国人民银行主要承担宏观调控职能,以及配合货币政策制定与实施的部分金融监管职能。

---

① 金融调控法与金融监管法、金融交易法并存于金融法之中,共同作为金融法的三大组成部分,然而三者却存在很大差异。金融监管法比金融调控法诞生得更早,更早地获得理论和实践的重视。早在资本主义自由竞争阶段,金融监管法就已存在,并且受到了古典自由主义经济学家的青睐,比如说亚当·斯密。尽管他对政府干预经济深恶痛绝,但是他对于政府基于确保所有银行债券都能够得到按期偿付而对银行业实施的监管却赞赏有加。在美国,尽管在自由竞争资本主义时代,各州政府也要求银行遵循资本要求,并对州银行的运行进行检查。然而,金融调控法的诞生却远远滞后于金融监管法,也就是说,只是在市场经济发展到垄断阶段之后,配合着凯恩斯的“干预主义经济学”,金融调控法才得以诞生。金融监管法主张通过国家干预市场来恢复市场自发调节机制,比如价格机制、竞争机制等;然而,宏观调控法则是针对宏观经济运行中的总供给与总需求失衡,主张国家调节机制(主要是利益诱导机制)与市场自发调节机制并举。金融监管法实际上属于经济法中的市场规制法的组成部分。只不过金融监管是特定的金融监督管理机关,比如说银监会、保监会、证监会对银行业、保险业、证券业等行业的监管。金融交易法调整的是私人主体之间的金融业务往来,这种业务包括吸收存款、发放贷款、办理同业拆借、票据贴现、银行结算、金融信托、金融租赁、外汇买卖、保险等等。鉴于金融交易法调整的是平等主体之间的货币往来关系,因此金融交易法属于私法的范畴。所以说,金融法中的金融监管法和金融调控法属于经济法的范畴,而金融交易法则属于民商法的范畴。

从金融调控的诞生来看,它主要是解决总供给与总需求的平衡问题。但是由于金融调控是一种以非强制力实施的利益诱导机制,它难以切实符合调控者的预期目的,因此金融调控的实效是会打一定折扣的。金融调控法的目的在于通过法律对金融调控机关、职权、程序等事项作出规定,从而确保权力的正当行使,进而确保宏观调控目标的实现。如果从确保权力行使的角度而言,这是法律自身就能够达成的;但是从确保宏观调控目标的实现角度而言,这并不完全取决于法律自身,更取决于复杂的经济现实。

(二)金融调控机制的内生不确定性——对宏观调控法实效之客观认识

中国人民银行制定和实施货币政策的实效如何,取决于货币政策的传导过程是否通畅和及时。货币政策传导机制的受阻,一直是我国货币政策实施所面临的重要难题。即使中国人民银行依据了充分而准确的信息,制定了适当的货币政策,也不能确保宏观调控的目标能够顺利实现。因为这里存在着货币政策传导机制的内生不确定性。事实上,货币政策在由中国人民银行下达至微观市场主体的过程中,实际上存在着三个主体:一个是中国人民银行,一个是金融机构,还有一个就是资金需求者。在这三个主体之中,又存在着许多的单个人。这些单个人又具有自己不同的现实境况和不同的意识取向,导致他们有着不同的行为模式。如果将这些行为模式加以排列组合,能够得出各种行为模式的组合。中国人民银行所要实现的货币政策目的,只是这些行为模式中的一种,即为最符合中国人民银行目的的理想模式。中国人民银行的货币政策目标的实现,必须是建立在单个行为主体的理性基础之上的,如果单个行为主体是非理性的,中国人民银行的目的就难以实现了。下面,我们就考察一下中国人民银行对房地产业的宏观调控。

如果从2003年6月中国人民银行发布“121号文件”起算,房地产业的金融调控已经持续3年了;如果从2005年3月16日中国人民银行上调个人住房贷款利率,不再实行优惠利率,3月26日国务院下发“国八条”,4月27日“新国八条”起算,也已经有1年多的时间了,但是金融调控的实效却不很理想。房价不降反升,2006年初的几个月竟然以20%的速度飞涨。应当说,每个人都是理性经济人,都会衡量自身的利益得失。比如说,一般消费者,如果他们确实需要买房,尽管提高了住房贷款利率,他们也会一如既往,国家提高了贷款利率,他们会选择一次性付款,或者加速还款,总之会采取规避措施;对于银行而言,尽管提高了贷款利率,银行的贷款规模会受到一些影响,但是它们可以推出固定利率贷款,避免受到未来调整利息的影响,从而也规避了国家的宏观调控;对于房地产开发商而言,只要消费者依然有旺盛的购买愿望就可以了,他们不用发愁房子卖不出去。而且,在很大程度上,开发商都在待价而沽;此外还有炒楼者,他们购买房屋，闲置不用，待价而沽，从而形成了强大的需求一方。地方政府、房地产开发商、炒房者，都不希望房价下跌，他们彼此之间形成了密切的利益共同体。这说明，中国人民银行的宏观调控措施，只有在市场机制非常完善、市场主体非常理性的情况下，才能够得到贯彻和实施，在信息不对称、利益集团存在等情况下，中国人民银行的宏观调控的目的往往会大打折扣。所以，对宏观调控的实效不宜奢望。

二、提高金融调控实效的制度设计

（一）"法外"制度的建立与完善

金融调控法是否能够取得预期成效，在很大程度上依赖于配套制度的建设，比如说完善的金融市场、健全的金融机构、稳妥的国有企业，而这些配套制度的建设，在很大程度上又依赖于法律的保障。一个竞争有序、价格真实的金融市场，是金融调控意图得以顺利传导的重要媒介。理性的金融机构和企业是作出接受金融调控指令的重要主体。随着我国金融体制改革的逐步深入，上述影响金融调控意图传导的因素会逐步减弱。预计在十一五期间，我国金融市场将得以稳步发展，货币市场的功能将进一步完善。另外，十一五期间的一个重要任务，就是加快金融机构尤其是国有金融机构的改革。预计在十一五期间，对金融机构的风险约束和资本约束将得以逐步建立，金融机构的治理结构也将进一步完善。最后，国有企业也将进一步改革，健全法人治理结构，增强竞争力。这些"法外"因素都关涉到金融调控的实效性，然而这些"法外"因素又需要法律设计的框架加以约束。

（二）依法确保金融调控的实效

正如前文所述，依法确保金融调控的实效涉及面非常之广，它包括依法确保金融市场的正常运行、金融机构的健全完善、企业的理性思维等等。当然，这些属于外围因素。更需要强调的是，依据法律确保金融调控行为运行过程始终的合法性和有效性。从主体法定到权力法定，从程序法定再到实施法定，法律确保金融调控得以顺利实施。然而，这些法定在很大程度上是从外部加以制约和保障的，更须强调的是通过法律确保金融调控内容的有效率性。其中，需要特别强调的是，通过法律从源头上确保金融调控的高效性，关键是依法确保信息来源的多元化与准确性。

享有充分而准确的信息，是中国人民银行制定并实施货币政策最重要的前提条件。按照2003年修改之后的《中国人民银行法》的规定，中国人民银行的主要职能已经限于制定和实施货币政策，金融监管已经退居其次，甚至到了非常有限的地步。那么，作为一个最高层的、独立制定货币政策的机构而言，中国人民银行的信息来源在哪里？这里就涉及了中国人民银行的两种主要的信息渠道。

一个信息渠道就是，中国人民银行通过一定范围内的金融监管而获得信息。按照修改之后的《中国人民银行法》的规定，中国人民银行将主要承担金融调控的职能，但是也在一定范围内承担金融监管的职能。这种金融监管职能主要就是对金融业进行统计、调查、分析和预测，对金融机构的业务和经营信息加以详细掌握。当然，法律赋予中国人民银行金融监管的职能，也是出于一种经济效率的考虑。换言之，中国人民银行在与金融机构的往来之中，能够接触到一些动态信息，这些动态信息能够配合银监会的监管，从而降低监管成本。① 然而，中央银行的金融监管与银监会的金融监管不同。前者是为了配合实施货币政策的一种辅助性措施；而银监会的监管则是针对金融机构，即银行、信托投资公司和资产管理公司的准入、退出和业务所进行的全面监管。

另一个信息渠道就是，中国人民银行通过建立中国人民银行与金融监督管理机构之间的信息共享机制而获得信息。中国人民银行监管并进而获得信息，只是为了配合货币政策的一种辅助性措施，相应地，获得的信息也是不那么全面的；而银监会的监管则是针对金融机构，即银行、信托投资公司和资产管理公司的准入、退出和业务所进行的全面监管，其获得的信息也是相对全面的。因此，中国人民银行与银监会之间的信息共享机制是十分必要的。此外，中国人民银行与保监会、证监会之间的信息共享机制也是不容忽视的。这主要是出于我国现实情况的考虑。目前，我国金融业实行的是分业经营、分业监管的经营和监管模式。然而实践中，一些大型金融集团以金融控股公司的形式从事混业经营。②鉴于银监会、证监会和保监会对于同一个企业的全部营业进行分割式监管，因此

---

① 我国《中国人民银行法》第 32 条对此做出了规定，即中国人民银行有权对金融机构以及其他单位和个人的下列行为进行检查监督：(一) 执行有关存款准备金管理规定的行为；(二) 与中国人民银行特种贷款有关的行为；(三) 执行有关人民币管理规定的行为；(四) 执行有关银行间同业拆借市场、银行间债券市场管理规定的行为；(五) 执行有关外汇管理规定的行为；(六) 执行有关黄金管理规定的行为；(七) 代理中国人民银行经理国库的行为；(八) 执行有关清算管理规定的行为；(九) 执行有关反洗钱规定的行为。

② 目前，我国主要有四种混业经营的形式：一是非银行金融机构以控股公司形式同时控股或参股多家金融机构，比如中信集团、光大集团、平安集团等；二是国有商业银行在境外设立非银行金融机构，或者与境外机构合资设立非银行金融机构，这些非银行金融机构又返回境内开展业务，比如中国建设银行与摩根斯坦利合资成立了从事投资银行业务的中国国际金融公司，工商银行、中国银行、农业银行、交通银行等国有银行在香港都有从事存贷款以外金融业务的金融机构，其中一些已经或计划在境内开办相应业务；三是由非金融企业同时控股多家金融机构，比如青岛海尔集团、首创集团、上海国际集团、云南红塔集团等；四是境外多元化金融集团在境内不同金融机构中参股，形成境内多元化经营的格局，如花旗集团、荷兰国际集团等。

单一的监管机构难以获得有关企业经营的充分信息。没有建立在充分信息基础之上的货币政策的制定与实施,是难以取得预期成效的。[①] 因此,中国人民银行需要充分把握包括货币市场、债券市场、股票市场以及保险市场在内的整个金融市场的动向和资金流向,以及银行业、证券业、保险业等领域的经济数据、信息资料,对此进行分析、判断和预测,并对其中有一些影响金融发展的重点问题进行调查和分析。获得全面、准确和及时的信息是中央银行货币政策目标和宏观经济总体调控目标得以实现的重要保证,因此建立一种信息共享机制以及协调机制是便成为一种必然。对此,《十一五规划》指出,提高金融监管水平,加强风险监管和资本充足率约束,建立健全银行、证券、保险监管机构间以及同宏观调控部门的协调机制。此外,《中国人民银行法》第 9 条、第 35 条第 2 款,以及《银行业监督管理法》第 6 条都做出了相应的规定。

具体做法就是,建立中国人民银行与三家监管机构之间的金融政策协调机制。早在 2000 年 9 月,中国人民银行就曾尝试与证监会、保监会建立联席会议制度。但是,由于那时候的混业经营的趋势尚不明显,各机构之间的监管职能的协调没有显得那么急迫。此时的联席会议制度只是正式的金融工作会议之前的通气会,难以成为有效的协调机制。2003 年,银监会从中国人民银行分离之后,以往由人民银行内部的货币政策部门与金融监管部门之间的内部协调,以及与证监会、保监会之间的外部协调,转变为中国人民银行与金融监管机构之间的外部协调。相应地,中国人民银行与金融监管机构之间的协调难度也就更大了,建立监管协调机制也更加迫切。2004 年,银监会、保监会、证监会三会首次联手,签订了《在金融监管方面分工合作的备忘录》(简称“备忘录”)。依据该备忘录,建立了三会共同参加的监管联席会议机制和经常联系机制,并且提出了针对金融机构的“主监管人”理念,即在“对金融控股公司的监管应坚持分业经营、分业监管的原则,对金融控股公司的集团公司依据其主要业务性质,归属相应的监管机构,对金融控股公司内相关机构、业务的监管,按照业务性质实施分业监管”。此外,备忘录还提出,银监会、证监会、保监会应当与财政部、中国人民银行密切合作,共同维护金融体系的稳定和金融市场的信心。应当说,“三会”之间的监管联席会议机制,对于金融监管机构之间的信息共享提供了便利。但是从本质上看,这种监管机制只是在现行的分业监管的体制下,加强监管机构之间相互沟通的权宜之计。为了防止这种协调机制流于形式,可以考虑依照《中国人民银行法》和《银行业监督管理法》,由国务院法制办牵头,制定有关金融监管

---

① 同一金融机构同时参与货币市场、资本市场和保险市场,既可能导致风险叠加,有可能引发风险在各个市场之间的转移。如果多个金融监管机构同时进行监管,既可能导致监管重叠,监管成本提升,也有可能造成监管真空。因此,建立中国人民银行与有关部委、金融监管机构之间的监管协调机制势在必行,而且中国人民银行应当在这一机制中发挥监管牵头人或监管协调人的作用。

协调的条例,使这种协调机制成为一种真正有约束力的制度安排。

三、另论:政策性银行的定性及改革取向

(一)政策性银行的定性:贯彻国家宏观调控意图的金融机构

政策性银行离我们比较远,因为它们基本上不针对一般企业和个人从事吸收存款和发放贷款的零售业务,它们是为了执行国家的政策意图,扶植某一行业或者地区而设立并运营的。[①] 目前我国的政策性银行主要有三家,分别是1994年3月17日成立的国家开发银行,1994年11月8日成立的农业发展银行,1994年7月1日成立的中国进出口银行。这三家政策性银行都是依据1993年12月25日的《国务院关于金融体制改革的决定》而成立的。尽管作为一个普通民众而言,政策性银行似乎与自身无关,但是对于一个国家的宏观经济政策的决策者而言,政策性银行是不可或缺的,地位也是非常重要的。因此,政策性银行作为一个重要的宏观调控主体,应当纳入我们的研究范畴。

为了更好地了解政策性银行的特性与职能,我们可以将它与商业银行作一对比。首先,政策性银行是为了贯彻国家的宏观调控而从事金融服务的,它不具有营利性,因此从法律性质上讲,政策性银行属于公益法人;而商业银行是一个在市场竞争中谋求自身利益最大化的经济主体,它在法律性质上属于企业法人。其次,政策性银行补充办理商业银行不愿意提供的金融服务,两者相互补充。这也就是公共物品的提供。在难以盈利的领域,或者盈利耗时耗力的领域,商业银行不愿意介入,那么就有政策性银行填补这一空缺。不过,当一些领域逐渐变得有利可图的时候,最好还是交由商业银行去做,政策性银行便可以退出了。再次,政策性银行在很大程度上是由政府全部出资或者部分出资设立的,因此国家属于政策性银行的所有者,政策性银行必须直接贯彻国家意图。商业银行尽管有许多是国家出资的,但是他们是一种独立的市场主体,除了接受国家的宏观调控之外,并不直接受制于国家。最后,考虑到政策性银行的性质、目的和业务等等都与商业银行不同,因此政策性银行所适用的法律也应当不同于商业银行。在目前,我国已经有了《商业银行法》,但是还没制定政策性银行法,只有三家政策性银行的章程规定。

(二)政策性银行的改革取向:政策性金融与商业性金融并存

一般来讲,政策性银行的职能有两个方面:一个就是商业银行所具有的职

---

① 比如说,农业发展银行主要是为了粮食收购发放低息贷款;国家开发银行是为了基础设计建设而提供贷款;国家进出口银行是为了机电产品或者成套设备提供买方贷款或者卖方贷款等。

能，既吸收存款和发放贷款，但是政策性银行吸收存款、发放贷款的对象是非常有限的，比如说，农业发展银行指能够吸收那些使用农业政策性贷款的企业的存款，然后将筹集到的资金投入到所需要的单位和项目；另外一个职能就是实施宏观调控。当然，政策性银行履行第一个方面的职能的时候，实际上也就实现了第二个职能。我们主要谈政策性银行的调控职能。一般来说，政策性银行主要通过信贷、担保和咨询三种方式发挥自己的宏观调控的职能。[①]

政策性银行之所以存在，是因为国家需要贯彻自己的产业意图，而且实践中也对政策性银行有需要。但是，现在的问题是，尽管国家依然需要贯彻自己的产业意图，但是实践对政策性银行的需要已经不那么强烈了。[②]《十一五规划》指出，合理确定政策性银行职能定位，健全自我约束机制、风险调控机制和风险补偿机制。究竟如何解决政策性银行的定位问题？考虑到政策性银行的原有业务领域可以由商业性金融来提供，政策性业务就被压缩了，一种方式就是，取消政策性银行，完全交于商业银行来经营；另一种方式就是，政策性银行兼具商业性金融和政策性金融的属性。我们认为，尽管国家以前支持的产业可以交由商业性金融来提供了，但是不代表不会出现新的需要国家支持的产业，因此政策性银行依然具有自身的存在价值。但是，国家支持的产业的比例将会随着市场机制的不断完善而越来越小，政策性银行如果仅仅依靠单一的政策性业务，难以获得充分的利润，这也不利于政策性银行的生存和发展。所以，政策性银行可以兼具

---

① 政策性银行对于那些处于成长期的、具有较大风险的行业发放贷款，以便支持该行业的发展。如果该行业处于了良性发展期，商业银行就会增加对该行业的贷款，政策性银行就可以退出，转而支持国家需要发展的其他行业。担保主要体现在机电产品和成套设备的进出口业务上。由于所需要的资金多、周期长，这是商业银行不愿意承担的，因此充当保证人的角色就落到了政策性银行的身上。最后，政策性银行还可以为各类投资项目提供咨询服务，借此推广国家的宏观经济政策。

② 比如说，国家开发银行主要承担国家基础设施建设和支柱产业等重大项目的长期融资，但是现在许多商业银行也乐于进入这一领域。国家开发银行的六大信贷领域是电力、公路、铁路、石油化工、城建及邮电通讯行业，这些业务也正成为商业银行眼中的肥肉。10 年前，这些领域都是商业银行不愿意介入的，因此分离出来给政策性银行。然而，现在这些领域变得有利可图，商业银行想要介入。再比如说，农业发展银行总共有两个大的职能，一个是扶贫业务，这个职能早已经推给了农业银行，另一个职能是粮棉油收购信贷，但是这一业务已经大幅度萎缩。所以，许多学者和业内人士都认为，农业发展银行已经没有存在的必要了。进出口银行主要是向设备进出口提供信贷服务和担保服务。但是，现在的中长期商业性资金已经比较容易和安全地进入了机电产品领域。而且，许多需要政策性金融大力支持的产业已经成为了成熟的商业竞争性行业。比如说，10 年前，我国机电产品出口占全部出口的比例只有 26.4%，而到 2004 年，我国机电产品出口额占全部出口额的比例达到 54.5%，出口总额已占世界第三位，要求政策性金融支持的基础已不复存在。可以说，实践对政策性银行的需求已经不强烈了，因此有学者指出，国内的政策性银行应当市场化了。此外，政策性银行自身积累的呆账、坏账也使其难以负重前行。政策性银行的目的就是为了实现政府的宏观调控意图，而不管项目到底是否盈利；在经营管理上更像是一个政府机关，而没有考虑要像商业银行一样进行管理。那么，日积月累，政策性银行的问题便凸现出来了。比如说，进出口银行在 2004 年的全年收入总额为人民币 54.83 亿元，支出总额为人民币 53.87 亿元，税后利润只有人民币 4011 万元。而且，进出口银行常年累积的不良贷款的规模估计在百亿元人民币左右。相对于进出口银行，农发行的不良贷款规模更为惊人，据估计有数千亿元之巨。政策性银行自身经营的问题，使得政策性银行成为了众矢之的。

政策性金融与商业性金融两种功能，也就是转型为“综合性开发金融机构”。综合性开发金融机构强调自主经营，自担风险，市场化运作，强调商业上的可持续性。政策性银行在转型之后，在财务管理上采取“分账管理”的方式，分别设立“指令性账户”和“指导性账户”。“指令性账户”主要体现政策性属性，用于记录和反映完成国家政策性任务的资金的使用状况；“指导性账户”用来记录和反映配合国家产业政策、发展战略所从事的各项自营性、开发性项目的资金和财务信息，统筹《商业银行法》允许开展的所有业务，不享受政策优惠。需要强调的是，两个账户需要设立隔离机制，防止政策性银行将商业账户的损失转嫁到国家财政头上。在实现政策性银行的转型之前，我们有必要对政策性银行的呆账坏账进行处理。具体做法可以考虑：由于指令性任务而造成的纯粹的政策性亏损，中央财政应给予相应解决；而由于政策性银行本身经营管理不善而造成的贷款损失，则应当以今后的经营利润转拨备的方式进行抵补。

需要指出，我国未制定政策性银行法，约束政策性银行业务活动的只有其章程，从而使得这块金融业务没有法律依据——其成立没有法律依据，业务没有法律依据，改革就更没有法律依据，从而使得这块领域成为“法外”领域。对于盛倡社会主义法治的我国而言，这种情况无疑是值得反思并需加以改进的，这也为经济法，特别是金融法的研究提供了广阔空间。

试论消费金融的制度性体系*

◇ 洪艳蓉**

内容提要 消费金融的信用属性，要求跨越政策性的立法推动，摆正国家、金融机构和消费者三者的权责利关系，建立市场化的制度体系。这个制度体系应优先发展维护授信机构公平竞争，保护金融消费者合法权益，保障债权有效实现并允许债务适度免除的必备法律制度，逐步完善控制和分散消费信贷风险的配套制度，通过普及社会保障和消费者教育扩大消费金融需求。

关键词 消费金融 个人信用 法律制度

消费金融又称消费信贷，是商业银行基于消费者的个人信用评估发放的用于个人消费的信贷类型。我国消费信贷从1997年在拉动内需的政策推动下，从无到有，发展迅速，但也暴露出信贷发展不均衡、运作成本高昂和业务创新薄弱等弊端。① 为充分发挥消费金融促进经济增长的作用，保障消费金融的自足性发展，有必要结合消费金融的信用属性，探索市场化的制度体系。

一、消费金融的信用属性与规制要求

现代经济是一种信用经济，消费金融的发生和发展，是银行与消费者的经济信用关系在消费领域的反映，并体现为消费信贷合同中资金供给者与资金需求者之间的金钱债权债务关系。本质上，消费金融是一种建立在个人信用管理基

---

* 本文为作者主持的北京大学ACOM金融信息化研究中心2005—2006年课题“国内消费金融的法制环境与问题”的阶段性成果。

** 洪艳蓉，北京大学法学院讲师，法学博士。

① 截至2005年末，全国消费贷款余额达2.2万亿元，约占人民币贷款余额的11%，但也存在不少问题。参见中国人民银行：《2005中国区域金融运行报告》，来源 http://www.pbc.gov.cn/detail.asp?col=100&id=1817，2006年7月13日访问。

础上的信贷活动[1],其特性决定了不能套用一般合同法律关系进行规范,而应有相应的目标考虑和系统的制度设计。

第一,从授信主体看,它属于银行信用,是由金融机构为消费者提供的信用形式,区别于商业企业基于商品买卖关系为消费者提供的商品信用。金融机构,尤其是银行作为金融中介在现代经济中的重要地位和影响,使这种信用在市场准入、品种设计、额度与利率等多方面都要受到法律和政策的专门规制。

第二,从受信主体看,它属于个人信用或消费者信用,是面向消费者个人提供的信用形式,区别于以企业为对象的企业信用或者以国家/政府为对象的公共信用。消费者的弱势地位和晚近以来消费者保护运动的兴起,使保护消费者成为规范这类信用关系的核心。

第三,从信用目的看,它属于消费信用,是以满足私人衣食住行等必需生活消费的信用供给,区别于个人/企业为添置生产设备,扩大再生产规模申请的生产性/经营性信贷。其应用得当,能刺激消费,拉动内需而促进经济增长;反之则会造成信用膨胀,累积信用风险,并可能诱发金融危机影响社会稳定。[2] 为此,消费信用需要宏观层面的引导并辅以配套的社会保障措施。

第四,从信用工具看,它属于现金信用,是由银行以货币形式向消费者提供的信用,区别于商业企业以赊销或分期付款等形式向消费者提供的商品信用。信用与货币的密切关系及银行的高杠杆负债经营属性,使对消费信贷的规模控制和审慎性监管,成为货币政策和金融监管的重要内容。

第五,从信用属性看,它属于债权信用,银行放贷之后,有权在将来向消费者索取本息,区别于资金所有者基于股权而形成的投资关系。通常,银行在评估消费者个人信用的基础上授信,债权实现取决于消费者的还款意愿和还款能力。银行除少数情况下要求消费者提供担保之外,主要基于消费者的个人信用记录进行系统的信用风险管理来规避和化解风险。因此,建立充分而有效的个人征信系统,是消费信贷发达的基础。[3]

二、我国消费金融法制评判

随着 1999 年中国人民银行发布《关于开展个人消费信贷的指导意见》,立法者以《商业银行法》(1995 年)、《贷款通则》(1996 年)为依托,颁布了《个人住

---

① 林钧跃:《消费者信用管理》,中国方正出版社 2002 年版,第 25 页。

② 易宪容、黄瑜琴、李薇:《消费信贷、信用约束与经济增长》,载《经济学动态》2004 年第 4 期,第 39 页。

③ 〔美〕玛格里特·米勒编:《征信体系和国际经济》(世界银行全球征信调研报告),王晓蕾等译,中国金融出版社 2004 年版,原版序。

房贷款管理办法》(1998 年)、《银行卡业务管理办法》(1999 年)、《助学贷款管理办法》(2000 年)和《汽车贷款管理办法》(2004 年)等一系列规范文件,初步建立消费金融法制。在立法的推动下,我国消费信贷市场发展迅速,但转轨时期为落实政策的立法,不仅使市场发展出现了偏差,也已不适应金融改革和开放带来的新需要。

从历史上看,现行的消费信贷立法,是为配合同阶段的住房体制改革、汽车产业发展、高等教育收费改革以及国家"金卡工程"建设推出的,带有明显的政策性立法特征;法律形式上主要以零星、分散的部门规章/通知的形式出现,许多条文过于原则/政策化,欠缺明确的权利义务规定。这种政策导向的立法经由国家对四大商业银行的控制实施,形成国有商业银行占据消费信贷 70% 以上市场份额,住房信贷独占鳌头、其他消费信贷类型受限发展的市场格局。[①] 国家过多地介入消费信贷,其结果可能是银行非自愿的信贷推广、业务创新不足和高不良资产率,损害消费信贷市场的发展。而政策本身的弹性和不同时期的考虑,也直接影响消费金融立法的稳定与协调,这在住房信贷和国家助学贷款近年频繁的波动上得到了佐证。

延续应急性立法的影响,法制无以围绕消费信贷的个人信用管理特点,优先发展个人征信系统和分步推进个人信用风险转移机制的建设。而计划经济体制下形成的条块分割影响和未完全理顺的经济监管权限配置,使消费金融领域存在多头重叠监管和真空监管状况,加上各主管机关的不同考虑,影响了消费金融市场的协调统一发展。

消费信贷发展的政策迫切性和经验空白,还使法制呈现如下特点:一方面,监管者在未建立消费信贷有效监管模式之前,往往以行政命令或直接的业务规管控制银行的消费信贷风险。单一的合规监管标准和欠缺弹性的监管举措,不但无法培育银行的风险自控能力,反而降低其风险防范敏感度并抑制业务创新动力。另一方面,消费金融指引规范相对原则并缺乏配套规则,消费金融私法规则大都交由作为授信人的银行单方拟订。银行基于优势地位,在没有行业不正当竞争规制和消费者权益保护法制的条件下,倾向于向消费者转移各种风险。而经济转型时期社会保障制度的未完全普及,支付系统这一基础性设施的不尽完善,以及银行、特约商户、"银联"三者内在矛盾等情况的叠加,很大程度上降低了居民对消费信贷的需求。这些都削弱了消费金融市场的发展潜力。

---

① 魏义俊:《我国个人消费信贷的现状分析及其对策研究》,载《消费经济》2005 年第 10 期,第 55 页。

三、构建消费金融的制度性体系

近年来步伐加快的政治体制、金融体制改革和对外开放,改变了消费金融面临的政策环境,变化主要有三方面:其一,国家行政许可法的实施和央行货币政策制定、执行职能与金融监管职能的分离,使国家干预经济方式日益规范化、法制化;其二,银行借助股份制改革、审贷自主权下放和利率市场化,逐步确立市场主体地位并扩大经营自主权,进一步压缩了国家直接干预的空间;其三,履行入世承诺和金融对内开放,使外国和民间金融机构得以和国有银行同台竞争,买方市场的形成促使创新成为银行制胜的选择。消费金融法制,无疑应适应新形势,克服政策性立法弊端,形成有效引导和规范消费金融发展的制度性体系。

(一)消费金融的主体关系构架与定位

从法律关系构成看,一个运作有效,利于消费金融萌生和发展的制度体系,应摆正银行、消费者和国家[①]这些相关主体的位置,并合理配置之间的权利义务关系。申言之,这一制度体系由国家(监管者、司法者)——银行、国家(监管者、司法者)——消费者(居民)以及银行——消费者三类共九组不同的关系构成,各组关系有其特定目标,并围绕个人征信体系这一核心,以银行和消费者的信用交易关系为链接,形成错落有致的消费金融制度框架。(如下图)

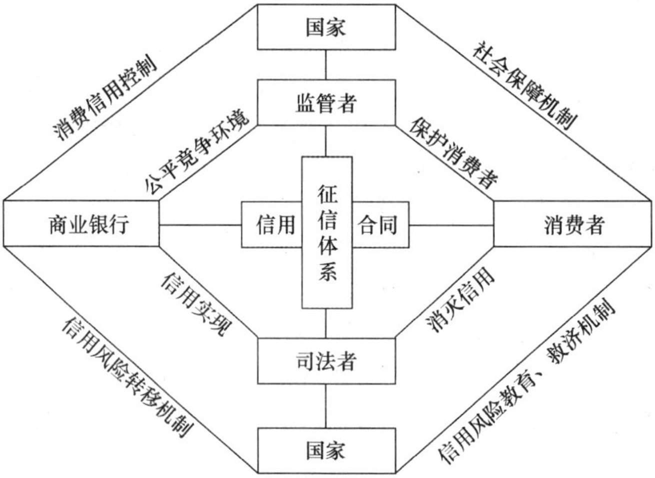

从国家的定位看,应是创造稳定的宏观经济环境,普及社会保障,提供良好

① 包括作为宏观政策主导者意义上的国家,以及在某个层面上行使国家权力的立法者、金融监管者、司法者及相关职能部门等。

的金融市场基础设施，正确引导消费金融适度而均衡地发展，并平衡金融交易各方的权利义务，为消费金融纠纷提供有效的处理机制。这种定位将改变国家直接以政策力量驱动消费金融发展，行政性干预交易主体市场行为的状况，通过营造有效的市场竞争环境，以经济手段引导消费金融的自足性发展。

从银行的定位看，应是服从国家基于金融安全和稳定进行的金融监管，充分发挥创新能力，为市场提供便利、廉价的多样化消费金融工具，合法竞争，诚信对待消费者，合法追偿消费信用债权，树立自负盈亏的商业主体形象。这种定位将修正银行依靠政策垄断获利，缺乏业务创新能动力，过分向消费者转嫁信贷风险的形象，形成种类丰富、物美价廉的消费金融供给市场。

从消费者的定位看，应是结合个人经济实力，避免过度信用消费，诚信履约，建立良好的信用档案，充分利用法律教育和救济机制，提高风险防范能力并维护自身合法权益。这种定位将解除消费者信用消费的顾虑，遏制以非法手段侵占/诈骗银行信贷资金的企图，促成消费金融良好需求的形成。

（二）发展我国消费金融必备的制度体系

消费金融是以个人信用为基础的信贷业务，围绕个人信用档案登记、风险评估、管理和处置在国家、银行和消费者之间形成的制度安排，是发展消费金融必备的法律制度。

作为基础和核心的是个人信用征集与利用的法律制度。经验证明消费信用信息共享系统，有效缓解了银行面临的消费者逆向选择和道德风险问题，在拓展消费信用市场深广度，降低消费信用产品价格的同时也增强了银行的信用风险控制能力。[①] 我国目前已有央行筹建的全国个人信用信息基础数据库和上海、深圳及北京等地方性征信系统，并颁布了《个人信用信息基础数据库管理暂行办法》等调整规范，但受《档案法》、《保密法》等高位阶法制约及个人隐私权与信息征集关系处理宪法层面上的欠缺，征信立法还需更多的完善。通常，社会信用体系应围绕信用信息的采集、披露和查询使用等环节展开立法[②]，未来需要在立法中进一步明确：(1) 征信机构的范畴、职责及信用信息征集模式；(2) 征信机构可以收集和使用的信用信息范围、方式与程序；(3) 保密数据的范围及金融隐私权的保护；(4) 社会信用评估规范；(5) 征信监管框架，等等。

调整国家（监管者）与银行关系的立法。在该法律关系下，监管者立足市场充分、公平竞争，严把银行的消费信贷市场准入关并制定有效的竞争规则[③]，同

---

① 邹浩：《美国消费信用体系初探》，中国政法大学出版社 2006 年版，第 154 页。
② 谈李荣：《金融隐私权与信息披露的冲突与制衡》，中国金融出版社 2004 年版，第 222 页。
③ 汪鑫、卞翔平：《银行法的效率目标与银行竞争规制》，载《法学评论》2004 年第 5 期，第 59 页。

时对银行实行以资本充足率为核心的审慎监管，全面督促其有效管理消费信贷业务风险，确保金融安全和稳定。我国目前没有关于消费金融市场准入、行业竞争和金融监管的专门立法，适用的是《商业银行法》、《贷款通则》及监管部门的各项相关规定。随着消费金融的重要性日益突出，授信者范围的拓展和基于个人信用的风险监控的特殊性，有必要考虑适时制定《消费信贷业务管理法》对此进行专门规范。

调整国家（监管者）与消费者关系的立法，实质上是监管者限制处于优位的银行行为和扩张处于弱势的消费者权利以保护消费者。随着晚近以来消费者保护运动的兴起，由监管者通过立法重新配置双方权益，平衡利益冲突，成为保护消费者的有效方式。[①] 银行滥用优势地位，常使信贷消费者无法获得公平交易条件，但我国目前无针对信贷消费者的保护规定，仅依靠《消费者保护法》的简单条文，恐难实现充分保护目标。为此，在上述《消费信贷业务管理法》中纳入消费者保护内容，包括消费者可以获得公平消费信用机会、享有多元的消费信用选择权和解除权，要求银行公开业务操作条件并进行必要的业务说明，提供交易的简易合同文本并公平地对待消费者，禁止进行虚夸或不正当的广告宣传等，已成为迫切的需求。

调整国家（司法者）与银行关系的立法，是指银行实现信用债权的法律制度，要求国家建立公平、透明和高效的债权司法救济机制，保障银行通过司法程序最大限度地追偿债权，便利开展下一轮消费信贷业务并降低坏账比例。我国司法历史上曾为寻求“社会稳定”而限制银行执行借款人的抵押房产，结果不仅助长了恶意逃债歪风，也落空银行债权回收，大大挫伤了银行提供消费信贷的积极性。虽然这一做法已通过司法解释调整为对银行债权的尊重和最终的强制执行，但有必要在立法中确认银行债权的合法实现。确保银行是自负盈亏的商事主体，而非计划经济下国家社会救济的执行者，是消费信贷市场化的关键。

调整国家（司法者）与消费者关系的立法，是指有关个人破产与债务重整的立法，以建立相关机制为个人提供适度的债务免除。个人过度超前消费、严重超过负担能力及各种意外情况，都可能导致债务无法清偿。一旦久拖不决，当事人双方将不能有效地调整资产管理并可能影响社会稳定。允许个人适度免除债务，可以使其摆脱负债拖累，重新获得发展机会，但要避免借款人逃废债务，诈取银行资金，二者的平衡是《个人破产与债务重整法》成功的保证。我国尚无这方面的立法，可能与目前银行大多采用抵押放款而消费信贷人均额度还较低的状况有关。相信随着消费金融业务的深入开展，银行信用放贷比例大幅度增加，个人过度负债情形达到一定普遍程度之后，这项立法也将成为必要的制度配置。

---

① 李凌燕：《消费信用法律研究》，法律出版社 2000 年版，第 355 页。

（三）繁荣我国消费金融的配套制度体系

开展消费金融离不开上述必要的法律制度，而其兴旺发达，还需要相应的外部机制，包括：

调整国家（中央银行）与银行关系的立法，包括设定消费信贷工具、控制利率及提供倾向性信贷优惠等涉及消费信用控制和社会倾斜的立法。信用和货币的密切关系使央行通过制度安排控制过度信用膨胀，成为实现货币政策目标的必然选择；适当运用利率工具，能充分调动信用交易当事人的积极性并遏止地下金融的发展；以法律手段替代行政命令实施消费信贷的社会性倾斜，如支持高等教育的助学贷款、给予中西部消费市场较低的信贷利率优惠等，将会收到更好的执行实效。[①] 目前，这方面的立法随着银行改制、利率改革等金融改革而逐步推进，待时机成熟，将相关内容纳入《消费信贷业务管理法》未尝不可。

调整国家（社会保障部门）与消费者关系的立法，包括界定社保的受益对象、幅度、资金来源及多元的社保途径等方面的制度。充分而有效的社会保障，可以消除居民未来生活顾虑，促其提前使用消费信贷。但靠国家财力短期内大幅度提高社保受益面并不实际，引入价位合宜的商业保险助力社保制度建设，值得考虑。目前，社保范围正向更广泛的乡镇居民推进，商业保险的日益普及对发展消费金融也大有裨益，但相关的制度及纠纷解决有待进一步立法。

调整国家（各个职能部门）与银行关系的立法，包括为银行提供信贷保险、担保、贷款买卖、资产证券化等信贷风险转移机制。目前国内已开展了上述几项业务，但还处于探索阶段，存在品种单调、担保力度不足等问题。未来应建立发挥这些措施实效的制度，并适时引入新信贷风险转移机制，以便银行盘活资产和拓宽信贷资金来源，创造更质优价美的消费信贷。

调整国家（各职能部门）与消费者关系的立法，对消费者进行信用风险教育，并提供除司法之外多样化的信贷风险救济途径。在中高等教育中推广消费信贷通识教育，通过监管者、自律性组织或社团协会，对潜在消费信用人群进行信贷风险教育，是预防消费者过度风险承担和提高其自我保护能力的有效方式。除司法途径之外，调解、法律援助、ADR、仲裁等多种纠纷解决方式，可以降低消费者的成本支出，提升其信贷消费积极性。理性的消费者和多样化的纠纷解决途径，是消费金融市场可持续性发展的保障。目前，我国有关消费者教育的事项刚刚启动，而实践中消费者的权利救济途径还比较欠缺，这些都需要通过立法逐步提高与改进。

---

① 林钧跃：《消费者信用管理》，中国方正出版社 2002 年版，第 28—29 页。

房地产市场宏观调控中的公平理念*

◇ 殷　洁**

内容提要　房地产市场宏观调控,应处理好形式公平和实质公平、程序公平和结果公平以及当代公平和代际公平的关系。限制外地人购房和行政审批住房套型结构比例等做法,不利于实现公平价值目标。对住房普遍征收房产税并对国民普遍进行住房补贴,是有效调控房地产市场,保障国民公平居住权的长效机制。

关键词　房地产市场　宏观调控　公平理念　实质公平　代际公平

公平是法律最基本的价值目标之一。宏观调控的基本宗旨就是实现供需均衡、增长均衡和结构合理。均衡是公平的应有之义。没有均衡,公平就缺乏根基;没有公平,均衡就缺乏保障。因此,房地产市场宏观调控应贯彻公平理念,以实现住房供需均衡,房价稳定。

一、房地产市场宏观调控中的形式公平与实质公平

宏观调控中的形式公平,是指宏观调控政策措施平等地适用于每个人(或受控主体)。形式公平是以抽象的人格平等和个人自由为前提的,它所强调的是机会均等。然而,在现实社会经济生活中,个体在禀赋、能力、经济条件、生活环境等方面差异很大,如果一味强调平等而适用单一规则,就如同丛林法则下的弱肉强食,会产生实质上的不公平。就房地产市场而言,影响宏观调控实质公平的因素主要有:

(1) 地区差异与地理位置。房地产属于不动产,离不开土地。然而,在我国

* 本文已发表于《金融与经济》2006 年第 12 期,原文约 5000 字。

** 殷洁,上海对外贸易学院法学院教授、硕士生导师,华东政法大学博士研究生。

城乡之间、城市之间、乡村之间、东西部之间以及南北方之间，土地资源（或人均土地占有量）差异较大。即使是在同一城市，由于区位不同，如北京市的三环以内和三环以外，土地资源的珍稀程度差异就特别大。如果采取单一标准对房地产市场进行宏观调控，显然会导致结果的不公平。因此，对房地产市场进行宏观调控时，标准不能过于单一，如普通住房标准，就应由各地根据地理区位、人口密度以及发展规划等情况予以确定并公布。

（2）家庭结构。为进一步抑制投机和投资性购房需求，同时考虑到中低收入群众的住房需求，建设部等在《关于调整住房供应结构稳定住房价格的意见》中规定："从2006年6月1日起，个人住房按揭贷款首付款比例不得低于30%。对购买自住住房且套型建筑面积90平方米以下的仍执行首付款比例20%的规定。""对购买住房不足5年转手交易的，销售时按其取得的售房收入全额征收营业税；个人购买普通住房超过5年（含5年）转手交易的，销售时免征营业税；个人购买非普通住房超过5年（含5年）转手交易的，销售时按其售房收入减去购买房屋的价款后的差额征收营业税。"这些规定从形式上看是公平的，但仅仅考虑到了单套住房和三口之家核心家庭的一般情况，而没有考虑到不同家庭的成员结构和人数变化。因此，如果采取单一的住房购买和转售条件，对于大家庭而言，实质是不公平的。

（3）住房的使用和处理方式。住房可以自用，可以出租或转售。自用可以是个人使用，也可以是家庭共用；可以是经常居住、长期居住，也可以是偶然居住、短期居住。不同的使用或处理方式，直接关系到住房的使用效率和房地产资源的社会效益。目前，我国房地产市场除了房价过高以外，最突出矛盾是：一方面，大量的人无处安身或居无定所；而另一方面，大量的住房长期闲置，空房率居高不下，房地产资源浪费严重。造成这一现象的重要原因就是，近年来的房地产市场调控政策措施仅关注打击住房转售投机牟利行为，抑制房价快速上涨，而对占而不用住房的现象调控力度不够，使得占有住房资源的成本太低。因此，宏观调控政策措施应当区别对待住房不同的使用和处理方式。

二、房地产市场宏观调控中的程序公平与结果公平

一般而言，程序公平是结果公平的前提，如果程序不公平，就难以保障结果的公平。如何实现房地产市场宏观调控的程序公平？

首先，要求宏观调控部门自身在法定权限范围内，依照法定程序，在统计分析、科学论证的基础上作出宏观调控决策，而不能在对市场形势武断的前提下盲目出台宏观调控政策措施。

其次,要求宏观调控决策信息的公开依照法定的程序进行。该保密时一定要严守秘密,该公布时一定要及时公布。最近以来,有关房地产市场宏观调控的小道消息满天飞,导致宏观调控的效果大打折扣。

最后,应该保证受控各方有一定的消化政策的时间。就房地产市场而言,一个项目从立项、设计、施工到竣工,一份房地产买卖合同从磋商签约、贷款、付款到办理过户登记,都需要经历一段相当长的时间。宏观调控政策变化,会直接对当事人之间的权利义务产生重大影响。如果当事人没有足够的时间消化政策,并且对项目或合同内容作相应的调整,极易导致当事人之间权利义务的严重失衡。最近一些房地产市场宏观调控的政策措施,如建设部等《关于调整住房供应结构稳定住房价格的意见》、国家税务总局《关于加强住房营业税征收管理有关问题的通知》、国家税务总局《关于个人住房转让所得征收个人所得税有关问题的通知》,从发布到生效时间极短(最短的仅有一两天),令当事人措手不及。有的房地产开发项目的准备工作已经就绪;有的房屋买卖合同定金已经交付;有的房款已经交付,只等过户。孰料政策的突然变化,使得开发商来不及变更设计或前功尽弃,房屋买卖双方来不及反悔,显失公平。因此,为了尽可能实现结果的相对公平,房地产市场宏观调控措施的出台,应该考虑到房地产开发项目的特殊性以及房屋买卖合同签订的时间跨度,给当事人充分消化政策留有时间。

三、房地产市场宏观调控的当代公平与代际公平

住房是人赖以生存的生活必需品。在人口日益增长的现代社会,房地产已不是一般意义上的财产,私有房屋也不是一般意义上的私有财产,而是日益重要的社会公共资源,需要在当代社会成员之间进行公平分配,以实现"居者有其屋"、"屋"尽其用,这就是房地产市场宏观调控的当代公平。为此,不应允许单位、团体或个人无限制地占有房地产,不应允许大量的房地产长期闲置。

另一方面需要关注的是,房地产不仅要占用土地资源,还要消耗其他资源和能源,而土地资源和其他资源、能源都是有限的。这就要求政府对房地产市场进行宏观调控时,既要考虑满足当代人的需要,又要考虑不对后代人满足其需要的能力构成危害,即应从后代人利益考虑,促进资源节约和环境保护,实现代际公平。

有资料表明,在发达国家,经过长期居住实践之后,已经筛选出一个符合适度、合理、可持续发展的户型区间:单套住宅建筑面积在85平方米至100平方米之间。在上个世纪70年代至90年代,这些发达国家的新建住宅户型也曾越做越大,现在户型又重新回归到一个合理的区间。2002年,日本、瑞典和德国这三

个发达国家新建住宅平均建筑面积分别是85平方米、90平方米、99平方米。① 然而，我国的住房越建越大，大户型盛行，小户型难觅，住宅装修不惜重金。② 根据我国最新的政策界定，消费者享受普通住宅政策的标准是120平方米以内，同时允许各地上浮20%，即144平方米以内。这一标准大大超过许多发达国家的水平。

此外，与发达国家相比，我国住宅能耗是世界上同类气候条件住宅的3倍左右，钢材消耗高出10%—25%，卫生洁具耗水高30%，污水处理后的回用率仅为发达国家的1/4。大面积高档住宅的耗费比经济实用住房平均每平方米高出50%。目前，有95%以上属于高能耗建筑，只有10%左右的新建筑实施了建筑节能标准。③ 中国可能已成为全球最大的建筑浪费国。④

国务院及相关部委最近出台的一系列调控政策措施，鼓励中小型普通商品住房和经济适用住房建设，合理引导住房消费，贯彻了当代公平和代际公平的理念。但是，从节约型社会来看，仅仅关注单套住房面积是不够的，还应对住房建设的资源节约、环境保护等问题予以高度重视，尽快出台鼓励使用低能耗和环保建材的宏观调控措施。

四、不利于实现公平价值目标的举措

（1）限制外地人购房。长期受户籍制度严格管束的人们，总是习惯于将居民区分为本地人和外地人来思考社会问题。比如，有人认为："北京的房价是外地炒房者炒起来的。""没有在北京投资和纳税的外地人，通过在北京购房占用了北京地方的土地资源，但没有像北京纳税人或已在北京工作并缴纳税的外地人那样，为北京的发展做过贡献。为了保证对北京纳税人的公平，有必要对他们征收北京地方税。同时，北京也因通过加重地方税收来调节地方资源。"因此，建议"向在北京居住两年以下的外地人征收商品房税。"⑤此言一出，引出社会各界的广泛讨论。在搜狐网为此专门设立的调查中，有70.06%的网友对"北京房价是否为外地炒房者炒起来的"表示否定；有84.65%的网友表示反对"为外地人在京买房设立门槛"。⑥ 笔者认为，限制外地人购买本地房屋，明显有失公平。

---

① 卜云彤：《房子越做越大：我国盖房子炫耀摆阔现象严重》，载《人民日报海外版》2006年4月14日。

② 刘文波：《城市建筑浪费：不可承受反复拆建之重》，载《人民日报》2005年6月22日。

③ 同上。

④ 陈大阳：《中国可能已成为全球最大的建筑浪费国》，焦点房地产网，http://house.focus.cn/msn/news/2006-04-20/199763.html。

⑤ 吴学军等：《八成网友反对为外地人买房设限 是否歧视外地人》，载《新京报》2006年1月20日。

⑥ 同上。

首先,我国《宪法》第33条第2款明确规定,“中华人民共和国公民在法律面前一律平等。”其次,行政区划是出于行政管理的需要,户籍制度也只是出于户口管理的需要。位于北京的土地资源不是具有北京户籍的人的土地资源,同理,位于上海的土地资源也不是具有上海户籍的人的土地资源,而都是全国人民的公共资源。再次,全国人民都依据中华人民共和国的法律纳税。即使是在分税制条件下,也不表明具有北京户籍的人都比在北京的外地人纳税多,贡献大。最后,尽管近年来外地人炒房对于房价非理性增长起到了推波助澜的作用,但是房价上涨的因素很多,再者各地本地人炒房的也大有人在。抑制房价不能依靠限制外地人在本地购房的办法来解决。

(2) 行政审批住房套型结构比例。近年来,人们在住房消费观念上的确有求大的攀比倾向,于是开发商将成套住房面积越建越大,这不仅不符合节约型社会的消费理念,而且使得居住条件真正困难的普通百姓购房更加困难。针对这一现象,建设部和相关部门出台的一系列宏观调控政策鼓励多建适于普通百姓购买和居住的普通住房。如建设部在《关于落实新建住房结构比例要求的若干意见》中规定:“自2006年6月1日起,各城市(包括县城,下同)年度新审批、新开工的商品住房总面积中,套型建筑面积90平方米以下住房(含经济适用住房)面积所占比重,必须达到70%以上。各地应根据当地住房调查的实际状况以及土地、能源、水资源和环境等综合承载能力,分析住房需求,制定住房建设规划,合理确定当地新建商品住房总面积的套型结构比例。”该规定实际上赋予了各地政府相关部门对具体项目套型结构比例的审批权,也就是说就套型建筑面积90平方米以下住房(含经济适用住房)面积在具体的单个房产开发项目中占多少比例,由有关部门审批。问题是各地“合理确定”的当地新建商品住房总面积的套型结构比例真的符合市场需求吗?由谁负责统计、监督这一比例的落实情况?众所周知,存在审批权,就可能出现权力寻租,就容易导致房地产开发商之间的不公平,进而影响房地产市场交易的公平,从而使调控效果大打折扣。笔者认为,凡是市场能够调节的,就尽可能不要采取行政审批的做法。审批制的做法不利于实现公平,应更多地采用税收、价格、房贷等政策去引导开发商开发中小型普通住房。

五、住房普遍征税与国民普遍补贴

——保障公平居住权的长效机制

最近以来的一系列宏观调控政策措施,对于打击住房炒作行为,抑制房价过快上涨,保障公平居住权有一定的作用。但是,我们也注意到,这些政策措施漏洞还是很多的,而且政府有关部门权力过大,容易出现执法偏差,形成新的不公平现象。比如,国家税务总局《关于个人住房转让所得征收个人所得税有关问题的通知》中规定:“对个人转让自用5年以上,并且是家庭唯一生活用房取得的所得,免征个人所得税。”在现实生活中,住房是“自用”还是“非自用”,怎么界定?由谁界定?“家庭唯一生活用房”又怎样判定?众所周知,尽管现在要求住房登记采取“实名制”,但由于执法不严,目前没有哪个部门准确地掌握了每个人实际拥有多少套住房,又怎么可能准确判定一个家庭实际拥有多少套住房呢?此外,根据现行规定,房屋租赁合同必须到房屋登记机关办理登记手续,而现实情况是民间不通过中介出租私房的,有几个自觉地办理了房屋租赁登记手续?税务机关明知这一块的国家税收流失惊人,但对此也毫无办法。

为了真正体现公平,笔者建议在严格落实住房登记实名制的同时,一方面对所有房产普遍征税,另一方面对所有国民进行住房补贴。房产税按套型建筑面积采取定额税率计收。定额税率由国家税务总局根据房地产市场的发展情况和国民经济的运行情况予以调整。考虑到不同区位、不同建筑类型所占用的土地资源价值的不同,征收房产税计算住房面积时应考虑区位系数和建筑类型系数。区位系数和建筑类型系数由建设部统一确定并公布。住房补贴的方式可以采取下列方式之一:(1)直接发放住房补贴。各地在每一时期(3年为宜)按照当地普通住房的平均价格以及人均住房面积的情况,确定并公布每人的住房补贴金额,每月发放到个人或到户。(2)每人免缴一定面积的房产税。各地在每一时期(3年为宜)按照当地居民的普通住房人均面积情况确定并公布可免缴房产税的面积数,在各户或个人缴纳房产税时予以减免。无论采取以上哪种方式,各地政府还应该大力建设经济适用房和廉租房,切实解决好无房户和经济困难户的居住问题。

对住房普遍征收房产税并对国民普遍进行住房补贴,是有效调控房地产市场,保障国民公平居住权的长效机制。其深远意义在于:

第一,能够真正贯彻多占用社会资源者多尽社会义务的公平理念。个人住房面积的大小和住房套数的多少,以及具体房地产开发项目的住房套型结构比例,应由政府去引导,由市场去调节,而不是由政府直接去限制或禁止。

第二,有利于防止执法不公,减少执法成本,减少腐败。只要房地产登记规范,就可以成功地堵塞房地产交易和租赁中的避税渠道。

第三,有利于鼓励节约土地资源以及其他相关资源和能源,实现住房的代际公平。由于多占住房必须多纳税,保有房产的成本增加了,就必然会减少追求大面积住房炫耀、摆阔、竞争性的消费现象。

第四,有利于促进我国房屋租赁业和二手市场的发展,实现“屋”尽其用。由于目前我国房地产的宏观调控政策较少影响到闲置房(银行加息对贷款购房者增加了少量的利息负担),房屋所有人保有房产成本极低,这也间接地纵容了炒房者的投机心理。许多炒房者宁可将房屋长期闲置,也不愿出售或出租经营,这进一步加剧了住房供需矛盾。如果对住房普遍征收房产税,无疑会增加闲置住房的保有成本,从而促使闲置住房进入租赁市场或二手市场,增加住房供应量,实现居住公平。

第五,有利于稳定和增加财政收入,增强政府对房地产市场的宏观调控能力,保障公平居住权。目前,我国采取一系列打压房价的宏观调控措施,成效不明显,其根本原因在于治标不治本。实行住房普遍征税和国民普遍补贴后,政府可以根据经济发展的状况,通过调节房产税、住房补贴额或免税房产面积等措施,有效地调控房地产市场,促进我国房地产市场的健康发展。

我国石油价格的管制选择*

——以“市场”为核心，政策与法治之互动

◇ 魏 艳**

内容提要 近年，国际油价上涨，国内出现“批零倒挂”和“油荒”等现象，发改委频繁调高石油价格，并且相应出台了一系列政策措施。本文试图从法学的视角对上述现象进行分析，认为石油产业具有特殊性，价格的形成取决于各种因素的作用，在国内市场主要受制于管制体制和特定的市场结构。应该以市场为基础选择管制模式，同时发挥政府宏观调控职能，以政策引导带动法治环境的有效建立。

关键词 石油价格 政策 法治

一、石油行业的特殊性与管制手段

我国石油市场的格局集中度非常高，中石油、中石化、中海油占据支配地位。国家对该行业采取自然垄断的管制模式，而发达国家往往将其放在“竞争性制造业”的范畴下考量。管制模式的差异导致了价格形成的不同。传统认为，石油产业在生产、配送上具有规模经济性和网络经济性，需要大量的沉淀成本，属于自然垄断产业，政府应当直接规制，石油产品由政府定价。笔者认为，在对我国的石油价格如何管制进行分析之前，有必要对石油行业的特殊性予以澄清。

自然垄断、公用事业和网络型产业，这三个概念往往使人们在认识上存在模糊。尤其是对于像电力、电信这样的产业，上述三种性质兼备。而石油产业的特殊性，使得我们有机会分辨三者的定义与区别。

---

* 该文年会时的题目为《我国石油价格的法学思考》，原文约 1.15 万字。

** 魏艳，香港大学法学博士研究生。

自然垄断性,是指由于存在着资源稀缺性和规模经济效益、范围经济效益,使提供单一物品和服务的企业或联合起来提供多数物品和服务的企业形成1家公司或极少数企业的概率很高。[①] 简单地说,即该领域的投资具有巨大的"沉没成本",新的竞争者进入的门槛较高。而公用事业,往往是从外延对象上加以描述。美国加州《公用事业法典》第216条规定,公用事业包括所有为公众或公众的一部分提供商品和服务的运输公司(包括铁路、轮船、市内电车和公共汽车)、燃气公司、电力公司、电报电话公司、自来水公司、供热公司、石油管道公司、污水处理公司等。[②] 网络产业则指产业从生产设备到用户服务均依托物理网络设备。而"网络是资本密集型的,经久耐用且不能移动"。[③] 现代自然垄断领域多以公用事业为主流;另外,生产阶段的规模经济效益以及配送阶段以网络供应系统为基础,也是构成自然垄断的基本理由。因此,三者在认识上极易存在模糊。

笔者认为,公用事业往往提供"公共物品",经济学所言之"公共物品"在于消费的非排他性和非竞争性。石油产品虽依托于资源的有限性,然从其性质和用途而言并非用于公共服务(比如,供水、供电等为日常生活必需),消费具有一般商品之排他性和可定价性;而现代对于公用性的理解也趋向于强调产业在国民经济中的重要地位,以及在定价方式、费率设定、进入状况以及企业合并等方面的细微变化,都会极大地影响生产者决策和消费者行为方式的角度。[④] 从这种意义上说,石油作为"工业血液"和列入公共财政支出的重要地位可以认为属于"公用事业"。然而,石油产业具有自身的特殊性,不能简单地归入上述类别中,对其采取的管制手段也应重新认定。

石油产业的特殊性,第一,在于其国际性。美国人不无自豪地说:"几乎从一开始,美国煤油产品的1/4就被运到海外,这显然属于一个全球的行业"。[⑤] 石油工业从其诞生之初,就是一个垄断程度高、国际化倾向强的行业。[⑥] 第二,在于其地缘政治性和对交通运输的重要作用。石油供应很大程度上受控于中东和非洲的产油国。各国均对该行业采取不同手段的管制措施。第三,石油产品具有多样性和有形性,为人们的生产和生活的方方面面提供服务。产品与管道等网络基础设施具有相对独立性。此点不同于电力与电信等行业。石油易于运输,大型油轮是各国公私企业不可或缺的输送和储藏手段。在上个世纪30年代

---

① 〔日〕植草益:《微观规制经济学》,朱绍文译,中国发展出版社1992年版。第41页。

② 转引自周耀东:《中国公用事业管制改革研究》,上海人民出版社2005年版,第2页。

③ 〔英〕戴维·M.纽伯里:《网络型产业的重组与规制》,何玉梅译,人民邮电出版社2002年版,第29页。

④ 周耀东:《中国公用事业管制改革研究》,上海人民出版社2005年版,第2页。

⑤ 〔美〕迈克尔·埃克诺米斯、罗纳德·奥利格尼:《石油的色彩——世界最大产业的历史、金钱和政治》,刘振武等译,石油工业出版社2002年版,第55页。

⑥ 刘波:《石油与20世纪的变迁》,河南大学出版社2005年版,第11页。

中期,世界石油产量和炼制产品中,有40%是通过海上从委内瑞拉运往北美或从中东运往欧洲。[①] 以我国为例,国外市场的石油运输主要依靠油轮,而只在邻国范围内有部分管网设施,比如,俄罗斯和哈萨克斯坦。在国内市场,石油管道铺设仍在进行中,与火车等交通运输工具同为重要的输送手段。石油管道不同于电力网和电信网的地方在于,后两者的网络供应已经形成,而目前石油管道尚处于"点对点"式,系统的网络尚不具备。而且,短距离的运输中,运输船对于石油管道是存在竞争的。第四,石油行业的区分规模经济性。石油开采阶段,主要业务是勘探、开发,开发油田的规模与石油成本密切相关。大规模的油田,油井数量多,产油量高,虽然总费用高,但由于形成规模作业,可以提高人、财、物的利用效率,规模经济性显著;加工阶段,按照国际惯例,年炼油生产规模250万吨为MES[②],世界前50家企业中,炼制能力达到250万的有44家,其他6家不从事炼制业务;运输阶段,网络基础设施本身具有自然垄断性质,而国际市场上,原油运输的高规模经济和成品油相对较低的规模经济性形成差异,并极大地影响了国际石油公司的炼厂选址。20世纪30年代末,约有70%的炼厂产能位于中东、远东和加勒比地区;30年后情况完全倒转过来了:同期增加了4倍的炼厂产能中的80%位于消费市场[③];销售阶段,原油和成品油的批发和零售与一般商品并无二致。总体而言,笔者认为,石油产业具有自然垄断性和一体化的特征,网络性尚不明显,是为国民经济和国家安全提供重要商品的行业。

二、环节市场与管制选择

市场是交易的场所,是行为人开展竞争的范围和区域。不同的学科和标准对市场的理解有所不同。微观经济学理论强调市场由供求两方面组成。根据要素的不同,常划分为商品市场、劳动力市场和资本市场等;金融学上,按照资金期限的长短将市场划分为货币市场和资本市场;反垄断法上的"相关市场",在联合国2004年版《竞争法范本》中的界定为,买卖双方借以交换商品所处的一般条件,意味着对竞争有可能受到限制的商品的卖方、买方范围的界定。相关市场要求确定产品领域和地理领域的界限,在该领域内,一系列特定的产品、买方和卖方互相影响并决定价格和产量。由此,我们可以认为,市场在现代意义上,指

① 〔意〕Alberto Clô:《石油经济与政策》,王国梁等译,石油工业出版社2004年版,第27页。

② minimum efficient scale,经济规模企业比率。该指标是指规模大于最小有效规模的企业,企业的数量、累计产量和累积生产能力占企业总数、总产量以及总生产能力的比例。比例越高,产业的规模经济水平越高,由于这个指标剔除了企业数的影响作用,因此,这个指标反映企业规模水平的一个较全面的指标。引自刘希宋等:《石油价格研究》,经济科学出版社2006年版,第13页。

③ 〔意〕Alberto Clô:《石油经济与政策》,王国梁等译,石油工业出版社2004年版,第31页。

交易所在的、具有某种同质的平台，是“相关”主体行动的边界和范围。产业经济学的创新已经改变了传统按行业的划分，而强调市场的概念。[①] 对于石油行业，笔者认为，用“市场”概念可以对管制手段选择有较为全面和清晰的认识。

首先，从产业链条上看，石油市场基本区分为勘探、开采、输送、炼制和产品市场。依前述区分规模经济性的分析，在上游环节，勘探开采的规模性较为显著，对其管制应该采取自然垄断的直接规制，以避免市场竞争所导致的资源浪费；对于中游的输送市场，由于石油管道和运输船同时存在，且在一定范围内具有可替代性，因此，该市场的可竞争性应视陆上、海上以及距离的长短而定；对于石油产品的炼制市场，随着技术不断进步，成本的降低，其可竞争性逐步扩大；而下游的销售市场，笔者认为，除了军用、民用等特定用途外，石油产品与一般商品的可竞争性并无二致，适宜放开竞争，并采取间接规制的管制模式。随着国务院于2005年2月发布的《关于鼓励支持和引导个体私营等非公有制经济发展的若干意见》的出台，民营经济进入石油行业在国家政策层面的障碍已经逐步消除，非公有资本可以进入电力、电信、铁路、民航、石油等垄断行业和领域。笔者认为，对于石油行业私营经济主体的进入应该区分环节市场，于可存在有效竞争的运输、炼制和销售环节，适时地引入竞争。

对于石油价格，环节市场的区分也为我们提供了有益的解释。目前，我国石油市场从勘探到炼制再到销售，大部分由中石油和中石化实行一体化的垄断。国家为了防止石油价格过高，在各个环节取消了税收，而统一在销售环节征税。因此，笔者认为，改革可以从环节市场上入手，重新认定竞争还是自然垄断，对于石油价格也应依据不同环节的特征制定，使我国的价格逐步与国际市场接轨，防止国内外价差导致的经济损失。

其次，从主体进入上看，石油市场是个寡头市场。不同于市场竞争的产物，中国石油行业的自然垄断性，源于“政府塑造”。经营者与管制者的界限模糊。然而随着我国社会主义市场经济的不断深化，石油合股、合资生产经营的规模将不断扩大，竞争发展的石油工业体系的建立与完善，将最终打破国家对石油垄断生产经营的局面，而国家统一定价这一形式则将由于其赖以存在基础的消失而逐步退出历史舞台。

最后，从全球范围上看，石油价格受国际市场的影响极大。此次有关我国石油价格的讨论就源于国内市场与国际市场的差异。随着我国加入世贸组织和国际经济一体化的大趋势，我国的社会主义经济市场正逐步融入世界市场中。遵循国际市场的游戏规则，应对国际市场的供需矛盾，在经济循环国际化的趋势

---

① 〔英〕戴维·M.纽伯里：《网络型产业的重组与规制》，何玉梅译，人民邮电出版社2002年版，《序》第1页。

下，不仅要求主体市场化，价格的形成也要符合价值规律，由市场形成。目前我国成品油价格整体低于国际市场，价格的不到位，造成了炼油工业全行业亏损。按照我国对WTO的承诺，外资于2007年将进入石油批发业，石油价格的批零倒挂亟待解决，在“国际竞争国内化”和“国内市场国际化”的态势下，逐步放开价格管制，加速成品油价格与国际接轨，将有利于我国石油产业向纵深方向发展。

石油产业的特殊性为我们提供了一个“市场分析”的视角。笔者认为，法学的规制应借鉴经济学的分析模式，不以产业为分析的绝对起点，而应视“市场”是否具有可竞争性而调整管制手段。

三、石油价格的政策导向性

石油作为一种商品，供给与需求是影响其价格波动的主要因素，另外还受石油产量、石油消费、生产成本、替代产品、库存变化、社会政治经济因素等影响。政治与经济在石油行业上的结合，增加了我们判断和理解事实真相的不确定性，石油供应安全性往往成为石油市场失效与政策导向的最主要原因。

首先，石油价格是一种典型的垄断价格。它是垄断组织凭借其对石油生产和销售的垄断地位，制定出的一种获得高额垄断利润的价格。其构成为：生产价格+垄断利润+垄断地租+地租（含极差地租和绝对地租）。[①] 垄断地租是由垄断价格带来的超额利润转化而成的地租，主要来源于石油产业的寡头垄断市场结构和石油的低价格弹性。[②] 绝对地租是指资源所有者凭借资源所有权向使用者收取的租金。级差地租是指条件较好的土地所产生的超额利润。石油价格中的级差地租是由于资源地理位置、储量、品质、经营等条件不同，而归资源所有者占有的超额利润。石油作为国家重要的能源之一，所有权归国家，石油价格中包含有国家的租金，因此，价格势必受国家政策的影响。

其次，对价格实施管制，无论在自然垄断还是竞争产业中，都是以有效的资源配置和公平的服务供应为直接目的，最终服务于消费者利益。而石油价格管制模式的选择，往往不能简单地套用自然垄断抑或公用事业，而是极大地受制于政治、经济、文化和国际局势。这在美国上个世纪50年代加强规制、70年代放松规制以及2005年颁布的《能源政策法》中均得以体现。因此，有关石油的政策往往反映了国际政治力量的对比和国家安全的要求。

---

① 刘希宋等：《石油价格研究》，经济科学出版社2006年版，第23—25页。

② 石油是当代工业的血液，石油的消费量与世界经济增长之间具有相对固定的关系，世界石油需求不会因价格的暂时波动而发生明显改变。短期内，石油的供给和需求的价格弹性都很低。

四、政策与法治的互动

经济政策通常是指国家在综合国内外各种因素后制定的本国产业的规划和经济发展的目标。中国二十多年的改革开放,形成了一个复杂运行的政策网络,起到了不断调整、引导、规范改革的作用。然而,我国政策的实现往往缺乏法律的根基。对公权力并没有进行全面的界定,政府权力在法律上只得到了部分界定。政府仍然掌握着那些没有界定的权力,或者说,在法律条文上、程序上,政府权力来源与行为空间的界定,仍然是一个巨大的空白。[①] 政府以意见、通知等文件的形式造就了大量临时和短期的规则。这些规则的不透明性极易被政府滥用而成为设租和寻租的工具。

中国经济转型的目标是建立现代市场经济,本质上是法治经济。法治提供了一套刚性的游戏规则,它带有强制性、权威性和稳定性。霍姆斯认为,"法律研究的目的是一种预测,即对公共权力通过法院的工具性活动产生影响的预测。"[②]法治构建了一个维护公民权利,遏制政府滥用权力的机制,使得各方主体都必须在法治的范围内守法行事。而中国的转型期,政府走了一条政策演绎的特色之路,政府的角色具有多重性。以石油行业为例,不同于市场竞争的产物,中国石油行业的自然垄断性,源于"政府塑造"。因此,与西方管制者作为竞争中"规则制定者"和"行为裁判者"的角色不同,我国的管制者兼具"垄断的制造者"和"维护者"的身份。在迈向法治国家的征程上,笔者认为,政府的角色应该回归到维护市场秩序和增进国民福利。政策的实现方式应该是法律,而不是计划、通知或各种临时文件。政策本身不应该具有法律效力,而应通过完善经济立法来落实和实现我国的竞争政策、产业政策等经济政策。

包括石油价格在内的价格关系,不仅影响着商品生产者、经营者之间的经济关系,生产者与消费者之间的关系,而且也反映和体现着国家和生产经营者之间的宏观经济管理与调控关系。在宏观调控法体系当中,我国现行《价格法》本身存在多处不完善的规定,在实践中造成了部门分工的交叉与执法的障碍。伴随着政府职能的转变,《价格法》应侧重维护价格总体稳定,通过规定政府价格调控的范围,定价目录的制定权限、具体价格的制定原则和程序,以及相关法律责任等以保障价格调控的有序和高效。

我国市场规制法体系架构同样有待健全。行业立法不完整,缺乏能源法或

---

① 李曙光:《转型法律学——市场经济的法律解释》,中国政法大学出版社 2004 年版,第 283 页。

② Oliver Wendell Holmes, "The Path of Law", *Harvard Law Review*(1897)10, p.457,转引自李曙光:《转型法律学——市场经济的法律解释》,中国政法大学出版社 2004 年版,第 6—7 页。

石油法这样的重要行业法;竞争法尚未通过实施,缺乏维护市场秩序的基本法。可见,政府直接规制和间接规制的管制手段都存在盲点。经济政策的目标只能游离在具体的法律规范和执法机构之外,具有极大的不确定性。笔者认为,行业法与竞争法的协调配合不仅有利于克服部门利益,健全法律,而且有助于市场机制的发挥,形成公平竞争的市场秩序。具体而言,行业法旨在规定许可准入,侧重行业的现行运行情况。在石油价格方面,石油法可以对管网设施接入和价格进行控制,制定合理的出厂价、批发价和零售价;还可以规定石油价格的组成,计算方法,以及不同产业用油的差别对待等。而竞争法则主要审查行业结构变动,维护市场竞争,规制非法垄断、豁免合法垄断。依笔者前述的分析,认为对石油行业的豁免与否,不应以整个行业为基准,而应该视环节或领域市场的可竞争性而定。在可竞争性的领域,对有碍竞争机制,滥用垄断地位和不当的垄断行为进行规制。合理的价格并不意味着制定这一价格的行为也是合理的;反之,长期不变或持续走高的价格也不必然意味着制定这一价格的行为是不合理的。[①] 竞争法并不关心价格本身,而是价格是否在竞争中形成。联合国贸发会在 2004 年《竞争法范本》中规定,"由行政机构、地方自治机构或者获得政府授权的机构颁布的经济的和行政的管制规则,特别是这类管制规则与基础设施产业运营部门相关时,在正式通过之前应当经由竞争主管机构进行公开审查。……特别是对于经济和行政管制规则中设置的阻碍竞争的管制性壁垒,竞争主管机构应当从经济角度及公共利益出发进行评估"。

总之,处于转型期的中国,产业和经济的发展不仅要善于利用宏观调控政策为经济转型开道,同时也要将经济调控和政策措施纳入法治的轨道,避免出现"凯恩斯依赖症"等政策本身的副作用。

---

① 韦大乐:《从经济法角度思考价格垄断问题》,载《宏观经济研究》2003 年第 7 期。

市场规制法

竞争法益论*

——质疑竞争法保护竞争而不保护竞争者的观点

◇ 王显勇**

内容提要 竞争法保护竞争而不保护竞争者的观点，不符合竞争法公私法交融的法律属性，无法解释竞争法中的民事责任条款，不能为竞争民事诉讼提供诉因。竞争法不仅维护竞争机制，同时也保护竞争者。竞争利益是竞争法所创设的一种新的法益，它在权利形态上表现为公平竞争权。

关键词 竞争法益　公平竞争权　竞争法

一、竞争法益问题的提出及分析的理论工具

（一）竞争法益问题的提出

法益应为法律保护的利益，竞争法益即为竞争法所保护的利益。竞争法益在竞争法中具有“纲”的地位，各种具体实体与程序竞争法律制度就是要将竞争法益予以贯彻实现。对于竞争法益这一重大的理论与实践问题，法律界形成了两种截然不同的观点：一种观点认为，竞争法保护竞争而不保护竞争者①，这种观点可以日本学者金泽良雄为代表。金泽良雄认为，禁止垄断法的规制已经超

* 本文为首都经济贸易大学校级课题《公平竞争权法律制度研究》的阶段性成果。

** 王显勇，法学博士，首都经济贸易大学法学院副教授。

① “竞争法保护竞争而不是竞争者”是美国联邦最高法院在1962年Brown Shoe一案中率先提出来的，后来被许多国家的竞争法学者所接受而广为流传。这种主张产生于美国反托拉斯法的理论或者哲学基础，即保护竞争是提高消费者福利的最佳方式，保护竞争就是鼓励在公平的舞台上竞争、确保竞争性价格和增强消费者的选择。参见孔祥俊：《反垄断法原理》，中国法制出版社2001年版，第177页。笔者认为，美国的竞争法不仅保护竞争，同时也保护合法的竞争者。这可以从美国反托拉斯法律存在民事责任条款，甚至是3倍惩罚性民事赔偿中获得证明。

越了以私益为保护法益的市民法的限度，因此，其保护法益，非私益，应为公益，是作为公益的自由竞争经济秩序的公益[①]；另一种观点认为，竞争法不仅保护竞争，同时也保护竞争者，这种观点可以中国台湾地区学者黄茂荣为代表。黄茂荣认为，公平交易法保护之法益可分为公共利益、竞争利益与消费利益。[②]

上述各观点对于竞争法保护市场竞争秩序没有争议，争议的焦点在于：竞争法是否直接保护经营者的竞争利益？以及这种利益是否需要抽象为法律权利？笔者认为，研究竞争法益问题，主要是探讨三个问题：一是竞争法是否保护经营者的竞争利益？二是竞争法如果保护经营者的竞争利益，那么这种法益有何特质，是否需要抽象为法律权利？三是竞争法如果保护经营者的合法权益，这种保护调整模式是实行统一式还是分立式？

（二）竞争法益的取决因素

竞争法是否保护经营者的竞争利益呢？这取决于两个因素：一是竞争法性质的理论认识。如果将竞争法看成是公法，则竞争法只保护作为公益的市场竞争秩序；如果将竞争法看成是公私法交融的法律，则竞争法不仅保护作为公益的市场竞争秩序，而且保护作为私益的竞争利益；二是竞争法立法。如果竞争法法律条文存在民事责任条款，表明竞争法保护竞争利益。各国或地区竞争法法律文本上都有相应的民事责任条款，竞争法司法实践中有关民事责任的裁判也是以竞争法作为法律依据。因此，如果能够证明竞争法属于公私法交融的法律，那么竞争法就不仅保护市场竞争秩序，同时也保护经营者的竞争利益。

（三）分析的理论工具

要想正确地定性竞争法的性质，就需要正确认识何为公法？何为私法？何为公私法交融？笔者选择的理论工具，是日本著名法学家美浓部达吉关于公法、私法及公私法结合的理论。美浓部达吉认为，公法所发生的是对国家的遵守义务，违反的法律后果是刑罚与行政处罚。至于私法上的法律效果问题，却与公法无关，纵属违反命令或禁止的行为，若从民法的见地看来无伤于公共秩序及善良风俗，则不失为有效的私法上的法律行为。[③] 私法所发生的不是对国家的遵守义务，而是私人相互间的权利义务。违反私法并没有违反对国家的义务，因而国家不但不加以处罚，且不直接干预其事。只有当私人力量不能维持私法时，国家

---

① 〔日〕金泽良雄：《经济法概论》，满达人译，中国政法大学出版社 1985 年版，第 182 页。

② 黄茂荣：《公平交易法专题研究》，台湾植根法学丛书编辑室 1998 年版，第 5 页。

③ 参见〔日〕美浓部达吉：《公法与私法》，黄冯明译，中国政法大学出版社 2003 年版，第 139—145 页。

得依当事人或关系人的要求，才出而负维持私法的责任。①

美浓部达吉认为，公私法结合所发生的，不仅是对国家的遵守义务，同时也是私人相互间的权利义务。公私法结合的法律关系，已不单视之为个人间的关系，同时且为个人与国家间的法；不单在请求保护时依司法权加以保护，同时还依行政权去监督义务的履行，如果违反往往被科以公法上的制裁。②

二、竞争法属于公私法交融的法律

（一）竞争法不是公法，也不是私法

1. 竞争法不是公法

竞争法不是公法，理由在于：第一，公法规范的是政治国家生活的法律，仅调整国家与私人之间的关系。而竞争法不仅规范政治国家生活，同时规范市民社会生活，不仅调整国家与私人之间的关系，同时还调整了因国家干预而权利义务关系发生强制性变化的私人之间的关系。第二，公法所发生的是对国家的遵守义务，是私人对国家的义务。而竞争法所发生的不仅是对国家的义务，同时也是对私人的义务。第三，违反公法上的命令或禁止之法律行为的私法效力，与公法没有直接关系。而违反竞争法的行为在私法上的效果是无效或侵权的，两者之间有直接的关系，竞争法不仅是公共利益的判断根据，同时也是私人利益的判断依据。

2. 竞争法不是私法

竞争法不是私法，理由在于：第一，私法调整的是私人之间的社会关系，而竞争法还调整国家与私人之间的关系；第二，私法维护的是私益，而竞争法同时还维护作为公益的自由公平的市场竞争秩序；第三，私法上的私权依司法权予以保护，而竞争权益却不仅可以诉求于司法权，还可以请求行政权。

（二）竞争法属于公私法交融的法律

1. 竞争法的调整对象具有公私法交融属性

竞争法调整竞争规制关系，竞争规制关系涉及公私法两种属性的社会关系：一种是市场竞争关系；一种是竞争规制关系。前者是后者的基础性关系，如果其不因后者的干预，它则是按照私法自治的规则运行的，是市场自由的体现。但正是因为后者对前者的干预，对这种合民法的事物进行了一定的价值判断，从而便对市场主体之间的权利义务关系进行了强制性地重新调整，产生了新的权利义

① 参见〔日〕美浓部达吉：《公法与私法》，黄冯明译，中国政法大学出版社 2003 年版，第 34—35 页。

② 同上书，第 249—250 页。

务关系。

2. 竞争法上所规定的权利义务具有公私法交融属性

竞争法禁止各种反竞争行为,经营者不得从事反竞争行为,不仅是对国家的义务,同时也是对经营者的义务。反竞争行为不仅要承担公法责任,还要承担相应的民事责任。例如,在美国竞争法中,受害人可以起诉并请求损害赔偿;在德国竞争法中,除企业兼并外,受害人对于各种反竞争行为都可以起诉并请求损害赔偿。

3. 经营者合法权益可以通过司法权与行政权得到保护

在竞争法上,经营者的合法权益遭到侵害,不仅可以直接向法院提起诉讼,同时可以向行政机关举报要求查处。各国或地区大都依据竞争法设置了相应的行政机关或带有行政性质的机构,并由其来执行竞争法,如美国设置了联邦贸易委员会、司法部反托拉斯局,德国设置了卡特尔局,我国设置了工商行政管理部门。

三、竞争利益是竞争法所创设的一种新的法益

(一)竞争利益为竞争法所创设的法益

竞争法作为公私法交融的法律,其“公法”特点表明,竞争法保护作为社会公益的自由公平的市场竞争秩序;其“私法”特点表明,竞争法也保护一定的私益。如果这种私益不为传统的私法所保护的话,亦即竞争法对私益的保护与传统私法不相重复的话,那么我们就可以说竞争法是直接保护私益的。笔者认为,经营者合法权益的内容是竞争利益,竞争利益已经超越了私法直接保护的私益范围,而成为公私法交融法律所新创设的一种法益。

私法关注的是人们的现实物质与精神利益以及交易利益。物权界定了人们赖以进行市场竞争的物质要素,并为人们获得市场利润提供了物质根据;人格权为人们的市场竞争提供了人格上的精神要素,每个人都可以作为一个独立的主体参与竞争而不需要依附于别人;契约权为人们的市场竞争活动提供了意思自治的行为规则;知识产权则为人们的智力性创造成果提供了保护机制。这种行为模式可以概括为:市场主体(经济人)+市场资源(物权、知识产权等)+独立人格(人身权)+契约(意思自治)→市场交易利益(市场交易的对等性与安全性)。在这种行为模式中,经营者的竞争利益是寓于交易利益之中的,通过交易利益间接得到实现。

竞争法上因国家干预而生成的是独立性的竞争利益,这是一种动态性的可得利益。竞争法上的行为模式可以概括为:市场主体(社会人)+市场资源(物

权、知识产权等）+独立人格（人身权）+契约（意思自治）→市场竞争利益（处于市场竞争者而非市场交易人地位的经营者的可得利益）+市场交易利益（市场交易相对人之间交易的对等与安全性）。在这种行为模式中，经营者运用市场资源的能力以及意思自治受到了国家的限制，由此使得竞争利益从交易利益中独立开来，从而成为竞争法所创设的一种新的独立法益。

（二）竞争利益的权利外形应为公平竞争权

任何一种法益结构中所保护的私人利益都需要采用一定的权利外形，笔者认为，经营者竞争利益的权利外形应为公平竞争权。作为公私法交融的竞争法，调整的是竞争规制关系，这使得经营者之间的利益关系得到了强制性的重新调整，一些原本未受民商法所保护的利益关系纳入到竞争法的保护视野之中，竞争法在社会生活中作用的范围和空间扩大，产生了权利生成功能，创设了一种新的权利类型，即公平竞争权。竞争法作为公平竞争法的宣言书与保障书，它通过“禁行”防线的设定，赋予经营者公平竞争权，以此区别于传统民商法正面的设权。

（三）公平竞争权具有社会属性

1. 公平竞争权的权利主体具有社会属性

就权利主体来说，民法权利主体具有抽象人格。但是，现代社会中国家在实现公共目的的场合，必须把应受保护或规制的私人（集团）作为特定的法律主体。为此，就必须用具有社会属性的具体的人的集团（劳动者、中小企业、消费者、同业竞争者等）来代替现代私法上抽象的“人”，以这种具体的人作为法律主体，构成保护这些法律主体的实在法。① 作为公平竞争权主体的竞争者具有社会属性。

2. 公平竞争权的权利内容具有社会属性

就权利内容而言，传统私法权利体现的是个人自由与利益，对这些权利所负担的义务仅仅只是针对权利人本身的。但经营者的公平竞争权本质上与公平自由的市场竞争秩序这种社会公共利益是一致的，市场竞争秩序是公平竞争权的普遍化与整体化，两者在本质上是统一的。经营者从事破坏市场公平竞争状态的反竞争行为，一方面侵害了其他经营者的合法的正当权益，即公平竞争权，另一方面也侵害了公平自由的市场竞争秩序这种公益。

3. 公平竞争权的实现方式具有社会属性

就权利实现来说，传统私权遭到侵害时，主要是通过权利人的民事诉讼予以

---

① 〔日〕丹宗昭信、厚谷襄儿：《现代经济法入门》，谢次昌译，群众出版社1985年版，第48—49页。

实现;而公平竞争权则可以通过权利人、社会、国家等多种途径得以实现。德国竞争法将诉讼主体扩大到职业协会或联合会、消费者协会等五类诉讼主体;美国竞争法更是规定了任何组织和个人都可以提起竞争公益诉讼。另外有的国家或地区,如美国、中国台湾地区等所实行的惩罚性赔偿责任制度,能够激发权利人维护自身权益的积极性,同时也扩大了私人在保护社会竞争公益中的作用。

四、竞争法益的内容及调整模式

(一)竞争法益的内容

由上述论证可知,作为公私法交融的竞争法创设了两种新型法益:(1) 公共利益,即市场竞争秩序,这是作为国家公权力的市场规制权的形成根据。(2) 经营者的竞争利益,在权利形态上表现为公平竞争权。竞争利益指参与市场的经营者在市场经济体制中,可以经由提供商品或服务及有利之交易条件供交易相对人选择,争取交易机会,以获得发展自己之业务的利益。① 现今有些观点认为,竞争法保护消费者的利益,对此笔者也不反对,只是保护消费者利益并不是竞争法的直接目标。在我国,它是消费者权益保护法和产品质量法的直接目标。

(二)竞争法益的调整模式

竞争法益的调整模式实行统一式还是分立式呢?有的国家基于反不正当竞争法与反垄断法的保护对象的差异性而实行分别立法模式;有的国家基于反不正当竞争法与反垄断法的保护对象的统一性而实行合并立法模式。

笔者认为,就竞争法益而言,分别立法模式夸大了反不正当竞争法与反垄断法之间的差异性,并将差异性置于统一性之上,人为地造成两者的隔离,这是不科学的。实际上,无论是反不正当竞争法还是反垄断法,都属于竞争法,调整的是市场关系与国家关系相结合的竞争规制关系,两者的竞争法益具有统一属性。两者的保护法益虽然因反竞争行为的类型不同而具有差异性,但这种差异性毕竟是统一性下的差异性。从法律属性上看,有的国家即便在反不正当竞争法中没有设置行政责任,但却通过刑罚处罚、扩大诉讼主体范围、惩罚性赔偿责任制度以及加强法院干预的力度等相对地予以替代。因此,现代社会出现合并立法的趋势,而且这种趋势有扩张之势。我国《反不正当竞争法》以及我国台湾地区《公平交易法》就反映了这种趋势。

① 黄茂荣:《公平交易法理论与实务》,台湾植根法学丛书编辑室1994年版,第5页。

五、结论:竞争法不仅保护竞争,同时也保护竞争者

竞争法保护竞争而不保护竞争者的理论观点,不符合竞争法公私法交融的法律属性,同时也与竞争法立法与司法实践存在冲突。如果竞争法不保护竞争者,那么竞争法“公私法交融”属性中的“私法”属性便无从体现,竞争法律条文中的民事责任条款就失去依托,竞争民事诉讼就没有根据。因此,竞争法不仅保护竞争,同时也保护竞争者,只要经营者合法的竞争利益受到反竞争行为侵害的,竞争法就应当给予保护。公平竞争权作为经营者的私人利益在竞争法益中的阐发,符合竞争法的属性,能够完善竞争法益结构,更好地指导与解释竞争立法,为竞争诉讼提供权利诉因。

我国目前正在加快建立与完善竞争法律制度,反垄断法草案已经数易其稿。从竞争法的立法体例上,我们赞成统一立法模式。但在目前分立立法模式似乎已成定局的情形下,我们运用竞争法益理论提出完善反垄断法的一些建议:(1) 在立法目的条款中明确“保护经营者公平竞争的权利”,这样可以完善竞争法益结构,为竞争民事责任条款提供依据,为竞争民事诉讼提供诉因;(2) 建立竞争公益诉讼制度,在目前条件下如果不能够将竞争公益诉讼主体扩及私人主体,至少应当确立检察机关提起竞争公益诉讼的制度;(3) 确立 3 倍或 2 倍惩罚性民事赔偿责任制度,公平竞争权的社会属性可以通过直接利害关系人来维护。就像民众向行政机关举报可以获得奖励一样,惩罚性赔偿超出损害的部分,实质上就是社会对于这种通过维护私益来维护公益的行为所给予的奖励。

竞争立法与竞争秩序建构*

——以行政垄断规制必要性为中心

◇ 叶卫平**

内容提要 本文在对竞争秩序概念内涵、竞争秩序建构可行性、转型经济竞争秩序建构面临的主要问题等分析后认为，发挥政府在市场化进程中的主导作用和限制政府对经济的不当干预，是实现经济转型和竞争秩序建构的基本要求。出于行政力量和行政性安排在中国过度存在的基本社会现实，中国反垄断立法必须更多地从中国国情而不是西方现成经验中寻找制度的根基，行政垄断规制应当与竞争得以开展的基础制度和环境的确立、经济垄断和不正当竞争行为的防止同步进行。

关键词 竞争立法 竞争秩序建构 经济转型 行政垄断规制

随着我国反垄断法立法进程的推进，行政垄断已经凸显为立法中人们关注和争议的焦点问题。行政垄断反垄断规制的“必要性”内在包含着反垄断规制的“合法性”——反垄断法与其他法律相比，对行政垄断规制具有制度上的可行性或优势。由于西方代表性国家的反垄断实在法制度主要规制经济垄断，在讨论行政垄断规制问题时并不能给我们提供明确的指引。但从反垄断立法所要达成的目的及其所要实现的功能看，无论中、西方立法的最终目标，都是建构一个与特定市场经济体系相匹配的竞争秩序。竞争秩序的确立是竞争立法所要达到的“目的地”。对作为“目的地”的竞争秩序性质和基本概念内涵的界定，无疑会有助于竞争立法中主要争议问题的解决。就研究方法而言，从竞争秩序角度展开探讨，可以从建构竞争秩序的整体主义立场探讨问题，避免立法与经济政策中“零星主义”的弊端；并可以借助于经济法的甚至社会科学的“外部视角”，克服

---

* 本文已发表于《深圳大学学报（人文社会科学版）》2007 年第 1 期。

** 叶卫平，深圳大学教师，法学博士，研究方向为市场规制法。

竞争立法的“内部视角”局限性，凸显竞争立法中所忽视的一些基础问题。下文重点对竞争秩序的概念内涵、竞争秩序建构的可行性、转型经济竞争秩序建构面临的主要问题作一些探讨，并对中国竞争秩序建构和竞争立法中存在的问题提出一些分析和建议。

一、竞争秩序概念阐释

秩序，按照韦伯的理解，“第一，一种社会关系的意义内容，只有在行动（平均地、大致地）取向于一些可确定的准则时，我们才把它叫作一种秩序。第二，这种秩序，只有当实际上取向于那些准则也（在具有决定性实践意义的程度上）是因为这些准则被认为对行动是有效的——被看作是有约束力的和示范性的，我们才把它叫作是有效的。”[①]尽管存在着“无需法律的秩序”，但现代社会中法律已经在规则体系中占据了主导地位，本文就以法律为中心对秩序建构展开分析。

竞争秩序是人们在经济对抗、角逐中形成的一种特殊类型的经济合作模式，显然也属于上述社会秩序中的一种。亚当·斯密的竞争理论最早表达了竞争秩序的思想：不同于传统观念把经济行为描述为追逐私利，从而引起社会冲突和混乱。亚当·斯密认为，经济人在市场作用中，受到“看不见的手”——市场价格机制的约束与调节，追求个人利益最大化的行为却实现了个人利益与社会利益的统一；并认为，竞争能够产生它自身的和谐，市场能够自我调整，竞争增加而不是减少了共同体的稳定性，“在混乱的背后确实存在着秩序”。[②] 自由竞争随之一度成为主导的社会秩序，原因在于：首先，亚当·斯密的竞争理论说明了出于私人利益最大化的自由竞争如何在市场机制的作用下最终促进了公共利益的实现，从而论证了自由竞争的价值基础。其次，自由竞争契合了自由资本主义经济现实的特点，在自由竞争以及自由主义等观念的影响下，在19世纪的前70年里，欧洲各国政府普遍减少或取消了对经济活动的各种限制，与此同时，自由竞争带来了经济繁荣，欧洲经济在工业生产方面获得了巨大的增长。最后，自由竞争是经济自由主义思潮的重要组成部分，并契合了古典自由主义的国家理想。

但是，自由竞争理论以及该理论相关的自由竞争秩序是有缺陷的。首先，自由竞争秩序只能对应自由资本主义阶段，随着规模经济的提高和工业化程度的增强，在垄断成为经济生活的常态后，市场本身没有能力自行消除垄断和不正当

---

① M. Weber: Wirtschaft und Gesellschaft, Kǒln 1956, 22f. 转引自〔德〕哈贝马斯：《在事实与规范之间——关于法律和民主法治国的商谈理论》，童世骏译，生活·读书·新知三联书店2003年版，第83页。

② 〔美〕戴维·J. 格伯尔：《二十世纪欧洲的法律与竞争》，冯克利等译，中国社会科学出版社2004年版，第23页。

竞争行为的弊害。其次,没有政府维度下的自由竞争秩序不能够解决经济总量的平衡,其代价是随着1873年的经济大危机的出现,自由主义的声誉彻底被败坏了,自由竞争开始受到普遍地怀疑和管制。如何在垄断资本主义的经济背景下重建竞争秩序?如何合适定位政府在市场经济中所扮演的角色?不仅是美国和欧洲随后的半个多世纪经济和法制建设目标的浓缩,也成为经济学界探讨的理论重心。如从张伯伦、克拉克到哈佛学派、芝加哥学派乃至后芝加哥学派的竞争理论,无一不是在探求市场运行的自身法则,以及合适界分政府与市场在竞争秩序建构和维持中的作用边界。与此同时,法律界也为重新定位竞争机制和政府干预在市场经济中的各自作用作出了努力。如竞争法就是应经济关系的新变化并作为政府干预经济的手段之一而出现的,在竞争法视野中,市场、企业和政府都是有效资源配置的竞争性力量。其中市场机制、竞争机制在资源配置中起着基础性作用;政府不再是外在于经济生活而转变成为竞争秩序、经济秩序建构中的内生力量。

所以,竞争秩序不仅是思维的抽象物,也是一个历史范畴。竞争秩序依其历史发展,可分为自由资本主义阶段的竞争秩序和垄断资本主义阶段的竞争秩序(或称为传统竞争秩序和现代竞争秩序)。其中,传统竞争秩序对应于自由竞争阶段的竞争秩序,而现代竞争秩序则是一种受管理的秩序,它表现在竞争秩序的建立与维持是在政府干预经济的一系列法令、政令下进行的,其中包括竞争立法。即现代竞争秩序中的竞争不再是不受限制的竞争,而是法律下的竞争:通过约束私人经济势力的扩张及其滥用以保证市场在资源配置中的基础性地位,保证市场按照自身的法则运行,政府只是在市场失灵的情况下才对经济运行加以干预。按照上述竞争秩序范畴的历史演变,社会主义社会如果要建构竞争秩序,必须在概念内涵和基本内容等方面都要重新审视和厘定。

二、竞争秩序建构如何可能

如何在工业化的现代经济中建立一种功能良好、符合人的尊严的秩序?20世纪中叶,当欧肯重提这一问题的时候,面对德国战后重建中自由经济和集中管理经济调节方法的失败,欧肯开出的药方就是竞争秩序。但在评价这一主张之前,需要回答其前置性问题:竞争秩序建构如何可能?

有观点认为,有关竞争秩序、经济秩序生成的理论主要可以分为以哈耶克为代表的演进主义和欧肯、布坎南为代表的建构主义。① 但是这样划分并不十分

① 严海宁、李金艳:《对经济秩序的不同理解》,载《山东行政学院、山东经济管理干部学院学报》2004年第5期。

准确。哈耶克反对的只是全盘设计的集中管理经济，他倡导的自生自发秩序与欧肯主张的竞争秩序具有较多同质性。如哈耶克虽然反对人为构建经济秩序，认为由国家人为地设计一套市场运行的规则，只会破坏市场内在的运作机制。但哈耶克并不反对"为社会秩序的型构创造一些条件"，以便"在这些条件下，一个有序的安排得以自生自发地型构起来并得以不断地重构。"同时，哈耶克也承认："在今天，政府已支配了种种技术性的控制手段，自生自发的发展力量是否仍可能表现出其强有力的作用，就很难确定了……经由审慎思考而组织起来的社会力量，将会摧毁那些曾经使发展成为可能的自生自发的力量"。[①] 欧肯通过对分析和评判集中管理经济类型、交换经济类型等经济秩序的不足，进而提出建构竞争秩序的主张，但他所倡导的竞争秩序是从资本主义最近 150 年经济和经济政策的现实中，总结出某些原则（包括建立性原则和调节性原则）并通过其贯彻来实现的。[②] 这些原则是既往经济政策和经济管理经验的总结，而不是个人的理性构造。同时，欧肯主张的私有制、契约自由、开放的市场、责任等建立性原则，与哈耶克主张的用财产权规则和契约规则来界定个人的私域、个人责任以及防止强制并没有本质上的不同。欧肯通过确立建立性原则以建构竞争秩序的主张，与哈耶克强调的人们为社会秩序的型构创造条件只存在程度上的差别。

从竞争秩序概念的历史演变以及欧肯和哈耶克有关竞争秩序生成的论述中，可以提炼出竞争秩序建构的一些核心要素：首先，竞争秩序的建立并不仅仅在于垄断和不正当竞争行为的防止，而是涉及财产权保护、契约自由等经济生活中的一些基础性问题，并需要这些方面的相互配合。同时，任何竞争秩序都是具体的、历史的，相应地，建构竞争秩序也应该考虑到特定的经济、社会情势，特别是市场形式等因素。其次，国家在竞争秩序的建构中具有优越地位。尽管国家面临着滋生权力集团的困境，但欧肯仍得出现代国家可能成为建立秩序的力量的结论。毕竟依赖人们思想的渗透和观念的转变来改变经济秩序，并不符合现代民族国家的经济、技术发展现状和应对国际竞争的需要。最后，国家在竞争秩序建构中的作用具有两面性。国家是公权力的载体，防范国家对私域以及优胜劣汰的选择过程的侵犯是哈耶克社会理论关注的焦点。与此相似，欧肯认为，国家能否成为建构竞争秩序中的推动性力量，关键在于它能否解散经济权力集团或限制其职能并把握好自身的活动界限。

---

① 参见〔英〕弗里德利希·冯·哈耶克：《自由秩序原理》，邓正来译，生活·读书·新知三联书店 1997 年版，第 201、41 页。

② 〔德〕瓦尔特·欧肯：《经济政策的原则》，李道斌译，上海人民出版社 2001 年版，第 271 页。

三、转型经济竞争秩序建构中的主要问题

转型经济主要指从计划经济向市场经济过渡的国家和地区，如前苏联、东欧地区、中国等。如果说第二次世界大战后面临自由经济和集中管理经济调节方法的失败的德国经济秩序，与欧肯所主张的竞争秩序具有更多同质性的话，长期奉行计划经济体制的国家经济秩序则与市场经济背景下的竞争秩序格格不入。在计划经济向市场经济过渡过程中，如何保证政府逐步退出私人经济生活领域，如何塑造独立的市场主体，如何培育市场，充分发挥市场机制包括供求机制、价格机制、竞争机制的功能成为转型经济面临的核心问题。显然，反垄断立法是作为经济转型国家实现市场化法治进程的一部分而出现的。

问题在于：谁来推动经济转型和竞争秩序建构？从经济转型国家的实践看，政府似乎是唯一的选择。但由此也陷入“没有政府主动充当第一推动力，打破既得利益的传统格局、形成竞争性市场的过程将极其漫长”和“由于行政性手段本身固有的笨拙性，或者由于行政权力的使用不当，结果反而远离了改革的长期目标”①的两难选择。相比较发达国家而言，由转型国家的政府来充当体制改革和竞争秩序建构的第一推动力既有其优势所在，如充分发挥既有的行政组织性力量的作用；更有其固有的风险，因为转型国家一方面有着行政力量和行政性安排过度存在的痼疾，另一方面又缺少发达国家有着较为成熟的法治环境约束。这样就造成了在转型经济中，政企不分、私人产权的确立和保护受到方方面面的限制、政府深度干预乃至控制经济生活等现象，既是市场化进程和竞争秩序建构中需要变革的目标，也是同一变革过程的基本依赖路径。行政力量和行政性安排过度存在，以及在计划经济体制及其早期改革中形成的既得利益格局，都容易滋生特权阶层和利益集团，而经济特权不仅导致官员腐败，改变经济主体预期、误导经济主体行为，并最终会导致市场机制失效和资源误配置。所以，在经济转型国家，市场化变革以及竞争秩序建构，必须将促进公权力为“善”和防范公权力为“恶”放在同等重要的位置。如果不限制行政垄断等公权力的不当使用，合理界定政府在经济生活中的行为边界，规制经济垄断的成果完全可能被行政垄断等不当政府行为给消解掉。这也是俄罗斯等经济转型国家反垄断法没有因循西方反垄断法代表性国家主要规制经济垄断的老路，而是采取规制行政垄断与规制经济垄断并重的原因。如 1995 年俄罗斯反垄断立法中既规制了经济实体滥用市场支配地位、限制竞争协议等经济垄断行为，也详细规定了对联邦行政权

---

① 周其仁：《产权与制度变迁——中国改革的经验研究》（增订本），北京大学出版社 2004 年版，第 260 页。

力机构、俄联邦各部门的行政权力机构、各市政当局指向抑制竞争的法令和行为,以及他们之间的抑制竞争协议的防止。

四、竞争秩序建构与中国竞争立法

作为经济转型国家,建构中国竞争秩序同样面临三大问题:竞争得以开展的基础制度的确立和经济、社会环境的培育;经济垄断和不正当竞争行为的防止;禁止行政垄断并合理界定政府在经济生活中的其他边界。其中竞争得以开展的基础制度主要涉及民商事立法。经济垄断和不正当竞争行为的防止主要涉及竞争立法。禁止行政垄断以及合理界定政府在经济生活中的其他边界则牵涉面非常广泛,目前是否应当列入反垄断法典尚有争议。从笔者上文的论证看,如果要建构竞争秩序,在经济转型国家,行政垄断必须得到规制,并且,应该与竞争得以开展的基础制度和环境的确立、经济垄断和不正当竞争行为的防止(前提是经济转型国家市场形式已经出现了经济垄断)同步进行。否则,市场主体可能因为政令、法令的朝令夕改或偏袒、歧视无法形成正确预期,从而无法作出正确的经济行为;或者,因为经济特权的存在,市场主体的经济行为不是以消费者需求为导向,而是以权力寻租为导向。按照韦伯和哈耶克对社会秩序的定义,由于行政权力在经济生活中的过度扩张,经营者因为"一仆二主"(即消费者需求与经济特权两个"主人")无法形成正确预期,要么造成经济的紊乱,形成不了经济秩序;要么形成的不是竞争秩序,而是特权秩序。

从中国对垄断现象和行为的规制历程看,自从1980年发布《关于开展和保护社会主义竞争的暂行规定》提出规制行政垄断以来,1990年发布的《关于打破地区间市场封锁,进一步搞活商品流通的通知》、1993年颁布的《中华人民共和国反不正当竞争法》、1997年颁布的《中华人民共和国价格法》、2001年发布的《整顿和规范市场经济秩序的决定》均体现了政府对经济垄断和行政垄断的双重规制。同时,自反不正当竞争法实施以来,尽管该法只有包括针对行政垄断在内的寥寥数条反垄断条款,但工商机关每年平均查处500个垄断案件。这说明无论是立法还是执法,对行政垄断的规制都已经走上了正轨。反垄断法典完全可以整合现有立法成果,提高对行政垄断的规制力度。结合本文分析,笔者认为,就中国现有反垄断法草案修改看,规制行政垄断、合理界分政府在经济生活中的活动范围,需要重点注意以下六点:其一,是做好行政垄断的类型化工作。由于行政垄断牵涉面比较广,并可能涉及抽象行政行为,做好该类行为的典型列举会有助于减少对行为本身合法性的争议,并避免过于束缚行政机关手脚。其二,是确保有足够权威的专门机构进行反垄断法执法。独立权威的反垄断执法机构不仅能够保证有效实施反垄断法,也是有效规制行政垄断的组织保证。其三,是发挥行政指导的作用。如有调查表明,在工商机关制止和查处的500多件地方政府及其所属部门滥用行政权力限制竞争的案件中,90%属于所在的地方政府领导或地方政府所属部门领导对竞争法不了解而实施的。在这种情况下,只要竞争执法机关及时告知,相关行为就会得到自我纠正。[①] 其四,是完善和强化反垄断法程序性规定。正当程序是规范行政权力如反垄断执法权力行使,克服其过于扩张和随意性的基本保障。其五,是充分发挥私人在反垄断法执行中的作用。赋予利害关系人直接提起反垄断诉讼的权利,有利于反垄断法的实施,并确保反垄断主管机关在预算约束下集中力量做好重大反垄断案件的处理工作。其六,是逐步扩大法院在反垄断法执行中的作用。这样不仅能减少反垄断法行政执法机构的负荷和压力,也能够有效限制行政执法机构的权力,防止行政执法机构权力的滥用,并确保案件能够得到公正的解决。

---

① 桑林:《对反垄断法几个有争议的问题的思考》,载《中国工商管理研究》2006年第3期。

欧美反垄断法价值观探讨*

——兼评《中华人民共和国反垄断法》(草案)第一条

◇ 郑鹏程**

内容提要 欧美学者论及的反垄断法的价值名目有自由、公平、民主、效率、应付通货膨胀、保障国家安全、提供社会保障等等,但为大家所公认的基本目标只有自由、公平与民主。由建立社会主义市场经济体制、构建社会主义和谐社会这些目标所决定,我国反垄断立法应以保障经济自由、促进社会公平为其基本价值追求。《中华人民共和国反垄断(草案)》将提高经济效率作为其首要价值,是把美国反垄断法的目标嫁接于具有欧洲特色的中国反垄断制度之上,实属张冠李戴,不仅与我国经济社会发展的主要任务有悖,而且在执法与司法实践中难以操作。

关键词 反垄断法价值目标 自由 公平 民主 效率

一、欧美反垄断法价值观探讨

早在1890年起草、制定《谢尔曼法》时,美国国会议员就对该法所欲达致的目标进行过激烈辩论。百余年来,欧美之政治家、法务工作者、学者对反垄断法的价值目标有过许多见解和论述,所涉之价值名目,归纳起来,主要有自由、民主、公平、效率、对付通货膨胀、保障国家安全、提供社会保障等。

---

* 本文发表于《法商研究》2007年第1期。2007年8月31日,《中华人民共和国反垄断法》颁布。本文关于删除《草案》第一条中"经营者"这一语词的建议被采纳,但仍保留了"提高经济运行效率"价值目标,并将其作为首要价值目标。为了保留本文发表时的原意,此次删改没有去掉"草案"二字。

** 郑鹏程,湖南大学法学院教授、博士生导师,法学博士。

（一）自由

自由是反垄断法最基本、最直接的目标。《谢尔曼法》的主要起草者谢尔曼参议员在国会的辩论中曾经指出："这个法案，正如我已经说过的那样，只有一个目标……补充实施几个州法院已经确立的普通法或成文法规则，这些规则用于处理那些严重损害公民产业自由的合并。"①联邦最高法院布莱克法官在北太平洋铁路公司一案中指出："谢尔曼法被设计为经济自由的全面宪章，目的在于维护作为贸易规则的自由和不受束缚的竞争。"②联邦最高法院法官马歇尔在美国诉 TOPCO 案中重申："反托拉斯法，特别是谢尔曼法，是自由企业之大宪章。它们对于经济自由和自由企业制度之保护，与权利法案对于我们基本个人自由之保护同样重要。每个个人、所有企业不分大小都被保证享有的自由是参与竞争的自由，是主张活力、想象力、热情和创造力以及可以集合的经济元素的自由。"英国法院在 1602 年判决的一件垄断案中明确指出：特许生产任何产品的排他性权利乃是对普通法及臣民自由的侵犯。在 1624 年因颁布《垄断法》所引发的一场大讨论中，辉格党始祖爱德华·柯克爵士说："如果特许某人……垄断经营某类交易，那么这种特许就侵犯了臣民的自由，因为在颁布此种特许之前，臣民可以从事这类活动或者可以合法地从事这类交易活动，因此，这种特许也就违反了这一伟大的宪章。"③霍布豪斯指出，垄断与自由是水火不容的，"自由竞争原则就是要向垄断开战。"④

（二）公平

"反垄断法起源于对竞争公平的关注。"休格斯认为，在 19 世纪后期，社会达尔文主义同美国传统的公平价值观念产生了激烈冲突。这种冲突直到 1890 年国会颁布《谢尔曼法》时才得以解决。结果传统价值观念取得了胜利，因为，支持该法案的起草者所力图保护的"产业自由"包括了每个人的平等就业权，而这正是社会公平的基础。休格斯进一步认为，推进反垄断立法的政治运动在 1888 年—1914 年间继续发展，并成为 1912 年总统竞选的重要内容。伍德罗·威尔逊在竞选中发表了许多攻击托拉斯、称赞公平竞争制度的言论，如托拉斯压制了作为这个国家中坚力量的小人物，使美国人从有理想、有抱负的工人变成郁闷的不务正业的寄生虫；平等机会与公平竞争制度释放了普通人几乎不受限制的潜力，并使社会变得繁荣；强者不能欺压弱者，强者不能阻止弱者参加竞争；等

---

① 21 Cong. Rec. 2457 (1890) (Statement of Sen. Sherman).

② Northern Pacific Railway Company et al. v. United States. 356 U. S. 1(1958).

③ 〔英〕F. A. 哈耶克：《自由秩序原理》（上），邓正来译，三联书店 1996 年版，第 210—211 页。

④ 〔英〕霍布豪斯：《自由主义》，朱曾汶译，商务印书馆 1996 年版，第 46 页。

等。威尔逊当选总统后,国会通过了《克莱顿法》和《联邦贸易委员会法》。这两部法律都旨在促进威尔逊竞选演说中所包括的竞争公平目标,而这两部法律的颁布,也进一步彰显了反垄断法的竞争公平价值。兰德认为反垄断法的主要目标是阻止财富分配不公。他说,在有关《谢尔曼法》的立法讨论中,许多议员宣称垄断"从人们手中盗窃了数以百万计的财富";垄断性定价是"抢劫",是"使人们变穷的巧取豪夺";通过"抢劫",垄断组织"自己聚集了大量财富,而使人们变得很穷"。国会制定《谢尔曼法》,在很大程度上,就是为了阻止财富不公平从消费者向垄断组织转移。在欧洲,保护竞争的目标与取得社会公正的思想经常交织在一起,分配公平是反垄断法关注的社会公平的重要内容。①

(三) 民主

民主也是反垄断法的重要价值目标之一。1938 年,罗斯福在提交给国会的反垄断咨文指出,对经济力的集中置之不理,破坏了美国的民主传统,为了确保政治和经济两方面的民主,必须排除经济力的集中,活跃竞争。② 40 年之后,Pitofsky 教授指出,反垄断法不仅要考虑经济因素,而且要考虑政治因素。反垄断法所要考虑的首要政治因素是保障民主。③ Millon 认为,私人不受控制的经济权力的大规模集中是危险的;经济权力意味着政治权力,富豪统治象征专制与暴政,意味着全民政府的终结;分散的、原子化的、平衡的经济权力可解决由经济权力集中引起的危机,可以确保政府权力不被自私的帮派所俘获。《谢尔曼法》正是为了捍卫这种通过分散经济权力来控制政治权力这一根深蒂固的传统观念所作的最后努力。④ 纽尔认为,"经济领域中的竞争就相当于政治领域中的民主。"⑤

(四) 效率

芝加哥学派认为,效率是反垄断法的唯一价值目标。博克认为:"美国反垄断法的唯一合法目标,是消费者福利的最大化。""反垄断成文法的语言,它们的立法历史,反垄断法的主要结构特征,再考虑该法的适用范围、性质、连续性、易

---

① Robert H. Lande, "Wealth Transfers as the Original and Primary Concern of Antitrust: The Efficiency Interpretation Challenged", 50 *Hastings L. J.* 871 (1999).

② 〔日〕金泽良雄:《经济法概论》,满达人译,中国法制出版社 2005 年版,第 175 页。

③ Robert Pitofsky, "The Political Content of Antitrust", 127 *U. Pa. L. Rev.* 1051(1979).

④ David Millon, "The Sherman Act and the Balance of Power", 61 *S. Cal. L. Rev.* 1219(1988).

⑤ 〔比〕保罗·纽尔:《竞争与法律——权力机构、企业和消费者所处的地位》,刘利译,法律出版社 2004 年版,第 32 页。

于管理等因素,都表明反垄断法只应当被消费者福利标准所指导。”[①]波斯纳认为:“没有任何理由用反托拉斯法来达到与效率无关甚或对立的目标,比如促进小企业群体的发展,这是一个无论什么内在价值都不能在反托拉斯的原则和程序框架下实现的目标……它们也不是促进更公平地分配收入或分配财富的恰当手段……反托拉斯法的唯一目标是促进经济学意义上的效率。”[②]阿瑞达、特纳等认为,反垄断法先例通常偏好经济目标,迎合非经济目标一般会使反垄断司法变得混乱,并颠覆反垄断法的基本目标。[③]

二、对《中华人民共和国反垄断法》(草案)第一条的评析

2006年6月16日,国务院将其草拟的《中华人民共和国反垄断法》(草案)(以下简称《草案》)正式提交全国人民代表大会常务委员会审议,表明我国的反垄断立法工作又向前迈进了重要一步。《草案》第1条确定本法的立法目的为:“提高经济运行效率,维护经营者、消费者合法权益和社会公共利益,促进社会主义市场经济健康发展。”与此前各种反垄断法征求意见稿、送审稿比较,《草案》关于立法目的表述有一显著变化,即增加了“提高经济运行效率”这句话,并将其置于“维护经营者、消费者合法权益和社会公共利益”之前,而国外反垄断法所普遍追求的自由、公平价值在该条款中被淡化。显然,《草案》起草者的意图在于强调反垄断法的效率价值。《草案》第1条关于立法目的的表述既没有体现反垄断法的性质,也不符合我国体制转轨时期经济、社会发展的主要任务,实不可取。建议删除其中的“提高经济运行效率”、“经营者”等语词,在“维护消费者合法权益”之前加上“为了保护并促进护自由、公平竞争”等语句。我国反垄断法应当以保障自由与公平为其基本价值目标。

(一)将经济运行效率作为反垄断法的首要目标不可取

第一,经济效率价值目标不具有普遍性。虽然美国学者将经济效率目标提高到很高的地位,但经济效率目标在欧洲竞争法中明显处于边缘地位。欧洲人普遍没有认识到反垄断法的经济效率目标,决策者对于从效率角度看待竞争法

---

① Robert H. Bork, *The Antitrust Paradox: a Policy at War with Itself*. Basic Books, Inc. Publishers, 1978. p.57.

② 〔美〕波斯纳:《反托拉斯法》(第二版),孙秋宁译,中国政法大学出版社2003年版,第2—3页。

③ Phillip Areeda & Donald F. Turner, *Antitrust Law: An Analysis of Antitrust Principles and Their Application*. Little, Brown and Company, 1978, p.7.

目标也不感兴趣。[①] 即使在那些受美国反垄断法影响较深的经济欠发达的发展中国家,也没有将提高经济效率作为反垄断法的最高价值目标,更没有将其作为反垄断法的唯一价值目标,相反,它们更加注重反垄断法的公平价值。[②]

第二,经济效率目标不具有可操作性。首先,作为一种效率目标而非分配目标之表述,消费者福利最大化有语义模糊之缺陷。考虑到作为个体的消费者有不同甚至相互冲突的福利偏好,这种缺陷非常明显:我们被告知反垄断法应当实现消费者福利最大化,但没有被告知怎样去实现它。其次,帕累托最优从来就不是一个可操作的反垄断法价值目标,因为反垄断法规则的每一种变化都可能既产生受益者,也会产生受损者,反垄断政策的变化会用不同的方式影响许多消费者群体,而事实上,每一种变化至少会使一个消费者处于不利地位。最后,财富最大化虽然从抽象的角度考虑可以成为反垄断法的价值目标,但是当必须要创建一个精确的反垄断责任规则的时候,这种对反垄断法的目标应当是财富最大化的简单陈述无济于事。财富最大化原则太富于弹性,因为根本就没有任何方法决定一国社会成员所持有的价值,以及他们愿为这种价值支付什么代价。谁也无法预测一项干预规则对整个社会资源配置的影响。[③]

第三,将经济效率作为反垄断法的最高价值目标,甚至唯一价值目标,可能会导致政府合法性的丧失。政治学的研究成果表明,一个社会长期将经济增长作为政治统治的唯一合法性基础,是非常危险的,单纯靠经济增长来保证合法性,将导致亨廷顿所谓的"政绩困局":如果不能有好的政绩,将失去合法性;如果政绩好了,也将失去合法性。[④]

(二) 自由、公平应是我国反垄断法追求的基本价值目标

第一,自由、公平是社会主义市场经济体制的本质属性。自由与公平是竞争的两个基本维度。首先,竞争必须是自由的,"保护竞争的观念发端于保护自由的观念。"[⑤]因此,"竞争与自由并无二致。"没有自由就没有竞争[⑥],其次,竞争也

---

① 〔美〕格伯尔:《二十世纪欧洲的法律与竞争》,冯克利等译,中国社会科学出版社 2004 年版,第 519 页。

② Eleanor M. Fox, "Equality, Discrimination, and Competition Law: Lessons from and for South Africa and Indonesia", 41 *Harv. Int'L. J.* 579. Spring, 2000.

③ Herbert Hovenkamp, "Distributive Justice and the Antitrust Laws", 51 *Geo. Wash. L. Rev.* 1, 1982.

④ 龙太江、王邦佐:《经济增长与合法性的"政绩困局"——兼论中国政治的合法性基础》,载《复旦学报(社会科学版)》2005 年第 3 期。

⑤ 〔美〕格伯尔:《二十世纪欧洲的法律与竞争》,冯克利等译,中国社会科学出版社 2004 年版,第 19 页。

⑥ 邱本:《自由竞争与秩序调控》,中国政法大学出版社 2001 年版,第 286—287 页。

意味着平等。德语中的“竞争”就含有地位平等的竞争之意。德语中的“竞争秩序”，“天然地就包括了”社会公正的意思。[①] 所以，自由、公平是市场经济内在的价值目标。社会主义市场经济首先是一种竞争经济。社会主义市场经济体制的建设过程，实际上是一个不断打破垄断、促进竞争的过程。同时，社会主义市场经济具有社会主义性质，而社会主义的本质就是解放生产力、发展生产力、实现共同富裕。所谓解放生产力、发展生产力，就是减少政府干预、扩大企业自由；而共同富裕就是实现社会公平。

第二，反垄断法必须保障经济自由。目前，我国的垄断组织损害了经济自由，其方式主要有两种：(1) 垄断组织运用他们所拥有的经济权力，排除人们通过市场竞争获取物质成功的机会。如邮政、电信、铁路、电力等公用企业和其他依法具有独占地位的企业，利用其掌控的“枢纽设施”或其他优势限制竞争者的营业自由。(2) 地方政府或政府所属部门滥用行政权力，阻碍财产、服务、劳动者和资本等生产要素在国内市场自由流动。尽管现行法律体系中有许多保护公民自由、企业自由的法律制度，但垄断对营业自由、公民自由的损害，具有间接性和抽象性，属于特殊侵权，难以用保护公民自由的一般侵权行为规则予以禁止或救济。正因为如此，作为自由企业之宪章之反垄断法才得以产生。反垄断法是保障经济自由之现代法，它必须将保障经济自由作为其基本价值目标，否则就没有必要存在。

第三，反垄断法必须解决公平问题。改革开放二十多年来，我国的国民收入分配差距不断扩大。其中垄断行业的平均工资已高出全国平均工资水平 30 个百分点以上，垄断行业职工平均工资是非垄断行业职工平均工资的 3 倍。[②] 垄断性行业的高收入，并非来源于效率，而是来源于垄断地位所产生的垄断利润。有外国学者说：“一个企业没付出多少努力却得巨大的利润是难以令人接受的。”[③]垄断性行业与非垄断性行业的收入分配差距及垄断性行业的“福利腐败”，引起了媒体、学术界及广大公众的密切关注，通过立法解决垄断所引起的分配不公问题的要求日趋迫切。2006 年 10 月，中共中央十六届六中全会通过了《关于构建社会主义和谐社会若干重大问题的决定》。《决定》指出：“到 2020 年，构建社会主义和谐社会的目标和主要任务之一是：城乡、区域发展差距扩大的趋势逐步扭转，合理有序的收入分配格局基本形成，家庭财产普遍增加，人民过上更加富足的生活。”同时强调：“社会公平正义是社会和谐的基本条件，制度是社会公平正义的根本保证。必须加紧建设对社会公平正义具有重大作用的制

---

① 汪丁丁：《走向边缘》，生活 · 读书 · 新知三联书店 2000 年版，第 262 页。

② 刘溜：《垄断行业限薪难行》，载《新闻周刊》2004 年 7 月 12 日。

③ 〔比〕保罗 · 纽尔：《竞争与法律——权力机构、企业和消费者所处的地位》，刘利译，法律出版社 2004 年版，第 137 页。

度，保障人民在政治、经济、文化、社会等方面的权利和利益，引导公民依法行使权利、履行义务。”这表明党和国家对通过立法解决社会分配不公问题越来越重视。《反垄断法》不仅是解决垄断性行业与非垄断性行业收入分配差距扩大问题的最根本的出路①，而且也是保障社会财富由生产者剩余向消费者剩余转移的根本举措，是对保障社会公平正义、构建社会主义和谐社会具有重大作用的法律制度。所以，反垄断法必须以保障公平为己任。诚如成思危副委员长在审议《中华人民共和国反垄断法（草案）》时所说：“要反垄断，就要真正解决分配不公平问题。不解决分配不公平问题，制定反垄断法就没有意义。”②

① 张雅光等：《行业职工收入分配差距及调控对策分析》，载《管理现代化》2003年第1期。

② 《中华人民共和国反垄断法（草案）》第一次审议发言摘登。at http://www.npc.gov.cn/zgrdw/common/zw.jsp? label = WXZLK&id = 350218&pdmc = 110106，2006年10月22日浏览。

关于中国反垄断诉讼第一案的初步观察与思考*

◇ 王先林**

内容提要 德先公司诉索尼公司垄断纠纷案有可能成为我国真正以垄断纠纷为案由的第一起诉讼案件，对我国反垄断立法、司法以及市场经济环境的完善将产生重大影响。本文在介绍案情的基础上，分析了该案中涉及的非法搭售、垄断性高价以及滥用市场支配地位等典型的垄断行为，并指出该案将有力地推动我国反垄断立法的进程。

关键词 搭售 垄断性高价 滥用市场支配地位 垄断纠纷 案例研究

一、关于德先公司诉索尼公司垄断纠纷案的初步观察

2004年11月2日，四川德先科技有限公司（以下简称"德先公司"）向上海市第一中级人民法院提起民事诉讼，控告上海索广电子有限公司（为索尼株式会社在华合资企业，以下简称"索广公司"）和索尼株式会社（以下简称"索尼公司"）。其诉讼请求包括：请求依法判令被告在中国立即停止在生产数码摄像机、数码照相机"索尼"牌锂电池时在"InfoLITHIUM"技术上设置的智能密钥识别码，判令被告在中国停止在生产数码摄像机、数码照相机时在"InfoLITHIUM"技术上设置的智能密钥识别码；请求依法判令被告在中国立即停止销售索尼品牌有智能密钥识别码的数码相机、数码摄像机和索尼品牌有智能密钥识别码的锂离子电池。此外，还请求依法判令二被告赔偿原告德先公司经济损失10万

* 本文已发表于《东方法学》2006年第2期（总第2辑），法律出版社2007年版，原文约1.2万字。

** 王先林，法学博士，上海交通大学法学院教授、博士生导师，经济法研究所所长。

元,请求依法判令二被告支付原告德先公司支出的调查费 5 万元,律师费 5 万元等。

原告在诉状中提出的事实和理由是:索广公司利用“索尼”品牌在中国市场的绝对优势,每一块电池均附加有智能密钥识别系统,以此建立“索尼”数码摄像机、数码照相机与“索尼”锂离子电池的排他性依存关系。索广公司该项技术的使用直接导致消费者在购买“索尼”数码摄像机、数码照相机时,必须选择“索尼”锂离子电池,这种行为已经是滥用垄断和支配地位行为,该行为不仅压抑了公平竞争,而且还直接损害了其他经营者的公平竞争的权利。索广公司凭借其技术优势、品牌优势和规模经济优势,在锂离子电池行业构建起较高的行业进入壁垒,长期把数码摄像机、数码照相机系列电池价格提高到完全竞争水平以上以获取巨额垄断利润。索广公司正是利用设备、技术优势,捆绑销售“索尼”锂离子电池,该行为已经违反我国《反不正当竞争法》第 2 条的规定,构成不正当竞争行为。

针对原告的指控,被告则辩称:因为此前和在此期间,索尼曾陆续收到少数用户由于使用仿冒电池而导致了机器冒烟、着火、破损等令人痛心的事故报告,为了最大限度地杜绝仿冒电池对消费者人身安全的威胁、尽可能地确保消费者的产品使用安全,索尼(中国)有限公司发布了《致 Sony 数码摄像机、数码照相机用户的公告——请您使用正宗的 Sony 可充电电池》的公告。消费者使用了非索尼原装电池的情况下,在液晶屏上出现一个请消费者使用原装电池的提示。索尼有关负责人声称,如果其他电池无法应用到索尼的产品,是因为其与索尼的技术标准不吻合。

2004 年 11 月 24 日,本案由上海市第一中级人民法院正式受理,并分别在 2006 年 1 月、6 月和 10 月进行了证据交换。本案的最终结果还需假以时日,但本案很可能是我国真正以“垄断纠纷”为案由的第一起诉讼案件,而且又是一起与知识产权(具体是其中的专利权)滥用相关的垄断案件,也是国内企业以反垄断法基本原理和制度为武器对跨国巨头发起的一次法律挑战。因此,不管其最终胜负如何,本案都会在中国的反垄断司法史上留下重重的一笔。就像现在我们说起我国反不正当竞争的司法审判案例,都会想起在《反不正当竞争法》出台前几年的我国首例以“不正当竞争”为案由的案件,即“莒县酒厂诉文登酿造厂不正当竞争纠纷案”一样。

二、关于德先公司诉索尼公司垄断纠纷案的法理分析

根据从公开媒体上获得的有关本案的基本事实,结合反垄断法的基本原理

和有关立法、司法实践来看,本案中被告的行为在很大程度上涉嫌构成了非法垄断或者限制竞争行为。

(一)索尼公司通过智能识别技术,在其数码产品与配用电池之间建立排他性依存关系的行为涉嫌非法搭售

搭售是将两种或两种以上产品捆绑成一种产品进行销售,以致购买者为得到其所想要的产品就必须购买其他产品的商业行为。前一种产品为搭售的产品(tying product),后一种产品为被搭售的产品(tied product)。一般说来,从事搭售行为的经营者在市场上具有支配地位,否则搭售是难以实行的。但是,我国现行《反不正当竞争法》第12条所规定的搭售条款并没有限定行为人具有市场支配地位的主体条件,即"经营者销售商品,不得违背购买者的意愿搭售商品或者附加其他不合理的条件"。而2007年6月全国人大常委会第二次审议的《反垄断法(草案)》第16条中所规定的搭售条款则明确了具有市场支配地位的主体条件,因为"(五)没有正当理由,搭售商品或者在交易时附加其他不合理的交易条件"是"经营者滥用市场支配地位的行为"的表现之一。

在本案中,索尼公司的搭售行为并不是像通常那样直接向消费者捆绑销售,而是通过智能识别技术形成的排他性依附关系而间接地达到强制购买的目的。在智能识别技术的作用下,索尼品牌的数码摄像机、照相机只能配备索尼品牌电池,否则不但不能正常工作,还可能会造成机器损坏,这导致用户在购买了索尼品牌的数码摄像机、照相机后,事实上也只能购买索尼品牌的配用电池,这使得索尼品牌的数码摄像机、照相机与锂电池构成排他性的捆绑销售关系,这实际上也就是反垄断法意义上的搭售行为。因为,虽然电池是数码摄像机、数码相机正常工作的必要配件,但无论是基于商务实践还是基于交易习惯,两者具有可分性,数码摄像机、数码照相机与电池本来是相互独立的产品市场,它们之间具有明显的区分性,即完全可以进行分别销售并允许竞争。而索尼公司通过设置智能识别技术,索尼品牌的数码摄像机、照相机只有用相匹配的索尼产电池才能正常工作,从而在同属于索尼生产的数码摄像机、照相机与锂离子电池之间形成了排他性依附关系,人为地造成了两者在使用上的不可区分性。也就是说,消费者只有购买索尼公司生产的电池才能保证机器的正常使用,从而直接地限制和排除了其他电池生产商的合法竞争。

索尼公司以保障消费者安全为其智能识别技术进行辩解是难以站住脚的。一方面,智能识别技术不是保障消费者安全的唯一手段,避免假冒产品有多种途径,保护消费者安全并不必然地要求采用智能识别技术,更不能强制性地排斥其他厂家的合格电池;另一方面,作为市场经营者,索尼公司并不拥有自行限制合法竞争者的法律权利,更不能采用非法的限制竞争手段来维护所谓的消费者合法权益。在这方面,欧共体委员会和欧洲两级法院在赫尔梯(*Hilti*)案中的观点及其理由可供参考。在该案中,欧洲初审法院指出,为其他法律和公共机构所强调的产品安全性的考虑并不能超越共同体竞争规则。一个具有市场支配地位的经营者,显然无权自行采取措施排除其认为是危险的或至少是质量上不如自己的产品,无论这种认识是正确的还是错误的。①

(二)索尼公司通过智能识别技术,在其数码产品与配用电池之间建立排他性依存关系的行为同时涉嫌垄断性高价

垄断性高价是经营者滥用市场支配地位的一种典型形式。在全国人大常委会第二次审议的《反垄断法(草案)》第16条规定的经营者滥用市场支配地位的行为之一,即是"(一)以不公平的高价销售商品或者以不公平的低价购买商品"。所谓垄断性高价,是指经营者在正常竞争条件下所不可能获得的远远超出公平标准的价格,也就是以经营者具有市场支配地位为前提的垄断性高价。索取垄断性高价实际上是利用垄断地位(市场支配地位)对消费者和用户进行剥削的行为。本来,在市场经济条件下,经营者的定价水平是由市场调节的,对于一般经营者的高价,反垄断法不予过问;但具有市场支配地位经营者的垄断性高价,往往是市场支配地位滥用的表现,因而成为一些反垄断法所规制的对象。

在本案中,虽然索尼公司的锂电池价格是否属于垄断性高价,需要执法机关或者法院作深入的调查和科学的分析,但从目前所了解的情况分析,其构成垄断性高价的可能性是很大的。因为索尼公司正是基于其在数码摄像机、照相机市场的支配地位,通过技术手段限制其他经营者参与电池业务竞争,才得以维持超越竞争水平的高价的。根据有关报道,索尼电池与其他品牌电池之间价格差异极大,同一型号的电池,索尼公司与德先公司的价格大多相差2至3倍,如在王府井新东方商场,索尼NP-FP90原装电池售价为890元,而德先科技生产的类似电池售价只有283元。以283元到890元的价格差,索尼55万多台数码设备仅电池就能产生超过3.3亿元的巨大利润空间。按照锂电池的淘汰速度,在1到2年之后,这批电池的更新换代又将产生一个庞大的市场。以目前的性价比,国内电池企业无疑处在上风,所以索尼设立技术壁垒,不但令消费者必须花费更高的价格购买索尼的产品,也损害了其他电池企业的市场。② 在锂离子电池产品已经基本同质化的今天,如果索尼公司不是采用智能识别技术手段来限制竞争,而是与其他电池厂家展开公平的市场竞争,在供求关系的市场规律作用下,索尼电池的价格会大大低于现在的超高水平。在不能对这种超高的定价作出合理解释

---

① See Steven D. Anderman, *EC Competition Law and Intellectual Property Rights*, Clarendon Press Oxford, 1998, p.222.

② 参见《索尼被指涉嫌垄断 遏制跨国公司垄断迫在眉睫》,载《中国证券报》2006年6月30日。

的情况下，可以得出索尼公司通过智能识别技术，在其数码产品与锂离电子电池之间建立排他性的依存关系而形成的垄断性高价的初步结论。

（三）索尼公司在中国的数码摄像机、数码照相机市场上也拥有支配地位

很显然，从反垄断法的角度来看，搭售和垄断性高价作为滥用市场支配地位的行为，都必须以经营者具有市场支配地位这样的主体条件。而从本案的情况来看，索尼公司在中国的数码摄像机市场和数码照相机市场上有可能被认定为具有市场支配地位。

所谓市场支配地位，一般是指经营者在特定市场上所具有的某种程度的支配或者控制力量，即在相关的产品市场、地域市场和时间市场上，拥有决定产品产量、价格和销售等各方面的控制能力。全国人大常委会第二次审议的《反垄断法（草案）》第16条第2款规定："本法所称市场支配地位，是指经营者在相关市场内具有能够控制商品价格、数量或者其他交易条件，或者能够阻碍、影响其他经营者进入相关市场能力的市场地位。"同时，第17条对认定经营者具有市场支配地位应当依据的因素作了明确规定。

在界定市场支配地位时市场份额是最重要的指标。而这又涉及相关市场的界定问题。全国人大常委会第二次审议的《反垄断法（草案）》第12条第2款规定："本法所称相关市场，是指经营者在一定时期内就相关商品或者服务（以下统称商品）进行竞争的范围或者区域。"由于在价格、品质、操作模式等方面的独特性，数码摄像机、数码照相机拥有较为固定的消费阶层，与非数码型的摄像机、照相机在消费层次上有较大的差异，产品的替代弹性较低；而且，由于国界阻隔、交通成本和高度的本土化生产，国内与国外的数码摄像机、照相机消费市场存在极高的分离性，地理市场上的替代可能性也很小。因而，综合考虑产品和地理上的供应替代、需求替代因素，可以认定中国范围内的数码摄像机、数码照相机分别构成两个相关市场。而在这两个相关市场上，索尼均占有市场支配地位。

中国数码摄像机、照相机是典型的寡占市场，仅以2005年度为例，索尼、佳能、松下、富士等几大日系品牌市场总份额达到了87.5%，其他企业仅占12.5%。相对其他中小竞争者，索尼作为此寡占市场的领先者更具有明显的市场支配地位。在中国境内数码摄像机、数码照相机这两个相关市场上，索尼品牌的数码摄像机、照相机拥有极高的市场占有率。[①] 就中国摄像机市场而言，2003年中国数码摄像机市场的容量为55.6万台，索尼销售25万多台，市场份额接近50%；2004年，中国数码摄像机市场销售量超过70万台，索尼数码摄像机占有率超过50%，处于市场第一位置；2005年，索尼继续以将近50%的占有率占据

---

① 参见 http://www.sony.com.cn/about_sony/press_release/90_1670.htm。

中国数码摄像机主要市场。在中国数码照相机市场，多年来索尼数码相机市场占有率也以超过30%的优势占据首位。

除市场份额外，进入障碍也是界定市场支配地位的另一个重要因素。进入障碍意味着新进入者比现有的市场主体要付出较大的经济成本。一般来说，在进入障碍较高的市场上，潜在竞争者进入市场的可能性较小，所以现有的拥有优势份额的企业将更容易被视为占据市场支配地位。作为具有较高科技含量的产品，数码摄像机、数码照相机领域的技术专利和应用生产长期被掌握在索尼等日本企业手中，市场进入的技术与经济壁垒高，构成了较大的进入障碍。这是索尼公司形成和维持市场支配地位的一个非常重要的因素。

三、关于德先公司诉索尼公司垄断纠纷案的初步思考

本案是在我国《反垄断法》尚未出台之前提起的，确实面临着法律依据不足的困难，但是这也在客观上会凸现出我国反垄断法缺位的困境，引起人们对我国反垄断立法的重视，从而会加速我国反垄断法的出台，因为本案面临的法律尴尬却活生生地说明这部法律确实不应再拖了。

本案的最终胜负取决于多种因素，当然主要是案件本身的事实和法律依据问题。仅就法律依据的角度来看，中国反垄断法的缺位确实是对原告不利的一个因素，因为本案是一个典型的反垄断案件，而原告在诉状中只能援引我国《反不正当竞争法》的原则条款。但是，与行政执法和刑事司法必须遵循严格的违法行为和犯罪行为法定原则不同，对于民事案件的处理是可以依据现行相关法律(主要是《反不正当竞争法》)的基本原则来判决的。因此，在认定事实的基础上，不排除法官依据法律的基本原则和现代反垄断法的基本原理对本案作出开创性判决的可能性。而且，现有法律依据的不够明确具体，也为相关法律原则的适用留下了更大的空间，提供了更大的灵活性

本案作为我国的首起反垄断案件就与跨国公司、与知识产权滥用相联系，这有利于人们充分认识反垄断法在我国目前的特殊价值，也有利于全面认识和正确对待知识产权问题。目前，跨国公司利用其优势地位限制竞争的行为在我国市场上已经有了不同程度的表现，有的还相当明显。不难想象，一旦本案原告德先公司胜诉，肯定会有一些国内企业拿起反垄断的法律武器与非法垄断行为(包括跨国公司的非法垄断行为)作斗争，这在现代市场经济条件下是很正常的现象。如果发生这样的现象，那也不能说中国的反垄断法是专门针对外国企业的，它只针对垄断行为，无论其主体是国内还是国外的。只是由于跨国公司实力雄厚，规模巨大，更容易从事非法垄断行为，加上中国长期以来没有反垄断法，它

们在中国市场上的垄断行为更加突出。因此，我国《反垄断法》通过后，针对跨国公司的反垄断指控和诉讼可能会多一些，这无需大惊小怪。

许多垄断行为，特别是跨国公司的垄断行为，往往是与知识产权滥用相联系的。在本案中，索尼公司是通过其在中国获得专利的 infoLITHIUM 技术中设置智能识别功能来排除竞争的。合法获得的知识产权当然应当受到尊重和保护，但是如果其被用来达到非法限制竞争的目的，那显然超出了正当行使知识产权的范围。因此，在现代社会，尊重和保护知识产权与禁止知识产权滥用是并行不悖的。对于后者，很多国家和地区主要是从反垄断法的角度来解决的。因此，全国人大常委会第二次审议的《反垄断法（草案）》第 54 条即规定："经营者依照有关知识产权的法律、行政法规规定行使知识产权的行为，不适用本法；但是，经营者滥用知识产权，排除、限制竞争的行为，适用本法。"这是非常必要的，希望这一条款在该法最后通过时能够得以保留并得到完善。

共享抑或专属：网络型公用事业领域反垄断管辖权配置模式之选择

◇ 魏修文*

内容提要 网络型公用事业领域因其存在规模经济效应，因而具有自然垄断的特性。但随着科技的发展，沉淀投资成本的降低，促使网络型公用事业的自然垄断特性逐渐淡化。在网络服务部分已经放松管制，引入竞争程度较高，当然地需要反垄断法加以规制。而在基础网络部分，对于居于合法垄断地位的基础网络厂商的限制竞争行为，仍要用反垄断法加以规制。那么如何执行反垄断法，由谁对该领域的限制竞争行为实施管辖权就成为本文的论题。通过考察国外和地区的实践，可将管辖权的归属划分为两大类：专属模式与共享模式。本文试图以探讨这两种管辖权模式的选择为一个视角，为如何处理反垄断主管机关与行业管制机关之间的关系提供一种思考，为如何配置和划分两者间的职权提供一条路径。以此也从竞争法的视野中，探究管制与竞争、政府与市场之间的复杂关系。

关键词 网络型公用事业　反垄断管辖权　共享模式　专属模式　模式选择

一、本文的论域界定：网络型公用事业的概念及特征

网络型公用事业①是一种需要固定网络来传输服务的基础设施产业，包括煤气、电力、自来水、铁路和固定电话。② 由于这些行业一般都是国民经济的基

---

* 魏修文，中国政法大学经济法专业硕士研究生。

① 与网络型公用事业相关的称谓，有"公共事业"、"网络型产业"、"自然垄断产业"，"基础设施产业"，"网络经济产业"等等。这些概念是从不同的视角考察该领域而得出的称谓，其在外延上有一定的相通性。

② 〔英〕戴维·M.纽伯里：《网络型产业的重组与规制》，何玉梅译，人民邮电出版社2002年版，第3页。

础部门,与国计民生有着重大关系,因而它们在国家中的经济地位举足轻重。

从语词学的角度看,网络型公用事业是由"网络"和"公用事业"组合而成的。本文认为,网络型公用事业是具有较强的公益性,为公众提供基础设施方面的产品和服务的网络型产业。

网络型公用事业是网络型产业(network industries)和公用事业(public utilities)的融合,因而兼有网络型产业和公用事业的特征。首先,从技术经济特征看,网络型公用事业多数需依赖固定物理网络来传输其产品和服务,具有典型的网络性和自然垄断性。其次,从产品的属性定位看,网络型公用事业提供的产品和服务属于可收费品,具有共同消费和可排他性。①

二、反垄断主管机关与行业监管机关之间的关系及其实质

对网络型公用事业的分析是从市场失灵入手的。由于网络型公用事业领域的自然垄断特性,国家多设立专门的行业监管机关②来执行其管制职能。从法理上看,行业立法呈现出不同的法律层次,以下就以我国的各层次行业立法为例,探究行业立法与反垄断法的适用关系和效力问题。③

情形一:行业性立法为全国人民代表大会或其常委会制定的法律。在这种情况下,依照《中华人民共和国立法法》(下称《立法法》)的规定,反垄断法和行业立法位于同一层次,两者是特别法与普通法的关系。按照"特别法优于普通法"的法理,应优先适用该行业法律。而对于反垄断法中没有规定的、仅在行业法律中规定的、专属于行业管制范畴的法律规范,应适用行业法律。

情形二:行业性立法为国务院或国务院授权某行政机关制定的行政法规。按照《立法法》,这种情形下行业行政法规的效力低于反垄断法。依据下位法与上位法的关系,对于该行业行政法规中的法律规范,应保持与反垄断法的一致性,不得与其相抵触;否则,应及时地修改或废止。

情形三:行业性立法为行政规章或更低层次的规范性文件。这种情况下,反垄断法与行业立法的关系呈现出与第二种情形相同的解决方法。

行业立法的效力层级有别,其反垄断法的关系也呈现出不同的情形,但其实

---

① 参见肖兴志:《公用事业的民营化改革:理论与中国实证》,载黄继忠主编:《自然垄断与规制:理论和经验》,经济科学出版社 2004 年版。

② 前文多次提到的管制(regulation),也有人将其译为"规制","监管",本文在此不做细分,将它们视为同等程度的概念。因此,本文的行业监管机关,也与诸如美国所设立的"管制机关"是同等意义上的指称。

③ 本文重在探析执法过程中的管辖权归属问题,所以立法、司法和法律监督层面不是本文论述的重点。

质是相同的。归根结底，行业立法与反垄断法的关系，是行业监管机关与反垄断主管机关间的关系。尤其是就执法环节而言，对于反垄断法与行业立法中的反垄断规范的管辖权交由谁来行使，这才是反垄断主管机关与行业监管机关之间关系的实质所在。

三、管辖权的共享模式与专属模式：一个比较法视角的考察

行业立法与反垄断法中共有的反垄断法律规范的管辖权应该交给谁？世界各国的做法不一。纵观多数国家和地区的实践，可将管辖权的归属划分为两大类：专属模式与共享模式。前者是由行业监管机关或反垄断主管机关来单独行使管辖权，排斥另一方的管辖权；后者是由行业监管机关与反垄断机关展开合作，共同管辖。

1. 专属模式及其评析

专属模式又可细分为两种：一是规定只要是反垄断法律规范均由反垄断主管机关执行，包括行业立法中的反垄断法律规范；二是规定行业内的垄断行为完全由行业主管机关行使管辖权，排除了反垄断主管机关对行业内垄断行为的管辖权。

以电信行业为例，新西兰和英国即是这两种专属模式的践行者。新西兰电信产业采用废止行业监管、完全由反垄断主管机关集中了反垄断权与行业监管权的做法。这种典型的专属模式，有效避免了电信监管领域竞争主管机关和行业主管机关的职权冲突，但也存在专业技术难题，所以新西兰的竞争主管机关——商务委员会在实施电信监管时就显得有些捉襟见肘。

而在英国，赋予行业主管机关在电信领域适用反垄断法的权力，由行业主管机关独占专属行使对电信产业的垄断行为的管辖权。英国设立的电信管制机构，既对电信市场进行市场准入管制，又依据反垄断法对电信市场的垄断行为进行监管。这种模式是行之有效的，但是这种规制效果的取得，是以其网络型公用事业的私有化和自由化为前提的。私有化和自由化的现实，割断了管制主体与受管制主体在利益上的脐带，使得英国的独立管制机构在人事、财政等方面，能够独立和超脱于网络型公用事业领域的市场主体，保障了管制的有效性，并且能够独立承担对行业垄断行为的管辖权。

2. 共享模式及其评析

共享模式是指对于行业垄断行为的管辖，由行业监管机关与反垄断机关共同行使，两者共同适用反垄断法和行业立法中的反垄断法律规范。美国和德国是共享模式的实践者。

美国《1978 年公用事业管制政策法》规定，任何本法之规定皆不影响反托拉斯法对于公用事业之适用，亦不赋予联邦能源管制委员会任何足以产生不公平竞争抑或有违竞争之权限。另外，德国电力自由化后除由联邦经济部负责费率之审定外，其余关于电业竞争秩序之规范，都由主管竞争法的联邦卡特尔局依据不正当竞争防止法来加以规范。[①] 若以电信产业为例，共享模式的勾勒就更为清晰些。在美国，除联邦通信委员会主要依据《电信法》对电信市场进行监管外，反垄断主管机关也依照反垄断法律法规对电信市场的垄断行为进行规制。同样的共享模式也出现在德国。在德国，电信与邮政监督管理局（以下简称 RegTP）负责实施滥用监督、费率管制和互联互通方面的监管程序，联邦卡特尔局负责管辖垄断行为。德国电信业这一并行管辖权模式，既考虑到联邦卡特尔局具有高效的反垄断职能，又兼顾到 RegTP 在电信领域不容置疑的高效管理职能，很好地发挥了共享模式下并行管辖的优势。因此，德国在共享模式下如何配置反垄断主管机关和行业主管机关的职权、如何实现两者的合作与相互制约的实践是值得借鉴的。

四、影响模式选择的主要因素：一种归纳推理的解说

对于网络型公用事业领域行业垄断行为的管辖，各国在管辖权归属问题上选择专属模式抑或共享模式是多种因素相互作用的结果。而对主要因素的归纳具有某种程度上的普适性，可以使各国在管辖权归属上的模式选择成为一种自觉行为，对于如何处理好两者间的关系很有价值。

1. 网络型公用事业的所有制与模式选择

对于网络型公用事业而言，所有制不同将导致管制及竞争的手段、范围和力度等方面的差异。在公有制下，政府所有的公用事业会出现竞争不充分，缺乏激励机制，但公有的网络型事业能够保证做到普遍服务的要求，政府管制的有效性和可信性更高些；而在私有制下，网络型公用事业的竞争更为充分，可以激发市场主体提高效益的动力，英国的私有化运动已经证明在私有化和竞争之间有着一种天然的互补性。

但是，网络型公有事业的所有制却是与管辖模式的选择直接相关的。尤其是在公有制下，这种关联性表现得更为突出。在公有制的网络型公用事业领域，首先要解决的是政企分开问题，监管部门与市场主体要分离，转变政府的职能。

---

① See "The Guideline of Concurrent Application to Regulated industries of the Competition Act 1998" by Office of Fair Trading, from: www.oft.gov.uk/NR rdonlyres/819E 0492-C B 75-4E 48-8AFC-C 2D F 5890881 C 0 OFT405.pdf.

其次,从实证层面讲,行业主管机关固然可以实施高质量的管制,但由于其与政府所有的网络型公用事业的市场主体在经济利益上具有同质性,在人事、财务等方面的牵连性就无法规避。因此,对于行业垄断行为如果规定由行业监管机关专属管辖,势必因行业主管机关顾及行业利益使反垄断法律规范的实施效果大打折扣。行业监管机关无法在超脱的境况下对行业内的反竞争行为进行管辖。换言之,可以寄希望于行业监管机关对于本行业的不正当竞争行为有所作为,但对于管辖行业内的垄断行为实难笃信。

2. 各网络型公用事业领域的技术性和可竞争程度与模式选择

并不是所有的网络型公用事业都适合自由化和竞争。各网络型公用事业的技术发展程度,影响到其自然垄断特性的程度。例如,自来水就不同于前文所讲的电信。对自来水来说,从很远的地方通过管道输送水的成本要高得多,以至于在自来水供应上不可能存在过多竞争,因此自来水行业的自然垄断特性不会太弱,可竞争的程度不高。对于竞争实现程度高的行业,反竞争行为出现的概率会更高,尤其需要对行业内垄断行为进行管辖。而对于技术水平较为低下,可竞争程度不高的网络型公用事业领域,管制的强度更大些,可以适用专属管辖的模式,或者在共享模式下注重行业主管机关利用其高效监管的优势。

3. 各个国家的政治体制、行政体制结构与模式选择

不同国家的政治体制不同,也会影响到管辖权模式的选择。国家的结构是单一制或联邦制,权利架构是集权式或分权式,决定了国家对各网络型公用事业领域的监管格局,进而影响到行业监管机关与反垄断主管机关之间的博弈。单一制和集权式下,中央和地方的行政监管机关职能明确,易于落实,管制政策和竞争规则能够一以贯之。专属模式或共享模式监管的绩效在集权式的政治体制下更易得以展现;而在联邦制和分权式的体制下,反垄断法的执行必须依靠联邦法律体系来加以贯彻,也多由联邦反垄断主管机关进行管辖。而对于行业内的垄断行为,若由联邦反垄断机关进行管辖,则会因联邦分权的体制,使得执行的成本大于集权式体制下的执行成本。

五、我国反垄断立法中的模式选择

1. 我国网络型公用事业的现状及特点

对我国网络型公用事业领域的分析,可从两个层面入手:一是所有制;二是政府管制体制。

就所有制层面来讲,我国网络型公用事业多实行公有制,由国家或政府所有的公用事业随处可见。这与我国的意识形态存在关联,但更为重要的是,这是与我国现阶段经济和社会发展水平相适应的选择。公有制可以确保市场主体履行

好普遍服务的要求,并且使政府有权直接命令垄断企业进行重组,在干预市场主体时成本很低。[①] 另外,公有制垄断并不绝对地排除竞争,我国对电信产业的重组就初步构筑了电信产业的竞争结构,实现了"独家垄断—寡头垄断"的转变。

就政府管制体制层面来说,中国垄断性产业的管制机构还存在不少问题。例如,由于在这些垄断性产业尚未建立完善的法律体系,这些管制机构缺乏明确的法律地位和必要的权威性;缺乏一套系统的管制法规制定与实施程序;司法、社会公众监督机制比较薄弱;由于职能繁多,经济职能与管制职能混杂,难以实现专门化管制职能,等等。[②]

2. 我国反垄断管辖权模式选择的立法建议

我国网络型公用事业现阶段的公有制和管制体制特点,决定了行业监管机关在管制行业事务方面仍有不可替代的专业优势,但是对于行业内的垄断行为完全由行业监管机关专属管辖不具可行性。公有制决定了行业监管机关与被监管对象存在利益上的一体性,在人事、财务等方面牵连性很强。当电信市场的基础运营商出现不正当竞争行为时,信息产业部作为行业监管机关会对其行为加以制止,但是当电信市场出现基础运营商制定限制竞争协议、滥用市场支配地位等情形时,信息产业部的反垄断执法动力和效果就很值得质疑。从实证层面考察,可以更清楚地认识这一问题。例如,信息产业部的主要领导,中国电信、中国网通、中国移动等市场主体的主要领导均由中央统一任命,且时常出现信息产业部的领导与电信运营商的领导互换岗位,监管者与被监管者的关系也发生转变和错位,这使信息产业部作为监管者缺乏权威性。就财务利益而言,信息产业部作为行业主管机关,在参与部门立法的过程中不可避免地掺杂进某些行业或部门利益的考量,在执法的过程中也是如此。监管机关与被监管者在经济利益上具有同源性和同质性。因此,行业监管机关在规制行业内的垄断行为时不能赋予其专属管辖权的,只能利用其专业性优势,做好与反垄断主管机关对该事项的共享管辖。所以,在现阶段我国网络型公有事业的情况之下,选择共享管辖的模式,应将行业内垄断行为的管辖权交由行业监管机关和反垄断主管机关共同行使。

在行业监管机关与反垄断主管机关并行管辖时,如何做好两者职权的协调是很关键的。诚如前文德国之实践所带给我们的启示,既考虑到反垄断主管机关具有高效的反垄断职能,又要兼顾到行业监管机关在特定的网络型公用事业领域具有不容置疑的高效管理职能,这应成为处理两者在管辖权问题上的原则。

---

① 〔英〕戴维·M. 纽伯里:《网络型产业的重组与规制》,何玉梅译,人民邮电出版社 2002 年版,第 93 页。

② 参见王俊豪:《中国垄断性产业管制机构的改革——以中国电信产业管制机构为例》,载《中国工业经济》2005 年第 1 期。

具体地说,可以融合吸收英国和德国在电信领域的管辖权分配之经验,做出如下的制度架构:

对于行业立法中的法律规范,不得违反反垄断法的基本宗旨、原则,否则反垄断主管机关可以依据《立法法》对该行业立法的合法性、有效性进行质疑,并做出相应的处理。当出现行业内的垄断行为时,由行业监管机关依照该行业立法和反垄断法的意旨、精神进行管辖;在认定和处理时,行业监管机关必须认真听取反垄断主管机关的意见和建议。若行业监管机关对于该行为没有采取措施或不认定为垄断行为,反垄断主管机关可以依据反垄断法的规定行使管辖职权;反垄断主管机关行使监管职权时需要听取行业监管机关的意见,可以要求有关行政机关提供必要的调查材料。在反垄断主管机关执行依法做出的行政措施时,可以要求有关行政机关予以必要的协助。

反垄断执法中的非正式执行手段研究

◇ 刘桂清*

内容提要 非正式执行手段是反垄断机构在正式的案件调查、审理和裁决程序之外，依循非正式程序所使用的一些比较灵活的处理案件的方法和措施。国外以及我国台湾地区的反垄断机构在实践中大量采用非正式执行手段，这不仅是因为其顺应了现代行政民主的发展走向，而且也契合了反垄断法的自身特点，具有明显的提高执法效率、节约公共资源的积极作用。

关键词 反垄断执法 非正式程序 非正式执行手段

反垄断机构处理案件，不论是查处违法行为案件，还是企业合并申报案件以及限制性行为申报违法否定或个别豁免案件，都需遵循正式的调查、审理和裁决程序，并要求给出具有明确法律效力的案件结论。但是，为应对反垄断事件的复杂多变，执法机构在实践中也大量依循非正式程序，使用一些比较灵活的方式处理案件，以使案件得到及时了结，使反垄断法得到有效实施。本文对这些非正式执行手段展开初步研究，希望能对我国的反垄断执法实践有所启发。

一、反垄断执法中非正式执行手段的广泛使用

"同意令"是美国联邦贸易委员会在查处违法行为案件中经常使用的一种非正式执行手段。按法律规定，联邦贸易委员会有权独立调查、审理和裁决案件，但实际上大部分案件在正式裁决之前就已经通过"同意令"的方式结案。一般情况下，联邦贸易委员会对案件进行调查，确信某项违法行为发生后，在提起正式指控之前，或者在委员会的行政法官举行听证期间，先与对方谈判，给当事人提供一个和解机会，并使其自觉地停止违法行为。美国司法部反托拉斯局与

* 刘桂清，法学博士，华东政法大学博士后研究人员，中南财经政法大学副教授。

联邦贸易委员会不同,它只是一个调查起诉机关,没有审理和裁决的职能。但它向法院提起民事诉讼之前或案件在司法审判之中,也可与对方进行和解谈判。和解方案由法庭批准后称为"同意判决"。一般情况下,违法行为人不需要承认有违法行为,而只要同意不再实施某种反竞争行为,反托拉斯局就可承诺放弃对其提起诉讼。

日本《禁止垄断法》的实施,除诉诸正式的执法程序外,更多的是采用了非正式执行手段。根据公正交易委员会的报告,每年新受理的案件都在120—150件之间,但实施正式程序的只有30宗左右。[①] 日本公正交易委员会常用的非正式手段主要有:(1) 在企业合并申报案件中广泛进行非正式磋商。《禁止垄断法》规定,企业合并必须履行事前申报义务。作为法定的正式程序,公正交易委员会收到申报后应立即对相关交易展开调查。但实际上,大宗交易的当事人通常是在申报前与公正交易委员会举行秘密磋商。如果发现合并方案有违反反垄断法的问题,当事人或者修正合并方案,或者放弃合并计划。(2) 警告和提醒。执法实践中,公正交易委员会常常采取警告和提醒的非正式手段处理一些违法案件,而并不将这些案件付诸正式的行政审判程序。这其中的一个重要原因在于,对指控的违法行为,有些即使没有足够证据,只要有违法嫌疑,也可向有关企业提出警告,指导其采取纠正措施。另外,虽未获得存在违法行为嫌疑的证据,但该行为一旦被认为可能会发展成违法时,从防患于未然出发,也要对其予以提醒。(3) 劝告。根据《禁止垄断法》第48条之规定,在公正交易委员会经调查后,对违法案件进行正式审判前,可劝告违法行为人采取适当的措施。违法行为人受劝告后,表示同意接受劝告的,应通知公正交易委员会。公正交易委员会可不经审判程序做出与劝告内容相同的审决,即劝告审决。

在欧盟,2003年以前,竞争法的实施采取了一种集权化的方式,欧盟委员会拥有适用《欧盟条约》第81条第3款豁免限制竞争行为的专有权。在集权化的体制下,欧盟委员会在竞争法案件方面已是不堪重负。为减轻工作负担,加快办案速度,委员会采取了一系列的措施,其中就大量采用了非正式手段处理案件。据年度竞争政策报告,在限制性行为申报违法否定或个别豁免的案件中,平均约有6%的案件欧盟委员会能以正式的决定结案[②],其余则以宽慰函等非正式措施处理。

在处理违法行为的案件中,虽然第17号条例没有规定非正式执行手段,但欧盟委员会仍大量采用和解方式结案,而且据专家的统计,欧盟委员会的查处违

---

① 〔日〕栗田诚:《日本反垄断法的执行程序》,张军建译,载王艳林主编:《竞争法评论》(第一卷),中国政法大学出版社2005年版,第218页。

② 魏杏芳:《欧洲共同体竞争法的新风貌》,载《月旦法学》2002年第4期,第95页。

法案件以和解方式结案的比例高达90%以上。①

二、非正式执行手段的法律特点和法律性质

关于非正式执行手段，目前并没有一致的定义。本文认为，非正式执行手段是反垄断执法机构在正式的案件调查、审理和裁决（或申报、审查、裁决）程序之外，依循非正式程序所使用的一些比较灵活的处理案件的方法和措施。这里的非正式程序，是指执法机构在没有履行或没有履行完毕正式程序的情况下，灵活处理各类案件所适用的一些较为简易的程序的总称。

（一）非正式执行手段的基本特点

（1）法律依据不是十分明确。很多非正式执行手段都是执法机构在实践中发挥主观能动性的产物，而不是在明确的法律法规拘束下的法定活动，因而自由裁量性较大。但近年来，非正式手段也出现了正规化、制度化的趋势，一些国家开始将部分非正式执行手段纳入立法之中，或者由执法机构自行制定法规予以规范。

（2）强制性色彩较弱。通过非正式程序采取的措施多为指导性、协商性措施，不能强制执行或不需要强制执行，如非正式磋商达成的协议就不能强制执行，宽慰函等就不需要强制执行。一般情况是，如果相对方不服从，非正式程序即告结束。在必要时，执法机构可实施相同目的的正式手段，强制对方服从。

（3）法律效力不完全。有些非正式执行手段对双方都没有法律约束力，有的则只对执法机构本身有约束力。当然，也存在例外情况，如美国联邦贸易委员会和反托拉斯局的同意令和同意判决，就具有约束双方当事人的法律效力。

（4）可选择性。非正式程序的采用不是反垄断机构进行公共执法的必经程序，是否采用以及何时采用，执法机构有较大的自由裁量权。

（二）非正式执行手段的法律性质

在各国反垄断执法体制中，行政机构占据着中心地位，本文所述的非正式执行手段都是指行政执法机构所采用的执行措施。对非正式执行手段法律性质的把握与执法机构自身的性质是联系在一起的。由于反垄断机构属行政机关性质，这些非正式执行手段当然属于行政活动范畴。但是，因为大部分非正式执行手段法律效力不完全、没有强制性或强制性色彩较弱，它们不是行政主体运用行政权力所做出的、能够直接产生行政法律效果的典型行政行为，而主要是属于现

---

① 阮方民：《欧盟竞争法》，中国政法大学出版社1998年版，第432页。

代行政活动中出现的权力性质不明显的行政契约，以及以行政指导为代表的行政事实行为。

行政契约是行政机关为实现行政目的，与行政相对方就有关事项经协商一致而达成的协议。反垄断机构通过与对方谈判达成同意令而了结案件，执法机构与对方企业进行非正式磋商、进行行政和解以及日本公正交易委员会的劝告审决，都是行政契约在反垄断领域的具体运用。行政事实行为是指行政机构以不产生法律约束力，而以影响或改变事实状态为目的的行为。其中以旨在引导相对人采取一定的作为或不作为的行政指导最具典型意义。反垄断机构发布指导方针是一种行政指导；对违法嫌疑人予以警告和提醒也被视为一种行政指导。执法机构应相对方申请而发出的宽慰函等也具有引导、规劝的功能，其是行政机构直接就某一问题发表建议性、指导性意见，更是行政指导的一种具体方式。

三、非正式执行手段的正当性及对反垄断法实施的意义

（一）公共执法中采用非正式执行手段的正当性

根据传统行政法，行政的主要目标是管理，管理的主要手段是强制。强制和服从被认为是传统行政的基本特征。但自20世纪中期以来，传统的行政目标和管理手段开始发生变化。相对于传统的行政管理手段，现代行政管理手段的权力性、强制性色彩减弱了、淡化了，而越来越多地体现出民主、协商的品格，体现出行政主体与相对人相互合作的精神。这种新的品格和精神既在变革后的传统管理手段中得到反映，如在行政处罚、行政征收中增加事前告知程序、说明理由程序、听证程序，为相对人提供申辩的机会等；更在新出现、新发展的许多新管理手段中得到体现，这些新管理手段主要就有行政契约、行政指导等。

由于契约是基于双方主体地位平等的对话、协商和意见的一致，充分体现了民主的本质和特征。目前，行政机关已经在现代行政活动的广泛领域大量采用契约的手段或引入契约的观念。在美国，政府机构对经济活动的管制甚至被视为“消费者、企业和管制机构互相结盟并讨价还价的过程”，而且绝大多数非刑事性质的反托拉斯案件都是通过当事人双方谈判达成的同意令解决的。[①] 行政指导也由于不具有直接强制性，使相对人有较大的选择空间，体现了对其意志的尊重和行政的民主性，许多场合下，相对人往往愿意接受行政指导，从而使行政活动的目标以较小的阻力、较小的代价得到有效的执行。所以，在有些国家，特

---

① 〔美〕丹尼尔·史普博：《管制与市场》，余晖等译，三联书店、上海人民出版社1999年版，第3页。

别是日本的反垄断领域，行政指导是非常普遍的。

（二）非正式执行手段对反垄断法实施的意义

1. 反垄断法的不确定性与非正式执行手段

反垄断法在市场的界定、垄断对市场影响的认定等方面表现出大量的模糊性和不确定性。特别是合理原则在反垄断法的违法确认中的支配地位的确立，使其不确定性特征更加明显，并给反垄断法的执法和司法活动带来巨大影响。合理原则强调经济的合理性分析，从经济事实的比较中找出经济行为或结构的合法性因素，因而难以形成一般法律所具有的由权利、义务、责任构成的规则体系。这一方面使经济分析方法成为反垄断执法机构必不可少的确认行为违法性的工具，另一方面也使企业面对更为增加的不确定性，而使自身的商业活动合法与否缺乏确定的预期。这种状况下，非正式执行手段的采用，可在一定程度上弥补不确定性为企业带来的行为可预见性不足的缺憾。执法机构发出咨询意见，公布宽慰函，对企业予以警告和提醒，虽然不一定有最终的、完全的法律约束力，但通过表达意见，提出建议，明确其执法倾向，无疑对引导企业行为具有重大意义。

2. 反垄断法的政策性与非正式执行手段

在早期，反垄断法的制定往往带有明显的应急性的政策管制痕迹，因而反垄断法包含在经济管制框架下，成为一般经济政策，特别是价格管制政策和产业政策的组成部分。几十年来，虽然从总的趋势上看，反垄断法正在经历着从一般经济管制政策到一种法律体制的演变过程，但在许多后起国家，甚至像日本这样的发达国家，竞争法很长时间内都从属于国家经济政策，被认为是落实国家产业政策的基本手段。由此，反垄断机构的执行活动就不纯粹是一种法律决策，而牵涉到政治性因素，有时经济政策目标还会处于优先地位。这样，很多情况下，正式的法律执行手段就显得过于僵硬，而缺乏灵活性；相反，非正式执行手段的采用，特别是说服和磋商以及和解方案的达成，不仅能在双方之间进行信息交换，避免更大的冲突，促使企业积极配合政府，而且有利于从法律和政策的双重角度解决问题。

3. 节约资源，提高效率

通过正式程序处理反垄断案件，通常体现为一种对抗式执法，不易取得企业配合，而且所需费用庞大，审判程序繁杂。这种情况下，采用非正式手段处理案件，不仅可以节约资源，提高效率，而且将大量的案情简单明了、危害程度相对较小的案件，适用非正式手段加以了结，则使执法机构的有限资源能集中用于重点案件的解决。

四、非正式执行手段的缺陷及其弥补

非正式执行手段对反垄断法的有效实施有重大意义，但是，其本身存在的一些缺陷也不容回避。这些缺陷主要表现在：(1) 公正性受怀疑。正式程序遵循公开、公正、参与等基本原则，并需遵守回避、职能分离、裁决人员独立、听证、言词审理等基本要求，体现出了强烈的“程序公正”特性；而非正式执行手段所依循的非正式程序在很多情况下法无明文规定，即使有规定，也很简略，与正式程序的基本要求不可同日而语。因而，没有公正程序保障的执法活动能否得出公正的处理结果就会让人产生疑问。(2) 执法机构被俘获。非正式执行活动往往缺乏透明度，是“黑箱作业”。由于欠缺书面、精确的论证过程，许多事必须透过不公开的彼此谅解和条件交换解决，一方面会使社会各界无法判断与监督执法机构之决定是否妥当以及有无充分根据，另一方面，企业作为一种利益集团，对政府的执法活动有特殊的影响力，如果执法机构存在利己的动机，执法机构被大企业所俘虏，从执法者变成“合伙人”就在所难免。(3) 协商的内容不易强制执行。一些非正式谈判、磋商达成的协议由于不具有强制效力，执法机构在有限的人力和物力的限制下很难全面监督，这不免使人们对实施的效果产生怀疑。

为此，有必要采取措施消除上述弊端，特别是克服公正性不足的先天缺陷，以增强非正式执行手段的“公信力”。在这方面，已经有一些比较成功的经验。

首先，通过制定法律法规或由执法机构制定自律性规则，为非正式执行手段奠定法律依据，以此制约反垄断机构的自由裁量权，并使执法活动不仅具有灵活性和效率性，而且具有公正性。虽然非正式执行手段的范围较广泛，很难制定出能够适用于所有非正式手段的一般性规范，但可以考虑对一些重要的非正式手段先行制定规则。2000 年，我国台湾地区的公平交易委员会就通过了“缔结行政和解契约处理原则”，对竞争执法活动中和解的要件、程序、效力等问题做出了较为详细的规定。这是世界上第一个为反垄断执法活动中的和解契约制定的专门规则。

其次，重视程序规则特别是一般性程序规则的监督作用。采用非正式执行手段不需要遵循正式程序，但并等于没有任何程序的限制。即使某些非正式手段没有任何明文的程序规则作依据，反垄断机构也不能随心所欲，而必须遵守行政程序的公开、公正、参与的基本原则以及告知、说明理由、回避等基本程序制度。其中，公开原则就具有特别重要的意义。通过公开非正式手段的内容，使各界可及时就此发表看法，以确保案件的处理符合公共利益且切实可行，而不只是执法机构与被控告人在密室磋商的结果。为了防止“黑箱作业”，美国对所有行政协议中的公开制度有较为完备且严格的规定，除公开有可能泄漏国家秘密、使政府遭受严重损害、国际条约与协定有相反规定等情况外,必须将合同在一定媒介上公开,并规定反馈意见的时间。当联邦贸易委员会和司法部反托拉斯局在与相对人达成同意令协议进行和解时,必须在联邦注册簿上公布案件事实、计划内容以及可能的替代方案,且在60天内,公众可表达意见。在收到公众评论后,司法部还应在联邦注册簿上公布政府对此评论的反应。

最后,建立非正式执行手段特别是非正式磋商及和解达成的协议能够得以执行的机制。非正式措施做出后,如何将之落实是一个引起多方关注的焦点问题。如果不能得到实施,非正式手段就只能是流于形式,而且丧失了接受度与公信力。但仅靠执法机构监督,不仅由于执法机构囿于人力限制而无法实现,而且也使得经由非正式程序所追求的效率价值荡然无存。所以,必须建立监督通过非正式执行手段达成的结果得以实施的经常化制度。在这方面,美国微软案的做法值得我们参考。2001年11月,美国司法部与微软公司达成和解协议后,在微软总部设立了一个以协助及遵守和解协议为目的的技术委员会,成员三人,由微软公司及司法部各推举一人,再由被推举人共同推举第三人,他们负责监督微软公司执行和解契约的情况。这种经常化的监督机制虽然也存在被收买的风险,但远比无所作为要有效得多,如果能建立起有效的监督小组向执法机构负责的制度,就更值得借鉴了。

我国反垄断行政执法机构多元化的难题

◇ 王晓晔*

内容提要 根据国务院法制办曹康泰主任对反垄断法草案的说明，我国很可能维持商务部、国家工商总局和国家发展改革委员会分别执法的现有格局。本文借鉴美国和欧盟的相关立法和司法实践，说明草案中的多元化执法方案是一种不能畅行的方案，并且提出相关的对策建议。

关键词 欧共体委员会 美国司法部反托拉斯局 联邦贸易委员会 中国反垄断法执法机构

反垄断法在美国被称为"自由企业的大宪章"，在德国和日本被称为"经济宪法"，这说明反垄断法在市场经济国家有着极其重要的地位。然而，反垄断法能否在建立和维护国家的市场经济秩序中真正起到"守护神"的作用，这取决于国家能否建立一个高效运行的反垄断执法机构。国务院向全国人大提交的《反垄断法草案》没有明确提出我国如何建立反垄断执法机关。但是，根据国务院法制办曹康泰主任对草案的说明，我国很可能维持商务部、国家工商总局和国家发展改革委员会分别执法的现有格局。本文借鉴美国和欧盟的相关立法和司法实践，说明草案中的多元化执法方案是一种不能畅行的方案，并且提出相关的对策建议。

一、一元行政执法的欧共体委员会

就反垄断行政执法来说，国际社会存在着两种选择：一种是一元的行政执行机构；另一种是几个行政机构共享执法权的多元模式。世界上大多数反垄断法只是由一个机构承担行政执法任务，欧共体委员会是这方面的典型。欧共体委

* 王晓晔，中国社会科学院法学研究所研究员、经济法研究室主任，中国社会科学院研究生院教授、博士生导师。

员会有20名委员，各自负责执行欧共体委员会的各项政策。现负责竞争事务的委员是荷兰人尼列·克柔斯(Neelie Kroes)女士。在她下面有一个负责执行欧共体委员会竞争政策的办事机构，即竞争总局。除了局长，竞争总局还有3名副局长，分别负责执行欧共体条约第81条和第82条、企业合并控制和国家援助。竞争总局下设10个局：A局负责竞争政策、立法以及各局之间的协调工作；B、C、D、E局负责处理欧共体大部分的限制竞争案件包括企业合并控制；F局专门负责卡特尔案件；G、H和I局负责国家援助案件；R局负责竞争总局的战略计划以及人力、财力和技术方面的资源。10个局下面各自再设分支机构，如在负责信息、通讯和传媒市场竞争问题的C局下面设有4个分局：C-1局负责电信、邮政和信息社会的协调；C-2局负责传媒；C-3局负责信息产业、因特网和娱乐电子产品；C-4局负责这些行业中的企业并购活动。现在，欧共体委员会竞争总局的10个局下面共设有36个分局。2005年，竞争总局共计560名全日制工作人员，398名工作人员处理欧共体条约第81条、第82条和企业并购的案件，162名工作人员处理国家援助的案件。此外，竞争总局还邀请成员国竞争机构的工作人员协助工作。2005年，竞争总局的财政预算为9000万欧元，约合1.08亿美元。①

作为一元化行政执法机构，欧共体委员会在处理市场竞争案件时享有很大的权力，集检察官和法官的功能于一体。这也就是说，委员会不仅被授权对案件进行调查和检查，且被授权对案件作出决定，包括作出禁止企业从事违法行为的决定或者作出企业没有违法行为的决定。在认定企业从事了违法行为时，或在企业不服禁令或在案件调查中不与其配合时，委员会还有权对企业征收罚款等等。如欧共体委员会于2004年3月对微软处以的巨额罚款，是委员会迄今对一家企业处以罚款的最高记录。从程序和司法公正出发，如果被告或者任何第三人对欧共体委员会的行政裁决不服，可以到欧洲初审法院提出上诉。欧洲初审法院既可审查欧洲委员会对事实的认定，也可审查其适用法律是否适当。对欧洲初审法院判决不服的当事人有权向欧洲法院提出上诉。与欧洲初审法院的不同之处是，欧洲法院只是从适用法律的角度审查案件。

当前，欧共体是一个有着25个成员国的经济共同体。以欧共体委员会现有的人力和财力，它没有能力执行欧共体竞争法的全部任务。因此，欧共体委员会的一元化行政执法除了它本身的行政执法活动外，还包括它领导下的欧洲竞争网络，即成员国竞争机构在执行欧共体竞争法方面的活动。

---

① Global Competition Review, The 2006 Handbook of Competition Enforcement Agencies, pp. 49—54.

二、多元行政的美国反托拉斯联邦机构

美国反托拉斯法有两个联邦行政执法机构:一是司法部反托拉斯局,二是联邦贸易委员会,它们的总部都设在美国的首都华盛顿。

1. 司法部反托拉斯局

美国司法部反托拉斯局局长由司法部一名助理部长担任,他由美国总统任命,并经国会批准。反托拉斯局局长下面有5名副局长。反托拉斯局的工作范围包括:(1)反托拉斯民事执行;(2)反托拉斯刑事执行;(3)反托拉斯国际执行;(4)某些行业管制;(5)反托拉斯的经济分析。因为反垄断法涉及很多经济学知识,现在各国反垄断行政执法部门一般都有一个专门进行经济分析的班子。

司法部反托拉斯局下设14个处,在全国还设立了7个地方机构。这些机构分别负责反托拉斯法的民事(包括并购和非并购案件)、刑事和国际执行,此外还有负责网络与技术、电信与传媒、运输、能源和农业等与产业相关的机构。在2005年,反托拉斯局有770名工作人员,其中569名是法学家、经济学家以及相关的专业人员。反托拉斯局在2006年的财政预算是1.4445亿美元。[①]

美国司法部反托拉斯局是唯一有权对某些反托拉斯案件向联邦法院提起刑事诉讼的联邦机构。反托拉斯刑事案件主要涉及恶性卡特尔,即固定价格、串通投标以及分割市场等限制竞争行为。反托拉斯局提起刑事诉讼以及对案件做出判决的一审法院是联邦地区法院。联邦上诉法院有权修正或者推翻地区法院的判决。联邦最高法院有权修正和推翻联邦上诉法院的判决。[②] 除了刑事诉讼,反托拉斯局也可以依据《谢尔曼法》和《克莱顿法》提起反托拉斯民事诉讼。

2. 联邦贸易委员会

联邦贸易委员会是1914年随着《联邦贸易委员会法》的颁布而建立的。委员会有5名委员,他们由总统任命,并经国会批准。联邦贸易委员会委员的任期为7年,但可以连任。在5名委员中,属一政党的委员不得超过3名。与司法部反托拉斯局的一个不同之处是,联邦委员会不附属于任何政府部门,但其工作受到众议院和参议院下设的商业委员会的监督。

联邦贸易委员会下设3个局:竞争局、经济局和消费者保护局。其中的竞争局和经济局是执行反托拉斯法的主要机构。联邦贸易委员会在全国也有7个地方机构,其中3个机构参与反托拉斯法的执行。根据2005年的统计,联邦贸易委员会的财政预算为2亿美元,雇佣的工作人员有1022名,其中六百多名是法

---

① Global Competition Review, The 2006 Handbook of Competition Enforcement Agencies, pp. 194—195.

② 美国共有94个联邦地区法院和12个联邦上诉法院。

学家和经济学家。①

作为独立的市场监管机构,联邦贸易委员会在执行《谢尔曼法》和《克莱顿法》的过程中,不仅与司法部反托拉斯局一样可以作为公诉人向法院提起反托拉斯诉讼,而且还有权做出行政裁决。

3. 司法部和联邦贸易委员会的协调

司法部反托拉斯局和联邦贸易委员会的工作范围有不重合之处。例如,依据《谢尔曼法》提起刑事诉讼的任务是由司法部反托拉斯局来承担的。此外,联邦贸易委员会在执行《联邦贸易委员会法》方面有着排他的权力。但是,这两个机构的管辖权也有重合之处。例如,它们都有权执行《克莱顿法》。这种并行管辖权的后果是,一个根据《克莱顿法》第 7 条需要申报的企业合并,必须同时向司法部和联邦贸易委员会进行申报,且这两个机构可以先后对合并做出批准或者禁止的决定。此外,它们也都有权依据《克莱顿法》的其他条款对企业的限制竞争行为进行调查,或者向法院提起民事诉讼。这样,它们在这些方面的管辖权就不可避免地会发生摩擦。

为了减少摩擦,司法部和联邦贸易委员会曾在 1948 年达成一个备忘录,即双方一致同意,在一方发动反托拉斯调查之前,需通告另一方,以避免管辖权的冲突或民事诉讼冲突。此外,这两个机构还设置了“联络官”,负责疏通双方之间的关系。这种疏通除了发生在一方对限制竞争案件的调查之前,也会发生在一方对某个行业的竞争环境进行调查之前。一方通告另一方之后,如果对方没有异议,那就是得到了对方的认可(clearance)。如果一方在没有得到对方认可的情况下就开始调查企业,在这种情况下,两个机构的矛盾就不可避免。如果出现了这种情况,根据备忘录,首先是由反托拉斯局一位副局长和联邦贸易委员会竞争局的局长进行协商。如果不能达成协议,便由反托拉斯局的局长和联邦贸易委员会主席出面协商。此外,反托拉斯局局长和联邦贸易委员会主席还定期举行会议,协调两个机构在执法中的问题。②

然而,尽管有联络官这一机制,两个机构在执法中仍然存在着管辖权的冲突。例如,当事人依据《谢尔曼法》将一个案件向司法部反托拉斯局通告之后,他还可能依据《联邦贸易委员会法》的第 5 条向联邦贸易委员会进行通告。在这种情况下,根据两个机构之间的备忘录,它们就应当通过协商决定,那个机构对这一特定行业或这一特定限制竞争行为更有实践经验。两个机构在划分管辖权方面基本上有一个标准,这个标准就是两个机构的专家各自在某些领域的执

---

① Global Competition Review, The 2006 Handbook of Competition Enforcement Agencies, pp. 198—199.

② *The FTC as an Antitrust Enforcement Agency: Its Structure, Powers and Procedures*, Vol. II, 1980, pp. 16—19.

法经验。一般来说,司法部反托拉斯局负责处理计算机软件、金融服务、媒体和娱乐以及电信市场的竞争问题;联邦贸易委员会处理汽车和卡车、计算机硬件、能源、医疗、药品制造和生物技术等领域的反竞争行为。①

三、我国的取向

美国并列设置了两个执行反托拉斯法的联邦行政机构已经快一百年了,但美国人并不认为这是一个好经验。因为管辖权重合的两个联邦机构执行反托拉斯法与一个执法机构相比,肯定是成本高而效率低。可以想见,如果美国是在今天建立执行反托拉斯法的行政机构,它肯定不会同时设立两个有并行管辖权的机构。

我国《反垄断法》草案没有对执法机关做出明确规定。想到我国政府机构的现状和改革的难度,人们不禁担心中国未来的反垄断法仍会存在多头执法的问题。多头执法是人们不愿意看到的一种安排。这不仅因为同一功能的多个机构与单一机构相比,执法成本高而效率低,而且我国已经有了反垄断多头执法的反面经验。例如,按照现行反不正当竞争法的规定,公用企业的滥用行为应由工商部门监督管理;按照现行价格法的规定,价格垄断行为应由价格部门监督管理。那么,公用企业凭借其垄断地位实施价格垄断的行为该由谁管呢?这肯定会产生管辖权的冲突。另一方面,在几个政府部门有权制止限制竞争行为的情况下,它们之间即便不存在管辖权的冲突,实践中有时也很难操作。例如,一个占市场支配地位的企业同时有操纵价格和强制交易行为,前一个行为应由价格部门管,后一个行为应由工商部门管。在这种情况下,即便两个部门没有管辖权的冲突,两班人马处理一个企业的违法行为也明显存在执法资源配置不当的问题。

如果我国立法者在当前实在不能解决反垄断多头行政机构执法的问题,美国的经验至少给了我们如下启示:首先,如果有两个或两个以上行政机构共同执行反垄断法,它们之间应按照行业划分管辖权,而不能像现在这样依照不同的法律划分管辖权。按照行业划分管辖权,尽管也会出现管辖权的冲突,例如来自两个不同行业的企业之间的合并,但这相对在价格行为和滥用行为之间划分管辖权而出现的冲突要少一些。例如,占市场支配地位企业的价格行为很多同时就是滥用市场势力的行为。此外,如果有两个或者两个以上的行政机构并行执行反垄断法,它们应对反垄断法有一致的认识和解释,从而有必要像美国司法部反托拉斯局和联邦贸易委员会那样,共同发布一些执行反垄断法的指南,以提高反

---

① Global Competition Review, The 2006 Handbook of Competition Enforcement Agencies, p. 191.

垄断执法的稳定性和当事人对其行为法律后果的可预期性。

然而,需要再次强调指出的是,在经济全球化的今天,一个国家设置几个反垄断行政执法机构绝对不是一个好做法。这是因为世界各国反垄断行政执法机关承担着在反垄断领域进行国际合作的任务,包括与外国执法机关进行信息交流或者执法协助,此外还负责竞争事务的双边或者多边协定的谈判和订立。当前除经济合作与发展组织(OECD)、联合国贸发会(UNCTAD)等一些国际机构在推动竞争政策外,国际社会还在2001年建立了一个国际竞争网络(ICN)。这个网络非常活跃,在成立后短短的几年内,已经在核心卡特尔、企业并购、占市场支配地位的企业,以及对电信、电力、天然气等行业的管制和执法机构等方面进行了很多研究工作,发布了很多推荐意见。这个情况说明,随着频繁的国际合作和国际立法活动,这就要求反垄断法执法机关在本国是一个有地位、有权威的机构,否则它在国际舞台上的声音就很微弱,甚至无权代表本国政府。

国务院法制办在2005年7月27日的草案征求意见稿中提出,反垄断执法机构的任务之一是与国外反垄断主管机关和国际组织进行交流合作,负责有关竞争的双边、多边国际协定谈判。然而遗憾的是,在后来的草案中,这个职责被取消了。考虑到经济全球化的问题,我国反垄断执法机构不可能不参与国际合作。考虑到以下原因,三家机构共同参与国际合作的格局是不可行的,至少是难以维持下去的:第一,三家机构参与国际合作,这将会给我国带来很大的财政负担;第二,考虑到国际影响,参加国际合作的三家机构应当一致对外;但是既然一致对外,我们为什么要派出三家机构?如果只派出一家,那就应当在法律上做出明确规定,否则,这些机构在国际合作中的地位都会受到影响。

为了有效地执行反垄断法和有效地参与国际反垄断合作,我国应当建立一个直属国务院的反垄断委员会,或者称之为公平交易委员会或者竞争委员会。如果因编制问题没有建立新机构的可能,作为选择方案之一,我们何不将现有的机构如国家工商总局改建为国家公平交易委员会?这个委员会除了执行反垄断法,还可以执行反不正当竞争法和消费者权益保护法。美国联邦贸易委员会就是这样的一个机构,同时有着反垄断、反不正当竞争和消费者保护的职能。当然,这个机构的工作人员决不应当是国家工商总局的原班人马,而是应当来自商务部、国家工商总局和国家发展改革委员会在制定和执行反垄断法中对这个法律有比较深入研究和有经验的官员,此外还应当吸收一定数量的专家包括法学家和经济学家。

如何建立反垄断执法机构,这是我国反垄断立法中的一个难点,但同时也是一个最为关键的问题。没有一个高效率的执法机关,我国反垄断法即便颁布,也难以得到有效的执行。然而,随着市场经济体制的建立和我国市场的国际化,我国广大企业需要一个自由和公平的竞争环境,我国的广大消费者渴望在健康、有序的市场竞争中增加他们的财富,提高他们的社会福利。因此,建立一个统一、独立和高效率的反垄断执法机构,这不仅是国家执行竞争政策的需要,是深化以市场为导向的经济体制改革的需要,而且也是全国广大企业和广大人民的殷切期盼。

建立和完善我国反垄断司法机制

◇ 程宝山　刘欣然*

内容提要　在当前我国反垄断法正要出台之际，本文首先分析了建立和完善我国反垄断司法中民事诉讼、刑事诉讼和司法审查机制的必要性；其次，比较研究了国外的相关制度，在此基础上，对我国通过司法途径追究违反反垄断法主体民事责任、刑事责任，以及通过司法途径为反垄断执法中的不当与违法行为提供救济提出了具体对策。

关键词　司法　反垄断法　责任

司法在任何制度下都是必不可少的最终、最有效的纠纷解决方式，在当前我国反垄断法酝酿出台之际，本文拟对反垄断法的司法机制谈几点看法，基于我国的现实国情，仅对司法中突出的三方面内容进行论述。本文所称的反垄断法是指规范垄断和限制竞争行为的法律。

一、通过司法途径追究违反反垄断法主体的民事责任

(一) 通过司法途径追究违反反垄断法主体民事责任的必要性

违反反垄断法会引起民事责任，产生反垄断民事诉讼。反垄断民事诉讼是指采用民事诉讼程序，适用反垄断法的诉讼。反垄断民事诉讼通常由遭受垄断损害的当事人提起。

反垄断的一个主要目的就是为了保护权利，包括正当经营者、消费者与市场的其他参与者的合法权益。现代社会垄断行为的表现形式多样，因垄断行为可能受害的主体包括垄断行为的直接受害人，还包括间接受害者。这些正当经营

* 程宝山，郑州大学法学院教授；刘欣然，河南省政法管理干部学院教师。

者、消费者与市场的其他参与者,无论其权利受到侵害的程度与方式存在何种差别,无疑均应当受到反垄断法的保护,他们在反垄断机制中应当具备受害人的法律地位,反垄断法也应当给予他们寻求权利救济的可能,包括直接提供救济程序规范;可以这么说,反垄断法是通过对受害人合法权利的维护来实现其功能的,这也是公平正义的必然要求。

一般而言,受害人因身处市场之中了解信息直接全面彻底,又因利益息息相关而对垄断行为比较敏感,他们应是最早或最可能发现并最反对垄断行为的力量,赋予其必要的直接的维权手段必将有利于抑制垄断行为的大量滋生,又为国家节省了大量的公共资源,减轻了反垄断行政主管机关的工作强度,提高其工作效率与透明度,保障了反垄断法的有效实施。

(二)国外通过司法途径追究违反反垄断法主体民事责任的规定

反垄断民事诉讼可以分为国家的反垄断民事诉讼和私人的反垄断民事诉讼。国家的反垄断民事诉讼以国家作为民事诉讼的原告,追究被告的垄断行为给国家财产以及事业所造成的损害。这类诉讼在各国体制中十分罕见,美国是唯一明确建立国家反垄断民事诉讼机制的国家。依照美国反垄断法,美国因反托拉斯法所禁止的事项而遭受财产及事业损失时,美国可在法院起诉,向被告追索自己遭受的实际损失和诉讼费。[①] 美国司法部反托拉斯局代表国家提起民事诉讼。

私人反垄断民事诉讼以私人为原告,依反垄断法直接向法院提起诉讼,追究行为者的法律责任。这类诉讼在各国体制中广泛建立。根据美国反垄断法,任何人因反托拉斯法所禁止的事项而遭受财产或营业损失,可针对确定的被告向有管辖权的法院提起民事诉讼;如果胜诉,法院将判决给予其损害额3倍的赔偿及诉讼费和合理的律师费。日本也主张私人的反垄断民事诉讼。根据日本反垄断法,实施私人垄断或者不正当交易限制或使用不公正交易方法的人,对受害人承担损害赔偿责任,受害人可以直接向法院主张诉讼上的权利;但受害人直接向法院主张诉讼上的权利,须建立在反垄断专门机关已对违法事实做出审决的基础上,即在反垄断专门机关未对有关违法事实做出审决之前,受害人不得主张诉讼上的权利。[②]

(三)我国通过司法途径追究违反反垄断法主体民事责任的对策

我国过去一贯比较注意国家行政权力对经济生活的调节和干预,行政机关

---

① 参见美国《谢尔曼法》第7条A和《克莱顿法》第4条A,第5条。

② 参见日本《禁止私人垄断及确保公正交易法》第25条和第26条。

在经济与市场活动中的角色十分重要，现在虽然政府的职能有所转变，但仍有很长的一段路要走；与此同时，我国一切以国家为本位的公法精神渗透了整个法学领域，重公法轻私法，重义务轻权利，重实体轻程序，缺乏分权制衡传统，对私权利的保护处于初始起步阶段，对私人权利的重视与尊重尚需时日，特别是对实现私人权利之程序规范的重要性认识更加滞后。但过分强调公力救济而偏废私法救济尤其是对私权的司法保护，会使我国的反垄断机制失衡，最终与法治理念相悖。

同时垄断损害与传统侵权损害毕竟存在着重大差异，从而针对这些差异设计垄断损害赔偿制度。垄断行为与传统民法中的侵权损害相比，主要有两个显著差异：在受害主体的数量方面，一般侵权受害人多为数量有限的特定人，垄断损害的受害主体当中有特定人，但主要还是某行业领域中的不特定经营者，以及这些经营者的相关利益人，受害人数量庞大；在损失计算方面，由于市场状况瞬息万变，原告要证明自己受到垄断损失的额度相当困难，从国外反垄断司法实践来看，垄断损失计算过程须借助大量市场数据的采集汇总、数学模型的复杂运算和经济学专家的证人证言。

垄断损害与传统侵权损害的上述差异，导致了受害人在垄断损害赔偿之诉的举证难度，远高于一般侵权损害，且反垄断诉讼所需的成本远高于一般侵权损害。受害人提起反垄断民事诉讼的成本包括诉讼费、律师费、调查取证费用、专家证人费用等有形的财产付出，还包括因起诉而可能蒙受的间接损失，这些成本和损失相加，构成受害人起诉的全部预期成本。一般而言，该成本之高昂已接近天文数字。以美国为例，1973 年到 1987 年间该国发生的民事赔偿案件中，诉讼费按每一名原告平均计算为 20.5 万美元。中国未来的反垄断民事赔偿诉讼成本虽然可能远低于美国，但反垄断案件本身的复杂性决定了诉讼成本必然居高不下，足以令受害人望而生畏。要使得反垄断民事诉讼可行，就必须关注赔偿之诉的成本收益问题，使制度设计能够让受害人基于理性判断，认为有足够的激励去起诉垄断者，使经营者基于理性判断，认为有足够的激励去遵守反垄断法。

此外，我国在处理民事诉讼中私人和反垄断机关的关系问题上，应规定行政程序前置，最大限度地保证两大救济体系的一致。行政程序前置，是指受害者根据反垄断法提起反垄断诉讼须以反垄断行政机构对有关违法行为做出决定为前提。这样安排可以避免私人滥诉的发生，因为反垄断机关相较于私人原告，受预算及其本身的职能的限制，在案件的选取上更为谨慎；同时行政程序前置使私人诉讼的发生以反垄断机关的决定为前提，避免了两者之间出现矛盾，特别是在我国这样的缺乏反垄断传统的国家，有利于统一裁判标准的形成。

二、通过司法途径追究违反反垄断法主体的刑事责任

(一) 通过司法途径追究违反反垄断法主体刑事责任的必要性

在反垄断法中,威慑是一个极其重要的概念,各国反垄断法的制裁手段主要目的都在于构建一个有效的威慑体系。正如波斯纳所言:"一个救济体系的基本目标是威慑人们不敢违反法律。"[①]在传统刑罚理论中,威慑被认为是刑罚的主要目的,刑罚就在于剥夺犯罪人之利得,以达到完全威慑犯罪人不再犯的目的。而威慑较现代的含义是指,法律制裁的目的非在达到完全威慑,而是在求得威慑的效果维持在对社会之边际利益的贡献,等于其对社会所产生之额外的边际成本。[②] 不可否认刑罚是所有法律制裁中威慑力量最大也是最能威慑违法者的措施,因此,引入刑事制裁是构筑反垄断法有效威慑体系的关键要素。

(二) 国外通过司法途径追究违反反垄断法主体刑事责任的规定

各国反垄断法中的刑事规定部分,均由其检察机关专职执行,由法院审理、判决,反垄断专门机关执行反垄断法时和私人诉讼中涉及的垄断犯罪,将移送检察机关起诉。美国反托拉斯法引入了刑事制裁手段。《谢尔曼法》第 1 条、第 2 条和第 3 条开门见山地为违法行为规定了刑事制裁手段:如果违法行为参与人是公司,将处以不超过 100 万美元的罚金;如果违法行为参与人是个人,将处以 10 万美元罚金,或 3 年以下监禁,或由法院酌情并用两种处罚。除了联邦立法以外,美国一半以上的州也有反托拉斯刑事立法。在美国,刑事诉讼是司法部反托拉斯政策的重要组成部分,据统计,1980 年至 1993 年司法部提起的诉讼中,80% 以上是刑事案件。[③] 日本《禁止垄断法》列"罚则"专章规定反垄断法上的犯罪与刑罚。违反反垄断法各主要规制行为都有可能构成犯罪。刑罚包括有期徒刑,也包括罚金。在法人犯罪的场合,刑罚既可针对法人,也可以针对法人代表等。

(三) 我国通过司法途径追究违反反垄断法主体刑事责任的对策

我国反垄断法应当明确规定追究垄断行为的刑事责任,对于在何种情况下

---

① 〔荷兰〕伍特·威尔思:《欧洲共同体竞争法中的罚款处罚》,李国海译,载漆多俊主编:《经济法论丛》(第 5 卷),中国方正出版社 1999 年版,第 252 页。

② 陈志民:《吓阻概念下之反垄断法私人诉讼》,载《人文及社会科学集刊》第 14 卷第 1 期。

③ 参见〔美〕菲利普·阿瑞达、路易斯·卡普洛:《反垄断法精析:焦点与案例》(第 5 版),中信出版社 2003 年版,第 55 页。

构成犯罪，包括犯罪主体、犯罪主观方面、犯罪客体、犯罪客观方面都应该明确表述，这样可以避免模糊性的规定导致实践中具体操作的不确定性。同时应当明确规定反垄断刑事犯罪的追诉机关、追诉程序以及相应的制裁对象和制裁措施。为了强化反垄断刑事制裁的威慑效果，我国应在立法中规定两罚原则，追究个人和公司的双重刑事责任。应优先适用罚金，但罚金不能完全代替监禁。对于那些社会危害性很大的严重垄断犯罪行为，以监禁为制裁手段是必需的，为了达到威慑效果，反垄断法中罚金的最优数额应是违法行为造成的损害除以被处罚金的概率（即违法行为造成的损害/被处罚金的概率）；而监禁应是一种短期自由刑，最长不超过5年为宜。

三、通过司法途径为反垄断执法中的不当与违法行为提供救济

（一）通过司法途径为反垄断执法中的不当与违法行为提供救济的必要性

反垄断专门机构不仅拥有行政权，而且拥有一定程度的立法权和司法权，但除非当事人放弃，不经过司法程序，反垄断专门机构的处分决定就不是终局性的。以司法作为最后的救济手段可以预防行政权力的无限扩张，反垄断专门机构虽然具有司法性，但行政权力还是其基本权力。较之于司法权力，行政权力具有较强的任意性和较弱的程序性，如果缺乏司法审查，反垄断专门机构的行政权力有被滥用的趋势，甚至出现其拥有的司法权力行政化的可能。以司法作为最后的救济手段，有助于权力行使的公正性和程序性。对于反垄断执法的被处分人而言，通过司法途径为反垄断执法中的不当与违法行为提供救济，是其权利的程序保证，体现程序性的公正，是对被处分人诉权的保护。

（二）国外通过司法途径为反垄断执法中的不当与违法行为提供救济的规定

当事人不服反垄断专门机关的决定，可以提请司法审查。反垄断专门机关依法拥有巨大的权威，它可以针对违法者采取各种强制措施，这些措施虽然已经经过反垄断专门机关的审决程序，但它往往不是终局性的，各国均建立针对反垄断专门机关审决权的司法审查机制。一旦当事人不服反垄断专门机关的决定，在法定期限内，可以向有管辖权的法院提起诉讼，旨在改正反垄断专门机关的错误审决。设置通道，以纠正反垄断专门机关可能产生的错误处罚，坚持司法在反垄断程序中作为最后的救济手段，是各国统一的做法。比如，根据美国反垄断法，任何个人、合伙人、公司对于委员会要求停止不正当竞争方法或不公正行为，或欺骗性行为及惯例的命令，可以要求法院进行司法审查，法院对确认、修改、执

行、废除委员会命令的判决是终局性的。根据俄罗斯反垄断法,商业组织、非营利性组织以及普通公民,有权向法院起诉,要求部分或全部撤销联邦反垄断局(或其地方代表机构)的处理决定,或者要求取消或更改由联邦反垄断局做出的行政处罚或课收罚金的决定。以当事人不服为基础的司法审查,是法院为实施反垄断法而行使司法审查权的主流渠道,它不仅在各国普遍建立,而且一般性的趋势是,反垄断专门机构的所有审决权均被纳入该渠道进行审查。

(三)我国通过司法途径为反垄断执法中的不当与违法行为提供救济的对策

对反垄断行政主管机关的具体行政行为不服或者对其行政不作为提出的行政诉讼,和对其他行政机关行政性垄断行为所提出的行政诉讼,其原告资格不应当仅限于被调查的涉嫌实施垄断行为的经营者,这样的规定无疑是显失公平的,它剥夺了受害人对包括具体行政性垄断行为在内的相关具体行政行为和行政不作为的司法审查请求权,同《行政诉讼法》关于原告的"与具体行政行为有法律上利害关系"的规定不一致,应该将反垄断行政诉讼原告资格范围扩大至所有利害关系人包括受害人,并且可以针对所有的具体行政行为,包括反垄断行政主管机构的行政不作为。由于垄断案件的广泛影响和高度专业化,可以借鉴国外的立法经验,在垄断案件的司法审查上规定法院的专属管辖和较高的审级,以确保审判质量。

规定受害人的权利及其救济手段特别是司法救济程序,不仅可以提高行政司法的效率与透明度,也是实现维护社会公平与整体利益、保护竞争的立法目的之要求。提高受害人对反垄断程序的参与度包括但不限于明确受害人的主体地位,保障其检举权、知情权、申辩权、建议监督权、民事行政诉权也是十分必要的。

论经济全球化背景下国际卡特尔的规制*

◇ 游 钰**

内容提要 在经济全球化背景下,国际卡特尔发展迅速并给世界经济和国际贸易造成损害。国内竞争法的域外适用是各国规制国际卡特尔的主要方式,而国际竞争法则处于初步发展阶段。国际卡特尔规制存在一些明显的不足。各国在加强国际卡特尔规制的过程中,应当采取有效措施解决竞争法域外适用中的冲突,扩大国际卡特尔规制的国际合作,并推动反国际卡特尔的国际统一立法。

关键词 国际卡特尔 规制 全球化

在经济全球化背景下,卡特尔的国际化发展趋势越来越明显,卡特尔的国际化对世界经济和国际贸易带来了巨大影响,如何有效规制国际卡特尔成为各国共同面临的一个重要问题。

一、经济全球化与卡特尔的国际化

(一) 经济全球化促进了卡特尔的国际化

20世纪80年代以来,伴随着国际政治局势的相对缓和和新技术革命的发展,世界经济发展呈现出明显的全球化趋势。越来越多的企业开始面向国际市场从事开发、生产、营销、融资等活动,许多领域的竞争也在国际范围内展开。国际卡特尔在经济全球化背景下获得了迅速的发展。国际卡特尔的发展呈现出如下三个明显的特点:第一,国际卡特尔的主要内容是操纵价格、控制产量和划分市场,大多数国际卡特尔是所谓的核心卡特尔(Hard Core Cartel)。第二,参与国

---

* 同名论文已发表于《法治研究》2007年第5期,本文对原文作了删减和部分修改。

** 游钰,厦门大学法学院讲师,法学博士。

际卡特尔的厂商多数是大型公司特别是跨国公司。第三,国际卡特尔的数量较多,涉及的经济领域范围广。例如,美国司法部反托拉斯局从1995年起把查处国际卡特尔作为最优先的任务,在短短几年内,反托拉斯局就成功调查了近20起国际卡特尔案件,起诉了超过80家的公司和60位个人。这些国际卡特尔分布在广泛的经济领域中,如食品和饲料添加剂、化学制品、维生素、石墨电极、船舶制造和运输服务。①

(二)国际卡特尔给世界经济造成了巨大的损害

国际卡特尔的存在限制了相关市场的国际竞争,阻碍了世界范围内自由、公平竞争秩序的建立,也妨碍了经济全球化的进一步发展。国际卡特尔是不同国家厂商共谋获取高额利润的重要手段,消费者利益因此受到严重损害。由于国际卡特尔涉及的市场范围广、影响面大,其造成的损害往往比一般的国内卡特尔更大。经济合作与发展组织(OECD)的评估报告认为,卡特尔从固定价格中获得的平均违法收益为销售额的10%,但在已经被查处的国际卡特尔案件中,卡特尔对社会的损害规模达到商业规模的20%。报告还认为,除了多收费外,卡特尔所引起的浪费和无效率对相关国家的经济和全球福利造成了更大的损害。②

二、国际卡特尔规制现状

(一)国内竞争法的域外适用

在缺乏统一的国际竞争规则的情况下,各国主要通过竞争法域外适用来规制国际卡特尔。其中,美国是域外适用实践最为丰富的国家。

美国的《谢尔曼法》等早期反托拉斯制定法并没有关于域外适用的明确规定,反托拉斯法的域外适用规则主要是通过法院判例加以确立的。在1945年的美国铝公司案中,美国法院确立了反托拉斯法域外适用中的效果原则。汉德(L. Hand)法官认为,"任何一个国家都有权对该国所谴责的在境外发生但结果在境内的行为施加责任,甚至施加责任于不效忠于它的人。"③美国铝公司案中所确立的效果原则,成为美国反托拉斯法域外适用的基本原则。20世纪70年代以后,美国法院在一些案件的审理中也采用其他一些原则对效果原则加以修

---

① The International Competition Policy Advisory Committee, Final Report, at http://www.usdoj.gov/atr/icpac/icpac.htm, 2005-7-7.

② OECD, Hard Core Cartels, at http://www.oecd.org/dataoecd/39/63/2752129.pdf, 2005-6-30.

③ United States v. Aluminum Co. of America et al., 148 F.2d 416 (2d Cir. 1945).

正。例如,在廷伯雷木材公司案(Timberlane Lumber Co. v. Bank of America)中,美国法院在考虑礼让和进行利益分析的基础上创立了“管辖权合理规则”(jurisdictional rule of reason)。[①] 但是,效果原则一直是美国反托拉斯法域外适用中最重要的原则。

在确认反托拉斯法具有域外适用效力的情况下,美国运用国内法对国际卡特尔实施规制。20 世纪 90 年代以后,美国加强了对国际卡特尔的规制,这突出地体现在两个方面:第一,加大揭发国际卡特尔的力度。美国司法部反托拉斯局在 1993 年修改公布了公司宽恕政策(Corporate Leniency Policy),鼓励参与卡特尔的公司和有关个人自首,并对自首的公司和个人实行宽大处理。这项政策收到了良好的效果。第二,加大对国际卡特尔的惩罚力度。在 20 世纪 90 年代,美国司法部对国际卡特尔提起了许多刑事指控,并处以高额的罚金。自 1997 年以来,美国针对国际卡特尔所征收的罚金总额占所有反托拉斯刑事案件罚金总额的 90% 以上。1987 年至 1996 年,所有反卡特尔案件征收的罚金总额略超过 2.95 亿美元。而仅 1999 年,刑事罚金总额就超过 11 亿美元。[②]

(二)区域性竞争法的统一规制(以欧共体为代表)

欧共体在确立统一的竞争规则和建立统一的竞争法实施体制方面迈出了实质性的步伐。欧共体竞争法对国际卡特尔的规制可以分为两个方面:第一,对欧共体领域内不同国家的厂商所达成的卡特尔进行规制;第二,对欧共体成员国与非成员国的厂商之间或者非成员国的厂商之间达成的国际卡特尔进行规制。由于欧共体竞争法规则具有直接适用效力,《欧共体条约》第 81 条的规定可以直接适用于欧共体领域内不同国家的厂商所达成的卡特尔。对于欧共体成员国厂商与非成员国的厂商之间或者非成员国的厂商之间所达成的国际卡特尔,欧共体通过主张其竞争法规则的域外适用效力来加以规制。

《欧共体条约》中并没有关于其竞争规则可以适用于域外的明确规定,但欧共体委员会和法院均确认《欧共体条约》中的竞争规则可以根据一定的原则进行域外适用。欧共体委员会在有关案件的调查和处理中,明确采用效果原则主张欧共体竞争法的域外适用效力。但是,欧洲法院在审理案件时却一直避免直接适用效果原则,而创造了单一经济体原则、协议履行地原则等域外适用原则。例如,在 1972 年的 Dyestuffs 案(ICI v. Commission)中,欧洲法院认为,ICI 公司虽然处于欧共体领域之外,但它与共同体内的子公司实际上是一个经济实体,因

---

① Lawrence A. Sullivan & Warren S. Grimes, *The Law of Antitrust: An Integrated Handbook*, West Group, 2000, p. 979.

② The International Competition Policy Advisory Committee, Final Report, at http://www.usdoj.gov/atr/icpac/icpac.htm, 2005-7-7.

此,《欧共体条约》中的竞争规则可以直接适用于共同体外的母公司。① 欧洲法院在该案中创造了单一经济体原则(经济实体原则)。

20 世纪 90 年代以来,欧共体在规制国际卡特尔方面加强了执法力度。例如,1996 年,欧共体委员会公布了《关于在卡特尔案件中免征或者减征罚款的通告》,鼓励卡特尔成员揭发卡特尔并给予减轻或免除处罚。欧共体委员会在 2002 年修改了上述通告的内容。为了加强执法,欧共体委员会第四局内专门设立了卡特尔处。20 世纪 90 年代以来,欧共体委员会查处了许多著名的国际卡特尔,如全球石墨电极卡特尔、国际维生素卡特尔等,并对这些国际卡特尔征收高额的罚款。

(三) 国际卡特尔规制中的合作

各国在打击国际卡特尔等跨国限制竞争行为方面,已经开展了一些双边或者多边合作,取得了一定的效果。1976 年,美国和德国达成了关于反垄断法执行的合作协定。此后,美国与澳大利亚、加拿大、欧共体、以色列、巴西、日本等国家和地区达成了关于反垄断法执行合作的双边协定。欧共体也与美国、澳大利亚等国签订了关于反垄断法执行合作的双边协定。各国(地区)根据有关双边协定在反垄断法执行方面开展了交流与合作,在一定程度上避免了域外适用冲突,加强了对国际卡特尔等跨国限制竞争行为的规制。联合国等许多国际组织也密切关注国际卡特尔等跨国限制竞争问题,并在相应的框架内组织成员国进行交流并开展多边合作。联合国于 1979 年召开了限制性商业惯例问题会议,提出要制定控制限制性商业惯例的多边协议。1980 年 12 月,第 35 届联合国大会通过决议批准了《一套多边协议的控制限制性商业惯例的公平原则与规则》。世界贸易组织(WTO)在 1996 年的新加坡部长会议上探讨了有关国际竞争规则问题,还成立了贸易与竞争政策的专家小组。经济合作与发展组织(OECD)于 1998 年提出了《关于反对核心卡特尔的有效行动的建议》,它对核心卡特尔(包括国际卡特尔)的规制情况进行评估并提出加强规制合作的建议。

三、国际卡特尔规制中存在的不足及对策思考

(一) 国际卡特尔规制中存在的不足

1. 采用效果原则容易引起冲突和对抗

通过国内竞争法的域外适用来规制国际卡特尔是目前各国的普遍做法。国

---

① D. G. Goyder, *EC Competition Law*, 3rd edition, Oxford University Press, 1998, p. 549.

内竞争法域外适用所采用的最具代表性的原则是效果原则。但是,效果原则的适用经常被视为霸权行径而遭到其他国家的反对和抵制。美国作为最早采用效果原则的国家,其在进行域外适用的过程中就曾遭到不同形式的抵制和对抗。首先,一些国家运用外交手段对抗美国反垄断法的域外适用。例如,在1949年美国通用电气公司(GE)案的审理中,由于该案涉及荷兰的菲利浦公司,荷兰政府便向美国国务院提出抗议。[①] 其次,许多国家通过立法或其他途径阻碍美国执法当局和法院对案件进行调查和审理。这使得美国执法当局和法院在调查跨国反垄断案件时困难重重。此外,英国、澳大利亚等国还通过立法拒绝承认和执行外国法院的有关判决。采用效果原则所引起的对抗,大大削弱了竞争法域外适用的实际效果。

2. 缺乏统一的反国际卡特尔多边规则

对国际卡特尔进行规制需要有相应的法律规则。从目前国际卡特尔规制实践情况来看,除了欧共体竞争法这一区域性竞争法规则外,发挥作用的主要是各国国内的竞争法规则。虽然各国竞争法都包含卡特尔(包括国际卡特尔)规制制度,但各国立法的具体规定存在不同,规制标准和尺度也存在差别。当一国对国际卡特尔的规制与其他国家的贸易利益或其他利益相冲突的时候,就容易引起国家之间的冲突乃至对抗。世界贸易组织的有关协定,如《与贸易有关的知识产权协定》、《服务贸易总协定》等虽然也有一些条文涉及竞争政策问题,但是,这些规则主要是约束成员方政府的,而作为私人限制竞争行为的国际卡特尔无法根据有关规则得到有效规制。

3. 国际卡特尔规制中的合作存在局限

双边合作是目前最有效的合作方式,也是域外适用冲突的重要协调方法,但已有的双边合作内容还相当有限,一般仅涉及反垄断法执行中的协商、交流等问题,而不涉及具体的冲突协调规则,更不涉及国际卡特尔等限制竞争行为规制的实体规则。而即使是一些程序性的合作与交流也仍然非常有限。据OECD对其成员国的评估,大多数竞争执法当局在1998年4月至1999年4月期间,既没有发出也没有接受任何关于在核心卡特尔案件中合作的请求。[②] 尽管国际卡特尔规制的多边合作已经在多个国际组织内部展开,但是这种合作还处在起步阶段,更多限于信息的交流以及相关问题的讨论,还没有形成有关国际卡特尔规制的实质性规则。

---

① 参见高菲:《论美国反托拉斯法及其域外适用》,中山大学出版社1993年版,第222页。

② OECD, Hard Core Cartels, at http://www.oecd.org/dataoecd/39/63/2752129.pdf,2005-6-30.

(二)加强国际卡特尔规制的对策思考

1. 采取有效措施,尽量避免域外适用中的冲突

在缺乏国际统一竞争规则的情况下,国内竞争法的域外适用是规制国际卡特尔的必然选择。但在竞争法的域外适用过程中,必须有效避免国家之间的冲突与对抗。笔者认为,竞争法的域外适用应当采用合理原则。国际卡特尔等限制竞争行为对相关国家的国内市场产生影响,只是一国竞争法进行域外适用以及相关主管机关和法院行使管辖权的前提条件之一,并非充分条件。在具备这一条件的情况下,各国还应当对具体案件进行分析,判断将该国竞争法适用于该国际卡特尔是否合理。目前各国确定域外适用是否合理的标准主要有两种:一是以不对其他国家的利益造成不合理的损害为条件;二是以本国利益大于外国利益为条件。[①] 采用合理原则既可以保证在一定条件下运用国内竞争法规制国际卡特尔,又可以在很大程度上避免因随意将国内竞争法进行域外适用而引起冲突。

2. 加强国际交流与合作,共同打击国际卡特尔

首先,各国应当通过更加有效的交流,建立反国际卡特尔的共同思想基础。其次,应当积极扩展双边合作的内容。如果双边合作的内容能够包括当事国解决竞争法域外适用冲突问题所应遵循的具体规则以及有关国家规制国际卡特尔的基本准则或者最低标准,则双边合作在规制国际卡特尔以及避免域外适用冲突方面将发挥更大的作用。与此同时,参与双边合作的国家应该进一步增多。最后,积极推动国际卡特尔规制的多边交流与合作。目前,应当谋求在影响更大的世界贸易组织(WTO)框架下,建立正式的有关国际卡特尔规制的多边合作与交流机制。

3. 推动反国际卡特尔的国际统一立法

各国运用国内竞争法对国际卡特尔进行规制尽管能取得一定效果,但同时会引发一系列问题如域外适用中的冲突、规制标准不统一等。建立统一的国际卡特尔规制法律体系是解决这些问题的根本办法。许多国家和学者都认为,目前制定国际统一的反垄断法典的时机尚未成熟。但是,推动国际卡特尔规制的统一立法依然是有意义的,也有希望取得成效的。国际卡特尔是各国共同面临的典型的限制竞争问题,在充分认识国际卡特尔的危害性和加强规制的必要性后,各国有足够的动力去解决这一问题。各国竞争法对卡特尔普遍采取概括禁止的严厉态度,而目前存在的国际卡特尔多数是价格卡特尔等核心卡特尔,更是

---

① 参见徐崇利:《美国及其他西方国家经济立法域外适用的理论与实践评判》,载《厦门大学法律评论》第1期,厦门大学出版社2001年版,第258页。

各国竞争法严厉打击的对象。从这个意义上讲,各国在规制国际卡特尔的政策和标准方面更容易协调,更有可能取得共识。因此,各国可以在规制国际卡特尔特别是其中的核心卡特尔方面进行广泛交流,探讨最低规制标准、规制模式等问题,并推动国际卡特尔规制的统一立法。这不仅有利于国际卡特尔的有效规制,也可以为国际竞争法体系或者国际反垄断法体系的建立奠定坚实的基础。

论不正当竞争行为的赔偿额确定

——基于158份判决书的研究

◇ 李友根[*]

内容提要 在确定不正当竞争行为中受侵害经营者的损失赔偿额时,《反不正当竞争法》仅规定了直接法与拟定法两种。当原告损失与被告所获均无法确认时,原告能否获得损失赔偿以及该赔偿额该如何确定?本文通过全面整理北京地区法院有关不正当竞争纠纷的158份判决,发现基本上均适用法定赔偿的方法解决损失额的计算与确定。由于市场竞争的不确定性与竞争行为的复杂性,需要在《反不正当竞争法》中确立法定赔偿制度。

关键词 判例 不正当竞争 法定赔偿

引言:问题的提出

我国《反不正当竞争法》第20条规定:"经营者违反本法规定,给被侵害的经营者造成损害的,应当承担损害赔偿责任,被侵害的经营者的损失难以计算的,赔偿额为侵权人在侵权期间因侵权所获得的利润;并应当承担被侵害的经营者因调查该经营者侵害其合法权益的不正当竞争行为所支付的合理费用。"

对此,理论界的一般看法是:"赔偿额的确定有两种方法:一是直接法,即以被侵权人在被侵权期间因被侵权所受到的损失为赔偿额;二是拟定法,即以侵权人在侵权期间因侵权所得的利润为赔偿额。"①但是在实践中,无论确认是受不正当竞争行为损害的经营者(法律中称为被侵权人,下同)的损失额,还是查实从事不正当竞争行为的经营者(法律中称为侵权人,下同)所得的利润额,都不

---

* 李友根,法学博士,南京大学法学院教授。

① 种明钊主编:《竞争法》,法律出版社1997年版,第350页。

是一件容易的事。这不仅是因为不正当竞争行为种类繁多、形式各异，更为重要的是法院确认此类损失额或利润额，均必须符合证据规则的要求，从而使现实中的损失或利润接受证据规则的筛选和审查，而其结果往往难以被确认。

于是，无论是为了贯彻实施我国《反不正当竞争》、维持竞争秩序，还是为了保护合法经营者的利益，均需要立法、司法及法学理论解决这样一个问题：当被侵权人的损失或者侵权人的利润难以确认时，如何确定该侵权人的损害赔偿责任及其具体数额？

本文拟考察司法实践中法院对于这一问题的解决思路与途径，依据北京地区各级法院的司法判决进行总结，并在相关理论分析的基础上，提出有关结论与建议。

一、研究方法的有关说明

本文研究的依据与基础是有关法院的判决书，尤其是北京市各级法院关于不正当竞争行为的判决书。对此，笔者作下列说明：

1. 为何选择法院判决书

笔者以为，当我国社会主义法律体系初具规模后，法学研究的重要方向与内容之一就是对法律运用的研究，特别是法院司法实践的研究。法院的司法实践活动，既是法律具体运用经济社会生活的重要形式，也是反映法律存在问题以及中国法律问题特殊性的重要载体。当然，法院在处理具体案件时，既有原告主动撤诉、原被告各方达成和解的处理方式；也有作出判决的处理方式。虽然前者对于妥善解决纠纷、体现大调解的思路以及构建和谐社会具有重要意义，但毕竟此类处理方式中，法院往往不再对案件的法律性质、法律适用、各方争执等关键问题作出明确的判断与结论，因此对于研究实体法律问题意义不大；选择法院制作的判决书进行研究，就成为研究司法实践的主要方法。

2. 为何选择北京地区法院

本文中笔者作为研究基础的判决书，主要是北京市各级法院（尤其是北京市海淀区法院、朝阳区法院、北京市第一中级人民法院、北京市第二中级人民法院、北京市高级人民法院等）处理不正当竞争案件所作出的判决。其判决书来源于北京法院网（http://bjgy.chinacourt.org，截至2006年7月11日）上北京地区各级法院有关不正当竞争纠纷的158份判决书（已经删去有关撤诉裁定和调解书）。

这一选择既有理论上的因素，也有一些偶然性因素。一方面，由于北京地区的经济与文化发达因素，北京地区不正当竞争案件的数量与种类，对全国而言具有一定的代表性。与此相适应，北京各级法院在知识产权审判、不正当竞争案件的审判上具有较好的基础，同样地其判决也具有一定的代表性。另一方面，笔者在网上搜集整理全国各地的不正当竞争案件判决书时[①]，发现北京地区的判决书相对而言比较完备，无论是数量还是不正当竞争行为的种类均较好地符合研究的需要。当然，如果针对全国范围内的所有判决书进行研究，则更为理想，但是由于时间与精力的限制，目前只能以北京为典型加以分析。

3. 158份判决书的简要分析

笔者依据法院在审理不正当竞争案件中所认定的行为类型以及所适用的法律条文依据，将其分为五大类，即商业诋毁案件14起、商业秘密案38起、虚假宣传及虚假表示案42起、知名商品案29起、其他不正当竞争案35起。这里需要说明的是：第一，此种分类只是依据其最为主要的行为定性，有些案件中同时涉及两类或以上不同的行为，例如虚假宣传同时构成商业诋毁，则笔者依据其主要行为而进行归类；第二，其他不正当竞争案件，总体包括两类，一类是限制竞争行为和少量的冒用企业名称等不正当竞争行为，另一类是法院依据《反不正当竞争法》第2条一般条款的规定而认定的其他不正当竞争行为；第三，由于案件数量较多，本文将重点依据知名商品案、商业诋毁案及商业秘密案进行分析，其他类型的案件作为附证；第四，本文所依据的158份判决书中既有一审判决，也有二审判决，并且其中可能针对的是同一个案件，因此158份判决书并不一定是158个案件。

二、损失赔偿额确定的判决书分析：以三类案件为例

1. 知名商品类案件

在前述158份判决书中，法院以我国《反不正当竞争法》第5条第2项作为判决主要依据的判决书有29份[②]，其中：一审案件判决书20份，二审案件判决书9份；支持原告的15份，驳回原告诉讼请求的14份。由于驳回原告的案件中已经不涉及损失赔偿额的问题，因此笔者以15份认定被告擅自使用原告知名商品（或服务）特有的名称、包装装潢从而构成不正当竞争的判决书为依据，并将其整理成下表。

---

① 主要是中国知识产权裁判文书网，网址是：http://ipr.chinacourt.org。

② 该项内容是：“擅自使用知名商品特有的名称、包装、装潢，或者使用与知名商品近似的名称、包装、装潢，造成和他人的知名商品相混淆，使购买者误认为是该知名商品。”

案件(案号)	原告索赔请求		法院判决结果		法院判决理由
	赔偿损失	合理支出	赔偿损失	合理支出	
(2005)一中民初字第8436号	5万	10041元	5万	4041元	根据被告侵权情况
(2006)朝民初字第1478号	60万	无	20万	无	根据被告演出场次、费用因素确定
(2005)二中民初字第09025号	20万	无	2万	已包含	根据被告侵权酌定
(2004)二中民终字第12593号	4万	无	3万	已包含	考虑被告侵权酌定
(2004)二中民初字第12016号	45万	已包含	10万	已包含	根据本案具体情况酌定①
(2004)二中民初字第10117号	80万	7万	2万	无	根据被告侵权情况酌情确定
(2004)高民终字第1040号*	5万	8200元	15万	无	被告侵权主观恶意
(2004)海民初字第17502号	无	无	无	无	原告未提索赔要求
(2004)朝民初字第13002号	4万	1000元	3万	已包含	根据被告侵权情况
(2004)二中民初字第00940号	30万	无	5万	8200元	综合考虑原告产品利润、被告侵权情况酌情确定
(2004)高民终字第138号	100万	无	15万	已包含	维持原判②
(2003)一中民初字第7908号	100万	无	15万	已包含	根据原告经营状况、被告可能利润酌定
(2003)二中民初字第08843号	100万	无	25万	已包含	根据被告侵权情况酌情确定
(2003)高民终字第120号	300万	无	50万	无	根据被告侵权情况及给原告损害后果酌定
(2002)海民初字第18668号	10万	无	7万	无	考虑名称与被告利润间的关系按一定比例确定

* 注:鉴于该判决书是二审判决书,且改判了一审的部分内容,故有关原告索赔的内容实际上是一审判决的内容。该案件一审中原告的诉讼请求为30万元。

① 该一审判决书被二审法院北京市高级人民法院(2005)高民终字第319号判决书撤销,主要理由是被告行为并不能构成不正当竞争行为。该二审判决书由于归入不驳回原告类别,因此本表中并不包括。

② 该案件中的一审判决书,即为本表中的北京市第一中级人民法院(2003)一中民初字第7908号民事判决书。

从上表可以发现，在15份判决书中，除了有一份原告仅要求法院认定被告构成不正当竞争并责令被告停止违法行为而未提出损失赔偿外，14份判决书在确定被告的赔偿额外，均并未直接认定原告的损失、被告的所获利润，而是由法院依据被告的侵权行为性质、情节、后果、主观过错等因素酌情确定。对于原告所提的索赔额，法院往往以没有事实根据为理由不予采纳，但又未明确提出被告的所获利润，从而并未如法律条文或者学者论著中所提出的选择拟定标准，而是直接依据侵权情况而酌定赔偿额。例如，在作家出版社诉中国少年儿童新闻出版总社不正当竞争一案中，法院指出："关于赔偿损失的数额问题，原告所提赔偿数额过高且缺乏依据，本院不予全额支持。本院将参考被告涉案侵权行为的持续时间、主观过错程度、原告为本案诉讼支出的合理费用等因素予以酌定。"① 而在广东中山市珠江饮料厂有限公司诉河北霸州市珠汇饮品有限公司不正当竞争一案中，二审法院针对一审法院关于损失赔偿额的判决内容进行了改判，主要依据就是被告的侵权恶意程度："一审判决对霸州珠汇公司恶意实施不正当竞争行为的事实认定有误，致使确定赔偿数额明显过低，应予纠正。"而将一审确定的5万元加上8200元赔偿额改变为15万元。② 在商务印书馆诉南方出版社一案中，法院更是直接指出在无法认定原告损失、被告利润的前提下酌情认定损失赔偿额："因商务印书馆没有就其损失及南方出版社的获利充分举证，故本院将综合考虑南方出版社侵权行为的情节、侵权后果、商务印书馆为诉讼支出的合理费用等因素，酌定赔偿数额。"③该判决被二审法院维持。

2. 商业秘密类案件

在北京法院系统审理的与商业秘密有关的案件中，共有38份判决书，除了部分因不具备商业秘密要件而被驳回、一部分案件属于竞业限制问题故适用有关竞业限制合同外，直接适用《反不正当竞争法》第20条追究被告赔偿责任的一共有9起案件。在这9个判决中，法院基本上均采用酌定方法确定被告赔偿经济损失的数额。此种酌定或者是依据被告的侵权行为情况，例如："本院将根据三被告的侵权程度、侵权情节、过错程度及所造成的损失等依法确定赔偿数额，不再全部支持原告的诉讼请求。"④或者是将原、被告各种因素结合起来考虑："原告关于判决被告赔偿其经济损失的诉讼请求，本院予以支持。但原告索赔数额过高，本院将综合考虑二被告侵权行为的性质、过错程度、给原告造成损失的合理程度等因素，结合原告……进货数量及价格，确定二被告赔偿原告经济

① 北京市第二中级人民法院(2005)二中民初字第14550号民事判决书。
② 北京市高级人民法院(2004)高民终字第1040号民事判决书。
③ 北京市朝阳区人民法院(2004)朝民初字第13002号民事判决书。
④ 北京市海淀区人民法院(2006)海民初字第3725号民事判决书。

损失的具体数额。”[①]“陈晋苏应为其不履行竞业禁止义务的行为作出适当赔偿。大洋公司虽然提出了250万元的经济损失，但本案纠纷的产生与大洋公司没有明示竞业禁止补偿费有关，对此，应根据大洋公司的过错程度酌减赔偿数额。本院考虑本案的情节，包括陈晋苏违反竞业禁止义务的持续时间、其在大洋公司工作时的薪酬水平等因素，将赔偿损失的数额酌定为50万元。”[②]

更为典型的是，法院判决中直接表明了我国《反不正当竞争法》第20条的难以适用，但又不能直接因原告举证不能而予以驳回赔偿损失的要求，而是直接进行自由裁量：“关于赔偿数额一节，因原告未能举证证明其因侵权行为所遭受的实际损失或被告因实施侵权行为所获利润的直接证据，本院将参照已确立的上述商业秘密在整体设备中所占比重、所发挥的实际功能、华特公司经营时间的长短等因素，对具体数额予以酌定。”[③]“环都公司应承担赔偿责任。亚都测控的损失及环都公司的所得均无法确定，由本院参考该类产品的价格及环都公司成立之初的多重不正当行为确定。”[④]

在原告未能证明自身的损失时，法院也可能直接进行酌定：“由于视翰公司未能就因时代视通公司的不正当竞争行为所致的损失及诉讼支出的调查费用进行充分举证，故本院将根据时代视通公司的主观过错、行为手段、造成的后果等因素，酌定赔偿数额。”[⑤]

3. 商业诋毁类案件

在北京法院系统审理的商业诋毁案件中共有14份判决书，法院认定商业诋毁行为成立的共有9件，判决直接支持经济损失的只有4起[⑥]，其计算依据均为被告侵权行为的情节、主观过错等因素。例如：“对于原告要求被告支付赔偿金2万元及合理支出1.1万元的诉讼请求，因被告侵权行为给原告造成的损失及被告因侵权行为获得的非法利益均难以确定，本院将在综合考虑被告的主观过错、侵权行为的具体情节等因素的情况下，对赔偿数额予以酌定。对于原告为本案诉讼所支付的公证服务费及律师费，其合理部分本院予以支持。”[⑦]又例如，“关于赔偿经济损失的数额问题，原告请求赔偿数额过高，本院不予全额支持。本院将根据本案的具体情况，综合考虑被告实施的不正当竞争行为的方式、范围和主观过错程度等因素，酌情确定被告赔偿原告经济损失的数额。同时，本院将根据本案的具体情况确定宁华公司、火圣公司支付河马公司因本案诉讼支出的

---

① 北京市第二中级人民法院(2004)二中民初字第11125号民事判决书。
② 北京市海淀区人民法院(2005)海民初字第5106号民事判决书。
③ 北京市第二中级人民法院(2004)二中民初字第9726号民事判决书。
④ 北京市海淀区人民法院(2003)海民初字第15408号民事判决书。
⑤ 北京市朝阳区人民法院(2004)朝民初字第6275号民事判决书。
⑥ 另外5起案件中，2起不予赔偿，2起只赔合理费用，1起依原告损失进行确定。
⑦ 北京市第一中级人民法院(2005)一中民初字第1274号民事判决书。

合理费用的数额。”①

4. 基本结论

即使上述三类案件并非不正当竞争案件的全部，但是依据上述统计分析，我们基本上可以得出一个初步的结论。

第一，在司法实践中，法院在认定被告构成不正当竞争行为后，确定被告损害赔偿责任时，其损失赔偿额基本上是采用酌情确定的方法，而非如《反不正当竞争法》规定及论著中所述的直接法与拟定法来确定。

第二，少量的案件中，法院基于原告未提供有关原告损失或被告获利的证据而直接驳回原告要求被告赔偿的诉讼请求。例如，北京市海淀区人民法院在北京兰夏文化发展有限公司诉北京乐夏童星文化发展有限公司虚假广告一案中认为：“就本案而言，原告兰夏公司以被告乐夏公司实施虚假宣传而进行不正当竞争为由起诉，根据相关法律规定，不正当竞争行为的损害赔偿额为被侵害的经营者的损失或侵权人在侵权期间因侵权所获得利润，原告兰夏公司未提出被侵害所造成的损失，其所提出的被告乐夏公司之所得，也未有充分证据证明，故其损失赔偿要求本院不予支持。”②但是，这样的判决在所有的158份判决中所占比例极低，往往也是在虚假广告、商业诋毁一类案件中出现。例如，在北京不老保健饮料有限公司诉北京伟业新世纪科技中心一案中，法院虽然认定被告构成商业诋毁，但对原告的损失赔偿请求不予支持，其理由是：“（被告的行为）对不老饮料公司的商业信誉和商品声誉的影响较小，不老饮料公司要求赔偿的损失数额较大，且无相应的计算依据，因此，本院对不老饮料公司的该项诉求不予支持。”③

第三，在有限的案件中采用原告损失或被告所得的计算方法。例如在豪杰公司诉金山公司商业诋毁一案中，二审法院支持了一审法院依据推算原告损失确定赔偿额的计算方法：“原审法院将访问网站相关网页的人员数量比照参加视听会人员的数量，并结合豪杰公司的超级解霸产品销售单价酌定侵权赔偿数额并无不妥。”④而在燕化集团天津润滑油脂有限公司诉北京广普开元润滑油有限公司虚假宣传一案中，法院采用了推定被告所得的方法确定损失赔偿额，但是该被告所得实际上是以广告宣传费用为标准而计算的：“由于被告为实施虚假广告宣传投入了制作费4600元，该费用作为被告经营投入可转变为其日后不应小于该数额的利益而由被告获得，该利益应视为被告虚假宣传的侵权获利归原

---

① 北京市第二中级人民法院（2003）二中民初字第07662号民事判决书。

② 北京市海淀区人民法院（2003）海民初字第3278号民事判决书。

③ 北京市第一中级人民法院（2005）一中民初字第1906号民事判决书。

④ 北京市第一中级人民法院（2003）一中民终字第2421号民事判决书。

告所有。"据此法院判决被告赔偿4600元。[①]

三、理论分析:法定赔偿额的理论依据

1. 我国《反不正当竞争法》第20条规定的解读

我国《反不正当竞争法》第20条的条文,从广义解释的角度解读,包含这样四层意思:第一,经营者(可以简称为被告)违反该法从事不正当竞争行为,如果给被侵害的经营者(简称为原告)造成损害的,应当承担损害赔偿责任。如果未造成损害的,则不承担损害赔偿责任。第二,被告的不正当竞争行为给原告造成的损害,应当能够以相应的证据予以证实。如果没有相应的证据证明,则可以认定被告行为未给原告造成损害。第三,但是,在实践中毕竟由于各种复杂的情况,原告的损害情况难以进行计算,则以被告所获得的利润推定为原告的损失,即学者所称的拟定方法确定损害赔偿额。第四,除了这两种方法,法律并未赋予法官以自由裁量的权力,即法官不能抛开原告损失或被告利润这两个标准,去寻求其他的损失赔偿计算标准。

可见,该条规定的理论基础在于市场竞争的范围确定性、市场反应的即时性,即在一个反应及时、范围确定的竞争市场中,被告所从事的不正当竞争行为,必然表现为原告的利益损失或者被告的非法利益获得,或者两者的同时出现。

基于对法律规定的上述解读,笔者认为,目前司法实践中法院普遍采用的根据被告侵权行为的情节及主观过错等因素酌情确定损失赔偿额的做法,并不符合《反不正当竞争法》的规定。正如有些法院在个别案件中所指出的,原告未提供证据证明其本身的损失或者被告因不正当竞争行为所获得的利润,则应当承担举证不能的后果,不能获得损失赔偿。

2. 市场竞争的不确定性

但是,市场竞争并不必然会出现立法者所设想的局面。一方面,不正当竞争给合法经营者所造成的损害后果并不必然立竿见影式地出现,可能需要假以时日,毕竟从不正当竞争行为到市场传播、消费者信息接受与判断到消费者决策、合法经营者利益损失有一个时间与逻辑上的链条;另一方面,即使存在着此种立即出现的后果,是否均能够以确切的证据加以法律上的证明,也是有待考察的。当立法者所设想的此种损害赔偿规则赖以存在的基础在现实中发生变化后,其在实践中的适用性也就成为一个疑问。"由于在实践中,市场竞争是一个动态的过程,有许多不确定也不可预料的因素左右着市场竞争及其当事人的行为,因此要精确无误地计算出不正当竞争行为给受害人造成的财产损害往往是不可能

---

① 北京市第一中级人民法院(2002)一中民初字第8233号民事判决书。

的。在由不正当竞争引起的损害赔偿纠纷中，受害人要求赔偿的主要损害通常集中在其所失利润上，而对这一所失利润的计算或估算，在实际操作中同样也存在着很大的困难。”①

因此，应当认为，只要被告从事了不正当竞争行为，其必然给合法竞争者造成损害，只是这种损害或者存在着举证困难，或者尚未充分表现出来而已。在这种情况下，如果法院不能给原告以损害赔偿的救济，则对于保护合法经营者的利益以及竞争秩序显然是不利的。因此，尽管存在着合法性的疑问，法院还是普遍性地采用了酌情确定损失赔偿额的做法。

3. 法定赔偿额制度的确立

解决上述法律规定与司法实践对立的办法，就是在我国的反不正当竞争法律制度中确立法定赔偿额制度，即当原告损失或者被告所得难以确定的，由法院根据被告不正当竞争行为的情节给予一定数额以下的赔偿。

第一，司法实践普遍性做法的合法化需要。如果在修订反不正当竞争法时无视司法实践中的普遍做法，不确立法定赔偿额制度，必将使法院的司法审判工作继续陷于尴尬境地，无论是对于竞争秩序还是当事人的合法权益维护以及我国的司法工作均将产生严重的不利影响。

第二，知识产权制度的成功实践。我国知识产权审判领域长期以来也同样陷于这样一种尴尬境地，在 2000 年前后的法律修改中，《商标法》第 56 条、《著作权法》第 48 条均明确规定了法定赔偿额制度，从而有效地解决了这一困境。尽管《专利法》对此未作规定，但是 2001 年最高人民法院关于专利法的司法解释第 21 条确立了这一制度，在新近公布的《专利法修订草案》（征求意见稿）中，其第 60 条的修订方案将明确规定这一制度，在原有条文内容“侵犯专利权的赔偿数额，按照权利人因被侵权所受到的损失或者侵权人因侵权所获得的利益确定；被侵权人的损失或者侵权人获得的利益难以确定的，参照该专利许可使用费的倍数合理确定”后增加规定：“没有专利许可使用费可以参照或者专利许可使用费明显不合理的，人民法院可以根据专利权的类型、侵权行为的性质和情节等因素，确定人民币 5 千元、100 万元以下的赔偿数额。”

第三，当然，不同类型的不正当竞争行为，在不同情形下对原告所造成的损害也是完全不同的，但这种个案的判断，完全可由法院进行自由裁量，以保证个案的公平与正义。

① 邵建东：《德国反不正当竞争法研究》，中国人民大学出版社 2001 年版，第 390 页。

四、结　　论

司法实践的普遍做法充分昭示了在不正当竞争案件中确立法定赔偿额的必要性与可行性,我国三大知识产权法的立法与司法实践,充分证明了确立法定赔偿额的可行性并提供了有益的借鉴,因此,在长期司法实践的基础上,建议我国《反不正当竞争法》修订时对其第20条进行修改,增加法定赔偿额的规定:被侵权人的损失或者侵权人的所得利润难以确定人,由人民法院根据侵权行为的情节判决给予50万元以下的赔偿。

至于原告损失的确定方法、被告所得利润的计算方式等,限于篇幅,当另文予以分析。

商业贿赂的法律规制

——以经济分析为视角*

◇ 吴宏伟　刘　杨**

内容提要　自由经济的发展既有积极的作用,也有消极的弊端;作为自由经济保护伞的民事法律制度的后果也必然有利有弊。民事法律制度消极作用的克服除了民法自身的修正外,还要由经济法等来修正,反商业贿赂就是在这种背景下提出的。我国目前在体制上制度租金的存在、超额利润等经济利益的驱使和对商业贿赂行为规制的法律上的漏洞,为商业贿赂提供了制度土壤。本文通过对商业贿赂成因进行经济分析,提出规制商业贿赂的对策和建议。

关键词　制度租金　寻租行为　成本

商业贿赂曾一度被一些经济学家认为是"市场经济的润滑剂",但现在达成的一个共识是,它无疑是附着在经济体上的"毒瘤",与市场经济的宗旨是背道而驰的。那么如何对商业贿赂行为进行规制?这块"腐肉"能否被彻底剜除呢?笔者从对商业贿赂行为的经济分析入手,阐述对商业贿赂的法律规制。

一、商业贿赂的一般含义

商业贿赂,在世界各国普遍被认为是一种不正当竞争行为。根据《布莱克法律辞典》的定义,商业贿赂"是贿赂的一种形式,是指竞争者通过秘密收买交易对方的雇员或者代理人的方式,获取优于其竞争对手的竞争优势"。① 据此可见,商业贿赂以行贿人和受贿人为主体,以销售或者购买商品为目的,即经营者

---

* 本文个别内容已发表于《兰州学刊》2006 年第 11 期,原文约 8000 字,但本文整体有较大幅度修改。

** 吴宏伟,法学博士,中国人民大学法学院教授、博士生导师;刘杨,中国人民大学经济法专业博士研究生。

① *Black's Law Dictionary*, 7th edition, West Group, 1999.

为了获取交易机会，以财物手段和其他手段为手段要件进行贿赂以销售或者购买商品的行为。

我国《反不正当竞争法》把商业贿赂的主体限定为行贿人，即“经营者”①，没有涵盖受贿人。而在现实的经济活动中，对商业贿赂行为进行规制，必须对行贿人和受贿人都做出规定，这也是我国《反不正当竞争法》在今后的修订中需要进一步明确的内容。

商业贿赂是以销售或者购买商品为目的要件的，这也是商业贿赂区别于普通贿赂行为的重要特征。商业贿赂是为了争取交易机会或者占领市场；而普通的贿赂行为则是获取商业目的以外的目的，比如说，调动工作、子女入学、项目审批等等。

根据《反不正当竞争法》的规定，商业贿赂的手段主要有两大类，即财物手段和其他手段。对于财物手段不难理解，对于商业贿赂的其他手段虽然法律上未做具体规定，但是在《关于禁止商业贿赂行为的暂行规定》中规定，其他手段，是指提供国内外各种名义的旅游、考察等给付财物以外的其他利益的手段。“财物手段与财物以外的其他利益的手段的根本区别是，前者一般是以转移财物的所有权的方式进行贿赂，受贿人因此增加了财产；后者是由受贿人直接享受财产以外的利益，即是这种享受是由行贿人通过花费钱财达到的，但受贿人直接得到的不是钱财本身，而是直接享受了行贿人以钱财所换取的其他利益。”②

二、商业贿赂成因的经济分析

（一）追逐超额利润等经济利益是商业贿赂的最强烈动机

自由经济的发展为社会生产力的提高起到了巨大的推动作用。自由经济，就是“一种基于放任政策的经济制度”，也就是“法律上不干涉个体的任何经济活动，除了税收等，和除非该个体的经济活动直接会侵害别人甚至群体的经济活动”。③ 这种自由经济制度在生产力发展过程中也是一把双刃剑。一方面，在市场价格规律的自发调节下，企业作为一种“经济人”，根据意思自治原则会把自己的资本投向最有利于自身，同时也是最有利于社会需要的领域，而无需政府干涉，从而达到社会资源的优化配置，提高生产效率，进而促进社会总产品的增加。另一方面，自由经济从其诞生之日起就蕴藏着一个致命的危险，即对经济利益最

① 参见《中华人民共和国反不正当竞争法》第 8 条：经营者不得采用财物或者其他手段进行贿赂以消受或者购买商品。

② 孔祥俊：《反不正当竞争法的适用与完善》，法律出版社 1998 年版，第 345 页。

③ 高寿昌：《经济的自由主义》，引自《海耶克和他的理想论文集》，载《文星丛刊》1992 年 3 月。

大化的追逐。这种劣根性必然导致在自由经济的环境中产生一些危害市场经济的消极作用，从而影响公平竞争，商业贿赂正是该表现之一。

（二）商业贿赂的低成本运作

“人是其自利的理性最大化者”。[①] 根据经济学的理性选择理论，尽管任何犯罪都源自于对利益的追逐，但行为人作为追求自身利益最大化的理性者，在为了达到一定目的而做出行为选择特别是违法行为的时候，必然要对该行为的成本与利益进行比较和计算。只有当违法成本相对较低，预期收益大于成本时，行为人才会选择实施违法行为；反之，行为人则会选择放弃违法行为。商业贿赂行为也是同理。无论是我国目前的立法状况、执法机构，还是商业贿赂的法律责任，都使得行为人在衡量自己行为的利与弊时得出这样一种结论：行为人在中国这样一种市场经济环境中，实施商业贿赂行为将带来巨大的经济利益，因为实施商业贿赂行为而实际受到处罚的概率比较低，即使受到处罚，也并不是很严厉，对以后的生产经营没有太大的影响。因此，预期违法成本相对低下，是商业贿赂行为人决策实施商业贿赂行为的内在动因。

（三）商业贿赂的制度土壤

我国的商业贿赂除了一般意义上的商业贿赂，还存在着比较严重的官员商业贿赂。这也是我国商业贿赂的一个重要特征。按照商业贿赂的本质，其一般并不牵涉享有公权力的主体。但在我国，一是由于尚处转型期，权力与经济的关系始终没有完全理顺，公共权力与市场边界不清，政府在经济运行领域中扮演着重要角色；二是由于国有经济占据主导地位，存在大量的经营性资产和行政事业性资产，公共权力中蕴藏的巨大经济利益形成了权力寻租的土壤，使得党政部门中一批手握实权的官员成为商业贿赂的重点对象，大量的商业贿赂行为与一般的贿赂行为交织在一起。

三、我国商业贿赂法律的缺陷与完善

（一）目前我国商业贿赂法律上的缺陷

我国目前规制商业贿赂的法律主要体现在《反不正当竞争法》、《刑法》、《行政监察法》、行业管理性法律和部门规章之中，这些法律、规章在对商业贿赂行为进行规制时还存在着以下问题：

---

① 〔美〕理查德 · A. 波斯纳：《法律的经济分析》上，蒋兆康译，中国大百科全书出版社 1997 年版，第 4 页。

1. 监管机构不明确

在一般情况下，市场主体的民事行为不需要监管，它通过民事法律制度中的意思自治、诚实信用、公序良俗等原则可以得到一定的约束。但当市场主体的行为对整个市场秩序或者对单个主体的具体利益产生危害的时候，民事法律制度已经不能调整这种行为，监管就应运而生了。

商业贿赂的危害是多方面的，包括对税收制度、对公平竞争以及政治上的危害等等。所以必须对商业贿赂进行监管，但我国目前商业贿赂的监管机构却混乱不清。我国《反不正当竞争法》第3条第2款规定，“县级以上人民政府工商行政管理部门对不正当竞争行为进行法律监督；法律、行政法规规定由其他部门监督检查的，依照其规定。”在这种情况下，对商业贿赂进行“监督检查”的部门除了县级以上人民政府工商行政管理部门之外，质量监督部门、卫生行政管理部门等部门都有权对商业贿赂进行管理，这就不可避免各个部门之间发生冲突，这里既有积极的冲突，即多个部门都对商业贿赂有管辖权；又有消极的冲突，即各部门之间相互推诿，造成多头监管、头头不管的局面。

2. 商业贿赂行为与其他各种贿赂行为混为一谈

根据我国《反不正当竞争法》的规定，构成犯罪的商业贿赂应追究行为人的刑事责任。而我国《刑法》并没有严格区分商业贿赂行为和普通的贿赂行为。商业贿赂行为与普通的贿赂行为在主体、行为动机、行贿对象和侵害的客体方面都不相同，因此对二者行为的处罚也理应有所不同。这里笔者以商业贿赂现象比较严重的医药行业为例来说明，医药行业向来是商业贿赂的“重灾区”，在对医务人员的行为进行处罚时，争议的焦点就是普通临床医生能否成为受贿罪的主体，即临床医生的身份算不算国家工作人员。在司法实践中判决的做出更多依赖法官的自由裁量权，根据《刑法》的规定，普通的临床医生并不行使国家权力，当然不符合受贿罪中主体的构成要件，法无明文规定不为罪，对医生收受处方回扣这类违法行为，在《刑法》尚未明确的情况下，仅按违规违纪处理即可，即只能对其进行党纪、政纪处分。但如果是医院的院长、科室主任等具有行政职务的人员实施了收受回扣行为，则当然构成受贿罪。目前实践中，司法机关一般不把普通临床医生作为受贿罪主体对待，也正因为如此，大量受贿严重的公职人员得以钻法律的漏洞逍遥法外。这些都无疑降低了商业贿赂行为人的成本。

3. 商业贿赂的法律责任比较笼统，力度不够，缺乏可执行性

《反不正当竞争法》规定商业贿赂不构成犯罪的，监督检查部门可以根据情节处以1万元以上20万元以下的罚款，有违法所得的，予以没收。这一罚款额度与商业贿赂可能为行为人带来的巨额利润相比微不足道，难以达到处罚和威慑的效果。而且采取罚款这种处罚方式不会对经营者以后的经营资格产生任何影响，行为人当然愿意以商业贿赂行为来换取更大的经济利益了。总之，正是由

于处罚概率低下，商业贿赂行为人往往存在可能侥幸逃脱或是只受行政处罚、民事赔偿后果的估量，而当这种预期惩罚成本低于预期违法收益时，行为人将会选择实施违法行为。

（二）完善我国商业贿赂法律的建议

1. 立法上制定统一的《反商业贿赂法》

我国反商业贿赂的薄弱环节是在法律修改上，我国原有法律对商业贿赂的规定比较笼统，操作性不强。虽然一些法律条款中都涉及了反商业贿赂，但是总体上来说，还是比较零散，在查处商业贿赂的标准和监管机构上也容易发生冲突。所以，短期看来，可以在原有法律基础上进行修改或补充；但是从长远看来，应当制定一部统一的《反商业贿赂法》。

（1）明确界定商业贿赂的含义和构成。《关于禁止商业贿赂行为的暂行规定》第2条第2款对商业贿赂进行了解释，即经营者为销售或者购买商品而采用财物或者其他手段贿赂对方单位或者个人的行为。《反商业贿赂法》应将商业贿赂行为作为特殊的贿赂行为，与其他贿赂行为加以明确区分，并对其单设一个罪名予以惩治，可将一切为谋取商业利益而给予的不当利益都纳入商业贿赂的范畴，然后再对不构成商业贿赂的行为以列举的方式明确规定，加以排除。从立法手段上减少商业贿赂变换形式逃脱处罚的可能性。①

（2）明确商业贿赂主管机关直接的职责和权限。对于我国目前商业贿赂规制中存在的多头监管、头头不管的现象，《反商业贿赂法》必须对各个机关的具体职责和权限做出明确的规定。赋予工商行政管理机关对商业贿赂案件的立案侦察权，在查清案件事实的基础上，有权根据情节轻重决定给予行政处罚或移送司法机关。②

完善行政强制措施，强化商业贿赂行政主管部门的监督检查权限。《反商业贿赂法》应当增加规定工商行政管理部门对涉嫌从事商业贿赂行为的场所、财物实施现场检查的权力，查封、扣押有关财物、票据、账簿以及其他资料的权力，查封从事商业贿赂行为的场所的权力，以及对被检查的经营者拒绝接受检查、询问或者拒不提供监督检查部门所需资料或者提供虚假资料的行为予以处罚的权力。

（3）增加行政处罚力度，提高法律威慑力。任何违法行为都要承担一定的法律责任，包括行政责任、民事责任和刑事责任。商业贿赂也不例外，《反商业贿赂法》也要对商业贿赂行为人追究法律责任，从而使商业贿赂行为的预期违

---

① 程宝库、林楠南：《关于反商业贿赂立法的反思》，载《求是学刊》2006年第3期。

② 同上。

法成本大大提高。

罚款和没收都是一种经济责任，一般适用于违法情节轻微，不需刑事处罚的商业贿赂行为。通过对行贿人和受贿者罚款，对其违法所得予以没收，使违法者得不到实惠，也削弱了其继续违法的经济实力。罚款必须由工商机关等有权部门进行，其他机关和个人不得实施。

对一些没有触犯《刑法》但是情节又比较严重，对市场经济秩序造成严重影响，仅仅适用罚款和没收违法所得不足以惩处行为人的商业贿赂行为，除了对其适用罚款和没收外，还可以对其某些资格进行限制或者剥夺，例如，责令停产停业，吊销企业营业执照等等。以美国《海外反腐败法》为例，对违法者除了有罚款，追究民事责任之外，违法者还可能面临禁止参与联邦的交易活动、剥夺出口权、禁止进行股票交易等行政处罚。

对商业贿赂行为构成犯罪的，我们必须严格按照刑法和其他有关法律的规定，追究行为人的刑事责任，打击此类犯罪行为。美国《海外反腐败法》在刑事责任方面，对自然人可处以 5 年以下的监禁。这些都值得我国在制定《反商业贿赂法》的时候借鉴。

2. 制度上深化改革，建立健全治理商业贿赂的长效机制

为了根除商业贿赂的制度诱因，应当从以下两个方面来完善：

(1) 加强行政体制改革，使政府行政权力的行使程序更加公开、透明。反商业贿赂的重点就是，铲除商业贿赂背后权权交易、权钱交易的土壤，规范政府权力的运作，程序公开、透明是非常关键的一环。

(2) 让市场机制进一步发挥作用。部分国有企业成为商业贿赂的温床，主要是这些企业面临的市场竞争压力不足，对市场信号反应不足，对于成本的变化不敏感。在完全的市场机制下，企业面临巨大的竞争压力，商业贿赂的存在对于采购方来说就意味着成本的增加，成本的提高将严重影响企业的竞争力，因此企业就会千方百计防范自身的采购漏洞，将工作人员收受商业贿赂发生的可能性降至最低程度，受贿的可能性降低了，行贿的自然就少了。同时，应当利用司法、审计等社会力量来规范商业交易行为。

3. 完善干部考核制度

完善干部考核制度，主要是针对我国目前干部商业贿赂比较严重的现状所提出的。对此，必须从政治的高度看待治理商业贿赂的重要性。

在治理商业贿赂过程中加强和完善干部的考核和监察：第一，加强行政监察，重点查处政府机关公务员利用行政权力收受贿赂的行为。第二，对干部定期进行考核监督，要强化对行政审批权和行政执法权的监督。第三，加强干部党风廉政建设和道德建设。

4. 提高政府公信力

政府公信力,是指因社会公众信任所产生的政府的社会影响力和支配力。执掌公共权力需要靠公信力作支撑,没有公信力支撑的政府权力犹如无源之水、无本之木。我国商业贿赂的一个重要特征就是,当前的商业贿赂犯罪多涉及党政官员和国有企事业单位人员。这种商业贿赂对政府公信力的破坏效应是极大的,如果政府的这种权力受到公众的质疑,这种"损伤"比腐败现象更可怕。所以提高政府公信力,当党政官员和国有企事业单位人员涉及商业贿赂时,要坚决清理出政府队伍,把对政府公信力的破坏程度降到最低。

结 语

治理商业贿赂是一个系统工程,应从培养社会诚信观念、改善政府对经济的管理模式、优化市场结构和完善相关立法等多个方面入手。其中,依法治理商业贿赂,以法制健全为根本,以严格执法为保障,以守法教育为补充,推动反商业贿赂工作的系统化、法制化,是有效治理商业贿赂的根本保障。

行为法经济学与我国消费者权益保护法创新

◇ 周林彬　何朝丹*

内容提要　本文以行为法经济学为分析视角，透视了有限理性的消费者由于存在着认知局限和行为偏差，不仅难以实现理性的消费决策，而且其行为弱点还会被商家利用和操纵而落入各种消费陷阱之中。由于消费者有限理性，使得基于理性人假设基础上的传统消费者权益法律保护模式存在种种局限。本文通过行为法经济学对消费者决策行为的分析，进而提出了改革和完善消费者权益保护法的一些创新思路。

关键词　消费者权益　行为经济学　法律经济学

当我们置身于这个商品信息铺天盖地、席卷而来的消费时代中，消费俨然成为我们生活的基本模式。如果说消费者拥有"货币选票"的指挥棒而成为商家眼中的上帝的话，此上帝亦绝非彼上帝，上帝本是无所不能、无所不晓的，而现实生活中的消费者虽虚顶着"上帝"的高帽，却时常扮演着挨打受困、有苦自吞的角色。传统消费者权益法律保护模式的思路是，只要保证充分的市场竞争和完全的信息，就能实现消费者的理性消费决策。然而，消费者并不是那个虚构出来的神话人物"理性人"，他只不过是具有有限认知、意志薄弱、会犯错误的凡夫俗子。那么，在"道高一尺，魔高一丈"的消费者与商家之间的博弈中，法律要如何才能更好地维护消费者的权益呢？

一、主流经济学与我国消费者权益法律保护的传统模式

消费者权益法律保护的传统模式，也就是我们当前一般或主流的消费者权

* 周林彬，中山大学法学院教授，法学博士；何朝丹，中山大学岭南学院西方经济学专业博士研究生。

益法律保护的分析框架和对策系统，称其为“传统模式”，主要是因为它是根基于主流经济学，通过矫正市场失灵因素来保障消费者理性决策的经济逻辑而推演展开的。

（一）消费者权益法律保护的传统模式

1. 促进竞争

竞争法和消费者权益保护法有着密切的联系，它们是消费者主权和经济正义的一个硬币的两面。① 竞争法和消费者权益保护法是维持市场有效运转的重要屏障，是为提升消费者福利而采取的两条相互补充的路径，在某种程度上说，反对不公平竞争与消费者保护是两个可以完全互换的名词。竞争法所关注的焦点是那些由于共谋或排他性行为所引起的市场失灵，通过禁止各种反竞争行为，竞争法改善了商品和服务市场的竞争结构，使消费者能够获得更低价格和更多范围的消费选择，归根到底，竞争法保护的是消费者而不是竞争者。

2. 披露信息

获得关于商品的充分信息是消费者做出正确消费决策的基础，对于一般商品而言，消费者可以通过对商品属性的观察、感知，或从之前的购买经验以及中介媒体获得相关信息。同时，在竞争的压力下，商家也会有激励向消费者披露真实信息以获得更多的顾客。然而，当商品是复杂商品，其属性或价值难以评价时，消费者就会处于信息劣势。而且，如果某种类型的产品缺陷是普遍存在的话，或商家做的只是一锤子买卖而没有信誉约束时，商家也没有激励机制披露商品的真实信息。信息的不对称使消费者处于一种弱势地位，这又会诱发逆向选择和道德风险问题，甚至引发市场的信任危机，进而会对经济的发展造成巨大危害。信息的披露是法律对消费者进行保护的重要渠道，因为提供真实、充分的商品信息可以增强消费者的自我保护能力，获悉产品的内在风险可使消费者对产品进行正确评价。传统消费者权益法律保护的核心政策就是，既要使消费者获取更多有价值的信息，又要减少消费者获取信息的成本。

（二）传统保护模式局限性的分析评价

消费者权益法律保护传统模式所内含的一个经济学前提就是，在完全竞争和充分信息满足的条件下，消费者能够做出符合社会最优的理性决策。然而，这仅仅是一个幻想。行为经济学研究表明，由于认知偏差和能力限制，消费者所具有的只不过是有限理性。在这个“理性人”基本假设需要进行现实修正的基础

---

① Spencer Weber Waller, “In Search of Economic Justice: Considering Competition and Consumer Protection Law”, *Loyola University Chicago Law Journal*, Vol. 36, 2005.

下,根据主流经济学思想所推演的消费者权益法律保护的传统模式,其政策有效性就要大打折扣了。

首先,有限理性的消费者并不一定能从竞争中受益。这是因为竞争虽然能给消费者带来一些好处,但在许多情况下竞争会使问题变得更为恶化。市场对竞争的开放并不能自动地导致更多的消费者受益,由于消费者认知和处理信息的能力有限,当他们面临较高的信息搜寻成本和转换成本时,特别是由于诸如金钱、时间、心理因素所导致的消费的转换成本过高时,往往会陷入一种锁定状态,忍受高价的商品或服务而不改变供应商。

其次,信息是越多越好吗?我们知道光亮可使人们看清事物,但在强光的照耀下人们不仅无法看清,甚至有可能致盲。信息同样是这样,由于有限理性的个体的认知能力和信息处理能力有限,在特定的时期个体只能处理一定数量的信息。当人们面对大量的信息时,有可能会造成信息超载而做出错误决策。心理学实证研究表明,当决策者被给予更多的信息时,最初他的决策质量会提升,但一旦信息量超过一定水平时,他的决策质量反而下降。当存在大量信息可供利用时,随着人们搜寻和处理信息的成本增加,他们真正使用的却是更少的信息。更为糟糕的是干扰信号越多,越难发现有价值的信息,由于许多不重要信息的干扰,人们对重要相关信息的关注度反而会降低。①

二、消费者决策的行为经济学解析

行为经济学是心理学研究与经济学理论相碰撞的智慧结晶,它是在对主流经济学的理性经济人假定修正和放松的基础上发展起来的。行为经济学理论对于我们理解消费者的消费决策行为有着怎样的解释力?下面我们将逐一进行简要分析。

(一) 损失厌恶

损失厌恶,指的是人们相对于等额收益而言对于损失则表现得更为敏感,人们对损失一笔财富带来的痛苦要比获得一笔财富带来的快乐要大得多。对于消费者而言,最明显的验证就是打折购物的例子。当消费者购买商品时,价格就相当于自己要付出的一种损失,如果商品价格打折,消费者就会感觉到自己的损失在减少而不是收益的增加,打折就显得具有吸引力,商家就会利用消费者的这种心理进行操纵。有学者做过这样一个心理学实验,对于实质价格相同的两套保

---

① Troy Paredes, "Blinded by the Light: Information Overload and its Consequences for Securities Regulation", *Washington University Law Quarterly*, October 16, 2003.

险消费套餐,更多的被询问者愿意选择条件更为不利但有折扣优惠的套餐项目。[①] 这个例子表明了消费者决策行为的一个心理基础,就是对损失的强烈厌恶。

(二)沉没成本效应

在经济学中沉没成本是指过去已经付出且不能收回的成本,主流经济学将其称之为决策无关成本。那么,沉没成本是否真的与个体决策无关呢?行为经济学的实证研究表明,沉没成本不仅影响决策者的行为,而且过去所投入的时间、金钱、精力等沉没成本越大,决策者就越倾向于继续之前的决策。行为经济学对沉没成本效应的解释为,个体存在着维持自我肯定的心理机制,人们过去所选择的行动被视为感知自我的一种保存形式,若改变行动则意味着的过去的决策是一项错误,人们不希望被自我否定也不希望过去的投入被浪费掉。[②] 对于消费者而言,沉没成本效应则容易造成消费的次优决策和低效、不公平的交易,商家有可能会采取“诱敌深入,步步套牢”的策略来欺诈消费者。例如,商家会将一些对消费者不利的交易条款会放在交易的最后阶段提出,此时消费者已花费了大量时间、精力来了解交易对象和进入交易过程,由于沉没成本效应,消费者有可能会忍受不公平或不利的交易条款而继续交易。

(三)信息感知的有偏性

行为经济学的基础认知心理学认为,感觉刺激较少的信息很难被记忆,而那些能引起人们很强感觉刺激的信息则容易被人记忆。人们对于未来事件的概率判断,取决于这些事件能多容易地被想象或从记忆中搜索到。认知心理学研究发现,与那些不熟悉的信息相比,熟悉的信息更容易唤起回忆,更容易被相信是真实且相关的。因此,无论信息的准确性如何,媒体仅仅重复特定信息使其容易被获得,也会使人们错误地相信这些信息是正确的,人们对未来事件的概率判断就会形成错误和扭曲。[③] 对于消费者而言,消费者所接触的商品信息最多的就是各种类型的广告,正所谓“谎言重复千遍也会成为真理”,我们可以看到大量

---

① Jeff Sovern, “Towards a New Model of Consumer Protection: The Problem of Inflated Transaction Costs”, St. John's Legal Studies Research Paper No. 05-002, *William & Mary Law Review*, Vol. 47, March 2006.

② Shmuel I. Becher, “Behavioral Economics and Consumer Standard Form Contracts: Imperative Lessons From Behavioral Science”, Yale Law School Student Scholarship Series, 2005, http://lsr. nellco. org/yale/student/papers/8.

③ Russell B. Korobkin and Thomas S. Ulen, “Law and Behavioral Science: Removing the Rationality Assumption from Law and Economics”, U Illinois Law & Economics Research Paper No. 00-01, *California Law Review*, Vol. 88, 2000.

的直销商品和保健产品频频采取广告轰炸的形式进行广告热播，甚而采取“专家论证、科学发现、数据证明”等形式进行新闻式播报，增强广告信息对消费者记忆的震撼力、冲击力和真实感。而对于一些希望消费者模糊或混淆的信息，商家会反其道而行之。例如，商家总是将一些令人不快的条款以非常细小的字体印刷，让其淹没于印刷精美的广告和大幅宣传口号之中，因为这样可以减低消费者阅读这些条款或拒绝交易的可能。

（四）情感因素

与主流经济学中的理性人形象不同的是，行为经济学将情感因素纳入个体的行为决策分析中。行为经济学研究发现，压力和紧张情绪会明显影响到个体的有效决策，一个比较典型的例子就是“上门推销”。当消费者在其私人居所被恳求购买某种商品或服务时，由于时间压力、情感操纵、无能力比较其他备选商品以及一心想摆脱推销者，消费者所做出的消费决策往往并不是理性和有效的。此外，消费者决策时所表现出的从众行为和炫耀消费也是较为普遍的一种现象。从众行为是指个体的观念和行为，由于群体的引导和压力而向多数人一致的方向变化的趋势，其心理倾向一方面是希望被别人接受、支持、不受排斥，另一方面是出于推诿责任、避免后悔。从众心理在消费时往往表现出紧跟风潮。炫耀性消费是为了让自己的虚荣心能得以满足，追求一种荣誉、自豪所带来的兴奋。这在奢侈品消费上表现得尤为突出，商品价格越贵越能让购买者追求高人一等的心理获得满足，于是，一个愿打，一个愿挨，商家也就借此推出各种天价商品、限量珍藏等来谋取暴利。

除此之外，行为经济学中还有众多的论点、见解，可以为我们思考和理解消费者决策行为的各种特征提供一些崭新的分析思路。比如，消费者对信息感知可能产生“认知失调”和“错误确信”，消费者实际行为中的“自我控制”和“过度自信”、“锚定心理”等等。由于本文篇幅所限，对此并不一一赘述，本文仅是提供一个新的分析思路以图获得一些有益的启示而已。

三、行为法经济学与我国消费者权益保护法创新

如同放松理性人假定的行为经济学并不试图要瓦解主流经济学的大厦，只是为其填充更为坚实的基础一样，透过行为法经济学分析视角进行制度创新，才能更好地实现消费者权益保护法的核心任务——监督和防止各种对消费者决策行为造成扭曲的商业活动和实践，实现法律的分配正义和经济的良性运转。

(一)从立法思想来看,消费者权益保护法应更多地定性为经济法性质的市场规制法而非商法性质的民事特别法

传统理论认为消费者权益保护法属于一种商法性质的民事特别法,是因为其调整的是平等主体的生产经营者和消费者之间的财产关系。然而,透过行为经济学的分析视角,我们看到消费者与经营者尽管其法律地位平等,但在事实上是不可能平等的。为矫正这种不平等,消费者权益保护法应定性为属于经济法的市场规制法,由政府依法对市场交易中扭曲消费者决策的各种行为进行管制,为消费者创造一个公平、平等的市场交易环境。不同的法律定位差异在于:首先,从对消费者权益保护的立场和态度来说,民事特别法是一种消极保护和事后保护;而市场规制法则是一种积极保护和事前保护。其次,从政府的干预程度和强度来看,民事特别法中法律更多地扮演一种价值中立的角色,采取的是"约定优先"和"自负其责"的态度;而市场规制法则更强调政府的主动干预,对于经营者各种商业行为的管制强制性色彩更为浓厚。最后,从对消费者权益保护的定位来看,民事特别法是将其放在一种对民事普通法依附和从属的地位;而市场规制法则将对消费者权益的保护放在政府对市场活动进行规制的核心地位,而其他诸如竞争法、反垄断法、商标法等经济法规,其最终目的和归宿都是对消费者利益进行保护,以增进消费者的福利和社会的公益。

(二)从执法机关来看,需要一个更加独立、权威的市场监管机构来改变多头管理的局面

美国联邦贸易委员会前主席 Timothy J. Muris 在评论联邦贸易委员会的职责时指出,消费者保护体制就像一个三条腿的凳子:一条是基于自由企业的市场竞争;一条是产权、契约及关注和保护特殊群体的法律框架;然而两条腿的凳子是坐不稳的,保护消费者权益的权威的公共机构就是支撑凳子的第三条腿,只有它才能给前两者以有力的支援。[①] 而反观我国的消费者权益保护机关,虽为工商、质检、物价、药品监督、食品卫生等多部门共同管理,但实则政出多门、重复交叉执法,缺乏统一的协调和有力的权威;另一方面,对于强势的行业垄断、行政垄断损害消费者利益的行为,这些部门又由于行政级别和执法权限所限,无法行使有效的监督和制约。因此,改革消费者权益保护的行政执法监督体制,确立一个更高级别、更加独立、更多权威、更为统一的市场监管机构,才是消费者权益得到真正有效维护的根基所在。

---

① Timothy J. Muris, "The Federal Trade Commission and the Future Development of U. S. Consumer Protection Policy", George Mason Law & Economics Research Paper No. 04-19, May 20, 2004.

（三）从守法义务来看，消费者权益保护法不仅要强调经营者的义务也要规定消费者的义务

透过行为经济学的分析，我们知道，由于消费者的认知局限和行为弱点，会使其做出的短期消费决策不符合其长期偏好以及社会的长远和共同利益。例如，消费者的有限理性，常常会使其产生过度消费、奢侈消费、攀比消费、浪费型消费以及沉溺型消费和短视型消费，这不仅损害了消费者自身的长远利益，给商家提供了敛财牟利的机会；还对资源的利用、环境的保护、社会的风尚造成了负面的影响。当我们感慨或疑问为什么法国要对穿戴假名牌的消费者进行处罚，美国会对那些购买暴力游戏的未成年人进行罚款，而实际上这背后表现的是一种家长主义的干预，是为了消费者的长远利益而对其短期消费决策行为进行矫正。这种义务和责任的履行并不主要是通过惩罚规诫而是通过教育、引导来实现的，通过倡导科学的消费观念，使消费者的消费行为与社会的风尚、环境的保护以及资源的可持续发展相协调，使消费者的消费决策更趋理性。

（四）从违法界定来看，要严格规制具有隐蔽性的利用消费者的行为弱点的不正当交易行为

在我们这个不断发展的商业社会中，各种商业竞争手段也是不断变化而层出不穷，我们的消费者权益保护法不仅要对那些显而易见的欺诈性交易予以禁止，更要对那些日益增多的具有伪装性和操纵性，通过利用消费者的认知偏差和行为弱点而损害消费者利益的商业行为进行规制。例如，禁止各种欺骗性的促销行为和定价策略，如以打折、促销优惠为幌子对产品价格明降暗升做夸大性宣传；对那些产品表面低价实则隐含各种隐性收费的商业行为进行规制，要求商家所给出的底线价格必须是涵盖所有的收费与费用支出；商家要准确提供商品所包含的风险信息和消费者所要承担的成本，对影响消费决策的关键信息必须以简明、清晰、易懂的方式向消费者告知，并对所估计的风险要排除乐观的偏差；禁止各种欺骗性、误导性广告宣传，以一般性消费者的认知和辨别能力来严格判断广告是否具有虚假宣传成分。

特殊行业与领域的垄断问题*

——兼论反垄断法草案相关条款的设置

◇ 郭宗杰**

内容提要　特殊行业和领域的垄断，主要是指重要的能源、资源、交通运输、金融、国防等领域，基于国家政策或者法律法规而形成的垄断。传统理论一直主张此类垄断为反垄断法适用除外的范围。但是考虑到国外行业监管的发展趋势，以及我国诸多此类垄断在经济生活中的强势主导地位对市场配置资源效用和消费者福利的损害，应当在反垄断立法中区别对待，并设置一套有关此类垄断的长效化解机制，保证相应行业和领域的适度竞争和持续发展。

关键词　特殊行业　行业监管　反垄断法　立法

一、特殊行业和领域垄断问题的提出

特殊行业和领域的垄断，主要是指基于行业特点形成的自然垄断，如电力、电信、管道煤气、自来水等；由于行业或产业的重要性而依据法律、法规或政策形成的垄断，如能源、资源领域的中石油、中石化、中海油等形成的垄断；重要装备制造领域如中国航空航天工业集团在航空航天装备制造方面形成的垄断；金融领域如中国银联、四大国有商业银行的垄断和保险、证券等领域存在的垄断，以及交通运输、邮政、国防等领域存在的垄断。另外，根据这些垄断形成的原因和存在的形式不同，也可以将其分为自然垄断、国家特许的垄断、国家垄断和国有企业垄断等。①

特殊行业和领域的垄断背后往往有一定的国家行政权力支撑，因此广义上

---

* 本文在年会同名论文基础上稍有修改，已经发表于《法治研究》2007 年第 5 期。

** 郭宗杰，法学博士，暨南大学法学院副教授。

① 漆多俊：《中国反垄断立法问题研究》，载《法学评论》1997 年第 4 期。

被称为行政性垄断，尤其是经济学界人士，一直持此类观点。[①] 一般公众和各类媒体所称的行政性垄断，也主要是指此类垄断。但是，经济法学界一般所称的行政性垄断则并不包括此类垄断，而是专指行政机关没有法律法规依据利用行政权力限制市场竞争形成的垄断。因此，现在有关行政性垄断的问题实际上存在两套话语系统，即一般公众、社会传媒、经济学者所谓的包括了一切因为行政权力行使而形成的广义的行政性垄断；以及经济法学界所谓的行政主体没有法律、行政法规依据，而利用行政权力限制正常市场竞争形成的狭义上的行政性垄断。

特殊行业和领域的垄断由于有法律法规或者国家政策作为依据，属于合法垄断，一般认为并不属于反垄断法关注的重点。反垄断法所要规制的行政性垄断主要指非法垄断。因此，目前我国反垄断法草案规定的行政性垄断也主要是狭义的行政性垄断。但由于人们观念上对行政性垄断的广义理解，以及长期以来社会对因特殊行业和领域形成的垄断造成的种种社会不公和效率减损积累下来的普遍不满情绪，使得社会公众普遍期待反垄断法能够规制所谓广义的行政性垄断，并理所当然地认为，反垄断法规定的狭义上的行政性垄断就是他们理解的广义上的行政性垄断。因此，当反垄断法草案存在规制行政性垄断的内容时，公众对之充满期待，以为可以以之化解长期以来面临的电力、电信、铁路、邮政、金融等行业的垄断问题。实际上，公众关心的行政性垄断与反垄断法草案实际规定的行政性垄断根本不是一个层次的问题，反垄断法规制的是行政机关滥权的行政限制竞争违法行为，而公众关心的行政性垄断属于特殊行业和领域中国家法律法规政策许可的合法垄断，是并非通过反垄断法可以直接消除的垄断。

由于特殊行业和领域的垄断并非行政性垄断，因此反垄断法无论是否规定有关行政性垄断的内容，对此类垄断都没有直接意义。而此类垄断虽然在一定时期、一定领域具有实施垄断经营的经济或者政治上的合理性，但并不能因此认为此类垄断应当永续存在，而不出现任何变动。从市场经济的本质来看，市场是最有效率的配置资源的手段，而垄断无疑抹杀了市场机制的功能，任何形式的垄断都会有一定程度或者层次的效益减损，因此，如何有效的对此类垄断进行监管、调整，促使垄断经营者最大限度的考虑社会效益和公众福利，并采取措施适时适地地化解可以化解的垄断现象，也应当是作为规制垄断行为基本法律的反垄断法所必须考虑的问题。

---

① 参见过勇、胡鞍钢：《行政垄断、寻租与腐败》，载《经济社会体制比较》2003 年第 2 期。

二、反垄断法对特殊行业和领域垄断的规制

(一)我国反垄断法草案的有关内容

我国反垄断法的起草者一开始并没有认识到特殊行业和领域的垄断问题在反垄断法中的重要性和特殊性,而是根据传统反垄断立法的一般理论,认为反垄断立法主要应当关注经济性垄断和行政性垄断,电力、电信、金融、邮政等特殊行业和领域的垄断因为属于自然垄断领域或者有专门的法律、行政法规进行规制,因此应当将其列入适用除外的范畴。但在各种力量的影响下,2006年的反垄断法草案则正式将此问题作为一种特殊制度安排①,在草案中有所提及。该草案第2条第2款规定:“对本法规定的垄断行为,有关法律、行政法规另有规定的,依照其规定。”草案第44条在有关反垄断机构和行业主管部门之间在处理特殊行业和领域的垄断问题权限划分及相互关系方面规定:“对本法规定的垄断行为,有关法律、行政法规规定应当由有关部门或者监管机构调查处理的,依照其规定。有关部门或者监管机构应当将调查处理结果通报国务院反垄断委员会。”“有关部门或者监管机构对本法规定的垄断行为未调查处理的,反垄断执法机构可以调查处理。反垄断执法机构调查处理应当征求有关部门或者监管机构的意见。”这两条规定来源于2005年9月国务院法制办反垄断法草案第2条和第46条的相关内容,明显是针对特殊行业和领域的垄断问题进行的规定。不过新草案删除了原草案第2条第3款但书内容,即“但是,经营者的行为超出有关行业和领域的法律、行政法规的特殊规定,排除、限制市场竞争的,适用本法”,这明显是一个退步。

从新草案第2条的规定来看,主要处理的是电力、电信、邮政、能源、金融等特殊行业和领域的行业法规与反垄断法的关系问题,并在此问题上确立了“行业法规优先”的原则,也即行业法规允许的特殊行业和领域垄断地位的取得和维持及垄断力的正常运用,反垄断法并不进行干预。第44条的规定则主要处理的是行业监管机构与反垄断执法机构的关系问题,并确立了在特殊行业和领域的反垄断执法方面“行业监管机构为主、反垄断机构为辅”的立法原则,赋予了行业监管部门在行业内代为执行反垄断法的职能。

反垄断法草案上述规定,足以说明法律起草者已经意识到了特殊行业和领域垄断问题的重要性,并试图在行业监管和反垄断执法之间作以协调。但令人遗憾的是,这些规定过于粗糙,现行规定并不足以改变抑或化解我国目前行业垄

① 即2006年全国人大常委会一读讨论的草案。

断现象严重、相关领域经济效率低下、消费者福利严重损失的现实。因此有必要借鉴国外有关立法和司法实践,并考虑我国此类问题的特殊严重性和规制困境,设计一套严谨、可用、有效的规制规则。

(二)国外对特殊行业和领域垄断的法律规制

特殊行业和领域的垄断由于其行业或者产业特征,在一定时期实行国家垄断经营或者授权私经济主体垄断经营,有其经济上、政治上的合理性。但是由于垄断和不充分竞争以及低效率紧密相联,因此,如何尽可能的通过一定的制度安排降低其负面影响,提升产业的生存能力和市场主体的经营激励,一直是各国探索的重要课题。根据国外长期的历史实践,特殊行业和领域的垄断激励或者管制措施主要有两种途径:即设置并加强行业监管;通过反垄断法规制经营者的限制竞争行为等。

在行业监管方面,以美国 1887 年设置的第一个监管机构州际商业委员会(ICC)以及其后相继设立的联邦电力委员会(FPC)、联邦通讯委员会(FCC)、民用航空委员会(CAB)等为代表,对铁路、电力、电信、航空等特殊行业和领域的垄断进行了有效的规制。但随着科技的进步和规制与反垄断理论的发展,各种专业规制存在着一种普遍的放松管制、引入竞争、加强外部反垄断监督的趋势。以美国航空行业监管为例,1978 年美国国会通过了放松航空管制法后,CAB 的管制权力被一步步剥夺,最后 CAB 自身也从美国管制机构中被取消。[①] 在管制放松后,美国航空业经历了残酷竞争,共有 200 家航空公司破产。但同时由于取消管制,在 20 世纪 80 年代美国的航空业却为消费者节约了 1000 亿美元的票价,每年还给社会带来 200 亿美元的净收益。[②] 放松管制的趋势,并不意味着这些行业和领域的市场行为完全不受约束,管制放松的同时,也意味着反垄断法的实施范围完全延伸到这些领域。实际上,正是由于反垄断政策的实施,在一步步地推动着行业管制向着松散化、市场化的方向发展。而简单的依靠行业监管,往往不能保证特殊行业和领域垄断规制的合理性,因为垄断行业与行业监管者之间可能存在经济上、政治上的各种联系,经济学上的"俘获理论"甚至认为,行业规制本身可能就是垄断者主动寻求的产物,即行业监管本身是行业垄断者为了确保自己的垄断地位和垄断利益,主动地通过游说等种种途径,寻求立法、行政甚至司法上的干预,从而建立行业监管制度和相应模式,并以此为自己的垄

---

① 〔美〕小贾尔斯·伯吉斯:《管制与反垄断经济学》,冯金华译,上海财经大学出版社 2003 年版,第 45—49 页。

② 新华网:《民航亏损职工福利仍居高不下享受免费机票》,at http://bookmark.goodoon.com/stA_detail/1102994.htm。

断利益服务。[①] 仅以公用事业领域的垄断为例，由于种种原因的存在，这些行业和领域的垄断本身披着一层神秘的光环，行业法律对它们的调整，即使将其委托私人经营，"更多的也是庇护、父爱有加而不是规限和监管"。[②] 因此，反垄断法作为综合性的竞争维护和消费者福利促进的基本法律，必须对此类垄断予以适当规制。

反垄断法对特殊行业和领域的垄断规制起始并不明显，但晚近世界反垄断法的发展趋势越来越表现出反垄断法日渐介入到特殊行业和领域垄断规制的事实。如德国1998年修订的《反对限制竞争法》，取消了过去对电力和天然气适用除外的特殊规定，废除了关于能源供给企业滥用监督的特殊规则。此外，根据第1条禁止卡特尔的规定，过去在这些部门允许订立的特许协议和市场分割协议，现在也不再享受豁免待遇。而且为与欧共体法相协调，这次修订还取消了对交通业的特殊规定。[③] 在历史上，日本的反垄断法也并不适用于公用事业等特殊行业和领域的垄断现象。但是，在放松政府管制的大背景下，1998年日本对《关于禁止私人垄断及确保公正交易的法律》的33个适用除外规定进行了修改、废止；2000年更是明确废除了关于铁路、电力、煤气等传统自然垄断行业豁免适用该法的条款，并且加强了相应垄断违法行为的赔偿责任。[④] 台湾地区"公平交易法"在最初制定时，也规定了对公用事业等特殊行业和领域的除外适用，即"事业依照其他法律规定之行为，不适用本法之规定"[⑤]；但在1999年修订时，则将其修改为"事业关于竞争之行为，另有其他法律规定者，于不抵触本法立法意旨之范围内，优先适用于其他法律"[⑥]，从而确立了竞争法优先的原则，即其他法律规定的适用，必须符合公平交易法的意旨，那么如果其他有关法律规定有不符合公平交易法意旨的情形，当然也就排除其适用。

（三）我国反垄断法草案相关内容的缺陷及其改进建议

从以上分析不难看出，国外对特殊行业和领域的垄断规制基本经历了从适用除外到一体适用的过程，这不仅有利于维护反垄断法的权威和统一适用，更是反垄断法作为"经济宪法"的内在法律位阶的外化体现。但纵观我国现行反垄

---

① George J. Stigler, "Theory of Regulation", *Bell Journal of Economics and Management Science* 2 (Spring 1971), pp. 3—21.

② 史际春：《公用事业引入竞争机制与反垄断法》，载王晓晔、〔日〕伊从宽主编：《竞争法与经济发展》，社会科学文献出版社2003年版。

③ 王晓晔：《德国反对限制竞争法的第六次修订》，载《竞争法研究》，中国法制出版社1999年版。

④ 参见尚明主编：《反垄断法——主要国家与国际组织反垄断法律与实践》，中国商务出版社2005年版，第190页。

⑤ 赖源河：《公平交易法新论》，中国政法大学出版社、元照出版公司2002年版，第109页。

⑥ 参见刘绍樑：《从台湾经验看健全竞争法制》，载王晓晔、〔日〕伊从宽主编：《竞争法与经济发展》，社会科学文献出版社2003年版，第192—195页，以及前引赖源河书第109页以下、第501页以下。

断法草案有关条文,却没有完全承接当代反垄断法在特殊行业和领域规制方面的发展趋势,而是拟定了行业监管优先的过时规定。实际上国外反垄断法对特殊行业和领域的规制,从一般除外到一体适用的发展,正是在认识到行业监管相较反垄断专门机构监管存在诸多不利而形成的,如行业监管者往往更多地考虑各自行业市场竞争的特殊性,而较少考虑市场竞争的普遍性;行业监管者往往站在被监管者利益的角度考虑问题,而将公共利益放在相对次要的地位;行业监管者在执法程序规则、反垄断执法人员的专业性等方面,与专门的反垄断执法机构相比,显然也存在较大差距等。因此,如果说行业监管者在专门的行业法规执法方面享有优先权还可以理解的话,让其在行业竞争方面代为执行反垄断法便有点勉为其难,并且也不符合公共利益的要求和公众期待。

"反垄断法是维护市场竞争秩序的基本法律制度,而且也是我国《电信法》、《电力法》或者《邮政法》中涉及反垄断法律规定的基础,对这些法律的制定有着指导性的意义"。[①] 因此,不能将反垄断法置于相较行业法规还显次要的地位。如果说在当前我国经济和科技发展水平的现实情况下,在能源、通讯、邮政、交通、金融、国防等特殊行业和领域,相关企业根据国家法律、行政法规取得的垄断地位还有经济或者政治上的正当性的话,随着政治、经济、科技的进一步发展,这种正当性也会渐趋式微甚至终致消失,而相应的垄断也应当随之化解或者取消。但不能把此类垄断的化解或者取消当成一种自然而至的过程,而应当赋予其自然化解的一种外在推力,但却不能把这种外在推动寄望于行业监管者,而应当把它赋予作为市场竞争维护的中坚力量的反垄断当局。因此,反垄断执法机构应当从反垄断法的条文中获得一种授权,即要其根据国家经济、科技发展和国际竞争法的发展趋势,每年向国务院提交有关特殊行业和领域竞争状况和改进意见的年度竞争咨询报告,以此促进竞争的全面市场化,并通过修改相关法律、行政法规等适时化解不合时宜的垄断问题。同时,在特殊行业和领域的反垄断法执行方面,应当修改现行条文,赋予反垄断执法机构在执行反垄断法方面的绝对和统一的权力,而不应将特殊行业和领域的反垄断任务交由行业监管机构行使。

通过以上制度设计,特别是在特殊行业和领域反垄断任务的职权改由反垄断法主管机构统一执行等,对于不断打破特殊行业和领域的垄断,加快国民经济运行市场化进程,促进竞争秩序维护,提高经济效率和增进消费者福利具有积极意义。同时也更有利于确立反垄断法及其执行机构在市场竞争秩序维护方面的最高权威,确保反垄断法的完整、统一、有效实施。

---

① 王晓晔:《公用企业滥用优势行为的法律管制》,载吴志攀主编:《经济法学家》(2004),北京大学出版社 2005 年版。

完善我国金融监管协调机制的法律思考

◇ 强　力*

内容提要　随着金融市场的发展，分业监管逐渐暴露出其弊端，混业经营的趋势以及金融创新发展需要国家在金融监管方面建立其协调机制。本文从分析我国现行的监管协调机制的现状与缺陷入手，借鉴国外的立法经验，提出了我国金融监管协调机制的完善建议。

关键词　金融监管　分业监管　协调机制

一、我国金融监管协调机制的现状与问题

自1948年12月1日中国人民银行成立以来，我国的金融监管经历了起步、探索、立法改革、深化等几个阶段，目前形成了以中国人民银行为主，包括银监会、证监会、保监会、财政部、国家审计、税务机关、社会审计组织以及金融机构内部稽核等多个部门互相配合的全方位多层次的监管体制。我国这种体制实际上是以行业为界限的分业监管体制，其基本结构是：中国人民银行主要负责制定和执行货币政策，从宏观上维护金融稳定，在法定范围和条件下对金融机构及其他单位、个人也有权进行检查监督；金融机构在银行、保险、证券领域中的活动分别由银监会、保监会和证监会进行监管。分业监管体制对防范和化解金融风险起到了一定的作用，但在新的社会经济条件下，即金融创新不断发展和混业经营渐成趋势的情况下，各金融监管机构之间的信息沟通共享、协调行动，甚至统一监管就成为一个迫切的问题。

所谓金融监管协调机制，是指各金融监管主体之间，为实现监管目标、提高监管效率而形成的相互作用过程和方式。根据我国《中国人民银行法》、《银行

* 强力，西北政法大学经济法学院院长、金融法研究中心主任、教授。

业监督管理法》、《证券法》、《保险法》等法律的规定，我国各金融监管机构在具体执行分业监管过程中的协调与配合主要表现在：其一，中央银行的货币政策、金融稳定职能与各监管机构监管职能的协调与配合；其二，中央银行的部分监管职能，如外汇管理、支付结算管理、反洗钱等，与各监管机构间监管职能的协调与合作；其三，各监管机构之间针对业务交叉领域的沟通与协调。此外金融监管协调机制不仅仅指国内金融监管机构之间的协同，还包括国内与国外金融监管机构之间的协同。

我国现行的金融监管协调机制仍然存在不少问题：(1) 监管法规不配套。主要表现有：现有法律法规偏重于以业务性质区分监管主体和被监管机构，较少考虑行业之间的联系和协调；不同部门制定的监管法规，导致同一业务在立法上的差异与冲突；法规层次上的金融监管协调机制缺失，使建立金融稳定协调机制的难以操作。(2) 监管目标和导向不尽统一。由于现行法律对金融监管协调机制缺乏具体的规定，导致各监管主体因职责和利益的不同对金融风险标准判断产生差异。中国人民银行关注的是系统性金融风险及其影响；监管部门更多关注的是被监管机构的实际风险；地方政府更多关注的是机构风险对当地社会稳定带来的影响。职责和利益的不同，往往造成协调成本高、协调效率低的问题发生，以致在对出现流动性风险和退出市场金融机构的救助问题上，往往出现不同的认识和做法。① (3) 监管协调合作契合程度不高。监管主体之间缺乏有效协调，政策措施相互重叠或相互抵触的现象时有发生，重复检查、重复监管也比较常见。(4) 信息共享机制尚未建立。监管职能分离后人民银行获取银行机构信息的完整性和可用性受到影响，同时，因为各监管机构对各项金融业务活动的信息采集具有一定的偏颇性，增加了依据信息进行风险识别和判断的监管主体的工作难度。(5) 联席会议制度的功效不够完善。金融监管联席会议既不能制定政策，也不能做出决策，更无法执行。

此外，我国现行金融监管协调机制中，还存在着金融机构自我监管机制不完善、行业自律组织发展不成熟、缺乏有效的外部监督，以及集团化金融机构的监管主体缺失等问题。

二、建立健全我国金融监管协调机制的必要性

（一）分业监管的缺陷

我国目前的金融分业模式，导致各监管机构之间监管冲突和监管疏漏在所

① 薛建峰：《当前金融稳定协调机制中存在的问题与对策》，载《西安金融》2006 年第 1 期。

难免。监管冲突,是指多个监管机构对同一金融机构的不同业务或同一业务都拥有监管管辖权,导致重复监管和监管效率的降低,也影响了监管的公信力和被监管者的经营效率。同时,提供类似产品的金融机构由不同的主体来监管,在监管方式和目标方面却出现差异。如银行监管是为了保护存款者的利益,而证券监管是为了保护投资人的利益。假若商业银行是上市公司,则证监会监管银行,其目的是为了保护银行股东的利益;而银监会对商业银行的监管,是为了保护存款人的利益。在这种情况下,两监管主体就存在着监管冲突。[①] 监管疏漏往往出现于监管机构的管辖权没有明确界定的时候,或者出现在不利于监管的重大事件发生的时候。如银行信贷资金流入股市问题,仅靠银监会一家监管,没有证监会的配合,监管存在缝隙和漏洞的可能性极大;又如对于某些外生性风险和突发事件引发风险的监管处于边缘地带,容易出现监管真空。监管冲突导致监管的久拖不决,监管疏漏导致监管机构的相互推诿,影响了监管效率和监管效果。

(二)混业经营已成趋势

上世纪 90 年代后期,英国、日本、美国等西方发达国家由分业经营转向混业经营,标志着混业经营已经成为国际金融业发展的主流。近年来我国金融业的发展也已呈现出混业经营的趋势。首先,在金融产品层次上出现了混业经营的现象,市场中已经出现了一些混合产品,如商业银行的投资基金托管、代理证券业务和代理保险业务,证券公司的委托理财业务等。其次,有的新金融业务处于不同金融机构业务边缘,成为交叉性业务,如投资连结保险就是一种集投资功能及保险保障于一体的新型保险产品。再次,从金融机构层次上来说,现实中出现了金融控股公司或具有金融控股公司特征的金融机构或非金融企业,如中信集团、光大集团、中国国际金融公司、青岛海尔集团、首创集团等构建的同时经营银行、证券和保险业务的金融控股公司;花旗集团、荷兰国际集团等境外多元化金融集团在境内参股的金融机构等。最后,在法律法规层面上,1999 年出台的《证券公司进入银行间同业市场管理规定》和《基金管理公司进入银行间同业市场管理规定》,2004 年修订的《证券公司股票质押贷款管理办法》,2001 年的《商业银行中间业务暂行规定》和 2005 年的《商业银行设立基金管理公司试点管理办法》等,都为金融业的混业经营提供了法律依据。因此,可以说我国实际上已经出现了混业经营的趋势。这给我国现行的分业监管模式带来了挑战。

---

① 马欣、陈靖、褚红素:《我国金融监管机构间协调合作机制研究》,载《期货日报》2006 年 2 月 23 日。

（三）金融业务的创新发展

金融创新，是指金融业务创新、金融市场创新和政府对金融业监管方式创新的总合。① 金融创新与金融管制是互相依存、互相影响和互相斗争的关系。② 美国经济学家凯恩（E. J. Kane）于1984年提出规避型金融创新理论，即规避管制论，认为金融创新与金融监管是动态的博弈过程。金融创新虽具有避险功能，但不能消除风险而只能转移风险，有些时候还会使金融机构面临更加复杂的风险和不稳定因素，因此金融创新更加需要金融监管；另一方面，金融创新改变了金融监管运作的基础条件，客观上要求金融监管机构做出适当调整，促进了金融监管的进步。目前，我国金融创新日益活跃：银、证、保业务综合性经营的趋势不断呈现，如股票质押贷款业务，保险公司的银行间债券市场业务，商业银行代理保险业务，金融资产管理公司的债转股业务，商业银行的基金托管业务等；金融创新产品不断出现，如投资连结保险等金融衍生工具，这些创新业务和产品常常具有横跨多个行业的特性，涉及不同的监管机构的职能范围。在我国目前的分业监管框架下，一项新业务的推出需要经过多个部门的审批才能完成，如开展股票质押贷款业务，需要在银行监管部门和证券监管部门之间协调，这在一定程度上抑制了金融创新的发展。可以说，金融创新使我国现行分业监管体制重叠与黑洞的缺陷更加明显了。随着金融创新的深化，如果没有良好的监管协调机制，那么对跨行业的金融创新产品将难以实施有效监管。若不得不通过行政手段来限制金融创新的发展，将遏制金融机构的积极性，不利于金融业的深化与发展。

（四）金融市场的深化发展

在我国金融市场进一步开放的形势下，外资金融机构将大量进入，实行混业经营，且将重点经营那些我国较少开展的新型金融业务，如金融租赁、投资组合、保险中介及金融衍生产品。国内金融机构出于市场压力，也将加快金融创新，推出各种金融衍生产品。由于金融衍生产品具有杠杆性、投机性、高风险性、虚拟性、交叉性和复杂性等特点，这就决定了市场上的信用风险、市场风险、流动性风险、操作风险和法律风险将大量增加。③ 各监管机构统一协调的工作机制的缺乏，使金融职能的合力作用很难发挥出来。金融监管机构只有建立协调监管机制，才能保持监管水平与金融业同步发展。

---

① 王爱俭：《金融创新与风险管理》，中国金融出版社1996年版。

② 刘德平、伍松彪：《金融创新与金融管制的关系浅析》，载《经济师》2003年第9期。

③ 马欣、陈靖、褚红素：《我国金融监管机构间协调合作机制研究》，载《期货日报》2006年2月23日。

三、完善我国金融监管协调机制的法律对策

我国《国民经济和社会发展第十一个五年规划纲要》对建立金融监管协调提出了明确的要求："提高金融监管水平，加强风险监管和资本充足率约束，建立健全银行、证券、保险监管机构间以及同宏观调控部门的协调机制。"针对我国金融监管协调机制的现状和存在的问题，笔者以为，应采取以下措施，以求建立一个以维护金融体系的稳定、竞争和效率为目标的金融监管协调机制。

（一）比较、借鉴国外经验

由于历史、文化及环境各不相同，各国所采用的监管模式也不同，监管协调机制的设计也各有侧重点，主要分为综合监管下的协调模式和功能监管下的协调模式。德国是金融混业经营和综合监管的代表。《德意志联邦银行法》明确指出，银行监管的组织体系是金融监管局和德意志联邦银行之间的协作体系，从而奠定了二者对银行的共同监管。英国自1986年"金融大爆炸"后开始向逐步法律化的综合监管过渡。美国1999年的《金融服务现代化法》则创设了独特的"功能监管"模式。所谓的功能监管，是指对于拥有银行、证券和保险子公司的金融控股公司，由银行监管机构（联邦货币监理署（OCC）、联邦存款保险公司（FDIC））、证券监管机构（证券交易委员会（SEC））和州保险监管机构（美国没有联邦层面的保险监管机构）分别对其相应的业务功能进行监管，包括制定各自的监管规章、进行现场和非现场检查、行使各自的裁决权等；同时，由行使中央银行职能的联邦储备理事会（FED）对金融控股公司进行总体监管，或所谓"伞形监管"（umbrella regulation）。我国应认真学习并积极借鉴这些国家的先进经验，完善我国的金融监管协调机制。

（二）修订、完善法律法规

金融监管协调机制应建立在法制基础上，因此，应加强金融监管及其监管协调法律、法规体系建设。各国金融监管协调立法已给我们提供了有益的经验。如美国1999年通过《金融服务现代化法》；加拿大1999年通过了新的《金融机构监管署法》；日本1997年通过《金融监督厅设置法案》；英国1997年10月发布了《财政部、英格兰银行和金融服务局之间的谅解备忘录》等。我们应建立一套符合国际惯例和我国国情的金融监管协调的法律、法规体系，应首先制定《金融监管协调条例》，在此基础上，待条件成熟时，制定统一的《金融监管法》。

（三）明确监管协调主体

为了确保监管协调机制的正常运行，借鉴国外的经验，结合我国的实际，建议国务院组建“金融监管协调委员会”作为金融监管协调的常设机构和主体，负责指导全国和地方的金融监管合作、协调及相应的监管事宜。金融监管协调委员会代表国务院，处理信息共享和监管职责交叉等事宜，协调混业经营引起的跨行业监管中的分工合作，并对可能发生的问题和冲突进行研究和全面的利弊权衡，对综合性金融经营的金融控股公司（集团）进行总体性监管。其主要职责应包括：定期召开协调会议，讨论与金融稳定和金融监管有关的重大问题，协调各项政策与业务；建立金融突发性事件、重大风险紧急决策处置制度；在业务层面上加强信息交流和政策协调，作为信息的集散地收集各监管机构的监管信息，并发布给各监管机构；针对金融创新业务的特点和影响范围，制定合理的监管措施；对边界模糊、职能交叉的重大事宜进行明确和细化；联合进行检查，合作处理有问题金融机构以及通过工作人员的借调安排等形式来建立多方位的合作关系。金融监管协调委员会应当保持权威性、独立性和专业性。目前这样构建的好处是，基本保持现有体制的格局不动，同时又可解决混业经营给现有体制带来的监管职责交叉和监管真空问题。

（四）制定协调规则

1. 信息共享规则

信息交流是防范和化解金融风险、维护金融稳定和加强金融监管的基础。金融监管机构应当掌握及时、准确、全面的金融信息，但为减轻金融机构负担，降低执法成本，不同的金融监管机构应避免向同一金融机构收集同样的数据和信息。目前我国的金融监管信息系统尚处于分割、低效、失真状态，因此，金融监管协调机制应首先建立监管主体间的信息共享制度。（1）建立有关监管信息、报表的定期交流制度。（2）共享信息的范围应全面系统，包括各种宏观信息、微观信息及相应的报表资料及分析报告。（3）建立紧急磋商机制和紧急问题的快速处理通道。这样可以在遇到紧急突发性事件时，能够尽快确认责任范围进而确认牵头机构，保证各部门的全面配合，化解金融风险，防止因个别突发事件引发系统性金融风险甚至金融危机。

2. 协调磋商规则

（1）联席会议

实践表明，现行监管联席会议的“经常联系机制”的协调监管模式存在不少弊端：只有三方主体参加，中国人民银行和财政部作为列席主体游离于会议核心之外；缺乏完整制度框架，未形成长效机制；会议缺乏具体执行机构等。因此建议在国务院设立金融监管协调委员会，建立新型的金融监管联席会议：增加会议成员，除三家监管专门机构外，增加中国人民银行、财政部、国家外汇管理局、国务院发展与改革委员会等机构；建立分级联席会议制度，会议中达成的共识或协议可以依此途径下达到监管部门的分支机构和地方，为基层部门更好地交流、讨论、合作与协调提供有效平台；建立科学并富有弹性的会议会晤制度，根据需要采用网络会议的形式，通过网络专线保障信息交流的高效性和保密性等。采取以上措施，切实强化与完善联席会议制度，才能在节约协同成本、提高协调效率的同时达到防范金融风险的目的。

（2）中央银行主导

金融监管的最终目的是实现货币政策目标和金融安全与稳定。中央银行在维护金融稳定方面都有着不可替代的作用，因此，应明确中国人民银行在金融监管协调机制中的牵头职能和主导作用。由中国人民银行主导的合理性在于：① 中国人民银行依法具有较强的独立性，其社会地位和权威性是其他监管机构所不具备的；② 中国人民银行作为货币政策的制定执行者，协调金融监管有利于货币政策与金融监管政策的执行，有利于维护金融机构的稳健经营和金融系统的稳定；③ 中国人民银行拥有比较健全的信息系统，可以在信息共享机制中发挥主导作用；④ 中国人民银行作为传统的金融监管机构，在监管经验、人力资源及政策的研发能力上明显优越于银监会、证监会和保监会。因此，由中国人民银行牵头监管，发挥主导作用，可以从整体上提高金融监管的独立性和全面性。

（3）联合检查

定期或不定期通过联合检查的方式进行检查，可以及时发现风险隐患、防范金融风险。金融监管主体进行联合监督检查，既可以防止出现监管真空，也可以避免重复检查的发生，减轻被监管机构负担，使金融机构的主要精力用于经营管理；同时，有效避免被监管机构利用银行、保险、证券三个市场载体逃避监督检查。[①] 在联合检查中，应当注意实行现场联合稽核和非现场检查相结合、委托检查与联合检查相结合，加快监管方式和手段的电子化步伐，利用计算机网络和共享监管信息平台联合进行非现场监管，提高预警能力，防范和化解金融风险。

3. 完善监管规则

（1）完善监管方式。我们应逐步完善风险性监管与合规性监管并重的监管方式。在合规性监管方面，加大非现场稽核的力度；风险性监管方面，建立风险的转移机制并不断完善适合我国实际的风险监管措施，进行全面监管，切实防范金融风险。（2）完善监管手段。金融监管手段向电子化、网络化转移，运用现代

---

① 卢春燕：《混业经营趋势下的金融监管协调机制——基于国际经验的比较与借鉴》，载《特区经济》2006年第2期。

科技对金融运行实施动态、实时、持续的风险监管,提高监管效率。(3)完善监管内容。对金融机构要实行从市场准入、市场经营到市场退出的全过程监管,尤其要加强金融机构日常经营的风险性监管和市场退出的监管。退出机制要加强对投资者利益的保护。同时,要加强对新业务、表外业务和网络银行的监管以防范潜在风险,维护金融稳定。

4. 强化信息披露制度与外部监督

建立信息披露制度,增加透明度。透明的货币政策与透明的银行监管,既是加入 WTO 后遵循国际惯例的需要,也是尊重公众知情权的需要。央行和银行监管机构通过互联网、报刊等媒体向社会公开银行监管信息、货币政策、服务信息以及工作程序,形成监管、服务的社会效应。信息披露应符合客观性、及时性和完整性的要求。外部监督机制的完善要求充分发挥新闻媒体、社会舆论的监督作用,建立举报制度,通过完善各种激励机制,引导和鼓励全社会都来关心和协助监督主体,形成强大的社会监督威慑力,督促各金融机构依法经营。同时,要加强外部审计监督,通过会计师事务所、律师事务所、工商、纪检等机构对金融机构的外部监督,提高金融机构运作过程中的信息透明度和可信度。

(五)发挥行业自律协会作用

对于我国的金融监管协调机制来说,行业协会的自律及监督作用有着特别重要的意义。它是连接金融监管机关与金融机构的桥梁,是金融监管的第一线,为政府监管提供了缓冲器,有利于金融监管目标的实现。[①] 在金融监管中发挥行业协会的作用,应注意尽快制定有关法律或行政法规,为金融行业协会提供法律保障;完善金融监管机关、地方政府部门和金融行业协会的关系;明确金融行业协会自律监管、自我服务的职责;增强金融行业协会的权威性和完善的金融行业协会组织机构等问题。

(六)发挥相关部门与地方政府的作用

一是加强与央行和监管部门的联系,确保信息沟通渠道畅通,及时掌握有关风险隐患;二是积极建立地方金融稳定协调机制;三是发挥好新闻媒体舆论导向作用;四是发挥公安、纪检等部门的作用,维持好社会秩序;五是加强地方信用体系建设,为防范金融风险营造良好的社会诚信环境。[②]

(七)国际交流与合作

我国金融业正在逐渐融入世界市场,加强国际交流与合作是防范金融风险

---

① 张忠军:《金融监管法论——以银行法为中心的研究》,法律出版社 1998 年版。

② 卢钦、张正君:《对建立我国金融监管协调机制的框架设计》,载《华北金融》2005 年第 4 期。

的必然要求。要使我们的金融监管达到国际水平,应学习和借鉴国际上的先进做法和有益经验。同时,与世界各国金融监管当局加强合作,构建稳定完善的国际金融监管体制。其一,与其他国家金融当局签订双边谅解备忘录,诸如在信息交流、技术应用等方面展开合作;其二,积极参加各类国际性和区域性金融监管组织或机构的活动;其三,金融监管标准要与国际接轨,如健全信用评级机构及信用评定管理体系,规范会计、审计、律师等中介机构服务,运用先进的金融监测预警系统和央行内外资统一监管体系等。①

今天的世界,混业经营已成为大多数国家金融业发展的普遍趋势,分业监管在我国目前的经济状况下,尚可保障金融的安全、稳健运行,但其中的诸多问题,更需要加强金融监管主体间的合作与沟通,建立和完善金融监管的协调机制,提高监管效率,促进金融体系的安全与高效运转和中国经济的全面健康发展。

① 周建华:《完善我国开放背景下的金融监管》,载《黑龙江金融》2002年第4期。

中国金融监管协调机制的难点问题

◇ 张忠军*

内容提要 建立健全中国的金融监管协调机制，需要通过《金融监督管理协调机制条例》明确规定下列内容：国家金融监督管理协调委员会的地位、金融监管协调机制的层次、金融控股公司的协调监管以及金融规则协调机制、信息共享机制、金融许可协调机制、金融检查协调机制、突发事件处置协调机制、日常工作机制等具体运作机制问题。

关键词 金融监管 协调机制 法治化

我国在比较借鉴国外金融监管体制经验①、立足国情的基础上，建立了由中国银监会、中国证监会、中国保监会以及中国人民银行（以下简称"三会一行"）依法行使相应监管权的监管体制，其中"三会"侧重于从机构的角度进行金融分业监管，"一行"侧重于从功能的角度对相关金融机构进行依法监管。这样的监管体制在我国金融机构间的业务界限日益模糊，跨市场的金融产品、金融工具、金融服务日趋活跃，金融集团、金融控股公司不断涌现，金融综合经营迅速发展的情况下，面临着诸多挑战。为了避免出现监管真空和重复监管，降低监管成本，提高监管效率，创造金融机构公平竞争的环境，从而维护整个金融体系的稳定、效率和竞争力，就必须建立健全金融监管协调机制。为此，党的十六届三中全会决定指出："建立健全银行、证券、保险监管机构之间以及同中央银行、财政部门的协调机制，提高金融监管水平。"我国《国民经济和社会发展第十一个五年规划纲要》明确要求，"建立健全银行、证券、保险监管机构间以及同宏观调控部门的协调机制。"特别是《中国人民银行法》第9条规定："国务院建立金融监

---

* 张忠军，中共中央党校教授，法学博士、经济学博士后。

① 这方面的研究成果集中体现在三本著作中：谢平、许国平主编的《路径选择：金融监管体制改革与央行职能》，中国金融出版社2004年版；谢平、蔡浩仪等著的《金融经营模式及监管体制研究》，中国金融出版社2003年版；谢伏瞻主编的《金融监管与金融改革》，中国发展出版社2002年版。这些研究成果直接为我国金融监管体制改革提供政策建议。

督管理协调机制,具体办法由国务院规定。"因此,这不仅是一个理论问题,而且是政府的法定任务。本文拟在总结国内外金融监管协调机制经验的基础上,重点对金融监管协调机制的法律依据、金融监管协调机制的主体以及内容等问题进行探讨。

一、金融监管协调机制的法律依据问题

由于经济金融发展水平、政治体制、法律制度、历史传统和文化背景等方面的不同,金融监管体制在不同的国家和地区往往表现出不同的制度安排。

有的国家建立了统一的监管体制,由一个统一的监管机构对所有金融机构、金融产品和金融市场进行监管;有些国家实行多元化监管体制,由两个以上监管机构对不同金融产品、不同金融机构和不同金融市场进行监管,监管机构间没有隶属关系,各自在其权属范围内履行监管职责。据统计,截至 2002 年底,在世界上 77 个主要国家(包括中国)和地区中,实行多元监管体制的国家和地区是 31 个,而至少有 46 个国家采取了统一的或准统一的监管体制模式。① 在有的国家,中央银行兼有货币政策和金融监管职能;有的国家的中央银行只承担货币政策职能,不承担金融监管职责,但由于中央银行是"最后贷款人",金融稳定工作离不开中央银行的参与。各国和地区不管采取何种金融监管体制,都非常重视通过以下方式来建立健全金融监管协调机制:

一是通过法律明确规定金融监管协调机制的有关内容。例如美国《金融服务现代化法》第 104 条、第 111 条关于金融控股公司的监管,就明确规定了联邦储备委员会、证券交易委员会、州保险监管当局、财政部等之间的监管权配置、监管权协调以及监管信息共享等内容。又如,日本银行法、德国统一金融服务监管法、英国金融服务与市场法、韩国金融监督机构设置法等也有关于协调机制的原则性规定。

二是金融监管相关机构通过签署备忘录或者协议等方式明确协调机制。例如英国财政部、英格兰银行与金融监管局三个机构为了加强监管协调,通过签署谅解备忘录的形式,确定了彼此之间的分工合作关系。澳大利亚审慎监管局、证券与投资委员会、储备银行三家机构相互之间分别签署双边的谅解备忘录,建立双边的协调、合作框架。② 我国香港各金融监管机构之间也通过备忘录形式加强监管合作:金管局与证监会之间,金管局与保险业监督处之间,金管局、保险业

---

① 参见 How Countries Supervise Their Banks, Insurers, and Securities Markets. 2003. London, Freshfields. 转引自 José de Luna Martínez and Thomas A. Rose(2003), "International Survey of Integrated Financial Sector Supervision", World Bank Policy Research Working Paper 3096。

② 参见李博楠:《澳大利亚金融监管概况》,载《河南金融管理干部学院学报》2003 年第 2 期。

监督处、证监会与强制性公积金计划管理局之间都签署有谅解备忘录，对各方在交叉重复领域中的监管角色及责任予以明确。

通过备忘录或者协议等方式明确监管协调机制，具有较强的自主性、灵活性，因而在实践中有很大的存在空间。但是，这种方式建立的协调机制没有强制性效力，其作用发挥取决于协议各方的自觉自愿；加之缺乏有效的监督机制，往往难以保证得到有效执行。为此，许多国家在积极肯定这种方式的同时，也强调金融监管协调机制的法治化，依法将监管协调机制中的主体、职责、运作程序、监督等问题予以明确，实现金融监管协调机制的制度化、规范化、程序化。在法治化的背景下，一国金融监管体制是法定的，金融监管协调机制也应该是法定的，唯如此，才能明确各相关部门在协调机制中的职责，为金融监管协调机制的运作提供法律保障，确保金融监管协调机制在法治的轨道上运行。

在我国金融监管实践中，金融监管部门也有监管合作的积极尝试。早在2000年8月，中国人民银行、中国证监会、中国保监会就建立了金融监管联席会议制度，共同讨论有关金融监管问题。中国银监会成立后，中国银监会、证监会、保监会于2003年9月召开三方监管联席会议，通过了《中国银行业监督管理委员会、中国证券监督管理委员会、中国保险监督管理委员会在金融监管方面分工合作的备忘录》（以下简称《备忘录》）。《备忘录》就合作原则、金融控股公司的监管协调、信息收集与交流制度、联席会议制度等内容作出了规定。应该看到，《备忘录》的签署，为实现监管协调工作的制度化、常规化迈出了重要一步。但是，由于三家金融监管机构行政上是平级的，《备忘录》没有强制性效力，联席会议制度仅仅是松散的合作机制，不能制定政策、做出决策，也缺乏有效的监督机制确保会议结果的落实。监管机构之间的互不买账、推脱责任乃至监管机制“形同虚设”等问题难以避免。因此，健全监管协调机制需要法治化的解决方案。我国的中国人民银行法、银行业监督管理法、证券法等关于金融监管协调机制有原则规定，但有待进一步完善和细化。为了将《中国人民银行法》第9条关于“国务院建立金融监督管理协调机制”的规定落到实处，建立责任明确、分工合理、运转协调、公正透明的金融监管协调机制，实现金融监管协调机制的制度化、规范化、程序化，应该由国务院制定金融监督管理协调机制条例，该条例在现有法律关于金融监管机构、相关部门职责分工的基础上，对金融监管协调机制的主体、运作机制以及监督和责任等问题作出明确规定。

二、金融监管协调机制的主体问题

金融监管协调机制应该是多主体、跨部门、跨国界、跨领域、多层次的。根据参与的主体不同，金融监管协调机制可以分为三种情况：

（1）金融监管机构之间的协调机制。此种机制在我国主要是指“三会一行”之间的协调机制，是监管协调机制比较核心的层次。我们注意到，在三家金融监管机构签署的《备忘录》中，中国人民银行并未参加。中国人民银行履行最后贷款人职责，对出现流动性风险和退出市场的金融机构提供资金支持，在金融危机事件处置中的角色是不可或缺的。因此，缺少中国人民银行参与的监管协调机制不可能是健全的。此外，在处置金融危机事件中，该协调机制还需要存款保险机构、证券投资者保护机构、保险保障基金管理机构、中央汇金公司等机构的参与。

（2）金融监管机构与其他相关部门之间的协调。在金融监管工作中，我国的财政部、国务院国有资产监督管理委员会、国家发展与改革委员会以及国家审计署、公安部、纪检监察部门等机构由于其职责的履行，也可能涉及与金融监管机构之间的合作。例如，财政部作为主管国家财政财税政策、国有资本金基础工作的部门，对金融业的稳定也负有一定职责；国有资产监督管理委员会对国有控股、参股的上市公司的股东要行使相应的监管权；金融领域中的违法犯罪事件需要公安、纪检监察、检察部门介入。此外，金融监管工作特别是金融机构危机事件处置还需要地方政府的配合。为此，《银行业监督管理法》第 13 条规定：“银行业监督管理机构在处置银行业金融机构风险、查处有关金融违法行为等监督管理活动中，地方政府、各级有关部门应当予以配合和协助。”

（3）境内金融监管机构与境外金融监管机构、金融国际组织之间的协调机制。在金融业国际化背景下，为了有效实施跨境监管，我国金融监管机构一方面积极与巴塞尔银行监管委员会、证监会国际组织、国际保险监督官协会、国际货币基金组织、世界银行集团、国际清算银行等诸多金融国际组织进行了广泛的交流与合作；另一方面，积极推进建立与境外金融监管部门之间的监管合作沟通机制，与许多国家和地区的金融监管当局签署了谅解备忘录或者建立了定期会晤机制。

考虑到我国金融综合经营的发展趋势，金融监督管理协调机制条例在协调机制的主体方面，需要解决的核心问题有三：

第一，是否成立统一的监管协调机构？各个监管机构在法律上相互独立、地位平等，不存在从属关系，在没有有效约束的情况下，在监管活动中统一协调行动难度较大。为了解决这一问题，有些国家成立了层次更高的协调机构。例如，澳大利亚成立了金融监管协调委员会，由储备银行、审慎监管局、证券与投资委员会组成，每季度召开一次会议，就金融业的发展和监管的改革、协调与合作等问题交流信息和意见，以实现金融监管的有效性和高效性。委员会主席由储备银行行长担任，秘书处设在储备银行。

鉴于金融监管协调机制涉及面广，对国家金融体系的安全、有效运行和宏观经济政策影响重大，为形成独立、权威、统一的金融监管协调机制，我国可考虑成立国家金融监督管理协调委员会，直属于国务院领导，由国务院分管副总理担任委员会主任。委员会成员单位有“三会一行”及财政部等各有关部门。该委员会是议事协调机构，统筹协调有关整个金融稳定及金融监管协调方面的宏观事宜，不负责具体监管事宜、没有具体的金融监管权。鉴于中国人民银行在金融业中的特殊地位，该委员会办公室可设在中国人民银行。

第二，金融监管协调机制的层次多少为宜？由国务院领导的国家金融监督管理协调委员会是金融监管协调机制的最高层次，该层次的参加主体主要是“三会一行”、财政部、发改委等国家相关部委，该层次作为议事协调性质的机制，主要是讨论涉及国家宏观金融稳定的重大政策、处理金融危机的应急事务等重大和全局问题。第二个层次为部委层次，根据金融监管工作、金融稳定的需要，由“三会一行”、财政部等相互之间或者若干部门之间建立的协调机制。该层次的协调机制一方面贯彻国务院层次协调机制确立的方针政策；另一方面，不同相关部门分别对于金融监管政策之间、货币政策与金融监管政策、货币政策与财政政策、宏观调控政策与金融监管政策等之间进行协调。第三个层次为地方层次，针对特定地域的、由“三会一行”的派出机构与地方政府参与的协调机制，任务是维护区域金融稳定。为加强三个层次协调机制之间的有机联系，也应当建立必要的联系机制。

第三，如何协调对金融控股公司的监管？在分业监管体制下，为加强各监管者的相互协调，避免重复监管、过度监管，美国《金融服务现代化法》确立的伞形监管、功能监管、监管协调等理念和具体的制度设计，适应了金融控股公司发展的需要。该法明确规定，联邦储备理事会作为银行控股公司的伞形监管者，对银行控股公司进行综合性监管。在伞性监管模式下，金融控股公司的下属银行类的功能子公司由通货监理署、联邦储备理事会、联邦存款保险公司等原有银行监管者监管；证券类的功能子公司由原来的证券交易委员会监管，保险类的功能子公司由原来的州保险监管机构监管。证券交易委员会、州保险监管机构、存款类机构的监管者等被统称为功能监管人。为避免冲突，发挥多重监管的效力，该法还建立了各相关部门之间的信息共享制度、联邦储备理事会和财政部长之间的协商制度，以及联邦储备理事会与其他监管机构之间的检查权行使的协调制度。

在我国分业监管体制下，对金融控股公司的监管必须明确牵头的监管机构或者主监管机构，然后由各监管机构按照分业监管的原则实施相应的监管。究竟由谁作为主监管机构？立法者将“国务院建立金融监督管理协调机制”的条文写入《中国人民银行法》，而未放进《银行业监督管理法》，似乎要赋予中国人民银行在国务院建立的金融监督管理协调机制中处于主导地位的角色。中国人民银行尽管在宏观调控和维护金融稳定方面客观上处于重要地位，但赋予其对所有金融控股公司的主监管机构地位，势必分散其精力、影响其货币政策的实施，也有悖于成立中国银监会的初衷。

本文作者认为，确立金融控股公司的主监管机构应该遵循以下原则：一是机构精简原则，这是我国行政管理体制改革遵循的基本原则。据此，应在现有的金融管理机构中确定主监管机构，不宜增设新的机构来履行此项职能。二是事权最密切联系原则，按照金融控股公司业务活动的开展、风险状况与哪个监管机构的关系最为密切，可以将不同的金融控股公司分别确定不同的主监管机构。三是责权一致原则。主监管机构不仅意味着权力的加大，更多的是责任承担，特别是要对金融控股公司的安全、稳健负起责任。而恰恰是责任不明、责任追究不力，是目前许多政府部门热衷于扩张争权、争利的重要原因。如果建立有效的问责制，让监管者真正负起责来，则监管部门的确定过程就有可能少去很多部门的竞争。根据该原则，临时性的机构不宜担任主监管机构。因为主监管机构要行使具体的监管权，这种监管权必须是法定的，同时也是责任明确的，监管者必须能够对其行为承担责任，而临时机构并不具备这些基本条件。根据以上分析，“三会一行”都有资格作为金融控股公司的主监管机构，具体负责主监管哪家金融控股公司，应该按照金融控股公司的具体情况，由国家金融监督管理协调委员会统筹协调予以明确。

三、金融监管协调机制的内容问题

金融监管协调机制能否有效发挥作用，取决于法律制度对其具体运作机制的设计。制度设计合理，则协调机制能够在实践中运转顺畅，形成监管合力，实现目标，否则，协调机制很可能“停留在纸面上”，得不到有效实施。总结各国和地区的成功经验，以下六个方面的运作机制是至关重要的，这也是制定金融监督管理协调机制条例应该重点关注的内容。

（1）金融规则协调机制。如果多个金融监管机构制定的规则彼此不一致、不协调，则将给金融机构的规范稳健经营、金融市场的有序发展带来一系列问题。所以，金融监管协调机制首先要解决的是规则的协调一致。为此，在金融法律、行政法规的制定过程中，各相关部门应该协调一致；各金融监管部门自身制定的规则必须遵守法律优先、法律保留等立法法的基本原则，不得与法律、行政法规相抵触；如果规则调整的事项涉及其他相关部门，应该通过通报制度、征求意见制度、协调会制度，与相关部门协调一致；如果需要两个以上部门共同制定相关规则，应通过会签制度、联合发文等方式实现规则的协调一致。

（2）信息共享机制。这是金融监管协调机制有效运作的基础设施。为减轻被监管对象的负担，为减轻金融机构重复报送金融信息的成本，加强信息交流与合作,我国金融监管信息共享机制的核心内容应当包括以下四个方面:一是依法明确信息共享范围。信息共享范围一般包括:法定必须共享的宏观金融信息;为其他金融监管机构所知晓、能够给其他监管机构提供监管基础的信息;可能引发金融业风险或者风险向其他金融行业转移的信息;以及其他必须共享的信息。二是统一相关信息的统计口径和统计科目。这是信息共享机制发挥作用的前提。三是建立统一的数据报送系统。借鉴国际经验,开发出既能满足"三会一行"的需要,又能减轻被监管机构负担的统一的数据报送系统,可以较低的成本高效地获取数据和信息;也可以考虑建立统一的金融监管信息平台,利用现代信息技术保证信息的真实性、实时性与高效、迅速传递。四是建立金融监管部门及其他有关部门的信息交流机制。明确信息交流范围、采集分工、共享方式、保密原则等,促进信息交流规范化和制度化。

(3) 金融许可协调机制。金融机构的设立、变更、终止,金融机构的业务范围,金融机构的股东资格、高级管理人员任职等事项都涉及金融监管机构的依法许可。在金融创新、金融综合经营的情况下,跨监管领域的新机构、新工具、新产品、新业务的不断涌现,需要分业监管的"三会一行"之间建立有关金融许可权的协调机制,以保证在不影响金融秩序稳定的前提下,促进金融创新和发展。

(4) 金融检查协调机制。为了保障被检查金融机构的合法权益,避免重复检查、降低监管成本,就必须建立"三会一行"之间的检查协调机制。根据具体情况,检查权由相关金融监管机构分别行使、联合实施或者委托实施。

(5) 突发事件处置协调机制。金融突发事件如果不能及时有效处置,将导致金融机构的支付危机,甚至转化为系统性的金融、经济危机。处置金融突发事件往往需要中央银行发挥最后贷款人职责,实施紧急资金援助,也可能需要动用财政资金。各国的经验表明,当金融突发事件所引发的风险超出金融体系自身的承受能力时,输入财政资金进行救助是不可避免的。因此,对突发事件的处置,需要金融监管机构、中央银行和财政部等部门的密切合作。此外,在应对地方性金融突发事件中,地方政府也能发挥重要作用。为此,需要有关部门建立金融突发事件处置制度,制定突发事件处置预案,明确处置机构和人员及其职责、处置措施和处置程序,及时、有效地处置金融突发事件。

(6) 日常工作机制。金融监管协调机制有效发挥作用,也需要在各有关各方之间建立日常工作机制,如联席会议制度、会晤制度、公告制度、通报制度、磋商制度等。

对金融监管者的法律保护

——金融监管中的诉讼问题初探

◇ 邢会强*

内容提要 在外国金融法中,往往有对监管者的法律保护。保护的形式是诉讼限制,或者对监管者的赔偿进行补偿。《有效银行监管的核心原则》、《示范银行法》、《存款保险指南》、《货币和金融政策透明度良好行为准则》等国际性文件都对此有所规定。国外的经验表明,如果缺乏这种法律保护,金融监管者极有可能表现出不作为,从而导致监管宽容。随着保险保障基金制度、证券投资者保护基金制度和存款保险制度的建立,对监管者的诉讼可能会增多,于是,我国引入对监管者的法律保护制度成为必要。保护的形式是限制对金融监管者提起诉讼,但对金融监管者不作为所提起的诉讼例外。

关键词 金融监管 法律保护 诉讼 问题金融机构

在外国金融法中,往往有对监管者的法律保护(legal protection for supervisors,statutory protection for supervisors)条款。国际货币基金组织的法律顾问Ross S. Delston曾对20个国家和地区的银行法进行了一项调查研究,发现这些国家大部分都对金融监管者进行法律保护。保护的形式是诉讼限制,或者对监管者的赔偿进行诉讼补偿。对于这一现象,武汉大学的汪鑫对此进行了介绍,并主张我国亦应“保护银行监管主体,以解后顾之忧”。但这一论述尚欠充分,具体的制度设计还有待进一步探讨。为此,笔者拟研讨以下问题:为什么会有这样的诉讼保护条款?这样的诉讼保护条款是否合理?如果合理,我国是否有这样的制度需求?

---

* 邢会强,法学博士,中央财经大学法学院讲师。

一、对针对金融监管者的诉讼进行法律保护是国际上的普遍做法

在美国，联邦存款保险公司（FDIC）负责破产管理（receivership）。美国《金融机构改革、复兴与实施法》规定了可以针对 FDIC 提起诉讼的条款。针对 FDIC 所提的诉求，必须首先向 FDIC 提出要求。如果被其拒绝，则原告（通常为存款人）可以选择在联邦地区法院起诉，或者启动 FDIC 的行政诉求程序。针对 FDIC 所提的诉求，诉讼时效相当长，合同诉讼为 6 年，侵权诉讼为 3 年。起算点或依应适用州法诉讼时效之规定，或以该机构经营失败之时为准，以后发生者为计。因此，美国对针对 FDIC 所提起的诉讼实行的是行政程序前置。此外，美国对该种诉讼还有限制。在做出破产管理决定之前，监管者必须确定问题金融机构确实是“无偿付能力”。在确定问题金融机构确实是“无偿付能力”时，法律赋予监管者相当大的自由裁量权。因为人们普遍相信，只有如此才能保证监管者们迅速采取行动，以保护储户、债权人以及社会公众的利益。银行丧失偿付能力还会带来资产和负债价值评估方面的难题，相比于法院，监管者可以更快地对此做出判断。只有在符合《行政程序法》中“无端专横、反复无常、滥用自由裁量权”标准的情况时，才会进行司法审查。① 美国法院的判例认为，银行的股东不能对通货管制官的决定提出异议，只有银行以法律错误、欺诈或错误为理由才能直接提出异议。法院对直接提出异议的理由做限制解释。即使通货管制官的作为或不作为引起存款人和股东遭受重大损失，他仍然不承担责任。②

英国《1998 年英格兰银行法》规定，金融服务局（FSA）及其官员、服务人员以及他们的代理人，都不对其在履行职责或者声称的履行职责中的作为与不作为造成的损害负赔偿责任，除非已经做出的作为或不作为是出于恶意。菲律宾《中央银行法》第 30 条规定，货币委员会根据本条（破产管理和清算程序）和第 29 条（接管程序）所为的行为是终局的和有效的，不能被法院限制或否决，除非该行为是无权限的，或者严重滥用职权以至于等于缺乏和超越权限。申请仅仅能由记录在案的主要股东，在接到该金融机构董事会的关于破产管理、清算或者接管的通知后 10 日内提出。

此外，还有一些国家通过诉讼禁止或责任限制对监管者实行保护，如《印度银行监管法》第 54 条规定：“任何诉讼或其他法律程序都不得针对中央政府、储

---

① 这一判例由 Golden Pacific Bancorp. v. Clark 案确立。837F. 2 d 509 (D. C. Cir.), cert. denid, 488 U. S. 809(1988). 参见〔美〕哈威尔 · E. 杰克逊、小爱德华 · L. 西蒙斯：《金融监管》，吴志攀等译，中国政法大学出版社 2003 年版，第 349 页。

② 沈达明：《美国银行业务法》，对外经济贸易大学出版社 1995 年版，第 233 页。

备银行或任何官员就其执行本法以善意实施或打算实施的任何行为提起。除了本法另外明确规定外,任何诉讼或其他法律程序都不得针对中央政府、储备银行或任何官员就其执行本法以善意实施或打算实施的任何行为已经或可能造成的损害提起。"《澳大利亚银行法》第70A条规定:"一个人根据本法以及和本法赋予的义务相一致的、善意地和没有疏忽地行使权力和履行职责,免受任何人关于其已经做出的作为或不作为的任何诉讼、主张、要求,或者任何责任的拘束。"《澳大利亚审慎监管法》第58条规定,澳大利亚审慎监管机构、管理委员会的成员、澳大利亚审慎监管机构的职员,以及他们的代理人,在善意地实施或履行法律赋予或者授予他们的权力、职责和义务时,免受任何人的关于其作为与不作为的任何责任的拘束,法律另有规定的除外。

《示范银行法》(Model Banking Law)中也有这样的诉讼保护条款。《示范银行法》由 Robert Lee Ramsy 和 John W. Head 起草。Robert Lee Ramsy 和 John W. Head 曾在亚洲开发银行、国际货币基金组织、世界银行以及美国国际开发署的赞助下在很多的国家工作过15年。Ramsy 有27年的银行工作经验。Head 曾经是亚洲开发银行和国际货币基金组织的负责法律事务的职员(legal staff),现为堪萨斯大学的国际法律与商务教授。他们起草的《示范银行法》总结了很多国家银行法的行之有效的做法,其规定比较全面。Ramsy 和 Head 声明:"这些建议的条款来源于几个经济和法律转轨的国家的立法中。这些建议的条款有点理想化。当然,在具体适用时,应根据当地的具体情况加以变更。"《示范银行法》也规定了对破产管理人的诉讼,但是这种诉讼是极其受限的。其相关规定有两条①:第Y-5条,对于任命破产管理人决定不服的诉讼。只有在下述情况下,才能对于任命破产管理人的决定提起诉讼:(1) 起诉须在根据本章第Y-6条的规定宣布破产管理之日起30日内提起。反对任命破产管理人的诉讼,应该在有法定资格的裁判权的法庭上提出证据说明破产管理为什么应该终止,并且只有在下述情况下才能提起诉讼:(i) 一个或者几个股东累计至少拥有被破产管理银行的25%的投票权;(ii) 一个或者几个人累计至少拥有被破产管理银行的25%的存款;或者(iii) 一个或者几个其他债权人累计拥有被破产管理银行的除存款以外的其他债权的25%的债权。(2) 如果根据本条(1)的诉讼被提起,(i) 法院在受理有效的起诉之日起10日内举行听证会,并在听证会结束之日起20日内做出判决;(ii) 要求法院审查的问题仅仅是根据本法第Y-2条的规定,中央银行做出破产管理的决定是否是专断的和反复无常的;(iii) 如果法院判定中央银

① Robert Lee Ramsy & John W. Head, *Preventing Financial Chaos: An International Guide to Legal Rules And Operational Procedures for Handing Insolvent Banks*, Kluwer law international, 2000, pp. 139—140, 153—154.

行的行为是专断的和反复无常的,(a) 关于破产管理人的任命即行终止;(b) 法院只能判决中央银行赔偿金钱损失;(c) 根据本法第 Y-4 条的规定撤销的营业执照并不复效;(d) 如果法院判定中央银行(或其他金融监管机关,下同)的行为不是专断的和反复无常的,应驳回起诉,破产管理根据本法的规定继续进行,起诉人需要赔偿中央银行在应诉(defending the action)中所花费的成本费用。第 Y-14 条,对破产管理人的行为不服的诉讼。对于根据本章第 Y-2 条的规定任命的破产管理人的行为不服的任何诉讼,只有在下述情况下才能提起:(1) 任何起诉须在被诉的行为做出之日起 30 日内,在有法定资格的裁判权的法庭上提出,并且只有在下述情况下才能提起诉讼:(i) 一个或者几个人累计至少拥有被破产管理银行的 25% 的存款;(ii) 一个或者几个其他债权人累计拥有被破产管理银行的除存款以外的其他债权的 25% 的债权。(2) 要求法院审查的问题仅仅是根据本法的规定,破产管理人的行为是否是专断的和反复无常的。(i) 如果法院判定破产管理人的行为是专断的和反复无常的,法院只能判决破产管理人进行赔偿,但被诉的行为并不撤销;(ii) 如果法院判定破产管理人的行为不是专断的和反复无常的,起诉人需要赔偿破产管理人行在应诉中所花费的成本费用。

可见,《示范银行法》从下述五个方面对起诉进行限制:一是限制起诉的时间:对于任命破产管理人不服的诉讼,起诉须在宣布破产管理之日起 30 日内提起。对破产管理人的行为不服的诉讼,须在被诉的行为做出之日起 30 日内提起。二是限制起诉人的资格,缩小起诉人的范围:对于任命破产管理人不服的诉讼,起诉人须是一个或者几个累计至少拥有被破产管理银行的 25% 的投票权的股东,或者是一个或者几个人累计至少拥有被破产管理银行的 25% 的存款的存款人,或者是一个或者几个累计拥有被破产管理银行的除存款以外的其他债权的 25% 的债权的其他债权人。对破产管理人的行为不服的诉讼,起诉人须是一个或者几个人累计至少拥有被破产管理银行的 25% 的存款的存款人,或者是一个或者几个累计拥有被破产管理银行的除存款以外的其他债权的 25% 的债权的其他债权人。三是限制起诉的内容:对于任命破产管理人不服的诉讼,要求法院审查的问题,仅仅是中央银行做出破产管理的决定是否是专断的和反复无常的。对破产管理人的行为不服的诉讼,要求法院审查的问题仅仅是根据破产管理人的行为是否是专断的和反复无常的。四是限制法院的审理期限。对于任命破产管理人不服的诉讼,法院在受理有效的起诉之日起 10 日内举行听证会,并在听证会结束之日起 20 日内做出判决。五是限制金融监管机关和破产管理人的赔偿:对于任命破产管理人不服的诉讼,如果法院判定中央银行的行为是专断的和反复无常的,关于破产管理人的任命即行终止,法院只能判决中央银行赔偿金钱损失,撤销的营业执照并不复效。对破产管理人的行为不服的诉讼,如果法院判定破产管理人的行为是专断的和反复无常的，法院只能判决破产管理人进行赔偿，但被诉的行为并不撤销。《示范银行法》所规定的诉讼，实际上是诉讼法上的特别程序，而不是普通程序。因此，还应该限制审理的次数，即实行一审终审，不允许对一审判决进行上诉。

二、为什么会有这样的保护

在银行倒闭前——即使是在银行业危机中的银行倒闭——也往往有一些征兆，比如：过巨的关联贷款、过大的风险（如外汇风险、利率风险和投资风险）、过多的不动产直接投资、频繁发生的欺诈和其他犯罪活动，奢侈无度的在职消费等等。已经丧失清偿能力的银行往往在银行危机中才被发现无清偿能力。因此，人们也往往误认为是危机导致了银行无清偿能力。其实，银行丧失清偿能力往往早于银行危机，只是银行丧失清偿能力没有被发现而已。如果针对上述征兆，在银行丧失清偿能力之前，及时采取纠正措施，就能在很大程度上避免银行倒闭的发生。然而，在金融监管中往往存在着监管宽容。其原因当然是多方面的，汪鑫总结了五大原因：监管者的一厢情愿良好愿望、监管者欠缺严格执法的动机、系统性风险的制约、政治层面和业界的干预以及监管资源的不足。[①] 其实，监管宽容在一些国家也可能是由于缺乏针对监管者的诉讼的法律保护。由于缺乏法律保护，监管者在执行法律、监督、检查、监管上往往很胆怯。这种胆怯，往往起了鼓励银行管理人员冒高风险之效，继而导致银行损失的进一步扩大。

西方国家的实践表明，在银行倒闭时，对监管者的诉讼要比平时多得多。如果没有针对监管者的诉讼的法律保护，监管者将不会大胆、果断处理问题金融机构，其结果只能是问题越来越多，损失越来越大。此时，就需要适用于中央银行或银行监管机构的雇员的对民事诉讼的法律保护（legal protections against civil lawsuits）了。尤其是在银行倒闭时，这显得更为重要。一旦银行被宣布关闭或破产，银行的所有者、股东、董事、管理者、存款人和贷款人都极有可能针对监管者提起诉讼，典型的是要么声称监管者在关闭问题银行的过程中存在着疏忽，要么声称监管者存在疏忽没有早一点关闭问题银行。时常，这些诉讼不仅有针对中央银行、银行监管机构和国家机构的，还有针对政府职员个人的。这就意味着，抗诉的成本（如果败诉则包括法院的诉讼费）可能由职员个人承担，而不是由政府承担。如果没有针对监管者的诉讼的法律保护，监管者自身的利益将得不到保护。正如对警察以及其他政府官员的法律保护一样，对金融监管者也应

---

① 参见汪鑫：《健全我国银行监管制度的几点主张》，载漆多俊主编：《经济法论丛》，方正出版社2003年版，第3—4页。

该有法律保护。

这种法律保护的重要性已经多次在国际文件中得到重申。巴塞尔委员会《有效银行监管的核心原则》的第一项原则就是,“适当的银行监管的法律框架是必要的,包括……对监管者的法律保护”。对该项原则的解释认为,一个适当的银行监管的法律框架要求具备一系列的因素,包括“在履行监管职责中,按照诚信原则履行监管职责的个人和机构免于承担(通常在法律上的)任何责任”。金融稳定论坛(FSF)的《存款保险指南》指出:存款保险公司的员工应受到法律保护,以免其受到基于忠实义务所采取的行动而带来的诉讼官司。法律保护措施的缺乏,只会降低员工履行职责义务时应有的警惕,特别是在强调尽早觉察发现问题、介入和关闭陷入困境的银行方面所可能需要的警觉。①

对监管者的保护的充分披露被认为是一项国际上的良好做法。国际货币基金组织的《货币和金融政策透明度良好行为准则》认为:“应公布有关中央银行官员和工作人员在履行其官方职责时受法律保护的信息”,“应公开披露有关金融监管机构官员和工作人员在履行职责时受法律保护的信息”。②

三、我国是否有这样的制度需求

我国目前这类诉讼很少。原因当然是多方面的,诸如公民的诉讼意识薄弱,不像西方一些国家那样大事小事常常对簿公堂以求解决;诉讼成本高昂,公民诉讼事先要向法院缴纳一笔诉讼费用,不像西方一些国家那样法院不收诉讼费;司法判决的公正性和执行力较弱,司法的独立性不足,权威性不足,即使赢了官司也难以执行等等。但笔者认为,还有一个重要的原因是我国目前在金融机构倒闭时对自然人的存款本息全额赔偿,公民没有受到损失,自然也没有诉讼监督的必要。从这个意义上来讲,我国对该制度没有太大的需求。

但是,对自然人的存款本息全额赔偿的做法正在改变,保险保障基金和证券投资者保护基金已经建立,存款保险制度即将建立。随着我国将不会再对自然人的存款本息全额赔偿,公民诉讼意识的增强以及司法改革的进一步推进,针对监管者的诉讼必定会增多。此时,如果还没有对监管者的法律保护,必定会导致监管宽容。对于问题金融机构,监管者往往表现出不作为,不敢大胆、果断采取措施,制止损失的扩大。其结果,受到损失的还是广大的存款人、投保人和投资者。

但毕竟中国还是有其特殊国情和文化传统。就我国现阶段人们的诉讼意识

---

① FSF: Guidance for Developing Effective Deposit Insurance Systems.

② See *Good Practices on Transparency in Monetary and Financial Policies* 之第 4.4.1 条和第 8.4.1 条。

以及监管机关的执法现状来看,我国应该对金融监管者在监管过程中(包括在采取及时纠正措施时,在接管中、撤销清算过程中)可能受到的诉讼进行限制,但不是禁止。这些限制包括起诉时间的限制、起诉人资格的限制、起诉内容的限制、法院审理期限的限制、上诉的限制,以及金融监管机关和破产管理人对起诉人赔偿的限制。具体制度设计可参考《示范银行法》的上述规定。为此,我国需要在金融法中,对这一特别诉讼程序加以规定。但是,对于金融监管者不作为所提起的诉讼,不但不能限制,反而应当鼓励。

法律是平衡的艺术。对金融监管者进行保护的同时,还应该加强对金融监管者的问责机制,即监管不力时的引咎辞职。我国《公务员法》(2005 年修订)第 82 条第 2、3 款规定:“领导成员因工作严重失误、失职造成重大损失或者恶劣社会影响的,或者对重大事故负有领导责任的,应当引咎辞去领导职务。领导成员应当引咎辞职或者因其他原因不再适合担任现任领导职务,本人不提出辞职的,应当责令其辞去领导职务。”这一规定是适用于我国的金融监管者的,关键在于能否不折不扣地执行。

商业银行接管中的问题与裁判标准

——“十一五规划”的相关思考

◇ 刘少军*

内容提要 商业银行接管是一项重要的银行制度，但我国《商业银行法》及相关法律中，对接管标准、接管关系和接管实施都没有作具体规定，使接管实践中特别是司法实践中相关问题难以处理。本文的研究目的在于，确定合理的接管标准，分清接管的相关关系，明确接管过程中能够实施的接管措施，并在此基础上最终确定接管相关诉讼案件中所应采取的裁判标准。

关键词 接管标准 接管关系 接管措施 裁判标准

我国的银行业接管制度是在1995年通过《商业银行法》建立起来的，是金融监管权对商业银行业务经营的一种强制性措施。① 十多年来的实践表明，无论在接管标准、接管与重整的关系，还是在接管实施的措施上都存在着许多问题，使司法实践中产生了许多困难。因此，“十一五规划”中强调，要“建立金融风险识别、预警和控制体系，防范和化解系统性金融风险”②。本文试图对商业银行接管的法律问题进行具体分析，并在此基础上提出相应的裁判标准。

一、接管标准的问题与对策

自从上世纪70年代英格兰银行宣布接管Slater Walter帝国银行部，成功地避免了一场可能发生的金融危机之后，美国、日本、新加坡、香港等许多国家和地区都规定了接管制度。美国《联邦存款保险公司改革法》和《金融机构改革、复

---

* 刘少军，中国政法大学教授、博士生导师、财税金融法研究所所长、金融法研究中心主任。

① 具体见我国《商业银行法》第七章接管和终止部分的规定。

② 详见《国民经济和社会发展第十一个五年规划纲要》第三十三章第四节的相关规定。

兴与实施法》，都规定了比较详细的银行接管、改组与整顿措施。[①] 商业银行的接管，是一种剥夺企业法定经营管理权的行为，这种行为是不能任意实施的。因此，接管必须有明确的标准，并严格按照法定程序进行。我国商业银行的接管标准主要是已经或可能发生信用危机，有可能损害存款人的利益。我国台湾地区“银行法”规定，银行因业务或者财务状况显著变化，不能支付其债务或者有损存款人利益时，“中央银行”主管机构可以勒令停止并限期清理、停止其部分业务、派员接管。[②] 美国《联邦存款保险公司促进法》规定，对于资本致命短缺的银行，当银行的资本比率降至 2% 以下时，联邦存款保险公司有权在 90 天内指定一个接管人或监管人；如果 9 个月后该银行资本仍然处于致命短缺状况，则必须指定一个接管人。[③] 新加坡《银行法》规定，商业银行无法履行其债务，已经或将要破产、停止支付；如果该银行继续开发业务，将损害其存款人或债权人利益；或银行已违反或不能履行银行法的有关规定，货币主管当局可以接管该银行的管理和业务，或者命令他人管理及经营该银行业务。[④] 可见，商业银行被接管的标准主要包括两项，即经营状况标准和违法行为标准。

关于接管标准明确性问题存在着不同看法，十国集团和瑞士中央银行行长认为，“事先确定流动性支持的具体规则是不可行的，因为将中央银行的承诺明确化、具体化，可能导致银行对中央银行流动性支持的依赖”[⑤]。这种担心并不是没有必要，但它主要适用于市场经济体系已经比较完善，监管当局已经形成了一套比较完善的监管习惯，商业银行不担心其经营管理权受到侵害的国家。对于我国这样一个从计划经济发展而来的国家，则必须有明确的标准。第一，它可以避免监管机关滥用监管权力，防止银行正常的经营管理权受到不合理侵害；第二，在缺乏接管经验和习惯的条件下，它可以提供给被接管银行一个合理的预期，减少接管行为的不确定性；第三，它可以增强社会公众对危机银行的信心，防止因此而出现社会公众心理不稳定，加剧危机银行的经营难度，使本不该破产的银行破产；第四，它有利于监管机关依法迅速做出判断及时解决危机，同时也有利于在最合理的时机对其实施挽救。因此，必须完善我国目前过于抽象和模糊的接管标准，使其更加明确化、具体化和具有可操作性。具体来讲，我国商业银行的接管标准应主要包括：资产质量标准、流动性状况标准、资本充足标准、收益合理性标准、管理健全性标准和经营合法性标准六个方面。

---

① 苏同华：《银行危机论》，中国金融出版社 2000 年版，第 21 页。

② 具体见我国台湾地区《银行法》第 62 条和菲律宾《中央银行法》第 28 条的规定。

③ 徐孟洲、郑人玮：《论我国银行危机救助法律制度的改革与完善》，载《法学杂志》2004 年第 2 期。

④ 陈乐田：《银行法》，法律出版社 1999 年版，第 371 页。

⑤ 孟龙：《市场经济国家金融监管比较》，中国金融出版社 1995 年版，第 162 页。

二、接管关系的问题与对策

在我国现行的接管法律规定中，既没有规定接管申请人，也没有规定接管与重整之间的关系，更没有具体规定接管人的资格、权力和职责，这无疑会导致实际接管操作上的混乱，既难以保证社会金融秩序的稳定，也难以保障被接管人和债权人的利益。按照多数国家的规定，接管申请人既可以是商业银行自身，也可以是债权人或银行业监管机关。这样规定有利于及时发现商业银行经营中的问题，也有利于维护相应主体的利益，以及社会的整体金融利益。因此，结合我国的具体情况和国外经验，应将接管申请人具体规定为商业银行自身、主要股东、主要债权人，以及作为其监管机关的中央银行和行业监管机关，最终由银行业监督管理机关依法决定是否应对其实施接管。

重整制度通常是普通企业破产法中规定的企业挽救制度，但在我国现有的法律规范和《企业破产法》中，并没有规定银行接管与重整的关系。接管作为一种干预性程序，它的突出特点是能够迅速而有力对危机银行进行及时的救助处理，并且还可能获得中央银行的再贷款援助，能够较好地维护公众对银行体系的信心，而这种行动和措施是法院主导性的重整程序很难完成的。重整程序需要较长的时间才能完成，不可能使处于信用危机中的银行得到及时而有支持力的救助，很可能使本来能够挽救的银行最终不得不宣告破产。另外，采取接管程序还具有专业性和针对性强的优点，接管人通常都是经营银行业务的其他银行，它对危机银行的挽救比法院管辖下的重整具有更强的专业性和针对性，往往能够使危机银行迅速摆脱危机。但是，我国《银行业监督管理法》规定，“银行业金融机构已经或者可能发生信用危机，严重影响存款人或其他客户合法权益的，国务院银行业监督管理机构可以依法对该银行业金融机构实行接管或者促成机构重组”①。笔者认为，这里的重组不同于破产法中的重整，而是指接管过程中的重组。由于接管程序应优先于重整程序，重组程序也应该优先于作为破产程序中的重整程序；并且，重组是在接管人而不是法院的主持下进行的。

既然接管程序应是优先于重整程序的危机挽救制度，就必须对接管制度进行比较严格的规范，特别是在接管人的组成、资格、权力和职责方面应有明确的规定，以充分发挥接管程序在挽救危机银行中的作用。首先，在接管人的组成上，应参照各国的立法和实践做法，主要由监管机关、中央银行信任的有丰富银行业经营管理经验的商业银行，以及其他专业机构如律师事务所和会计师事务

---

① 见我国《银行业监督管理法》第38条的规定，当然这里的重组，应理解为接管程序中的重组，而不应是破产程序中的重整。

所组成,甚至可以考虑吸收经营管理能力强的外国银行作为接管人的组成成员。[①] 在我国现行的接管制度中,不仅对接管人没有明确的规定,对接管人的资格、权力和职责也没有明确的规定,这同样会严重影响接管目标的实现。特别是接管成员中商业银行的资格必须有严格的限制,它必须是资产质量、流动性、资本充足率、收益合理性、管理健全性和经营合法性等方面比较优秀的银行,同时其已经接管的危机金融机构数量也不能过多,没有这些限制就难以保证接管行为的质量。此外,还应严格规范接管人的权力与职责。从世界各国的法律规定上来看,接管人享有的权力是比较多的,除行使银行业的日常经营权外,还必须采取措施消除银行危机。如挪威银行法规定,接管人应该"尽力促成被接管银行与其他银行合并,或将其出售给另外一家银行"。[②] 为达到这一目的,"接管人通常被授予全权控制银行业务经营活动,并具有相对的自由进行银行重组与银行业务的协商转让,且不要求征得股东们的同意,其条件是必须最有利于银行所有者包括存款保险机构的利益"。[③] "接管人应具有银行股东、高级职员与董事所享有的经营管理权,而且能以自己的名义管理银行,除非银行监管机构在任命的文件中限制其权力"。[④] 因此,我国接管制度中也应对接管人的权力有明确具体的规定。

在此同时,还必须对其权力进行必要的限制,以维护被接管人和相关人的利益。这些限制主要应包括:规定接管人的一切行为都必须以挽救商业银行、保护存款人利益、维护秩序为标准,接管人及其组成人员不得损害被接管人和相关人的利益,否则将受到相应的处罚;对超出其职权范围签订或接受的合同,由其自行承担责任;对接管期间行使权力不当,使商业银行或存款人遭受不必要损失的,有过错的人员应该承担相应的民事、行政或刑事法律责任。并且,接管人还应承担与其权力相适应的职责。接管人在得到正式任命后,应立即接管并控制银行所有资产和账册,就银行财务状况做出评估向监管机关报告,并且向银行监管机关建议所需要依次采取行动的措施和步骤。[⑤] 因此,我国也应对接管人规定具体的接管职责,要求其在任命后的规定期限内向监管机关提供对被接管银行的经营状况评估报告,并同时拟定相应的接管措施实施建议报告,经监管机关审核后具体组织实施,在权力和职责范围内努力使被接管银行恢复正常的经营能力,并承担相应的违法或违约责任。

---

① 杨凯生:《银行风险防范和危机化解——国际比较研究》,中国金融出版社 2000 年版,第 58 页。

② 具体见挪威《1996 年银行保障体系法》中第 3-2[1]条的规定。

③ Tobias M. C. Asser, Legal Aspects of Regulatory Treatment of Banks in Distress, IMF2001 p. 137.

④ Henry N. Schiffman, *Legal Measures to Manage Bank Insolvency in Economics in Transition*, Kluwer Law International, p. 100.

⑤ 具体见挪威《1996 年银行保障体系法》中第 4—8 条的规定。

三、接管实施的问题与对策

接管人在接管危机银行后,应采取一切合理措施挽救信用危机银行,帮助其恢复正常的经营能力。我国《商业银行法》规定,“接管的目的是对被接管的商业银行采取必要措施,以保护存款人的利益,恢复商业银行的正常经营能力”。[①]但对于具体什么是合理的措施,则必须进行必要的法律规范。这是由于许多措施并不是在现代法律框架内就能够解决的,它必须经过法律的特别授权。“通常,它的挽救措施主要包括进行机构整顿和发放临时贷款。进行机构整顿是对被接管金融机构的重要挽救措施,它的主要内容包括:整顿财务纪律、调整经营方向、合理组织资金运用、改善经营管理和健全监督制度等”。[②] 在美国,联邦保险公司可以采取多种手段挽救银行危机,可以提供直接的资金支持以维持其继续营业,可以促使另外一家新成立的或业已存在的机构收购被接管银行并承担其负债,还可以由联邦存款保险公司尝试把破产银行的授保存款转让给一个新成立的或业已存在的机构。[③] 由以上可见,商业银行的接管措施主要包括:整顿机构、发放再贷款,以及兼并、收购和处置交易。实施这些接管措施的基本原则是,“应进行严格的成本—效益分析,来决定清算倒闭银行的最低成本解决方案”。[④]

对于丧失流动性的危机银行进行资金援助是解决危机的重要措施,但我国现行法律并没有明确规定相关内容,没有规定提供资金援助的条件和援助的方式。从国外的立法情况来看,“监管当局在没有存款保险的情况下,更倾向于扩大资金援助的范围”[⑤],以维护整个金融系统的安全。从提供资金援助的条件来看。“向面临倒闭的银行提供特别资金援助,必须是基于系统因素方面的考虑,而不是其他方面的顾虑”。[⑥] 如果没有具体规定资金援助的条件,则必然使援助行为带有极大的主观随意性,使当事人的利益难以有确定性的保障。从援助的方式上来看,各国所采取的主要援助方式包括:由中央银行提供再贷款,由存款保险机构贷款或担保,由其他商业银行对其贷款进行担保,或者以债券互换交易的形式融通资金。此外,在我国现行法律中也没有明确规定兼并、收购和处置交易制度,这些都会使商业银行接管措施的实施具有很大的随意性,使接管行为处

---

① 见我国《商业银行法》第七章第64条第2款的规定。

② 刘少军等:《经济本体法论》,中国商业出版社2000年版,第598页。

③ 管斌:《论我国金融机构接管的法律涵义》,载《银行与企业》2000年第10期。

④ 具体见美国法律汇编,12U.S.C§1823[c][4]。

⑤ 陈元主编:《美国银行监管》,中国金融出版社1998年版,第98页。

⑥ 沈达明、郑淑君编著:《英法银行业务法》,中信出版社1992年版,第43页。

于难以预测的状态。我国接管法律制度的现状必然要影响到涉及接管的诉讼，使法院在受理和裁判接管案件时，也处于难以具体判断的境地。

四、银行接管的诉讼问题与对策

在我国现行的法律框架下，商业银行接管过程中可能遇到的诉讼问题，主要包括：由于接管决定所引起的诉讼问题，由于接管关系所引起的诉讼问题，以及由于接管措施引起的诉讼问题。

由于接管决定引起的诉讼，主要包括两种基本类型：一是被接管银行对接管作为有疑义；二是危机银行对接管不作为有疑义。前者的诉因主要是被接管银行认为自己并没有达到应该被接管的标准，而监管机关做出了对其接管的决定，它可能构成对被接管银行正常经营管理权的侵害；后者的诉因主要是危机银行认为自己达到了被接管的标准，而监管机关并没有做出接管的决定，不对其实施相应的接管挽救措施，任其经营管理状况继续恶化，最终导致其不能恢复正常的业务经营能力。这两种诉讼的核心是接管标准问题，由于我国目前法律规定中只有两个抽象的标准，在具体的司法实践中只能将这两个抽象的标准进行具体化。即在商业银行资产质量、流动性状况、资本充足率、收益合理性、管理健全性和经营合法性上已经严重恶化，按照正常的判断不对其实施接管必然导致其破产的条件下，才能而且必须实施接管。否则，就可以认定为监管机关不应作为或者不作为，必须承担相应的行政法律责任。

由于接管关系所引起的诉讼，主要包括四种基本类型：一是接管申请人的资格问题，二是接管与重整优先权问题，三是接管人的资格问题，四是接管人的权力和职责问题。在接管申请人的资格问题上，我国目前法律并没有明确的规定，应参照各主要国家的规定和我国《破产法》的规定，只要是达到一定利益关系程度的主体，都应有权提出商业银行的接管申请。特别是有法定监管职责的主体，如果应该提出申请而没有提出应承担一定的行政不作为责任；在接管与重整的优先权问题上，参照各主要国家的规定和接管的核心目标，应以接管程序优先于重整程序，接管程序中的重组程序优先于破产中的重整程序为裁判的基本原则，以充分保障接管目标的实现；在接管人特别是接管的金融机构资格上，接管的金融机构必须是具体良好的资产质量、资本质量、合理收益和健全的银行管理机制，同时在近期内不得有违法或违规经营的记录，否则它就不应具有作为接管金融机构的资格；在接管人的权力和职责问题上，接管人必须在法律限定的范围内实施接管行为，必须在被接管商业银行的经营管理权限范围内实施接管行为，必须在接管决定所规定的权限范围内实施接管行为，必须按照被同行业所公认的经营行为范围内实施接管行为，否则也必须承担相应的民事责任、行政责任，甚至是刑事责任。

由于接管措施所引起的诉讼,主要包括两种基本类型:一是接管人所实施的接管措施种类是否合理,二是接管措施实施的程度是否达到了合理的标准。在我国的现行法律中,并没有明确规定可以实施的接管措施的种类,在此条件下只能以各国的相关法律规定和我国的具体情况做出合理的判断。对中央银行再贷款措施的合理性,应以该贷款是否具有挽救的决定性意义,以及贷款损失的可能性与它可能产生的社会效益的关系上进行判断。“通常,只有在预计只要向其提供临时性贷款就能够使其摆脱困境;或者该金融机构能够具有清偿贷款的客观保障;或者认为该金融机构一旦破产对社会将有重大影响的情况下,才会给予临时性贷款援助”。[①] 这是由于中央银行的贷款资金是国有资产,贷款的损失会直接导致国有资产的流失,应该在保护国有资产与维护金融安全之间进行合理的权衡。其他非政府机构提供的资金援助,则只能按照普通的商业规则进行判断。至于接管措施实施的程度是否达到了合理的标准,在目前没有明确法律规定的条件下,只能以它是否符合基本的法律原则,是否符合相关的法律规范,做出接管决定的主体授予其权力的范围,以及其经营管理的行业合理性进行判断。

---

① 刘少军等:《经济本体法论》,中国商业出版社 2000 年版,第 598 页。

担保公司参与银行信用卡业务：现实模式与法律探析*

◇ 郭 雳**

内容提要 担保公司参与银行信用卡贷款的实践已在多个省区开展。本文认为：基本上现行法律法规对该业务模式既不存在障碍，也没有多少保障。此项金融创新回应了现实需求，试验中取得了不错效果，但风险控制和技术保障尚需加强，仍待在规范中发展推广。银监部门应当成为主要监管者，资质准入管理、资本保证限比、控制人和关联担保等应成为关注的重点。

关键词 金融创新 银行卡 贷款 担保

近年来银行信用卡业务发展迅猛，而担保公司参与信用卡贷款的实践在江苏、广东、海南、山西、河南、陕西等省区都有开展，并已引起监管者和理论界的关注和讨论。本文试图对这一金融创新现象进行法律政策分析。文中首先以中部某省实践情况为例，围绕合同条款对该模式做出概要描述；其次，从担保公司和银行两方面分别探讨其面临的法律问题；最后，从更宏观的角度进行法律政策分析和预测，在此基础上归纳简要结论，并提出相关建议。

一、模式概要描述

担保公司介入银行信用卡贷款业务涉及三方当事人：担保公司、银行、持卡人（信用卡申请人）。三方通过协议创制法律关系，即担保公司和银行间的合作协议、担保公司和持卡人间的信用卡担保委托协议以及银行和持卡人间的信用卡（主要为准贷记卡①）申领使用协议。协议条款设定的模式流程如下。

---

* 本文已发表于《法学》2007年第1期。

** 郭雳，法学博士，北京大学法学院副教授，PAFIRC研究员。

① 参见中国人民银行《银行卡业务管理办法》第6条。

申请人自行或经银行推荐向担保公司寻求担保服务。担保公司通过材料初审、面谈、家访对其进行资信审查,核心条件有三:本市户口、固定住所(最好为自购)、稳定收入。审查通过后,资料被提交银行信用卡部,后者主要通过查询人民银行征信系统、银联“黑名单”、行内交易记录等确认申请人资信状况,并自主决定是否发卡(通常会同意发卡授信)。获担保的持卡人多为小企业经营者,另有少量公务员。

担保公司的担保服务形式为对准贷记卡有效期内发生之透支金额做连带责任保证。担保公司事先依约在银行指定账户存入保证金100万元,当透支金额每超过1000万元时,须补增保证金100万元。透支还款期(60日)内持卡人无法全额偿还本息的,银行书面催告持卡人和担保公司;通知后满90日持卡人仍不能偿还的,担保公司承担保证责任,银行有权从保证金账户直接划扣。其后,担保公司向持卡人追偿,银行应予协助。担保公司自行或经公安机关找到持卡人,协商或诉讼解决偿还事宜。

除最初的资信审查费(30元)外,担保公司的收入来源主要有:向持卡人收取的担保费(约360元/年),与银行分享的透支利息(也有协议称之为“代理费”,自透支发生时起算,通常为利息的50%;承担保证责任代偿的,其后全部透支利息归担保公司),透支还款期届满后持卡人约定负担的违约金(每日以实际逾期金额的万分之三计,有协议另加计滞纳金)。通过该模式的运用,担保公司获取了可观的收入。银行的发卡量大增,利润上涨,而原本获批有困难的信用卡申请人因为有了保证支持,享有持卡透支便利,比较方便地获取资金用于消费或经营。

二、担保公司相关法律问题

(一)担保能力

担保公司多属依据我国《公司法》设立的有限责任公司,注册资本人民币5000万元,营业执照显示的经营范围是依《担保法》从事担保业务。作为公司法人,担保公司具有担保能力。在我国《公司法》2005年修订之前,或许有人可提出疑问,因为原《公司法》第60条规定:“董事、经理不得以公司资产为本公司的股东或者其他个人债务提供担保。”条文中的“其他个人债务”可能被解释为涵盖上述业务中的持卡人透支。然而该条并不构成实质法律障碍。第一,该条立法本意旨在维护资本充实原则;第二,其约束的对象为董事、经理;第三,对于这里的“个人”作何理解历来存在争议。这些关键点表明,其所指向的显然不是模式中担保公司自身开展的保证业务。更重要的是,我国《公司法》修订已将该条删除。

2005 年修订的我国《公司法》第 12 条规定:“公司的经营范围由公司章程规定,并依法登记。公司可以修改公司章程,改变经营范围,但是应当办理变更登记。公司的经营范围中属于法律、行政法规规定须经批准的项目,应当依法经过批准。”在目前法律、行政法规未要求对该担保业务预先批准的情况下,担保公司可以合法经营该业务。需要注意的是,《公司法》第 16 条规定:“公司向其他企业投资或者为他人提供担保,依照公司章程的规定,由董事会或者股东会、股东大会决议;公司章程对投资或者担保的总额及单项投资或者担保的数额有限额规定的,不得超过规定的限额。公司为公司股东或者实际控制人提供担保的,必须经股东会或者股东大会决议。前款规定的股东或者受前款规定的实际控制人支配的股东,不得参加前款规定事项的表决。该项表决由出席会议的其他股东所持表决权的半数以上通过。”因此当受担保持卡人是担保公司股东或者实际控制人时,应满足上述的公司决议程序要求。

我国《担保法》第 7 条规定:“具有代为清偿债务的法人、其他组织或者公民,可以作保证人”。同时,第 8 条、第 9 条、第 10 条分别排除了国家机关,以公益为目的的事业单位或社会团体,以及企业法人分支机构或职能部门等作为保证人的资格。这些规定均不影响模式中担保公司保证的法律效力。

(二) 资质与监管

目前,除了作为公司法人接受工商部门管理外,担保公司在经营资质和监管方面都缺乏具体规定。笔者认为,这些空白有必要尽快加以弥补。这是因为:首先,该模式下透支还款拖欠的风险只是有所分散,并没有被消除,而且随着发卡量的增加,风险还可能被放大;其次,如前所述基本上所有公司现在都可从事该业务,容易出现鱼龙混杂的局面,公司与申请人串谋骗取银行资金的情况难以避免;最后,即便没有诈骗动机,不受规范的公司也可能由于自身风险控制能力的薄弱而最终无力扮演担保角色。

可以考虑的资质管理包括:(1) 注册资本要求,较新《公司法》一般规定提出更高的下限,并采取实缴资本制。(2) 规定主要股东的资格条件,报告披露实际控制人。(3) 专营或主要经营该项担保义务。(4) 董事、高管具备任职资格(肯定及否定性)。(5) 名称中标明担保公司性质。

笔者认为,对于这类特殊的担保公司,银监部门是比较适当的监管者。该业务衍生于信用卡放款,而后者目前在我国由银行专营,担保公司和银行的风险息息相关;另一方面,鉴于资金使用者实际上多为小业主,从促进中小企业发展的角度,亦有主张担保公司由发改部门监管。然而依原则而论,由于存在明显的利益冲突,改革促进职能不宜共属于其监管机构。而且,现代监管很大程度上是信息监管，掌握更多金融信息资源的银监部门处于更有利的监管地位。当然，对于担保公司的收费等，发改、物价部门仍可以具有一定管理权。

（三）风险与控制

担保公司提供保证服务，面临的最大风险在于持卡人无法还款，而且该风险仍有可能被最终传导到银行。为限制这种风险，仿效银行资本充足率监管，应对担保公司资本（产）与担保总额之间的比例进行明确限定。实际上，类似规定已存在于我国对境内机构对外担保的管理，例如当保证人是中资金融机构时，其对外担保余额、境内外汇担保余额及外汇债务余额之和，不得超过其自有外汇资金的 20 倍；保证人是非金融企业法人时，其对外担保余额不得超过其净资产的 50%，并不得超过其上年外汇收入。[①] 据悉目前担保公司与银行约定的保证金与透支额间 10% 的比例，主要是参考了原先经贸委有关的指导意见。我们认为，在此基础上还应考虑限定资本与透支额的比例。未来监管部门有必要出台更具权威性的规定，并根据实践确定最终比例。

运行该模式，原先银行对申请人的审查被部分转移到担保公司，后者结合国情逐步摸索有效风险控制指针，如户口、家庭固话、公务员身份等。同时，担保公司必须建立完善风险管理与内部控制体系，防范工作人员与申请人内外勾结，并减少因其疏忽而导致的损失；可考虑增加采取反担保等措施。在催收追偿环节，担保公司较之银行的高效率一定程度上归因于其与公安等司法部门的关系，这种事实上的风险控制手段是非制度化的，也并不稳定，应用中必须注意维持在合法范畴。我们更不希望看到担保公司与黑社会暴力收账发生牵连。此外，担保公司有时与持卡人约定可将后者不良还款记录公之于众，也可能引发法律争议和诉讼风险。这一问题的根本解决有赖于我国隐私权、特别是金融信息隐私权法规的建立。

三、银行相关法律问题

（一）业务限制

银行借助担保公司开展信用卡业务，并不存在法律障碍。《银行卡业务管理办法》将信用卡按是否向发卡银行交存备用金分为贷记卡、准贷记卡两类，第 41 条规定："发卡银行应当认真审查信用卡申请人的资信状况，根据申请人的资信状况确定有效担保及担保方式"。第 47 条规定的发卡银行追偿透支和诈骗

---

① 中国人民银行《境内机构对外担保管理办法实施细则》第 21 条、第 22 条。

款项的途径中，也包括向保证人追索透支款项。可见，认为保证与信用互斥不容存在偏颇，是对信用卡之“信用”的片面理解。

不过该业务模式在细节上仍值得推敲。例如，担保公司与银行分享透支利息，特别是在代偿后独享全部利息。尽管有些合同称之为“代理费”，尽管该收入确实衍生于银行，但这是否也可以被理解为是担保公司变相或被动在从事贷款业务？银行在拨出部分利息时，会计上应如何确认？如果纯以民事担保关系对待，则可能产生其他方面的问题。例如，综合计算透支利息、违约金、滞纳金，对持卡人的实际负担则可能超过对民间借贷的限制，成为疑似高利贷。

（二）信息与保密

目前银行运用该模式时，在信息处理上普遍比较小心。申请受理阶段，银行查询人民银行征信系统、银联“黑名单”、行内交易记录确认申请人资信状况时，不具备这些系统使用资格的担保公司并不介入。发卡使用阶段，银行和担保公司定期（每周1—2次）交换所掌握信息。此时由于担保公司负有保证责任，切实承担风险，获取信息应无不当。为稳妥起见，银行在与持卡人订立合同时，应获取对方明确签字授权，以向担保公司传递有关信息。

（三）风险与控制

担保公司的引入，使得银行对透支回款的担心大大降低，但这并不意味着风险的彻底消失，只不过银行的重点主要从选择（关注）持卡人转移到选择（关注）担保公司。在协议中，银行也设计出一些风险控制手段，如约定可对担保公司所聘用人员进行审核，并有权随时查询有关资料；审核担保公司人员所使用的名片以及对外广告宣传制品。此外，银行有必要注意：(1) 尽量降低担保所产生的道德风险，履行好自己的审核监督职责。(2) 恪尽约定业务，如对符合条件的信用卡在全国范围内及时予以止付，防止担保公司损失扩大，引发违约争议。(3) 实时监控透支余额的变化，催促担保公司按比例补缴保证金；同时严格依照约定划转资金，防止侵害担保公司合法利益。(4) 积极协助担保公司追讨代偿款项，维护合作关系。

四、法律政策分析、预测及建议

金融创新的背后必有原因推动。担保公司参与银行信用卡业务这一新兴模式的出现，促使我们思考一系列问题。银行、担保公司、持卡人的“多赢”局面反衬出原有秩序下利益驱动的缺失。近年来，银行卡在我国出现了数量上的大幅增长，但主要以借记卡为主，以“睡眠卡”居多。究其原因，除社会信用体系、居民消费习惯和投资偏好外,国有银行体制恐怕是最根本的原因。一方面,银行员工推广信用卡得不到应有的激励,标准简单粗放;另一方面,对信用卡坏账核销缺少符合其规律、有针对性的规定,抑制了展业的积极性。为改变摊派发卡、领而不用、表面繁荣的状况,多家银行在整体进行股份制改造的基础上,引进国外先进经验技术,重塑信用卡部门和流程,构建面向市场需求、创造切实利润的新业务。该模式正是这个大背景下的一个具体创新。

与此同时,中小企业特别是小企业、小经营者、创业及再就业者融资困难的问题非常突出,尤其是缺少一种能够循环使用、可持续的借贷工具。资金供应需求无法契合,双方的信用评价和预期存在断层。于是一些敏锐而有远见的民营企业家自觉地介入到这一过程,通过提供担保弥合上述断层,并从中获取利润。之所以选中信用卡这一载体,一是因为它使用便捷,可以反复利用,二是因为我国法律,特别是刑法对信用卡犯罪给予了较严厉的打击①,司法介入比较积极有效。之所以担保公司较之银行更具效率,首先是由于业精于专;其次不排除其拥有某些特殊的社会资源,当然最重要的还是体制因素。民营担保公司对成本、风险的关注,敬业精神和催收投入都是目前大多数银行无法比拟的。

当然该模式在解决原有问题之时,也出现了不少新问题。首先,诸如前述信用和担保的关系,信用卡应/可否用于生活消费之外②,都需要有别于传统定式的思维。其次,这种担保究竟是否属于金融,需受到怎样的监管。一方面,它并非某项银行业务的外包,本身属于普通民事范畴;另一方面,它又确实直接影响到银行的信贷资产安全,有必要置于特殊监管之下。尽管我们倾向于由银监部门进行监管,但银监法中却缺乏监管该类主体的明确授权。③ 这一矛盾需要立法解释加以化解。最后,该模式的顺畅运转,终归离不开很多社会基础制度的完善,如统一征信体系、个人破产制度、社会保障体系、金融信息使用和隐私权、消费者保护制度等。

此类金融专项担保公司的未来也令人关注。由于实践较短,其生命力尚未经历一个完整经济周期的考验。从经营角度,若干环节如实际控制人、关联交易、资本/产与担保比例等无疑值得重视。整体上,我们更寄望于规范运作、不断成长的民营担保公司。此前担保公司的发展难尽人意,"官保、小保、乱保"的现象严重。很多地方政府主导成立的担保公司不尊重市场规律,甚至沦为解决官员出路或谋取私利的场所。同时,非政府背景的担保公司由于规模小、基础差,迫于生存压力容易形成向下(down to bottom)恶性竞争,继而面临被全盘否定、

---

① 参见我国《刑法》第196条以及2005年2月刑法修正案五。

② 《银行卡业务管理办法》中并没有对信用卡设定消费目的。

③ 《银行业监督管理法》第2条。

一刀切的下场。此外,担保公司发展地区差异明显,受认识水平、领导思维、银行管理体制影响大,不确定性突出。长此以往,重蹈银行坏账、信托公司困境之覆辙,并非危言耸听。这也呼唤法律政策层面能够发展与规范并重,平衡严格监管和鼓励创新的关系,扶优汰劣,为各类性质企业创造尽可能公平的竞争环境。①

随着银行改制推进、信用卡业务水平提升,该模式下的保证需求将来有可能降低,担保公司面临转型压力。经过保证业务的磨砺以及逐渐扩充资本实力,它们有可能成为专门针对高风险客户的贷款公司。同资本市场一样,信贷市场也应是多层次的。日本就存在这样的独立信贷门类,即消费金融公司,分级服务于银行不愿接手的高风险客户,并以此获取高回报。同时,此类机构之间转移分散风险的市场也会逐步建立。届时无疑又将出现新一轮的法律政策调整跟进。毕竟规则不能只成为自身的目标,而更应作为合理决策的途径。

五、简要结论

综上所述,现行法律法规对于担保公司参与银行信用卡贷款业务这一模式,基本上是既不存在障碍,也没有太多保障。该模式回应了现实需求,试验中取得了不错的效果,但风险控制和技术保障尚需加强,仍待在规范中发展推广。银监部门应当成为主要监管者,资质准入管理、资本保证限比、控制人和关联担保等应成为关注重点。我们期待这一领域呈现金融创新与规范和谐发展的景象。

---

① 2006年3月,中国人民银行《信用评级管理指导意见》中就有对担保机构进行评级的内容。

综合监管框架下的股票准入制度研究

◇ 蒋　睿*

内容提要　新证券法生效后，我国的股票准入核准制度发生了重大变化，这也反映了更深层次的证券监管体制的变革。本文通过对证券交易所和上市公司之间权利义务内容的分析，进一步关注证监会、证券交易所、上市公司和投资者四方关系模式的建立，以期对我国今后证券法相关法律制度的完善有所借鉴。

关键词　股票准入　证券监管体制　上市规则

2005年《中华人民共和国证券法》的一个重大修订，是法律明文规定证券上市、暂停上市和终止上市的核准权由证券交易所行使，这项修订得到业界和学界的共同称道。从整体上看，如果说修订前的证券法确立的是政府主导型监管体制，那么修订后的《证券法》则意图建立一个既有政府监管又强调自律监管的综合监管体制。监管权在不同主体间的配置会对监管各方的权义责产生重大影响，这其中既包括证券市场主体之间法律关系的调整，也包括监管机关对市场主体监管内容的变动。新的股票准入制度就反映出这种变迁。本文拟以此视点，考察证监会、证券交易所、上市公司、投资者四者之间的关系模式的变化，通过对相关法律的具体分析，找出《证券法》修订的后续任务。

一、问题的提出——股票准入制度中的四方关系

2005年修订的《证券法》旗帜鲜明地将股票上市和退市核准权赋予证券交易所[①]，意在强化证券交易所自律管理职能。[②] 从证券交易所自然成长的历史角

* 蒋睿，中国外汇交易中心，法学硕士。

① 参见《中华人民共和国证券法》(2005年修订)第48条、第50条、第55条、第56条、第62条。

② 桂敏杰主编:《中华人民共和国证券法公司法新旧条文对照简明解读》，中国民主法制出版社2005年版，第49页。

度看,证券交易所最初的监管权就是来自于其与会员、上市公司的契约[1],股票上市、退市决定权当属证券交易所。但由于我国证券交易所与政府权力的深刻渊源、与股票发行审批制度的纠缠以及我国多层次证券交易市场"发育不良"等原因,证券交易所的此项权力一直不存在或无实际作用,即使 2000 年、2001 年证监会授权交易所行使股票上市、退市决定权后,证券交易所与上市公司的真实监管关系也没有建立起来。由此看来,2005 年修订的《证券法》的直接赋权自是意义重大。然而,细读证券法具体内容并考察证监会、证券交易所、最高人民法院司法解释等规定,证券交易所的股票准入权力还有很多值得探讨的地方。2005 年修订的《证券法》着力强调了证券交易所自治地位和市场监管能力的加强,但在理顺其与政府监管者、上市公司(上市申请人)和投资者的法律关系方面,却甚惜笔墨。正如有学者指出,当证券法确认了证券交易所自律地位,赋予其一定的类似于行政管理的职权时,就产生监管者、自律组织、被监管对象和监管受益者四方关系模式。而这种模式更需要制度对各方责权利进行妥善安排,如自律组织可能会认为监管者侵犯了自己的权益,被监管者既可能受监管者、也可能受自律组织的压迫,监管受益者可能会认为,无论是监管者还是自律组织都未切实履行监管职责。[2] 那么,在新法框架下,证监会、证券交易所、上市公司(上市申请人)和投资者之间的权责利究竟如何界定呢?

二、监管权的微观基础——上市法律关系

根据我国《证券法》第 48 条规定,证券上市申请包含两个步骤:一是上市申请人申请上市和证券交易所决定是否审核同意;二是审核同意后上市公司与上市申请人签订上市协议。交易所暂停上市公司股票上市、终止上市的决定权都是在这个协议签订之后得到的。上市核准权的性质则是理解二者关系的关键。

1. 上市审核权的法律性质

对上市审核权的性质存在两种理解:一为行政权,二为交易所的私权。如果把上市核准权理解为法律赋予证券交易所的行政权力的话,那么上市申请人与证券交易所就是行政相对人与行政主体的关系,证券交易所核准上市就是一种由法律设定的行政许可。根据我国《行政许可法》第 38 条规定,"申请人的申请符合法定条件、标准的,行政机关应当依法作出准予行政许可的书面决定。"则凡符合《证券法》第 51 条法定上市条件的上市申请人都应该获得上市许可,否

① 北京大学光华管理学院—上海证券有限责任公司联合课题组:《证券交易所管理市场职能的法律性质研究》,载《上证研究·法律专辑》,复旦大学出版社 2003 年版。

② 董炯、彭冰:《公法视野下中国证券管制体制的演进》,北大法律信息网,2005 年 4 月 21 日。

则上市申请人可以提起行政复议和行政诉讼。然而,根据《证券法》第 62 条规定“对证券交易所所作出的不予上市……决定不服的,可以向证券交易所设立的复核机构申请复核”的内在精神,似意在排除行政复议和司法审查。上交所《股票上市规则》[①]第 15 条规定“本所在受理复核申请后 30 个交易日内,决定是否维持不予上市……的决定。该决定为终局决定”则表达了交易所和证监会这种理解。第 5 条将《证券法》规定的四个法定上市条件列入,同时申明所列第(一)至第(四)项条件为在本所上市的必备条件,本所并不保证发行人符合上述条件时,其上市申请一定能够获得本所同意。这与行政许可法的“满足法定条件即应授予”的原则不同,而是体现了私法自治原则。此外,根据《行政许可法》第 18 条规定,设定行政许可,应当规定行政许可的实施机关、条件、程序、期限;但证券法对此规定很少,基本都是在交易所的上市规则中规定,亦体现此原则。而且,从《证券法》第 229 条对证券交易所对不符合本法规定条件的证券上市申请予以审核同意的情形,并不是由证监会直接撤销其许可,而是处以罚款,对直接负责的主管人员和其他直接责任人员给予警告和罚款的行政处罚。这一条间接否定了上市审核权的行政权性质,表明证监会必须尊重证券交易所的自治权,其不能直接撤销证券交易所的自治决定,而只享有间接监管的权力。

2005 年修订的《证券法》的立法精神也在于此。《证券法》第 102 条规定证券交易所实行“自律管理”,而接纳上市公司则是其自主经营的重要部分,是否为某一公司提供上市服务应属于其自主决策范畴,故《证券法》52 条规定证券交易所可以规定高于法定上市条件的额外条件的权力,上证所上市规则中所强调的裁量权和复核权也是体现了其自治特征。交易所的自主权在于是否接受公司上市,一旦接受,交易所就应该依据确定的规则提供交易服务并对上市公司进行监管。

2. 上市公司与证券交易所之间的关系

《证券法》第 55 条、第 56 条规定,如果上市公司出现法定情形或证券交易所规定的其他情形,则证券交易所有权决定暂停或终止其股票上市。此种监管是行使行政职权还是自律管理权?从法条来看,证券交易所对上市公司的监管权力似乎不是来自上市协议,而是来自证券法的直接规定和证券法的授权。《证券法》第 55 条、第 56 条法定情形是交易所必须遵守的,除此之外,交易所可在上市规则中规定其他情形,即交易所拥有“剩余控制权”,制定上市规则是交易所的法定权力,法律根据保护公众利益的需要,强制要求上市规则的部分内容并不能改变上市规则的私法自治性。

---

① 深圳证券交易所股票上市规则与上海证券交易所股票上市规则基本相同,此处以后者为阐述对象。

上市规则作为合同条款标准化产物，影响力早已扩及合同当事人以外的主体，并且合同赋予当事人一方一交易所的权力得到法律明确认可，那么上市规则已经超出了商事合同范畴，成为普适性的监管规则；从另一个角度看，上市规则中的对上市条件规定在协议缔结前就发挥作用，则将其理解为监管规则更符合逻辑。有学者将交易所的这种职能称为“法定自律管理权”，即由法律直接规定的交易所自律管理的权力。这种提法正反映了我国独特的监管权发展脉络。因此，管理权虽为法定，但并不改变其私法监管的性质。

三、新股票准入制度下四方权责利的探讨

既然证券交易所自主决定是否与上市公司签订上市协议，并根据交易所制定的规则对上市公司进行监管，那么证监会则退居到间接监管的位置上。对上市公司的暂停上市和终止上市，是证券交易所行使监管权的重要内容。由于易转让性是证券价值的组成部分，丧失上市资格会对上市公司和投资者的利益产生重大影响。因此，在股票准入问题上，证监会的监管范围以及对监管相对人的权利救济是硬币的另一面。无论是政府还是其他组织，只要具备影响他人财产的权力，都必须受到制约并赋予被影响者寻求救济的机会，证券交易所的权力也不例外。上市规则作出的股票上市、暂停上市和终止上市的决定都会影响到投资者特别是股东，他们作为股票的持有者，从股票高流通性中获益，可以说是直接利害关系人。证券交易所所暂停上市、终止上市规定，无疑会影响投资者的财产利益。但对此，2005 年修订的《证券法》对投资者的利益诉求并没有任何规定，虽然从法理上讲，只要权利被侵害就可以到法院起诉，但我国司法实践表明，如果法律没有明确规定，证券诉讼往往不被法院受理。以下进行具体分析。

1. 上市审核中证券交易所的法定责任

根据《证券法》第 229 条规定，证券交易所对不符合证券法规定的证券上市申请予以审核同意的，证券交易所承担行政法律责任。即证券交易所必须保证其予以上市核准的股票符合法定条件和其另外规定的条件。查看证券法规定的 4 个法定条件，均属于几无自由裁量余地的硬性条件，证券交易所在此不必作实质上的审查。对于法定上市条件，既然法律要求交易所就核准不够条件者上市承担法律责任，则意味着交易所需要对上市公司符合法定条件的真实性作出保证，违反这个义务就要受到行政处罚。那么，不符合上市条件的公司上市给投资者带来损害的，投资者是否可以要求证券交易所承担责任呢？从上市条件的性质来看，它是交易所上市公司质量的手段，既然要保证质量，则对于证券交易所另外拟定的判断公司投资价值的上市条件，证券交易所是否应当承担实质审查责任？同样的，证交所是否要为无投资价值的公司上市承担责任？这种责任的

性质如何呢？出现疑问的原因在于，《证券法》将上市核准权交给证券交易所的同时，还保留了对证券交易所上市核准权的直接监管，证交所对上市公司是否真实满足法定条件就负有法律责任。而对照其他国家实践，凡是拥有上市核准权的证交所，上市条件都是由交易所自己规定，而没有法定上市条件。证交所违反条件核准上市就成为证交所不遵守自己制定的规则的问题。

2. 暂停上市、终止上市中的救济

根据《证券法》第62条的规定，对证交所作出的不予上市暂停上市、终止上市决定不服的，可以向证券交易所设立的复核机构申请复核。在上交所和深交所的上市规则中都规定了自己的复核决定为终局决定。这种规定是否合法？自律权是否等同于拒绝行政机关和司法机关的审查？显然不能如此理解。

上文已经讲过，是否接受上市是证券交易所的经营决策问题，可以由证交所自身作出最终决定。然而，公司上市后，就与众多的投资者利益相关，暂停上市和终止上市的决定对公司来说是非常严厉的措施，而对投资者的影响更大。所以，各国都对上市公司退市规定了严格的程序，尽量减少退市造成的不良影响。根据日本证券交易法的规定，上市废止必须向大藏省申报[①]；美国纳斯达克市场股票退市时，在市场作出退市决定后，纳斯达克理事会应一个或多个会员的请求，在理事会下一次开会以前对上市资格小组与听证审查委员会的决议进行复审。如果理事会不再决定复审或会员撤回对复审的要求，上市资格小组与听证审查委员会的决议为最终决议。上市公司对最终决议不服的，可以向美国证监会提出复审要求。上市公司对证监会决定不服的，可以向法院提起诉讼。[②] 可以看出，证交所的监管权并不能排除法院的司法审查权，然而出于证交所对效率的特殊要求，应当首先使用行政手段寻求救济，行政手段用尽才能向法院诉讼。我国最高人民法院2005年发布的《关于对与证券交易所监管职能相关的诉讼案件管辖与受理问题的规定》，已经明确规定了受理与证券交易所监管职能相关的诉讼案件，证交所根据法律行政法规、行政机关授权和章程规则作出的处理决定都在司法审查范围内，但排除了投资者起诉交易所的情形。由于还没有相关的证监会提供行政救济的规定，完整的审查体系尚未建立起来，这需要相应的法律法规作出进一步的明确。

3. 证券交易所违反监管义务的法律后果

证券交易所存在两种违反监管义务的方式：一是上市公司没有出现暂停上市、终止上市的情形，而证券交易所作出暂停或终止上市的处理决定；二是

---

① 王京、滕必焱编著：《证券法比较研究》，中国人民公安大学2004年版，第295页。

② 项雪平：《上市公司从二板市场强制退出的法律问题研究》，载《浙江师范大学学报（社会科学版）》2005年第4期。

上市公司已经出现法定情形,但证券交易所没有作出相应处理决定。即积极地违反和消极地违反。所谓积极地违反,就是证券交易所作出的处理决定违反了法律、行政法规、行政授权或章程规则;所谓消极地违反,就是证券交易所没有履行法律、行政法规、行政授权或章程规则规定的监管义务。前者,处理决定对相对人和投资者的利益都可能造成损害;后者,往往是投资者作为监管受益人受到损害。

第一种情形下,如前文所述,最高人民法院的司法解释明确受理,但《证券交易所管理办法》中没有规定证监会此种情况下的监管责任。第二种情形下,根据《证券交易所管理办法》第 94 条和第 96 条的规定,证监会对证券交易所及其高级管理人员在监管工作中不履行职责的行为予以处罚。其第 98 条规定,"证券交易所会员、上市公司违反国家有关法律、法规、规章、政策和证券交易所章程、业务规则的规定,并且证券交易所没有履行规定的监督管理责任的,证监会有权按照本办法的有关规定,追究证券交易所和证券交易所有关高级管理人员和直接责任人的责任。"而对于这种消极违反监管义务的行为,投资者的诉权已被最高人民法院司法解释排除。根据美国的司法实践,私人没有监督证券交易所履行监管职能的权力,这项职责只能由证监会专门行使。①

从现行法上看,证监会从三方面监管证券交易所的股票准入决定权。首先,批准证券交易所规定的高于法定条件的上市条件;其次,通过批准上市规则批准证券交易所规定的暂停股票上市和终止股票上市的法定情形之外的其他情形;最后,对证券交易所不符合条件的证券核准上市的行为处以行政处罚。这向我们展现了一个缩小的证监会权力,其明显的特点就是,证监会对股票准入没有任何直接监管权,只能通过事前监管证券交易所制定的具体条件和规则,和事后对证券交易所违反法定条件的核准行使间接监管权。即证监会对于证券交易所制定的规则和条件只有事前审批权,没有事后监管权。因此,对证券交易所履行职责的监管成为证监会更重要的职责。

四、余　　论

虽然我国《证券法》已经明确规定交易所行使股票准入监管权,但在中国目前多层次证券交易市场尚不完善的情形下,拒绝核准的情形可能还不多见。而且,在目前的股票发行核准制度下,上市审核存在的意义有多大也是个颇有争议

---

① 美国 1997 年 Clark E. Niss v. NASD 案中,原告因按证券公司的建议购买上市公司股票造成亏损,遂以 NASD 没有履行适当监管其会员的法定义务和对第三方的利益保护义务,构成普通法上的疏忽责任为由起诉 NASD。而法院认为,自律组织不履行监管其会员的义务并不构成诉因。

的问题。但不可否认的是,证券交易所对上市公司的自律监管职能已经明确建立,背后隐藏的逻辑是证监会与证券交易所之间的法定监管分工。在市场监管一线,应以证交所的监管为主,证监会的监管主要体现在对批准规则和监督证券交易所等间接监管上,但监管相对人和监管受益人的权利保护应当被充分考虑。证监会、证券交易所、上市公司和投资者之间的权利义务关系如何明确仍是有待完成的重要任务。

城市客运出租汽车行业的政府管制

——兼谈“十一五规划”指导下的管制创新*

◇ 常　健**

内容提要　城市客运出租汽车行业属于城市公用事业，政府一般对其实行管制政策。我国客运出租汽车行业的政府管制由地方人民政府负责，包括市场准入管制、价格管制和质量管制。然而，由于管制政策设计上的缺陷，管制效果并不理想，导致管制失败。针对管制过程中所出现的问题，我们应该在理顺管理体制的基础上，采用激励性、协商性的管制方式，对管制内容进行调整，在管制与放松管制之间寻求平衡。

关键词　出租车　政府管制　管制失败　管制创新

一、出租车行业政府管制的现状

（一）管制体制

目前我国出租车行业的管理由地方人民政府负责，地方人大和政府根据当地情况制定具体的管理制度。但是，在地方自主管理的过程中，还存在着多头管理、体制分割、政出多门的问题。城建、交通、公安、税务、物价等多个部门都涉足出租车行业的管理。由于没有统一的发展规划，不仅造成出租车市场的无序发展，而且多部门管理也造成多头收费，加重了经营者负担。这种不同地方、不同部门归口管理的做法，不仅不符合我国机构改革的“三定”方针，而且从宏观管理的角度看，这种管理体制不利于中央和省级人民政府的宏观管理，缺乏长远规划和全国范围内的强有力的统一协调。

---

*　本文已发表于《法律评论》2007 年第 3 期，共计 1.4 万字。

**　常健，法学博士，华中师范大学法律系副教授，硕士生导师。

(二)管制政策的制定与执行

目前有关出租车行业政府管制的全国性法律依据主要是部委规章。这些部委规章对于出租车行业的管理做了一些原则性的规定,内容非常简单,其内容还相互冲突。在地方,省、直辖市、省会市人民政府制定的地方规章,以及地、市(县)人民政府及出租车主管部门的政令、文件构成出租车行业管制的法律依据。从总体上看,由于出租车行业实行地方政府负责制,地方规章及政策文件在出租车行业管制中的实际影响力较大,以致不同地方产生出不同的出租车管理模式。此外,交通部、建设部、各级人民政府和出租车主管部门既是出租汽车行业管理政策的制定者,也是政策的执行者和实施者,政策的制定和执行并没有分开。

在西方国家,尤其是美国,各级法院实际上是非常重要的管制机构,很多管制行为都是由法院判决做出的。当政府管制机构的管制行为受到质疑时,管制机构的决定并不是最后结果,法院的裁判才是最后的决定。然而,在我国,法院事实上还没有介入对出租车行业的管制。

(三)政府管制的主要内容

1. 市场准入管制

目前,对出租车行业市场准入的限制主要表现在三个方面,即对经营主体的限制、对经营模式的限制以及对出租车的总量控制。

对经营主体的限制体现在两个方面:一方面,政府通过立法的形式对经营主体的资质提出了要求;另一方面,政府在审批出租车牌照时对不同的申请对象采取不同的政策,比如北京,对国有企业、私人投资的企业和个体司机实行明确的区别对待。

对出租车经营模式的限制,主要体现在目前很多地方政府推行的"公司化"经营模式。政府推行"公司化"经营并逐步取消个体化经营模式,实际上剥夺了个人直接从事出租车经营的权利,无疑又是为出租车行业的市场准入设置了一道门槛。

总量控制则是由政府制定出租车数量总额,满额后停止经营权的审批。建设部、交通部、财政部、国家计委、公安部在《关于进一步加强城市出租汽车行业管理工作的意见》中明确提出,"实行总量控制,保持行业稳定",并进一步指出,"出租汽车有效里程利用率低于70%的城市和地区,原则上不宜以审批、拍卖等形式向市场投放或变相投放新的运力"。

2. 价格管制

我国把出租车行业作为重要的公用事业,依照《价格法》的规定实行政府定价或政府指导价。也就是说,我国出租汽车的运价和收费标准并不完全是由市场的供求关系决定的,而是根据各地的物价水平,由地方出租车管理部门会同物价部门统一制定和调整。推行价格管制一般来说都是为了保护乘客的利益,因为司机和乘客之间存在着严重的信息不对称:乘客在没进入出租车前无法得知出租车的质量,在旅途结束之前无法确认司机的服务数量,通过政府定价可以减少交易费用。

3. 质量管制

由于出租车的运营具有流动性的特点,因此,对出租车的服务进行监管,保证统一高质的服务显得尤其必要。目前,政府对服务质量的管制主要体现在以下方面:第一,明确规定出租车驾驶员的从业资格。驾驶员的服务技术和态度直接决定着服务质量,因此,出租车质量管制首先应从驾驶员入手。目前各地出租车管理机构都对驾驶员资格作了要求,一般包括驾驶技术、身体素质、地理知识、交通规则、城市地理等方面。第二,制订统一规范的服务标准,事前对服务质量做出要求。第三,建立检查、投诉制度和相应的奖惩机制,事后对出租车服务进行监管。

二、出租车业政府管制的失败

政府管制能够弥补市场失灵,但这是建立在以下假设前提之上的:第一,管制者是追求社会福利最大化的,是大公无私的、仁慈的;第二,管制者是无所不知的,拥有完全信息;第三,管制者说话是算数的,管制政策具有公信力。可是,这几条假设都是不可靠的,实际的管制效果并不尽如人意,在一些方面甚至是产生了负效应,政府管制失败广泛存在。①

(一)政府管制限制了正常的市场竞争,导致实际上的垄断

出租车业是个体经营特点很强的行业,但现在很多地方推行的公司化政策,使得司机无法直接获得出租车经营权,实际上剥夺了个人作为经济主体与企业同台竞争的机会。有些城市还借助行政力量强制性地采取公司并购,打造大型品牌出租车公司,导致出租车市场被少数几家企业控制。再加上政府的总量控制政策是一种事后的总量控制,很多地方已经不再批准新的出租车经营牌照,使得许多优秀的投资者无法进入这个行业。在这种管制政策下,现有的出租车公司没有其他市场主体与其抢占市场的威胁,失去了外部的竞争,行业内部又没有

---

① 参见〔美〕施蒂格勒:《产业组织和政府管制》,潘振民译,上海三联书店、上海人民出版社 1996 年版,第 210—241 页。

明确的退出机制,内部缺乏竞争,从而导致少数几家出租车公司控制出租车市场的局面,形成事实上的行业垄断。

(二)政府管制的成本过高

政府实施管制的成本主要包括两个方面:行政成本和社会成本。行政成本包括制定、执行、监督管制政策的成本。从我国政府运作的低效率来看,这个成本肯定不会低。管制造成的社会成本,指的是机会成本,即若没有这些管制政策,社会本来可以达到更好的状态,现在因为政府的管制政策而丧失了。社会的这个损失构成了管制的社会成本。① 北京“个体出租”比“公司出租”每辆车每月多交纳税收约为 170 元,如果全国 78 万辆出租车全部实施“出租车业个体化”改革,将原本交给不必要的中间环节的“车份钱”拿出一小半来,作为税收上交国家,按每辆车每月上交国家税收 1500 元计,仅此国家一年将增加出租车业税收至少是 140 多亿元。② 而这些收入在现行的准入政策下政府是无法得到的,这构成了政府管制的社会成本之一。如果我们把所有的社会成本都计算出来的话,无疑会得出一个大得惊人的数字。

(三)政府管制没有实现社会福利增加

“增进社会福利”既是管制追求的目标,也是进行管制的根本原因和设计管制制度的出发点。然而目前出租车业的政府管制政策的实施,不仅没有实现社会福利的增加,反而对乘客和出租车司机的合法权益造成损害。

首先,出租车服务质量不高。政府对出租车业进行管制,原本是想通过行政手段加强对服务质量的监管。然而,由于政策设计上的缺陷,对出租车服务质量的提高收效甚微。

其次,在政府对承包合同管制和价格管制之下,公司收取的高额“份钱”都转嫁到乘客身上,乘客付出了很高的代价却没有获得相应的高质服务。而且出租车作为一种重要的交通手段,高价格必定影响到很多行业很多经济行为的成本,这是以整个社会的发展为政府的租价管制买单。③

最后,政府管制对司机的福利造成了损失。在现实中出租车公司基于其在政府管制政策保护下获得了垄断地位,司机为了挣回高额份钱疲于奔命,每天工作十几个小时,赚取的近半收入必须交给不进行任何价值增值活动的企业,极大

---

① 郭玉闪:《管制成本与社会公正——透过北京出租车业看政府管制的失败》,未刊稿。

② 根据王克勤记者的报道《北京出租车业垄断黑幕》(《中国经济时报》,2002 年 12 月 6 日)进行的计算。

③ 郭玉闪:《管制成本与社会公正——透过北京出租车业看政府管制的失败》,未刊稿。

地损害了司机的福利，也在事实上造成了司机的悲惨处境。①

（四）政府管制政策诱发了出租车行业寻租活动

政府的准入管制和总量控制政策，使得出租车经营牌照成为了一种稀缺资源，现在很多城市一个出租车经营牌照的价格远远超过出租汽车本身的价格。在这种情况下，政府通过发放经营牌照的方式对出租车进行管制，不可避免地会产生寻租活动。首先，是获得经营牌照的寻租行为，即对管制结果的寻租，而寻租的空间就是没有出租车牌照数量限制与有牌照数量限制之间的收益差额；其次，是对决定发放经营牌照职位的寻租活动，即对管制权力的寻租，只要出租车经营牌照是有限制的，出租车管理部门就会成为人们向往的肥缺；最后，是对政府获得的有关出租车的各项收入的寻租，即对管制收益的寻租。拍卖出租车牌照，政府可以获得一笔收入，但由于没有建立公开透明、接受监督的公共财政制度，贪污、挪用、浪费等情况会经常发生，腐败的机会很多。

三、出租车行业政府管制的改革

面对传统政府管制过程中出现的问题，出现了两种解决思路：一种是放松管制；另一种是进行管制创新。在政府管制低效与市场失灵同时存在的情况下，完全放弃管制或实行私有化也并非是解决问题的万全之策，因此实行管制创新与部分放松管制成为政府管制的发展方向。② 因此，管制政策的失败并不意味着我们要放弃政府管制，而是要在“十一五规划”的指导下，从行政管理体制改革着眼，对政府职能进行重新定位，利用法治手段推进服务政府、责任政府与法治政府的建设。具体就出租车行业政府管制的改革与创新而言，笔者认为，应从以下四方面进行：

（一）进一步理顺管制体制，明确管理机构和职能，加强对管制者的管制

“十一五规划”强调政府职责、机构和编制的科学化、规范化、法定化，合理划分中央与地方及地方各级政府间在经济调节、市场监管、社会管理和公共服务方面的权责。从全国的情况来看，我国出租车管制体制仍然存在“两块皮”的现象，即交通部门和建设部门两个不同的主管部门。为改变此种状况，笔者认为，应尽快将主管部门归口统一到交通部门。

此外，笔者认为，管制者即管制主体必须同时受到管制。由于政府的管制行

---

① 具体情况参见王克勤：《北京出租车业垄断黑幕》，载《中国经济时报》2002年12月6日第2版。

② 雷晓康、贾明德：《市场经济中的政府管制及其创新》，载《北京大学学报》2003年第1期。

为往往是从发布红头文件这种抽象行政行为开始，所以更为重要的是强化对管制行为司法审查，将司法审查范围进一步拓宽，通过独立而有威信的司法机关的审查，实现管制者、消费者及经营者之间的利益平衡。

（二）修正管制方式，用现代的激励性管制和协商性管制替代传统的政府强制指令性管制

我国政府对出租车业的管制是一种以政府为主导的指令性管制，这种管制方式主要依靠对市场机制的过度干预来实现目标，并未充分考虑管制者与被管制对象间信息非对称性的存在与其作用，其效果必定是要大打折扣的。

激励性管制和协商性管制在出租车行业都可以具体化为相应的管制措施。如在出租车经营牌照的发放上，变以前的行政配给为特许投标，在一定质量的要求下，由提供最低运价的申请者获得特许经营权，或者在租价固定的情况下由承诺最佳服务质量的申请者获得特许经营权，这样既能促进经营者提高内部效率，又能使公众受益，还在一定程度上保证了政府管制权力的公正行使。对已经获得经营牌照的经营者，可以通过签订合同的方式进行管制，在双方协商的基础上，将服务质量、运营规范、运营价格、违约的惩处方式等写入合同，形成一个既使得私人利益得到保证，又兼顾公平，同时又便于政府监管的合约安排。此外，还可以用延长特许经营权的方法，激励经营者加强内部管理、提高服务质量。

（三）调整管制内容，在管制与放松管制之间寻求平衡

单纯地提放松管制，甚至放弃管制是不全面的。正确的做法是，对目前的管制内容进行科学合理的调整，该放松的放松，该退出的退出，该加强的加强，合理界定政府职责范围，在管制与放松管制之间寻求平衡。

1. 取消准入歧视，建立退出机制

从理论上讲，允许多种经营形式的同时存在，本来就是市场经济的应有之义。公司和个人都是平等的市场主体，国有企业、集体企业、私营企业和个体户都是合法的经济主体，无论是公司化还是个体化应该是市场竞争与市场选择的结果，而不应当是政府管制下的产物。因此，笔者认为，应取消目前一些城市对个人申请出租车经营牌照的限制，停止出租车经营的公司化改造；政府应从对经营模式和经营主体的管制中退出，由市场来进行选择。

2. 制定科学合理的动态的总量控制政策

目前的出租车数量控制政策的制定不公开、不透明，缺乏科学性和合理性，从而导致公众对总量控制认同度不高，是我国实行总量控制政策存在的主要问题。一个城市的出租汽车需求量涉及道路状况、物价水平、私家车保有量、公交车状况、天气状况多方面的因素，得出一个完全科学的数字难度较大，但是可以

从程序上保障相对的科学和合理。另外,数量控制政策应是一个动态的总量,随着社会生活和公众需求的变化不断调整,并且这个数量控制是一个有进有出的动态控制,这需要建立健全行业退出机制。

3. 纠正管制重心的偏离,将管制重心放到质量管制、安全管制上来

长期以来,政府将出租车管制的重心放在准入管制、价格管制这些和审批、收费相联系的项目上,对于质量管制、安全管制却略显懈怠。政府管制的基本理论告诉我们,政府管制应着眼于社会效益,增进社会福利既是管制追求的目标,也是进行管制的根本原因和设计管制制度的出发点。在诸多管制内容中,质量管制、安全管制才是和公众、出租车驾驶员的利益关系最紧密的。

(四)完善出租车行业的管制立法,提高政府管制的法制化水平

政府管制制度的基础是管制立法。管制立法对政府的管制行为起到三个方面的作用:其一,确定管制依据;其二,确立管制规则;其三,确定所管制垄断行业的基本管制政策和基本产业政策。我国出租车行业虽然有管制立法,但立法质量比较低,存在一些问题。一方面,部委多部门立法,交通部和建设部分别制定了《出租汽车管理办法》,而且在一些问题的规定上是不一致;另一方面,立法层次较低。在地方由地方人大的地方性法规或地方政府的地方规章进行规范,在中央是交通部和建设部的部委规章,但是规章在权利义务的设定是受到限制的,使得很多管制措施欠缺合法性。因此,我们应在管制立法方面加快脚步,提高立法层次,完善出租车行业的管制立法,通过立法带动整个出租车行业政府管制的改革。

职业团队体育运动电视转播权集中销售中限制竞争行为的竞争法分析

◇ 王致远*

内容提要 体育产业对世界经济的贡献值越来越大。但由于体育本身所承载的功能,体育作为整体一直实施自治,享受竞争法的豁免。但近些年来,各国开始密切关注体育及其相关产业对社会经济的影响,并对其反竞争、破坏经济秩序的行为加以规制。本文选取职业团队体育运动电视转播权集中销售中的限制竞争行为作为视角,加以分析和考察。希望通过本文的研究,能对竞争法的实施和职业团队体育运动的发展有所裨益。

关键词 职业团队体育运动 转播权 集中销售 竞争法

一、权利属性与权利归属界定

在异常复杂的社会关系中,对权利的属性和归属分析至关重要。这一切,是社会经济交往得以进行的基础和保证;同时,也是法律分析的逻辑起点。权属不清势必产生冲突。只有厘清权属关系,通过法律对权利与义务的安排,实现对冲突的调和或解决。

体育转播权究竟属于法律上所指的何种权利,目前尚无定论。许多国家立法和司法实践亦采取不同态度,使得这一问题在国际范围内难以形成一致看法。对于一项尚未被法律明确保护的"权利"而言,对其法律属性加以界定是异常困难的。从技术角度而言,"转播权"(broadcasting rights)是随着电视等传播信息的新技术媒介的产生与发展而出现的概念。通过一定的载体,将表演、比赛等活

* 王致远,中国政法大学硕士研究生。

动同步再现于更为广泛的空间范围之内,为更多的观众所欣赏,称之为"转播"。[①] 拥有转播权利的主体自己或允许他人将活动再现,此种权利可以称之为"转播权"。庞德说:"一个概念是一种可以容纳各种情况的权威性范畴。因而,当人们把这些情况放进适当的框子里时,一系列的规则、原则和标准就都可以适用了。"[②]本文将转播权的分析界定在体育领域,主要针对体育运动自身的特点而言;虽其仅仅是转播权问题中的一个方面,但与其他活动的转播有着较为明显的差别,因此造成分析路径上的迥异。但究竟在法律上如何准确界定,仍是一个棘手的问题。权利的界定将决定其能否为法律所调整和保护;而权属的界定是其他法律问题得以顺利解决的基础和关键。

英国上诉法院1917年的一个判决,确认比赛组织者和所谓的"独家拍摄权者"并无独立权利可言,法律上不承认所谓的转播权。但在实践中,即使法律不承认这种"独占性"的权利,英国传媒巨头通过其强大的经济实力,仍与体育比赛的提供者进行着这种"权利"的买卖。早期,在法学研究领域,英国学者将其界定为一种"赛场准入权"。近些年来,英国公平交易局(OFT)和限制竞争法庭(RPC)不得不就此表态。他们摒弃了传统的"赛场准入权"而更倾向于"娱乐服务提供说",即转播者同普通观众一样,只要买票,不仅有权进入赛场,且有权观赏比赛并进行转播活动。[③] 在权利归属方面,英国在长期实践中承认了权利由俱乐部和联盟共享[④],认为联盟是联赛的组织者之一,应当享有其带来的权益。但是,尽管转播权买卖的实践已经非常普遍,英国法上仍未对"转播权"给出一个明确而具体的概念。

荷兰法律同样未对"转播权"给出确切定义。但荷兰最高法院确认,进入比赛场所的"转播权者"有权禁止任何未获准的第三人对比赛进行部分或全部的转播,甚至为纯粹新闻报道之目的而进行的片断播放也不可以。[⑤] 1997年,荷兰竞争当局认为,转播权属于一种对比赛承担了组织与经济上的责任者所享有的

---

① 关于"转播"与"直播"概念的区别,一般而言,"直播"是指经主办方许可,拥有权利的媒体通过卫星等通讯技术设施,将现场的活动同步展现于更为广泛的电视观众面前的行为;而"转播"是指不直接对活动享有权利的媒介,通过购买卫星信号等方式从他人手中取得同步再现的行为。英文均译为"broadcast"。本文使用的"转播"的概念,应当理解为"现场直播",不同于录制播放。因此,"转播"与"直播"在此种语境下实无仔细甄别的必要。本文所涉该领域的"转播",不同于我们日常生活中所说的转播,也区别于知识产权中所指的邻接权中"转播"的概念。

② 〔美〕庞德:《通过法律的社会控制　法律的任务》,沈宗灵等译,商务印书馆1984年版,第25页。

③ 参见郭玉军、裴洋:《欧洲足球比赛电视转播权转让中的竞争法问题研究》,载李双元主编:《国际法与比较法论丛》第6辑,中国方正出版社2003年版,第347—349页。

④ see Stefan Szymanski, "Collective Selling of Broadcast Rights to Sporting Events", *International Sports Law Review*, 2001, 1(MAR), 3—7.

⑤ Scholten, The Netherlands, *Sports Law & Finance*, vol. 1, issue 4, 1993, pp. 44—45. 转引自郭玉军、裴洋:《欧洲足球比赛电视转播权转让中的竞争法问题研究》,载李双元主编:《国际法与比较法论丛》第6辑,中国方正出版社2003年版。

权利。[①] 为转播荷兰足球联赛，付费电视频道 Sport 7 应运设立，它与荷兰足球管理机构（KNVB）签署了从 96/97 赛季开始，为期 7 个赛季的转播合同。费耶诺德俱乐部率先发难，认为转播权应属俱乐部自己享有。阿姆斯特丹法院判决主队拥有转播权。在荷兰经济事务部的干涉下，Sport 7 宣布破产。[②] 由此可见，荷兰确认转播权属俱乐部单独所有。

"企业权利"这一理论，随后也在德国、意大利等欧洲国家的司法实践中得以确认。德国联邦卡特尔局认为，主队是原始转播权的法定拥有者，因为他们作为比赛的"组织者"，承担了所有的经济风险。1997 年 12 月，德国联邦法院支持了联邦卡特尔局的意见。1998 年，德国足协（DFB）向欧盟委员会提交了集中出售国内联赛的个别豁免申请，其中提到转播权至少为足协和俱乐部共同拥有。[③] 意大利国内的管制者认为，国家足球联盟（Lega Calcio）未承担 A 级和 B 级联赛的任何经济风险，不能被认为是转播权的拥有者。就每场比赛而言，连共同拥有都不是。[④] 实践中，意甲足球联赛由俱乐部自行与电视台谈判进行转播权销售。

与上述国家不同，法国通过其成文法承认了体育比赛转播权。1984 年 7 月 16 日，法国通过了一部关于体育的基本法（Law 84-610），修改后的新法第 18 条承认了转播权的独立存在，但并未说明是一种独占性权利。但其独树一帜的尝试，已经为后来的实践提供了里程碑式的指导意义。

在我国，因为职业联赛的起步本身较晚，涉及转播权的实践并不多，因此《体育法》以及相关法律并未作出规定。中国足球协会以章程的形式确立了转播权归中国足协所有。《中国足球协会章程》第 60 条规定了中国足协主要经费来源："（6）出售广播电视转播权收入……"[⑤]中国足球协会制定的《全国足球甲级队联赛章程》第 22 条规定："联赛电视转播所有权归属中国足球协会全国性电视转播，境外电视转播由中国足球协会负责转让。各赛区电视转播，由中国足球协会授权主场俱乐部向当地电视机构转让。"但从 2002 年起，中国足协从总体上开发转播权，将各俱乐部向地方电视台出售转播权的权利收回。2005 年底中

---

① Jens Pelle van den Brink, "E. C. Competition Law and the Regulation of Football: Part I", *European Competition Law Review*, 2000, Issue 8, p. 360.

② see Stefan Szymanski, "Collective Selling of Broadcast Rights to Sporting Events", *International Sports Law Review*, 2001, 1(MAR), 3—7. the detail of the case see KNVB/Sport 7, Case IV/36.033 [1996] OJ C228/4; Feyenord/KNVB, Hof Amsterdam, 8 Nov, 1996, RvdW/KG 1996, No. 448.

③ see Stefan Szymanski, "Collective Selling of Broadcast Rights to Sporting Events", *International Sports Law Review*, 2001, 1(MAR), 3—7.

④ see Rumphorts "Collective Selling of Sports Television Rights", paper delivered at London conference on Sports Broadcast Rights and EC Competition Law, 12 Oct, 1999. Quote from a secondary source Adam Lewis, Jonathan Taylor, *Sport: law and practice*, London: Lexis Nexis Butterworths Tolley, 2003, pp. 405—406.

⑤ 参见郭树理：《体育纠纷的多元化救济机制探讨：比较法与国际法的视野》，法律出版社 2004 年版，第 399 页。

超公司成立,足协和各俱乐部均派员进入董事会,而足协仍是该公司的第一大股东。中超公司行使中国足球超级联赛的自治管理者职责,足协的大部分职权将由中超公司行使,其中就包括中超联赛的转播权开发与销售。

综观上述国家和地区的做法,笔者更倾向于将转播权界定为“企业权利”的理论主张。俱乐部作为比赛的制造者,付出了劳动,并承担由此带来的风险,应当享受由此带来的利益。① 从权利本身属性来看,符合法律保护范围的要求。但具体而言,需对权利主体视具体情况加以界定。笔者以为,这种企业权利,应当是一种“集体性的权利”。比赛要有竞争对手,通过对抗运动奉献比赛(产品);而对于整个联盟而言,所有参与者均是产品的制造者,理应享有权利。而集体权利可能从团体利益角度出发,需要成立一个所有参与者共同参与的组织代表行使。以足球联赛为例,作为体育比赛的提供者——职业俱乐部及其所属运动员为比赛付出了大量的物质准备、资金和劳动,直接组织比赛、参与比赛,是真正的所有者。而对于联赛整体而言,单独的一场比赛恐怕难以作为被转播的对象独立出来。只有将联赛作为整体进行开发,才能充分体现体育比赛的价值,实现各参赛俱乐部的利益共享。结合我国实践,各协会在联赛的建立以及品牌的塑造方面,还是做了较大投入;再加上体育市场本身的发展并不繁荣,近几年更有萎靡之势。因此,利用足协的现实影响力,也有利于联赛转播市场的开发。还有一个重要的现实因素,足协(中超公司将可能行使部分权利)实际掌握着转播权,一时间要其全部放弃这部分权利并不具有可行性。再结合本文随后将论及的体育本身的特征,笔者建议,我国应采取由足协(或中超公司)与俱乐部共享转播权的模式②,有利于转播权的开发与销售,实现利益的共享;促进体育产业发展,客观上也有利于体育体制改革目标的实现。

二、竞争法对团队体育运动电视转播权集中销售中限制竞争行为的调整

以阻碍、限制或者扭曲共同市场内的竞争为目的,或有此效果的企业间协议、企业联合组织的决定或一致行动,会被视为限制竞争的行为。此类决议、决定或一致行动,将受到反垄断主管机关的审查。

在团队体育运动的转播权买卖过程中,为了减少竞争,节省谈判费用,或者在谈判中增强谈判实力,理性的俱乐部希望通过集体协商的方式,按照统一价格

① 下文也将述及,现代职业俱乐部都是自负盈亏、自担风险的独立的经济实体。

② 具体的利益共享有多种模式可采用。比如,国外有的联赛在转播权收入的分配方案是:50%平均分配给联盟所有球队,25%分配给成绩靠前的球队以鼓励竞争,25%留给联盟用于日常管理费用开支、青少年培养等。

将转播权集中出售。在特定情况下,会被认定为卡特尔。如果能够实现谈判费用的减少和时间成本的节约,使得联盟内总体效益最大,并能使得消费者可以公平享受由此带来的利益,则这种体育行业的卡特尔是应被允许存在的。

实际上,在联盟的主导下,俱乐部早已通过章程或其他协议的方式将转播权集中出售问题作了约定。关键是,这种通过章程安排的协约是否合法有效?应否受到竞争法规制?章程条款本身要求俱乐部将转播权集中出售,而在转播权归属于俱乐部的国家,这种做法显然违反了竞争法。竞争主管机关对该章程审查后,要求做出符合竞争法要求的修改。行使管理权的联盟/足协(或者企业联合组织)在转播权相关问题上的决定,也可能产生限制竞争的效果。如联盟决定,要求成员俱乐部拒绝向某个地区的转播组织出售转播权,则可能构成对竞争法的违反。俱乐部有时不会采取签订协议的方式,他们通过交换信息,从而采取一致行动,以达到与协议类似的效果。但是必须注意的是,并不是所有的协议、决定或一致行动都应被禁止,关键要看协议是否以阻碍或限制市场公平竞争为目的,或实质上产生了此种效果。

团队体育运动电视转播又有其独特的经济逻辑。在联赛制的团队体育比赛中,没有哪支队伍可以单独制造比赛产品,从而吸引电视、报纸和社会公众。因此,必须由数个俱乐部结盟,组成一个联盟才能共同产出产品,此乃这种职业团队体育的独特之处。他们这种联合具有一种独特的经济意义。因此,看待这种体育运动的规则、行动和决定,不能等同于普通商业中横向竞争者。[①]

在纵向协议[②]中,典型的包括集中销售、集中购买和独家销售协议。1999 年 12 月 22 日,欧盟委员会颁布的《对纵向协议适用第 81 条(3)的条例》,即 2790/1999 号条例于 2000 年元旦生效,同年 6 月 1 日起实施。这一规定中将上述协议包含在内,形成了欧盟处理这类问题的一般政策。欧盟地区足球转播权频频引发的问题,也引起了欧盟委员会的高度重视。

集中销售电视转播权,已为许多国家体育实践所接受。前已论述,此种做法有利于竞争性平衡的实现。但欧盟委员会认为,这种做法可能减少各俱乐部间的竞争,限制了优秀俱乐部寻求更多利润的机会,阻碍了他们投入比赛的积极性;集中出售减少了媒体间的竞争,还将引发集体购买、独家协议、再许可等与集中销售密切相关的限制竞争的问题;还可能构成条约第 82 条所规定的滥用市场支配地位的情形。[③] 但是,在前面分析集中销售的经济学意义时就曾提及,这种

---

① Adam Lewis, Jonathan Taylor, *Sport: law and practice*, London: Lexis Nexis Butterworths Tolley, 2003, p.351.

② 纵向协议,是指商品生产者、批发者、零售者与消费者之间建立的协约关系。

③ 参见郭玉军、裴洋:《欧洲足球比赛电视转播权转让中的竞争法问题研究》,载李双元主编:《国际法与比较法论丛》第 6 辑,中国方正出版社 2003 年版,第 373—374 页。

销售模式会对体育联盟内部的竞争性平衡产生重要影响。尤其对于正在发展中的体育项目而言,意义更加明显。一方面,联盟可以运用自身的谈判实力为联盟内的俱乐部谋求更多利润,节约谈判成本;另一方面,与实力强大的媒体合作,更好地推广体育比赛,扩大受众范围。

独家协议(exclusivity contract)是指当事人约定,在一定地域范围内,一方当事人只通过另一方销售合同产品,而不通过其他人进行销售的协议。独家协议一般是与集中销售紧密结合起来的。只有取得独家协议,媒体才更有动力致力于联赛的开发和推广,提高技术。签订协议的双方当事人认为,独家协议还能提高效率,加强体育组织对传媒的控制,使其更好地为球迷和观众服务,也利于对竞争秩序的维护。对于付费电视而言,意义则更加深远。可以通过独家协议提高竞争能力。因为用户之所以愿意每月多花些订费,目的就在于可以获得别处无法观赏的精彩节目。但不难想象,独家权利的享有可能会导致媒体获得垄断权力,实施超高定价,长期拥有合同权利也会影响其进行技术改进和革新的积极性。因此,必须对协议的期限加以限制。荷兰足协(KNVB)与付费体育频道SPORT 7 签订了为期 7 年的转播合同,但荷兰经济事务部认为这种集中销售和独家协议的做法违反竞争法,其中一个重要原因是合同的期限太长。荷兰法院支持了这一主张。而 SPORT 7 因得不到独家合同,随后宣布破产。① 英国足总超级联盟 2000 年也与各传媒在新的转播协议中,将原来的独家转播协议由 4 年改为 3 年。不管怎样,对于各竞争主管机关而言,协议期限是需要重点考察的内容,太长的期限显然不利于展开充分竞争。

集中购买一般出现在国际体育电视转播或媒体实力相对较弱时的情形之下。欧洲的传媒联合组织(EBU)集体购买就是很好的例子。这种方式同样有利于谈判费用的减少,能加强媒体间的合作,促进媒体间免费信号的交换,加强技术领域的合作,实现技术上的互补。

对上述协议的审查,需要结合许多因素综合考察。在决定是否授予豁免时,要结合市场份额,分析生产商与销售商在相关市场上的重要性。但在涉及体育转播的上述协议中,很明显,对于作为体育比赛生产者的俱乐部和联盟而言,其地位的重要性不言而喻。而在国内市场上,能够取得独家权利的媒体,也必然在相关市场上有重大影响,比如我国的央视。但随着管制的逐渐放开,媒体实力的强大,作为购买者的媒体间的竞争还是可以实现的。他们之间的竞争,更有利于体育联盟的竞价能力的提升,从而使各俱乐部获取更多利润,也能为观众提供更优质的服务。

---

① See Stefan Szymanski, Collective Selling of Broadcast Rights to Sporting Events, *International Sports Law Review*, 2001, 1(MAR), 3—7.

跨领域和经济法相关问题研究

论有限公司股东的合理预期

——以美国法为中心的考察

◇ 赵学刚*

内容提要 投资者选择闭锁公司作为投资的组织形态,能够实现投资者区别于公开公司的多样化的预期,所以,如何保障和维护投资者的合理预期,成为闭锁公司适应性的核心。美国通过制定法和判例对闭锁公司股东的合理预期进行了充分的保护,这对于我国完善有限责任公司法律制度和维护其对投资者的适应性无疑具有借鉴意义。

关键词 闭锁公司 合理预期 忠实义务 有限责任公司

英美法系对闭锁公司(close corporation)最为关注的是少数股东遭受压制(oppression)的问题,为了防止多数股东压制少数股东,司法非常严格地强调忠实义务,并在理论上和实务上将闭锁公司类比于合伙,尽管在理论上也有怀疑类比为合伙的正当性①。新近的一种发现压制、补充和修正忠实义务分析的路径是采取了一种不同的视角,即一些州不再考察主张违反忠实义务的行为,而是考察其是否挫伤了少数股东的"合理预期"(reasonable expectation)。合理预期路径强调闭锁公司的特性,即担任管理者角色和被公司雇佣对于投资决策非常关键,公司的回报主要或者全部以工资或其他雇佣利益形式,而不是利润分配,如果公司成功的话。

一、"合理预期"的成文法规定

闭锁公司解雇作为雇员的股东在许多情形下都没有超出管理者的决策能力

---

* 赵学刚,西南大学法学院讲师,法学博士。

① Lawrence E. Mitchell, "Close Corporations Reconsidered", *63 Tul. L. Rev. 1143*, May, 1989.

和判断水平，但是却违背了公司所有者最初的谈判与协商，并剥夺了少数股东投资的所有现有的回报。而且，由于被解雇的少数股东很难有现实的机会将其股份出售给其他人，所以，也实际地剥夺了其投资者的主体地位。在这种情形下，除了法院的介入之外，没有其他可资利用的救济手段。在该意义上，即使控制股东的行为没有违背忠实义务，也可能挫败少数股东的预期；即使控制股东没有采取典型的“挤出”(squeeze-out)方法，也可能挫败少数股东的预期，如不分配利润或者给控制股东支付过高的工资。所以，即使有公司章程或者其他共同协议授权控制股东解雇公司的雇员，其解雇行为也可能是缺陷的。如果控制股东以违法少数股东合理预期的方式运用其权力，他们必须以其他方式实现或弥补少数股东的预期。

美国明尼苏达州(Minnesota)和北达科他州(North Dakota)是仅有在其公司中规定了“合理预期”的两个州。尽管俄勒冈州最终没有选择追随这两个州的路径，但是在其法律修改的讨论中，这两个州的法律仍起了重要作用。明尼苏达州首先以几个条款规定了合理预期①，最初的部分是与 MBCA(The Model Business Corporation Act)关于僵局、董事或者公司控制人的欺诈或非法行为相比较，但是规定除解散之外的救济；后来，当董事或公司的控制人对一个或更多股东不公正的不利的(unfairly prejudicial)行为时，该条款允许救济，并以 unfairly prejudicial 取代了以前文本中的 persistently unfair(持久的不公正)。② 最重要的创新是 1983 年增加的附加部分，并明确适用于闭锁公司。为了决定是给予救济还是命令解散，要求法院考虑闭锁公司中所有股东相互之间所负的义务，即以诚实、公正和合理的方式运营公司和维护所有股东在公司成立之初和公司存续期间的合理预期。③ 该条款清楚地阐述了闭锁公司中股东的忠实义务，尽管在该部分调整司法的救济而不是描述股份或股东的权利和义务有点反常。该条款似乎是认为义务的存在而不是明确的施加义务。明尼苏达州以前的判例已经认可了该义务。④ 同样重要或者更重要的是，在评判压制的主张方面，除了忠实义务之外，该条款将合理预期准则作为一个因素。这种表达使法院考虑所有股东的合理预期，而不是少数股东的合理预期。而接下来的内容就假定当事人之间存在一个书面的协议(比如雇佣和买卖协议)反映其合理预期。⑤

北达科他州是另外一个规定合理预期的州⑥，并在 1985 年(亦即晚于明尼

① Minn. Stat. 302A.751 (1983).
② Minn. Stat. 302A.751, subdivision 1(b)(2) (2002).
③ 1983 Minn. Laws ch.368, 11 (codified as Minn. Stat. 302A.751, subdivision 3a (2002)).
④ Evans v. Blesi, 345 N.W.2d 775, 779 (Minn. Ct. App. 1984).
⑤ Minn. Stat. 302A.751, subdivision 3a (2002).
⑥ N.D. Cent. Code 10—19.1—115 (2001).

苏达州2年)在其公司法案中增加了合理预期,该条款与明尼苏达州的条款基本一致。其中存在的一个区别(是否重要尚不明确)是北达科他州的条款使用了“股东的合理预期”(reasonable expectations of the shareholders),而不是“所有股东的合理预期”(reasonable expectations of all shareholders)。[①]

二、“合理预期”的判例法解释

除了明尼苏达州和北达科他州法定的“合理预期”条款之外,还有10个州由司法判决采用了可以比较的标准[②]。比如,法院可能判决终止雇佣,挫败了少数股东的合理预期。[③] 相反,另有一个法院判决,如果公司没有利用雇员补偿作为给股东分配利润的方式,那么期望继续被公司雇佣是不合理的。[④] 其他合理预期一般包括比在其他雇佣情形下参与企业并拥有更多的控制。合理预期可以在公司成立之时就被设定或者在公司存续期间得到发展。[⑤]

此外,纽约法院在In re Kemp & Beatley案件中的判决,在架构合理预期标准方面尤其具有影响力。在该案中,上诉法院主张,“压制行为……是指少数股东将其资本投资于特定公司时,其‘合理预期’被实质性挫败的行为。”该法院继续论证到,“一个法院要考虑一项原告主张压制行为的诉讼请求必须调查在少数股东进入企业时,多数股东一定知道的或应该知道的起诉者的预期。多数股东的行为不能仅仅因为起诉者主观上的希望或要求没有实现而被认定为压制行为,仅仅失望不能等同于压制。相反,只有当多数股东的行为实质性的挫败在该情形下主观上可以认为是合理的预期以及对于起诉者加入企业起核心作用的预期时,才能被认定为压制行为已经产生。一个合理预期在公司中的所有权可以赋予他一个工作、公司收入的一定份额、在公司管理中的一个职位,或者其他形式的保障的股东,当其他人试图挫败这种预期,并且没有其他有效的对投资救济的方式时,该股东在真正意义上受到压制”。[⑥]

采用合理预期路径的一个直接的并具有说服力的案例是Pedro v. Pedro案[⑦],一个由三兄弟均等所有的家族企业。其中一个弟兄为公司工作了25年之后,发现公司的财务记录有矛盾。当他抗议这些矛盾时,公司解雇了他。明尼苏

① Minn. Stat. 3.02A.751, subdivision 3a (2002).

② 通过判例采纳了“合理预期”的州是:阿拉斯加州,爱荷华州,马塞诸塞州,蒙大拿州,北卡罗来纳州,北达科他州,新泽西州,新墨西哥州,纽约州,得克萨斯州,西弗吉尼亚州。

③ See, e.g., In re Matter of Kemp & Beatley, Inc., 473 N.E.2d 1173, 1179 (N.Y. 1984).

④ Merola v. Exergen Corp., 668 N.E.2d 351, 352—353 (Mass. 1996).

⑤ A.W. Chesterton, Inc. v. Chesterton, 128 F.3d 1 (1st Cir. 1997).

⑥ In re Kemp & Beatley, Inc., 473 N.E.2d 1173 (N.Y. 1984).

⑦ 489 N.W.2d 798 (Minn. Ct. App. 1992).

达上诉法院判决违反了股东的"合理预期",该合理预期包括"工作、薪水、在管理中重要的位置,以及其家庭的经济保障"[1]。

另外一个判决认为少数股东有权获得救济,即使其有严重违法行为。在 Pooley v. Mankata Iron & Metal 案中,原告有违法行为的历史,包括在工作的范围实施性骚扰,后来,他性骚扰了一个共同所有人,损坏了一个顾客的卡车,法院并为此判决其有罪。然后公司终止了他的雇佣,并通过投票表决使其不能参与公司的管理和作为公司的股东。但是非常令人吃惊的是,明尼苏达州法院给予了原告救济。法院认为,公司董事通过将原告挤出其合理的期望参与的企业而不公正地歧视了原告。[2]

北达科他州关于合理预期条款的著名案件集中于救济。在该案中,原告股东在一次"挤出"(freeze out)中被解除雇佣和董事职务,法院认为原告"相当合理地预期积极参与企业的运营",这种预期的挫败构成了压制,因此,该州高等法院判决,当原告寻求法院给予其他可以得到的救济时,原审法院在命令解散公司上滥用了其判断力。高等法院解释说,在某种意义上,强制的解散允许少数股东对多数股东运用报复性的"压制"。[3]

三、忠实义务和合理预期的比较

为了司法的救济,忠实义务和合理预期作为分析压制的两个主要路径(方法)承载了许多共同的内涵,但是也表现出显著区别的视角。在许多实际的情形,这两个方法会导致同样的结果,而仅仅是用不同的术语进行解释。所以,这两种不同的方法并不矛盾,因为违反忠实义务的行为很可能也违反了合理预期。[4]

比如,在 Minnesota Pedro v. Pedro 案[5]的判词足够合理地认为,终止一个为企业工作了 45 年的少数股东的雇佣,违反了继续雇佣和发挥作用的合理预期。而对该同样的事实,运用忠实义务进行判决的法院很可能判决,首先,该闭锁公司中两个控制股东对第三个股东负有公平的忠实义务,然后法院认为,由于某原因违背公司的最好利益解雇雇员违反了该义务。因此,不同的分析路径达到同样的目的。

但是,当多数股东或控制股东的不当行为不那么过分时,区别就产生了。纽

---

① Pedro, 489 N. W. 2d at 802.
② 513 N. W. 2d 834 (Minn. Ct. App. 1994).
③ Balvik v. Sylvester, 411 N. W. 2d 383, 389 (N. D. 1987).
④ Gimpel v. Bolstin, 477 N. Y. S. 2d 1014, 1019 (N. Y. 1984).
⑤ 489 N. W. 2d 798 (Minn. Ct. App. 1992).

约 In re Topper 一案的事实可以说明。该案中,原告(一名药剂师)离开他以前被雇佣了25年的岗位并移居到另一个州,他将其一生的积蓄用于投资购买了一家新的制药公司1/3的股权,并期望被该公司雇佣以谋生。但是不到一年,公司终止了他的雇员和管理人员身份,并取消了他的工资。该公司没有支付任何股息,所以,原告对其投资没有获得任何回报。法院判决由于挤出产生了压制,并挫败了该股东的合理预期。该判决本身并不惊奇,也可以解释为违反了控制股东的忠实义务。法院认为,“控制股东不管是因为某种原因或基于其良好的商业判断而解雇原告是不相关的”,而最重要的事实是在企业设立之时,当事人期望每个股东都被公司雇佣。① 因此,该解释只有从被解雇的股东的视角才是符合逻辑的。如果分析局限于公司成立之初原告对被持续雇佣和获得收入的预期,那么后来被解雇的原因确实是不相关的,因为不管被解雇的原因如何,被解雇人确实被拒绝了工作的机会,收入因此遭受损失。

但是,一个更为综合性的和准确的视角使解雇的原因实际上显得非常重要。假设原告在原来雇主的监督之下能够胜任其工作,而作为共有任何管理者却缺乏相应的技能、对顾客和雇员粗暴、不能胜任财务和储藏管理,并与其他共有人相对抗。在经过一年的忍耐但无法改变这种处境之后,其他共有人合理地决定解雇原告对继续经营企业是很重要的。在该假设中,适用主流忠实义务分析的法院很可能会发现,控制股东是由于合法的商业原因而解雇该股东,该行为就没有违反忠实义务(实际上很可能是作为董事的义务迫使其保护公司的利益),所以,即使结果对于少数股东是消极的,那么该行为也不是可诉的。因此,视角的选择产生了相反的结论。② 诚然,基于违反合理预期而主张压制的股东并不总是能够胜诉,如果发现其预期并不合理,则会被拒绝给予救济。在一些案件中,控制股东主张基于合法的商业目的成功地解雇了少数雇员,或者降低了其管理权力和经济回报。③ 也有一些法院采取了中间路线,允许控制股东如果有合法的商业目的,可以运用其判断力,但是仅仅限于那些不能在稍微损害少数股东就不能实现其目标的情形。④ 因此,对少数股东合理预期的关注在一定程度上改变了公司治理的多数决定原则,并惩罚多数股东的行为,即使其行为被证明是正当的。

---

① 489 N.W.2d 798 (Minn. Ct. App. 1992).

② Robert C. Art, “Shareholder Rights and Remedies in Close Corporations: Oppression, Fiduciary Duties, and Reasonable Expectations”, *28 Iowa J. Corp. L. 371*, Spring, 2003.

③ See, e.g., Brenner v. Berkowitz, 634 A.2d 1019, 1033 (N.J. 1993).

④ Daniels v. Thomas, Dean & Hoskins, Inc, 804 P.2d 359, 366 (Mont. 1990).

四、“合理预期”对于我国法院裁判有限责任公司诉讼的启示

尽管美国封闭公司与大陆法系国家的有限责任公司有相对比较明显的区别，但是在基本特征上，与典型的大陆法系国家有限责任公司几近雷同，或者“在美国，有所谓的‘闭锁公司’，与有限公司相似”。[①] 相应地，美国对于闭锁公司股东合理预期的规定，对于完善我国的有限责任公司法律制度、维护有限责任公司对于投资者和社会经济生活的适应性无疑具有重要意义。

理性的投资者对其投资行为如果既想享受有限责任的利益，又不想丧失对投资所形成的企业财产的直接经营，有限责任公司无疑是最理想的法律形态。所以，投资者对在有限责任的投资不仅享有剩余索取权，而且直接参与公司的经营，其合理预期表现为多层次的。

首先，获取投资的直接回报，是所有积极投资者和消极投资者的基本投资合理预期。投资者通过组建公司经营事业，其最主要和直观的预期就是期望通过投资和经营行为推进资本的增值，并因此而获得利润。有限责任公司的投资者也不例外。而投资利润一般是按照出资比例或者公司章程的约定进行分配。如果由于多数股东的控制而拒绝分配公司利润，那么，股东对公司利润的合理预期即被挫败。

其次，相对于对公司的投入份额的利润分配，有限责任公司投资者一般更看重工资形式的收入，因为“有限责任公司的收入通常以工资、奖金和退休利益而分配”。因此，当实际的分配没有执行时，被公司解除雇佣和开除在董事会任职的少数股东，就被拒绝了对他投资的任何回报和参与公司的管理。一旦少数股东面临这种“对公司投资没有回报的不确定的将来”时，多数股东就会提出以不合理的低价购买少数股东的股份。[②] 而这无疑挫败了股东参与管理并以工资等形式分享企业利润的合理预期。

但是，股东所拥有的股息分配一般预期的纯粹事实，并不意味着少数股东在任何时候都能够要求分配公司利润的比例份额（即能够要求分配股息）。压制理论仅仅执行“合理的”预期，这种合理预期由法院在特定情形下决定该分配股息要求的合理性。比如，当多数股东为了公司扩张、或者投资机会、或者其他合法的商业目的留存利润于公司而不分配股息，假定的关于挫败少数股东的一般

---

① 谢怀栻：《外国民商法精要》（增补版），法律出版社 2006 年版，第 337 页。

② Douglas K. Moll, “Shareholder Oppression & Dividend Policy in the Close Corporation”, *60 Wash & Lee L. Rev. 841*, Summer, 2003.

预期的压制责任可能是不适当的。[1] 在这些情形下，少数股东分配股息的一般预期可被证明为不合理，多数股东挫败那些不合理的预期不应该产生压制责任。换言之，少数股东分配股息的预期，应该平衡于多数股东为公司利益而商业决策的合法权利。尽管可以公平地说，闭锁公司所有股东都拥有参与公司利润分配的一般预期，但是法院不能在所有情形下都使这种预期实现，也就是说，法院并不能在所有情形下都认为该预期是合理的。

很显然，如果清楚的证据表明多数股东和少数股东在某特定情形下同意延期分配股息，法院应该依赖于这种证据，肯定少数投资者主张多数股东挫败其一般预期的合理性。[2] 比如，如果证据表明所有投资者达成共识在公司成长的一段时期不分配股息，这种证据在多数情形下可以引导法院否定在该时期内压制责任的诉讼请求。但是很遗憾的是，在大多数闭锁公司中，这种明确的共识或协议是不存在的，法院只能依靠唯一的一般预期（即所有的股东都可以合理的预期他们有权分享公司利润）作为参考进行裁判。在许多方面，很清楚的是多数股东和少数股东达成按比例共同分享公司利润的共识，但是不明确的是何时某特定股东可以要求通过股息分配获得其份额。

解决这种不确定性的一种方式是，假定他们预计到该陷入争论的特定情形，他们最可能同意的方案。也就是说，如果在公司成立之初，所有投资者多数股东可能基于个人原因、商业原因或者根本没有任何原因而拒绝分配股息，所有股东最可能达成的共识。换言之，为了说服或者吸引理性的投资者实际投资于公司，该投资者对于股息分配可能的想法。[3]

---

① Crosby v. Beam, 548 N.E.2d 217, 221 (Ohio 1989).

② Mich. Stat. Ann. § 450.1489(3) (Michie 2002).

③ see, e.g., Gunderson v. Alliance of Computer Prof'ls, Inc., 628 N.W.2d 173, 185 (Minn. Ct. App. 2001).

上市公司重整中的股东权益

◇ 贺　丹*

内容提要　在上市公司的重整过程中，股东的利益保护是一个重要的理论和实务问题。为实现有效率的重整，促进重整计划的达成，重整制度往往对股东的权利作出一些特别处理。对股东在公司正常经营时的控制权进行限制，已经成为各国法律的共同实践表现。股东在重整中的权利相应地转化为对重整的参与和重整计划的表决权，其权益最终体现于重整计划，但股东对于重整的进行已经没有决定性的影响权力。

关键词　上市公司重整　股东权益

在上市公司的重整过程中，对其中重要的利益相关者——股东的利益保护成为一个重要的理论和实务问题。在当前对诸多陷入债务困境的上市公司的重整过程中①，由于对这一问题未能有统一明确的认识，从而在实践中造成了大量的难题。

一、实践中的难题：郑百文案例

郑百文案例是一个涉及包含流通股全部股东股权让渡与股权结构调整的上市公司重组案例，其涉及范围之大、所受关注程度之广、对法律提出的挑战之多、对行政司法资源利用之充分，使其迄今仍可称得上是中国公司重组的经典案例。

在郑百文重整方案中，方案的核心内容是对公司的股权结构作出调整，以引入重组所需的新资金，使投资人三联公司成为公司的股东。在重整计划中，郑百文须将50%的股份转让给三联集团。出于对股东在通过重整方案时的消极态

* 贺丹，法学博士，北京师范大学法学院讲师。

① 尽管我国的重整制度尚未建立，但在实务中已经出现大量上市公司的重组案例，理论的不清晰和法律的不足给这些案件的处理造成了困难。

度的担忧，重整方案设计了“默示同意、明示反对”原则，对于重组方案没有明示反对的股东，即视为同意将自己的50%的股权让与三联集团，明示不同意转让股份的股东有权由郑百文收购其股份。为此，郑百文在其公司章程第九章第162条中增加一款“股东大会在作出某项重大决议，需要每一股东表态时，同意的股东可采用默示的意思表示方式，反对的股东需作出明示的意思表示”。

“默示同意、明示反对”的原则在学术界和实务界引起轩然大波，引发了多种反对意见。反对理由主要有：股东对股份拥有充分的处分权，非经股东本人的明示同意，任何其他单位或个人均无权以任何方式剥夺其享有的股权，股东大会的多数决不能处分股东的私权。默示原则欠缺意思表示要件，因而转让行为是无效的。默示原则违背“私法自治”与“私权自治”原则，等等。[①] 赞同者也多从意思表示和股东大会效力等方面进行支持性的论证。[②] 而实际上，“默示同意、明示反对”的处理方式，是郑百文重组方案设计者们在中国缺乏相关立法和理论依据的情况下作出的无奈选择。郑百文重组所遭遇的问题并非是一个“默示”的做法是否有效的问题，而是股东在重整程序中是否存在重整利益，以及是否应该得到相应的控制权分配的问题。郑百文重组所遭遇的现实困境，是由重整中控制权移转的理论困境所致。在这一案件中，争议的核心问题并非默示同意是否能够处分权利，而是在重组过程中，股东是否能够阻止重组方案生效的问题，即是股东对重整程序的控制权问题。郑州市中级人民法院确认决议有效的判决，是对重整控制权理论和立法空白进行司法能动填补的现实做法。这一判决实际上确立的法律原则是：因资不抵债而进行重组时，股东的意思不能阻止重组方案生效。[③]

实际上，郑百文案件触及了上市公司重整过程中一个核心的敏感点，：在上市公司重整过程中，对股东的保护和重整的效率应当何者优先？我国流行的观点往往认为在重整过程中，股东应该具有实质性的参与权，而这实际是一种认识上的误区。现实中，保护中小股东以及保护投资者利益的政策考量，在一定程度上加重了这种认识误区。

二、股东重整利益分析

在破产清算程序中，股东在企业中的利益状态是十分明晰的。由于此时企业已经处于资不抵债的情形之下，一切财产都归属于债权人，由债权人按照法定

---

① 邱永红：《对郑百文公司章程中“默示原则”的质疑》，载《证券时报》2001年06月11日。

② 支持方的具体论证可参见《郑百文重组冲关、法律专家助阵》，载《法制日报》2001年5月23日。

③ 张勇健：《从郑百文重组案看重组制度法律化的迫切性》，载《中国证券报》2002年7月24日。

的位序进行分配。此时股东在公司中不存在任何的财产利益，也就由此不存在任何的控制权。

在重整程序中，股东的利益基础则存在十分复杂的状态。出于鼓励重整的立法政策考虑而设定的重整原因，是形成这种复杂状态的重要成因。重整原因与破产清算原因存在区别，重整原因是指债务人不能支付到期债务或者有不能支付之虞的事实。[①] 进入重整程序的企业可能出现两种情况：一是资不抵债的企业；二是因有可能不能清偿到期债务而申请重整的企业。进入重整程序的企业范围较进入破产清算程序的企业范围为大的原因是，在重整制度设计中，一个广泛接受的原则是，企业越早的进入重整程序，重整成功的希望越大。扩大的重整原因所带来的股东利益的复杂情况是：在公司有可能不能清偿到期债务的情况下，由于这时往往企业在财务上是有偿付能力的，其资产大于负债。因而股东在重整企业中仍然存在利益。

根据上述推断，似乎可以得出一个初步的结论，在资不抵债而进入重整的公司中，股东则没有任何的利益。然而，重整法律的规定和实践中的复杂情况，却使得这一看似明确的结论无法完全贯彻。首先，在有些情况下，资不抵债是一种很难明确界定的情况。资不抵债在会计学上也被称为破产性无力偿债，是指公司的总债务超过其总资产的公允市价，这时公司真正的净价值为负，其资产不足以支付其负债。[②] 由于资产价值存在清算价值和营运价值的差别，而且估值和实际的价值之间有可能存在差别，这就导致了在有些估值困难情况下，资不抵债的标准甚至也存在模糊性。在债权人和股东对企业的估值存在较大差异的情况下，债权人和股东之间往往会因股东权益是否存在产生争议。而双方哪一方的判断更为准确，在企业重整的情况下，甚至是无法验证的。其次，与清算中企业的控制权完全转移到债权人手中不同。在重整过程中，企业的经营在继续，企业的原有控制权结构仍然保留。特别是在债务人继续控制企业财产的情况下，企业在外在状态上与申请破产重整前没有什么不同，这使得股东仍然保有着“形式上”的控制权。最后，法律对通过重整计划的条件的规定，也会形成股东在重整中存在利益保留的原因。这主要表现为对债权人在重整计划中应得到的利益所规定的法律标准。可以选择的标准有两个：营运价值与清算价值。法律可以规定债权人必须得到企业营运价值的清偿，方能通过重整计划；也可以规定债权人得到不少于企业清算价值的清偿的情况下，就可以通过重整计划。当法律将这一标准选定为清算价值时，就意味着债权人完全拥有企业的清算价值部分，对

---

① 李永军：《破产法律制度》，中国法制出版社 2000 年版，第 427 页。

② 〔美〕道格拉斯 · R. 爱默瑞、约翰 · D. 芬尼特：《公司财务管理》，荆新、王化成、李焰等译，中国人民大学出版社 1999 年版，第 867 页。

于营运价值超过清算价值的部分，则可以由股东和债权人协议分享。[①]

尽管股东在重整过程中仍然有可能存在利益，但这时的股东权益已经成为序列最低的权益。这意味着，只有实现有效率的重整，最大化公司的价值，股东的利益才能够得到保护。

三、上市公司重整中股东权益的限制

为了实现有效率的重整和保护债权人利益，对股东在公司正常经营时的控制权进行限制，已经成为各国破产重整法律的共同实践表现。

美国通过法院的实践，限制股东通过行使公司正常经营时的控制权来干预公司重整。在美国，关于控制权的争执常常出现在重整案件中。有三个产生这一现象的法律因素：第一，美国的公司法和破产法分属于州法和联邦法两个不同的立法体系。在州法中，股东有权通过选举或更换董事来控制公司。这种权利在公司申请了破产程序后仍然存在。第二，美国在重整中往往仍然由债务人的董事控制企业，这时董事对破产财产整体承担信托义务，破产财产整体的利益有可能和股东权利发生冲突，股东在此时会通过原有控制权的行使来控制董事。第三，美国很多进入重整程序的企业往往仍存在偿付能力，这时股东在企业中仍保有权益。

法院确定了限制股东的控制权的标准：一是"资不抵债(Insolvency)"标准。即如果公司处于资不抵债状态中时，则股东没有控制权。在 Manville 重整案中[②]，股权持有者委员会反对债务人和石棉请求权人的法律代表之间达成的协议，该协议将导致 90% 的现存股东权利的稀释。股权持有者委员会要求召开股东大会更换董事会成员。在这一案件中，法院在判断是否承认股东权利时论证说，"我们认为：如果 Manville 公司已经被认定为资不抵债，那么股东在公司中缺乏衡平权利，否认召开股东大会的权利将是正确的。"二是"明显滥用"标准。在公司有偿付能力的情况下，是否限制股东控制权的关键在于，这种权利的行使是否构成"明显滥用"？在 Potter Instrument 重整案件中[③]，法院否定了股东请求破产法院命令召开一个特别会议选举新的董事会，因为允许召开这样的会议会危

---

① House Report 95-595, 95th Cong. lst Sess., pp. 232—234 (1977)，转引自 David G. Epstein, Myron M. Sheinfeld, *Teaching Materials on Business Reorganization Under The Bankruptcy Code*, West Publishing Co. 1980. p. 53.

② Manville Corp. V. Equity Security Holders Comm. (In re Johns-Manville Corp.) 801F. 2d 60 (2d. Cir. 1986).

③ 593F. 2d 470, 475 (2d Cir. 1979).

害到公司的重整和债权人的利益。① 另外一个值得讨论的问题是在破产重整过程中,股东是否仍然存在诉讼权利。一般的规则是对于派生诉讼和股东为自己的权益提起的诉讼作出区分。对于派生诉讼,在破产程序开始前已经开始的诉讼不被中止,如果是破产程序开始之后的派生诉讼,诉讼权属于公司;对于股东维护自身权益的诉讼,在重整程序开始后仍然可以提起。然而,股东为自身利益提起的诉讼,有可能因法院出于促进重整的原因而被法院发布诉讼禁令。②

除美国通过法院实践限制股东行使控制权外,尚有其他国家直接通过法律明文规定限制股东在重整期间控制权的立法例。这直接表现为通过立法豁免重整计划中规定的某些需要通过股东大会决议方可实施的事项的决议要求。执行重整计划需要减资、并股时,原商法或公司法中规定的股东大会决议要求不予适用。如韩国《重整法》第 249 条[排除关于股东大会决议等的法令规定的适用]规定:“尽管存在其他法律、法规或公司章程的规定,但执行重整计划无须任何创立大会、股东大会(包括各个种类的股东大会)或董事会的决议。”③在日本 2000 年 4 月施行的《民事再生法》中,为重整程序的顺利进行,在涉及重整期间的部分营业的转让,以及重整计划中涉及减资、并股等事项时,也以法院的替代许可排除了商法中股东会决定事项的程序要求。④

四、重整中的股东权益保护

尽管存在对股东在公司正常经营时的控制权限制,但基于如前所述的原因,股东在重整中享有对控制权的参与。这种参与表现为两个方面:一是对谈判的参与权;二是在重整计划通过时拥有表决权。这两种参与权是相联结的,以表决权为核心权力,其成果最终表现为在重整计划中对股东权益的体现。

1. 股东委员会

股东在重整程序中的参与,首先表现为可以通过其组成的股东委员会参与重整计划的谈判过程。但这时的股东委员会并非一个必设的机构。在美国破产法第 11 章中,股东委员会由 7 名最大的股东组成,参与重整计划的谈判。但股

---

① Richard F. Broude, “Reorganizations Under Ch. 11”, 2004, ALM Properties, Inc., Law Journal Press, a division of American Lawyer Media, Inc., New York, § 3.01.

② The Danger Zone, “Fiduciary Duty Issues Impacting Directors and Officers in the Zone of Insolvency and Beyond”, James H. M. Sprayregen, P. C., Shirleys. Cho, Kirkland & Ellis Georgetown University Law Center Continuing Legal Education Bankruptcy 2002: Views from the Bench, September 20, 2002, Washington, D. C.

③ 《韩国重组法》(英文版),at http://www.bruptcy.com/article.php? todo = view&articleid = 155。

④ 《民事再生法》译本参见石有为、陈清怡:《论破产之和解——以日本民事再生法为中心》(“司法”研究年报第 24 辑第 4 篇)一书附录,2004 年 11 月台湾地区“司法院”印行。

东委员会本身并不是破产法强制规定的必设机构,只是一旦该委员会对于重整计划的谈判和执行具有重要价值时,法院会将这一委员会认可为"官方委员会",这时委员会的费用可以作为"破产费用"优先支付。当然,股东委员会的作用主要是代表股东发表意见,并观察重整程序的进行,其基本的作用就是使股东能够得以参与重整程序,并没有实质性的权力。[①]

2. 股东对重整计划的表决权

在认可股东在重整中存在利益的情况下,股东拥有对重整计划的表决权就成为顺理成章的结论。当然,在公司存在多种不同种类的对外发行的股份时,由于不同股东有可能在重整中的利益差别不同。在重整计划中,可以将股东分为不同的组别进行投票。股东可以组成委员会参与对重整计划的谈判,从而达成有利于对股东权益维护的重整计划安排。关于股东表决权的问题,有观点认为在公司达到破产界限而进入重整程序时,由于股东对于公司已经不享有潜在利益,因此立法在此时不应赋予其表决权。[②] 这种建议将公司的破产界限与股东的表决权相挂钩,在理论上和逻辑上都是完整的,但由于前已述及的对资产进行评估的难度,在操作上会遇到难题。

关于股东的表决权的问题,一种可行的办法是在重整程序中赋予股东表决权,但当重整计划作出对股东股份进行削减的安排时,受到影响的股东组推定为反对该重整计划,而无须进行投票。这种做法既能够避免对股东是否拥有表决权的判断难题,同时在存在对重整计划的"强制通过"规则的情况下,又不至于造成股东的表决权行使对重整计划通过的不必要的干扰。

3. 重整计划中的股东权益

股东的权益在重整计划中可以存在以下四种体现方式:(1) 在公司的股东已经不存在权益的时候,股东则无权在重整后的所有权结构中保留份额。在资不抵债的情况下,重整计划可以取消原有的股份,发行新股,用新股去换旧股。但这时不是一股换一股,可能一个新股可以换 100 股。在韩国重整法中,对在公司资不抵债的情况下的股份削减规定了确定的比例,当公司资不抵债时,公司股份的一半将强制性消灭。[③] (2) 如果公司还有价值,不同意转让的股东有权要求公司以公平价格回购其股份,但这时要考虑公司的现实情况来确定价格。(3) 在英美的大部分案件中,在庭外和解时,如果原股东注入新的资金,可以保

---

① 潘琪:《美国破产法》,法律出版社 1999 年版,第 199 页。

② 汤维健:《我国破产法草案在重整程序设计上的若干争议问题之我见》,载《法学家》2005 年第 2 期。

③ 《韩国重整法》第 221 条,(英文版),at http://www.bruptcy.com/article.php? todo = view&articleid = 155,关于亚洲国家破产机制的介绍,可参见胡鞍钢、胡光宇编:《公司治理中外比较》,新华出版社 2004 年版,第 169 页。

留30%—60%的股份。如果股东不注资的话,可能只能保留5%,给予这5%是为了使股东能够得到一点甜头,从而投票通过这个方案。(4)另外一种做法是在股东没有权益的情况下,原有的债权人进行债转股,拥有公司100%的普通股,这时给原股东一个认股期权,在公司价值回升时,原股东可以买回一定数量的股份。这些做法的主要考虑是,有些情况下,债权人和债务人对公司的价值可能有不同的判断,给债务人股东一定的权益,可以使其更好地支持重整计划。[1]

① Segal, *US Bankruptcy Law*, Davis Polk & Wardwell.

我国国有银行公司治理的特殊性及法律问题

◇ 王红一*

内容提要 银行公司治理具有不同于一般公司治理的特点，并相应地体现在有关银行公司治理和监管的法律机制之中。我国国有银行公司治理既不同于我国国有企业，也与一般商业银行有一定差别，在国有金融资产出资人约束、利益相关者和存款人保护、内部风险控制和政府监管等方面存在一定的缺陷及法律问题。完善相关立法，应在引入巴塞尔委员会和OECD等国际准则时，充分考虑我国国有银行公司治理的特殊性。

关键词 我国国有银行 公司治理 特殊性 法律问题

我国自2003年开始了以完善公司治理为核心的国有银行改革和相关制度建设，到目前为止，四大国有银行均已实施股份制改革，初步或正在建立公司治理结构，旨在提高国有银行效率和竞争力。然而，目前所进行的我国国有银行公司治理究竟是什么仍然是一个探索中的问题，尚缺乏明确的法律界定和清晰的政策指引。① 探讨我国国有银行公司治理的特殊性及法律问题，对完善相关政策制定和立法，避免盲目借鉴，规范和促进改革发展，以及保证国有银行公司治理的实效十分必要。

一、商业银行公司治理的特点及法律机制

（一）商业银行公司治理的特点

巴塞尔委员会于1999年9月在借鉴OECD原则的基础上发布了《加强银行

---

* 王红一，中山大学法学院副教授，法学博士。

① 中国人民银行行长周小川在2005年7月13日北京“我国改革高层论坛”上发表的《在金融机构改革中改进政府的作用》主题讲话中指出，我国公司治理改革基本概念尚需定义。参见人民网，网址：http://finance.people.com.cn/GB/1040/3540105.html。

的公司治理》,并于2006年2月“针对银行的独特性并为提供切实可行的指导”发布了修订后的《加强银行的公司治理》(以下简称《加强银行的公司治理》修订稿)。该修订稿中,“商业银行公司治理”被这样界定:“从银行业角度看,公司治理涉及董事会和高级管理层控制各个机构的业务及经营和各项事务的方式,这将影响银行如何:制定公司目标(包括对所有者的经济回报);管理日常的业务运作;履行对股东的责任义务并重视其他被认可的利益相关者的利益;确保银行经营活动和日常行为符合安全稳健经营的要求,并遵循相关法律和监管规定;保护存款人的利益”。①

商业银行公司治理与一般公司治理都包含了治理目标、治理结构、激励和约束机制等内容,但鉴于商业银行在银行产业、金融契约和金融产品等方面的特点,其公司治理在以下方面具有一定的特殊性。

首先,存款人在商业银行公司治理中的地位。由于存款人的存款在银行资产中的比例远远大于股东的投资,一旦银行失败将导致存款人严重损失,因此,一些学者提出扩充“公司治理”的理念,建议提升对资金供应者利益的保护,或将存款人如同股东一样纳入银行公司治理机制中。②

其次,委托代理关系更为复杂。与一般企业不同,银行作为存款人和贷款人之间的信用中介,收集和评价信息,经营主要由存款人投入的货币。“存款人—银行或银行股东—贷款人”之间的委托代理问题是银行公司治理的重要方面,银行公司治理不应忽视存款人与银行股东之间的利益冲突和银行对贷款人的监督责任。

最后,风险控制在商业银行治理中的重要性。由于银行提供特殊产品(货币),进行高比例的无抵押负债经营,具有较强的负外部性,一旦出现挤兑或其他危机将形成“多米诺效应”,危及其他银行、储户和其他人利益,甚至引发系统性金融危机。因此,银行公司治理的一个重要任务是风险控制,通过治理减少信息不对称,降低道德风险,实现风险管理。

与一般商业银行相比,国有商业银行还存在特殊的治理问题。国有商业银行虽然有政府各种资源支持的优势,但纠正其各种问题的方法与一般银行不同,

---

① 巴塞尔银行监管委员会,加强银行的公司治理2006。

② 国外学者观点参见 Shliefer A. and R. Vishhny, “A Survey of Corporate Governance”, 52 *Journal of Finance*, 1997, pp. 737—783; Macey and O'Hara, “The Corporate Governance of Banks”, Federal Reserve Bank of New York, 10 *Economic Policy Review*, 2001, pp. 1—17; Arun, T G and J. Turner, “Corporate Governance of Banks in Developing Economics: Concepts and Issues”, 12(3) *Corporate Governance: An International Review*, 2003. 我国有学者提出,应将存款人(债权人)代表纳入银行董事会,以更好地保护其利益。参见李烜:《海外上市后国有商业银行治理改革路径分析》,载《福建金融》2005年第10期,第42—44页。

同时,政府支持会导致银行经营更加冒险,市场对国有银行的约束力较小。①

(二)银行公司治理的法律机制

公司治理依赖诸多因素,其中,法律是公司治理的重要机制。② 对于银行公司治理所要解决的委托代理问题,在一般公司治理理论所提供的解决办法中,法律是重要组成部分。

其一,针对现代公司存在的委托代理问题,产权理论提出了以董事会、监事会、经理层“三权分立”的公司治理结构,来实现约束和激励的公司治理机制等解决办法。公司治理结构由一系列正式和非正式契约组成,公司法是公司治理结构正式契约中的“通用契约”。③

其二,由于委托代理中的道德风险和逆向选择等问题,主要产生于信息不对称,需解决信息流通等问题。完善的产权市场、资本市场和经理市场等可以反映相关信息,但由于利益冲突和市场失灵的存在,为实现市场的透明度,需要强制性手段保障及时准确的信息披露,公司法、证券法、破产法等法律规定的信息披露制度是最为有力的手段。

鉴于银行的特殊性,为保障股东、银行、存款人以及利益相关者,信息披露和实现银行透明更为重要,并需要在银行治理各环节进行风险控制。现有的西方研究成果表明,金融机构状况与法律密切相关。④

保护股东、银行、存款人和利益相关者、强化信息披露和对银行的风险控制需要政府监管,这是银行公司治理机制的重要特征。⑤

总之,银行公司治理的法律机制,包括了对银行公司内部更为复杂的治理结构和上述各种管制标准或手段的设置,除公司法、证券法、破产法外,主要包含在商业银行法、中央银行法和银行业监督管理法等法律规范中。

对于国有企业和国有银行公司治理,相关法律机制还要为“国家在积极行使其所有权功能的责任(如提名和选举董事会)的同时与避免对国有企业经营施加不当政策干预之间寻求平衡”提供途径,并“确保私人公司能与国有企业公

---

① Basle Committee on Banking Supervision, Core Principles for Effective Banking Supervision, Appendix I “Special Issues Related to Governmental-owned Banks”, September 1997. 巴塞尔银行网站,网址:http://www.bis.org/publ/。

② 参见 2004 年 OCEC《公司治理原则》,“前言”。关于法律在公司治理机制中的重要作用,请参见 John Coffee Jr., “Privatization and Corporate Governance: The Lessens From Securities Market Failure”, *Columbia Law School*, *Working Papers*, 1999。

③ 张维迎:《企业理论与我国企业改革》,北京大学出版社 1999 年版,第 86 页。

④ La Porta, “Law and Finance”, 106 *Journal of Political Economy*, 1998, pp. 1113—1155.

⑤ 政府监管是为了防止银行流动性危机,维持金融业稳定,保护分散的小储户和投资者,提高社会效率以及其他社会目的。Herring, Richard J. and Anthony M. Santomero, “What is Optimal Financial Regulation?” *Wharton Financial Institutions Center Working Paper*, 2000, pp. 00—34.

平竞争，并且政府在行使监管权力时不扭曲竞争”①。

二、我国国有银行公司治理的特殊性及法律问题

（一）我国国有银行公司治理改革与相关立法的进展

我国国有银行是指中国工商银行、中国农业银行、中国银行、中国建设银行四大银行，它们原先是由改革开放初期“大一统”的银行体制中分离而来的四个专业银行，1994 年后因国家成立了三家政策性银行分离其政策性业务而被突出了商业性，1995 年，《中华人民共和国商业银行法》明确了它们“国有独资商业银行”的法律地位。20 世纪 90 年代中期以后，尽管非国有银行发展迅速，四大国有银行仍然主导着我国银行业，一直存在着效率低下、亏损和不良贷款巨大的问题。②

2002 年，全国金融工作会议明确提出加快国有独资商业银行改革，中共十六届三中全会通过的《中共中央关于完善社会主义市场经济体制若干问题的决定》明确要求，要把国有商业银行办成资本充足、内控严密、运营安全、服务和效益良好的现代金融企业，确定了国有商业银行改革的核心是建立和完善金融产权结构和公司治理结构。2003 年底，国务院决定首先选择四大银行中绩效较好中国银行、中国建设银行进行股份制改革试点，四大国有银行改革相继展开。改革后的国有商业银行依法设立了股东会、董事会和监事会等公司治理结构，实行了董事长和行长不再由一人兼任、董事会和管理层成员分离；中行和建行在股东董事、外部董事与独立董事、薪酬制度和透明度四个方面进行了很多探索。③

相关的立法活动也在同时进行。2003 年 12 月，《中华人民共和国银行业监督管理法》、《中华人民共和国商业银行法》修正案和《中华人民共和国人民银行法》修正案出台，确立了我国银行业监督管理委员会专门管理银行的地位，强化了对商业银行的监管。2005 年 10 月，《中华人民共和国公司法》修订案和《中华人民共和国证券法》修订案出台，强化了公司治理法律机制。2002 年 5 月，中国人民银行发布的《股份制商业银行公司治理指引》，提出了商业银行公司治理的基本架构。2003 年银监会成立以来，先后出台了《中国银行、中国建设银行公司治理改革与监管指引》、《股份制商业银行董事会尽职指引（试行）》、《商业银行

---

① 参见巴塞尔委员会秘书长 Donald Johnston 为《OECD 国有企业公司治理指引》所作的序言。巴塞尔委员会网站，网址：http//：www. aecd. org/dataaecd/46/51/34803211. pdf。

② 姚树洁、冯友根、姜春霞：《我国银行业效率的实证分析》，载《经济研究》2004 年第 8 期。

③ 张兴胜、胡婕：《国有商业银行整体嬗变：2005 年银行业改革盘点之一》，载《中国经济时报》2005 年 12 月 14 日。

监管评级内部指引(试行)》等几十项监管部门规章,涉及银行业监管的各个方面。

(二)我国国有银行公司治理的特殊性及法律问题

1. 与我国国有企业相比的特殊性及法律问题

首先,国有金融资产出资人机构尚未明确,关于国有银行中国有股东权利如何行使尚缺乏明确法律界定或指引。虽然2003年5月27日通过的《企业国有资产监督管理暂行条例》提出了政府分级管理、国有资产保值增值、企业独立经营、完善法人治理结构、严格经理人员的任命和考核程序等新思想,但是,由于金融企业的特殊性,金融企业国有资产监管不受该条例的管辖。金融企业国有资产监管急需法律规范。

其次,国有银行公司治理的法律目标模糊,股东和相关利益缺乏法律保障。已有研究指出,《商业银行法》修正案删去了原《商业银行法》第41条第2款有关政府强制商业银行发放政策性贷款的规定,但仍对商业银行经营原则定性模糊,具体表现在所规定的商业银行"效益性"的经营原则隐含了社会效益和国家利益等政策性内容。① 立法没有对银行国有股股东权利行使进行规范,使得国有控股股东在银行经营中加入国家政策目标的随意性仍然存在,银行价值最大化目标难以保证。实现"银行价值最大化"目标,必须以法律切实保护股东和利益相关者在公司治理中的地位,需要关于利益相关者在公司治理中如何发挥作用的原则和指引。

最后,我国国有银行公司治理结构特殊,现有法律不足以对其进行规范。

与国有企业相比,国有银行则形成了"党政不分、政企不分、权力上收"特有的治理结构,表现为党组织、监管当局、董事会、监事会的基本控制权框架,以及财政部、审计署、国家经委、纪委及监察部极为复杂的相关利益主体集合。②

由于《商业银行法》欠缺针对商业银行法人治理结构的相关规定,缺乏科学界定行长、董事会以及相关委员会的职责、权力分配和制衡机制的规则,致使国有商业银行在股份制改造中无所适从,如中行、建行在改制进程中便遇到了操作障碍。③ 鉴于国有银行的产权特点,对于代表国有股东的董事、监事和高级管理人员还需相关立法进行特别规范,保障其经营的独立性并降低道德风险。

由于我国国有银行以前以服务国有企业为主要任务,监管者与国有银行、国有企业都有国家背景,强化国有银行经营管理者对贷款人(特别是国有企业)的

---

① 韩旺红:《修改〈商业银行法〉探讨》,载《中南财经政法大学学报》2002年第1期。

② 易宪容:《国有银行治理如何从窘境中走出》,载《中国经济时报》2003年2月19日。

③ 卓尚进、李岚:《八大难题考验〈商业银行法〉修改》,载《金融时报》2005年5月13日。

审慎监督责任尤为必要。

2. 与一般商业银行相比的特殊性及法律问题

首先，存款人在银行公司治理中的作用。我国长期以来对存款人保护采取的实际是隐性担保制度，即国家为维护社会稳定事实上承担了存款保险责任。这种隐性担保制度使市场主体（特别是大额存款人）缺乏风险意识，不慎重选择存款机构和产品，难以对银行经营形成竞争压力，无效率的银行因政府担保不能被市场淘汰，市场对银行治理的约束作用难以发挥，这种制度还鼓励了金融机构的高风险偏好，极易诱发道德风险。我国国有银行改革后，国有产权的退出需要使国家隐性担保显性化，建立保护存款人尤其是中小存款人利益的存款保险制度已势在必行。[①] 政府需要结合我国国情创立适当的存款保险法律制度以避免该制度的负面作用，如限制对大银行的特殊保护等。[②]

其次，国有银行内控机制及其创新。我国国有银行在组织结构上采取的是总分行制，是按行政区划、政府层次序列设置的与行政体制高度一致的金字塔式组织体系，导致管理、协调和交易成本较高，内控薄弱。与其他金融机构相比，存在中央和地方双重干预和中央转移支付。[③] 如何构建独立、权威、系统、有效的内部控制体系，是我国国有银行改革的难点。国有银行改革针对该问题进行了有益的创新尝试，但缺乏法律规范。[④]《商业银行法》修正案引进了国际通行的审慎经营理念，第一次以法律形式提出“商业银行应当按照有关规定，制定本行的业务规划，建立、健全本行的风险管理和内部控制制度”，但内容过于原则，与《商业银行法》配套的有关内部控制的法规、规章尚待完善。

最后，国有银行外部监管与治理的关系。我国目前还存在政府监管职权缺乏相互制约，治理和监管混淆交叉的现象，需要明确的原则和指引。[⑤]

三、完善相关立法建议

加入世界贸易组织后，为使我国商业银行制度与国际做法相协调，相关立法

---

① 参见王聪：《加快建立存款保险制度势在必行》，载《中国金融》2005 年第 20 期，第 27—28 页。

② 陶存文：《论存款保险制度下的道德风险及其控制》，载《国际商务》2005 年第 3 期。

③ 陆磊、李世宏：《中央—地方—国有银行—公众博弈：国有独资商业银行改革的基本逻辑》，载《经济研究》2004 年第 10 期。

④ 例如，2005 年 1 月 15 日工行在全国范围内设立了 10 个内审局（分布于各主要省会城市和直辖市）作为直接对董事会负责的内部独立机构，但该机构与分行内部此前的稽核监督部（已经改名为内控合规部）的关系如何，以及如何规范设立这个机构中的政府作用尚待解决和界定。许梅莉：《工行股改低调进行 10 个内审局设立意在提前排雷》，载《中国经营报》2005 年 1 月 22 日。

⑤ 目前治理与监管交叉混淆现象很普遍，参见《完善中国银行业的公司治理结构：楼继伟在“构建 21 世纪金融体系”中美金融研讨会上谈国有银行改革》，载《中国经济时报》2004 年 6 月 14 日；《周小川指我国公司治理改革基本概念尚需定义》，参见人民网，网址：http://finance.people.com.cn/GB/1040/3540105.html。

大量借鉴了国际准则。有学者指出，我国国有银行改革具有“巴塞尔协议约束效应”，由于在商业银行制度的全部要素中，能够被模仿与移植的只有那些技术性要素和有形的外部框架，因此，经过改革的国有商业银行与标准的商业银行相比，总是显得“貌合神离”。[①] 要解决这一问题，在进一步深入改革的同时，必须建立形式合理的法律制度和有保证的法律框架。

借鉴国际准则，结合我国国有银行公司治理特殊性，应在以下方面完善相关法律和制度：

第一，出台《商业银行国有金融资产监督管理条例》和《国有企业公司治理指引》，明晰国有金融产权。主要涉及两大方面：一是为解决国有股东缺位，使国有金融资产出资人积极负责地行使国有股东权利以维护国有金融资产权益，设立统一行使国有出资人职权的机构，规定其主要职责，对代表国有金融资产出资人的董事、监事以及高级管理人员建立有效的绩效考核和激励约束机制[②]；二是为避免政府对银行经营不适当干预，清晰界定并区分国有出资人与银行监管机构的职能，严格规范国有金融资产出资人的行为，对有关国家所有权行使的过程和内容进行信息披露，实现国有产权的透明化。

第二，完善《商业银行法》，明确银行利益最大化目标，强化对股东和利益相关者的保护，提升对存款人利益的保护。作为信用中介和货币政策传导的渠道，所有商业银行都要考虑社会效益，为避免政府干预和保障利益相关者，应明确区分国有商业银行与政策性银行的功能；规定国有银行与其他国有企业的关系建立在商业基础上；国有商业银行提供公共服务应有法律或法规依据，并对利益相关者提供救济途径；规定与银行有密切联系的借款者、大股东、高级管理人员或公司中关键决策者之间的经济关系，以及政府扶持等内容必须披露；规定强制存款保险，采取与风险挂钩的差别保险费率，限制对国有银行的特别保护。

第三，在《商业银行法》中确立适宜商业银行的公司治理结构和内控制度，强化内部和外部约束和激励机制。一是针对内部治理，可吸收《股份制商业银行董事会尽职指引(试行)》的有关内容，界定银行董事会的风险经营法律责任和内部风险控制机构，协调内部和外部审计、促进信息在银行内部以及外部的流动，强化银行管理人员的选拔和薪酬制度等激励机制。二是针对外部治理，为促进外部治理环境的形成并强化市场约束，应促进非国有商业银行的发展，降低其进入市场的门槛，同时加强监管；对外资金融机构实行国民待遇，实现国有股的

---

① 张杰:《注资与国有银行改革:一个金融政治经济学的视角》,载《经济研究》2004 年第 6 期。

② 对于国有出资人代表机构的具体形式,既可以采取国务院特设委员会的形式,即成立国务院国有金融资产监督管理委员会;也可以采取公司化的形式,即充分利用中央汇金投资有限责任公司。《完善中国银行业的公司治理结构:楼继伟在“构建 21 世纪金融体系”中美金融研讨会上谈国有银行改革》,载《中国经济时报》2004 年 6 月 14 日。

流通,规范中介组织,对银行破产和退出市场进行规定。

第四,完善《银行业监督管理法》,强化监管机构的独立性和监管的有效性,对银监会的权限、职责以及与其他金融管理部门的关系进行明确规定,在深入改革的过程中,不断解决监管与治理和创新的关系。

非上市公司股权投资之法律规制

◇ 刘　瑛[*]

内容提要　为了适应我国建设多层次资本市场的现实需要，保护投资人之利益，本文通过分析非上市公司股权投资市场存在的问题及法理障碍，从实体与程序两个方面论证规制非上市公司股权转让场所、信息披露、股权证之合法性等问题，并比照上市股权交易流程设计非上市公司股权转让流程，以期达到维护产权交易市场秩序之目的。

关键词　非上市公司　股权转让　产权交易　股权托管　投资人利益保护

近来，关于非上市公司股权投资市场（俗称“一级半市场”）的问题引起了业内及法学界人士的关注。就目前国内资本市场的现状看，所谓“一级半市场”是指民间买卖非上市股份公司的股份或股权证，及上市公司尚未上市交易的内部职工股或法人股。因其介于证券一级市场和二级市场之间，故称作“一级半市场”。

一、非上市公司股权投资市场存在的问题

自从1998年国家关闭了依托STAQ和NET网络系统（以下简称“两网”）的综合场外交易市场以及所有地方股票交易市场后，国内合法地为股权提供交易的场所仅剩下了沪、深两个证券交易所。依《证券法》第50条之规定，以发起设立方式设立之股份有限公司若上市就必须将其原始股进行拆分。因此，将发起人股、法人股拆细后转让于社会公众以达股权分散之上市要求即是个便捷方式。

这些非上市公司股权的流通需求，让“一级半市场”应运而生，而且成交活跃，数量惊人，但是缺乏透明、缺乏监管、缺乏秩序，投资者的权益很难得到有效

* 刘瑛，法学博士，中国政法大学民商经济法学院副教授，中国法学会经济法学研究会理事。

的保护。“一级半市场”主要存在以下四种问题：

（1）销售行为不规范。众多中介机构虚假宣传目标公司即将上市、或已进入辅导期、或包装暗示公司的上市前景等，给不明真相的投资者造成了较大的风险。

（2）股权转让程序不规范。由于目前此类股权转让行为往往在非公司注册地进行，投资者无法切实了解企业基本情况；同时，异地办理变更或过户手续也存在较大的法律风险，中介公司销售完成后可能难以承担相关责任。

（3）场外交易无规定。根据公司法的有关规定，股份公司的股权转让必须在国务院批准的依法设立的证券场所进行。而非上市股份公司的股权转让并无相关规定，只能通过私下转让（场外交易）。这正是“一级半市场”存在问题的根源。

（4）内部职工股转让受限。由于在募股之初就已不是完全意义上的内部职工股，加之内部职工的流动和社会上的各种炒作，早已形成了内部职工股的严重社会化。而根据公司法和民法通则的精神，内部职工股东完全有权处置自有股权。因此，限制内部职工股转让的规定从一开始就先天不足。①

综上，其核心问题就是非上市股份公司股权投资的规制问题。有关政府部门针对“一级半市场”清理整顿的目的也在于此。②

二、非上市公司股权投资的法律缺失

然依现行立法，对投资人之利益保护恐有缺失。观诸我国《公司法》第139条、《证券法》第39条和第40条之规定，非上市股份公司之股权只有在国务院批准的其他证券交易场所转让。但在实践中，国务院并未于全国范围内设立一个其他证券交易场所。因此非上市公司的股权于何处进行交易一直未有定论。根据《企业国有产权转让管理暂行规定》和关于《规范国有企业改制工作的意见》及有关产权交易规定，非上市公司中的国有产（股）权、国有或集体单位相对控股的多元投资主体企业产（股）权的转让交易，应当进入产权交易市场，并公开信息，竞价交易。然民营非上市公司以及自然人间的股权交易则无明确规定，也就是说可以不进场交易。

我国《公司法》第142条规定，发起人持有的本公司股份，自成立之日1年内不得转让。换句话说，只要股份公司成立1年后，股份的转让并不违法。《证券法》第32条规定，经依法核准的上市交易的股票、公司债券及其他证券，应当在证

---

① 1993年4月3日，国务院办公厅曾发布《关于立即制止发行内部职工股不规范做法的意见》，各级政府部门也相继出台了相关的规定，规定内部职工股的转让只能在内部职工之间进行。

② http://publishblog.blogchina.com/blog，访问时间2006年5月23日。

券交易所挂牌交易。遗憾的是，并没有规定未上市股份公司股份不得转让，另外，我国对非上市公司股票交易方式之法律监管还是空白，被称为“灰色地带”。

依据证券法、公司法有关规定，非上市公司股权转让分为公开发行和非公开发行两种情况。鉴于实践中欲进行股权拆分之非上市公司多是公开发行股票的，因此，本文以下主要探讨公开发行未上市公司股权转让的规制问题。

三、投资人利益保护之实体规制

就如何保护非上市股份公司股权转让中投资人之利益，笔者拟从三个方面进行研究与论证：

（一）确定非上市公司股权转让的场所

目前，国务院并未批准任何非上市股份公司股权之交易场所，学界就非上市公司之股权转让场所的建议亦不绝于耳。唯近日中国证券业协会之有关负责人称：全国非上市公众公司将与代办股份转让系统对接，由其提供报价转让。这样，代办股份转让系统今后将提供三个层面的报价转让服务：为退市公司和“两网”系统的法人股公司提供交易服务；为全国高科技园区的高科技企业提供报价转让服务；以及服务于全国众多的非上市公众公司，并与证监会发行监管二部的业务相对接。证券业内人士认为，将非上市公众公司与代办股份系统相对接，有利于对这类公司的发行、流通、信息披露，以及今后的转板、融资条件的确定等进行全面监督，有利于形成全国统一的非上市公众公司交易的大市场。况且按照《国务院关于推进资本市场改革开放和稳定发展的若干意见》（以下简称“国九条”）所提出的将代办转让系统建设成为“统一监管下的全国性证券场外交易市场”的要求，它也是非上市公众公司股票交易市场的最佳选择。

笔者以为，此举有待商榷。就长远而言，或许是个不错之选择。唯目前我国配套规定缺失且非上市公司及有关证券中介机构之诚信度不高的情形下，此举未免过于理想主义。虽2005年修订之《公司法》已删除设立股份公司须经国务院或省级政府批准，但就目前现有股份公司而言，大部分仍是原有股份公司。因此，一蹴而就地将数量巨大之非上市股份公司一律纳入代办股份系统，将会面临巨大的道德风险与技术风险。另目前代办股份系统仅为退市公司与“两网”系统之11家公司提供交易服务，无论是从技术层面抑或是监管能力方面，均不宜于目前将其与非上市公司之股权转让对接。

因此，就目前而言，较稳妥之做法，应是充分利用现有资源及经验来逐步规范非上市股权之交易行为，以达保护投资人之目的。各省应整合省级范围所有类型之产权交易所，将其建构成一个综合性产权交易所，即其交易品种不再限于国有股或技术股，任何属性及类别之股份均可于此产权交易所进行挂牌交易。简言之，非上市公司股权转让场所即为产权交易所。此种安排得到了各方的一致认同。① 唯各省仅能于省级区域内设立一个产权交易所，同时如果技术允许，各省产权交易所间应实现联网，这样一家公司可同时聘请几个产权经纪公司在几个省之产权交易所同步进行交易，这样亦有利于为建造全国统一之非上市公司交易市场积累经验及培育产权经纪公司。为配合产权交易所进行交易非上市股权，各省政府亦应于省级区域内设立一家股权登记托管机构，且仅能设立一家。② 所谓股权登记托管，是指托管机构接受非上市公司的委托，代替公司履行置备股东名册的法定义务，记载并确认股东对股权所有权及其相关权益产生、变更、消失的法律行为。2001 年 6 月，中国证券监督管理委员会发布的《关于未上市股份公司股票托管问题的意见》第 3 条规定："未上市公司股份托管问题，成因复杂，涉及面广，清理规范工作应主要由地方政府负责"。依据上述意见，各省政府均有权设立托管未上市公司股份的专门机构。至于是由政府亲自组建，或是由政府授权本省产权交易所设立，笔者认为，鉴于股权登记托管之专业性与政府之中立性，宜采后者较妥。就股权登记托管机构之性质，与证券登记结算机构相同，是一个非营利性之企业法人。唯此须注意的是，该股权登记托管机构仅能同非上市公司签订股权登记托管合同，不能与股东签订股权登记托管合同，即股权登记托管合同之当事人为非上市公司与股权登记托管机构。

综上，就非上市公司股权转让场所而言，宜以各省为立足点，整合省级区域各类产权交易机构为单一产权交易所，并辅之股权登记托管机构，二者共同作为非上市公司股权转让场所。简言之，凡须进行股权拆分或股权拆细之国家股、法人股及持有量达 10 万股之自然人股之公司均须进入产权交易所挂牌交易。

（二）强制非上市公司股权转让之信息披露

信息披露制度于证券市场就如人之喉舌，无论何种证券市场之良性发展均有赖于完善与严格之信息披露制度。唯究竟信息达到何种程度，方构成证券法律法规所要求必须予以披露之最低水平？就上市公司而言，目前我国乃采"二元性标准"，即对招股说明书和定期报告适用"投资者决策标准"，而对临时报告适用"股价敏感标准"。因"投资者决策标准"较"股价敏感标准"趋于严格、全面，在实务中亦相对容易认定，有较强之操作性，更有利于保障投资者。③ 因此，

---

① 2004 年 4 月 19 日，《深圳特区报》证券版、《深圳商报》头版。

② 目前已设有股权登记托管机构之省市有安徽、陕西、上海。

③ 因能影响股价之因素很多，受损害人证明损害与信息间之必然联系难度很大。因此，较之"投资者决策标准"，"股价敏感标准"不利于保护投资人之利益。盖因发生证券欺诈时举证困难，将严重影响受损害人求偿权利之实现。

笔者建议,就非上市公司披露信息之范围,宜采用"投资者决策标准"。另鉴于目前实务中一些中介公司在宣传推销非上市股权时,大多立足于出售股权之公司即将上市,以此吸引投资者购买相关股权。因公司上市,原始股东往往会获得股价溢价收入。由此观之,此种承诺就投资人而言可视为盈利性预测。从信息披露角度来讲,此即为预测性信息披露。而目前有关规定较为零乱,法律层级及位阶亦较低,因此当公司难以上市时,投资人以此为据进行申诉之难度极大。①因此,为切实保护投资人,宜效仿美国的有关制度,即将盈利性预测纳入到强制性信息披露中,针对不实预测,投资者均可对不实预测人提起证券欺诈之诉,相关责任人应承担相应之民事赔偿责任。

(三)认可股权证之法律效力

非上市公司股权转让场所为产权交易所,而欲在产权交易所挂牌转让股权之公司,在申请挂牌前均得将其所有股权登记托管于股权登记托管机构。其中一个重要问题是,非上市公司之股东以何为据证明其股东身份?实践中,法院或仲裁机构在处理纠纷时,往往认可各股权登记托管机构向股东所发放《股权证》(也称《股东卡》)之效力。股权证,从性质上讲更类似于有限责任公司之出资证明书,不同于股份公司所发行之股票。但无论其性质为何,股权证均具有法律效力,即具有证明股东权利之效力。非上市公司股东可凭借此要求股权登记托管机构向其发放股息、红利,以及参与股东大会等等。理由试阐述如下:有价证券依其与归属权利间之关系,可分为设权证券与证权证券,股票即为典型证权证券。《公司法》第133条明确规定:"股份有限公司成立后,即向股东正式交付股票。公司成立前不得向股东交付股票。"可见,在股票发行前,股权已经存在,股票只是证明股权存在的手段而已。另《公司法》第129条规定:"股票采用纸面形式或者国务院证券监督管理机构规定的其他形式。"而且伴随网络技术的发展,无纸化股票已代替了实物股票,证明股权之方式应因公司类型之不同及时代发展而有异。比如,上市公司股东以其证券账户证明其股东权利;有限责任公司股东以出资证明书证明其股东权利;而已托管股权公司之股东即以股权证来证明其股东权利。因此,在实践中不可将其与非法发行股票、公司债券罪混为一谈。

综上,无论是从法理亦或从实务上讲,股权证或股东卡均具有合法性。但须强调的是,股权证或股东卡同出资证明书,不具有流通性。因股权证或股东卡是记名的,单独交付其并不意味着其所代表之股权当然发生转移,只有当股权登记

---

① 如2004年上海晶谷微电子股份有限公司一案。目前,该案尚在调查之中,但股份公司及中介机构的相关人员已失踪,投资人获赔之可能性微乎其微。

托管机构向受让人换发新股权证或股东卡时,最终发生转让效力。这里尚须补充一点,实务中有的公司以相关股权转让未进行股东名册工商变更登记来对抗受让人(即投资人)是错误的。因为,在名册制成前股权于股东缴纳股款时即已存在,工商登记仅是国家行政机关进行管理而采取的一种手段。综上,证明股权之手段可多样。因此,应认可实践中股权登记托管机构向已托管股权公司之股东所发放的《股权证》或《股东卡》具有法律效力。

四、投资人利益保护之程序规制

因为非上市股权交易在信息披露和交易流程上都存在一定的封闭性和不对称性,从而使投资者无法获知非上市股权公司之全面信息而遭受损失。因此,比照上市公司之交易制度来设计规范的非上市股权交易流程,或许会在一定程度上起到防范和化解非上市股权交易风险之作用,从而保护投资人利益。

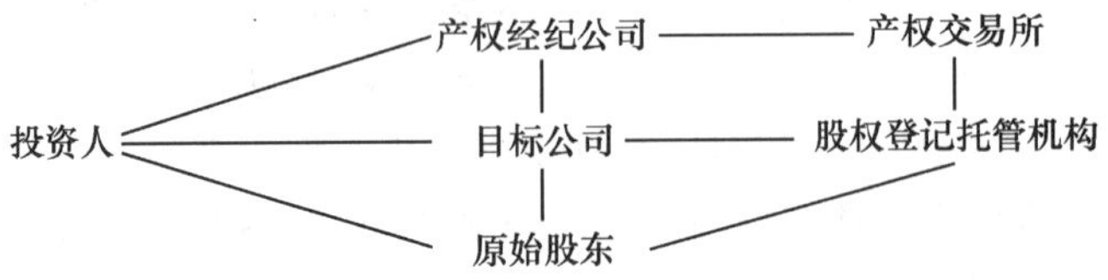

如上图所示,目前实践中涉及非上市股权交易之当事人有原始股东、投资人、产权经纪公司、产权交易所、目标公司、股权登记托管机构。

(一)非上市股权交易当事人之法律地位

在论证具体交易流程之前,有必要简单阐释各当事人之法律地位。

(1)产权交易所与股权登记托管机构均是政府设立的非营利性企业法人,在此交易流程中,该二者处于中立地位。

(2)原始股东与投资人是股权转让合同之当事人。原始股东乃拟进行股权拆分公司之原始股权持有者,投资人则是拟认购股权之资金持有人。双方间之法律关系可比照买卖合同之法律关系来进行处理,如买卖标的物即股权须无权利瑕疵;卖方应协助买方办理新股权证等。

(3)产权经纪公司。实践中非上市公司往往会聘请产权经纪公司进行融资策略筹划与宣传推介,因此产权经纪公司与目标公司之法律关系是委托代理关系。

(二)非上市股权交易的具体流程

以上为据,笔者设计之非上市股权交易具体流程为:

(1) 目标公司办理股权登记托管。拟进行股权拆分之目标公司须先与股权登记托管机构签订股权登记托管合同,并提交相关文件,将其股权全部托管。

(2) 目标公司或产权经纪公司申请挂牌转让。目标公司持股权登记托管机构出具的已登记托管之证明及其他文件,向产权交易所申请股权挂牌转让。

(3) 目标公司委托产权经纪公司进行宣传推介。挂牌转让申请被批准后,目标公司便可委托具有产权交易所会员资格的产权经纪公司来进行宣传推介。

(4) 寻找投资人。产权经纪公司与目标公司签订委托合同后,须利用其自有资源尽力寻找目标公司所需之投资人。

(5) 撮合交易。通过多种形式的推介,产权经纪公司寻找到意欲购买目标公司股权之投资人后,即努力撮合其与原始股东交易成功。

(6) 签订股权转让合同。根据产权经纪公司提供的《股权转让合同》格式文本,投资人在审核格式文本无误后即可签订。

(7) 申请《股权证》。签订合同后,投资人将股权款按约定时间存入股权登记托管机构指定之银行账户后,持银行开具的收款证明及合同正本,申请股权登记托管机构换发新《股权证》。

(8) 接受股权转让款。签订合同后,原始股东则持原股权证及合同正本申请股权登记托管机构划款,股权登记托管机构审核无误后将原股权证收回并将股权转让款划入原始股东之账户。

(9) 变更股东名册。最后,股权登记托管机构将原股权证注销并定期集中变更股东名册。

五、结　　论

基于股份自由转让之原则,且股权具有转让之资本内在属性,非上市股份公司之股权交易势在必行,国家有关法律或政策对此宜疏不宜堵。笔者以为,在目前非上市股权交易制度不完善与法律法规缺失之情况下,各省暂宜以“国九条”为依据,以证券交易所及证券登记结算机构为模板,以省级为区域范围,各省仅设一个产权交易所与股权登记托管结构,其所司之职与证券交易所及证券登记结算机构同,其间法律关系亦同。同时各省政府应硬性规定,欲在产权交易所挂牌之股份公司,须提供股权已全部托管于股权登记托管结构之证明文件。当然,以上均须各省政府协调配合。① 因此,国家应尽快制订相关之法律法规,引导非上市公司股权规范、有序流动。

---

① 之所以言及此乃基于目前地方保护主义盛行,恐各省政府为创政绩及非上市公司之寻租行为致使未完全托管之股权于市场外进行交易,不利于投资人利益之保护。

对国有独资公司制度实施现状的法学思考

◇ 徐晓松*

内容提要 通过对国有独资公司实施现状的分析，本文指出，由于没有理顺国资委与国有独资公司之间关系，没有在国有独资公司内部建立起规范的董事会制度，形成国有独资公司有效运营所要求的治理结构，我国国有独资公司在适用范围上存在偏差，与改革者的期望相去甚远。因此，如何建立完善的独资公司内部经营管理体制，完成由传统的厂长(经理)负责制向董事会制的转变，是改革者目前所面临的问题。

关键词 国有独资公司 出资人制度 制度实施障碍

引 言

尽管国有企业在世界范围内的存在具有普遍性，但国家如何有效行使其对经营性国有资产的权利，至今却仍然是一个世界性难题。为解决这一问题，各国依据自己的国情，按照国有资产的不同状况以及国家控制需求的不同，通过采用不同的企业形态来改革国有企业与国家之间的关系，以求国有资产经营效益的提高。1993 年《中华人民共和国公司法》(以下简称《公司法》)所确立的国有独资公司制度便是其中之一。

作为中国国有企业公司制改革过程中对国外一人公司制度借鉴的结果，国有独资公司制度是中国公司法理论与实践的一个创举。那么，自 1993 年至今，这一制度实施的情况如何？笔者认为，由于没有理顺国资委与国有独资公司之间关系，没有在国有独资公司内部建立起规范的董事会制度，形成独资公司有效运营所要求治理结构，我国国有独资公司在适用范围上存在偏差，与改革者的期

* 徐晓松，法学博士，中国政法大学民商经济法学院经济法研究所教授、副所长。

望相去甚远。

一、国有独资公司适用范围的偏差

众所周知,股权结构和治理结构的特殊性,决定了《公司法》对国有独资公司适用范围的严格限制。1993 年《公司法》第 64 条规定,国有独资公司是指国家授权投资的机构或者国家授权投资的部门单独投资设立的有限责任公司;国务院确定的生产特殊产品的公司或者属于特定行业的公司,应当采取国有独资公司的形式。2005 年修订的《公司法》第 65 条规定,国有独资公司是指国家单独出资,由国务院或者地方人民政府授权本级人民政府国有资产监督管理机构履行出资人职责的有限责任公司。比较上述规定,我们看到国有独资公司的适用范围在《公司法》修订前后并没有变化,按照国家历年来国有企业改革的方针政策,国有独资公司主要应当适用于与国家经济命脉、国家安全、基础设施以及重要自然资源具有密切关系,必须由国家 100% 控股的国有企业。这充分体现了国有独资公司制度设计的初衷,即考虑到独资控股在产权结构上的特性,国有独资公司设计的目的,首先是为必须由国家完全控股的企业开辟一条改革的途径;其次是为由于政策和体制原因而暂时无法实现股权多元化的大型国有企业公司制改革提供过渡手段。

但从为数不多的有关国有独资公司的统计数字中,我们可以看出国有独资公司制度在适用上存在着偏差。

根据北京师范大学经济与资源管理研究所承担的国家社会科学基金重点项目成果《2005 中国市场经济发展报告》提供的数据,截至 2003 年,全国国有大型企业集团共计 1619 户,其母公司已进行公司制改制的为 1212 户,而在这 1212 户企业中,改制为国有独资公司的高达 749 家,占改制企业总数的 61.8%。[①] 2005 年,国务院国资委向海内外公开招聘中央企业的高级管理人员,学界有人提出此举不符合《公司法》关于公司高级管理人员由董事会聘任和解聘的规定,国资委在对此进行的回应中披露:由国务院国资委聘任高级管理人员的中央企业均不是公司,不属于《公司法》而属于《全民所有制工业企业法》的调整范围。那么国资委管辖的中央企业改制为国有独资公司的面究竟有多大?随之披露的信息令人大跌眼镜:根据 2005 年国资委的披露,国务院授权国资委履行出资人职责的中央企业为 196 户,其中实施公司制改造的仅为 22 户,而在 22 户公司中,有限公司 11 户,国有独资公司 10 户,仍然按照国有企业法运行的企业占为

---

① 北京师范大学经济与资源管理研究所:《2005 中国市场经济发展报告》,中国商务出版社 2005 年版,第 36—39 页。

74户,占88.8%。[①]

从上述两组数据大致可以看出:首先,在《公司法》实施的十几年间,地方国有企业改制为国有独资公司的面要远大于中央企业;其次,在地方企业中,改制为国有独资公司的比例远远高于其他公司。因此,我们基本上可以得出这样的结论:国有独资公司基本上没有在其最应当适用的场合——国家必须独资控股的企业(而这类企业大部分应当是中央国有企业)——得到使用。显而易见,在实践中,国有独资公司主要充当了大型国有企业股权多元化改革的过渡性工具,而没有完全成为那些必须由国家完全控股的企业的改革途径。[②] 由于国有独资公司适用范围的偏差,可以说真正意义上国有独资公司制度的实施才刚刚起步。

造成上述情况的原因何在?正如一些研究成果所表明的那样:在实践中,中央国有企业的改制在总体上明显慢于地方国有企业有多种多样的原因,如垄断性、寡占性企业较多;企业经济效益相对较好或者中央部门可以动员的救助资源较多,因而缺乏改制的压力;中央企业规模比较大、人员比较多、办社会职能比较全,因而改制的技术难度比较大;中央企业对社会稳定问题有更多的考虑,等等。[③] 但笔者认为,对于国有独资公司而言,垄断性经营并不构成其制度实施的障碍。但由于国有独资企业改制为国有独资公司的过程不是简单的企业类型转换,这一过程同时是政府与国有企业关系的改革,因此国有独资公司制度在中央国有企业中的推行,不仅取决于此类企业是否具有改革意愿,而且更重要的是作为出资人的政府是否具有改革的冲动。

二、国有资产出资人制度引发的思考

在政策既定的前提下,必须由国家完全控制的国有独资企业是否被改制为国有独资公司,首先取决出资人是否有改制的冲动,改制的冲动取决于国有资产出资人的基本状况,而出资人的状况又与中国经营性国有资产监管体制改革的历史密切相关。

学术界的研究认为,中国经营性国有资产监管体制改革实践可以分为三个阶段,即全面改进计划经济条件下国有资产监管实践的阶段(1979—1984);有计划的商品经济条件下国有资产监管实践的阶段(1985—1992);建立社会主义

① 该数据来源于国务院国有资产管理委员会政策法规司司长张德霖博士于2005年4月13日为中国政法大学经济法专业博士生所作的专题讲座记录(未经本人审阅)。

② 在实践中,许多国有独资企业或国有控股公司控制着数量众多的全资子公司,以至于大大扩展了国有独资公司的适用范围。此类情况在2005年《中华人民共和国公司法》修订之后已经合法化,因此不在本文讨论的范围。

③ 张文魁:《国企改制调查报告:成本支付、股权结构、绩效变化》,载《改革》2005年第10期。

市场经济条件下国有资产监管实践的阶段(1992—2003)。[①] 国有独资公司制度实施的时间与国有资产监管体制改革的第三个阶段基本吻合。从这一阶段的改革来看,除国家在构建国有资产的管理、监督和经营体系方面所进行的地方性探索和实践之外(以上海和深圳等地的实践为代表),1998 年,国务院机构改革时将独立的国有资产管理局并入财政部,使得 1988 年以来初步趋于独立化和专门化的国有资产监督管理权,又回到由政府各个职能部门分割行使的状态:人事权在人事部、组织部及大企业工委;投资权在计委;国有企业的宏观调控和资产处置权在经贸委;资产收益权在财政部。由此产生的最大问题是,政府对国有资产重新实行多头管理,管人、管事和管资产相脱节。其最典型的表现莫过于:主管企业的干部考核部门不考核资产经营效益,却负责经营者的选择;国家经济综合部门监督着国有资产的运营,却不能选择经营者。由此,国有资产监管机构改革的状况与中央国有企业的改革目标之间产生了冲突。在出资人为多个政府机构,其权利、义务和责任不统一的情况下,即便某一个政府机构认为应当将国家独资控制的国有企业改制为国有独资公司,实际上也很难在不同的政府机构之间达成共识,而且处于并列地位的诸多政府机构也无法对相互之间的关系进行协调。由此可见,缺乏专门的、可问责的国有资产监督管理机构,使得通过国有独资公司改制实现政府职能的转变、建立有利于提高国有企业效益的新政企关系的改革在实践中不具有可操作性。笔者认为,这就是中央企业改制为国有独资公司步伐迟缓的主要原因。

2003 年,国务院国资委的成立改变了上述局面。2003 年 5 月,国务院颁布的《企业国有资产监督管理暂行条例》(以下可简称《暂行条例》)所确立的企业国有资产出资人制度,完成了国有股东的法律拟制,使《公司法》所确立的国有独资公司制度具备了实施的基本条件;而《暂行条例》所规定的国资委对经营性国有资产的权利、义务和责任,以及国资委对企业国有资产监管的实践,迫使国资委必须尽快地找到一种适当的方式来处理其与中央国有企业的关系,以避免在新体制下成为企业的"婆婆"。[②]

我国《公司法》第 65 条的规定表明,在国家采用国有独资公司形式经营国有资产的条件下,国家股东在具体形式上体现为:出资人(国家)——具体行使出资人职责的主体(国务院或者地方人民政府)——受出资人委托履行出资人职责的主体(各级人民政府国有资产监督管理机构)。此即由《暂行条例》所确立的企业国有资产出资人制度。根据该条例,企业国有资产属于国家所有;国家

---

① 代表作见汪海波:《中国国有资产监管的实践进程(1979—2003)》,载《中国经济史研究》2004 年第 4 期。

② 自国资委成立以来,众多研究表现出对国资委直接干预企业的担心,而国资委主任李融荣也不止一次地在公开场合重申国资委不当国有企业的"婆婆"。

实行由国务院和地方人民政府分别代表国家履行出资人职责,享有所有者权益,权利、义务和责任相统一,管资产和管人、管事相结合的国有资产管理体制;国有资产监督管理机构根据政府授权,依法履行出资人职责,对企业国有资产进行监督管理。因此,对于国有独资公司而言,国有资产监督管理机构是一个行使股东权的专门机构。从公司法角度看,除权利通过政府授权取得这一特殊性之外,国有资产监督管理机构在法律地位上与一般公司股东并无差别。

在国有独资公司形态下,企业国有资产出资人制度的建立,解决了国有股东形态具体化和专门化的问题,但由于国家作为股东具有不同于自然人股东和一般法人股东的特性(即国家股东只能由某一个国家机构或其授权机构来充当),因此产生两个方面的问题:首先,尽管《公司法》已经规定国有独资公司董事会经授权可以行使部分股东权,但强大的国家出资人对股东权的行使,仍然有可能导致国家(政府)对国有独资公司的直接干预;其次,在国家出资人可以授权董事会行使股东权的条件下,国有独资公司需要有一个强有力的经营管理层,在此基础上,出资人还必须建立一个有效的防止经营管理层控制独资公司的监控体系。因此在上述意义上我们可以说,对于转换政府职能、形成有利于提高效益的国有独资企业的行为机制而言,以国务院国有资产监督管理机构(以下简称"国资委")成立为标志的企业国有资产出资人制度的建立仅仅是一个良好的开端。在公司制度的层面,只有国资委与国有独资公司管理层之间形成规范的独立与制衡关系,才能避免国家(政府)对独资公司经营的直接干预。换言之,"国有企业改制走到今天,最重要的问题已经不是要不要改,而是要高度关注改制后如何形成良好的公司治理以促进企业健康发展。改制相当于企业合约集的重大调整,因此,改制企业必须要实现公司治理转型,改制后企业的公司治理转型可能比改制本身更加艰难,这将是我们未来所面临的重大挑战。"①

综上,在国资委成立后,改革者面临的问题是:在由国有独资企业向国有独资公司改制的过程中,如何建立一个完善的独资公司内部经营管理体制,完善独资公司的治理结构,以完成由传统的厂长(经理)负责制向董事会——经理制的转变?换言之,如果仅仅是在企业形态上由国有独资企业变成国有独资公司,而在内部体制和运转机制上没有任何变化,我们就没有理由说,国有独资公司能够改变传统国有独资企业的行为机制并提高其经营效益。

三、国有独资公司运转的法律制度障碍

自1993年《公司法》确立国有独资公司制度以来,围绕其进行的改革实践

① 张文魁:《国企改制调查报告:成本支付、股权结构、绩效变化》,载《改革》2005年第10期。

及理论研究，始终没有对以下基本问题作出相对令人满意的解释：国有独资公司与传统国有独资企业究竟有什么区别？国有独资公司如何能够改变国有独资企业的行为机制并提高其经营效益？从公司法角度，上述问题实际上是国有独资公司的运作模式及行为机制问题。

因股东的单一性及其身份的特殊性，国有独资公司的运作面临股东对公司操纵和失控两种可能性。因此为保证国资委有效行使出资人权利，《公司法》规定国资委除了行使必要的股东权外，其余权利可以通过授权交由董事会行使。这造就了国有独资公司内部权利配置与一般一人公司的最大不同。基于此，国有独资公司内部应当建立完善的、经营管理权利层次分明的董事会及其领导下的经理制度，但《公司法》对此却未做特别规定。时至今日，在法律规范层面，国有独资公司的内部经营管理可以适用的规范仍与一般有限责任公司大体相同（从《公司法》第65条第1款、第69条，我们可以清楚地看到这一点）。正是由于法律制度的严重缺失，1993年以来国有公司（包括独资和控股）的改革实践暴露出严重问题。

根据我国《全民所有制工业企业法》的规定，非公司制国有企业实行厂长（经理）负责制。因此国有企业转变为国有独资公司的第一步就是，要完成由传统的厂长（经理）负责制向董事会——经理制的转变。仍然根据北京师范大学经济与资源管理研究所承担的国家社会科学基金重点项目成果《2005中国市场经济发展报告》提供的数据，截至2003年，全国国有大型企业集团共计1619户，其母公司改制为国有独资公司的为749家，其中建立董事会的有697户，占独资公司总数的93.6%①；而早在1993年，国务院有关在全国范围内选择了100户企业进行建立现代企业制度试点，各试点企业基本上都按《公司法》规定建立了董事会；一些国有独资的中央企业也曾设立了董事会。上述情况表明，国有独资公司在形式上基本完成了由厂长（经理）负责制向董事会制的转换。

在公司治理结构层面上，规范的董事会制度是现代大型企业有效运转的制度基础。这一制度的核心在于最大限度地减少不适宜经营的投资人对公司的直接干预，给企业经营者以最大限度的自由，最终提高大型企业的经营效益。因此，所谓规范的董事会制度，其设计原理首先包含董事会及其领导下的经理相对独立于股东，其次还必须包含对独立的经营管理层的约束。在《公司法》层面，这种约束具体表现为：一是董事会对经理层的制约，二是监事会对以董事会为核

① 北京师范大学经济与资源管理研究所：《2005中国市场经济发展报告》，中国商务出版社2005年版，第36—39页。

心的整个经营管理层的制约。以此对国有独资公司进行考量,我们发现[①]:

国有企业在改制前实行厂长(经理)负责制,企业的经营和决策权集中在厂长(经理)手中,企业内部建立起一整套与这种权利集中行使相适应的工作体系。国有企业改制为国有公司后,尽管建立了董事会,但首先,以董事会为核心的企业内部工作系统和管理制度并未随之建立起来。内部组成结构上的不合理以及工作支持系统建设方面的缺失,使得国有公司董事会本身缺乏权利行使的基础,因此不能适应大型国有企业经营管理的需要,不能承担起科学决策的职责,有权无法使,有权不知怎么使,此即董事会"虚置"。其次,由于现实中的董事会无法适应国有公司经营决策的需要,导致各政府部门对国有公司的被动干预,这不仅更加重了董事会"虚设",而且使国有公司的运作完全依赖于经理层,于是公司经理的权利在实际上得到强化。这种现象形成了改革对传统的厂长(经理)负责制的路径依赖。换言之,国有公司中的经理制度依赖厂长(经理)负责制的制度惯性畸形发展起来,成为公司运作的核心,于是国有公司董事会的"虚置"又被进一步巩固。在此基础上,为符合《公司法》的要求,几乎在所有的国有公司中董事与经理层高度重合,甚至董事长和总经理由一人兼任。

综上,笔者认为,就目前来看,国有公司中赖以运行的基础,实际上并不是《公司法》意义上的董事会领导下的经理制,而是变相的厂长(经理)负责制。[②]由此必然导致的结果是,已经改制的大型国有企业没有形成公司有效运营所要求的公司治理结构。具体表现为:

(1) 作为股东的国资委与国有独资公司的董事会之间,不可能建立起《公司法》所要求的相互独立与制衡关系。由于独资公司的董事会实际上不能适应其作为企业经营决策机构的角色的需要,国资委不能按照《公司法》规定将股东权授权董事会行使,这就意味着国资委仍将对独资公司行使更多的控制权。这会导致两方面的问题:一方面,由于中央企业数量较多,分布的行业和领域很广,企业情况差别较大,国资委很难做到熟悉每一户企业的具体情况,难以对所有企业实施个性化管理。如果"事事审批",其结果必然是国资委成为"婆婆加老板",把企业管死。这显然与通过国有独资公司建立良好的政企关系的改革初

---

① 关于董事会制度,目前尚缺乏针对国有独资公司的专门研究,但针对国有控股公司的研究却比较多。研究普遍认为,实践中国有公司董事会存在严重的"虚置"现象。主流性的研究主要从公司法角度对现象进行分析,没有注意到诸多因素在"虚置"现象形成中的相互影响和作用。因此认为只要改革公司法定代表人制度,允许公司可以任意选择董事长或总经理作为法定代表人即可解决问题。但笔者认为,首先,国有公司董事会"虚置"是中国转型经济体制中多种因素共同作用的结果,因此,仅仅有公司法的改革是不够的;其次,在相同的国有资产管理体制下,针对国有控股公司的研究结论可以用于对国有独资公司董事会的分析。

② 这也表明,2005 年修订的《中华人民共和国公司法》关于公司可以章程决定由董事长或总经理担任法定代表人的规定,对于国有公司而言,并不能解决国有公司董事长和总经理兼任的问题,相反会使问题进一步强化。

衷相悖；另一方面，为实现改革目标，国资委代表政府履行出资人职责必须本着既要监管好国有资产、实现国有资产保值增值，又要不干预企业生产经营的原则，这就需要以规范的董事会制度为平台。也就是说，董事会受出资人委托并基于出资人的信任去管理企业，实际上是出资人职责的延伸和到位，因此作为理顺国资委与国有独资公司关系的桥梁，规范的董事会制度既实现出资人职责到位，又避免出资人干涉企业的自主经营权。而在缺乏规范的董事会制度情况下，国资委对国有独资公司的管理有可能陷入不会管、不敢管的尴尬境地，这可能导致国有独资公司失去出资人的控制，产生内部人控制和国有资产流失。

（2）不能实现国资委对国有独资公司经营管理层的有效监督。这主要表现在两个方面：首先，由于缺乏规范的董事会制度，董事会职能无法到位，国有独资公司董事会实际上将被经理架空，因此不可能形成对经理层的约束，这必然造成内部人控制，导致国有资产流失；其次，由于在缺乏规范董事会的条件下，国资委不得不采用传统方式去控制国有独资公司，因此不注重发挥监事会的作用，这又将导致监事会流于形式，从而使国有独资公司运转面临国资委对经营管理层行为的直接控制或失去控制。而无论哪一种结果，都与改革的初衷相去甚远。

以上两方面的分析证明，董事会"虚置"使国有企业改制为国有独资公司难逃"换汤不换药"的命运。这就是为什么改革进行了十几年，我们仍然无法解释国有独资企业和国有独资公司的区别，而国有独资企业也很少由于改制为国有独资公司而转变行为机制、提高经营效益的根本原因，也是导致中央企业国有独资公司改制面小的重要原因。

结　论

综上，笔者的结论是：由于没有理顺国资委与国有独资公司之间关系，没有在国有独资公司内部建立起规范的董事会制度，形成国有独资公司有效运营所要求治理结构，我国国有独资公司在适用范围上存在偏差，与改革者的期望相去甚远。因此，如何建立完善的独资公司内部经营管理体制，完成由传统的厂长（经理）负责制向董事会制的转变，是改革者目前所面临的问题。

国有资产信托的委托人资格审查制度刍议*

◇ 席月民**

内容提要 在国有资产信托中如何建立委托人资格审查制度，对落实各级国资委的监管责任，促进我国信托公司的业务拓展具有重要意义。在现行国有资产管理体制框架下，国有资产的权利主体和权利行使主体是分开的，构建我国国有资产信托委托人资格审查制度，应紧紧围绕各级国资委的现有职责而展开，并使其相关职责进一步细化。

关键词 国有资产 信托 委托人资格审查

近年来，特别是2007年1月新《信托公司管理办法》出台后，国有资产信托凭借其独特的法律机理，在国有资产经营中开始受到越来越多的关注，但如何建立其中的委托人资格审查制度，如何落实各级国资委的监管责任，已成为信托公司业务拓展中无法回避的重要法律问题，本文围绕该制度的科学构建提出自己的具体建议。

一、国有资产的权利主体与权利行使主体的甄别

严格地讲，权利主体与权利行使主体是两个不同的概念，二者之间既可能是重合的，也可能是分开的。权利主体自有自己行使自身权利的权利，故可以成为权利行使主体；反过来，权利行使主体所行使的权利则不一定属于自身的权利，而有可能来自于权利主体的授权或委托，在此种情况下，有无合法授权或委托便成为这些权利行使主体权利来源和行为效力的关键。就国有资产信托的委托人来说，仔细区别国有资产的权利主体和权利行使主体，厘清其相互之间的法律关

---

* 本文已发表在《法学杂志》2007年第5期，原文约1万字。该文的年会题目为《论国有资产信托的委托人资格审查制度》。

** 席月民，中国社会科学院法学研究所副教授，法学博士。

系，对国有资产信托的有效成立至关重要。

有学者认为，在现代法上，国有资产的权利主体，主要是指国有资产的所有者及其代理人或者代表人。[1] 笔者认为，这种观点并不严谨，因为它混淆了国有资产的权利主体和权利行使主体，代理人不应成为严格意义上的国有资产权利主体。尽管在此问题上有不同的表述，如国家所有、全国人大所有等，但实质上，我国国有资产的所有权主体应当为全体人民，国家、全国人大、国务院等都是全体人民的代表。按照宪法规定，就国有资产的权利主体而言，社会主义国家全体人民是国有资产的合法所有者。[2] 然而，虽然全体人民是国有资产合法的所有者，但在现实经济生活中，全体人民无法具体行使所有权，故只能由国家作为其代表，因此，确切地说，社会主义国家才是国有资产的权利主体。[3] 在现代政治学和宪法学上，国家是领土、居民与主权的结合，是一个抽象的政治组织，国家的一切权利属于人民，国家的意思机关是代议机关，其意思的执行机关是国家行政机关。因此，我国国有资产要充分体现社会成员共同占有的性质，事实上有赖于社会主义民主的充分发扬和民主制度的健全完善。当然，我们必须首先认识到国家是一个政治概念，它一经产生就"作为第一个支配人的意识形态力量出现在我们的面前"[4]，国家作为一个复杂的、多方面的结构和阶级社会关系的存在，不仅意味着政治权力关系和统治关系的存在，而且意味着在一定领土之上发挥作用的国家权力的存在，它的制度和指示涉及在国家疆界内生活的全体居民。同时我们也要认识到，国家也是一个法律概念，从我国国有资产的所有权主体角度看，这时的国家和全体人民应属于同位互释的两个概念，国家既是从社会产生并与社会日益脱离的、凌驾于社会之上的实现阶级统治的机关，又是整个社会的正式代表；国家既执行着阶级统治的职能，又执行着由一切社会的性质产生的各种公共事务。[5] 正如恩格斯所说："国家是整个社会的正式代表，是社会在一个

---

① 屈茂辉：《中国国有资产法研究》，人民法院出版社 2002 年版，第 28 页。

② 席月民、王丹：《试析国有资产管理中的委托代理论与信托论》，载《成人高教学刊》2004 年第 1 期。

③ 这在一些法律、行政法规和部门规章中得到了进一步的确认，从而也确立了国有资产统一所有、分级代表和监管的新体制。如 2007 年《中华人民共和国物权法》第 45 条规定，"法律规定属于国家所有的财产，属于国家所有即全民所有。国有财产由国务院代表国家行使所有权；法律另有规定的，依照其规定。"又如 2003 年国务院《企业国有资产监督管理暂行条例》第 4 条即规定，"企业国有资产属于国家所有。"再如，2006 年财政部《行政单位国有资产管理暂行办法》第 7 条规定，"行政单位国有资产管理，实行国家统一所有，政府分级监管，单位占有、使用的管理体制。"另外，2006 年财政部《事业单位国有资产管理暂行办法》第 5 条规定，"事业单位国有资产实行国家统一所有，政府分级监管，单位占有、使用的管理体制。"

④ 《马克思恩格斯选集》第四卷，人民出版社 1972 年版，第 249 页。

⑤ 参见孙国华、朱景文：《法理学》，中国人民大学出版社 1999 年版，第 55 页。

有形的组织中的集中表现。"①社会主义国家代表全民享有并行使国家所有权，最终是为了不断满足广大人民的物质和文化生活需要，实现全体人民的共同利益。②

我国理论界长期流行的观点是，国家自己不能行使所有权，而是通过委托代理制度来现实地实现国有资产的效用。中央和地方各级政府作为全体人民的代理人行使所有者的权利，并负责对国有资产进行管理。

对于国家所有权行使主体问题，此前学者们的争议一直较为激烈，形成了分级所有说和统一所有分级代表说两种对立的观点。③ 前者强调将国有资产分归中央和地方政府分别所有；后者则强调将国有资产统一归属于国家所有，而分别由中央政府和地方政府代表国家行使所有权。尽管两种观点各有所长，但根据国务院2003年机构改革方案，国有资产监督管理委员会统一代表国家履行出资人的职责，其监管的范围被确定为中央所属企业（不包括金融类企业）的国有资产，而地方所属企业的国有资产，则由改革后设立的省、市（地）两级地方政府国资委负责监管，这样便确立了国有资产由国家统一所有，分别由中央政府和地方政府代表国家履行出资人职责的基本制度。各级国资委监管的主要是经营性国有资产，其他国有资产则依照相关法律、法规以及规章规定进行管理。④ 至此，统一所有分级代表说取得绝对支配地位。但需要说明的是，统一所有分级代表说并未突破前述国家所有权行使中国家与政府之间的委托代理关系。笔者认为，虽然从法律上讲国有资产所有权的主体是全体人民，但在现实经济生活中，全体人民无法具体行使所有权，而只能由国家作为其代表，但国家也是一个抽象实体，故只能由法定的代理机构，即政府作为全体人民的代理人，代表国家行使国有资产所有者的权利，同时负责对国有资产进行监督管理。这样，从性质上看，作为国家机关的各级国资委只能属于法定的国有资产权利行使主体。实践中，除各级国资委之外，各国有资产经营机构和国家机关以及事业单位等，通过国家投资或拨款等同样可以取得国有资产的权利行使主体资格。

---

① 《马克思恩格斯选集》第三卷，人民出版社1972年版，第320页。

② 王利明：《民法》，中国人民大学出版社2000年版，第168—169页。

③ 参见刘应民：《论国家所有权的行使》，载《武汉大学学报（社会科学版）》2003年第5期。

④ 参见王全兴、傅蕾、徐承云：《国资委与国资运营主体法律关系的定性探讨》，载《法商研究》2003年第5期。需要说明的是，2006年5月30日和6月7日财政部分别发布《行政单位国有资产管理暂行办法》和《事业单位国有资产管理暂行办法》，并自2006年7月1日同时生效，分别适用于各级党的机关、人大机关、行政机关、政协机关、审判机关、检察机关和各民主党派机关的国有资产管理行为，以及各级各类事业单位的国有资产管理活动。按照上述规定，各级财政部门是政府负责行政单位和事业单位国有资产管理的职能部门，对行政单位国有资产和事业单位国有资产实行综合管理。

二、现行国有资产管理体制框架下国有资产信托的委托人资格界定

信托委托人的法律地位在英美法系和大陆法系国家有所不同。英美法系国家没有将委托人视为信托的利害关系人之一，从而未直接授予委托人任何权利，仅实际承认其享有极其个别的来自法律的权利，和允许其在有关的信托行为中为自己保留某些权利。然而在后者看来，信托关系毕竟系由委托人设立，而且受托人也是因委托人的选任而产生，同时作为确立和维系信托关系的主观基础的信托目的同样是基于委托人的意志，故大陆法系国家的信托法确认了委托人作为信托利害关系人之一的地位。英美法下委托人在信托设立后从信托关系中退出，只不过是历史的偶成（当时尚无合同法存在，而衡平法选择了受益人为权利主体），并无法理上的必然性和合理性。① 随着合同法律制度的发展和完善，近代英美信托法学者在这一问题上的态度已有所转变。我国《信托法》以法律的形式肯定了委托人在信托关系中的重要地位，并赋予了委托人一系列的权利，其中有的权利在委托人死亡后还可以由其继承人依法继承。这对发挥委托人在信托设立和信托执行中的积极性和主动性，保护委托人的合法权益起到了不可低估的作用。②

委托人是信托当事人之一，其依法参加信托法律关系，享有权利并承担义务，构成了信托法律关系中的主体要素。由于信托是融合委托人、受托人和受益人等信托当事人的多主体的经济活动，因此各国有关信托的法律中对其中的信托当事人资格均有明确规定，如果主体资格不合法，则所设立的信托应归于无效。一般而言，委托人的合法资格具体表现在三个方面：(1) 委托人必须具备相应的民事行为能力；(2) 委托人必须对信托财产享有所有权；(3) 委托人未被宣告破产。我国《信托法》第 19 条规定，委托人应当是具有完全民事行为能力的自然人、法人或者依法成立的其他组织。依据该规定，目前在我国，自然人、法人和其他组织等均可以成为信托委托人，但前提条件是其必须具备完全民事行为能力。至于是否必须对信托财产享有所有权以及是否被宣告破产，则要针对不同类型的主体作具体分析。

笔者认为，在国有资产信托中，其委托人资格标准的确定，有赖于正确认识和准确把握各级国有资产监督管理机构的性质和职能定位。从性质上看，各级国有资产监督管理机构既不同于对全社会各类企业进行公共管理的政府行政机

---

① 参见周玉华：《信托法学》，中国政法大学出版社 2001 年版，第 162 页。

② 徐孟洲：《信托法学》，中国金融出版社 2004 年版，第 137 页。

构，也不同于一般的企事业单位，而是属于特殊法人。我国国有资产监督管理机构最终采取了“两级三层”的设置模式，即国务院、省级政府和(地)市级政府分别设立国有资产监督管理机构，不按现行的中央、省级、地市级、县级、乡级五级政府体系层层设置，各级政府的国有资产监督管理机构相互之间没有行政隶属关系，相互之间的资本流动重组，依据市场原则平等交易，不能搞行政划拨。[①]国有资产经营机构具体负责国有资产的运营。按照《企业国有资产监督管理暂行条例》第7条的规定，各级人民政府应当严格执行国有资产管理法律、法规，坚持政府的社会公共管理职能与国有资产出资人职能分开，坚持政企分开，实行所有权与经营权分离；国有资产监督管理机构不行使政府的社会公共管理职能，政府其他机构、部门不履行企业国有资产出资人职责。这样，在现行国有资产管理体制下，既建立了基于国有资产所有者职能而依法管理国有资产的机构，包括国有资产综合管理部门和国有资产专项管理部门，也加强了在国家国有资产管理部门的授权下，以所有者代表的身份，负责对国有资产进行经营管理的机构，包括国有投资性公司、授权经营的企业集团和国有资产经营公司等。

尽管在理论上，国有资产的权利主体和权利行使主体是分开的，其均可以成为国有资产信托的委托人，但在实践中，国有资产信托的委托人客观上只能是上述国有资产权利行使主体。就国有资产的这些权利行使主体来说，其作为信托委托人的民事行为能力自不待言，完全的民事行为能力是成为信托委托人的基本条件，关键之处在于，无论是自然人还是法人或其他组织，其能否成为国有资产信托的委托人，主要看其是否合法占有国有资产，是否领有《中华人民共和国企业国有资产产权登记证》(简称为国有资产产权登记证)。这里的国有资产产权登记证，是现实地判断国有资产信托委托人资格的客观标准，其既是依法确认企业国有资产产权归属关系的法律凭证，也是企业的资信证明文件。凡合法拥有并出示该国有资产产权登记证的自然人、法人或其他组织，均可成为国有资产信托合格的委托人。这样处理，虽然对前述信托委托人资格的第二个条件有所突破，使其范围由信托财产的所有权人扩大至信托财产的合法占有人，但笔者认为，这样比较适合我国国有资产管理和营运的客观实际，因而总体上既可行又富有操作性。至于其中所谓的第三个条件，即委托人未被宣告破产，笔者认为，对企业法人而言，显然是题中应有之义。

---

① 参见徐孟洲:《经济法教程》,中共中央党校出版社2004年版,第252页。

三、建立国有资产信托委托人资格审查制度的具体建议

建立国有资产信托的委托人资格审查制度，已成为国有资产信托监管中的关键，成为强化对内部人行为的监督制约，避免国有资产被少数人利用信托方式蚕食、侵吞的重要途径。目前，国有资产保值增值的行为主体和责任主体已经到位，推进国有企业改革的责任落在各级国资委身上，国有企业改革由过去的政府主导转变为由出资人主导，规范国有企业改制和国有产权转让是各级国资委义不容辞的职责。笔者认为，构建我国国有资产信托委托人资格审查制度，不应无视各级国资委的存在而闭门造车，相反应紧紧围绕各级国资委的现有职责而展开，并使其相关职责进一步细化，全面建立以各级国资委为核心的国有资产信托委托人资格审查制度。

从制度结构框架看，其应具体包括：委托人资格标准、审查主体、审查事项范围、审查期限以及审查程序等。[①] 第一，委托人资格标准。在国有资产信托中，总体而言，其委托人是国家，因为国家是国有资产的合法所有权人。但在现实生活中，大部分国有资产集中在境内外的国有企业、国有独资公司、设置国有股权的有限责任公司和股份有限公司（即国家控股公司和国家参股公司）以及以其他形式占有国有资产的企业等手中。笔者认为，制订国有资产信托的委托人资格标准，主要针对的是上述国有资产权利行使主体，其是否合法占有国有资产，是否领有国有资产产权登记证，应成为该标准中的核心要素。任何单位和个人不得伪造、涂改、出卖或者出借国有资产产权登记证。换言之，依法持有并出示国有资产产权登记证，是判断国有资产信托合格委托人时的核心标准和主要证据。第二，审查主体。各级国资委是法定的代表国家履行出资人职责的国有资产权利主体，是负责监督管理企业国有资产的政府特设机构。按照《企业国有资产监督管理暂行条例》第30条的规定，国有资产监督管理机构依照国家有关规定，负责企业国有资产的产权界定、产权登记、资产评估监管、清产核资、资产统计、综合评价等基础管理工作。因此，笔者认为，对于国有资产信托委托人资格的审查，宜由各级国资委按照其管辖权限的不同分别负责，这样既有利于节约成本，同时也有利于提高效率。第三，审查事项范围。对于委托人资格的具体审查事项范围，应坚持法定原则，统一规范分级管理。笔者认为，国有资产信托委托人资格审查制度的目的，是核实其对国有资产合法占有使用以及经营管理的身份，防止非法取得国有资产的企业、公司以及自然人利用信托方式转移、侵吞

① 参见席月民：《国有资产信托的法律问题探究》，载《法学杂志》2004年第4期。

国有资产,因此审查范围不宜过宽,应仅限于国有资产产权登记事项的内容,包括:(1) 国有资产产权登记证;(2) 企业法人营业执照;(3) 法定代表人身份证明书;以及(4) 拟设立国有资产信托的申请表。各级国资委应着重审查申请人提供的文件资料内容是否真实可靠,有无国有资产产权变更事项以及是否及时办理相关登记,企业法人营业执照是否参加年检以及年检是否合格,法定代表人是否和企业法人营业执照登记一致,变更手续是否合法,以及上述文件所载事项之间是否一致等。第四,审查期限。对于委托人资格审查期限,笔者认为,应按照效率原则来确定,以 3—5 个工作日为宜。第五,审查程序。申请设立国有资产信托,委托人应当按规定填写相应的申请表,并向同级国资委提交前述四种文件资料。委托人资格审查程序分为申请、受理、审查、决定、通知五个环节,其中申请可以采取网上申请和书面申请相结合的方式,对申报文件资料齐全的应予以受理,审查结果分为合格和不合格两种情况,对于审查结果应及时通知申请人,并以书面方式作出。审查结果一经送达,即产生法律效力,申请人应当遵照执行。

目前,我国尚缺乏与《信托法》规定相配套的国有资产信托合同管理规定,笔者曾提出,我国应建立国有资产信托合同的登记备案制度。[①] 国有资产信托的委托人资格审查制度,与国有资产信托合同登记备案制度是相互衔接的,这些制度的建立必须考虑如何适应现行国有资产信托监管模式。从目前的状况来看,我国国有资产信托实行的是双重监管模式:一方面要接受国有资产监督管理机构的监督管理;另一方面又要接受信托业监督管理机构的监督管理,而这两种监管均来自政府部门。[②] 因此,将国有资产信托委托人资格审查权赋予国资委之后,实践中加强国资委和银监会之间的协调即变得十分重要,是否通过国资委的委托人资格审查,应成为银监会对国有资产信托进行监管的重点之一。

---

① 参见席月民:《论国有资产信托合同及其登记备案制度》,载《成人高教学刊》2005 年第 5 期;转载于《人大报刊复印资料・劳动法学、经济法学》2006 年第 3 期。

② 席月民:《我国国有资产信托监管制度研究》,载《法学杂志》2006 年第 2 期。

破产重整立法若干问题研究*

◇ 王欣新　徐阳光**

内容提要　我国新破产法设置了重整制度,这是一项重要的法律制度创新。重整涉及多方利益主体的博弈,立法应对不同主体的利益予以全面均衡考虑。本文对新破产法中规定的债务人的出资人在重整程序中的地位和权利应如何理解,以及如何把握法院强制批准重整计划草案应遵循的基本原则和法定条件等问题,进行了研究探讨,以望保障重整制度的顺利施行。

关键词　重整　重整中的出资人地位　强制批准重整

重整制度是世界各国公认的挽救企业、预防破产最为有力的法律制度。该制度源自英国,由美国的立法发展至典型与极致。我国于2006年8月27日通过的《中华人民共和国企业破产法》(下称"新《破产法》")将重整制度作为与破产清算、和解并列的三大破产程序之一,设专章(第八章)从重整的适用范围、基本程序、保护措施、重整计划的拟定与执行等方面进行规定,这是新破产法最重要的制度创新之一。新破产法对重整制度的规定,从整体看较为完善,但在对其如何正确理解与具体实施方面,还存在一些值得继续研究探讨的问题。

一、债务人出资人的重整申请权

重整是债权人、债务人及其出资人等多方主体之间的利益协调与博弈过程。立法对任何一方主体的权益设置都可能影响到重整程序的进程,需要慎重考虑。笔者认为,新破产法对债务人出资人在重整程序中积极作用的发挥及其权益保护的有些规定,仍有待加以明确、细化与完善。

---

* 本文已发表于《政治与法律》2007年第1期,篇幅约为8000字。

** 王欣新,中国人民大学法学院教授,博士生导师,《中华人民共和国企业破产法》起草工作组成员;徐阳光,法学博士,北京大学法学院博士后研究人员。

新《破产法》第 2 条、第 7 条规定，债务人出现破产原因或者“有明显丧失清偿能力可能的”，债务人或者债权人可以依法申请重整。第 70 条第 2 款规定：“债权人申请对债务人进行破产清算的，在人民法院受理破产申请后、宣告债务人破产前，债务人或者出资额占债务人注册资本 1/10 以上的出资人，可以向人民法院申请重整。”第 134 条规定：“商业银行、证券公司、保险公司等金融机构有本法第 2 条规定情形的，国务院金融监督管理机构可以向人民法院提出对该金融机构进行重整或者破产清算的申请。”据此，重整程序可由债务人方面（包括其出资人）提起，也可由债权人提起，在特定情况下，还可由国务院金融监督管理机构对金融机构提出重整申请。

在此需特别提出探讨的，是债务人出资人的重整申请权问题。一般来讲，债务人是否提出重整申请，应当由其权力机构（如公司的股东会）以会议决议的形式做出意思表示。但在实践中，可能出现债务人的部分出资人希望申请企业重整，而在其他出资人控制下的债务人权力机构却坚持不申请重整的现象。为协调出资人之间的利益关系、保护少数出资人的权益，新《破产法》第 70 条第 2 款作出持有注册资本额 1/10 以上的出资人可以提出重整申请的规定。

根据这一规定，债务人的出资人提出重整申请受到两点限制：第一，出资额须占债务人注册资本额的 1/10 以上；第二，仅在债权人对债务人提出破产清算申请、并为人民法院受理后，才能提出重整申请。此外，提出申请的最迟时间应在“宣告债务人破产以前”，由于提出重整申请就是为避免破产宣告，所以此乃不言而喻的要求。

在对这一规定理解时，首先应当明确，立法关于“出资额占债务人注册资本额 1/10 以上”的规定，应当包括多人出资额的合并计算；其次，需要进一步明确和协调破产法与公司法在“最低出资比例”限制方面的规定。新破产法将出资人提出重整申请的出资比例下限，规定为“占债务人注册资本总额的 1/10 以上”；而《公司法》第 183 条规定，有权提出解散公司申请的是“持有公司全部股东表决权 10% 以上的股东”，由于公司在解散后必须进行的清算也可能会是破产清算，所以两者应相互协调。这两个规定乍看相似，实际上却有区别。因为公司的出资人即股东可分为普通股股东和优先股股东，而优先股股东一般是无表决权的。由此可能会出现出资人的（合计）出资比例达到了破产法规定的限额，但其中存在不具有表决权的出资人，甚至全部都是无表决权出资人的现象。这时是否允许其提出重整申请？如允许其提出重整申请是否会影响与《公司法》规定的协调？是否会出现利用两法间规定的差异规避法律限制的现象？对这些问题需要进一步加以研究确定。

需要重点提出探讨的，还有债务人出资人可行使重整申请权的时间。新《破产法》规定，债务人的出资人只能在债权人提出破产申请并为人民法院受理后申请重整，这恐怕有考虑不周之处。人民法院受理破产清算的申请，是以企业已经发生破产原因为前提的，这时才允许出资人提出重整申请，往往为时已晚，使企业丧失重整复苏的最佳时机，甚至因此可能使这一规定本身失去实际意义。在其他国家的相关立法规定中，未发现设置这种时间限制的先例。

此外，这与我国《公司法》的规定也可能产生不协调。我国《公司法》第183条规定，"公司经营管理发生严重困难，继续存续会使股东利益受到重大损失，通过其他途径不能解决的，持有公司全部股东表决权10%以上的股东，可以请求人民法院解散公司"。既然持有一定比例表决权的股东可以独立申请解散公司，而公司解散后必须进行的清算也可能会是破产清算，那么无论是从法律解释学的类推原则出发，还是从立法的合理性角度考虑，不允许持有相同出资份额的出资人，在债务人、债权人未申请重整的情况下及时提出重整申请，恐怕是不妥的。而且，放宽对债务人的出资人行使重整申请权的限制，不仅是为保护少数股东的利益，在一些情况下也是对多数股东正当权益的保护。因为从事项的重要性分析，申请公司重整的股东会决议应属于特别决议，须由股东所持表决权的2/3以上通过，所以如果持表决权1/3以上的股东反对，即使多数股东同意也无法通过决议。

因此，笔者认为，立法应允许债务人的出资人在债务人、债权人未申请重整的情况下申请重整。但考虑到出资人与债务人权力机构的关系，此时出资人行使申请权应受到一定的限制，如应履行一定的前置救济程序，证明其已要求债务人权力机构提出重整申请，但遭到拒绝或者超过合理期限未获答复等。

二、在重整程序中如何保护债务人出资人权利的问题

各国破产法都较多关注债权人的利益，但重整程序不同于破产清算程序，不以必须发生破产原因为启动前提，申请重整的债务人可能仅是因为有"明显丧失清偿能力"的可能。在这种情况下，债务人还可能存在一定的净资产，在清偿全部债务后仍有其独立利益存在。而且在市场经济环境下，企业的现实价值并不完全由其资产与负债的比例决定，更重要的是取决于由企业营利能力和市场综合资源占有情况决定的运营价值。所以，一些资不抵债的企业、价值为负值的股权，在市场经济下仍然可能具有其市场价值，尤其是在重整程序中。如上市公司的控股权由于其公司具有在资本市场融资的壳资源价值，即使是在资不抵债、股权价值为负值的情况下，仍然可能具有一定的市场价格。一些资不抵债的企业由于拥有专有技术、销售渠道、地理优势等市场资源，也同样具有市场价值。所以，不仅在债务人仅有发生破产原因可能时，即使是在其已经发生破产原因的

情况下,对债务人及其出资人的正当权益也应当予以适当保护,充分发挥他们在重整程序中积极性。正是考虑到这种原因,美国破产法中专门设置了“股权持有人委员会”这一专属于重整程序的特殊制度,使得债务人的出资人有机会发表意见,并观察重整程序的进行。[①]

新《破产法》第85条规定:“债务人的出资人代表可以列席讨论重整计划草案的债权人会议。重整计划草案中涉及出资人权益调整事项的,应当设出资人组,对该事项进行表决”。这一规定对出资人的权益给予了一定考虑,但也还存在需进一步完善之处。

由于在重整计划草案中通常都会涉及对债务人的出资人利益的调整,对重整计划草案的表决组中包括对出资人组的分类,所以讨论决定重整计划草案是否通过的机构也应当相应地称为关系人会议,而不应再是债权人会议。这种称谓上的改变,并非仅具有文字意义,它意味着对债务人的出资人在重整程序中独立地位与权利的承认,而不是将其视为债权人会议的附庸,这也是世界各国重整立法的惯例。

此外,在重整程序中继续沿用债权人会议的称谓,还会造成对法律理解上的混乱。如根据新《破产法》第59条第5款的规定,债权人会议中应当有债务人企业的职工和工会的代表参加(但未明确规定其参加会议以职工对债务人企业享有债权为前提),同时出于种种考虑,未规定职工和工会的代表在债权人会议中享有表决权,而且即使职工个人是劳动债权人也不能作为债权人会议的成员参加会议并享有表决权。[②] 而按照新《破产法》第82条的规定,职工债权人在讨论重整计划草案的债权人会议中被设置为一个独立的表决组,并享有表决权。这就使得债权人会议概念的内容前后不统一,职工(债权人)在债权人会议中的权利规定不统一,而只要将债权人会议的概念改为关系人会议,这些问题就可以解决。

目前立法对保护出资人在重整程序中权益的规定也有不够完善之处。例如,未规定出资人在制定重整计划草案过程中的参与权,以及对其权益的保护措施。在管理人负责制定重整计划草案的情况下,往往会着重考虑债权人的利益,考虑法院审查重整计划草案的标准,可能忽略债务人的出资人的利益。即使是债务人负责此项工作,债务人的管理层与出资人之间也可能存在观点分歧。管理层会认为他们的未来掌握在债权人手中,从而忽视对出资人利益的保护。这种利益忽视由于有法院对重整计划草案的强制批准制度,甚至在对重整计划草

① 参见潘琪:《美国破产法》,法律出版社1999年版,第198—199页。

② 具体理由见王欣新:《论新破产立法中债权人会议制度的设置思路》,载《法学家》2005年第2期。

案的讨论与表决中也难以得到纠正。此外,在立法中未规定应设立而未设立出资人组时出资人享有何种救济途径;未规定设立类似于美国"股权持有人委员会"性质的组织等。这些规定的缺失,不利于充分调动出资人参与重整的积极性,不利于重整程序的顺利进行。

其他国家破产法中的有关规定,对我国完善重整制度可能具有一定的借鉴意义。如美国破产法典为保护债务人出资人在重整程序中的利益规定:其一,出资人可以通过指定代表他们利益的委员会来对经管债务人(即负责制定并执行重整计划的债务人,也称占有中的债务人)的决策施加影响;其二,出资人可以请求任命托管人,不过这是一种特殊的救济方式,法院在此问题上通常比较谨慎;其三,出资人可以召集股东大会来更换管理层。尽管最后一条策略影响到经管债务人的独立性,但是已经有几家美国法院对于股东召集股东大会的权利给予了明确认可。当然,如果经管债务人认为这样会影响到重整的顺利进行,法院就会限制出资人行使该权利。① 在未来我国修订立法或制定司法解释时,可以考虑借鉴各国立法中一些适合中国国情的制度,完善对出资人利益的保护。

三、法院强制批准重整计划权的合理行使

重整程序之所以能够较为有效地使企业避免破产,其一个重要的特征就是具有较其他程序更强的强制性。只要债权人会议各表决组及出资人组以法定多数通过重整计划草案,经法院批准,对所有当事人均具有法律效力。而且,在未获全部表决组通过时,如重整计划草案符合法定条件,债务人或者管理人可以申请人民法院予以批准。法院可在保证反对者的既得利益不受损害等法定条件下强制批准重整计划,以避免因部分利害关系人的反对而无法进行重整。

我国新《破产法》第 87 条规定,重整计划草案未获各表决组一致通过时,如符合法定条件,债务人或者管理人可以申请人民法院强制批准重整计划草案。根据各国破产立法尤其是美国破产立法的经验,法院强制批准重整计划,必须坚持以下三项基本原则:

第一,债权人利益最大化原则。这是指一项重整计划必须保证,每一个反对这项计划的债权人或出资人,在重整程序中都至少可以获得他在清算程序中本可获得的清偿。该原则对保护反对重整计划的少数股东的利益尤为重要。新

---

① 参见〔美〕大卫·G.爱泼斯坦等:《美国破产法》,韩长印等译,中国政法大学出版社 2003 年版,第 741 页。

《破产法》第 87 条第 2 款第(3)项规定:“普通债权依照重整计划草案所获得的清偿比例,不低于普通债权在重整计划草案被提请批准时依照破产清算程序所能获得的清偿比例”,此即债权人利益最大化原则的典型表现。

第二,公平对待原则。公平对待原则是指,如果一组债权人或出资人反对一项重整计划,该项重整计划就要保证这些持反对意见的组获得公平对待。比如,根据破产法规定,处于同一优先顺序的债权人必须获得按比例的清偿。新《破产法》第 87 条第 2 款第(4)项规定:“重整计划草案对出资人权益的调整公平、公正”,第(5)项规定:“重整计划草案公平对待同一表决组的成员”,并且不得违反破产法关于债权清偿顺序的规定,就是对公平对待原则的落实。

第三,绝对优先原则。绝对优先原则是指,如果任何一组债权人或出资人反对一项重整计划,该重整计划就必须保证,只有这个组的成员获得充分清偿后,在优先顺序上低于这个组的其他组才可以获得清偿。该原则的宗旨就是,破产法对清算程序规定的优先顺序,在重整程序中对那些持反对意见的组必须同样适用。新《破产法》第 87 条第 2 款第(1)、(2)、(5)项规定,按照重整计划草案,对债务人的特定财产享有担保权或法律规定的优先权的债权将获得全额清偿,其因延期清偿所受的损失将得到公平补偿,并且其担保权或者优先权未受到实质性的损害;按照重整计划草案,劳动债权和税款请求权将获得全额清偿,或者经重整计划草案调整后的清偿比例已经获得相应表决组的通过;重整计划草案规定的债权清偿顺序,不违反《破产法》第 113 条的规定。

新《破产法》中确立了强制批准的法定条件,并遵循了西方国家破产法中的相关原则,但在具体的司法运用中,人们可能遇到的情况会远比法条中列举的规定复杂,如何保障法院不滥用、错用强制批准的权力,是需要格外关注的问题。美国司法实践中遇到的一个案例值得我们的注意。依据美国破产法典的规定,法院批准强制重整计划的条件之一是,重整方案“对没有接受方案且权利受到削弱的请求权和利益类别没有不公平的差别待遇,并且是公平的和公正的”,并且在法典第 1129 条 b(2)中界定了对于担保请求权人、无担保请求权人和债券持有人来说什么样的方案是“公平和公正”的。在一破产案件中,债务大约为 700 万美元而担保物的价值只有大约 500 万美元。债务人在重整方案中提出以 10% 的利率分 15 年清偿现有担保物的全部 500 万美元的现有价值,最后一笔付款为 470 万美元,根据这一安排,债务人直到第 20 年末才能还清所欠的 500 万美元。最终法院拒绝批准这样的拖延方案,因为法官认为,“固然不符合第 1129 条 b(2)规定标准的方案不是‘公平和公正的’,但仅仅是在技术上符合第 1129

条 b(2)的标准也不能保证该项计划是公平的和公正的”。[①] 由此可见,法院在具体的司法实践中,要做到公正、合理地利用强制批准的权力,必然会面临诸多的难题和挑战,这些问题一方面有待于通过司法解释加以明确规定;另一方面也需要通过提高法官的业务素质和随机判断能力来加以解决。

---

① 参见〔美〕大卫·G.爱泼斯坦等:《美国破产法》,韩长印等译,中国政法大学出版社 2003 年版,第 760 页。

突发事件中的企业社会责任

◇ 李占荣*

内容提要 企业社会责任是一种不断发展扩大的，对股东之外的其他所有社会主体承担的不利益。在突发事件中企业社会责任有法定性、倡导性和应急性特征。突发事件中企业社会责任的内容包括信息发布、物资保障、资金保障、社区联动等方面。

关键词 企业社会责任 突发事件

一、企业社会责任的内涵

"企业社会责任"（亦称"公司社会责任"，Corporate Social Responsibility）一词发端于美国。早在20世纪30年代，Dodd教授率先指出：公司对雇员、消费者和公众负有社会责任，尽管这些社会责任未必见诸法律而为公司之法定义务，但应当成为公司管理人恪守之职业道德。Berle教授立即提出异议，认为企业社会责任的确立，将导致各种各样的利益群落向公司提出财产要求。① 由此，公司利润最大化理论的支持者与社会责任理论的支持者展开了激烈论战，这场论战最终可归结为三个方面：第一，在目标上，前者主张利润最大化，后者主张对社会负责的道义行为；第二，在道德义务上，前者主张以法律设定的义务为界，企业在法定义务下运行，后者主张考虑到更广泛的群体的利益，而不仅仅以法定义务为限；第三，在利益上，前者主张经济福利最大化，后者主张提高整个社会生活的质量。② 历经半个多世纪的争议，结论渐渐显现，更多的人开始站在企业社会责任

---

* 李占荣，浙江财经学院科研处副处长，副教授，法学博士，博士后。

① 刘连煜：《公司治理与公司社会责任》，中国政法大学出版社2001年版，序言。

② Barnes, A. James, *Law for Business*, The McGraw-Hill Companies, Inc., 2000, pp. 49—51.

理论的倡导者一边。[1] 近年来,国内学者也关注于这一理论,提出了自己的见解,如刘俊海博士认为,"公司不能仅仅以最大限度地为股东们营利或赚钱作为自己的唯一存在目的,而应当最大限度地增进股东利益之外的其他所有社会利益。"[2]

综合国内外的学者观点,企业社会责任应当包括以下四层含义:第一,私法的社会化思潮是企业社会责任理论的学术背景。传统的企业法或公司法理论强调营利是企业组织存在及活动的基本动机和目的,企业只是投资者实现其投资利益最大化的工具而已。随着社会的发展,私法下的人被赋予了更多要求,因为自利的经济人并非单独的个体存在,而是一系列社会关系网络中的一个结点,其行为不仅仅对自己产生影响,更对其他相关个体的利益产生积极或消极的作用。那么私法下的人就有必要去承担诸如公共秩序、善良风俗、公平合理等社会性责任,这种对社会公益维护的责任有必要从道德义务纳入法律义务。这对营利性企业提出了新的要求:应与自然人在同一程度内,受法律之约束而为行为;得考虑一般认为系适当之伦理因素,以从事负责任之营业行为;得为公共福祉、人道主义、教育与慈善之目的,捐献合理数目之公司资源等。[3] 这种带有宣示性和指导性的立法要求是企业法社会化倾向的体现,也是纳入法律调整的企业的道义责任。第二,企业社会责任在横向内容上具有广泛性。对营利性企业而言,社会责任表现为某种形式的不利益,该不利益所对应主体的利益具有广泛性,一般包括雇员的利益、消费者的利益、债权人的利益、中小竞争者的利益、企业所在社区的利益、生态环境的利益乃至整个社会的公共利益。随着社会利益群体的进一步分化,企业所承担社会责任的宽度还会增加,呈现日渐复杂的多元化趋势。第三,企业社会责任在纵向内容上具有层次性。最低层次上是经济责任,即企业从事有利可图的行为,对整体社会的经济健康发展起着促进作用,这个责任是营利性的副产品。上一层次是法律责任,即企业按照法律设定的模式从事经营活动,一般而言,法律是对社会现象的正确与错误作出评价,体现基本的价值观念和人们对企业的最低要求。再上一层次是道德责任,即企业从事合乎伦理的行为,企业在经营活动中要保持其行为的正确性、合理性和公正性,避免和防止损害的发生。最高层次是博爱的责任,自利的企业也要追求终极意义上的善,成为一个好(good)的社会成员,对整个社会共同体贡献资源,从而增进共同生活的质量。对于一个具体的企业而言,这四个层面的社会责任是共存的,且界限模糊。在和谐的社会中,企业的经济责任被弱化,法律责任得到切实履行,道德责任将逐步

---

① McAdams, Tony, *Law, Business and Society*, The McGraw-Hill Companies, Inc., 1998, p.103.

② 刘俊海:《公司的社会责任》,法律出版社 1999 年版,第 6—7 页。

③ 该要求是美国法律研究院在 1984 年通过"公司治理原则:分析与建议"第 2.01 条之规定。参见刘连煜:《公司治理与公司社会责任》,中国政法大学出版社 2001 年版,第 68 页。

为立法所确认,转变为法律责任,在横向上与其他利益主体进行平衡互动。第四,企业社会责任不同与企业办社会——诸如企业设立其下属的医院、幼儿园、中小学、浴室和理发室等等。前者是市场经济发展到一定程度,人们对企业反思的结果,后者是计划经济下政府直接控制企业而承担的社会保障职能;前者的受益主体非常广泛,而后者的受益主体仅限于企业内部,甚至局限于国有企业的职工。通过描述性的话语,可以将企业社会责任归纳为,一种不断发展扩大的对股东之外的其他所有社会主体承担的不利益。

二、突发事件中企业社会责任的特征

根据《国家突发公共事件总体应急预案》的界定,突发事件是指突然发生,造成或可能造成重大人员伤亡、财产损失、生态环境破坏和严重社会危害,危及公共安全的紧急事件。以其发生过程、性质和机理为标准,可划分为自然灾害、事故灾害、公共卫生事件和社会安全事件等四个大类。突发事件具有的基本特性包括:(1) 突发性,即人们对事件是否发生、在何时发生、于何地发生、以何种方式发生、事件的破坏程度等事项都难以准确把握,具有非预期性;(2) 破坏性,即事件威胁或危害人们的生命财产安全,社会经济秩序,生态环境平衡,甚至国家政权运作,具有巨大的危害性;(3) 紧迫性,即事件一旦爆发,各个相关主体要立即采取应对措施,尽快控制并消除事件带来的影响,法律主体行为的迟延将导致经济上和法律上的不利益;(4) 复杂性,与常规状态相比,突发事件的预防、响应、保障都比较复杂,牵涉的法律主体及其相互间的法律关系也比较复杂。由此,作为常规状态的延伸,企业社会责任在突发事件中的特征可以归纳为以下三点:

第一,法定性。在一个法治国家里,社会生活的基本方面和主要社会关系都应纳入法律治理的轨道,换言之,"政府在一切行动中都受到事前规定并宣布的规则的约束——这种规则使得一个人有可能十分肯定地预见到当局在某一情况中会怎样使用它的强制权力,和根据对此的了解计划他的个人事务。"①突发事件应急法制,是一个国家法治运作中的应有环节,政府在应急行动中也受到事先制定的规则的约束,而这种规则使企业在突发事件的应急状态下能够十分肯定地预见到当局行使其应急权力的方式,据此计划企业的个人事务。具体说来,法律确定了政府与企业在突发事件中权利(力)义务的分配,明确各自权利(力)义务的范围,企业在突发事件中得配合政府行使应急权力,这时政府权力对企业的强制性比常规状态更为突出。同时,企业亦得以

① 〔英〕哈耶克:《通往奴役之路》,王明毅译,中国社会科学出版社 1997 年版,第 13 页。

法律规定对抗政府权力的滥用,防止借突发事件之名“法外行政”。2005 年修订的《公司法》明确了公司社会责任的法定地位,第 5 条规定:“公司从事经营活动,必须遵守法律、行政法规,遵守社会公德、商业道德,诚实信用,接受政府和社会公众的监督,承担社会责任。公司的合法权益受法律保护,不受侵犯。”这一原则性的规定,在确立社会责任的强制性之同时,又确认合法权益的不受侵犯性。《国家安全生产事故灾害应急预案》第 1.4 条第 2 款规定,企业要认真履行安全生产责任主体的职责,建立安全生产应急预案和应急机制。第 7.2.2 条规定,单位不按照规定制订事故应急预案,拒绝履行应急准备义务的;不按照规定报告、通报事故灾害真实情况的;拒不执行安全生产事故灾害应急预案,不服从命令和指挥,或者在应急响应时临阵脱逃的;阻碍应急工作人员依法执行任务或者进行破坏活动的,将承担相应的法律责任。在我国相关的突发事件应急立法中,都规定企业社会责任的强制履行的特点,但在突发事件中对企业合法利益保护的规定相对缺失,这有可能导致企业社会责任的无限扩大,所以明确划定责任范围并建立征用和补偿机制,是完善突发事件中企业社会责任法定化的一个重要课题。

第二,倡导性。在应对突发事件的过程中,政府除采取强制性的行政指令以外,往往还因地、因时、因事制宜地采取比较柔软灵活,不具有强制性的许多行政指导措施。由于成文法的局限性,以及人们对突发事件预防准备能力的有限性,政府在面临突发事件时,可以针对具体实际情况,指导企业为特定的应急行为,这种不具有强制力的指导所对应的企业社会责任具有倡导性。《突发公共卫生事件应急条例》第 34 条第 2 款规定,卫生行政主管部门应当对突发事件现场等采取控制措施,宣传突发事件防治知识,并对易感人群采取应急接种、预防性投药、群体防护等措施。就此,企业可以协助卫生行政主管部门宣传防治知识,向职工发放预防性药品。我国目前的应急立法并未完全区分行政指令和行政指导,这很难保证政府权力与企业权利在应急状态下不发生冲突。所以,在立法上,应当以法定性为核心,框定企业社会责任的强制履行部分,以倡导性为补充,鼓励引导企业承担非强制性的社会责任。

第三,应急性。应急性原则是法治原则的重要补充,即在必要情况下,为了国家利益和社会公共利益,政府可以运用紧急权力,采取各种有效措施,包括采取必要的对行政相对人法定权利和合法利益带来某些限制和影响的措施,来应对紧急情况。① 应急性特征在企业社会责任角度反映的是在突发事件中,企业权利和政府权力在常规状态下平衡的打破,将利益分配的重心向政府倾斜,因而

---

① 韩大元、莫于川主编:《应急法制论:突发事件应对机制的法律问题研究》,法律出版社 2005 年版,第 54 页。

企业承担社会责任的深度和广度都有甚于常规状态。《突发公共卫生事件应急条例》第33条规定，根据应急处理的需要，突发事件应急处理指挥有权紧急调集人员、储备的物质、交通工具以及相关设施、设备；必要时，对人员进行疏散或者隔离，并可以依法对传染病疫区实行封锁。在常规状态下，任何人无权占有使用企业的设施、设备，更无权疏散企业职工，封锁企业区域。而在突发事件中，随着政府应急权力范围的扩大，企业利益受到限制，其社会责任也随之扩大。这种责任的扩大趋势以满足应急需要为目的，其宗旨在于协助突发事件处理指挥部门，及时控制消除事件的危害和次生危害。

三、突发事件中企业社会责任的内容

突发事件中企业社会责任的内容，在不同的分析角度有不同的表述。从企业社会责任的强制性角度看，其内容包括强制性责任和非强制性责任；从责任的承担主体角度看，其内容包括：加工制造企业、能源供应企业、交通运输通讯企业、商业饮食旅游企业、金融保险房地产企业等企业社会责任。本文拟从企业社会责任形态的角度探讨其具体的内容。

第一，信息发布责任。2005年11月13日，中国石油吉林石化公司双苯厂发生爆炸，该公司的宣传人员称，胺苯燃烧后产生的是二氧化碳和水，不会污染到水源，公司有自己的污水处理厂，不合格的污水不会排放到松花江。一周后哈尔滨市政府发出的文告说，爆炸事故可能导致松花江哈尔滨区段水体受到上游来水的污染，市政府因此决定市区停止供水，以检查和维修供水设施。松花江污染事件中，企业在发生爆炸事故后没有及时准确地发布相关信息，并且隐瞒真相推卸责任，致使污染源扩散、污染面积扩大，引起松花江沿岸居民的恐慌，造成不良国际影响。在企业安全事故发生后，事故企业应当立即报告，主动及时向上级主管部门和事件对口处理机关以及新闻媒体，公开事件发生的时间、地点、伤亡情况、环境影响情况、次生事件爆发的可能性以及建议应对措施等信息，便于其他应急处理主体作出正确的反应。企业预见到自然灾害、公共卫生和社会安全方面的突发事件可能引发企业安全事故的，也应当向政府和社会发布预警消息。如果因企业故意隐瞒、迟延、谎报信息，造成社会危害和他人损失扩大的，主要负责人和企业要承担相应的民事行政环境乃至刑事法律责任。

第二，物资保障责任。《国家突发公共事件总体应急预案》第4.3条规定，要建立健全应急物资检测网络、预警体系和应急物资生产、储备、调拨及紧急配送体系，完善应急工作程序，确保应急所需物资和生活用品的及时供应，并加强对物资储备的监督管理，及时予以补充和更新。企业的物资保障责任体现为企业内部和企业外部两个方面，包括强制性责任和非强制性责任两种形态。对于企业内部，企业根据其所属行业的性质和周围环境建立应用于企业自身应急的物资储备，例如，矿山开采企业除了正常生产工作所需的安全防护设备外，还应当准备有矿山安全事故下能够应急使用的地面和井下的防水、排水系统，防火、灭火设施和器材，防尘和隔爆设备，备用供电、配电系统和运输通讯设施，下井救援人员使用的防护器材措施，以及一定的药品医疗器械。再如，生产、储存、使用危险化学品的企业，应当根据危险化学品的种类、特性，在车间、库房等作业场所设置相应的监测、通风、灭火、防爆、泄压、消毒、中和、防护围堤或者隔离操作等安全设施、设备。由于这些防护措施极其必须，没有配备则不得从事生产经营活动，所以这一类的企业社会责任是强制性的社会责任。对于企业外部，企业根据自身特点，配合政府将必要的储备物资提供并投入突发事件的应急使用。当面临突发事件，政府行使紧急权力，调用、征用企业的设备、产品、交通工具，用于应急救援，企业不得拒绝，这是一种强制性社会责任。此外，企业还对外承担着非强制性物资保障责任，也就是说，企业在政府的倡导建议下或者自发地向其他事故企业提供物资支援，以及向受灾地区捐助产品物资。企业之间的对口援助，能够充分根据不同行业救助物资侧重点不同的特点，有利于物尽其用，提高应急效率，加强行业内部的互助与协作。企业对不特定社会主体的捐助，是企业社会责任最具道德意义的方面，也是传统美德在商业活动中的体现和发扬。

第三，资金保障责任。与物资保障责任相类似，资金保障责任也体现为企业内部和企业外部两个方面，包括强制性责任和非强制性责任两种形态。在企业内部，根据《国家安全生产事故灾害应急预案》第 6.2.6 款规定，生产经营单位应当做好事故应急救援必要的资金准备。安全生产事故灾害应急救援资金首先由事故责任单位承担。发生突发事件后，用于职工和其他受害人的医疗卫生救助、第三人的财产损失赔偿、恢复生产重建的费用，主要由企业自身负担。在企业外部，《国家突发公共事件总体应急预案》第 4.2 条第 2 款规定，鼓励自然人、法人或者其他组织按照《中华人民共和国公益事业捐赠法》等有关法律、法规的规定进行捐赠和援助。在发生大范围的突发事件时，个人和当地政府无法全面应对，当地的企业作为社会的成员有道义上的义务提供资金帮助，其他地区的企业更应该向事件地区以无偿捐款的方式提供援助。

第四，社区联动责任。这种责任形式外延非常广阔，根据实际情况进行调整，无法穷举，并且以非强制性责任为主。《国家突发公共事件总体应急预案》第 1.5 条第 5 款原则性规定，加强以属地管理为主的应急处置队伍建设，建立联动协调制度，充分动员和发挥乡镇、社区、企事业单位、社会团体和志愿者队伍的作用，依靠公众力量，形成统一指挥、反应灵敏、功能齐全、协调有序、运转高效的应急管理机制。在这里，突发事件中的企业社会责任并非以单独的形态存在，而是和政府、社区、个人等所有应急责任主体交织在一起，形成应急联动体系，共同提供分享事件信息、救援培训、应急演习、心理扶持等支援因素。随着突发事件应急法制保障的进一步完善，企业承担的社会联动责任的深度和广度将大大增加，逐步建立以政府紧急职能为中心的全社会网络式的应急保障权利义务体系。

论劳动关系稳定的政府干预

◇ 刘焱白*

内容提要 市场经济条件下,契约化劳动关系已然占据主导地位,劳动力自由流动成为必然,但劳动关系仍然需要适度稳定。劳动关系主体的利益对立以及主体地位的强弱表明,仅仅依靠劳动关系主体的自主协商机制,难以维持劳动关系的适度稳定,需要外部力量的介入,属于公权力的政府对属于私权的劳动关系的干预就是不可或缺的。正如政府其他干预一样,这种干预也应当遵循适度和谨慎的原则,其合理手段应限于宏观层面的调控手段和在微观层面的规制手段,主要包括:三方机制、集体谈判、劳动合同、劳动基准、劳动监察等。

关键词 劳动关系 劳动关系稳定 政府干预

劳动关系是人类社会最基本的一种社会关系,是现代社会关系的基础和核心。劳动关系的稳定与否一直都是整个社会关注的重大问题。我国正处于社会经济转型期,旧的计划经济体制下的行政调配性的劳动关系已然废除,新的市场经济体制下的契约化的劳动关系虽未完全建立,但已占据主导地位。在契约化的劳动关系下,用人单位可以根据契约自主建立、解除与劳动者的劳动关系;劳动者也可以根据自己意愿,自主决定是否与用人单位建立劳动关系。但由于相关制度的不完善或缺失,契约化的劳动关系所带来的直接后果便是,劳动合同短期化以及雇主不当解雇等劳动关系不稳定现象的大量出现,这种不稳定的劳动关系给用人单位和劳动者带来较大负面影响,也对整个社会的和谐稳定造成冲击。

有鉴于此,对劳动关系稳定的研究意义深远,但更为重要的是研究劳动关系稳定的实现机制。由于劳动关系的特殊性,外部制约机制与内部协调机制一直都是实现劳动关系稳定的两个重要方面。其中,内部协调机制以用人单位与劳

* 刘焱白,法学博士,广东商学院法学院讲师。

动者及其组织的协商对话为主,反映了市场经济下劳动关系主体的意思自治;外部制约机制以劳动关系周围其他具影响力的因素的作用为主,反映了外部力量对劳动关系内部力量的干预和制衡,以政府干预为其典型。[①] 因此,本文尝试探讨劳动关系稳定中的政府干预。其中,作为前提条件,需要阐述劳动关系是否应当稳定,以及是否需要政府干预;然后,才对政府干预的方式与程度以及我国的政府干预的相应对策作一粗浅研究。

一、劳动关系应当适度稳定

(一)劳动关系稳定的界定

依系统辩证学的观点,稳定是指一种系统平衡,它是系统各要素之间以及系统与周围环境之间相互作用的一种运动状态,是系统在各种干扰下仍保持协调、平衡、有序的运动状态。[②] 因此,可将稳定界定为,事物在受到外力或内力均衡作用的基础上得以相对有序运行的一种状态。取稳定的均衡有序之义,也可将劳动关系稳定界定为,劳动关系在内部及外部各种因素影响下形成均衡有序之态。

劳动关系的稳定在于劳动关系运行的有序和均衡状态。这种有序和均衡状态,是劳动关系内外各种因素或各种力量相互制约的结果。首先,劳动关系有序与劳动关系无序是对应的概念。有序既是劳动关系正常运行的基础,又是劳动关系正常运行的结果,有序性遭到破坏必然导致无序状态。劳动关系受到自身或外力控制呈现出运行的有序状态,则其为之稳定;而无序,则其为之不稳定。有序与无序是判断一个事物稳定与否的最明显的外在表现形式。其次,均衡表现为劳动关系内外各种力量的相互抗衡达到均势。劳动关系的周边以及内部都存在多种正相关因素和负相关因素,这些因素相互对抗必然会形成最后的结果,就是稳定。一旦某种因素增强或减弱,则均衡将被打破,劳动关系即失去稳定。维持劳动关系稳定,就应当维护各种因素的力量均势,或引导这种均势向更好的均势发展。

(二)劳动关系稳定与劳动力自由流动的冲突与选择

在市场经济中,劳动关系稳定与劳动力自由流动都具有重要意义。一方面,

---

① 为免歧义,须明确,劳动关系稳定本身无须亦无法为政府所干预。在此,政府干预是手段,劳动关系为其干预对象,稳定乃政府干预之结果。当然,劳动关系稳定不是通过政府干预就可以圆满的,需要借助政治、经济、法律、文化等多方面的综合治理和全面调控才能达成。

② 乌杰:《系统辩证学》,中国财政经济出版社 2003 年版。

保证劳动力自由流动具有重大意义。就劳动者来说,劳动力自由流动表述这样一个事实,即劳动者有自由"出卖"自己劳动力的权利;就雇主来说,雇主既有雇佣劳动者的自由,亦有解雇劳动者的自由。这是劳动合同中意思自治、契约自由原则的深刻体现。市场经济是以生产要素市场配置为其基础的经济制度。劳动力作为生产要素,应当随着供求规律而由市场来调节配置,在利益最大化的动机驱使下,配置到最有效率的地方去,从而形成劳动力最优投入和最优产出。在市场经济条件下,劳动力自由流动较之不能自由流动会更有效率,这已为理论和实践所验证。

另一方面,劳动关系稳定亦具有重要意义。劳动关系稳定对于企业核心竞争力以及国家经济发展水平的提高不可或缺。稳定可以给予用人单位和劳动者一定心理预期,提高劳动者对用人单位的忠诚度,也促进用人单位的人力投资,提高劳动者整体素质,形成良性循环的发展态势。稳定还表明,用人单位和劳动者之间的劳动关系受到内部和外部因素的有效调控,处于有序运行状态下,这有利于用人单位减少不必要的成本,从而提高其竞争力。从长远来看,必将促进国家的经济发展。而且,劳动关系稳定对于社会稳定至关重要,不稳定会影响到劳动者的基本生存保障。安全感是人类社会生活最基本的心理需求,是整个社会安定的基础。要使广大劳动者在社会生活中获得安全感,最重要的方法之一是使广大劳动者有较稳定的职业和较稳定的收入,这就要求劳动关系具有一定稳定性。而且,当到用人单位去劳动成为劳动者生存的唯一保障手段时,劳动关系稳定就更成为劳动者生存的基本保障。

因此,劳动关系需要恰当稳定。但在劳动关系中,双方主体的强弱地位悬殊,且利益经常是对立的,难以协调。如果放任劳动力自由流动,则双方可仅依契约自由而随意签订或解除劳动合同,必然损及劳动关系稳定;而只强调劳动关系稳定,则必然限制双方的意思自治,损及劳动力自由流动。这种冲突无法借由劳动关系双方自行解决,需要外界的介入与干预,主要是政府的介入与干预。

二、劳动关系稳定需要政府恰当干预

劳动关系稳定的政府干预,是指当劳动关系内部机制不能自行解决运行过程中产生的矛盾和障碍时,由政府这种外力介入加以解决的情形。政府对市场经济进行干预,体现了公权对私权本身及私权行使的过程和结果作出的反应,是对私权进行限制、剥夺、服务及保障的一种法律制度安排。[①] 对劳动关系稳定的

① 应飞虎、王莉萍:《经济法与民法视野中的干预——对民法与经济法关系及经济法体系的研究》,载《现代法学》2002 年第 4 期。

政府干预也是如此，不仅规范政府干预自身行为，使其有法可依，而且对劳动关系主体的意思自治进行干预，使劳动关系的产生、变更、终止能够符合立法者所奉行的立法理念和所追求的价值目标。

（一）政府干预的合理性

表面上，劳动关系稳定与否是劳动关系缔结者双方的事情，仅需通过双方自由协商来确定或者通过内部协调机制予以维护，政府不应干预这种纯粹私法领域的事务。实际上，劳动关系的运行关乎社会之根本，劳动关系的建立以劳动者出卖其劳动力为前提条件，劳动力的双重属性使得用人单位拥有特殊权利而居于主导的强势地位，这成为政府干预劳动关系的决定性因素，因此，政府干预劳动关系有其合理性。在劳动经济学界，无论哪种学派都不排斥政府对劳动关系的干预，不同的是所主张的政府干预程度有所差别。①

第一，劳动关系的稳定本质上要求政府介入。实现劳动关系稳定的基本方式，就是劳动关系内外力量对劳动关系实施的调控，即通过内部和外部各种因素的制约而达致劳动关系有序运行的状态，而政府干预是重要的外部调控因素。政府以公权的形式介入劳动关系，对劳动关系自身无法解决的矛盾予以强制干预，这不仅是劳动法的基本特征，也是劳动关系稳定的本质要求。

第二，对劳动关系稳定与劳动力自由流动的兼顾要求政府干预。在劳动关系运行中，出于经济政策的考虑，会以追求自由流动为主；而出于社会政策的思量，则会以维护劳动关系稳定为主。鉴于二者在劳动关系运行中皆有重要价值而不可偏废，故对二者应当予以兼顾。而市场机制本身是无法有效实现二者的并重，劳动关系主体自主协商也不能达此目的，只有外界力量的介入，进行有针对性的调控，才能实现二者的并重，其中，关键在于政府的调控。

第三，劳动关系双方地位和利益诉求需要政府制衡。首先，双方主体地位不平等需要政府制衡。劳动关系不仅具有财产性，还具有从属性，劳动者出卖劳动力，在用人单位中处于从属地位，与用人单位成立管理与被管理的关系。用人单位与劳动者强弱地位不等是不争的事实，指望完全通过双方自由协商、意思自治必然会导致明显不公的后果。因此，需要政府对强势一方予以制约，达致劳资双方力量的平衡。其次，劳动关系主体的利益对立需要政府协调。市场经济下劳动关系主体的利益存在对立。"利益就其本性说是盲目的、无止境的、片面的，一句话，它具有不法的本能。"②强势主体会利用其有利的地位充分维护自身利

① 程延园：《当代西方劳动关系研究学派及其观点评述》，载《教学与研究》2003 年第 3 期。

② 《马克思恩格斯全集》（第 1 卷），人民出版社 1961 年版。转引自董保华：《论经济法的国家观——从社会法的视角探索经济法的理论问题》，载《法律科学》2003 年第 2 期。

益,甚至滥用其强势地位,而弱势主体则难以主张其权利。强势主体对其个人利益的过分张扬,会造成劳动关系的不稳定,破坏整个社会经济秩序。因此,需要政府对双方的利益诉求居中协调;最后,劳动关系各主体的利益诉求是分散的,无法统一起来。即便同是劳动者或雇主,在其内部,利益诉求也难以统一。况且,并没有一个完全代表劳动者的组织和代表雇主的组织,无法形成一个声音来表达利益诉求。政府作为比较公正的第三方,有能力综合各种利益诉求,对各种利益诉求予以平衡。

第四,劳动关系稳定具有社会公益性,需要政府干预。首先,劳动关系稳定的公益性表现在对基本人权的保护上。在社会化大生产的今天,对大多数劳动者来讲,劳动关系稳定与其生存有关。生存权是基本人权,是处于最高位阶的权利,应优先保护。而在劳动关系中,用人单位本来就居于强势地位,再加上劳动力市场供过于求的状况长期存在,用人单位的强势地位就更加明显。如果任由优胜劣汰的市场机制来调节,将造成劳动者无力维护其生存权的局面。因此,政府应对劳动关系稳定进行恰当干预,保护劳动者的生存权。其次,劳动关系稳定的公益性表现在对社会安全的维护上。劳动关系稳定对于社会安全的影响巨大,维护劳动关系稳定就是维护社会安定。但市场经济下经济人的本性决定了追求自身利益最大化的倾向,这种倾向不能必然导致对社会公共利益的追求,相反,常常表现为对社会公共利益的侵害。在劳动关系中,追求社会公共利益的重担就必须由站在公允立场的政府承担。故而,政府以社会公共利益之名对劳动关系稳定进行干预就具有正当性,也成为各国的一种必然现象。

(二)政府干预的局限性

政府对劳动关系稳定的干预虽具合理性,然而,政府干预的缺陷依然存在,劳动关系稳定政府干预也仍然具有局限性。在政府对劳动关系的干预中,因为政府有限理性的一面而存在规制失灵的情况,有可能偏离社会公共利益的基点,特别是在对政府的约束和控制制度缺失或不健全的情况下尤甚。如果政府干预偏离公允,则劳动关系必然失衡,导致劳动关系不稳定状态出现。政府偏离其公允立场之最明显的表现在于,站在劳动关系的某一主体,联合一方主体压制另一方主体,造成劳动关系失衡,导致劳动关系的不稳定。例如,由于政府对引进资本发展经济的偏好,因而政府常常站在雇主一边,忽略对劳动者权益的保护甚至直接侵害劳动者权益,造成劳动关系不稳,从而导致社会的不稳定。因此,对政府干预劳动关系的行为进行规制亦属必然,即对政府干预亦需规制。

因此,劳动关系稳定需要政府恰当干预。

三、劳动关系稳定政府干预的合理手段

对劳动关系稳定的政府干预既有合理一面，亦有局限一面，因而，有必要合理使用政府干预的手段，使得各种干预既能有效稳定劳动关系，也能合乎经济政策与社会政策相统一的原则。政府干预手段不外乎在宏观层面的调控手段和在微观层面的规制手段。劳动关系稳定政府干预的手段亦是如此。

第一，与劳动关系稳定有关的政府宏观调控手段主要就是三方机制。按照国际劳工组织的说法，三方机制是调节国家、雇主和劳动者三方之间的劳动和社会关系的体系与机制。建立该机制的目的，是为了通过上述三方代表对有关劳动与社会问题进行协商谈判并签订有关协议来调节劳动与社会关系，以达到各方利益的协调和社会经济的稳定发展。[①] 这种协调机制由各级政府劳动和社会保障部门、工会组织、企业组织派出代表组成协调机构，强调三方主体的对话、协商和调解，其基本法理在于确保劳资双方利益磋商的志愿性和自治性，同时体现政府在劳资关系处理中居于指导性和斡旋性的地位。政府居中调节的制衡干预作用表现在：通过法制、宏观调控和仲裁等手段调节各方的利益；通过制定各方的权利和义务，推动有关立法建设；对影响劳动关系的国家社会经济发展计划等提出主张和建议；派代表（一般来自政府劳动部门）主持三方委员会的工作等。

第二，政府在微观层面的干预主要是对劳动合同与集体合同的规制。在劳动合同方面，一方面限制雇主的契约自由权，主要是对劳动合同期限的限制与雇主解雇权的限制。例如，规定一定条件下雇主应当与劳动者签订无固定期限劳动合同，或者规定以无固定期限劳动合同为原则，以固定期限劳动合同为例外，强制性要求劳动关系尽量稳定。又如，对雇主解雇权实施限制，须满足一定条件，雇主才能行使解雇权，特别是其单方解除权。另一方面，也恰当限制劳动者的契约自由权。原则上应当赋予劳动者自由流动的权利，将是否稳定的选择权交由劳动者行使。但鉴于任何恣意妄为都可能对其他人的权益或社会公共利益造成损害，故对劳动者也有一定限制，主要在竞业禁止、商业秘密保护等方面。对劳动者的这些限制必然对劳动者自由流动造成一定影响。在集体合同方面，政府主要是保障劳动者可以组织起来并有能力与雇主或雇主组织实施对等谈判。政府对于工会的成立应当持支持态度，并保障其相关权利的行使，如罢工权。政府还应当确立具体的集体谈判程序，并敦促双方进行谈判，在协商不成的情况下，政府应当介入调解双方矛盾。

第三，劳动基准与劳动监察虽是政府站在宏观层面制定的，但其针对的是微

---

① 管静和：《国际劳工组织与三方机制》，载《企业管理》2004 年第 3 期。

观层面的个别劳动关系与集体劳动关系。因此,全社会的所有劳动关系,无论是整体的还是部分的或者个别的劳动关系,都要受到劳动基准与劳动监察的约束。劳动基准与劳动监察具有统领一切劳动关系的特征,而且,劳动基准与劳动监察所体现的行政干预色彩也最为明显。其中,劳动基准是政府为所有的劳动合同设定的一个底线。劳动基准有广义与狭义之分。本文仅指狭义劳动基准,即法定的最低的劳动标准。劳动基准的法定性表明,其既不由劳动合同和集体合同约定,也不由内部劳动规则规定,只能由国家以规范性文件规定。劳动基准的强制性表明,雇主对劳动基准的违反将招致一定的处罚,须承担相应的法律责任。而劳动监察是政府劳动行政部门对劳动关系的直接介入,是政府充当劳动关系领域的“社会警察”,为劳动者建立一道国家力量的保障机制,是政府公权对劳动关系这种以私法为基础的社会关系进行干预最直接和最有力的手段。各国都建立了专门的劳动监察机构,实行劳动监督检查,并赋予监察机构和监察人员相当大的干预权力。

矿难的法律治理：一种法经济学的路径*

◇ 廖建求　周敬玫**

内容提要　“本益范式”揭示了违法行为主体实施违法行为的概率与违法成本成反比、与违法收益成正比的原理。我国近年来频频发生的矿难事故与此紧密相关。我国采矿法制的不完善引起了违法行为成本过低，诱发了采矿活动的一些主体实施违法行为而引发矿难事故。故通过法律的有效治理提高违法行为的成本，成为了预防和减少矿难事故发生的有效途径。

关键词　矿难　“本益范式”

法经济学的立场、观点及其所具备的假设、理论和定理，不仅对于研究矿产资源产权制度、矿山安全法律制度、矿山企业组织法律制度，以及这些制度对矿山企业、安全管理者及矿工预防安全事故的影响分析具有某种符合实际生活情形的相对比较优势，并且还为建立在矿山安全事故中的各主体行为的经济逻辑、经济结构及经济动机之上的矿山安全法律体系的完善提供了现实和潜在的理论依据或支撑。这些理论的运用具有一个共性，即它们都基于“人是理性的利益最大化者”的假设，将法律规则体系类比为市场价格体系，法律规则下的行为人时刻都在进行得与失、利与害的比较分析后，对自己的行为方案加以符合自我利益最大化的选择。在现有采矿法律规则下，矿山企业、矿工、安全监管者的行为反应就类似于市场中参与者的行为反应，即他们会根据既定的法律规则体系这一“隐性价格体系”进行成本收益分析后，选择有利于自己利益实现的最优对策或策略。

---

* 本文已发表于《中国地质大学学报》2007 年第 4 期，原文约 1 万字。该文年会时的题目为《成本效益理论下的矿难之法律治理》。

** 廖建求，中南财经政法大学法经济学博士研究生，任教于中国地质大学政法学院；周敬玫，中国地质大学环境法专业硕士研究生。

一、"本益范式"①的精炼及扩展

矿难事故的发生,可归责主体主要有未尽职责的政府主管监察部门和非法采矿的矿权人,他们为了追求自身的收益无疑都违背了所应承担的法定义务,实施了违法行为。在法经济学看来,违法行为必然带来成本,包括实施行为过程中所作出的物质耗费、实施违法行为造成的社会后果,以及由违法行为所引起的社会给予的惩罚和制裁。这个成本既有必然成本,即行为主体实施特定违法行为本身必然要承受的资源耗费等代价;又有法定成本,即法律规定经济行为主体实施特定违法行为应当承受的代价或者制裁。

违法行为成本的具体形式有:经济性成本,即违法行为所需的资源耗费(必然成本)及其给国家、社会或特定主体所造成的经济利益损害(法定成本);行为性成本,即法定成本,这在采矿关系中表现为:采矿主体因实施违法行为其采矿行为受到某些限制,如被强制整顿,强制停业,吊销采矿许可证等,严重的要承担刑事责任;管理主体因实施违法行为,其管理行为受到某种限制,包括限制或剥夺其管理资格,纠正调整其管理行为,承受行政处分等,情节严重的也要承担刑事责任。

违法行为的成本和收益的大小,受到法律设定、执法水平、主体能力、行为机会等诸多因素的影响。我国采矿业在权利界定、行政审批与监管、矿难责任事故的处罚力度等法律制度上均存有缺陷,致使采矿违法主体违法行为的成本较低,为其实施违法行为提供了较为充足的机会。

二、矿难原因的"本益范式"分析

为了更好地揭示隐藏在采矿法律制度规定中但引发矿难事故发生的经济原因机理,我们必须采用不同的路径对各项采矿法律制度下的违法行为成本进行分析。

(一)经济性成本过低

我国对采矿的相关法律规定,主要集中在《矿产资源法》、《煤炭法》、《矿山安全法》、《安全生产法》、《矿山安全条例》、《安全生产许可证条例》和《煤炭生产许可证管理办法》等法律规范之中,此外,还散见于《宪法》、《刑法》、《行政许

① 详细论述请参见刘大洪:《法经济学视野中的经济法研究》,中国法制出版社 2003 年版,第 69 页。

可法》等法规中。由于以上法律规范的分散性及部分条文的不完善，造成了在我国采矿及其审批监管过程中，违法主体有机会利用各种方法来降低实施违法行为的成本，因而加大了矿难事故发生的概率。

1. 采矿投资及安全成本低

我国《宪法》及《矿产资源法》都规定，一切矿产资源属于国家，但国家的抽象性使政府成为了实际的所有者。在这样的所有权制度下，与城镇建设用地一样，矿产资源也只能出让使用权，而不是所有权。然而由于"采矿权是在不断消耗矿产资源的过程中来处分矿产资源的，从而使它与旨在用益而不是消耗和处分财产的他物权有了本质的区别。"[①]这样使得矿权人以用益物权的价格取得了矿产所有权的价值。矿产资源法规定采矿审批权属于地质矿产主管部门。这种行政配置做法将矿产资源排除在市场配置之外，阻碍了矿权市场的形成，使煤矿开采权无法定价，其真正的价值也难以实现。这首先导致了矿权人取得采矿权的物质成本过低。

政府及有关部门的行政人员为了提高自己手中权力的"价值"，在采煤业长期实行承包制，承包合同的期限太短（通常只有 3 年到 5 年），而且朝不保夕。[②]短期的承包只能催生短期行为，在这种权利界定不清、期限短暂的承包制下，短期行为就成为矿主唯一的理性选择。由于安全设备造价并不低廉，一整套完整的设备需要至少几千万的投资，而矿主又没有长期的权利保障，如此矿主舍弃投入安全巨资以求长期利益的选择，而代之以忽略基础设施和安全设备建设，冒险进行掠夺式开采，争取在短期内采出尽量多的煤。

2. 存在权力租金成本

在采矿过程中，非法经营者以一定的金钱和物质利益换得当地政府部门对其违法生产的许可，各种"通关费"即构成其租金成本。[③] 非法经营者仅需支出少量的资金即可打通行政审批和监管的后路，从而获得可观的潜在收益，包括不受限制的开采自由，安全设备不到位下的肆意开采，受地方行政权力的保护以及拥有垄断的优势。造成这种状况的原因，则是法律法规对行政审批监管权力规定的混乱。

采矿审批权属于地质矿产主管部门，而矿山安全监督主体是劳动行政主管部门，同时土地的使用还需受到土地管理部门的监管等。依照法律规定，要想成为矿权人必须接受几个部门的审批，由于不同部门对申请审批人的审查重点不同，审查程序、内容也都大不相同，导致了审批的混乱。此外不同的审批制度又

---

① 参见肖国兴：《自然资源法》，法律出版社 1999 年版，第 323 页。

② 参见冀志罡：《产权不清，矿难不止》，at http://business.sohu.com/20051230/n241223610.shtml。

③ 参见沈刚：《浅析煤炭安全生产管理的困境——从法经济学的角度分析》，载《中南财经政法大学研究生学报》2005 年增刊。

存在对同一内容都有规定但所规定又不同的地方,而审批部门所依据的法律效力又相同,更增加了审批的混乱。如《矿产资源法》、《矿山安全法》之类的法律法规,对采矿监察管理机关及其监管人员的职权和行使职权的原则与程序规定就存在上述问题。这就直接导致了两个必然结果:审批关把不严,一些不符合开矿标准的企业利用审批的混乱,浑水摸鱼;监管不力,一些企业过了审批关之后因没有被监管部门进行动态的监管,就可以为了减少成本而降低各项企业的安全指标。

3. 事故赔偿成本过低

我国《刑法》关于侵犯劳动权的犯罪,仅仅表现在重大责任事故罪、重大劳动安全事故罪、强迫劳动罪以及工会法中规定的犯罪。而且这些都是针对给劳动者人身安全、健康造成实际损害的行为,而未涉及对给劳动者人身安全和健康造成危险的行为的处罚。《矿产资源法》中的法律责任条款主要是针对矿山及矿产品的保护,规定破坏矿山及矿产资源所应承担的法律责任,而没有涉及矿工的人身权益保护。《矿山安全法》规定了保障矿工人身安全的标准,如规定:矿山企业安全工作人员必须具备必要的安全专业知识和矿山安全工作经验;矿山企业必须向职工发放保障安全生产所需的劳动防护用品;矿山企业必须从矿产品销售额中按照国家规定提取安全技术措施专项费用等。但审批把关不严及缺乏动态的监管等原因使得这些标准很难落到实处,某种程度上激发了侵犯劳动权、逃避安全监察的行为的发生。

我国《煤炭法》和《工伤保险条例》等法律规范中对煤矿事故的赔偿力度和标准有所规定,但这些标准都比较低。《工伤保险条例》规定,一次性工亡补助金标准为48个月至60个月的统筹地区上年度职工月平均工资,这个标准还比较低。以前,对煤矿事故中死亡矿工的赔偿金一直是一人两万元,直到前几年也就是几万或稍多一些。在低赔偿标准下,矿主们并不特别担心矿区出安全事故,因为几万元的事故成本比起他们采矿所赚取的利润来实在是微不足道。对于发生矿难过的矿山企业的惩罚,政府一般采取罚款加整改的方法,一些企业往往可以在短暂的整改期后,又迅速让利润链滚动起来,以期在很短的时间内熨平矿难所带来的成本代价方面的创伤。①

所有这些,无一例外会激励矿主选择降低或者根本不设置各种安全设施标准以防止矿难事故的行为策略。

① 参见李成:《矿难缘何接连不断》,at http://zhangjiakou.hebei.com.cn。

（二）行为性成本过低

1. 主管监察部门的行为性成本

我国《矿产资源法》的第 39 条至第 48 条规定，采矿监管主体徇私舞弊、滥用职权或者玩忽职守所应承担的行政及刑事责任；我国《煤炭法》第 80 条规定了采矿监管人员玩忽职守、徇私舞弊、滥用职权所应承担的责任；我国《安全生产法》第 77 条、第 78 条、《矿山安全法》第 48 条、我国《矿山监察条例》第 6 条等也都规定了矿山安全监察管理人员未依法履行职责构成犯罪所要承担的刑事责任。按照这些规定，采矿监管人员玩忽职守、徇私舞弊、滥用职权而未构成犯罪的，只会受到行政处分；构成犯罪的，则适用我国《刑法》第 397 条所规定的滥用职权罪和玩忽职守罪及第 408 条所规定的环境监管失职罪追究其刑事责任。在犯罪构成上，这几条罪都是过失犯罪，其客观方面必须造成严重后果才构成犯罪。在量刑上，我国《刑法》第 397 条规定了两个量刑档次：对于滥用职权或玩忽职守的，“处 3 年以下有期徒刑或拘役”，“情节特别严重的，处 3 年以上 7 年以下有期徒刑”；对徇私舞弊的，“处 5 年以下有期徒刑或拘役”，“情节特别严重的，处 5 年以上 10 年以下有期徒刑”。而第 408 条的量刑更轻，构成此罪的，“处 3 年以下有期徒刑或者拘役”。可以看出，我国法律法规对应承担责任的政府主管部门工作人员处罚力度设定过轻、量刑的不足——不负责任、失职渎职甚至违法犯罪所需承担的法定成本与其所获得的巨额经济利益相较轻微——而致使其违法成本太低。

2. 矿权人的行为性成本分析

对矿难事故中矿权人的责任追究主要体现在：我国《矿山安全法》第 46 条、第 47 条规定了矿企主管人员违规操作造成重大事故所应承担的刑事责任；《煤炭法》第 78 条、第 79 条规定了发生矿难事故时矿权人所应承担的刑事责任；《安全生产法》第 80 条至第 83 条规定了生产经营单位及其主要负责人违规操作造成安全事故所应承担的责任。我国《刑法》第 134 条、第 135 条规定了重大责任事故罪和重大劳动安全事故罪，这涉及煤矿主或者是煤矿企业主管人员违规采矿情节严重时所应承担的法律责任。这两条罪都是过失犯罪，即“因而发生重大伤亡事故或者造成其他严重后果的”才构成此罪。罪名都强调要造成严重的后果，而且量刑最高为“情节特别恶劣的，处 3 年以上 7 年以下有期徒刑。”对于未构成犯罪的，则只承担行政责任，即受到经营资格的限制，如被吊销生产许可证、强制停产整顿等。这样的效果可想而知，因为即使发生重大事故最高也只判 7 年刑，而煤矿主的违法行为收益则是超额而巨大的，在利益的驱使下矿主置法律于不顾而大肆违规开采也就不足为奇了。

三、"本益范式"运用的目标回归:矿难法律治理的强化

既然由于法制的不完善使得采矿行为违法主体的违法成本过低,我们就应完善相关法律规定,提高违法主体的违法成本,使其惧于实施违法行为。具体有以下四种方式:

(一)提高安全投资成本

将矿产资源资产与国有其他经营性资产一样,投入市场交易。在这样的条件下取得的采矿权必须界定到个人,采矿权的期限也应以矿产预期的开采年限为准。如果一个煤矿预期可以开采30年,那么矿权期限至少应达到30年。而在取得采矿权后,由于长期权益有了保障,煤矿主也会更加珍惜,加大投资力度,尽力避免安全事故。目前,山西临汾已启动了改革试点。在安全投入及防止资源浪费的问题上,也取得了一些积极成果。

(二)斩断权力租金成本

任何行政违法行为都是行政过程制度疏漏的反映。腐败人员的职务违法犯罪,往往都是利用了行政法制的缺陷,特别是通过滥用行政自由裁量权实现的。所以应想法弥补管理过程的漏洞。[①] 首先,要明确审批监管部门在矿山安全生产监管中的地位,厘清其相应的职权和职责,完善矿山安全生产审批监管部门的执法程序,创设检查记录、责任人签字及报告制度。尽可能保持安监系统的垂直隶属关系,安监员由安监总局根据回避原则调派外地进行调查。在实践中,国务院于2005年8月22日发出了《关于坚决整顿关闭不具备安全生产条件和非法煤矿的紧急通知》,并作出了2006年要把亿元GDP死亡率、工矿商贸10万从业人员死亡率等纳入国民经济和社会发展考核指标的指示。其次,打破政府对监督检查的垄断,引入社会多元监督的新治理模式。如近期探索建立起来的检察机关"同步介入重大责任事故调查机制"和"检察建议"。这两种措施在预防犯罪,促进依法行政上都起到很大的作用。最后,对于维护公共安全利益的问题,要给公共团体和个人提请调查的权利。政府可以让一些非赢利性的组织承担一部分公共监督的职能。

---

① 参见于安:《遏制矿难:期待更强的法治力量》,载《检察日报》2006年1月3日。

（三）提高事故罚金成本

由于矿山安全法之类的法律未对矿工的劳动保险问题作出明确规定，致使最终采取的是给予“抚恤和补偿”的原则性规定，这不利于伤亡矿工及其家属权益的保护。因此，应当强制性地规定矿山企业必须为矿工进行工伤社会保险，以保障矿工合法权益。近日出台的《国务院关于预防煤矿生产安全事故的特别规定》和国务院《关于坚决整顿、关闭不具备安全生产条件和非法煤矿紧急通知》规定，将“伤亡赔偿标准”与“工伤保险”同时执行，遇难矿工亲属可选择标准高的要求赔偿，从而加大了煤矿企业的安全事故成本，有利于更大限度地保障职工利益。

提高安全成本的一个更直接的方法，即通过制定法规明确赔偿数额，让矿主们承担巨大的经济损失。如煤炭大省山西于 2004 年底出台的新规规定，因煤矿事故造成的人员死亡，赔偿金不得低于 20 万元。提高死亡赔偿金，增大了安全事故发生后的安全机会成本，促使矿主事前增加安全投入采取预防措施。

（四）提高行为性成本

其实刑法对采矿的设立、审批，到生产经营活动的展开，再到安全生产的监督检查等可能发生矿难的环节上的违法犯罪行为几乎都有规定。我们应根据实际情况对其加以有效适用。有关部门可通过我国《刑法》第 114 条、第 115 条规定的“以危险方法危害公共安全罪”做出司法解释，将其适用于可能引发重大矿难事故的违法行为。这样从预防上迫使采矿权人主动地进行安全投入。据我国《刑法》规定，触犯此罪尚未造成严重后果的，处 3 年以上 10 年以下有期徒刑；致人重伤、死亡或者使公私财产遭受重大损失的，处 10 年以上有期徒刑、无期徒刑或者死刑。这就大大加强了对矿难责任主体的处罚力度，提高了其行为性成本。对其他涉及矿难重大事故责任罪的相关惩罚条款也可作出司法解释，规定有些罪可以数罪并罚，多法责任并罚，进一步增加违法行为的行为性成本。

矫正贫富分化的经济法思考

◇ 刘水林*

内容提要 贫富分化已成为困扰我国社会经济持续稳定发展及建设和谐社会的重大问题。针对中国目前存在的贫富分化的现象,本文在吸收既有的理论观点合理性的基础上,提出其重要原因之一是西方式现代化在改革中渗入中国社会经济中的必然,或者说是以西方个人冲突主义观念为基础,以市场经济为载体,以个人权利为中心的政治法律制度为表现的源于西方的现代化在中国推进的必然。因此,要遏制贫富分化,建设和谐社会,就必须转变法律观念,以整体和谐主义作为完善和构建经济法律制度的基础。

关键词 贫富分化 基尼系数 现代性 整体和谐主义

经过二十多年改革,中国取得了举世瞩目的成就。但是,在看到巨大成就的同时,也要看到中国社会经济所面临的问题。目前中国面临的重要问题之一,就是贫富分化。它已成为困扰我国家社会经济持续稳定发展及和谐社会建设重要问题之一,是我国当前及以后相当长时期内亟待解决的重大问题。

针对如此重要的社会经济问题,国内外社会学及经济学界作了大量探讨,提出了许多有益的见解和建议,一些已被我国的决策者所采纳并体现于国家的社会经济政策中。但经济法或者说整个法学界的研究相对薄弱和落后,因而,不能为这些政策的法制化提供理论支持,致使与此有关的法律制度缺乏系统性,不仅不能实现功能互补,有时甚至形成冲突,影响各自功能的发挥。

本文拟对目前中国贫富分化形成的社会经济机理进行分析,提出建立改革发展成果分享法律制度应转化法理念,以整体主义的和谐观念为基础,以建设和谐社会为目标,并就应设置的经济法律制度体系提出一个大致的框架。

---

* 刘水林,法学博士,中南财经政法大学法学院副教授。

一、中国改革发展成果分享现状与成因

（一）中国改革发展成果分享的现状

改革发展成果分享公平与否的重要表现，就是贫富分化的程度。在国际上，衡量一国贫富差距程度的方法主要有三种：一是基尼系数；二是收入不良指数法；三是财产集中度法。

就基尼系数看，据联合国开发计划署统计，中国目前的基尼系数为 0.45，已超过国际公认的 0.4 警戒线；从收入不良指数法看，目前，我国占总人口 20% 的最贫困人口占收入和消费的份额只有 4.7%，而占人口 20% 的最富裕人口占收入和消费的份额高达 50%；从财产集中度看，据中国国家统计局 2005 年 6 月份公布的统计数字显示，中国 10% 的富裕人口享有国家总资产的 45%，而最贫穷的 10% 的人口却只拥有总资产的 1.4%。以上数据说明，我国贫富分化已相当严重，这已影响到我国社会的和谐与稳定。如果任其发展，后果不堪设想。对此，我国的决策层也有清楚的认识，并在 2005 年 10 月制定的“十一五”规划中把目前中国日趋严重的贫富分化问题，作为党和政府今后五年所要解决的重要问题之一。

在法治社会，一般来说，一国政策措施的实施都具体化在各种法律、法规之中。而要真正使法律制度的设计实现公平分享改革发展成果的目的，就必须首先了解改革发展成果分享不公是怎么形成的。

（二）改革发展成果分享不公的成因

1. 通常的观点：市场代价论与社会不公论

对于中国改革发展成果分享不公表现出的贫富分化的成因，社会学界和经济学界作了大量研究，可以概括为两类对立的观点，笔者称之为：市场经济论与社会不公论。

市场经济论的主要观念是：中国贫富分化的形成虽然不能否认具有社会不公平等因素，但主要原因是改革开放和市场经济造成的。持此论的学者的观点虽不大相同，但不论按哪一种观点，其逻辑结论必然是：中国目前的贫富分化是市场经济的必然，具有历史的合理性。因此，矫正贫富分化的关键不能采取“劫富济贫”的办法，如用高征税的方式缩小贫富差距，而只能采取使穷人富起来的办法。[1]

---

① 这种观点的代表人物是北京大学的林毅夫教授，相关内容可参见林毅夫：《不应用征税缩小贫富差距》，at http://finance.sina.com.cn，2005-09-28。

与市场经济论相对立，社会不公论认为：中国的贫富分化的根源在于社会不公。而中国改革和转轨过程中的社会不公又体现在不同方面，不同的学者有不同的侧重，但概括起来主要有三种观点：第一，权力介入论，即权力介入了市场竞争领域是导致两极分化的根源；第二，机会不公平论，认为我国贫富分化现象，主要不是由结果的不平等造成，而是由机会不平等造成的；第三，权利失衡论，认为贫富分化是不同群体在表达和追求自己利益的能力上所存在的巨大差异。①

2. 笔者的观点：价值观念的丧失与制度的缺失

以上各观点虽然都有一定的合理性，但笔者认为，中国目前贫富分化的根源在于：现代化过程中我国价值观念的丧失和制度的缺失。

目前中国的现代化之路，遵循的是西方现代性理论的指引。其在思想根源上对个人价值的强调，在思维上对个体与群体及个体之间对立冲突的注重，以及制度化于法律中的人类中心主义和对个体利益、个人权利保护，并着重于形式理性的制度设计。这一方面，使个人的积极性、创造性得以发挥，推动了科技进步，带来了社会经济高速发展；另一方面，对个人利益的过度追求，对他人的剥削及对自然资源的掠夺，这势必致使形式上平等而实际上在禀赋、出身的社会经济环境等都可能不平等的人们之间，在形式合理性的法律制度的保护下产生贫富分化。② 因此，贫富分化，始终是缠绕着所有已经现代化或正在实施现代化国家的难题之一。

中国目前贫富分化之所以如此严重，一方面，是由于我国在西方现代化冲击下，传统文化的丧失，从而使传统文化中所具有的遏制贫富分化的因素失去作用；另一方面，法律制度的建设始终落后于经济体制的变革，导致制度约束不力。因此，完善相关法律制度是遏制贫富分化，是遏制贫富分化的关键措施。

二、改革发展成果分享的法制需要新的法理念

任何法律制度都从某一方面体现着一个社会中人们的某些基本社会观念和价值共识，这同时也是这些法律制度的精神或根基所在。那么，遏制贫富分化的法律制度的精神或根基为何？对此问题的回答，我们不得不进一步追问，法的精神或根基为何？

在对这一问题的回答中，历来学者们具有众多不同的回答，形成了诸多学

---

① 有关详细内容，可参见孙立平：《中国社会：贫富悬殊与权利失衡》，at http://www.eobserver.com.cn，2003-8-25。

② 这正像韦伯对西方现代社会理性化过程描述的那样，“形式合理性导致了实质不合理性”或“现代化导致了非理性的生活方式”（苏国勋：《理性化及其限制：韦伯思想引论》，上海人民出版社1988年版，第224页）。

说。不过,这些众多的学说可归为大致对立的两种:一种是以个体冲突主义社会观为基础的“个人权利说”;另一种是以整体和谐主义社会观为基础的“社会权利说”。那么,要构建遏制贫富分化的法律制度,应以何种社会观及权利说为基础,不仅关涉法律制度的设计的差异及对法律解释的不同思维方法,且关系遏制贫富分化的效果。

下面通过对这两种学说的社会经济背景、观念基础及内容特征的比较分析,展示它们的优、缺点,揭示要构建遏制贫富分化的法律制度,我们必须转变当前主流的以权利为中心的个体冲突主义法律观念,树立以“社会权利”为中心的整体和谐主义的法律观念,并据此修改或解释一些既有的经济法律制度以及建立新的法律制度。

(一)以权利为中心的个体冲突主义学说

以权利为中心的个体冲突主义源于个体主义的社会观,其产生虽源远流长,但成为主流观念则始自西方的文艺复兴,19世纪中叶以后特别是20世纪以来,虽然以“社会权利”为中心的整体和谐主义有所抬头,但以权利为中心的个体冲突主义仍是西方社会的主流。观其流变沉浮,其主要生成于社会生产力有了一定程度的发展,个人意识的觉醒。

个人权利中心说的基本法律观念是:人作为一种理性的存在,不仅本身就拥有某些同等的权利,即作为个人自然权利存在的主观权利,而且人生而是自由的。这就意味着人有行为自由的权利,同时又有获得这些行为所产生的结果的权利。这一学说的核心包括以下相互联系的四个方面:个人主义、先验主义、本质主义、冲突主义。①

由此而来,对所有个人权利的捍卫,必然要求对每个人的个人权利加以各自的限制。这样现实中的法就必须建立在人的主观权利的基础上,即客观法是主观权利上升的结果。

西方社会的大部分法律规章制度都产生于这种学说,直至今天仍是如此。这也是目前我国法学的主流,因此,我国法学的主流观念可以说就是个人权利学说。按此观念,国家对个人以及个人对他人和社会只负有消极义务,这决定了法律的主要作用在于解决冲突。

(二)以义务(社会)权利为中心的整体和谐主义学说

这种学说的观念基础是整体和谐主义。整体和谐主义的基本观念是:社会

---

①　这一观点可参见〔美〕贝思·J.辛格:《实用主义、权利和民主》,王守昌等译,上海译文出版社2001年版,第3—4页。不过辛格在书中认为,现代权利理论都断言或假设了相互联系的四个原则:个人主义、先验主义、本质主义、对抗主义。

不仅为一客观实在,而且如同人一样是一个有机整体。它在把整体被视为大于其单个部分的总和,并且整体有自己的目的的同时,也承认作为构成社会基本要素的个人仍具有其个体特性和相对的独立性,人与人之间的关系虽不能否定存有冲突,但主流是和谐的。

这种观念虽然从源头上可追溯到古希腊的柏拉图及亚里士多德,但真正建立在社会现实上的立论,则应是18世纪中叶以后社会生产力的发展,生产高度社会化及发达的社会分工;而在社会思想及实践中产生广泛影响则是19世纪末,特别是第二次世界大战以后。其思想源于高度社会化产生的人们之间的相互依赖性和个人对社会的高度依赖性,以及生物进化思想在社会研究中的应用。

这种学说的基本法律观念是:人在社会中并且只能在社会中生活;社会的存在离不开将其组成个体联系起来的相互关联性。法律作为一种社会行为的规则,就来自于社会相互关联性,同相互关联性一样,法律规则兼具个人性与社会性。法律规则从其基础上来说具有社会性,在这种意义上只是因为人在社会中生活,它才得以存在;法律规则也具有个人性,因为它存在于个人意识中,它适用于且只能适用于个人,只适用于有意识和意志的生命体。

既然"法"是建立在社会相互联系性上的,因此国家和执政者与个人一样也受"法"的约束,并由此决定了国家不仅有义务不制定任何有可能危害个人活动自由发展的法规(消极的义务),因为个人活动的自由发展对于社会相互联系性的实现和发展是必不可少的;而且国家有义务使它所掌握的权力服务于社会的相互联系性。因此,国家依"法"有义务制定保证每个人的物质上和精神上都有可能协同参与社会相互联系性的所有法律(积极的义务),例如制定法律保证产业结构的合理、区域发展平衡、市场竞争的有效等经济法规。这意味着法律的作用不仅仅在于解决冲突,更重要的是促成社会和谐。

这种学说如今还没有系统的表现,但这种学说的基本观念,在二战后已凭越来越强劲的势头不仅体现于"私法公法化"与"公法私法化"中,而且直接表现于大量的社会立法和经济立法中。

(三)遏制贫富分化需要整体和谐主义法理念

从上述对两种学说的论证中,我们可以看到,在社会分工愈益深化和社会化高度发展的现代社会,人的社会化也愈益发展,人的社会性属性愈益增强。以权利为中心的个体冲突主义学说,虽然作为一些主要调整立足于人的个体性基础上的社会关系的法律的理论基础时仍然有一定的合理性,但作为调整立足于人的社会性基础上的社会关系的法律制度,特别是要国家承担积极义务遏制贫富分化的社会法和经济法的理论基础时则缺陷重重。

而以社会权利为中心的整体和谐主义学说,虽还没成为主流,但却在一定程度上反映着法律精神或根基的演变的趋势。

事实上,我国社会已具有高度的社会分工,社会成为了有机整体。在这样的社会中"以权利为中心"的冲突论,显然没有以"社会权利为中心"的和谐论更有利于遏制贫富分化及和谐社会的养成。

三、遏制贫富分化的经济法制框架

各国的社会经济发展程度及政治、经济、法律制度不同,加之各国社会文化传统尤其是与之相应的法律文化传统的不同,因此,直到目前为止,一个遏制贫富分化的法律体系到底应包括哪些具体的法律,在全世界范围内还没有定论。不过,根据西方资本主义市场经济国家及发展中国家在市场化过程中解决这一问题的法律实践,并结合我国的具体情况,笔者认为,我国遏制贫富分化的法律体系从经济法角度讲至少应该包括以下相互联系的三个方面。

(一) 市场规制法

我国于1992年才确立了建立市场经济的目标,直到目前仍然处于从计划经济向市场经济的过渡时期,因此,我国的市场经济体制与法制建设还不完善,加之在市场经济文化的冲击下,中国传统的道德价值对人们行为的约束力下降,市场经济的基本道德又没有建立起来。这些导致了在我国的市场经济活动中假冒伪劣商品泛滥,地方保护主义严重,人为地、极大地阻碍了市场作为资源配置的基础性作用的发挥,使得一些信用差、品质差、道德差的个人与企业大发横财,而一些信用高、品质好、道德高的个人与企业则深受其害,严重影响了市场经济的公平与效率原则,导致了对市场化改革发展成果分享的不公。

因此,不断完善社会主义市场经济体系,加强社会主义市场经济的法制建设,打破贸易壁垒和地方保护主义以及其他一切不符合市场原则的行为,保护一切符合市场规律和原则的行为,以保证市场经济的公平和效率原则,使各项经济活动能够在市场经济的轨道下健康运转,让一切违法者不能从违法中获得利益,就成为改革发展成果分享法律制度体系的重要内容之一。与此相关的法律规范主要体现在《反不正当竞争法》、《反垄断法》、《广告法》、《产品质量法》等法律中,这些有关市场秩序的法在经济法中统称为市场规制法。

(二) 税法

税收作为在国民收入再分配中起调节贫富差距的重要手段之一,决定了税法特别是有关个人收入的税收法律制度是改革发展成果分享法律体系中的重要法律制度之一。比照国际社会有关此方面的税收法律制度的设计,反观我国的税收法律制度的设计及实践经验,我国应制定遗产税和赠与税法,并完善个人所得税法和消费税法。

(三)财政法

东部和中西部差距、城市与农村的差距的形成,既有自然条件原因,又有改革发展中国家的政策性原因。因此,加快贫困地区和农村的发展是实现改革发展成果公平分享的途径之一。如何加快贫困地区与农村的发展?从世界各国的经验看,主要就是以立法形式,通过财政转移支付制度、财政补贴制度,直接加大向贫困地区与农村的投资及间接诱导资本投向贫困地区与农村。因此,财政法是改革发展成果公平分享法律制度体系中的重要法律制度之一。

从整个法律体系讲,除经济法的以上制度外,还应包括:第一,社会保障法与劳动法。通过最低生活保障制度,社会保险、失业保险等社会福利的投入,逐步完善社会福利制度,加大对相对低收入人群的生活保障能力,同时完善劳动法,有利于保护处于弱势的相对低收入的劳动者的利益。第二,义务教育及高等教育资助法。在知识经济时代,人力资本对个人收入的作用愈来愈重要,因而,完善义务教育法,创设高等教育资助法对贫困家庭的子弟予以专门资助,从长远看是遏制贫富分化所不能忽视的法律制度。第三,其他法律制度。中国遏制贫富分化具有复杂的原因,以上只是就一些主要原因而提出的矫正措施的法制化设想,除此之外还需一些特殊的法律措施。如防止国有资产流失的有关部门法规;通过法律对私营企业财产界定,避免一系列看似合法但极不合理的现象的蔓延,使得高收入人群特别是民营企业主们能够按照规定足额缴纳其应缴的个人所得税款;以法律给农民以国民待遇,使农民工免遭歧视,以免成为城里人剥夺的对象;通过加强与完善会计、审计等立法,要强化对权力的约束,增加执行公务的透明度,以防止缺乏监督的权力所势必造成腐败的产生;完善有关法律,以防止许多个体户和私营企业,由于没有参加社会保险,也不给职工提供相应的福利,用劳动力的低成本与其他企业竞争,以获得非垄断的超额利润现象的产生等等,这些都有助于遏制贫富分化。

完善我国农村医疗保障制度的立法思考*

◇ 杨德敏**

内容提要 实现农村医疗保障的法制化，是构建社会主义新农村的客观要求。当前，我国农村医疗保障覆盖率低、筹资困难、保障形式不一且管理混乱。造成这种现状的原因是，农村医疗保障制度主要是依据国家政策，缺乏强有力的法律保障。而其所依据的政策具有柔和性、不稳定性，缺乏刚性，因此，将我国农民医疗保障纳入法制轨道迫在眉睫。必须通过立法对医疗保障制度形式、保障基金筹集、农村医疗机构、药品管理、医疗费用、医疗支出范围、农民的权利和义务、管理机构等方面加以规定。

关键词 农村医疗保障 现状分析 立法构想

一、我国农村医疗保障现状

（一）广大农民仍然缺少基本医疗保障

目前我国广大农村地区医疗保障的覆盖率非常低。早在上世纪50年代末就出现了合作医疗的雏形，当时是由群众自发创造的。其后，在各级政府的支持下，按照参加者互助共济的原则，全国农村普遍开展了合作医疗。到上世纪70年代末，合作医疗覆盖了85%的农村人口，被誉为成功的“卫生革命”。这是低收入发展中国家举世无双的成就。① 随着家庭联产承包责任制在全国农村的实行，原有的农村合作医疗制度基本上随之瓦解。从上世纪90年代初以来，不少地方政府作出了恢复农村合作医疗的努力。但由于缺少有效的经济来源、有效

---

* 本文已发表于《长白学刊》2006年第6期，原文约9000字。原文题目为：《论我国农村医疗保障法律制度的构建》。

** 杨德敏，江西财经大学法学院副教授，中国人民大学经济法专业博士研究生。

① 郑功成主编：《社会保障学》，商务印书馆2003年版。

的制度设计和有效的法制保障,农村合作医疗再次陷入了困境,表现为:重建的合作医疗往往存续时间短;坚持下来的合作医疗也主要分布在经济较发达的沿海地区。即使在重建农村合作医疗的高潮期(1997 年至 1998 年前后),合作医疗制度的人口覆盖率在高收入地区仅达 22.2%,而在中等和欠发达地区甚至仅为 1%—3%。[①] 据统计,2001 年,全国 71 万个行政村设有 69.9 万个村卫生室,较 1997 年相比减少 3.5 万个;2001 年,乡村医生和卫生员 129.1 万人,较 1997 年减少 2.7 万人;农村预防保健机构、乡镇卫生院数量和床位数也不同程度减少。[②] 截至 2003 年底,城市卫生机构床位数达 215 万张,农村卫生机构床位数 101.5 万张;城市的医生和护士总数达 214.2 万人,农村的医生和护士总数才 99 万人。[③] 随着城乡医疗服务供给的市场化和服务费用的不断上涨,导致广大农民对医疗服务的可及性逐步下降,随着我国人口的不断老龄化,我国农村医疗保障制度的压力将会进一步增大。

(二)农村医疗保障制度的筹资陷入困境

当前,农村合作医疗仍然是农村医疗保障制度的主要形式。合作医疗所需资金,主要来源于农户、县乡政府、村集体和农村企业。一般来说,经济比较发达的地区政府投入的比重较大,企业也可能有较多的投入,在这种情况下,农户的筹资负担会相对轻一些。但是,在经济不发达的农村地区和贫困地区,地方政府的财政困难,农村企业不发达,所以无力负担医疗费用的农户反而成了合作医疗资金的主要来源。2002 年 10 月公布的中共中央、国务院《关于进一步加强农村卫生工作的决定》(以下简称《决定》)中,明确规定实行新型农村合作医疗制度,并第一次在资金上给予财政补助。2003 年 1 月 23 日,国务院办公厅转发了卫生部、财政部和农业部所发的《关于建立新型的农村合作医疗制度的意见》(以下简称《意见》),要求到 2010 年,实现在全国建立基本覆盖农村居民的新型合作医疗制度的目标,减轻农民因病带来的经济负担。《意见》强调,农民个人每年缴费标准不应低于 10 元,地方财政对参加新型合作医疗的农民的资助部低于人均 10 元。虽然《意见》对农村医疗保障的资金筹集建立了一种新型的筹集模式,但是,在贫困的农村地区,当地政府拿不出钱,农村集体经济无力支撑,中央也无相应财政补助,又如何来确保资金到位?因此,如果没有政府的强有力的资金支持,最后只能形成政府号召、农民自己出钱的尴尬局面。

---

① 《中国卫生年鉴》(1999 年)。

② 卫生部卫生统计信息中心:《我国卫生事业发展情况简报》(1997—2001)。

③ 《中国统计年鉴》(2004 年),第 862 页。

（三）农村医疗保障管理混乱

资金的筹集和管理缺乏明确的管理办法，药品集中招标采购制度由于医院规模小，所需药品的种类和数量有限，根本没有或很少有医药公司投标。医药市场管理紊乱，各个医院、诊所所进药品、设备的途径、品种与质量不同，由此带来成本的不同，个体诊所的药品价格一般比乡镇卫生院的要低。农民在乡镇卫生院看病时获得的折扣，可能还比不上在个体诊所省的药费多，合作医疗很难实现。[①] 目前，农村医疗保障制度的支付模式采取"按服务付费"的后付制，村民先看病，然后凭病历和发票到合作医疗管理机构报销，如江阴、顺德等地。[②] "按服务付费"的优点是方便农民就医，但可能会导致医疗服务机构和医生过度提供服务及过度用药，侵犯农民合法权益的负面效应。

在县乡两级都设立了不同的医疗机构，如县医院、县中医院、防疫站、妇幼站、计生委服务站等，大多数机构都提供门诊或住院服务，但是这些机构却都没有义务向农民提供免费或低价服务。

（四）农村医疗保障制度的保障形式各不相同

现行农村医疗保障制度的保障形式主要有：(1) 福利型，只保门诊费用。(2) 风险型，只保大病住院费用。由于我国农业生产经营方式发生了很大变化，在农村合作医疗解体的十几年里，我国大多数农民采取的是自我医疗保障。得了小病，尚可自费治疗，当然也有没钱看病的时候。得了大病，有的借钱看病，有的因治病倾家荡产，也有人因治疗费用太高而等死。因病致贫、因病返贫的事例屡屡出现，严重影响了农村经济的发展。(3) 福利—风险型，既保门诊费用又保大病住院费用。有个别经济发达的地方兼顾预防免疫。

二、对我国农村医疗保障现状的成因分析

（一）农村医疗保障制度所依据的政策具有柔和性、不稳定性，缺乏刚性

1997 年公布的中共中央、国务院《关于卫生改革与发展的决定》充分肯定合作医疗的作用，各地开始了恢复和重建合作医疗的工作；但是农业部等相关部门又把向农民收取合作医疗费看作是不合理负担。尽管 2002 年《决定》及其他文件已明确指出"农民为参加合作医疗、抵御疾病风险而履行缴费义务不能视为

---

① 王红漫：《中国农村医疗保障制度政策研究》，载《体制改革》2002 年第 7 期。

② 左学金、王耀忠：《建立和完善农村医疗保障制度的几点思考》，载《社会科学》2003 年第 12 期，第 62 页。

增加农民负担”，但一些基层工作人员却仍然认为那是“合法地增加农民负担”，这种说法不利于筹资，不利于农村医疗保障制度的建立，也是政策不稳定性、矛盾性的消极后果。另外，《决定》中“坚持自愿原则，反对强迫命令”，这种决策当然考虑了稳定因素，有其固然的合理性，但在客观上使得发展农村医疗保障制度更加失去了“刚性”威力，导致政策实施的动力不足，尤其是在筹资问题上地方政府容易形成“等、靠、要”心态和观望立场。[①] 也就是说，如果国家对农村医疗保障的态度缺乏“刚性”，就容易使医疗保障从国家政策变为地方政策，这是造成农民医疗保障覆盖率低，保障水平低下的一个重要原因。

（二）道德风险的存在，影响了农村医疗保障制度的建立

在农民那里，信誉就是关键。他们要确信其对医疗保险的投保，确实能够得到分担风险的回报才会投保。就像有的农民说的那样，“现在基本是一部分贫困户确实交不起钱：一部分富裕户个人付得起医疗费，但不一定投保，是不是投保，还要看可信不可信”。农民对乡、村干部极大不信任，对保险公司商业信誉不满意和对政府政策多变担心。以往合作医疗的失败，合作医疗中的种种不合理现象，如一部分基层干部及其家属侵占公共利益，多拿药、拿好药，带头欠费，而一般农民享受不到同样的待遇，从而丧失了对制度公平的信心。享受合作医疗待遇中干部与群众的不平等，使得相当数量的农民不愿意参加。农民的社会医疗保险是以政府保险机构信誉和农户投保为基础的一种社会医疗保障形式，则政府和保险机构的信誉是能否实施农民医疗保险的关键问题。

（三）缺乏强有力的法律规范，是影响建立和完善我国农村医疗保障制度的主要原因

我国农村医疗保障长期以来是通过行政命令等手段强制推行的，没有法律规范，主观随意性大，也是导致新时期农村合作医疗难以可持续发展的重要原因。我国的社会保障工作始于20世纪50年代初。当时，新中国刚刚成立，国民经济基础相当薄弱。党和政府高度重视社会保障工作，陆续颁布和实施了有关养老、医疗、扶贫等方面的规定，初步形成了与计划经济相适应的社会保障法律制度。当然，这些法律规范主要针对的是城市居民，而针对农村居民、涉及农村医疗保障法律规范很少，几乎是空白，表现为农村医疗保障立法不健全、立法滞后，因此，在农村医疗保障方面发生争议纠纷进行仲裁或提起诉讼时，仲裁机构和人民法院无法根据有效的法律规定对争议进行仲裁或判决，处于无法可依的状态。无法发挥法律规范在农村医疗保障中的强制功能，使得众多的农村医疗

---

① 董忠波：《我国新型农村合作医疗的筹资问题》，载《云南社会科学》2004年第3期，第65页。

保障政策措施难以有效实施。

三、完善我国农村医疗保障制度立法的若干建议

（一）规定医疗保障制度形式

根据农村实际情况，选择适合农民需要的医疗保障形式。由于我国地域辽阔，东、中、西部农村地区的经济社会发展差异很大，目前尚不具备建立全国统一的农村医疗保障模式的经济基础，各地应根据当地经济社会发展状况，因地制宜，确定适合本地农民需要的医疗保障形式。笔者认为，立法上建议规定以下四种农村医疗保障形式：①

（1）合作医疗制度。农村合作医疗作为我国农村卫生工作的基本制度之一，它是以参加者互助合作为基础，通过个人集资与政府或集体补贴相结合的手段筹集资金，并按一定比例补偿社会成员医疗费用支出的一项具有中国特色的医疗社会保障制度。当前，全国各地又在试行新型的农村合作医疗制度，这种成功经验应在立法上给予及时确认。农村合作医疗制度可在欠发达地区或贫困地区适用，并规定政府加大这些地区资金投入的具体措施。比如，按人头投入资金、增加社会资金积累、重点办好某些农村医疗诊所等。

（2）农村社区卫生服务制度。以乡村卫生院为中心建立农村社区卫生服务制度，其主要资金来源包括村集体卫生保障基金、农民个人互助和国家投入的基金。这种制度比较适合我国中部地区，可在中部地区推广和适用。

（3）城乡一体化医疗保险制度。对于经济比较发达的城郊农村，可以将农村的医疗保障纳入城市医疗保险体系，取消城乡之间的界限，这样可以拓宽医疗保障基金的来源，扩大医疗保障的覆盖面，降低运营的费用。

（4）大病统筹，小病分流制度。随着农民收入水平的逐步提高，农民对医疗服务的需求水平也在不断提高，而传统的低交费、低待遇水平的合作医疗已经不能满足客观要求。合作医疗不能解决大病的医疗费用问题，而小病完全可以自己支付。各地可以因地制宜，采取“大病统筹，小病分流”的制度。“大病统筹”即为社会统筹；“小病分流”即为个人储蓄自保。

（二）规定医疗保障基金筹集

（1）明确规定医疗基金筹集主体。确立政府投入占主导，集体和农民个人投入相结合的原则。当今，在城乡收入差距不断增大，城乡医疗资源分配不公

---

① 杨德敏：《论农村医疗保障法律制度的构建》，载《长白学刊》2005年第6期，第32页。

平,农村医疗资金断流的情况下,各地政府对医疗卫生支出要向农村倾斜,加大对新型农村医疗保障制度的财政投入,承担起投资主体的责任,在财政上可设立专项的、相对独立的农村医疗保障基金。

(2) 规定投资方式多样化。规定建立政府、集体、农民个人及社会其他阶层共同投入农村医疗保障基金的机制,通过政府的主导投入,引导企业、社区经济、个人等积极参与,畅通捐赠渠道并制度化和公开化,应当集体扶助的部分要单独留出,不应向农民摊派。

(3) 规定政府与农民对基金的投入比例。全国可分为东部发达地区、中部地区、西部欠发达地区三类,可参照国外相关立法规定,政府承担不少于一定的比例,且对欠发达地区和贫困地区的投入比例要高一些。农村医疗保障制度是保障农民生存权的基本制度,具有鲜明的社会保障性质,其制度应具有强制性,而 2002 年《决定》中提出了在贫困地区农村,中央和地方为每位参加合作保险的人各提供 10 元钱的要求,但人均筹资水平应达到多少尚未提及。[①] 如果只是中央和地方的投入,农民个人投入不到位,那么必然会影响医疗保障基金的筹集。因此,立法应规定农民的投入也不应少于一定的比例。

(三) 规范农村三级医疗机构

对现有的村、乡、县三级医疗机构,根据不同的医疗资源情况,进行分工合作,对没有经过专业训练的乡村医生,进行职业培训,规定在特殊情况下,这些医疗机构有义务向广大农民提供免费和低价的基本医疗服务,如紧急情况下治疗性服务、预防性服务等。实行医疗体制改革,转换医患双方的角色,患者有权选择医院就医。设立非盈利性质的公立医院与盈利性质的非公立医院,建立对非盈利医院职工的补偿机制。精简医院行政机构,提高工作效率。

(四) 规范药品管理,控制医疗费用上涨

对药品的产、供、销实行一体化管理。在生产环节,国家药政管理部门对新建药厂和生产新药,要对企业设备条件、工艺要求、人员素质等进行严格审批,核发生产许可证,以保证药品质量。在流通环节上,对流通渠道及经营批发、零售企业的开业条件和从业人员均有明确规定;对处方用药的种类和数量进行限制,严格审查大处方。规定药品采购公开招标制度。政府加大对新医疗技术引进、医疗设备更新的监管力度。

---

① 左学金、王耀忠:《建立和完善农村医疗保障制度的几点思考》,载《社会科学》2003 年第 12 期,第 66 页。

（五）规定医疗支出范围

医疗保障制度受制于经济发展及政府与企业的承受能力。在目前的情况下，必须在病种目录、用药范围、费用标准等方面规定基本医疗的范围，确定农民基本医疗服务的配置标准，建立药品报销目录制度。如北京市规定，统筹基金主要支付住院治疗的费用。另外还可支付急诊抢救留观并收入住院治疗的费用（即住院前7天内的医疗费用和住院期间的费用）、血液透析、恶性肿瘤放化疗和肾移植抗排异药物的门诊医疗费用。建议立法规定，由各省、自治区、直辖市政府根据实际情况具体规定医疗支出范围。

（六）规定农民的权利和义务

农民患病时，享有规定的基本医疗服务的权利；享有预防性服务的权利；享有按规定报销医药费用的权利；符合规定者享有减免医疗费用的权利；对药品使用有知情权；对医疗保障基金有监督权；对侵犯农民患者权益时，有司法救济权等。当然，农民在享受权利时，也应履行相应义务，如按时足额缴纳医疗保障金义务；合理使用医疗保障费用义务等。①

（七）规定管理机构

立法应明确规定农村医疗保障工作方面的监督管理机构，根据我国目前的实际情况，应规定县级以上政府的劳动与社会保障部门及相关职能部门为农村医疗保障制度的监督管理部门。其组织机构的构成是：(1) 国务院劳动与社会保障主管部门，即劳动与社会保障部；(2) 县级以上地方人民政府劳动与社会保障主管部门，即县（市）社保局，省劳动与社会保障厅；(3) 相关政府职能部门，如卫生、农业、财政、民政等部门。同时应规定管理机构的职权、职责范围。

---

① 施晓琳：《我国农村医疗保障制度立法探讨》，载《法学杂志》2004年第7期，第67页。

检验3